BKA – Polizeihilfe für Folterregime

Dieter Schenk

BKA – Polizeihilfe für Folterregime

DIETZ

Bibliographische Information der Deutschen Bibliothek

Die Deutsche Bibliothek verzeichnet diese Publikation in der Deutschen Nationalbibliographie; detaillierte bibliographische Daten sind im Internet über *http://dnb.ddb.de* abrufbar.

978-3-8012-0388-7

Verlag J. H.W. Dietz Nachf. GmbH
Dreizehnmorgenweg 24, 53175 Bonn
Lektorat: Alexander Behrens
Umschlag: Hermann Brandner, Köln
»Für Mandela« (Ausschnitt)
Öl auf Holz (1986)
von Matthias Rassmann, Werne
Satz: Just in Print, Bonn
Druck und Verarbeitung: Koninklijke Wöhrmann B. V.

Printed in the Netherlands 2008

Besuchen Sie uns im Internet: *www.dietz-verlag.de*

INHALT

I
VORWORT

Das absolute Folterverbot muss Priorität in der Polizeiarbeit haben

Von Barbara Lochbihler
Generalsekretärin der deutschen Sektion von Amnesty International

Extralegale Tötungen durch Polizisten bei einer Razzia in Brasilien, Vergewaltigungen von Frauen auf nigerianischen Polizeistationen: immer wieder erreichen Amnesty International Berichte über Menschenrechtsverletzungen, die durch Polizisten begangen werden. Doch auch in Deutschland steht nicht alles zum Besten. Bis heute sind die Tatumstände nicht aufgeklärt, bei denen der Asylbewerber Oury Jalloh in Polizeihaft in Dessau in seiner Zelle verbrannte. Jalloh war dort zur Ausnüchterung eingeliefert und an das Bett fixiert worden. Anstatt Jalloh zu helfen, hat der diensthabende Polizist den Feueralarm mehrfach ausgeschaltet. Amnesty International stellt fest, dass in Deutschland die Wahrscheinlichkeit polizeilicher Übergriffe zunimmt, wenn Migranten betroffen sind. Gerade Polizei und Sicherheitskräfte müssen eine besondere Sensibilität für die Achtung und den Schutz der Menschenrechte entwickeln, da sie als Exekutive des Staates die Bürgerinnen und Bürger schützen sollen. Jeglicher Vertrauensverlust in dieser Hinsicht untergräbt den Glauben an Rechtsstaat und Demokratie.

Die fatale Diskussion um die so genannte Rettungsfolter in Deutschland verweist auf das Spannungsfeld, in dem Polizei und Sicherheitskräfte tätig sind. Es muss in diesem Zusammenhang daran erinnert werden, dass die Antifolterkonvention von 1984 Folter als Handlung definiert, »durch die einer Person vorsätzlich große oder seelische Schmerzen zugefügt werden, zum Beispiel, um von ihr oder einem Dritten eine Aussage oder ein Geständnis zu erlangen, um sie für eine tatsächlich oder mutmaßlich von ihr oder einem Dritten begangene Tat zu bestrafen oder um sie oder einen Dritten einzuschüchtern oder zu nötigen, oder aus einem anderen, auf irgendeiner Art von Diskriminierung beruhenden Grund.« Diese Schmerzen oder Leiden müssen darüber hinaus von einem Angehörigen des öffentlichen Dienstes oder einer anderen in amtlicher Eigenschaft handelnden Person, auf deren Veranlassung oder mit deren ausdrücklichem oder stillschweigendem Einverständnis verursacht werden.

Das Verbot der Folter und der grausamen, unmenschlichen oder erniedrigenden Behandlung ist eines der Menschenrechte, die absolut und ohne Ausnahme gelten. Heute enthalten die meisten internationalen und regionalen Menschenrechtsabkommen ein absolutes Verbot der Folter und der grausamen, unmenschlichen oder erniedrigenden Behandlung oder Strafe.

Neben der Antifolterkonvention von 1984 verbieten auch die Allgemeine Erklärung der Menschenrechte, das geltende Völkerrecht und das Kriegsrecht alle Formen von Folter und Misshandlung. All diese Konventionen erklären, dass Folter selbst in Notsituationen und in bewaffneten Konflikten nicht erlaubt ist.

Hinter dem absoluten Verbot von Folter und Misshandlung steht ein weltweiter ethischer Konsens, dass solche Methoden verabscheuungswürdig und unmoralisch sind. Die Menschenrechte basieren auf grundlegenden Werten, die Tabuzonen schaffen – es gibt Dinge, die kein Mensch einem anderen antun darf, egal wie scheußlich die Verbrechen des Betreffenden oder wie extrem die Umstände auch sein mögen.

Die Geschichte zeigt, dass die Anwendung von Folter niemals begrenzt ist. Wenn ein Verfassungsstaat Folter in eng umgrenzten Ausnahmefällen zulässt, ist das Tor zu einem System institutionalisierter Folter geöffnet. Wer den Einsatz von Folter oder Misshandlung in einer spezifischen Situation gestattet, etwa um ein Bombenattentat zu verhindern, wird bald auch Menschen foltern, die ein Bombenattentat planen könnten, oder die jemanden kennen, der ein Bombenattentat plant. Die Intensität der angewandten Methoden nimmt in der Regel zu – wenn ein Schlag den Gefangenen nicht zum Reden bringt, muss man zweimal zuschlagen. Wenn Schläge nichts bewirken, muss der Schmerz verstärkt werden.

Informationen, die unter Folter erzwungen sind, sind wertlos. Wenn man mit Folter oder Misshandlung versucht, Menschen zum Reden zu bringen, werden viele alles Mögliche sagen nur damit die Qualen aufhören.

Staaten, die foltern lassen, argumentieren oft, sie würden den Menschen geheime Informationen entlocken. Doch unabhängig davon, welche Informationen vielleicht aus einer Person herausgepresst werden können: Wer solche Methoden einsetzt, ruft im Folteropfer und dessen Umfeld Leid, Schmerz, Erniedrigung, Angst, Wut und letztlich Hass hervor.

Amnesty International setzt sich überall in der Welt gegen jegliche Aufweichung des Folterverbots ein. Das absolute Folterverbot ist einer der Grundpfeiler eines Rechtstaates – wie die Menschenrechte insgesamt. Wenn Staaten diese Werte außer Acht lassen, begeben sie sich auf die Stufe derjenigen, die sie wegen ihrer menschenverachtenden und menschenrechtsverletzenden Politik bekämpfen. AI fordert, dass alle Sicherheitskräfte an das absolute Folterverbot erinnert werden müssen. Misshandlungsvorwürfe müssen unabhängig und zeitnah untersucht werden. Sowohl in der Aus- als auch in der Fortbildung müssen Menschenrechte als Querschnittsthema gelten und die Sensibilisierung für interkulturelle Kommunikation gefördert werden. Darüber hinaus muss der im Rahmen des Zusatzprotokolls zur UN-Antifolterkonvention eingerichteten »Nationalen Präventionsmechanismus« (Kommission zur Inspektion von staatlichen Gewahrsamseinrichtungen) finanziell, personell und rechtlich erheblich besser ausgestattet werden.

Die deutsche Sektion von Amnesty International nimmt die Arbeit zu Polizei und Sicherheitskräften sehr ernst und hat mit einer Sektionskoordinationsgruppe Polizei und einer Fachkomission Polizeirecherche zwei Gremien, die sich mit dieser Thematik intensiv befassen. Weitere Informationen unter www.amnesty-polizei.de

Barbara Lochbihler (geb. 1959) hat nach dem Studium der Sozialpädagogik und der Politikwissenschaft als Leiterin eines Altenzentrums bei München gearbeitet. Nach ihrer Tätigkeit als Lehrbeauftragte der Universität München und ihrer Anstellung als Persönliche Referentin der bayerischen Landtagsabgeordneten Romberg wurde Barbara Lochbihler 1992 Generalsekretärin der Internationalen Frauenliga für Frieden und Freiheit in Genf. Seit 1999 ist sie Generalsekretärin von Amnesty International.

II
PROLOG
DER BUNDESTAG WOLLE BESCHLIESSEN:

1.

Sich am Beispiel positiver Erfahrungen in Österreich orientierend, beruft die Bundesregierung im Bundeskanzleramt einen Menschenrechtsbeirat ein. Seine Aufgabe besteht darin, relevante politische Entscheidungen der Bundesministerien auf Menschenrechtsverträglichkeit *(human rights assessment)* zu prüfen. Dies betrifft auch die Maßnahmen des Bundeskriminalamtes auf dem Feld der Polizeihilfe und der internationalen polizeilichen Zusammenarbeit mit dem Ziel, das menschenrechtliche Profil des BKA zu schärfen, Menschenrechte zu thematisieren und im Rahmen von Leitlinien zu operationalisieren.

Der Menschenrechtsbeirat ist Teil des Präventionsmechanismus nach dem Zusatzprotokoll zur VN-Anti-Folter-Konvention. Ihm obliegt es, die Bundesregierung in Fragen der Wahrung der Menschenrechte zu beraten sowie die konsequente und systematische Orientierung der Sicherheits-, Militär- und Entwicklungshilfepolitik an den Menschenrechten durch Beobachtung und begleitende Überprüfung zu fördern.

Der Menschenrechtsbeirat, der Akteneinsichtsrecht besitzt, führt Besuche von Polizeibehörden, Geheimdiensten und Bundeswehreinheiten durch und darf alle Räumlichkeiten betreten, er identifiziert Defizite und schlägt konkrete Lösungen vor. Im Sinne der Transparenz der Verwaltung informiert er die Öffentlichkeit über seine Aktivitäten.

2.

Der Bundestagsausschuss für Menschenrechte und humanitäre Hilfe übernimmt die Federführung der parlamentarischen Kontrolle über die von der Bundesregierung geleistete Entwicklungshilfe im Sicherheitsbereich. Der Menschenrechtsausschuss erstellt und aktualisiert halbjährlich Länderanalysen aller Staaten, an welche die Bundesrepublik Deutschland Entwicklungshilfe im Sicherheitsbereich leistet und klassifiziert solche Staaten, deren Menschenrechtslage als fragil zu bezeichnen ist.

Die Bundesministerien für Auswärtiges, Inneres, Verteidigung und für Wirtschaftliche Zusammenarbeit und Entwicklung berichten halbjährlich aus ihrem Ressort über die Menschenrechtslage fragiler Staaten an den Menschenrechtsausschuss.

Die Länderberichte des Menschenrechtsausschusses werden als Bundestagsdrucksache regelmäßig veröffentlicht.

3.
Entgegen der bisherigen Praxis, dass die Haushaltsmittel für Entwicklungshilfe im Sicherheitsbereich durch die Ausschüsse Haushalt und Äußeres erstellt werden, übernimmt der Menschenrechtsausschuss in diesem Bereich – in Abstimmung mit den genannten Ausschüssen – die Federführung und legt die Haushaltsentwürfe dem Parlament zur Beschlussfassung im Rahmen des Haushaltsgesetzes vor.

4.
Das Bundesinnenministerium verpflichtet das Bundeskriminalamt zu einem halbjährlichen Tätigkeits- und Erfahrungsbericht an den Bundestag über den Einsatz aller polizeilichen Verbindungsbeamten in solchen Staaten, die vom Menschenrechtsausschuss als fragil bezeichnet werden. Sofern Verbindungsbeamte an operativen bzw. strafprozessualen Maßnahmen in diesen Staaten teilnahmen, sind diese zu erläutern und zu begründen.

Der Halbjahresbericht des BKA soll ferner aufschlüsseln, welche Ausbildungs-, Ausstattungs- und Beratungshilfe für Staaten geleistet wurde, die vom Menschenrechtsausschuss als fragil bezeichnet werden. Hierbei ist insbesondere darzulegen, welches Resultat die Hilfe bzw. Beratung erzielte sowie über die eingetretene positive oder negative Entwicklung zu berichten. Dem Bundeskriminalamt obliegt es, Vorschläge zu machen, die Hilfe insbesondere dann zu beenden, wenn gravierende Menschenrechtsverletzungen des Staates bekannt werden. Ferner schlägt das Bundeskriminalamt solche Staaten vor, die in das Hilfsprogramm für Sicherheitsinstitutionen aufgenommen werden sollen und erstellt ein Gutachten über die Menschenrechtslage aus seiner Sicht.

5.
Das Bundesministerium für Verteidigung berichtet analog wie das Bundeskriminalamt halbjährlich an den Menschenrechtsausschuss über die von ihm geleistete militärische Ausbildungs-, Ausstattungs- und Beratungshilfe an Staaten, die vom Menschenrechtsausschuss als fragil bezeichnet werden.

6.
Das Bundeswirtschaftsministerium berichtet halbjährlich dem Menschenrechtsausschuss über genehmigte deutsche Rüstungsexporte einschließlich des Exports von Kleinwaffen in Staaten, die vom Menschenrechtsausschuss als fragil bezeichnet werden.

7.
Auslandseinsätze von Beamten des Bundeskriminalamtes, der Bundespolizei, der Länderpolizeien und des Zolls stehen ab sofort wie solche der Bundeswehr unter Parlamentsvorbehalt.

Operative Auslandseinsätze des Bundesamtes für Verfassungsschutz und des Militärischen Abschirmdienstes sind in jedem Einzelfall dem Parlamentarischen Kontrollgremium für Nachrichtendienste des Bundes unter Beschreibung von Zweck, Dauer und Auftrag meldepflichtig.

8.
In einem halbjährlichen Bericht geben Bundesnachrichtendienst, das Bundesamt für Verfassungsschutz und der Militärische Abschirmdienst Rechenschaft ab über den Einsatz ihrer Verbindungsbeamten sowie von den Nachrichtendiensten geleistete Ausbildungs-, Ausstattungs- und Beratungshilfe an solche Staaten, die vom Menschenrechtsausschuss als fragil eingestuft werden. Der Bericht ergeht an das Parlamentarische Kontrollgremium der Nachrichtendienste, das darüber entscheidet, welche Teile des Berichts als Bundestagsdrucksache öffentlich gemacht werden können, soweit Interessen des Staates nicht gefährdet werden.

9.
Der Ausschuss für Menschenrechte und humanitäre Hilfe unterbreitet in Abstimmung mit dem Innenausschuss dem Bundeskanzleramt halbjährlich Vorschläge, Missstände auf dem Gebiet der Hilfe für ausländische Sicherheitsinstitutionen kurzfristig abzustellen.

10.
»Asyl-Lageberichte« und Einzelauskünfte des Auswärtigen Amtes in Asylverfahren werden fast immer kritklos zur Entscheidung durch Gerichte herangezogen. Die Praxis zeigt, dass solche Verlautbarungen jedoch oftmals von außenpolitischen Rücksichtsnahmen geprägt sind und nicht selten unrichtige Tatsachenbehauptungen enthalten. Das Auswärtige Amt beruft deshalb einen Beirat ein, der am Erstellen von »Asyl-Lageberichten« mitwirkt und vom »Forum Menschenrechte« gestellt wird.

Der halbjährliche »Asyllagebericht« des Auswärtigen Amtes über rund 40 Staaten wird künftig nicht mehr als »Verschlusssache – Nur für den Dienstgebrauch« eingestuft, sondern als Bundestagsdrucksache veröffentlicht.

11.
Das Bundesinnenministerium beauftragt das Bundeskriminalamt mit vorbereitenden Maßnahmen, Organisation und Aufgaben der IKPO-Interpol zu reformieren. Vom BKA werden Vorschläge erwartet

- über die Suspendierung von solchen Mitgliedsstaaten aus der Interpol-Organisation, die als Terrorregime an der Spitze der Rankingliste stehen;
- über die Einschränkung der Zusammenarbeit mit Staaten, die systematisch gravierende Menschenrechtsverletzungen begehen;
- über die personelle Zusammensetzung des Exekutivkomitees der IKPO-Interpol (Aufsichtsrat), der keine Mitglieder aus Diktaturen angehören sollen;
- über die Novellierung der Interpol-Statuten, wonach Folter seitens aller Interpol-Staaten als normale Kriminalität einem Verfolgungszwang unterliegt und ab sofort nicht mehr als »politisches Delikt« außerhalb der Kompetenz der IKPO-Interpol behandelt werden darf;
- über die Verleihung des Völkerrechtsstatus an die IKPO-Interpol, um sie in die Organisation der Vereinten Nationen zu integrieren und deren Aufsichtsgremien zu unterstellen, insbesondere dem Netzwerk gegen Folter und andere Menschenrechtsverletzungen.

Das Bundesinnenministerium und das Auswärtige Amt bereiten in Abstimmung mit dem Bundeskanzleramt die notwendigen Schritte vor, die Reform der Interpol-Organisation in der Staatengemeinschaft auf den Weg zu bringen, Bündnispartner in anderen Nationen zu suchen und die Reform in der nächsten Generalversammlung der Vereinten Nationen auf die Tagesordnung zu setzen.

12.
Das Ausländerrecht ist dahingehend zu novellieren, dass für Personen, die nachweislich Opfer von erlebter Folter geworden sind, ein genereller Abschiebeschutz und ein Aufenthaltsrecht in Deutschland besteht. Für den Nachweis der Folter sind medizinische und psychiatrische Gutachten zu erbringen, die vorzugsweise von Einrichtungen zur Behandlung von Folteropfern erstellt werden.

III
BKA, BUNDESPOLIZEI UND GEHEIMDIENSTE IN EINER GLOBALISIERTEN WELT

Die vorliegende Untersuchung ist – wenn man so will – eine Fortschreibung des Buches »Auf dem rechten Auge blind – Die braunen Wurzeln des BKA«. Da nach einem Beschluss des Bundeskriminalamtes im Oktober 2007 eine externe Wissenschaftlerkommission die Tradierung von NS-Gedankengut im BKA erforschen soll und das Amt hierzu seine Akten öffnen will, hat dieser Bereich keinen Schwerpunkt in diesem Projekt, um die Ergebnisse des Forschergremiums abzuwarten.[1] Trotzdem kann man im Einzelfall Kontinuitäten nicht ganz außer Acht lassen, wenn sie die Stringenz des aktuellen Handelns begründen.

In diesem Buch geht es also nicht um »den Blick zurück«, sondern in erster Linie um den Status quo und die Zukunftsperspektiven.

Es ist vermutlich überflüssig zu erwähnen, dass das BKA eine große Anzahl von wichtigen Aufgaben nach rechtsstaatlichen Kriterien erfüllt. Das Amt nimmt weltweit eine Spitzenstellung unter vergleichbaren Behörden ein und ist vor allem technisch auf dem neuesten Stand. In vielen Bereichen haben Wissenschaftler des BKA über Deutschland hinaus bahnbrechende Entwicklungen geleistet, zum Beispiel auf den Gebieten der Stimmdiagnostik oder der automatisierten Fingerabdruck-Identifizierung. Die DNA-Analyse bedeutet mit 66 000 Treffern (bis 2008) einen Quantensprung der Kriminalistik.

In einer Festschrift zu Ehren des ehemaligen BKA-Präsidenten Dr. Horst Herold anlässlich seines 75. Geburtstages stellt sich das Amt auf 650 Seiten als moderne Behörde dar. Die Erfolgsgeschichte hat ihre Berechtigung, und es ist nicht Intention dieser Untersuchung, die ihren Schwerpunkt im Bereich der Menschenrechte sieht, die Wiesbadener Behörde pauschal zu kritisieren oder ihre Verdienste zu schmälern. Das Buch versteht sich vielmehr als sachlicher Beitrag, den Bereich der internationalen Polizeiaktivitäten umfassend zu analysieren und im weitesten Sinne die Einhaltung von Menschenrechten sowie Grundfreiheiten durch deutsche Sicherheitsinstitutionen zu reklamieren. Dabei geht es allerdings auch um die Prüfung, welche Prägungen Beamte erfahren haben, die als »Botschafter der Polizei« im Ausland keine innere Demokratie ihrer Stammbehörde erfahren und möglicherweise rechtsextremen Grundhaltungen nahe stehen.

Die internationale Zusammenarbeit gehört zu den Kernkompetenzen des BKA. Bei zahllosen Auslandsdienstreisen und als Verbindungsbeamte in 48 Ländern, von denen mindestens 24 Staaten foltern oder misshandeln, erfahren die BKA-Kriminalisten aktuell und aus erster Hand von gravierenden Menschenrechtsverletzungen. Konsequenzen werden erkennbar nicht gezogen. Im Gegenteil, das weltweite Netz der 62 Verbindungsbeamten des BKA fungiert als Datenwaschanlage, indem Informationen unkontrolliert ausgetauscht und unbehindert verwendet werden. Zu ihren Aufgaben zählt sogar »die Teilnahme an Vernehmungen, Durchsuchungen und anderen Ermittlungshandlungen« im Gastland.

Kollektive Gleichgültigkeit ist ein wichtiger Grund neben anderen, dass deutsche Sicherheitsbehörden von Menschenrechtsverletzungen keine Notiz nehmen wollen. Das Bundeskriminalamt betrachtet quasi »hinter vorgezogener Gardine« und teilweise am Ort des Geschehens die weltweiten Verbrechen durch Folterknechte, ohne dagegen einzuschreiten. Zwar kann man dem Amt nicht unterstellen, solche Gräueltaten zu billigen, aber es herrscht die Überzeugung vor, das Geschehen im Ausland nicht ändern zu können und nicht verantworten zu müssen, ergo komme es primär darauf an, »dass die Zusammenarbeit klappt«. Das vorliegende Buch will Impulse geben, dass sich diese Haltung ändern kann und muss.

Natürlich geht es nicht um das BKA alleine und selbstverständlich liegt die politische Verantwortung bei der Bundesregierung und dem Parlament. Beteiligt sind auch Bundespolizei (früher BGS), Landespolizei, Bundesnachrichtendienst, Bundesamt für Verfassungsschutz, Zoll, Bundeswehr, Militärischer Abschirmdienst und neuerdings zivile Sicherheitsinstitutionen. Allerdings hat das BKA in vielfacher Hinsicht eine Schnittstellenfunktion, ist also die wichtigste Behörde in dem Zusammenhang überhaupt.

Seitens der Bundesregierung wurden im Jahr 2007 menschenrechtsrelevante Vorhaben in der Entwicklungszusammenarbeit mit rund 400 Millionen Euro finanziert und international alle wichtigen Netzwerke unterstützt, die sich die Gewährung der Menschenrechte zum Ziel gesetzt haben. Die deutsche Staatsführung hat sich gemeinsam mit der Europäischen Union und den Vereinten Nationen die Achtung der Menschenrechte und der Grundfreiheiten sowie Frieden, Freiheit und Demokratie auf ihre Fahnen geschrieben. Sie alle wollen eine verantwortungsvolle Staatsführung *(good governance)*, Gleichstellung der Geschlechter, Rechtsstaatlichkeit sowie Solidarität und Gerechtigkeit. Zu den hehren Zielen zählen die Freiheit von Mangel und Furcht sowie die Autonomie, selbständig zu handeln, parlamentarische Kontrolle auszuüben und die Freiheit der Medien zu gewährleisten.

Dem steht allerdings gegenüber, dass weltweit mindestens 106 Staaten foltern oder misshandeln, mindestens 64 Staaten extralegale Hinrichtungen praktizieren und politische Morde begehen, in mindestens 25 Staaten Menschen erzwungenermaßen verschwinden, weil sie ermordet und ihre Leichen irgendwo verscharrt werden. Vor diesen Zuständen die Augen zu verschließen und in der polizeilichen Zusammenarbeit zur Tagesordnung überzugehen, ist unverantwortlich. Es ist auch festzustellen, dass eine durchgehende Berücksichtigung von Menschenrechtsfragen *(mainstreaming)* durch Bundesregierung und im Bundestag sowie im Europaparlament keineswegs gewährleistet ist.

Diese Untersuchung wirft einen Blick auf die Akteure und versucht eine Antwort auf die Frage zu geben, welche Grundüberzeugungen BKA-Kriminalisten und Bundespolizisten motivieren, Menschenrechte »links liegen zu lassen« und rechts an ihnen vorbeizueilen, um im Bild zu bleiben. Die Lücke, dass Sozialwissenschaften diesen Bereich nicht erforschen, ist unübersehbar und vielleicht von der Bundesinnenministerkonferenz (IMK) politisch gewollt. Auch ältere Untersuchungen weisen den Trend auf, dass reaktionäre Grundüberzeugungen in der Polizei verbreitet sind und wohl auch nicht vor der Führungsmannschaft des BKA (BND, BfV, MAD) oder der Bundespolizei Halt machen. Das wird nicht zuletzt durch die Studie der Friedrich-Ebert-Stiftung unterstrichen (Oktober 2006), wonach Rechtsradikalismus in der Mitte der Gesellschaft angekommen ist und nicht etwa einen Bogen um die mehr als 5000 Mitarbeiter des Bundeskriminalamtes macht – eines Bundeskriminalamtes, das sich zwar eine »Unternehmenskultur« gab, in dem diese aber nicht gelebt wurde und was zeitweise dazu führte, dass ein Drittel der Bediensteten ihre »innere Kündigung« aussprach (siehe Kapitel VIII/6). Es ist nicht empirisch bewiesen, aber zu befürchten, dass das Auftreten von Rechtsradikalismus in der deutschen Bevölkerung in seinen Erscheinungsweisen auch auf die Polizei im allgemeinen und das Bundeskriminalamt im besonderen übertragbar ist. Nach dieser These würden etwa ein Viertel der Polizisten ausländerfeindliche Tendenzen (26,7 %) vertreten und etwa ein Fünftel (19,3 %) chauvinistisches Gedankengut pflegen. Wer solche Grundüberzeugungen hat, verfügt über ein starkes Nationalgefühl, ist für ein energisches Durchsetzen deutscher Interessen und will Deutschland weltweit Macht und Geltung verschaffen.

Dies knüpft an die Arbeitsweise des Bundeskriminalamtes an, gerade solche Werte im internationalen Bereich zu betonen, um international Einfluss zu gewinnen.

Das BKA ist eine widersprüchliche Behörde. Das Amt ist – wie die gesamte Polizei – in wichtigen Bereichen der Führung und des Managements weitgehend reformresistent, sieht in Neugestaltungen einen Anlass für Personalvermehrungen, die ohnehin ins Uferlose gehen. Das BKA hält sich für gut aufgestellt, dabei ist es überdimensioniert, um in den vorhandenen Strukturen wirklich effektiv geführt werden zu können. Das BKA zu modernisieren hieße, verkrustete Seilschaften zu beseitigen. Dies könnten bestenfalls (politische) Kräfte bewirken, die von außerhalb der Polizei wirken und überkommene Strukturen aufbrechen. So ist Supervision bei der Polizei ein Fremdwort. So ist das Fachhochschulstudium weit entfernt von Freiheit der Forschung und Lehre. So produziert die Auswahl des Nachwuchses immer wieder denselben angepassten Beamtentyp. So müsste die Hierarchie auf zwei oder drei Ebenen verkürzt werden. – Trotz Hightech kommt das BKA in mancher Beziehung »altbacken« daher, junge Menschen – also der Nachwuchs – würden es in ihrer Sprache als uncool bezeichnen. Für alles das ist aber kein Raum in dieser Untersuchung.

Ein wichtiges Thema ist indes die Wandlung des Sicherheitsbegriffs hin zu einer Weltinnenpolitik. Im Rahmen der Entwicklung einer internationalen Sicherheitsarchitektur spielen BKA-Verbindungsbeamte als Global Player eine beachtliche Rolle. Den gebührenden Abstand zu Unrechtsregimen lassen sie häufig vermissen. Stattdessen hilft die Bundespolizei, die »Festung Europa« zu bauen ohne Rücksicht auf die menschenrechtliche Situation der Ärmsten der Armen. Die Bundespolizei ist durch europaweite Verbindungsbeamte, durch Einsatzkräfte oder Hubschrauberbesatzungen daran beteiligt, die Grenzen »dicht zu machen«, auch wenn Menschen um Hilfe ersuchen, die in einem Land, aus dem sie geflohen sind, schwerste Menschenrechtsverletzungen erdulden mussten. Dies widerspricht der von der Bundesrepublik unterzeichneten Genfer Flüchtlingskonvention.

Das Bundeskriminalamt schmiedet Allianzen mit Bundeswehr, Wirtschaft und Industrie, aber auch mit den Geheimdiensten – längst werden Trennungsgebote ausgehebelt. Ohne Anfangsverdacht wird das BKA durch die Novellierung des BKA-Gesetzes in die Lage versetzt, präventiv zu ermitteln, während Bundesnachrichtendienst und Verfassungsschutzamt weltweit operativ tätig werden, zum Beispiel in Afghanistan, Syrien oder im Foltergefängnis Guantánamo. Die Verfassung wird bei der Entwicklung zum präventiven Sicherheitsstaat so strapaziert, dass das Bundesverfassungsgericht bereits die Notbremse ziehen musste. Die Bundeswehr reklamiert in ihrem »Weißbuch« (2006) neue Aufgaben in der »vernetzten Sicherheit«, um Kompetenzen in der Terorismusbekämpfung zu erlangen, aber auch Zuständigkeiten im Inneren der Republik, die sie als »Zivil-Militärische Zusammenarbeit im Inland« definiert. In einem »ressortübergreifenden Ansatz« streben die deutschen Militärs neue Allianzen mit dem Bundesnachrichtendienst an. Es ist höchste Vorsicht geboten, wenn das Bundeskriminalamt die amerikanischen Methode des »Outsourcing« von Folter übernimmt, indem in Damskus oder Guantánamo unter Folter gewonnene Erkenntnisse verwertet oder die extrem schwache Position eines Gefangenen ausgenutzt wird, der ohne ordnungsgemäßes Verfahren inhaftiert und dann gefoltert worden ist.

In den Jahren 2000 bis 2006 leistete das Bundeskriminalamt bilaterale Polizeihilfe an 57 Staaten, ohne Rücksicht darauf, dass in 35 der Empfängerstaaten gefoltert und in 7 weiteren Staaten misshandelt wird (ANLAGE I). Leichtfertig vernachlässigt das BKA dabei herkömmliche Standards der OECD, wie Evaluation und Controlling. Dass die Hilfe einer »Demokratisierung« dient – wie es das BKA behauptet –, widerlegt die Statistik: Das Foltern wird genau so fortgesetzt wie das Zahlen von über 68 Millionen Euro für Ausrüstungshilfen aus Deutschland. Und dass solcherart »Hilfe« weit über das hinaus geht, was im Interesse von Kontakten zur Terrorismusbekämpfung vertretbar ist, liegt auf der Hand.

Die weitgehend unterschiedslose Unterstützung ausländischer Polizeien zeigt ein seit Gründung des BKA gewachsenes Muster auf. Das ist erwähnenswert, aber es geht wie erwähnt gar nicht darum, diese Kausalität zwingend zu beweisen, sondern vielmehr um das heutige Erscheinungsbild. Und das sieht so aus, dass das BKA auf vielen Ebenen eng mit Folterregimen kooperiert, nicht zuletzt weil polizeilicher Erfolg, Einfluss und Macht in international vernetzten Polizeiapparaten und wirtschaftliche Interessen (Marktöffnung) den Vorrang genießen vor dem Aufbau rechtsstaatlicher Strukturen, wie Kontrollinstanzen der Zivilgesellschaft. Bisher zeigt die Polizei im internationalen Bereich weder Interesse noch Engagement, wenn es um Menschenrechte geht. Selbst die Bekämpfung der Folter ist in polizeilichen Strategien nicht eingeplant, und noch nie war Polizeihilfe Diskurs in der BKA-Schriftenreihe oder einer öffentlichen Arbeitstagung des Bundeskriminalamtes. Bilaterale Polizeientwicklungshilfe spielt sich weitgehend im Geheimen ab, ja sie war noch Ende der neunziger Jahre als Verschlusssache (VS-NfD) eingestuft.

Um die Korrelation zwischen Menschenrechtsverletzungen und Polizeihilfe zu untersuchen, wurden für dieses Buch auf der Basis von 165 Staaten ein »Index Menschenrechtsverletzungen 2007« (Anlage II) und eine »Rankingliste Menschenrechtsverletzungen 2007« (Anlage III) erstellt, wie sie so bisher noch nicht existieren. Formalisierte Bewertungsraster dieser Art können wegen der Latenz von Menschrechtsverletzungen in manchen Staaten zwar nur als Anhalt dienen, bieten aber trotzdem Vergleichsmöglichkeiten. Wenn man diese Einschränkung akzeptiert, dann ergibt sich durchaus ein realitätsnahes Bild.

In der Spitzengruppe ohne Verletzung von Menschenrechten befinden sich Grönland, Island, Luxemburg und Norwegen. Deutschland belegt Rang 34. Nachbarländer sind wie folgt platziert: Niederlande: 10, Österreich: 11, Italien: 32, Dänemark: 24, Schweden: 24, Belgien: 30, Polen: 30, Schweiz: 35, Großbritannien: 43.

Die USA erreichen Platz 146, eingerahmt von Malaysia und Kolumbien.

Die Endpositionen belegen: Korea Nord (155), Simbabwe (156), Irak (157), Iran (158), Birma (158), Mexiko (160), Russland (161), Pakistan (162), Demokratische Republik Kongo (163), China (164) und Sudan (165).

Weil Folter und Korruption Geschwister im Ungeist sind und auch andere Demokratiedefizite bei der Beurteilung eine Rolle spielen, bietet sich an, den »Korruptions-Index 2007« von Transparency International (Anlage IV) und die »Rankingliste Pressefreiheit 2007« von Reporter ohne Grenzen (Anlage V) in die Untersuchungen einzubeziehen. Basis der Beurteilung bilden ferner Länderanalysen, erstellt unter anderem von der deutschen Bundesregierung und Menschenrechtsorganisationen der EU und der UN, von Thinktanks, die die Regierung beraten und von NGOs, vor allem Amnesty International und Human Rights Watch.

In der Interpol-Organisation ist das BKA größter Nutzer und Beitragszahler und war schon immer ein Schrittmacher und kreativer Motor bei der polizeilichen Entwicklungshilfe. Daraus ergibt sich eine besondere Verantwortung. Eine Reform der IKPO-Interpol ist nur auf politischer Ebene möglich ist. Sie müsste durch Bundesregierung und Bundestag international eingeleitet werden, wozu allerdings das BKA die Vorarbeit leisten sollte. Und da das BKA keine Polizeientwicklungshilfe ohne entsprechende Erlasse des BMI auf den Weg bringt, ist hier die Verantwortung des Innenministeriums eingeschlossen.

Das Bundeskriminalamt hat im Jahr 2007 durch die Veranstaltung von drei Kolloquien erste Schritte unternommen, seine braunen Wurzeln aufzuklären.

Es besteht jedoch weit über die von BKA-Präsident Jörg Ziercke initiierte Erforschung der NS-Vergangenheit hinaus Bedarf an Aufklärung, so auch darüber, dass 42 Unrechtsregime durch deutsche Behörden noch potenter gemacht werden, ihre politischen Gegner zu eliminieren.

Kameraderie in der weltweiten Polizeifamilie, die das Wort Folter tabuisiert, stellt ein brennendes Problem dar. Auch in der BRD. Dieser Ignoranz wird in dieser Studie die Authentizität von Fallberichten aus dem Behandlungszentrum für Folteropfer in Berlin entgegengehalten – Lebensschicksale, die kein Entrinnen möglich machen, was Folter bedeutet und anrichtet.

Mit dem Aufbau einer rechtsstaatlichen Polizei nach dem Krieg wirkte die Vergangenheit in der Gegenwart weiter – zunächst in den Köpfen Ewiggestriger, auch im BKA. Mit dem Abtreten der Ziehvätergeneration trat jedoch nicht ein, was man eigentlich erhoffen durfte: Von der jüngeren Generation gingen keine Impulse aus, etwas zu ändern. Die BKA-Führungsmannschaft der achtziger, neunziger Jahre hätte sich an die Menschenrechtsverletzungen des Dritten Reiches erinnern können und müssen, um dagegen Front zu machen, wenn solches weltweit weiterhin geschieht. Diese Unterlassung verläuft immer nach demselben Muster bis heute. So auch bei der Polizeientwicklungshilfe.

Auch wartet man bisher vergebens darauf, dass sich das Bundeskriminalamt bei der Verfolgung von Verstößen gegen das Waffenrecht zur Eindämmung illegaler Rüstungsexporte genauso ins Zeug legt wie die Bundespolizei bei der Kriminalisierung von Immigranten.

An den BKA-Kolloquien nahm Romani Rose, der Vorsitzende des Zentralrats der Sinti und Roma, teil. Wie ist ihm wohl zumute, wenn er zur Kenntnis nehmen muss, dass Bulgarien in den Jahren 2000 bis 2006 mit 1,6 Millionen Euro deutscher Polizeihilfe unterstützt wurde, dort aber Roma in großem Umfang diskriminiert wurden. Es gab gewaltsame Todesfälle, Roma-Kinder wurden in Schulen ausgegrenzt.

In Rumänien wurden die Unterkünfte von Roma niedergebrannt, die Feuerwehr schaute zu, Polizisten knüppelten Roma-Familien nieder, drei Roma-Angehörige kamen zu Tode. »Bei Opfern polizeilicher Misshandlungen und missbräuchlichen Einsatzes von Schusswaffen handelte es sich vielfach um Angehörige der Minderheit der Roma.« (Amnesty International)

Rumänien wurde in den Jahren 2000–2006 mit 1,8 Mio Euro Polizeihilfe unterstützt.

Auch in Ungarn und Slowenien kam es Jahr für Jahr zu rassistisch motivierten Übergriffen gegen Menschen der Roma-Gemeinschaft. Die gleiche Situation bietet Tschechien. Sie alle erhalten durch das Engagement des BKA und der Bundespolizei deutsche Polizeihilfe, ohne dass diese Misshandlungen durch Polizeikräfte unterbunden würden.

Wo ist eine Instanz, die STOPP sagt? Wir können doch nicht eine Polizei mit Millionen von Euro unterstützen, wenn eben diese Polizei Menschenrechte mit Füßen tritt. Jahr für Jahr. Eine Methode, die durchaus nicht losgelöst von der Tradition der Nationalssozialisten zu sehen ist.

Das BKA genießt international ein hohes Ansehen, auch wenn Teile seiner Organisationsformen und Arbeitsweisen auf Effizienzvorstellungen der Nationalsozialisten zurückgehen (siehe Kapitel VII/1). Noch 1946 drückte die britische Polizei unverhohlen ihre Bewunderung für das ehemalige Reichskriminalpolizeiamt aus (»*product of German genius*«).[2] Dass diese Form der Effizienz eine Perversion ist, wird international nicht unbedingt wahrgenommen. Das BKA ist heute eine überwiegend rechtsstaatlich arbeitende Behörde. Die Perversion besteht darin, dass bei Folter und anderen schweren Verstößen gegen die Menschenrechte weggeschaut wird. Nicht weniger denkwürdig ist die Tatsache, dass ein großer Teil der Mitgliedsstaaten in der Interpol-Organisation Folterregime sind. Wenn von ihren 186 Mitgliedsstaaten 106 seit Jahrzehnten unbehelligt foltern oder misshandeln, dann müssen Konsequenzen gezogen werden. Es darf nicht sein, dass Folter international hoffähig ist.

Der Nationalsozialismus ist in das kollektive Weltgedächtnis eingegangen und wird immer eine deutsche Hypothek bleiben. Es ist festzustellen, dass Praktiken der Gestapo und Menschenversuche von NS-Pseudowissenschaftlern Grundlagen für Foltermethoden lieferten, so auch der CIA, die deutsches Know-how für ihre Zwecke einsetzten und damit die Weltgemeinschaft infizierten. Die Auswirkungen sind bis in die letzten Wochen und Monate zu spüren. Deshalb darf der Blick zurück nicht erfolgen ohne den Blick nach vorn. Die Verantwortung der Nachgeborenen liegt darin, ähnliche Verbrechen, wie sie im Dritten Reich begangen wurden, nicht zuzulassen. Nie wieder und nirgendwo.

Als Sicherheitsberater des Auswärtigen Amtes war der Autor acht Jahre lang in über sechzig Staaten auf allen Kontinenten unterwegs. Zumeist handelte es sich um Länder, in denen Bürgerkrieg herrschte bzw. die als Diktaturen systematisch Menschenrechte verletzten. Bis heute halten sich Bilder im Kopf, die damals Assoziationen auslösten: So ähnlich muss es in der Nazi-

Zeit gewesen sein. In diesem Sinn sind *Flash-backs* zu verstehen, mit denen hier und da an diese Zeit erinnert werden soll.

Um nicht missverstanden zu werden: Das Buch richtet sich gegen die schleichende Aushöhlung von Grund- und Menschenrechten. Zwangsläufig steht das Bundeskriminalamt aufgrund seiner herausragenden Bedeutung für die Innere Sicherheit im Vordergrund, aber die Intention geht darüber hinaus.

Der Autor fühlte sich verstanden, wenn sich die Rezeption des Textes an dem bildhaften Beispiel orientierte, mit dem der Kriminologe Detlef Nogalla seinen Aufsatz »Die Trivialisierung von Überwachung in der informatisierten Gesellschaft des 21. Jahrhunderts« illustrierte: »Die Reaktionsfähigkeit komplexer fortgeschrittener Gesellschaften lässt sich in bestimmter Hinsicht mit denen von Fröschen vergleichen. Wirft man eine solche Amphibie experimentehalber in heißes Wasser, so wird der Frosch dieser unangenehmen Umgebung sofort zu entfliehen versuchen und mit einem Satz heraushüpfen. Setzt man das sensible Tier hingegen behutsam in ein mit Wasser gefülltes Gefäß und erhöht die Temperatur nur ganz allmählich in kleinen Schritten, so wird es die geringfügigen Veränderungen ertragen, sich jeweils an die Erwärmung gewöhnen und schließlich so lange verharren, bis es am Ende zu spät ist.«[3]

IV
NATIONALSOZIALISTEN ALS EXPERTEN FÜR FOLTERMETHODEN

Insasse eines Konzentrationslagers im Dritten Reich gewesen zu sein, war per se Folter. Unbeschreibliche Gräuel, Menschenverachtung, Schikane, Terror und Gefühllosigkeit bedeuteten eine permanente Todesgefahr und Todesangst. Hinzu kamen die Menschenversuche, die als kriegswichtig oder rassehygienisch begründet und von Ärzten aus den Reihen der SS, der Wehrmacht oder von Universitäten durchgeführt wurden. Im KZ Ravensbrück führte Prof. Karl Gebhardt Experimente durch, um Sulfonamid-Präparate zu erproben. Die Häftlinge wurden mit Schmutz, Gasbrand- und Tetanuserregern infiziert. Der Tropenmediziner Claus Schilling betrieb im KZ Dachau eine Malaria-Versuchsstation, wo er etwa 1100 Häftlinge infizierte. Der Gynäkologe Carl Clauberg experimentierte in Auschwitz an einer Methode der Massensterilisation ohne Operation an nicht betäubten Versuchspersonen. Dr. Sigmund Rascher erhielt in Dachau die Möglichkeit zu Unterdruck- und Unterkühlungsversuchen. Andere Experimente fanden in den KZ Mauthausen, Natzweiler, Buchenwald und Sachsenhausen statt. Dr. Josef Mengele »forschte« an Zwillingen aus rassehygienischen und erbbiologischen Motiven. Als Täter waren insgesamt etwa 350 Personen an den Medizinverbrechen beteiligt.[4] Ein weiteres Sonderprogramm galt der »Zigeunerforschung« durch Robert Ritter, der 1938 schrieb, dass »die Erfassung sämtlicher Zigeunerbastarde in Deutschland eine sehr schwierige, umständliche und zeitaufreibende ist«.[5]

Ernst Klee dokumentiert in seinem Buch »Auschwitz, die NS-Medizin und ihre Opfer«[6] 54 pervertierte Experimente, von »Augen« bis »Zyankali«.[7]

Eine herausragende Stellung unter den SS-Medizinern hatte Generalarzt Prof. Walter Schreiber als Forschungsbevollmächtigter der Deutschen Forschungsgemeinschaft für Seuchenbekämpfung, die u. a. Mittel der biologischen Kriegsführung entwickelte. Ab 1943 wurde er Kommandeur der Lehrgruppe C der Militärärztlichen Akademie und damit Chef aller wissenschaftlichen Institute. 1945 geriet er in sowjetische Internierungshaft und trat als Kronzeuge der UdSSR im Nürnberger Ärzteprozess auf. Weil man ihn inzwischen für einen linientreuen Kommunisten hielt, erfolgte 1948 seine Entlassung in die »Ostzone«, von wo er sich nach West-Berlin absetzte und zu den Amerikanern überlief. Diese setzen ihn als Lagerarzt im US-Verhörzentrum Camp King (siehe weiter unten) ein, von wo aus er im Rahmen der Aktion »Paperclip« in die USA gelangte und eine Anstellung in der School of Aviation Medicine in Randolph Field/Texas erhielt. Nachdem amerikanische Zeitungen von seiner NS-Vergangenheit erfahren hatten, wanderte er mit Hilfe von US-Behörden nach Argentinien aus.[8]

In der von US-Präsident Harry S. Truman genehmigten Operation »Paperclip«, mit dem das wissenschaftliche Know-how der Nationalsozialisten abgeschöpft werden sollte,[9] gelangten etwa 600 führende deutsche Wissenschaftler in die Staaten, darunter der prominente Wernher von Braun. Der höchste NS-Luftwaffenmediziner Hubertus Strughold gehört dazu, gleichfalls die Luftwaffenärzte Konrad Schäfer und Theodor Benzinger, die für die Dachauer Unterkühlungsexperimente mitverantwortlich waren.[10] Sie erreichten hohe Positionen in der US-Weltraumforschung (Apollo-Programm). Strughold wurde 1983 mit dem deutschen Bundesverdienstkreuz geehrt.[11]

Der SS-Sturmbannführer Kurt Plötner war ab 1943 Assistenzarzt bei Malaria-Versuchen im KZ Dachau, auch experimentierte er mit der Droge Meskalin. Die KZ-Häftlinge sollten unter höchsten Dosen dieses Rauschgiftes, das ihnen ohne ihr Wissen verabreicht wurde, gezwungen werden, Geheimnisse zu verraten, was aber misslang. Plötners krimineller Missbrauch der ärztlichen Kunst war kein Hinderungsgrund für eine Professur an der Universitätsklinik Freiburg nach dem Krieg.[12] Im Oktober 1945 erstellte die US Naval Technical Mission einen Bericht über die in Dachau durchgeführten Menschenversuche, darunter Experimente mit Meskalin unter Plötners Leitung. Die Untersuchung wurde Grundlage für ein eigenes CIA-Forschungsprogramm. Ein Teil der Experimente an unfreiwilligen Versuchspersonen fand im Nachkriegsdeutschland an sowjetischen Spionen statt.[13]

Der ehemalige Nazi-Chemiker Friedrich Hoffmann, ein führender Giftgasforscher, wurde nach dem Krieg in die USA geholt und von der *US-Army* als Spezialist für die chemische Folterforschung verpflichtet. Zu seinen Aufgaben zählte das Suchen nach wirkungsvolleren Abkömmlingen bekannter Psychodrogen, die in US-Kliniken an ahnungslosen Patienten getestet wurden.[14]

Im Norden von Oberursel im Taunus, nicht weit entfernt von Frankfurt am Main, wurde auf dem Gebiet des »Reichssiedlungslehrhofs« ein Gefangenenlager errichtet, das die Bezeichnung »Durchgangslager Luftwaffe« (Dulag

Luft) trug. Es hatte den Zweck, zwischen 1942 und März 1945 Piloten der Alliierten, die über der »Westfront« abgeschossen worden waren, unter Anwendung von Folter nach kriegswichtigen Informationen zu befragen. In dem hermetisch abgesperrten Bereich befanden sich etwa 150 enge Zellen mit einer starken Heizungsanlage. Die Methode bestand in einer wochenlangen Isolierung der Bomberpiloten, Hungerrationen und Hitze von teilweise über 45 Grad. Sobald sich der Gefangene kooperativ zeigte, wurde er durch ausreichende Lebensmittel und Kleidung »belohnt«.[15] Die Methode wurde später, als die CIA auf diesen Experimenten aufbaute, sensorische Deprivation genannt.

Am 25. März 1945 nahmen die Amerikaner das Lager ein, sie fanden es leer und verlassen vor. In der Folgezeit wurde das »Dulag Luft« zur Basis der US-Streitkräfte und seit 1946 nach Colonel King, der 1944 bei der Invasion in Frankreich gefallen war, Camp King benannt. Die amerikanische Besatzungsmacht richtete jetzt ihrerseits ein Verhörzentrum für Naziprominenz ein und nutzte teilweise die vorgefundene Technik. Außerdem verwanzte sie alle Räume, um die Gefangenen abzuhören, wie es auch der britische Geheimdienst in Trent Park bei London praktizierte.[16]

Die Amerikaner wollten einen möglichst umfassenden Überblick über den Nationalsozialismus erhalten, einerseits aus historischen Gründen. Andererseits aber auch, um Anklagen gegen die Haupttäter vorzubereiten oder zu entscheiden, dass von einer Bestrafung abgesehen werden sollte, wenn der NS-Experte aufgrund seines Wissens und seiner Erfahrung für die US-Forschung von Bedeutung war. Solche Fachleute wurden alsbald in die USA überstellt.

In einem Prozess in Wuppertal wurden vier ehemalige für das Lager verantwortliche NS-Offiziere zu Gefängnisstrafen bis zu fünf Jahren verurteilt.

Einer der Verhöroffiziere trat als Zeuge gegen amerikanische Bomberpiloten, die man des Geheimnisverrats verdächtigte, vor US-Kriegsgerichten in Amerika auf und arbeitete noch zwei Jahre für das Pentagon.

Einer der wichtigsten Gefangenen in dieser Zeit in Camp King war General Reinhard Gehlen, einst Leiter der Abteilung Fremde Heere Ost im Generalstab des Heeres. Gehlen bot seine uneingeschränkte Mitarbeit an, was einer der Gründungsväter der CIA, Allen Dulles, mit den Worten kommentierte: »Im Spionagegeschäft gibt es selten Heilige. Er ist auf unserer Seite, und nur das zählt. Man kann den Zug nicht ins Rollen bringen, ohne ein paar NSDAP-Mitglieder mitzunehmen«.[17] Aus der »Organisation Gehlen« entstand, wie bekannt, 1956 der Bundesnachrichtendienst in München-Pullach.

Tim Weiner, Journalist bei der New York Times, schreibt in seinem umfassenden CIA-Buch, dass die amerikanischen Spione in den ersten Jahrzehnten des Kalten Krieges die Grundelemente des Handwerks von deutschen und britischen Kollegen lernten.[18]

Ein anderer amerikanischer Geheimdienst, das *Counter Intelligence Corps* (CIC) war in der unmittelbaren Nachkriegszeit daran beteiligt, Naziverbrecher zum Aufbau eines antikommunistischen Spionagenetzes als Mitarbeiter zu gewinnen und sie sodann einer Strafverfolgung zu entziehen. Teils kamen sie als ehemalige Angehörige der NS-Sicherheitspolizei wieder bei der Polizei unter, so Theo Saevecke beim Bundeskriminalamt, der bis zu seinem Tod im Jahr 2000 höchste Protektion des Bundesinnenministeriums genoss, das alle Straf- und Disziplinarverfahren gegen ihn niederschlug (siehe Kapitel VII/1).[19] Die US-Geheimdienstler wirkten aktiv mit, Klaus Barbie, der als Gestapochef von Lyon französische Widerstandskämpfer folterte (»Schlächter von Lyon«), mit falschen Papieren auf den Namen Klaus Altmann auszustatten und ihn 1951 mit seiner Familie über Italien nach Bolivien zu schleusen. In Bolivien wirkte Barbie am Aufbau der einheimischen Sicherheitsdienste mit. 1983 erfolgte seine Auslieferung an Frankreich, wo er zu lebenslanger Haft verurteilt wurde und 1991 in Lyon verstarb.[20]

Im Kampf gegen den Kommunismus war dem amerikanischen Geheimdienst jedes Mittel recht. Verbündete fand er in der katholischen Kirche und im Internationalen Roten Kreuz, die sich das gleiche Ziel auf die Fahnen geschrieben hatten. Die Fluchthilfe wurde als die »Rattenlinie« bekannt, auf der aus Deutschland und Österreich Naziverbrecher nach Rom kamen, um dann über Genua oder Barcelona nach Südamerika auszureisen. Päpstliche Hilfsstellen bezeugten die falsche Identität und besorgten die Visa, das Internationale Rote Kreuz beschaffte die Pässe und das CIC bezahlte in vielen Fällen die Kosten: 1000 US-Dollar pro Person, über 60jährige waren etwas teurer, Kinder zahlten die Hälfte, bei prominenten Nazis erhöhte sich der Preis auf 1400 US-Dollar.[21]

So floh Adolf Eichmann unter dem Tarnnamen Ricardo Klement von Rom nach Argentinien, wobei ihm der deutsche Pallottiner-Pater Anton Weber half.

Zu den prominenten Nazi-Flüchtlingen gehörten außerdem:[22]

SS-Standartenführer Walter Rauff, der die Gaswagen bauen ließ, in denen Hunderttausende umgebracht wurden (Flucht 1949 nach Syrien, 1953 nach Ecuador, 1958 nach Chile, 1972 in Santiago de Chile verstorben);

Auschwitz-Arzt Josef Mengele (Flucht 1949 unter dem Namen Helmut Gregor nach Argentinien, verstorben 1979 in Brasilien);

Gustav Wagner, Stellvertretender Kommandant des Vernichtungslagers Sobibor, Flucht 1945 nach Syrien, ab 1950 in Brasilien, Suizid 1980 in Sao Paulo);

Friedrich Warzok, Chef des berüchtigten Janowska-Lagers in Lemberg. Warzok reiste nach Kairo aus und gilt seitdem in Ägypten als verschollen;[23]

Dr. Kurt Christmann, Führer des Sonderkommandos 10a (Flucht 1948 als Dr. Ronda nach Argentinien, Rückkehr in die BRD, Besitzer einer Immobilienfirma, 1980 vom LG München zu 10 Jahren Haft verurteilt);

Josef Schwammberger, Kommandant des Ghettos in Przemysl, flüchtete als Josef Hackl 1948 auf der »Rattenlinie« nach Buenos Aires. Er wurde 1987 in Argentinien verhaftet und ausgeliefert. Das Landgericht Stuttgart verurteilte ihn zu lebenslanger Haft (verstorben 2004);

Erich Priebke, SS-Hauptsturmführer, beteiligte sich an den Massakern an 335 Geiseln in den Ardeatinischen Höhlen bei Rom. Er flüchtete nach Argentinien und wurde schließlich in Rom (1998) zu lebenslanger Haft verurteilt.[24]

Dr. Gerhard Bohne, Organisator der Nazi-Euthanasie (flüchtete ebenfalls nach Argentinien).[25]

Im Mittelpunkt vieler Pass- und Fluchthilfeunternehmen stand der in Rom ansässige Grazer Theologieprofessor und Titular-Bischof Alois Hudal, der ein glühender Verehrer Hitlers gewesen war. Er beschaffte zum Beispiel im Mai 1948 Franz Stangl, dem ehemaligen Kommandanten der Vernichtungslager Sobibor und Treblinka, Unterkunft und Geld in Rom, nach zwei Wochen einen Rot-Kreuz-Pass, danach ein Visum für Syrien und eine Schiffskarte.[26]

Am 10. September 1949 verstarb Otto von Wächter in Rom, Gouverneur des Distrikts Galizien im früheren Generalgouvernement und 1944 Chef der Militärverwaltung Italiens. Hudal, der ihn verborgen gehalten hatte, stand ihm in der Sterbestunde bei.[27]

Der SS-Untersturmführer Walter Kutschmann, einst Leiter der Gestapo Drohobycz, hatte sich Ende 1944 nach Spanien abgesetzt. Dort beschaffte er sich die Papiere des verstorbenen Karmelitermönchs Pedro Ricardo Olmo und reiste nach Argentinien aus, wo er 1975 die argentinische Staatsangehörigkeit erhielt. Das deutsche Ersuchen, ihn auszuliefern, hat Argentinien stets abgelehnt.

Viele Naziverbrecher gründeten in Lateinamerika nicht nur eine neue Existenz, sondern waren als Berater beim Aufbau von Polizei und Geheimdienst beteiligt, erwarben sogar Dienstgrade bis zum General, galten aufgrund ihrer Erfahrungen bei SS und NS-Sicherheitspolizei als ausgewiesene Experten, genossen hohes Ansehen und Protektion. In Syrien zum Beispiel galt Alois Brunner als Berater des syrischen Geheimdienstes »in Judenfragen«. So weigert sich die syrische Regierung, den in Damaskus lebenden SS-Hauptsturmführer, der einmal Eichmanns Sekretär gewesen war, nach Deutschland oder Frankreich auszuliefern. In Paris war er bereits 1954 in Abwesenheit zum Tode verurteilt worden.

Dass die von den NS-Tätern mit ihrem Spezialwissen unterstützten Länder, wie Syrien, Argentinien, Bolivien, Ecuador, Chile und Ägypten, Folterregime waren und teils noch sind, ist durch die historische Forschung erwiesen. Sie konnten ihre Praktiken auf dem Wissen der Zöglinge von Himmler und Heydrich aufbauen. Manche deutsche Politiker kannten keine Berührungsängste im Umgang mit solchen Staaten, so Franz Josef Strauss, der die *Colonia Dignidad* in Chile besuchte und dort verehrt wurde.

V
DEUTSCH-AMERIKANISCHE ALLIANZEN

1. Central Intelligence Agency (CIA)

Die Wege des BKA und der CIA kreuzen sich immer wieder, und das hat Tradition. Die Kooperation geht bis in die Zeit vor der Gründung des BKA zurück, als der spätere BKA- und Interpol-Präsident Paul Dickopf noch – erwiesenermaßen – CIA-Agent war (siehe Kapitel VII/1). Auch die gute Zusammenarbeit der Sicherungsgruppe des BKA mit der CIA in den fünfziger und sechziger Jahren war sprichwörtlich.

Die CIA galt in vieler Hinsicht als Vorbild für das Bundeskriminalamt. Berührungsängste bestehen keine, sonst könnte nicht noch heute ein CIA-Verbindungsbeamter für das Amt zuständig sein. Das Bundeskriminalamt kopierte in den achtziger und neunziger Jahren Arbeitsweisen des amerikanischen Geheimdienstes und propagierte sie als eigene »Vorverlagerungsstrategie«, ein Konzept, das bis heute gültig ist und von der Bundesregierung immer wieder gepriesen wird. Hierüber wird später berichtet wie auch über die Zusammenarbeit deutscher Sicherheitsbehörden mit der CIA nach dem 9.11.2001. Natürlich ist hervorzuheben, dass sich das BKA von den Folterverbrechen der CIA distanziert und damit direkt nichts zu tun hat, sie auch auf keinen Fall billigt. Inwieweit die Wiesbadener Behörde allerdings einen indirekten Nutzen daraus zieht, ist eine brisante untersuchungswerte Frage (siehe nächstes Kapitel).

Bei den Vereinten Nationen oder auf anderen internationalen Foren traten die USA stets gegen Folter und für die universelle Gültigkeit der Menschenrechte ein. Parallel dazu entwickelte die CIA in den letzten sechs Jahrzehnten immer wirkungsvollere Foltermethoden und nahm auch das Recht für sich in Anspruch, Folter anzuwenden. Noch nie ist dies allerdings so beweiskräftig öffentlich geworden wie im Irakkrieg. Der Geschichtsprofessor der Universität von Wisconsin, Alfred W. McCoy, verfolgt seit den siebziger Jahren die Spuren der Täter und Opfer genau[28] und beschreibt den Wandel von der physischen Folter zu einer mit psychologischen Mitteln, der »berührungslosen Folter«. Schmerzen, die sich das Opfer selbst zufügt und sensorische Desorientierung zielen darauf ab, dass sich das Opfer – zum Beispiel durch aufgezwungene, Stress erzeugende Körperhaltungen – für sein Leiden selbst verantwortlich fühlt und schneller vor dem Peiniger kapituliert. Es handelt sich um einen Angriff auf die Existenzgrundlage der Persönlichkeit: auf Gehör, Sehvermögen, Zeitgefühl, Überlebenswillen, individuelle, geschlechtliche und kulturelle Empfindlichkeiten.

Alles das, was man aus den Medien über die Vorgänge in Guantánamo und Abu Ghraib weiß, bestätigt den Psychotherapeuten Otto Doerr-Zegers, der die Phaenomenologie der Foltersituation schon in den neunziger Jahren wie folgt beschrieb:

- totale Asymmetrie der Macht
- Anonymität des Folterers aus der Sicht des Opfers
- »Double-bind-Situation«, entweder durchzuhalten oder andere zu verraten
- systematische Irreführung hinsichtlich vorgebrachter Beschuldigungen, so bei künstlicher Beleuchtung, geschickter Täuschung und Scheinexekution
- Haft an bestimmten Orten, die signalisieren, verschleppt worden zu sein, in der Falle zu sitzen
- ein Zeitgefüge, das geprägt ist von Unberechenbarkeit und endloser Kreisförmigkeit.[29]

Eine solche Inszenierung der konstruierten Unwirklichkeit aus Lügen und Verdrehungen führt fast unweigerlich zu Selbstverrat und Zerstörung des Opfers. Die USA setzen den Verbrechen des Saddam Hussein und der Al Qaida ihre eigenen Verbrechen entgegen, nehmen »Kollateralschäden« genauso in Kauf wie die Peinigung von Menschen, Schuldige wie Unschuldige, in Guantánamo, Abu Ghraib und sonstigen geheimen CIA-Gefängnissen.[30] Trotzdem wird der CIA-Verbindungsbeamte vom Bundeskriminalamt nicht als persona ingrata behandelt oder die CIA aus den Gesprächskreisen der Geheimdienste entfernt (siehe Kapitel IX/11). Diese Komplizenschaft begründet eine Mitverantwortung.

Die Folterforschung der CIA wurde im Kalten Krieg durch Stalins Schauprozesse beflügelt, denn man suchte nach Erklärungen, warum die russischen Angeklagten in aller Regel geständig waren und Selbstkritik übten. Die Amerikaner wollten hinter die Methoden dieser »Gehirnwäsche« kommen.[31] Hierzu experimentierte die CIA zwischen 1950 und 1956 mit halluzinogenen Drogen, besonders mit LSD, das man an nordkoreanischen Kriegsgefangenen, aber auch an ahnungslosen GIs testete. In dieser Phase wurden im Rahmen der »Operation Bluebird« Nazistudien über die Anwendung von Drogen, Elektroschocks, Hypnose und Psychochirurgie einbezogen. Gleichfalls wurden Versuche mit dem Lügendetektor gemacht. Psychogene Drogen brachten nicht die gewünschten Ergebnisse.[32]

Jedoch enttarnte man das Geheimnis der »Gehirnwäsche« durch den sowjetischen KGB, nämlich dass nach vier Wochen Isolation, Angst, Schlafmangel, unverträglichen Temperaturen und chronischem Hunger die meisten Gefangenen willig waren zu kooperieren.

Im MKUltra-Programm zwischen 1956 und 1963 verlegte sich die CIA auf Erforschungen des Entzugs von Sinnesreizen, sensorische Deprivation genannt. Das Ergebnis stellte die CIA 1963 in dem internen Verhörhandbuch KUBARK zusammen, in das 1983 die Erfahrungen aus den US-Foltercamps im Vietnam-Krieg einflossen. Erst 1997 wurde das Folterhandbuch aufgrund des *Freedom of Information Acts* veröffentlicht, jedoch Zeilen, Absätze und Seiten vorher gelöscht. MdB Ulla Jelpke, Innenpolitische Sprecherin der Linksfraktion, kommt das Verdienst zu, eine deutsche Übersetzung der freigegebenen Fassung veranlasst und sie ins Internet gestellt zu haben.[33]

In den folgenden zwanzig Jahren wurde nach diesem Handbuch im Kampf gegen mutmaßliche Kommunisten verfahren. Zwischen 1962 und 1971 setzte die CIA weltweit 400 Polizeiberater ein, die mehr als eine Million Polizisten ausbildeten, darunter 85 000 Mann in Südvietnam und 100 000 Mann in Brasilien. Die USA verbreiteten auf diese Weise ihr psychologisches Foltermodell bei den verbündeten Geheimdiensten in Entwicklungsländern, so auch in Uruguay, im Iran und auf den Philippinen. Polygraphen und Elektroschockgeräte führten sie im Diplomatengepäck in die Länder ein. Angebliche Spione wurden, wie der CIA-Forscher Prof. Mc Coy beschreibt, unter CIA-Anleitung gefoltert und anschließend ohne Gerichtsverfahren hingerichtet.

Im Jahr 1983 erfolgte eine Fortschreibung des KUBARK-Handbuches im *Human Resources Exploitation Manual,* das erstmals bei der Ausbildung des Militärs in Honduras eingesetzt worden ist.

Die Methoden sind denen von heute ähnlich, wie sie in Afghanistan, im Irak oder auf dem kubanischen US-Marinestützpunkt Guantánamo angewendet wurden:

- ständige Manipulation der Zeit durch Vor- und Zurückstellen der Uhren
- Mahlzeiten zu unregelmäßigen Zeiten
- Störung des Schlafrhythmus
- Desorientierung in Bezug auf den Tag- und Nachtrhythmus
- unregelmäßige »Verhör«-Sitzungen
- Ignorieren halbherziger Kooperationsversuche.

Laut Handbuch bestand die Reihenfolge der Maßnahmen in: Entkräftung, Desorientierung und Drohung, wobei das Androhen von Schmerzen nach den Erfahrungen der Folterknechte Angst erzeugt und zumeist größere Folgen hat als die Ausführung selbst. Auf diesem Prinzip beruhte auch der Einsatz von Kampfhunden. Die letzte Phase schließlich bestand darin, sich durch eine aufgezwungene Körperhaltung selbst Schmerzen zu bereiten.

Zwischen 1968 und 1971 wurden laut Prof. McCoy allein in Vietnam 20 000 Menschen, die verdächtig waren, als Vietkong Widerstand zu leisten, gefoltert und anschließend ermordet. Die Opfer verschwanden einfach, und man hat nie wieder etwas von ihnen gehört.

Durch Folter wurde das Regime des Ferdinand Marcos auf den Pilipppinen »stabilisiert«. Die in Genf ansässige Internationale Juristenkommission reiste 1984 in das Land und stellte »verbreitete Menschenrechtsverletzungen durch Militär und Sicherheitskräfte fest, darunter Hinrichtungen ohne Gerichtsverfahren, Massaker, Verbrennungen, willkürliche Verhaftungen und Folter. [...] Häufig werden Beweise dafür an den Leichen von Ermordeten festgestellt. Schläge, Verstümmelungen und Foltermethoden mit Wasser. Dies geschieht besonders in Phasen von Isolationshaft.«[34] Die Amerikaner verhalfen 1987 Marcos zur Flucht und boten ihm mit seiner raffgierigen Frau Imelda Exil auf Hawaii.

In Chile gelten noch heute 4000 Menschen als verschwunden. Unter dem chilenischen Präsidenten Ricardo Lagos wurde 2003 die »Nationale Kommission zur Untersuchung von politischer Haft und Folter« einberufen. Als Ergebnis erhalten jetzt 28 000 überlebende Opfer eine staatliche Rente und kostenlose Behandlung in Krankenhäusern. Von der »reinen Lehre« der berührungslosen Folter wurde durch regionale Schergen nach Belieben abgewichen. Der chilenische Bericht legt ausführlich die verschiedenen Formen der Folter dar, die von der Militärjunta und ihrem Geheimdienst DINA angewandt wurden: Scheinerschießungen, sexuelle Übergriffe, bestimmte Formen des Aufhängens, wie der »Papageienschaukel« oder gleichzeitiges Schlagen auf beide Ohren, zynisch »das Telefon« genannt. Zum Einsatz kam der »Grill«, womit Elektroschocks gemeint waren oder das »U-Boot«, bei dem der Kopf so lange unter Wasser gehalten wurde, bis das Opfer zu ersticken drohte. Salvador Allende wurde gestürzt (11. November 1973) und Augusto Pinochet, ein Zögling der CIA, nie wirklich zur Rechenschaft gezogen.[35]

Die Zahl verschwundener Opfer in Argentinien beläuft sich auf 30 000 und in Peru auf 13 000 Opfer. Mütter von Verschwundenen gründeten in Argentinien 1977 eine der wenigen offenen Oppositionsgruppen gegen die Militärdiktatur, die *Madres de la Plaza de Mayo*.[36]

Viele Jahre sorgte in Guatemala ein von den USA ausgerüstetes Militärregime mit ziviler Fassade für innenpolitische Stabilität, indem es die Bedürfnisse des Volkes konsequent ignorierte und jeden Widerstand brutal ausschaltete. Ganze Generationen von oppositionellen Politikern, Intellektuellen und Gewerkschaftern wurden in diesen Jahren ermordet. Besonders unterdrückt und kriminalisisiert wurde die arme Bevölkerung, da die Todesschwadronen gerade dort das Umfeld der Guerillabewegung sahen. 50 000 Menschen gelten in Guatemala als verschwunden.[37]

In El Salvador verschwanden bis Februar 2007 insgesamt 787 Kinder, die meisten im Rahmen von Militäroperationen in den ersten Jahren des Bürgerkrieges.[38] Ausbilder der CIA mit Sitz in der US-Botschaft trainierten in El Salvador Einheiten, die als Todesschwadrone unter anderem am 24. März 1980 Erzbischof Oscar Arnulfo Romero ermordeten, der am Tag zuvor in einer Predigt den Terror und die Unterdrückung des Volkes durch Armee, Nationalgarde und Polizei öffentlich anprangert hatte.[39] Der Mord war der Auftakt des Bürgerkriegs in El Salvador, der in mehr als zwölf Jahren 75 000 Menschenleben forderte. Zwar gilt der Mord an Romero, der wie ein Heiliger verehrt wird, als aufgeklärt, aber die Verantwortlichen genießen bis heute Straffreiheit, und auch die heutige Regierung will, dass es so bleibt.[40]

Dass die USA Lateinamerika das Foltern lehrten, bestätigte das Pentagon im Jahr 1996, nämlich in der »School of America«, die Zehntausende Offiziere aus den Ländern »im Hinterhof Amerikas« ausbildete. Auf dem Lehrplan zur Bekämpfung linker Guerilleros stand: Einschüchterung, Kopfgelder für tote Feinde, Schläge, Inhaftierungen, Exekutionen und Wahrheitsdrogen. Zu den berüchtigten Absolventen zählten der Gründer der Todesschwadrone von El Salvador, Roberto D'Abuisson, und 19 salvadorianische Offiziere, die 1989 an der Ermordung von sechs Jesuitenpatern beteiligt waren; oder General Antonio Noriega, der von den USA durch eine Invasion gestürzte Staatschef Panamas.[41] Henry Kissinger, Nationaler Sicherheitsberater (1968–1973) und US-Außenminister (1973–1977), der im Hintergrund von CIA-Aktivitäten die Fäden zog, wurde mit dem Friedensnobel-Preis ausgezeichnet.[42]

Die CIA-Folterverbrecher erfanden erstmals in Malina unter Diktator Marcos und nutzten immer wieder bis heute das Prinzip, ihre Opfer nicht mehr selbst zu quälen, sondern sie in Länder zu verfrachten, wo die einheimischen Kräfte das schmutzige Handwerk erledigen. So geschah es in Bagram/Afghanistan (sexuelle Schikanen, Elektroschocks), in Amman/Jordanien (Ausreißen der Fingernägel, gewaltsames Einführen von Gegenständen in den After), Ägypten (Scheinertränken) und Usbekistan (Verbrennen und Elektroschocks an Genitalien). Unabhängig vom Know-how der Amerikaner beherrschten auch andere das Folterhandwerk, so das britische Militär im Einsatz gegen die IRA,[43] spanische Sicherheitskräfte gegen die ETA,[44] türkische gegen Kurden,[45] französische im Algerien-Krieg[46] und bis heute eben noch immer und immer wieder 86 Staaten weltweit.[47]

2. BKA und Outsourcing von Folter

Am 18. Dezember 2001 übergab die schwedische Geheimpolizei auf dem Stockholmer Flughafen Bromma einem Kommando der CIA zwei ägyptische Asylberwerber. Die US-Agenten der »Special Removal Unit« untersuchten alle Körperöffnungen, steckten beide in Trainingsanzüge und stülpten ihnen einen Sack über den Kopf. An Händen und Füßen gefesselt, wurden sie zu einem Privatflugzeug verfrachtet und nach Ägypten geflogen. Diese Methode, mit Hilfe von lokalen Sicherheitskräften Terrorismusverdächtige zu kidnappen und mit Flugzeugen von CIA-Tarnfirmen nach Ägypten oder Jordanien abzutransportieren, wurde »*extraordinary rendition*«, »außerordentliche Überstellung« genannt.[48] Human Rights Watch geht von 80 Fällen aus.[49] Es sind wahrscheinlich mehr, denn der ägyptische Premierminister erklärte 2005, dass allein in sein Land 70 Terrorverdächtige überstellt wurden.[50] Das Verfahren erklärte die Außenministerin Condoleeza Rice offen zum »entscheidenden Werkzeug im Kampf gegen den Terror«.[51]

Nach den Anschlägen vom 11. September 2001 wurde die Taktik intensiviert mit dem Ziel, die Verdächtigen selbst zu vernehmen (zu foltern) oder vernehmen (foltern) zu lassen, um das Al Qaida-Netzwerk zu zerstören. Die Endstation solcher Opfer war dann in der Regel Guantánamo auf Kuba.[52]

Im Auftrage des Rechtsausschusses der Parlamentarischen Versammlung des Europarats hat der Schweizer Abgeordnete Dick Marty die Verschleppungsflüge und CIA-Geheimgefängnisse in Europa untersucht. Seinen Untersuchungsbericht legte er am 7. Juni 2006 vor.[53] Nach seinen Feststellungen unterhielt die CIA im EU-Bereich Geheimgefängnisse in Polen und Rumänien. Er deutet an, dass Deutschland und die anderen Staaten von den Praktiken der Verschleppungsflüge gewusst und dies verschleiert hätten. Gegenüber dem Ermittlungsbeauftragten des Untersuchungsausschusses, Joachim

Jacob, äußerte Marty allerdings, dass er keine Hinweise auf Deutschland erhalten hätte, wie auch die Bundesrepublik nicht Schwerpunkt seiner Untersuchung gewesen sei.[54]

Die Bundesregierung hat erklärt, dass ihr vor den Medienberichten 2004/Anfang 2005 keine Informationen hierzu vorlagen und dass es keine deutsche Beteiligung oder Mitwisserschaft gab.[55] »Deutsche Behörden leisten keine Beihilfe zu Transporten, die völkerrechtswidriges Handeln, insbesondere Folter und folterähnliche Behandlung ermöglichen.«[56]

Das EU-Parlament berief eine eigene Kommission ein, die von ca. 1000 CIA-Flügen ausging,[57] so auch von Zwischenlandungen auf den von US-Streitkräften benutzten Flughäfen in Frankfurt a. M. und Ramstein, was sich unter anderem aus einer Liste ergeben soll, die Human Rights Watch zur Verfügung stellte.[58] Als Angehöriger des Parlamentarischen Kontrollgremiums kritisierte der Grünen-Abgeordnete Hans-Christian Ströbele, dass die Bundesregierung es unterlässt, die illegalen Gefangenentransporte in Foltergefängnisse aufzuklären (Februar 2006).[59] Es könne nicht hingenommen werden, wenn gegen Strafgesetze verstoßen werde und das humanitäre Völkerrecht unbeachtet bliebe.[60] Ähnlich äußerte sich der Abgeordnete Max Stadler (FDP) als Mitglied des Kontrollgremiums: »Der Eindruck drängt sich auf, dass in der Bundesregierung das Aufklärungsinteresse nicht sehr ausgeprägt ist.«[61]

Die Bundesregierung zog sich aus der Affäre, indem sie Starts und Landungen der CIA-verdächtigen Flüge auflistet, aber darauf verweist, dass Flugpläne keine Informationen darüber enthalten, welchem Zweck der Flug dient und um welche Flugpassagiere es sich handelt. Von Bedeutung ist jedoch, dass die Herkunfts- oder Zielorte der häufigsten Flüge (720 Flüge laut EUROCONTROL insgesamt) überwiegend solche mit hochgradigem Folterverdacht in US-Dependancen sind: Aschgabad und Taschkent/Turkmenistan, Baku/Aserbeidschan, Bagdad/Irak, Skopje/Mazedonien, Tirana/Albanien, Amman/Jordanien, Luxor/Ägypten, Islamabad/Pakistan.[62]

Obwohl die Bundesregierung nach eigenem Bekunden keine Kenntnis von CIA-Geheimgefängnissen – von Pakistan bis Jemen, von Marokko bis Syrien, von Türkei bis Bulgarien – haben will, ist schlecht vorstellbar, dass BND und BfV völlig ahnungslos waren.

Einerseits verlangt die Bundesregierung »Einklang mit dem Völkerrecht« und verweist bei der Wahl der Mittel auf »demokratische Prinzipien«, andererseits argumentiert sie: »Die USA haben in einem Bericht vom 6. Mai 2005 an den VN-Ausschuss gegen Folter ausführlich zur Lage der Gefangenen in

Guantánamo und in Afghanistan Stellung genommen. Auch in diesem Bericht bekräftigen die USA ihre Bindung an das Folterverbot.«[63]

Amnesty International hat am Randes des BND-Untersuchungsausschusses für die Aufklärung von CIA-Gefangenenflügen von oder über deutsches Territorium demonstriert. AI-Generalsekretärin Barbara Lochbihler sagte am 19. Juni 2008: »Das CIA-Verschleppungsprogramm ist ein eklatanter Bruch staatlicher Verpflichtungen zur Durchsetzung internationaler Menschenrechtsstandards – unabhängig davon, ob die Beteiligung aktiv oder passiv ist und ob die Regierung davon gewusst oder sie autorisiert hat.« Die Bundesregierung habe bis heute nicht öffentlich erklärt, dass Entführungen Verdächtiger, geheime Haft und Verschwindenlassen gegen Menschen- und Völkerrecht verstoßen. Es bestehe großer Handlungsbedarf, um derartige Menschenrechtsverletzungen zukünftig zu verhindern. Lochbiehler fuhr fort: »Statt aufzuklären, haben Vertreter der Bundesregierung die Arbeit des Ausschusses immer wieder behindert. So erhielten Ausschussmitglieder Dokumente entweder gar nicht oder erst sehr spät oder teilweise geschwärzt. Zeugen beriefen sich immer wieder auf Einschränkungen ihrer Aussagegenehmigung und ließen viele Frage unbeantwortet.«[64]

Es ist unverkennbar, dass gravierende Menschenrechtsverletzungen der USA kein Hindernis bilden (sollen), im Interesse der Terrorismusbekämpfung mit den USA zu kooperieren. Die zudeckende Loyalität ist eine Form der Komplizenschaft. Dem Bundeskriminalamt sollte klar sein, unter diesen Bedingungen keinesfalls eng mit FBI und CIA zusammenzuarbeiten, denn mit Folter stellt sich jeder Staat außerhalb der Rechtsordnung.[65] Das Gegenteil ist der Fall, obwohl dem BKA bewusst sein müsste, dass Personen, die sich in deren Gewahrsam befinden, gequält werden.[66]

Natürlich muss man befürworten, dass unmittelbar nach dem 11. September 2001 die USA jede Form von Unterstützung und Solidarität erhielten. Dies geschah in Form einer Sonderkommission des BKA-Meckenheim, die sich »Besondere Aufbauorganisation USA« (BAO USA) nannte und zeitweise über 600 Mitarbeiter verfügte. In die Arbeit waren fünfzehn FBI-Beamte integriert.[67]

Außerdem sind an deutschen Airports, die Flüge nach den USA abfertigen, wohl bis heute Teams von Angehörigen der *US-Customs and Border Protection* und des *US-Immigration and Customs Enforcement* stationiert.

Mittlerweile wurde im Bundeskriminalamt der Personalbestand auf einen normalen Level heruntergefahren. Mit Stand vom März 2006 sind drei BKA-Verbindungsbeamte und ein solcher des Zollkriminalinstituts in Washington stationiert und haben zwei FBI-Beamte bei der Abteilung Staatsschutz des BKA ein ständiges Büro.

Die Beamten des FBI hatten und haben praktisch Zugang zu allen Ermittlungserkenntnissen und nahmen auch an den täglichen Lagebesprechungen teil, hatten aber angeblich keinen unmittelbaren Zugriff auf Dateien. Beim Austausch von Informationen werde – so die offizielle Version der Bundesregierung – auf Datenschutz und Zweckbestimmung hingewiesen.[68] Doch das ist eine praxisfremde Floskel.

Zur Zusammenarbeit mit der CIA lautet die lapidare Erklärung der Bundesregierung: »Das Bundeskriminalamt hat auf der Grundlage des § 2 in Verbindung mit § 3 BKAG auch mit Vertretern der *Central Intelligence Agency* zusammengearbeitet und allgemeine und strategische Erkenntnisse wie Gefährdungsinformationen und Lageeinschätzungen ausgetauscht.«[69]

Man muss wissen, dass nach Kenntnis von Erich Schmidt-Eenboom allein in der CIA-Residentur in Frankfurt am Main zweihundert amerikanische Geheimdienstagenten tätig sind, die nichts anderes im Kopf haben als die Welt in ihrem Sinne zu beeinflussen. Dort befinde sich die Leitstelle für die Verschleppung von Terrorverdächtigen. Der Geheimdienstexperte sagt: »Der BND und damit das Kanzleramt wissen um diese völkerrechtswidrige Aufgabe, die von deutschem Boden aus wahrgenommen wird. Mit Rücksicht auf die USA und das ständig getrübte Partnerdienstverhältnis des Bundesnachrichtendienstes zur Agency wird der scheinheilig beklagte Rechtsbruch geduldet und der Öffentlichkeit und dem Parlament Unwissen vorgegaukelt.«[70] Nach Auffassung von Schmidt-Eenboom beugt man sich dem Erwartungsdruck der Amerikaner, »um im Schattenreich der Nachrichtendienste wenigstens zweite Liga zu spielen«. Außerdem wolle man informatorisch von den Früchten der Folter profitieren, »ganz gleich, wie tragfähig erquälte Aussagen sind«.

Ohne Details zu nennen bestätigte die Bundesregierung, dass von ausländischen Behörden »gelegentlich und in unregelmäßigen Abständen Befragungsergebnisse – auch von amerikanischer Seite – angeboten wurden«, soweit diese für deutsche Behörden von Interesse sein konnten: »Die Befragungsergebnisse enthalten Aussagen, die die Befragten zu bestimmten Themen gemacht haben. Sie enthalten indes keine Angaben zu Aufenthaltsorten der Inhaftierten oder zu deren Verbringung in andere Länder. Den Befragungsprotokollen lassen sich auch keine Angaben zu den Umständen der Befragung oder dem Zustand der Inhaftierten entnehmen«.[71]

Auch hier dürfte die Praxis oft anders aussehen, denn es liegt ja gerade in der Logik des Einsatzes von Verbindungsbeamten, den Austausch von Erkenntnissen zu regeln und Background-Informationen zu liefern. So gestaltet sich auch die Zusammenarbeit mit den US-Verbindungsbeamten in der BKA-Staatsschutzabteilung. Sie nehmen deutsches Wissen entgegen und speisen im Gegenzug in die BKA-Ermittlungen die CIA-Erkenntnisse aus Guantanámo und anderen Foltergefängnissen ein – Informationen, die ja nicht aus heiterem Himmel auf dem Schreibtisch des BKA-Referatsleiters landen. Zu einer vertrauensvollen Zusammenarbeit gehört, auch über Hintergründe solcher Aussagen zu informieren – *off the records,* versteht sich.

Die Bundesregierung nimmt billigend in Kauf, durch Folter gewonnene Erkenntnisse zu nutzen: »Die Bundesregierung ist unter rechtsstaatlichen Gesichtspunkten nicht daran gehindert, derartige Befragungsergebnisse entgegenzunehmen. Bloße Vermutungen über bestimmte Befragungspraktiken in einzelnen Ländern können nicht Grundlage dafür sein, konkrete Hinweise auf mögliche terroristische Aktivitäten nicht zur Kenntnis zu nehmen. Zwar kann die Bundesregierung nicht ausschließen, dass Befragungen durch ausländische Behörden im Einzelfall mit einer Verletzung von Rechten der Befragten einhergehen; sie ist jedoch zum Schutz der öffentlichen Sicherheit Deutschlands gehalten, Hinweisen auf möglicherweise bevorstehende Gewalttaten mit Bezug zur Bundesrepublik Deutschland nachzugehen.«[72]

Dieser Freibrief hält einer verfassungsrechtlichen Prüfung kaum stand. Es fehlt nämlich die Forderung, in jedem Einzelfall eine Rechtsgüterabwägung vornehmen zu müssen zwischen Inhalt und Bedeutung der Information einerseits und der Wahrscheinlichkeit, dass sie rechtswidrig erlangt worden sein kann andererseits. Nur wenn die Information geeignet ist, eine gegenwärtige Gefahr für Leib oder Leben konkret abzuwenden, besteht unter Umständen der von der Bundesregierung behauptete Rechtfertigungsgrund, sie verwerten zu dürfen. Selbst das ist aber wegen des völkerrechtlichen Absolutheitsanspruchs des Folterverbots umstritten, weil es – sogar nach Auffassung der Bundesregierung – keine Rechtfertigung der »Rettungs- oder Notstandsfolter« gibt.[73]

Die Bundesregierung schließt eine Verwertung von solcherart erlangten Befragungsergebnissen im Strafprozess konkret aus. »Das absolute Folterverbot ist in der deutschen Rechtsordnung fundamental verankert. Erkenntnisse, die im Ausland durch Sicherheitsbehörden anderer Staaten unter Folter gewonnen werden, dürfen entsprechend § 136a Abs. 3 Satz 2 StPO im deutschen Strafprozess nicht verwertet werden.«[74] Das Verwertungsverbot gelte aber nicht bereits bei vermuteter, sondern lediglich bei erwiesener Folter.[75]

Grundsätzlich legt die Bundesregierung im Strafverfahren einen strengeren Maßstab an, bei der Gefahrenabwehr wird im Zweifelfall die Verwertung erlaubt. »Die Frage des Umgangs mit unter Folter erlangten Erkenntnissen im Bereich der präventiven Gefahrenabwehr ist in der Diskussion strittig gewesen, erklärte der Parlamentarische Staatssekretär Peter Altmaier. Die Bundesregierung vertrete diesbezüglich die Auffassung, dass man gerade im Hinblick auf bevorstehende Anschläge oder terroristische Gewalttaten solchen Informationen nachzugehen habe, um die innere Sicherheit zu schützen. [...] Dies bedeute allerdings nicht, dass man solche Praktiken unterstütze, billige oder sich daran beteilige.«[76] Die Trennung von repressiv und präventiv erlangter Information ist theoretischer Natur, denn in der Realität liegt beides gleichzeitig vor, weil eine Person mit Insiderwissen über Terrorismus nach herkömmlicher Auslegung der Strafverfolger so gut wie immer auch Täter ist, nämlich als Gründer oder Mitglied einer Terroristischen Vereinigung (§§ 129a, 129b StGB). Der Fall Daschner ist ebenfalls ein Beispiel dafür, denn die Folterandrohung geschah ja nicht, um den Entführer zu einem Geständnis zu zwingen, und den staatlichen Strafanspruch durchzusetzen. Vielmehr galt die Folterdrohung präventiv dem Ziel, das Leben des Kindes zu retten. Und genau in dem Fall hat die Bundesregierung den Absolutheitsanspruch des Folterverbots beschworen (im Kapitel VI/2 wird der Fall Daschner weiter behandelt).[77]

Ein anderer Gesichtspunkt kommt außerdem zum Tragen: Man kann überhaupt nicht die eigene »Unschuldsvermutung« begründen, wenn ein Moslem, der sich als Feind der westlichen Welt engagierte und in Planung oder Ausführung von Terrorismus verwickelt war, plötzlich gegen seine eigene Interessen handelt und »auspackt«. Kriminologisch gesehen handelt es sich um Überzeugungstäter, die fanatisch gepolt und nicht resozialisierbar sind. Und ein solcher hasserfüllter, radikaler und dogmatisch festgelegter Tätertyp macht plötzlich Angaben entgegen allen bisherigen Überzeugungen, ja er verrät sogar seine Glaubensbrüder. Alles das ist ein Beweis in sich, dass die Persönlichkeit des Mannes durch Folter gebrochen wurde. Somit müssten seine Angaben einem absoluten Verwertungsgebot auch im präventiven Bereich unterliegen. Genau so rechtswidrig ist, durch Folter herausfinden zu wollen, ob es sich überhaupt um einen Terroristen oder um einen Unschuldigen handelt.

Da die Verlautbarungen der Bundesregierung in sich widersprüchlich sind, erscheint wichtig, dass das Bundesverfassungsgericht diese Politik überprüft, die sich letztlich darauf reduziert, ob die Fragen von einem Polizisten (Vernehmung) oder einem Geheimdienstler (Befragung) gestellt werden.

Auf die Linie der Bundesregierung, die im Januar 2006 festgelegt wurde, ist BKA-Präsident Ziercke eingeschwenkt. Auch er will zur Gefahrenabwehr, und damit für Zwecke eines »weiteren Ermittlungsansatzes«, solche Informationen nutzen, nicht aber im Strafprozess.[78]

Die Diskussion solcher Fragen spielt sich in einem abstrakten Raum ab. In der Realität würde vor Beginn der Ermittlungen (in Syrien, Bosnien oder im Libanon pp.) ein Blick in die Jahresberichte von Amnesty International oder Human Rights Watch oder in die Länderberichte von NGOs (www.ngo-online.de) beziehungsweise Pro Asyl (www.ecoi.net/) genügen – von amtlichen Dokumenten staatlicher Stellen, wie den Länderberichten des Auswärtigen Amtes ganz zu schweigen. Konkrete Hinweise auf Folter gibt es nämlich en masse.

Das Bundeskriminalamt nutzt diese Quellen offensichtlich nicht, Ziercke formuliert aber apodiktisch:

»Bei konkreten Hinweisen auf Folter gelten für BKA-Beamte folgende Verhaltensregeln:
1. sofortiger Abbruch der Befragung
2. Verständigung des zuständigen Staatsanwalts, des Innenministeriums, des Auswärtigen Amtes
3. Rückzug aus der Zusammenarbeit.«[79]

Genau so hat sich ein BKA-Beamter nicht verhalten, der im November 2002 nach Syrien reiste.

Der Fall Mohammed Haydar Zammar

Der Sündenfall ereignete sich in Damaskus. Hätten sich der BKA-Mann und seine Begleiter vor Reiseantritt über die Menschenrechtslage in Syrien ein Bild gemacht, dann wäre ihnen folgendes aufgefallen (Stand 2001/2002):

Neben der regulären Polizei gibt es diverse Geheimdienste (»Muchabarat«), die »Sicherheitsaufgaben« wahrnehmen. In ihre Verantwortung fallen die meisten extralegalen Verhaftungen, Verschwindenlassen und die weit verbreitete Anwendung von Folter und Misshandlungen. Die Verfassung verbietet zwar Folter und Misshandlungen, sieht auch entsprechende Strafen vor, die Regierung streitet die Existenz von Folter jedoch ab. Aber beides ist an der Tagesordnung vor allem in der ersten Zeit nach der Verhaftung. Folterer haben nichts zu befürchten, entsprechende Vorwürfe vor Gericht werden nicht weiter verfolgt. Eine grundsätzlich sehr schlechte Behandlung erwartet Gefangene meist im Gefängnis von Tadmur/Pamyra. Auch aus Far'a Falastin in Damaskus werden häufigere und brutalere Übergriffe als von anderen Haftanstalten gemeldet.[80]

Anlässlich des Besuchs von Präsident Baschar Al-Assad in Deutschland im Juli 2001 beklagte die Gesellschaft für bedrohte Völker massive Menschenrechtsverletzungen. Wegen Assads antisemitischer Ausfälle und der jahrzehntelangen Unterstützung seiner Familie für Nazi-Verbrecher (Asyl für SS-Hauptsturmführer Alois Brunner in Damaskus) riefen Serge und Beate Klarsfeld zu Protesten gegen den Besuch auf.[81]

In sechs *urgent actions* oder »Briefen gegen das Vergessen« sah sich im Jahr 2002 Amnesty International veranlasst, gegen drohende Folter, Verschwindenlassen oder Incommunicado-Haft in Syrien zu protestieren und um Unterstützung der Öffentlichkeit zu bitten.[82] Das Auswärtige Amt berichtete im Asyl-Lagebericht vom 7. Oktober 2002: »Schon im normalen Polizeigewahrsam sind Misshandlungen an der Tagesordnung. Insbesondere bei Fällen mit politischem Bezug wird (häufig bevor Verhöre überhaupt beginnen) physische und psychische Gewalt eingesetzt.«[83]

Dass die Haftanstalt Far'a Falastin in Damaskus namentlich als Ort der Folter erwähnt wird, hätte zu größten Bedenken Anlass geben müssen. Dorthin reisten ein BKA-Beamter mit zwei Agenten des BfV und des BND, um Mohammed Haydar Zammar zu befragen. Er stammte aus Syrien, wuchs aber in Hamburg auf und erhielt 1982 die deutsche Staatsbürgerschaft. Das BfV hatte ihn seit 1997 und das BKA seit 2001 im Visier, hörten sein Telefon ab und observierten ihn. Er galt als zentrale Figur der islamistischen Szene in Deutschland mit engen Verbindungen zur »Hamburger Zelle«, die an den Terroranschlägen vom 11. September 2001 beteiligt war.[84]

Aus den Observationen wusste das BKA, dass Zammar am 27. Oktober 2001 über die Niederlande nach Marokko fliegen und am 8. Dezember nach Deutschland zurückkehren wollte. Die Reisedaten und Zammars Lebenslauf sowie Angaben über Verwandte in Syrien und Marokko übermittelte das BKA an das FBI und die CIA. Die USA wiesen daraufhin die marokkanischen Behörden an, Zammar am Tag seiner geplanten Rückreise festzunehmen. Zwei Wochen später wurde er von der CIA von Marokko nach Syrien verschleppt *(extraordinary rendition)* und in dem berüchtigten Foltergefängnis untergebracht. Im Februar 2007 wurde Zammar vom Staatssicherheitsgericht in Damaskus zu 12 Jahren Freiheitsstrafe verurteilt.[85] Es wäre interessant zu wissen, welchen Einfluss die CIA in Syrien allgemein und auf dieses Urteil im Besonderen hat bzw. hatte.

Dass die deutschen Sicherheitsexperten die syrische Erlaubnis zum Verhör erhielten, geht auf einen (rechtsstaatlich bedenklichen?) Deal zurück.[86] Der damalige Geheimdienst-Koordinator Ernst Uhrlau (heute BND-Chef) vereinbarte mit dem syrischen Vize-Geheimdienstchef eine außergewöhnliche Form der Zusammenarbeit: Die syrische Seite übergibt die syrischen Vernehmungsprotokolle von Zammar, gestattet seine Befragung und stellt außerdem syrische Spionage auf deutschem Boden ein. Im Gegenzug setzt Deutschland zwei syrische Agenten, die wegen illegaler Spionagetätigkeit festgenommen waren, auf freien Fuß und schlägt das Verfahren nieder. (Zu einer Verfahrenseinstellung aus politischen Gründen ist die Staatsanwaltschaft nach § 153d StPO berechtigt, wenn es dem Staatswohl dient).

Wie bekannt wurde, stattete auch BKA-Präsident Ullrich Kersten im Sommer 2002 Damaskus einen Besuch ab, welcher nach Kerstens Angaben im Untersuchungsausschuss der Verbesserung der Zusammenarbeit bei der Bekämpfung von illegaler Migration, insbesondere von Schiffsschleusungen, und der »vertieften Zusammenarbeit« bei der Bekämpfung des islamistischen Terrorismus diente.[87] Es handelte sich wie in anderen Fällen um die zweifelhafte Vorgehensweise, sich auf ein Folterregime einzulassen, ohne dass das Foltern eingestellt wird. Human Rights Watch verweist im Weltreport 2008 darauf, dass sich Syrien weiterhin weigert anzuerkennen, dass unter Mitwirkung der Sicherheitskräfte seit 1970 etwa 17 000 Menschen als politische Gegner des Regimes verschwunden sind, von denen viele vermutlich ermordet wurden.[88]

Die Befragung des M. H. Zammar dauerte zwischen dem 20. und 23. November 2002 insgesamt 15 Stunden und fand im Beisein des syrischen Fallführers und eines Dolmetschers statt. Zammar gab an, dass er nach seiner Verhaftung in Marokko und in Syrien geschlagen worden sei. Außerdem erklärte der Fallführer des syrischen Geheimdienstes, dass er Zammar »drei Tage lang auf die Befragung im Interesse einer konstruktiven Haltung vorbereitet« habe.

Da der nicht offene Teil des Berichts der Bundesregierung an die Parlamentarische Kontrollkommission auch an alle Bundestagsabgeordneten verteilt wurde, kursierten Einzelheiten des Inhalts alsbald in den Medien und wurden von Erich Schmidt-Eenboom zitiert. So auch die Aussage Zammars gegenüber den deutschen Befragern, dass er im Foltergefängnis in einer Zelle von 190 cm Länge und 103 cm Breite ohne Licht leben müsse.[89]

Die Mehrheit aus CDU/CSU und SPD im Parlamentarischen Kontrollgremium des Deutschen Bundestags fand im Hinblick auf die damalige Gefährdungslage die Befragung von Zammar als angemessen, zumal »konkrete Hinweise auf Misshandlungen in unmittelbarem zeitlichen oder sachlichen Zusammenhang mit der Befragung (nach Aussagen der fünf Beamten, Anm. D. Sch.) nicht erkennbar gewesen waren«.[90] Als »problematisch« wertete das Kontrollgremium lediglich die Teilnahme eines Vertreters des BKA, da es sich um eine nachrichtendienstliche Vorfeldermittlung handelte und nicht um eine repressive Maßnahme im Strafverfahren.[91] Um dem Rechnung zu tragen, hatte des BKA allerdings nicht einen Ermittlungsbeamten, sondern einen »Analysesachbearbeiter« geschickt.

In einer abweichenden Bewertung erklärte der Innenpolitiker Max Stadler (FDP), dass die Befragung durch das BKA jedenfalls keine Rechtsgrundlage hatte.[92]

MdB Hans-Christian Ströbele stellte in seiner abweichenden Bewertung grundsätzlich klar, dass eine Befragung im Ausland zu unterbleiben habe, wenn sich der Folterverdacht »auch aus allgemeinen oder offenkundigen Gegebenheiten im Aufenthaltsland oder offenkundigen Gewohnheiten der Aufsichtspersonen« ergebe. Stroebele teilt auch aus anderen Gesichtspunkten nicht die Meinung der Bundesregierung und der Mehrheit des Kontrollgremiums, weil es durchaus konkrete Hinweise auf die Haftsituation des Zammar gab:[93] So habe Zammar angegeben, dass er nach seiner Verhaftung in Marokko und Syrien geschlagen worden sei, hinzu kam die intensive Vorbereitung auf die Vernehmung durch den syrischen Fallbearbeiter. Die Beamten des BKA, BND und BfV hätten versuchen sollen, allein mit dem Häftling zu reden, meinte Ströbele. Auch verwies Ströbele darauf, dass moderne Foltermethoden keine Spuren hinterlassen. Angesichts der offenkundigen Tatsache, dass in syrischen Gefängnissen gefoltert werde und gerade auch der syrische Geheimdienst bekannt sei für Folterpraktiken, hätte die Befragung nach der Auffassung von Ströbele gar nicht versucht werden dürfen.

Das Votum von Hans-Christian Ströbele ist zu unterstreichen. Es wäre zu einfach, Politikern ein zu geringes Einfühlungsvermögen vorzuwerfen, was Folter wirklich bedeutet und bewirkt. Vielmehr will man es so genau nicht wissen. In Damaskus saß der Folterer mit am Tisch. Aber selbst wenn er nicht anwesend ist, schwebt er unsichtbar im Raum. Denn Mohammed Zammar wird aus Angst, wieder in die Hölle der Folter geworfen zu werden, alles tun und sagen, um dies zu verhindern. Sein Hinweis, geschlagen worden zu sein, war vielleicht ein versteckter Hilferuf. Im übrigen weiß man aus der Forschung über Folter, dass die Übergänge zwischen Misshandlung – die englische Bezeichnung *ill-treatment* ist treffender – und Folter fließend sind. Den deutschen Beamten hätte ferner zu Denken geben können, dass Zammar von 145 auf etwa 50 Kilo abgemagert war.[94]

Es ist außerdem noch ein anderer Aspekt wichtig, der schon für sich alleine den Verdacht der Folter bestätigt. Denn wenn Zammar in einer Zelle der Dimension 1,90 × 1,03 Meter ohne Licht tagein, tagaus zu leben gezwungen war, dann ist das ein eindeutiger Fall von Isolationsfolter und Beweis einer grausamen und inhumanen Behandlung. Zammar musste sich vorkommen, als ob er in einem Sarg haust. Es ist unbegreiflich, dass dieser Tatsache weder durch die verhörenden Beamten noch durch das Kontrollgremium oder die Bundesregierung Rechnung getragen wurde. Es spricht den Lebensumständen von Zammar Hohn, wenn die Vernehmer positiv herausstellen, dass während der Vernehmung alle zwei Stunden Tee gereicht wurde und dass er einen ruhigen Eindruck machte. Er war drei Tage lang von einem Folterknecht »dressiert« worden, nur keinen Fehler zu begehen. Und er musste abends wieder in seinen Sarg zurück, in dem er lebendig begraben war. Und dass er »wichtige Angaben« machte ist ein weiteres Indiz dafür, dass seine Persönlichkeit gebrochen worden war.

Die Bundesregierung betont, dass sie nicht an der Verschleppung Zammars beteiligt war und davon erst seit Mitte Juni 2005 Kenntnis hatte.[95] Zweifel sind allerdings angebracht, wobei bis heute unklar ist, ab wann die CIA-Methode der *extraordinary renditions* überhaupt bekannt war.[96] Der erste Presseartikel darüber erschien in der Washington Post vom 11. März 2002 und einen Tag später im Online-Magazin Telepolis.[97] Man sollte annehmen, dass die Washington Post von der Deutschen Botschaft, vom BND-Residenten und vom BKA-Verbindungsbeamten ausgewertet wird.

Zammar stand unter Observation, er konnte das Land nur verlassen, wenn es das BKA nicht verhinderte. Als Zammar die Flugtickets kaufte, erfuhren es zeitnah die US-Liaison-Officers in der Meckenheimer Staatsschutzabteilung. Auch werden die BKA-Beamten mit ihren US-Kollegen beraten haben, ob man Zammar ausreisen lassen sollte, das liegt jedenfalls in der Natur der Zusammenarbeit. Die genauen Reisedaten (also auch die geplante Rückreise) teilte das BKA schriftlich dem FBI mit, als Zammar bereits in Marokko war. Es liegt auf der Hand, dass hinter dem FBI das Interesse der CIA stand und dass Zammar aus Marokko nur aufgrund der Hinweise des BKA verschleppt werden konnte. Dies muss den BKA-Beamten klar gewesen sein, denn wie sonst wäre für sie das gesteigerte Interesse des FBI am Marokko-Aufenthalt zu erklären gewesen. Eine offene Frage ist auch, wer von den

FBI-Agenten im BKA der CIA angehörte oder noch angehört. Hat eigentlich schon einmal jemand die Frage gestellt, ob BKA-Beamte gleichzeitig auf der Gehaltsliste in Pullach stehen?

Die Bundesregierung hat inzwischen entschieden, dass polizeiliche Ermittlungsbehörden nicht mehr bei solchen Befragungen eingesetzt werden sollen und dass BND, MAD sowie BfV künftig die Genehmigung des Bundeskanzleramtes haben müssen und vierteljährlich dem Parlamentarischen Kontrollgremium berichten sollen. Ein diesbezüglich von der Fraktion Bündnis 90/Die Grünen beantragter Beschluss des Bundestages wurde mit den Stimmen von CDU/CSU und SPD abgelehnt.[98] Es stellt sich damit die Frage, wie ernst es der Großen Koalition mit einer Bindungswirkung durch das Parlament wirklich ist oder ob sich die Administration lieber die Definitionsmacht sichern will, wie weit Geheimdienste und BKA gehen dürfen.

Im Februar 2006 erstellte die Bundesregierung auf Anforderung des Parlamentarischen Kontrollgremiums einen Bericht »zu Vorgängen im Zusammenhang mit dem Irakkrieg und der Bekämpfung des Internationalen Terrorismus«. Sie behandelt auch den Fall Zammar und täuscht fernab jeder Selbstzweifel weiterhin »Gutgläubigkeit« vor, als ob Zammar kein Folteropfer sei. Es gehört eigentlich zum professionellen Umgang mit Daten, dass der Regierung die Länderberichte von Menschenrechtsorganisationen bekannt sind, fließen sie doch in die Asyl-Lageberichte des Auswärtigen Amtes ein. Am 1. Januar 2006, also etwa sechs Wochen vor der Endfassung des Berichtes der Regierung, zu dem Wochen vorher das BKA Stellungnahmen abgegeben haben dürfte, veröffentlichte Amnesty International folgenden Text (Auszüge):[99]

»Als Sechzehnjähriger kommt Abdullah Almalki mit seinen Eltern nach Kanada. Er studiert Elektrotechnik, baut eine Firma auf, die vor allem Elektroteile nach Pakistan liefert. Die Firma expandiert, Almalki reist viel.

Im Frühjahr 2002 entschließt er sich, zum ersten Mal, wieder in das Land seiner Geburt zu reisen. Seine Großmutter ist schwer krank. Er fliegt nach Damaskus. Dort wird er noch am Flughafen verhaftet. ›Ich war überhaupt nicht beunruhigt. Ich dachte, es muss sich um ein Missverständnis handeln.‹ Und er glaubt, sein kanadischer Pass würde ihn schützen. Auch als er vom Flughafen zum Verhör gefahren wird und man ihm die Augen verbindet, ist er noch überzeugt, dieses Missverständnis bald aufklären zu können.

›Es änderte sich alles mit dem ersten Schlag ins Gesicht‹, sagt Almalki. ›Nicht die körperliche Wirkung war der Punkt, sondern die psychische. Dieser Schlag versetzte mich in eine andere Welt.‹ Seine Welt ist für die nächsten

482 Tage das Far Filastin, ein Gefängnis des syrischen Geheimdienstes. Seine Zelle ist 85 Zentimeter breit und weniger als 1,85 Meter lang. Sie liegt im Keller. Durch ein kleines Loch in der Decke dringt spärliches Licht. Im Sommer ist es heiß in der Zelle, im Winter ist es so kalt, dass die Kakerlaken an den Wänden erfrieren.

Allein die Unterbringung in diesem Loch ist eine Qual. Doch immer wieder wird Almalki zu Verhören geführt, ›zu den Folterparties, wie sie manchmal sagen‹. Er lernt das Repertoire an Quälerein des syrischen Geheimdienstes kennen. Er muss sich auf den Bauch legen, die Füße nach oben. Mit dicken Elektrokabeln schlagen sie auf seine Fußsohlen ein. Er wird in einen Reifen gepresst und geschlagen, bis er halb bewusstlos ist. Ein anderes Mal wird er an den Handgelenken an einem Fensterrahmen aufgehängt. ›In meiner Zelle konnte ich die Schreie der Mitgefangenen hören. Irgendwann konnte ich an der Art der Schreie erkennen, ob sie in dem Reifen waren, mit dem Stuhl gefoltert wurden oder mit Elektroschocks. Psychologisch war das schlimmer, als wenn ich selbst gefoltert wurde.‹

Nach seiner Rückkehr nach Kanada muss sich Abdullah Almalki behandeln lassen. Die Ärzte diagnostisieren Posttraumatisches Stresssymptom und schwere Depression.

Nach drei Monaten hatte ihm ein Folterer gesagt: ›Ich kenne dich jetzt besser als dich deine Mutter kennt. Ich weiß, dass du nichts angestellt hast. Aber die Informationen, die wir aus Kanada bekommen, sagen etwas anderes.‹

Bei einem Verhör verließ der Befrager den Raum für einige Minuten. Als er zurückkam, legte er einen Bericht auf den Tisch. Ich konnte den Titel lesen: »Treffen mit der kanadischen Delegation am 24. November 2002.«

Flash-back

»Ich war erbittert, denn ich dankte das fraglos dem J auf meiner Kennkarte.

In der Mitte der Halle in einem Schalter schrieb ein Beamter unter ständigem Schimpfen und Rufen. Von oben her kamen schallende Rufe, Gefangene und Schließer liefen, bewegten sich die Gänge entlang und treppauf und -ab, überall war grober Lärm. Mir gegenüber war eine Tür mit der Aufschrift ›Polizeiarzt‹.

Das alles nahm ich in den ersten Sekunden in mich auf, etwas betäubt durch das rasselnde Schließen der mächtigen eisernen Außentür und durch den hallenden Außenlärm, aber noch nicht eigentlich entsetzt, ich hatte ja noch das Empfinden, Zuschauer zu sein.

›Binden Sie die Krawatte ab, knöpfen Sie die Hosenträger los. Schneller. Eh Sie, den Schlips wegmachen.‹ Es klang nicht übermäßig brutal, aber es war

schroff befohlen. Jetzt erst wusste ich, dass ich nicht nur Zuschauer eines Filmstücks war. ›Wie soll ich die Hose festhalten?‹ – ›Mit den Händen.‹ – ›Aber es ist mir gesagt worden …‹ – ›Hier bestimmen wir.‹

Oben wurde eine der dunklen Türen geöffnet, hinter mir das Doppelgeräusch des umgedrehten Schlüssels und eines schweren Überwurfhakens. Dann war ich allein. Noch einmal kam mir das Empfinden ›Kino‹ und dazu die Erinnerung an zahllose Bilder, komische und tragische, des Gefangenen in seiner Zelle. Dann überwältigte mich die trostlose Neuigkeit des Ganzen.

Wie konnte ich vorher wissen, was Gefangenschaft, was eine Zelle ist? Erst in der Sekunde der zufallenden Tür, des zufallenden Hakens wusste ich es mit einer namenlosen Beängstigung. Und von da an verließ mich das Gefühl der drückenden Stunden nicht mehr und wurde die eigene Qual dieser Tage.

Dann fand ich eine Möglichkeit, meine Hose so übereinander zu knöpfen, dass sie in den Hüften hielt; bis dahin hieß das: Stop: Meine Hosen rutschen, meine Hosen rutschen. Was hilft alles Philosophieren über die Unantastbarkeit der inneren Ehre. Das Elend der rutschenden, nachher der zusammengewürgten Hose habe ich als äußerste Erniedrigung empfunden.

Ich kam aus dem Schock der zufallenden Tür zu mir durch ein lautes, regelmäßiges, anhaltendes Hämmergeräusch über meinem Kopf, tap-tap-tap-tap. Sofort registrierte ich: Der Gefangene über mir misst seine Zelle aus. Ich hing mich in den Rhythmus des Mannes ein: vier kräftige Schritte von der Tür bis unter das hohe Klappfenster. In der Breite kamen nur drei kleine Schritte heraus, und sie ließen sich nirgends ganz ausschreiten, denn man stieß auf das Mobiliar.

Immerhin kein allzu winziger Raum. Nur eben ein Käfig, ein nüchterner Käfig mit kahlen graugrünen Wänden und weißlicher Decke, mit undurchsichtiger Fensterscheibe, mit einem vergitterten und von außen durch eine Klappe geschlossenes Guckloch in der Tür. Es ging eine Bedrückung von alledem aus, eine aufsteigende zunehmende Angst, vor der ich mich fürchtete.

Über dem Tisch auf einem Pappkarton die Hausordnung des Polizeigefängnisses. ›Den Gefangenen ist die Anwendung des Deutschen Grußes untersagt.‹

Vollkommene Leere in mir, die Zelle und gewiss noch die allernächste Zeit des Nachmittags um mich. Wieder stieg die Angst von gestern hoch. ›Du musst dich fallen lassen, Onkel.‹ Ich hörte die Stimme meines Neffen Walter, wie er vor zwanzig Jahren zu mir gesprochen hat. Ich weiß nicht, wie ich darauf kam, ich weiß nur, dass ich die ganze Woche hindurch von nun an dieses ›Du musst dich fallen lassen‹ immer wieder wie eine Couéformel vor mich hinsprach, und dass die Formel so gut als nichts nutzte. Sie schmolz mit den vier Schritten zusammen, sie betäubte nur halb und beschleunigte nicht das Verrinnen der Minuten. Das Fallenlassen gelang nicht, das zusammenhängende konsequente Denken ebenso wenig. Wenn ich Glück hatte, genauer wohl, wenn ich mich frischer fühlte, ver-

mochte ich an solchen unwillkürlichen Einfall anzuknüpfen, ihn zu einer Gedankenreihe auszuspinnen, die eine Weile ausfüllte und das Schrittezählen, die Käfigangst, den Käfigekel verdrängte.

Dann fiel etwas von außen herein. Bald leiser von der Straße herüberschallen, bald lauter aus dem Inneren des Hauses. Gewiss Kriegsnachrichten, die üblichen Siege, die übliche Verhöhnung und Beschimpfung der Feinde – was ging mich das im Käfig an? Aber jetzt hörte ich deutlich Trommelwirbel und Fanfaren, dann, nach Worten, die wieder unverständlich blieben, ›Deutschland, Deutschland über alles‹ und das Horst-Wessel-Lied. Und mit einem Male war die Angst da, der Endsieg könne doch, und mit ihm die dauernde Herrschaft, Hitler gehören.«[100]

Der Fall Abdel-Halim Khafagy

Der seit 1979 in München lebende 69jährige Verleger Khafagy wollte mit seinem Schwager Korrekturabzüge in einer Druckerei in Bosnien lesen, die für seinen Verlag arbeitete. Eine ganz normale Geschäftsreise. Am 25. September 2001 stürmten vermummte Männer das Zimmer im Hotel »Hollywood«. Khafagy wurde dabei so brutal mit Gewehrkolben am Kopf geschlagen, dass die Wunde mit mehr als 20 Stichen genäht werden musste, was nach seinen Angaben ohne Betäubung geschah.[101]

Beide wurden mit einem Hubschrauber in den US-Stützpunkt »*Eagle Base*« in Tuzla gebracht. Dort erlebten und erlitten sie die übliche CIA-Sonderbehandlung: Schlafentzug, Isolation, Einschüchterung, tägliche Verhöre. Oder sie wurden vernommen und durften sich nicht umdrehen, wussten nicht, was in ihrem Rücken geschah. Aus seiner Zelle konnte Khafagy laute Schreie und Weinen anderer Häftlinge hören.[102]

Nur wenige Tage nach der Festnahme reisten zwei Beamte des BKA und ein Dolmetscher des BND auf Anfrage der Amerikaner nach Bosnien. Sie sollten beschlagnahmte Unterlagen der Festgenommenen durchsehen und Verbindungen zu deutschen Ermittlungsverfahren prüfen. In Eagle-Base wurde ihnen ein Container gezeigt, dessen Teppichboden Geräusche dämpfen sollte. Sie wurden aufgefordert leise zu sein, denn die Gefangenen schliefen – obwohl es heller Tag war – weil sie sich nicht zeitlich orientieren dürften. Es handelte sich um die Foltermethode der sensorischen Deprivation. Als dann auch noch die Dokumente, die ausgewertet werden sollten, extrem blutverschmiert waren, brachen die beiden BKA-Männer ihren Auftrag ab, ohne Khafagy gesehen zu haben. Dieser wurde am 6. Oktober nach Ägypten deportiert und schließlich Ende Oktober nach München entlassen – es handelte sich um eine Namensverwechslung. Ein Arzt attestierte zwei Kopfplatzwunden, 9 cm und 3 cm lang, die große Narbe noch teilweise verschorft, und drei Hämatome am Rücken.

Die BKA-Beamten hatten sich vorbildlich verhalten. Sie schrieben einen Bericht, der auch in der nachrichtendienstlichen Lagebesprechung im Bundeskanzleramt vorgelegen haben soll, die in der Regel vom damaligen Kanzleramtsminister Frank-Walter Steinmeier geleitet wurde.[103]

Daran knüpft sich die Frage, ob somit die Bundesregierung sehr frühzeitig von den CIA-Methoden Kenntnis erhielt und trotzdem die Unterstützung amerikanischer Dienststellen unbeeindruckt fortsetzte wie im vorstehend geschilderten Fall Zammar. Die an der »Lage« beteiligten Beamten bestritten jedoch im Untersuchungsausschuss, den BKA-Bericht zu kennen, und der Leiter des Terrorismusreferats im Bundeskanzleramt konnte sich nicht erinnern.

AI-Generalsekretärin Lochbihler erklärte am 19. Juni 2006: Amnesty International hat seit Oktober 2001 über unrechtmäßige und willkürliche Inhaftierungen auf der SFOR-Basis Eagle Base im bosnischen Tuzla berichtet – öffentlich und in Schreiben, etwa an die Bundesregierung und die NATO. Es ist daher schwer vorstellbar, dass die Bundesregierung nichts von diesen Menschenrechtsverletzungen wusste und von der menschenrechtswidrigen Behandlung Khafagys erst viel später aus den Medien erfahren haben will.[104]

Der Fall Murat Kurnaz

In der Sache Kurnaz spielte das Bundeskriminalamt eher ein Rolle am Rande, die originäre Zuständigkeit für das Ermittlungsverfahren lag beim Landeskriminalamt in Bremen, wie auch der Bremer Verfassungsschutz den unrühmlichen Part spielte, Kurnaz als Staatsfeind hochzustilisieren. Das BKA profitierte aber davon, dass es durch Folter erpresste Aussagen empfing und benutzte.

Kurnaz wurde 1982 in Bremen geboren, hat aber die türkische Staatsangehörigkeit. Im Oktober 2001 brach er nach Pakistan auf und reiste von einer Madrassa (Koranschule) zur nächsten, »um den Koran kennenzulernen und nach ihm zu leben«. Ende November 2001 nahmen ihn pakistanische Behörden bei einer Routinekontrolle fest und verkauften ihn für 3000 Dollar an die US-Streitkräfte. Diese brachten ihn zunächst in ein Gefangenenlager in Kandahar und im Februar 2002 nach Guantánamo-Bay, wo er bis August 2006 festgehalten wurde. Kurnaz sagt, dass er in Kandahar von US-Amerikanern mit Elektroschocks gefoltert, an Ketten aufhängt und sein Kopf in einen Eimer mit kaltem Wasser getaucht wurde. In Guantánamo sei er unter anderem geschlagen worden und durch Hitze oder Kälte gefoltert sowie sexuell entwürdigt worden.

Die US-Bundesrichterin Joyce Hens Green entschied zugunsten von Kurnaz, dass es keine Beweise dafür gäbe, dass Kurnaz »selbst ein Selbstmordattentat plante, den bewaffneten Kampf gegen die Vereinigten Staaten aufnehmen wollte oder sonstwie beabsichtigte, amerikanische Interessen anzugreifen«. Entlassen wurde er durch eine Initiative von Angela Merkel im Gespräch mit Präsident Bush. Am 24. August 2006 landete Kurnaz auf dem Luftwaffenstützpunkt Ramstein und kam nach viereinhalb Jahren Haft ohne Anklage frei.[105]

Deutsche Behörden wussten spätestens Anfang Januar 2002 von der Inhaftierung durch Mitteilungen der USA.[106] Über die Verbindungsbeamten in Washington und beim BKA-Meckenheim sowie auf der Ebene der BAO-USA des Bundeskriminalamtes fand der Informationsaustausch statt. BKA-Präsident Ulrich Kersten wollte vor dem BND-Untersuchungsausschuss »nicht ausschließen«, dass deutsche Erkenntnisse über die 15 FBI-Verbindungsbeamten in die USA gelangten.[107] Deutsche Behörden erhielten Vernehmungsergebnisse aus Guantánamo.[108] Sie profitierten vom Outsourcing der Folter und hätten ja eigentlich solche Erkenntnisse unter Hinweis auf das universell gültige Folterverbot zurückweisen müssen. Sie konnten sich auch nicht darauf hinaus reden, nicht die Herkunft der Aussagen zu kennen. Außerdem wussten sie über Guantánamo aus erster Hand bestens Bescheid, denn Ende September 2002 flogen zwei Beamte des BND und einer des BfV zusammen mit einem CIA-Mitarbeiter nach Guantánamo. Die Geheimdienstler, die einen privilegierten Zutritt erhielten, konnten unschwer erkennen, dass es sich um ein Folterlager handelt. Die US-Regierung hatte einen Ausschuss gebildet, der die Regeln für Verhöre steuerte. Dieser befasste sich mit Maßnahmen, wie muslimischen Gefangenen Schweinefleisch zu verabreichen, ihnen die Gebetszeiten zu verschweigen oder männliche Gefangene nackt weiblichen Soldaten auszuliefern, »die ihnen dann Vorträge über die wahre Bedeutung des Islams hielten« (Steven H. Miles).[109] Ursprünglich sollte auch ein Beamter des BKA mitkommen, wovon man absah, weil beim BKA kein Ermittlungsverfahren gegen Kurnaz anhängig war.[110] Die Befragung von Kurnaz musste die Geheimdienstler davon überzeugen, dass er dort unschuldig saß. Sie erklärten ihm lediglich, über sein Schicksal hätten nicht sie, sondern die Amerikaner zu entscheiden.[111] Dies stimmte nicht, denn die USA stellten im Herbst 2002 seine Freilassung nach Deutschland in Aussicht, was allerdings die Spitzen von BND, BKA und Bundeskanzleramt verweigerten.[112]

Der Sonderberichterstatter über Folter der Vereinten Nationen, Manfred Nowak, beschreibt »Das System Guantanamo«.[113] Präsident Bush habe das demokratische Prinzip von »*checks and balances*« verlassen und fast diktatorische Zustände geschaffen, um ausländische Staatsbürger, die des Terrorismus verdächtig werden, außerhalb der Rechtsordnung zu stellen, also quasi für vogelfrei zu erklären. Zum »System Guantánamo« gehörten auch die Verschleppungsflüge und die Existenz geheimer Gefangenenlager und das Einbeziehen privater Sicherheitsfirmen bei Verhören, wie zum Beispiel im berüchtigten US-Lager Abu Ghraib im Irak. »In jedem einzelnen Fall des Festhaltens eines Menschen in einem geheimen Lager handelt es sich um das Phänomen des ›erzwungenen Verschwindenlassens‹, das nicht nur eine der schwersten Menschenrechtsverletzungen darstellt, sondern im Fall der systematischen Praxis als ein Verbrechen gegen die Menschlichkeit qualifiziert werden muss.«

Der Fall Khaled el Masri

Einen Albtraum erlebte auch der 40jährige Khaled El Masri, als er nach einem Ehekrach von seiner Heimatstadt Ulm aus allein nach Mazedonien aufbrach, wo er am 31. Dezember 2003 an der mazedonischen Grenze gekidnappt und drei Wochen lang in einem Hotelzimmer von mazedonischen Geheimdienstleuten bewacht wurde, um dann am 23. Januar 2004 vermummten US-Agenten übergeben zu werden. Er wurde nackt fotografiert, mit einer Spritze ruhig gestellt, sodass er den Flug über Bagdad nach Kabul nur im Dämmerzustand erlebte. Dort wurde ihm erklärt: »Du bist an einem Ort, wo es kein Recht gibt. Wir können Dich hier 20 Jahre behalten, ohne dass jemand davon etwas erfährt.«[114] Die Vernehmungen erfolgten grundsätzlich nachts, und El Masri wurde immer in Handschellen und mit Fußfesseln vorgeführt.[115] Er wurde in dem Geheimgefängnis vier Monate ohne Anklage festgehalten, misshandelt, Nahrungs- und Schlafentzug ausgesetzt und immer wieder verhört. Wahrscheinlich war der im Libanon aufgewachsene Deutsche Opfer einer Namensverwechslung. Die amerikanischen Vernehmer waren bestens über sein persönliches Umfeld und sein Wirken im Multikultur-Haus in Ulm informiert.[116]

Am 31. Mai 2004 informierte der damalige US-Botschafter Daniel R. Coats den damaligen Bundesinnenminister Otto Schily vertraulich über die Verschleppung eines Deutschen. Dabei fiel auch der Name des Opfers, wie ein Zeuge im Untersuchungsausschuss aussagte.[117]

Nach den Angaben eines Meckenheimer BKA-Kriminalisten im BND-Untersuchungsausschuss erhielt das Bundeskriminalamt von der Sache erst Kenntnis, als die Entführung beendet war, und zwar durch ein Schreiben des

Anwaltes von El Masri am 10. Juni 2004 an das Auswärtige Amt. Das BKA sei nicht gegen El Masri operativ tätig gewesen, erläuterte der Kriminalbeamte, und habe auch keine Informationen über ihn an US-Stellen weitergeleitet.[118] Die Frage von Hans-Christian Ströbele, ob das BKA eventuell gegenüber der CIA eine »Beißhemmung« habe, wurde von dem Beamten verneint. Kanzleramtschef Frank-Walter Steinmeier und Ex-Außenminister Josef Fischer verwahrten sich im Untersuchungsausschuss energisch gegen eine Verstrickung der Bundesregierung in den Fall.[119]

Gegen Ende der Gefangenschaft in Kabul wurde El Masri von einem deutschsprechenden Mann vernommen, der sich »Sam« nannte. Er begleitete den Gefangenen am 28. Mai 2004 auf dem Rückflug nach Albanien, wo er schließlich an der albanisch-mazedonischen Grenze ausgesetzt wurde.[120] Es bestand ein gewisser Verdacht, dass es sich bei »Sam« um den BKA-Beamten Gerhard L. handeln könnte. Dies wurde vom Bundeskriminalamt bestritten, wie auch diesbezügliche Feststellungen bei allen involvierten deutschen Bundes- und Landesbehörden bisher im Sande verliefen.[121]

Versuche von BKA und den Geheimdiensten wie auch der Staatsanwaltschaft München I mittels Rechtshilfeersuchen, von amerikanischer Seite Informationen über die Verschleppung El Masris zu erlangen, sind ein Jahr lang abgeblockt worden. Als Grund wurde eine Zivilklage genannt, die das Entführungsopfer gegen den früheren CIA-Chef George Tenet und andere US-Beamte eingereicht hat. Inzwischen verfügt der BND über eine Antwort, verweigert aber die Preisgabe wegen »Quellenschutzes«.[122] Mit dieser oft geübten Praxis bleibt die Wahrheit auf der Strecke.

Von einem spanischen Journalisten erhielt El Masris Rechtsanwalt eine Namensliste der mutmaßlichen CIA-Entführer. Er übergab die Liste am 15. Dezember 2005 der Münchner Staatsanwaltschaft I, woraufhin das Amtsgericht München nach weiteren Recherchen im Januar 2007 gegen 13 mutmaßliche CIA-Agenten Haftbefehle wegen Freiheitsberaubung und gefährlicher Körperverletzung erließ. Dieser einmalige und – rechtsstaatlich gesehen – positive Vorgang, der die Unabhängigkeit der Justiz gegenüber der Abhängigkeit des Bundesnachrichtendienstes von der CIA hervorhob, hatte letztlich keinen Erfolg, weil sich die Bundesregierung weigerte, die Auslieferungsanträge an die US-Regierung weiterzuleiten,[123] wie auch das US-Justizministerium generell nicht auf Rechtshilfeersuchen reagierte und jede Kooperation verweigerte.[124] Immerhin hatte entgegen sonstiger Gewohnheit eine deutsche Behörde Flagge gezeigt.

Der Fall Mohamad Ramez Sultan/Ralph Trede

Der Fall, in den der Kriminaloberkommissar Ralph Trede (44 Jahre alt) verstrickt wurde, ist widersprüchlich und nicht restlos geklärt. Der Schauplatz ist Beirut im September 2002. Die Staatsschutzabteilung des BKA in Meckenheim ermittelte gegen eine Zelle von Türken und Arabern, die terroristische Anschläge in Deutschland planen sollten und im Verdacht standen, Al Qaida nahe zu stehen. Es wurde eine »Aufbauorganisation (BOA) Schokolade« von rund 50 Beamten gebildet, Telefonate abgehört und das Fahrzeug des verdächtigen Mohamad R. Sultan verwanzt, eines Autohändlers in München. Als bekannt wurde, dass er sich mit einem Mittäter, der als der »Saudi« bezeichnet wird, in Beirut treffen wollte, setzte sich das BKA mit dem dort zuständigen Libanesischen Militärischen Geheimdienst in Verbindung.

Vor Ort war bereits ein BKA-Verbindungsbeamter akkreditiert. Ein BKA-Team reiste auf den Spuren der Zielperson Sultan nach Beirut und am 24. September 2002 traf dort KOK Trede ein. Er sollte den Verbindungsbeamten verstärken und die Kommunikation mit der Zentrale in Meckenheim aufrechterhalten.[125]

Die Festnahme von Sultan, des »Saudi« und eines dritten Verdächtigen am 27. September lief in einer Beiruter Küstenstraße filmreif ab. Das BKA war nicht aktiv beteiligt, hielt aber die Szene heimlich in einer Video-Aufzeichnung fest. Die libanesischen Geheimdienst-Agenten gingen ruppig vor, aber es hielt sich noch im Rahmen dessen, was Präsident Ziercke mehr als vier Jahre später im Bundestag-Innenausschuss als »nicht dem deutschen Standard« entsprechend kommentierte, wobei aber »die Festgenommen noch ansprechbar« gewesen seien. Das ist auch nicht verwunderlich, denn die Aktion fand ja unter den Augen deutscher Beobachter statt. – Auch die Abgeordneten schauten sich das Video an.[126]

In den nächsten Wochen wurden die Festgenommen vom libanesischen Militärgeheimdienst vernommen. Dies geschah im Interesse des eigenen libanesischen Strafverfahrens, aber auch für das Bundeskriminalamt. Die BKA-Ermittler bekamen in dieser Phase die Gefangenen nicht zu Gesicht. Trede hatte die Aufgabe, ständig Fragenkataloge bei den Kollegen der »BAO Schokolade« in Meckenheim abzufragen und an die Geheimdienstler weiterzugeben. Die Fragen wurden in Beirut von einem »Joseph«, der selbst einmal dem Geheimdienst angehörte, ins Arabische übersetzt. »Joseph« erzählte laut Trede ihm und seinen Kollegen, wie Gefangene im Militärgefängnis üblicherweise gefügig gemacht würden: »Man gibt ihnen Strom auf die Eier.« Darüber hätten sie später gewitzelt, berichtete Trede, wenn es einen Stromausfall in Beirut gab oder das Licht flackerte. »Na, na – die haben wohl den Saft zu weit aufgedreht.«[127]

Ralph Trede führte eine Art Diensttagebuch, einen Ablaufkalender. So notierte er am 2. Oktober, dass für die »Vernehmungsunterstützung des MilND« ein informeller Fragenkatalog nötig sei. Zwischen 70 und 80 Listen mit je 10 bis 25 Fragen habe er bis Ende November an die Libanesen weitergereicht. Auch die FBI-Verbindungsbeamten in Meckenheim partizipierten an der Verfahrensweise und ergänzten die Fragenkataloge. Die Libanesen lieferten die Vernehmungsprotokolle an Trede, der sie nach Meckenheim schickte, dort wurden sie ausgewertet, woraus sich erneute Fragen ergaben, »Es war ein ständiges Hin und Her« (Trede).

Am 1. Oktober notierte Trede in das Diensttagebuch: »Info, dass der Saudi z. Z. im Krankenhaus (Diabetes und Stresssyndrom) liegt und dort für die Vernehmungen wieder fit gemacht wird.«

Ralph Trede meint: »Im BKA war allen klar, dass dort gefoltert wurde. Das war ein ganz klares Outsourcing.« Denn es konnte nicht mir rechten Dingen zugehen, »so schnell packt keiner aus.« Trede trägt auch in seinen Ablaufkalender ein, dass man die Vernehmungen als *Nonpaper* zu den Handakten nehmen sollte, da sie nicht als Beweis verwendbar seien.[128]

Ende Oktober 2002 stellte die Generalbundesanwaltschaft ein Rechtshilfeersuchen an den Libanon, sodass zwei BKA-Beamte die Beschuldigten Sultan und »Saudi« persönlich vernehmen durften. Wieder saß – wie im Fall Zammar – ein Aufpasser des Geheimdienstes mit Dolmetscher am Tisch. Trotzdem gab »Saudi« zu Protokoll, er sei unter Druck gesetzt und mit Gewalt zur Unterschrift gezwungen worden. Ein BKA-Beamter schrieb darüber einen Vermerk und reichte ihn an die Generalbundesanwaltschaft weiter. In das eigentliche Vernehmungsprotokoll wurde der Satz nicht aufgenommen. Reaktionen gab es auch nicht, weder seitens der Strafverfolgungsbehörde noch seitens der BKA-Führung.[129]

Trede beging einen Kardinalfehler, indem er versuchte, seinen Präsidenten unter Druck zu setzen. Das geschah, als er wegen der dienstlichen Abrechnung privater Telefonate auffiel. Schuld daran war im Grunde seine persönliche Situation, denn wenige Tage vor seiner Abordnung nach Beirut war er gerade aus Kolumbien zurückgekehrt, wo er zehn Monate lang im Personenschutz für den deutschen Botschafter tätig war. Nun musste er erneut in den Auslandseinsatz, die Beziehung zu seiner Lebensgefährtin drohe in die Brüche zu gehen, zumal der geplante Urlaub ins Wasser fiel. Auch gab es Probleme mit der Versicherung, die sein Auto stilllegen wollte, die Heizung fiel aus und so weiter.[130] Menschlich verständlich sind die vielen Telefonate nach Hause mit dem Dienst-Handy schon, deren Kosten auf 1600 bis 1800 Euro aufliefen. Die BKA-Verwaltung forderte zu einer Begründung auf, er zeichnete die Telefonate heimlich »sachlich richtig«, was nur seinem Vorgesetzten zustand. Als die Sache auffiel – inzwischen waren 21 Monate vergangen –, folgten Disziplinarverfahren und Strafanzeige wegen Betrugs.

Ralph Trede bat um einen Gesprächstermin bei Präsident Ziercke. Dieser war eigentlich bereit, wie er sagte, die Sache irgendwie aus der Welt zu schaffen. Trede sollte den Schaden bezahlen und wäre mit einer glimpflichen Disziplinarmaßnahme davongekommen. Trede berichtete jedoch – erstmals überhaupt – von seiner Kenntnis über Folter rund um den Beirut-Einsatz, das habe ihn psychisch so belastet, dass er deshalb die Telefonate mit Deutschland führte. Und er sei gezwungen, in dem gegen ihn eingeleiteten Strafverfahren bei der Staatsanwaltschaft Bonn Angaben zu den Gesamtumständen des Libanon-Einsatzes und zu den Anlässen der Telefonate zu machen, was einen gravierenden Schaden für das BKA, wenn nicht gar für die Bundesrepublik, nach sich ziehen werde.[131]

Es ist klar, der BKA-Präsident konnte sich nicht von einem Mitarbeiter drohen lassen, unter diesen Bedingungen eine Strafanzeige zurückzuziehen und das Disziplinarverfahren einzustellen. Nun bauten sich auf Tredes Fehler weitere auf. Er trat die Flucht nach vorne an und verlor die Contenance. Auch das ist nicht verwunderlich, denn es setzte in seinem dienstlichen Umfeld gegen ihn sofort massives Mobbing ein. Um sich zu rechtfertigen, richtete Trede am 16. November 2005 ein Rundschreiben an alle Bediensteten des BKA und an die Personalvertretung. Er schrieb an verschiedene Spitzenpolitiker und an den Petitionsausschuss des Bundestags. Er gab Auskünfte an Medien. Je wilder er um sich schlug, desto mehr schadete er sich, machte sich nicht glaubwürdiger und wurde schließlich darüber krank. Dass seine Karriere am Ende und das Beamtenverhältnis bedroht ist, steht außer Frage.

Aber hat sich Trede alles aus den Fingern gesogen? Das Bundeskriminalamt versucht dies zu beweisen. So zeige das Video über die Festnahme, an der Trede gar nicht teilnahm, keine Misshandlungen. Auch in einer Vernehmung bei der Generalbundesanwaltschaft konnte Trede für Folter keine konkreten Beweise liefern. Jedenfalls das nicht, was der Generalbundesanwalt unter »konkret« verstand. Der BKA-Einsatzleiter in Beirut, der alle beteiligten Kollegen befragt haben will, bescheinigte in einer Eidesstattlichen Erklärung, nichts von Folter registriert zu haben. Auch die anderen Mitarbeiter seien zu solchen Erklärungen bereit, kündigte er an. Schließlich wird Trede zur Last gelegt, erst mit den Foltervorwürfen argumentiert zu haben, als er wegen seiner Telefonabrechnungen in Schwierigkeiten geriet.

Auch Jörg Ziercke hält es für vorwerfbar, dass Trede nicht sofort nach Rückkehr aus dem Libanon über Folter berichtete.[132] Dazu hätte allerdings sehr viel Zivilcourage gehört, denn Trede hätte sofort die geschlossene Front der Kollegen gegen sich gehabt, das war für ihn absehbar. Und wer sich außerhalb der Gemeinschaft stellt, das lehren die Erkenntnisse über Cop Culture, gerät in große Schwierigkeiten. Wegen Missachtung des Korpsgeistes von Kollegen verachtet zu werden, bedeutet höchsten Stress. »Loyalität gilt als ein unbedingtes Erfordernis für Teamarbeit in der Polizei, jedenfalls insoweit sich die Kooperation auf riskante, gefährliche oder widersprüchliche Tätigkeitsbereiche bezieht. Dabei steht Loyalität gegenüber Kollegen im ständigen und vor allem natürlichen Spannungsfeld zur Integrität gegenüber Gesetzen und Vorschriften.« (Martin Herrnkind, Diplom-Kriminologe und Polizist).[133]

Der BKA-Präsident verlässt sich auf die Aussagen seiner Mitarbeiter. Dabei muss ihm klar sein, das die »Mauer des Schweigens« ein Charakteristikum der Cop Culture ist. Über fünfzig Jahre wurde im BKA der Mantel des Nichtwissens über die Nazivergangenheit des Amtes gebreitet. Ziercke selbst hat diesen Schleier weggerissen und siehe da: Ganz viele erinnerten sich plötzlich.

Allerdings hat Ziercke, der 2002 noch nicht in diesem Amt war, ein großes Interesse daran, dass das Ansehen des Bundeskriminalamtes nicht beschädigt wird. Dies drohte besonders in der Kontraste-Sendung der ARD am 22. Dezember 2005, in der Trede als Kronzeuge auftrat. Es gelang den Fernsehjournalisten, ein Telefon-Interview mit Sultan zu führen, der wie seine Mittäter zu 3 Jahren Freiheitsstrafe verurteilt und nach eineinhalb Jahren entlassen wurde und sich inzwischen (im Libanon) auf freiem Fuß befand. Sultan spricht Arabisch, seine Antwort wird in der Sendung übersetzt: »Ja, er sei gefoltert worden, sagt er, und es war als habe man ihn lebendig begraben.«

Sprachexperten des BKA haben nachträglich die Stelle so übersetzt: »Das heißt aber, man kann sagen, dass ich aus dem Grab gekommen bin, man kann sagen, dass ich aus dem Grab gekommen bin. Mehr als das kann ich nicht sagen.«

War es in der bilderreichen arabischen Sprache das Grab der Folter? Außerdem hielt sich Sultan noch in dem Land auf, das ihn womöglich gefoltert hat. Musste er sich also Zurückhaltung auferlegen?

Die Sendung war nicht frei von Manipulation. Sie leistete sich einen gravierenden Fauxpas, indem sie hinter Bildern von Folterszenen das grinsende Gesicht des BKA-Präsidenten schnitt, so als würde er Folter billigen.

Doch sollte man zwei Aspekte nicht aus dem Blick verlieren: »Saudi« gab gegenüber dem BKA zu Protokoll, er sei »unter Druck gesetzt und mit Gewalt zur Unterschrift gezwungen« worden. Und »Saudi« wurde während der libanesischen Vernehmungen »ins Krankenhaus eingeliefert, um wieder fit gemacht« zu werden, so notierte es Trede in sein Diensttagebuch. Das hat er doch nicht einfach erfunden.

Das wichtigste Indiz, das die Foltervorwürfe von Ralph Trede unterstützt, liefert das Internationale Generalsekretariat von Amnesty International in London. Eine AI-Pressemitteilung vom 16. Dezember 2002 ist überschrieben: *Lebanon: Political trial by Military Court must meet international human rights standards.*[134] Angeklagt sei Mohamed Ramez Sultan mit drei Mittätern, die eine Zelle im internationalen Netzwerk der Al Qaida-Organisation aufgebaut hätten. Drei der Männer seien laut AI fünf Tage lang in Incommunicado-Haft im Haftzentrum des Ministeriums für Verteidigung gehalten worden.

Wie AI erfuhr, wurde einer der vier Angeklagten, Khaled Omar Minawi, während der Incommunicado-Haft mit der Ballanco-Methode gefoltert. Ballanco bedeutet, dass die Handgelenke auf dem Rücken gefesselt werden. Durch die Handschellen wird ein Seil gezogen und an der Decke befestigt. Mit dem Seil wird das Opfer noch oben gezogen. Außerdem erfuhr Amnesty, dass das Opfer schwere Schläge in den Magen und in das Gesicht sowie über fünf Tage keine Nahrung erhielt.

Amnesty International appellierte an die libanesischen Behörden, diese Folter sofort, lückenlos und von unabhängigen Instanzen aufzuklären und die durch Folter erzwungenen Aussagen vor Gericht nicht anzuerkennen.

Eine Libanon-Lageanalyse der Schweizer Flüchtlingshilfe vom März 2002 – also zeitnah zum BKA-Einsatz – führt unter Abschnitt 3.3. »Folter und erniedrigende Misshandlung oder Bestrafung« aus:[135]

»Die libanesische Verfassung verbietet Folter nicht ausdrücklich. Laut Gesetz dürfen Richter unter Druck gemachte Geständnisse nicht zulassen. Es gibt glaubhafte Berichte, dass Folter bei der Befragung von Häftlingen in Polizeistationen und in Militärgefängnissen angewendet wird. Amnesty International erwähnt folgende Methoden: Schlafentzug, erzwungenes Aufrechtstehen über längere Zeit hinweg, psychologische Folter, Schläge, Elektroschocks, Farruj (Hähnchen): Festbinden an einer sich drehenden Stange. Eine vor dem Strafgericht in Tripoli angeklagte Person gab an, in der Untersuchungshaft 1997 und 2000 wiederholt gefoltert worden zu sein, unter anderem mit Schlägen und mit der Farruj-Methode. Eine Frau wurde nach ihrer Festnahme im März 2001 unter Verdacht der Zusammenarbeit mit

Israel vom militärischen Geheimdienst schwer misshandelt. Der Militärstaatsanwalt ordnete in der Folge eine gerichtsmedizinische Untersuchung an. Das Attest kam zu der Auffassung, dass ihr Körper deutliche Spuren von Gewaltanwendung aufwies.

Auch Gefangene der ehemaligen SLA wurden gemäß eigenen Angaben gefoltert. Während der Prozesse machten verschiedene Angeklagten geltend, dass sie in der Untersuchungshaft gefoltert worden seien.

Ein anerkannter Flüchtling irakischer Nationalität berichtete, er sei während der Haft in Furn-al-Shibak der Farruj-Folter unterworfen und bei hohen Temperaturen stundenlang in einer engen überfüllten Zelle gefangengehalten worden. Im November 2000 starb gemäß Amnesty International ein sudanesischer Asylsuchender wegen Folter in der Haft, was die libanesischen Behörden aber bestritten. Ein zweiter Sudanese, der im Oktober 2000 nach sechsmonatiger Haft freikam, war danach teilweise gelähmt. Seine Vorwürfe über Folter und Misshandlungen führten nicht zu Ermittlungen durch die Behörden.«

Nach ihrer Einschätzung der BKA-Aktion im Jahr 2002 befragt, erklärte Marianne Heuwagen, Deutschland-Direktorin von Human Rights Watch in Berlin: »Mir ist unverständlich, wie eine Behörde davon ausgehen kann, dass im Libanon nicht gefoltert wird.[136]

Der Staat Libanon steht heute im Menschenrechts-Ranking auf Platz 132 (von 165) und im Korruptions-Ranking auf Platz 99 (von 179) – siehe ANLAGEN III und IV. Folter und Misshandlungen sind noch immer verbreitet und nehmen zu.[137] Ob es verantwortlich ist, unter diesen Konditionen einen BKA-Verbindungsbeamten in Beirut einzusetzen, ist zweifelhaft.

Abschließend ist bezüglich des Outsourcing von Folter auf den Bericht von Thomas Hammarberg zurückzukommen, den er als EU-Menschenrechtskommissar aufgrund seiner Deutschland-Inspektion im Oktober 2006 schrieb.[138] Er kritisierte das Vorgehen von Bundeskriminalamt und BND/BfV im Fall Zammar, die Befragungen von Häftlingen in Guantánamo durch BND und BfV sowie die Verwendung von Guantánamo-Protokollen im Strafprozess gegen Mounir El Motassadeq als Beweismittel in Hamburg.

Der Kommissar zeigte sich besorgt über die von deutschen Beamten durchgeführten Vernehmungen Terrorverdächtiger, die ohne ordnungsgemäßes Verfahren inhaftiert und angeblich gefoltert wurden. Er verwies darauf, dass bei Verhören unter widerrechtlichen Bedingungen die extrem schwache Position des Häftlings ausgenutzt werde. Das Verbot von Folter verpflichte die Staatsbeamten nicht nur dazu, sich jeglicher erniedrigender und inhumaner Behandlung zu enthalten, sondern beinhaltet die Verpflichtung, den Personen einen angemessenen Schutz gegen derartige schwerwiegende Menschenrechtsverletzungen zukommen zu lassen.[139]

»Im Schulterschluss mit diktatorischen Regimen wirkt der Antiterrorismus als self-fulfilling prophecy«, schreibt Heiner Busch. »Er bestätigt aufs Neue das Feindbild, das der Terrorismus bekämpfen will. Indem die westlichen Staaten ihre selbsternannten Feinde mit immer neuen Legitimationen versorgen, schaffen sie gleichzeitig das ab, was sie zu verteidigen vorgeben. In dem Wettlauf zwischen Terroristen und Anti-Terroristen steht der Verlierer bereits am Anfang fest: die Menschenrechte.«[140]

VI
»WER EIN MENSCHENLEBEN RETTET – RETTET EINE GANZE WELT« (AI)

1. Folter und andere Torturen

»Die Menschenrechtslandschaft ist gepflastert mit gebrochenen Versprechungen und groben Versäumnissen der Machthaber. In ihrer politischen Rhetorik werden Regierungen nicht müde, die Menschenrechte auf ihre Fahnen zu schreiben, sobald jedoch die eigene Politik und das eigene Handeln gefragt sind, legen sie vielfach repressive Reaktionen an den Tag.« (Irene Khan, internationale Generalsekretärin von Amnesty International).[141]

In Deutschland ergeben sich Achtung und Verwirklichung der Menschenrechte, die universal und unteilbar sind, aus Artikel 1 des Grundgesetzes, der deutlich macht, dass sich die Menschenrechte aus der jedem einzelnen Menschen innewohnenden Würde herleiten und dass jede einzelne Person im Zentrum des menschenrechtlichen Schutzes steht. Darüber hinaus verweist Artikel 1 auf international festgelegte Normen und Standards. Menschenrechte sind darüber hinaus durch zahlreiche Kontroll- und Durchsetzungsmechanismen geschützt, und ihre Garantie ist einklagbar.

Die größten Defizite beim Menschenrechtsschutz weltweit bestehen heute indes nicht mehr bei der Schaffung von Normen, sondern bei ihrer Ein- und Durchsetzung. Denn völkerrechtliche Normen werden nur dann für alle Menschen im Alltag zur erlebbaren Realität, wenn sie auf nationaler Ebene auch umgesetzt werden. In etlichen Ländern der Welt fehlt es jedoch am politischen Willen, international anerkannte Menschenrechtsstandards in aller Konsequenz zu achten; anderswo sind die Regierungen zu schwach, um entsprechende Verhältnisse, Instanzen und Strukturen zum effektiven Menschenrechtsschutz zu schaffen bzw. deren Funktionieren landesweit zu garantieren.[142]

Die größte Menschheitsgeißel ist die Folter. Sie kann den kriminologischen Unrechtsgehalt von Mord im Einzelfall übertreffen, wenn sie nicht zu einem quälenden Tod führt. Denn Folter bedeutet für Überlebende einen seelischen Mord auf Raten, da das Trauma die Persönlichkeit bis zum Lebensende massiv beeinträchtigen, wenn nicht sogar zerstören kann. »Folter verletzt, isoliert, macht sprachlos, sie vergewaltigt den Körper, sie beutet die Schwächen von

Menschen aus, verbreitet Angst und Schrecken, sie beschämt, sie beschädigt die Würde der Gefolterten« (Urs Fiechtner).

Die Historie der Folter ausführlich zu rekapitulieren, fehlt hier der Raum.[143] In Meyers Lexikon wird Folter wie folgt definiert: »Gezielte Zufügung physischer oder psychischer Schmerzen zur Erzwingung einer Aussage. Die Folter eines Verdächtigen, seltener die eines nicht aussagewilligen Zeugen, ist sehr alt; sie wurde vielfach im Strafprozess angewendet, seitdem zur Verurteilung das Geständnis des Verdächtigen verlangt worden ist (vor allem im Inquisitionsprozess). Seit dem Ende des 15. Jahrhunderts erreichte die Folter in den Hexenprozessen einen Höhepunkt. Zur Verhinderung des wahllosen Einsatzes der Folter entwickelte erstmals die italienische Strafrechtswissenschaft des 14./15. Jahrhunderts Regeln, die zum Teil von der Carolina (1532) übernommen wurden. Die Folter wurde unter dem Einfluss der Aufklärung, als das Geständnis durch Zeugen- und Indizienbeweise ersetzt werden konnte, vor allem im 19. Jahrhundert aus den Rechtsordnungen beseitigt.«[144] Die große Zahl der Foltermethoden und -werkzeuge ist von A wie Abhacken bis Z wie Zwangsjacke in »Die Folter – Enzyklopädie des Grauens« von Horst Herrmann beschrieben.[145]

Wenden wir uns zunächst in einem Überblick der Jetztzeit zu.

»Eine junge Frau aus dem Nahen Osten, 21 Jahre alt, ohne Schulbildung, ist die Tochter eines Landwirtes und lebt seit zwei Jahren in Deutschland. Seit ihrem 10. Lebensjahr erlebte sie, wie die Polizei und das Militär regelmäßig ihr Dorf und ihren Bauernhof nach Waffen durchsuchten (es ist das Dorf einer großen ethnischen Minderheit in diesem Land). Bei den Durchsuchungen gingen die Polizisten und das Militär gewaltsam vor. Sie schrien laut, zerstörten das Mobiliar, trieben die Dorfbewohner auf dem Marktplatz zusammen und schossen über ihre Köpfe. Als sie 14 Jahre alt war, wurde ihr Vater bei einer solchen Aktion von der Polizei schwer angegriffen und misshandelt. Sie ertrug es nicht, dabei passiv zuzusehen und warf sich als schützendes Schild vor ihren Vater. Unmittelbar darauf wurde sie verhaftet und mit Elektroschock gefoltert und gezwungen, bei heißem Wetter salziges Wasser zu trinken. Nach etwa drei Tagen im Gefängnis hat man sie wieder freigelassen.

Bei der nächsten Terror-Aktion gegen das Dorf wurde sie wieder verhaftet, ins Gefängnis geworfen und sexuell gedemütigt. Nach ihrer Freilassung half ihr der Vater zu fliehen. Es gelang ihr, nach Westeuropa zu gelangen. Kurz nach ihrer Ankunft in Deutschland hat sie einen Landsmann, ebenfalls einen Flüchtling, geheiratet. Für einige Zeit ging alles gut, aber plötzlich bekam sie Anfälle: Sie hatte massive intrusive Bilder aus der Zeit ihrer Gefangenschaft, schrie laut, riss ihre Kleider von sich, schlug sich oder schüttete heißes Wasser oder heißen Tee auf ihren Körper. Sie hatte starke Kopf- und Magenschmerzen, rollte ihren Kopf hin und her, schüttelte sich.

Sie wurde sorgfältig untersucht, man fand keine Ursache, auch keinen hirnorganischen Schaden.

Sie wurde in das Behandlungszentrum für Folteropfer in Berlin überwiesen und dort von einer Psychotherapeutin und einer Ärztin behandelt. Der Kontakt war zu beiden gut. Sie erzählte von der Folter, von ihrer Vergangenheit und von ihrem heutigen Leben. Sie liebte ihren Mann, aber sie ertrug keinen Sexualverkehr. Nach und nach wurde sie etwas ruhiger, aber die Anfälle kehrten nach Telefonaten mit ihren Eltern, in denen sie von neuen Gewalttaten gegen ihr Dorf und ihr Volk erfuhr, regelmäßig wieder. In den Behandlungssitzungen idealisierte sie die Zeit vor dem Anfang des Terrors. Sie erzählte auch von ihren Tagträumen: In diesen war sie zurück im eigenen Land, versorgte die Kämpfer im Feld mit Waffen und Lebensmitteln und fürchtete, bei einer Rückkehr nach Hause verhaftet und gefoltert zu werden. Die Therapiesitzungen kreisten andauernd um die Anfälle und Tagträume, es gab keine Veränderungen. Es war wie ein Teufelskreis, der durch die Telefonate mit den Verwandten im Heimatland und durch Kontakte zu hier wohnhaften Patrioten, Flüchtlingen wie sie, aufrecht erhalten wurde.«[146]

Im Jahr 2007 wurden weltweit in 64 Staaten Menschen extralegal hingerichtet oder aus politischen Motiven ermordet. 86 Staaten machten sich der Folter und 106 Staaten der Folter oder Misshandlungen schuldig. In 25 Staaten verschwanden im Jahr 2007 Menschen spurlos und sind mit an Sicherheit grenzender Wahrscheinlichkeit ermordet worden. In 18 Staaten sind Frauen Mordopfer gewesen und in 5 Staaten Menschenrechtsverteidiger. 18 Staaten lassen ihre Sicherheitskräfte auf Demonstranten schießen und Demonstranten töten.[147]

Das Ausmaß der Mord- und Folterfälle ist immens, zumal wenn man sich von abstrakten Zahlen löst und das Einzelschicksal der gepeinigten Menschen vor Augen hat. Mehrere zehntausend Fälle von Folter werden jedes Jahr bekannt, die tatsächliche Zahl liegt weit höher. In den vergangenen Jahren wurden außerdem immer häufiger Kinder, Jugendliche und Frauen Opfer von Folterungen.[148] Wolfgang Sofsky spricht davon, dass der Blick auf das Opfer durch eingefahrene Diskurse der Gewalt verstellt werde. Wo Gewalt nur als Aktion, als Interaktion gar verstanden werde, sei die Verdrängung des Leidens unvermeidlich.[149]

Nicht zuletzt deswegen gibt es einen nicht unerheblichen Anteil der Bevölkerung in den unterschiedlichsten Ländern, der die Anwendung von Folter unter bestimmten Umständen bejaht. So sprachen sich in einer Umfrage des Meinungsforschungsinstituts Globescan im Auftrage der britischen BBC 24 % für Folter aus, wenn dadurch das Leben Unschuldiger gerettet werden könne (2006).[150] Befragt wurden 27 000 Menschen in 25 Ländern, die im übrigen alle zu den Unterzeichnern der Anti-Folter-Konvention gehören,

Die Fragestellung lautete:

»Die meisten Länder haben Regeln zugestimmt, die Folter an Gefangenen zu untersagen. Welcher Ansicht neigen Sie zu:

- Terroristen stellen eine solch extreme Bedrohung dar, dass es Regierungen jetzt erlaubt sein sollte, einen gewissen Grad von Folter anzuwenden, wenn dadurch Informationen erlangt werden können, das Leben Unschuldiger zu retten, oder
- klare Vorschriften gegen Folter sollen beibehalten werden, da jede Anwendung von Folter unmoralisch ist und die internationalen Menschenrechte schwächt.«

Menschen in solche Staaten, die mit politischer Gewalt konfrontiert sind, waren eher bereit, Abstriche am generellen Folterverbot zu machen. So befürworteten jüdische Bürger in Israel zu 53 % eine Lockerung, während sich muslimische Bürger in Israel mit überwältigender Mehrheit dagegen aussprachen. In den USA finden 36 % einen gewissen Grad von Folter akzeptabel, während 58 % dagegen waren.

Für die Anwendung von Folter sprachen sich eher die Befragten im Irak, auf den Philippinen, in Indonesien, Russland und China aus – dagegen votierten Australien, Frankreich, Kanada, Großbritannien und Deutschland. Die geringste Zustimmung wurde in Italien und Spanien gegeben.

Land	Gegen jede Art von Folter	Bis zu einem gewissen Grad erlaubt	Weiß nicht
Australien	75 %	22 %	3 %
Brasilien	61 %	32 %	8 %
Kanada	74 %	22 %	4 %
Chile	62 %	22 %	16 %
China	49 %	37 %	13 %
Ägypten	65 %	25 %	9 %

Land	Gegen jede Art von Folter	Bis zu einem gewissen Grad erlaubt	Weiß nicht
Frankreich	75 %	19 %	6 %
Deutschland	71 %	21 %	7 %
Großbritannien	72 %	24 %	4 %
Indien	23 %	32 %	45 %
Indonesien	51 %	40 %	8 %
Irak	55 %	42 %	1 %
Israel	48 %	43 %	9 %
Italien	81 %	14 %	6 %
Kenia	53 %	38 %	9 %
Mexiko	50 %	24 %	27 %
Nigeria	49 %	39 %	12 %
Philippinen	56 %	40 %	5 %
Polen	62 %	27 %	12 %
Russland	43 %	37 %	19 %
Südkorea	66 %	31 %	3 %
Spanien	65 %	16 %	19 %
Türkei	62 %	24 %	14 %
Ukraine	54 %	29 %	18 %
USA	58 %	36 %	7 %
Durchschnitt	*59 %*	*29 %*	*12 %*

Auch wenn eine Tendenz besteht, unter Kriterien eines übergesetzlichen Notstandes »ein bisschen Folter« als erlaubt anzusehen (siehe weiter unten), besteht weder juristisch noch moralisch ein Rechtfertigungsgrund, vom absoluten Folterverbot abzuweichen.[151] »Man gerät letzten Endes auf eine schiefe Bahn und sanktioniert Folter allgemein.« Dies konstatiert Alfred W. McCoy, der seit Jahrzehnten die Geschichte der CIA penibel erforscht. Man möge sich vergegenwärtigen, meint McCoy, wo Amerika im Krieg gegen den Terror gelandet ist. Bushs und Rumsfelds Anweisungen an die CIA, nur ein paar »hochkarätige« Al-Qaida-Zielpersonen zu foltern, uferten bald zur Folterung Dutzender in Bagram / Afghanistan, Hunderter in Guantánamo / Kuba und Tausender in Abu Ghraib und anderen irakischen Gefängnissen aus.[152]

Claudia Roth erklärte als Beauftragte der Bundesregierung für Menschenrechtspolitik und Humanitäre Hilfe im Auswärtigen Amt im Dezember 2003:

»Das humanitäre Völkerrecht und die internationalen Menschenrechtsschutzstandards schaffen einen lückenlosen Rechtsschutz für die menschliche Einzelperson. In diesem umfassenden Schutzmechanismus, zu dem sich die Staaten verpflichtet haben, darf es keine Grauzonen geben. Dies gilt für Kriegsgefangene, Verdächtige und auch für den Kriegsverbrecher, der zu Recht zur Verantwortung gezogen wird. Auch dieser hat Anspruch auf humane Behandlung und ein faires, rechtsstaatliches Verfahren. Auch im Kampf gegen den Terrorismus müssen wir unseren humanitären Standards verpflichtet bleiben, selbst wenn der Gegner sie grausam und bedenkenlos missachtet hat. Ich möchte dies ausdrücklich mit Blick auf die Gefangenen von Guantánamo betonen.«[153]

Zahlen von Amnesty International zeigen, dass seit Januar 2002 etwa 800 Personen aus mehr als 30 Staaten in Guantánamo Bay gefangen gehalten wurden; im Jahr 2008 befinden sich dort noch 270 Menschen ohne Urteile oder legalen Prozess.[154] 200 sind seit der Eröffnung des Lagers in den Hungerstreik getreten, 40 begingen einen Suizidversuch und 3 starben durch Suizid im Juni 2006.[155]

Ende des Jahres 2007 saßen mehr als 600 Menschen im US-Stützpunkt in Bagram/Afghanistan in Haft – ohne Urteil, Verhandlung oder gerichtliche Nachprüfung ihrer Verhaftung.

Insgesamt 25 000 Menschen wurden im Irak von der Multinationalen Force Iraq gefangen gehalten.[156]

Erzwungenes Verschwinden ist eine andere weltweit zu beobachtende schwere Menschenrechtsverletzung.[157] Die von der Menschenrechtskommission der Vereinten Nationen bereits 1980 eingesetzte Arbeitsgruppe zur Aufarbeitung von Verschwundenenfällen registriert jährlich eine wachsende Zahl neuer Fälle. So verdoppelte sich die Zahl der Meldungen von 102 im Jahr 2002 auf 243 im Jahr 2003. Diese Tendenz setzte sich auch in den Folgejahren fort. Insgesamt konnten bislang 6270 Fälle aufgeklärt werden, doch bleiben nach dem jüngsten Bericht der Arbeitsgruppe noch nahezu 42 000 Fälle in 79 Staaten ungeklärt.[158]

Die Todesstrafe wurde in Deutschland 1949 nach Artikel 102 des Grundgesetzes abgeschafft (Schweiz Art. 10 Bundesverfassung; Österreich Art. 85 Bundes-Verfassungsgesetz). Die Todesstrafe verstößt gegen die unantastbare Würde des Menschen und gegen das Recht auf Leben. Sie ist international geächtet, aber völkerrechtlich nicht verboten. Im Jahre 2006 wurden mindestens 1591 Menschen hingerichtet und 3861 zum Tode verurteilt; weltweit sitzen derzeit mehr als 20 000 Menschen in Todeszellen;[159] Mirza Tahir Hussain, ein britischer Staatsbürger, verbrachte 18 Jahre in einer Todeszelle in Pakistan.[160] Ruslan Widjayasastra saß wegen Verschwörung und Subversion gegen den Staat über 20 Jahre in der Todeszelle in Indonesien.[161] 84 Prozent aller Hinrichtungen wurden in nur vier Ländern ausgeführt, nämlich in China, Iran, USA und Vietnam. Dabei werden in China Todesurteile auch wegen vergleichsweise geringfügiger Vergehen verhängt. Im Jahr 2006 wurden in diesem Land mindestens 1040 Exekutionen durchgeführt, wobei hier von unvollständigen Daten ausgegangen werden muss.[162]

Im Jahre 2006 wurde die Todesstrafe in 8 Staaten massenhaft verhängt und vollstreckt: in China, Irak, Iran, Nord-Korea, Pakistan, Saudi-Arabien, USA und Vietnam. In 17 Staaten wurde die Todesstrafe in Einzelfällen verhängt und vollstreckt, in 28 Staaten verhängt, aber nicht vollstreckt.[163] 99 Staaten haben die Todesstrafe für gewöhnliche Verbrechen abgeschafft. »Auch dort, wo die Todesstrafe nicht mehr besteht, besteht die Todesdrohung, die Gewalt über Leben und Tod fort. Sie wird innenpolitisch in der Regel präsentiert durch die Polizei« (Wolf-Dieter Narr).[164]

Die Prozentzahl derjenigen, die die Wiedereinführung der Todesstrafe in Deutschland befürworten, ist schwankend und kann auf über 70 % hochschnellen, wenn in Massenmedien über gravierende Straftaten berichtet wird, besonders bei Sittlichkeitsverbrechen an Kindern, aber auch in Fällen von Terrorismus, wie bei der Entführung des Arbeitgeberpräsidenten Schleyer durch die RAF im Jahr 1977 (69 % laut einer damaligen Untersuchung der Wickert-Institute).[165]

In 55 Staaten waren die Haftbedingungen im Jahr 2007 hart und gesundheitsschädlich. Die Haft wurde oft in Gefängnissen vollzogen, die total überbelegt waren, ohne Trennung der Geschlechter oder Trennung Jugendlicher von Erwachsenen. Die hygienischen Bedingungen waren oft verheerend. Mindestens 24 Staaten praktizierten Incommunicado-Haft, das heißt Freiheitsentzug ohne Kontakt zu Angehörigen oder Rechtsanwälten. In 67 Staaten erfolgten Verhaftung und Inhaftierung geheim und ohne Rechtsgrundlage. In mindestens 51 Staaten konnte von *fair trial* im rechtsstaatlichen Sinne keine Rede sein. Willkürliche Urteile dienten dazu, jede Form von Opposition zu unterdrücken oder in politischen Prozessen missliebige Personen auf der Basis erfundener Straftaten für lange Jahre hinter Schloss und Riegel zu bringen.[166] Man denke nur an Nelson Mandela, der vom südafrikanischen Apartheidregime auf Robben Island in der Nähe von Kapstadt als gewaltloser politischer Gefangener 27 Jahre in Haft gehalten wurde. Dass er trotzdem südafrikanischer Präsident und Träger des Friedensnobelpreises werden konnte, ist ein Glücksfall der Geschichte. Ähnlich der ehemalige tschechische Präsident Vaclav Havel, der als Regimekritiker für seine Überzeugungen fünf Jahre in tschechoslowakischen Gefängnissen verbrachte.

Das Wohl der Kinder liegt angeblich allen Menschen am Herzen, haben doch 192 Staaten außer Somalia und den USA das Übereinkommen über die Rechte des Kindes aus dem Jahr 1990 ratifiziert (Stand 2005).[167] In mehr als 36 Ländern sind Kinder und Jugendliche heute Leidtragende gewalttätiger Auseinandersetzungen. Rund 6 Millionen wurden im Rahmen kriegerischer Auseinandersetzungen in den letzten zehn Jahren verletzt, rund 2 Millionen verloren ihr Leben. 13 Millionen aller Binnenvertriebenen sind Kinder. Kinder und Jugendliche leiden in besonderem Maße unter bewaffneten Konflikten; psychosomatische Folgen von Gewalt, Flucht und Vertreibung beeinflussen ihre weitere Entwicklung nachhaltig. Etwa 250 000 werden oder wurden als Kindersoldaten im Krieg und als Sexsklaven missbraucht (zum Beispiel in Birma, Burundi, Kolumbien, Republik Kongo, Nepal, Liberia).[168] Gravierende Menschenrechtsverletzungen an Kindern ereigneten sich ferner in Uganda, Sierra Leone und Sri Lanka.[169] Des Weiteren sind Kinder Opfer von Kinderhandel, Kinderprostitution und Kinderpornografie (z. B. Bolivien, Albanien, Ecuador, Togo, Kambodscha, Nepal, Mexiko, Vietnam u. a.).

Unter Berücksichtigung der hohen Dunkelziffer ist Gewalt gegen Frauen die weltweit am meisten verbreitete Menschenrechtsverletzung.[170] Frauen leiden unter Gewalt in der Familie, Zwangsverheiratung, Vergewaltigung, Zwangsprostitution und unter den Folgen von Kriegen. Sie werden im Namen der Ehre oder aus anderen Gründen (wie in Mexiko und Guatemala zu Hunderten) ermordet. Eine der krassesten Formen von Gewalt an weiblichen Babys, Mädchen und Frauen ist nicht nur nach Ansicht von Amnesty International die weibliche Genitalverstümmelung. Die vor allem in afrikanischen Ländern weit verbreitete traditionelle Praxis hat schwerwiegende Folgen für Körper und Psyche. Man schätzt, dass zur Zeit ca. 130 Millionen Mädchen und Frauen betroffen sind. Jährlich kommen 2 Millionen Mädchen dazu.[171]

Laut Europäischer Kommission lebt jede dritte Albanerin in Gefahr, Schläge und Vergewaltigung durch ihren Ehemann oder Intimpartner zu erfahren. »Während ich auf dem Sofa lag, hat er mir die Fleischhacke an den Hals gehalten, nur weil ich meine Schwester angerufen hatte. Dann hat er mich geschlagen. Ich hatte Angst, denn ich war im 1. Monat schwanger.«[172]

Gewalt gegen Frauen in bewaffneten Konflikten (70 % der Opfer sind Zivilisten) ist keine zufällige Begleiterscheinung, sondern eine bewusst eingesetzte Waffe, um Terror zu verbreiten, die Gesellschaft zu destabilisieren oder die Truppen zu »belohnen«. Seit Ausbruch der Krise in Darfur (2003) wurden Zehntausende Frauen und Mädchen Opfer von Vergewaltigungen oder anderen sexuellen Gewalttaten. Darfur im Sudan und der Kongo stehen für andere Beispiele, so im Jahr 2007 in Nigeria, Uganda und Burundi.[173]

Ausmaß häuslicher Gewalt weltweit[174]

Australien	20 %	Surinam	35 %
China	20 %	Taiwan	35 %
Dänemark	21 %	Süd-Korea	38 %
Niederlande	21 %	Malaysia	39 %
Belgien	25 %	Kenia	42 %
Norwegen	25 %	Südafrika	43 %
Deutschland	25 %	Guatemala	49 %
Chile	26 %	Costa Rica	54 %
Kanada	27 %	Japan	59 %
USA	28 %	Tansania	60 %
Äquartorial Guinea	30 %	Pakistan	80 %
Litauen	33 %		

Frauenhandel und Zwangsprostitution haben seit dem Fall des »Eisernen Vorhangs« sprunghaft zugenommen. 2,4 Millionen Menschen werden jährlich im wahrsten Sinn des Wortes verkauft. Die Profite betragen pro Jahr geschätzte 32 Milliarden US-Dollar. Nach Angaben der Internationalen Arbeitsorganisation aus dem Jahr 2006 entfällt davon ein Großteil auf den Handel mit Frauen und Kindern zum Zwecke der sexuellen Ausbeutung. Der »Warenstrom« fließt von den armen Ländern in die wohlhabenden. Im Herkunftsland werden die Frauen mit falschen Versprechungen angeworben,[175] am Zielort werden sie durch Schläge, Vergewaltigung, Einsperren und Wegnahme der Personaldokumente gefügig gemacht. Häufig findet ein Ringtausch unter den Frauen statt, die von Deutschland in die Niederlande, Spanien oder andere Staaten verbracht werden.[176] Im Jahr 2005 sollen Tausende russische Frauen zwecks sexueller Ausbeutung in nicht weniger als 50 Staaten rund um den Erdball deportiert worden sein.[177]

Das Bundeskriminalamt erstellt seit 1994 jährlich ein »Lagebild Menschenhandel«.[178] Soweit sie dem BKA bekannt wurden (Dunkelziffer), stammten im Jahr 2007 die meisten Opfer aus Bulgarien, Ungarn und Nigeria und in den zurückliegenden Jahren etwa 80 % der Opfer des Menschenhandels aus den sogenannten MOE-Staaten,[179] insbesondere aus Litauen, Lettland sowie aus der Ukraine, aus Russland und Weißrussland (Belarus).[180] Andere Herkunftsstaaten dieser Verbrechen sind Mazedonien, Moldau, Oman, Pakistan, Philippinen, Serbien, China, aber auch Finnland und Griechenland.[181] Den größten Anteil der ausländischen Tatverdächtigen stellten 2007 türkische und bulgarische Staatsangehörige.[182]

Die Liste der weltweiten Menschrechtsverletzungen ist damit längst nicht erschöpfend behandelt. Die Roma-Gemeinschaft ist besonders in Osteuropa massiven Diskriminierungen ausgesetzt, indigene Bevölkerungsgruppen werden verfolgt und unterdrückt und wegen ihrer sexuellen Orientierung Menschen in Haft genommen oder drangsaliert. In vielen Ländern werden Menschenrechtsverteidiger kriminalisiert, willkürlich inhaftiert oder gar ermordet. Die Zahl der internationalen Migranten wird inzwischen auf 175 Millionen geschätzt, darunter über 40 Millionen Menschen, die als Flüchtlinge oder in flüchtlingsähnlichen Situationen leben. Von diesen sind etwa 25 Millionen als sogenannte Binnenflüchtlinge Vertriebene im eigenen Land. Flucht ins Ausland, um sich den Gefahren zu entziehen, ist so gut wie immer eine Überlebensstrategie, nachdem alle anderen Versuche ausgeschöpft oder gescheitert sind, sich mit der bedrohlichen Situation zu arrangieren.[183]

Die deutsche Migrationspolitik trägt längst nicht in allen Fällen den Menschenrechten Rechnung, so dürfen in Deutschland Asylanten im ersten Jahr nicht arbeiten. Theoretisch ist es ihnen danach erlaubt, jedoch haben sie auf dem Arbeitsmarkt kaum eine Chance, weil Deutsche oder EU-Bürger bei der Vergabe eines Arbeitsplatzes den Vorzug genießen. Vor allem sind Folteropfer nicht davor geschützt, in das Land abgeschoben zu werden, das sie gefoltert hat und genießen oft trotz nachgewiesener Folter ein unsicheres Aufenthaltsrecht. Unbegreiflicherweise gilt nachgewiesene erlebte Folter in Deutschland per se nicht als Asylgrund.[184] Es muss vielmehr als Prognose nachgewiesen werden, dass eine »hinreichende Wahrscheinlichkeit« besteht, erneut in dem Zielland gefoltert zu werden. Erstens sind nach der Erfahrung von Menschenrechtsorganisationen politische oder diplomatische Zusicherungen, dass keine Folter stattfindet, in der Regel unglaubwürdig und nicht zu akzeptieren (AI: Keine Deals mit Folterstaaten! Diplomatische Zusicherungen stoppen!).[185] Zweitens reicht bereits die unsichere Lebenslage und die Gefahr der Abschiebung in das Land der Folter aus, eine Behandlung traumatisierter Menschen erheblich zu erschweren. Schließlich ist die tatsächliche Abschiebung eine Katastrophe, selbst wenn keine erneute Folter stattfinden sollte, weil ein von Depression, Angst und Alpträumen geplagter Mensch psychisch viel zu instabil ist, im Land seiner Folterknechte zu leben.

Dass das Auswärtige Amt den halbjährlich über 40 Länder erstellten Asyllagebericht als »Verschlusssache – Nur für den Dienstgebrauch« ausweist, spricht für sich. Diese Berichte sind »ohne Rücksicht auf außenpolitische Interessen formuliert«, wie es heißt, es wird damit offensichtlich verheimlicht und dubios mit »Quellenschutz« begründet, dass bei Offenlegung der Fakten Asylanten eigentlich einen größeren Schutz genießen müssten, was aus politischem Kalkül oder aus wirtschaftlichen Gründen unerwünscht ist.[186] Es darf nicht sein, dass »außenpolitische Interessen« einen Vorzug vor schweren Menschenrechtsverletzungen genießen, dies widerspricht dem Grundgesetz.

Die Menschenrechtsorganisation Reporter ohne Grenzen erstellt eine weltweite Rankingliste der Pressefreiheit 2007 (ANLAGE IV).[187] Unter 169 Staaten nimmt Deutschland den Platz 20 ein. Schlusslichter bilden: China, Birma, Kuba, Iran, Turkmenistan, Nordkorea und Eritrea. Allein im ersten Halbjahr 2005 starben weltweit 40 Journalistinnen und Journalisten, ein Viertel von ihnen im Irak. Auf den Philippinen starben sechs, in Bangladesh, Brasilien, Kolumbien, Haiti, Mexiko, Pakistan und Somalia je zwei Journalisten. Die Mehrheit von ihnen wurde verfolgt, weil sie über Korruption, Drogenhandel und andere illegale Handlungen recherchierten.[188] 130 Journalisten sind in Haft, die meisten in China (2008).[189]

Der Mord an Anna Politkowskaja in Russland (Oktober 2006) ist ein klassisches Beispiel dafür, wie Pressefreiheit in vielen Ländern durch systematische Gewaltkriminalität vereitelt wird. Das Verbrechen an der mutigen Journalistin Politkowskaja ist bis heute ungesühnt. Die Straflosigkeit schwerster Menschenrechtsverletzungen in 74 Staaten weltweit[190] ist eine wesentliche Ursache für ihre Wiederholung und ein Ausdruck der Menschenverachtung, die Machthaber in jedem dritten Land der Erde praktizieren.

Die weitaus größte Zahl der Opfer bleibt namenlos, soweit nicht Menschenrechtsorganisationen oder im Einzelfall die internationale Öffentlichkeit von ihnen erfahren. Folterregime drohen überlebenden Opfern gewöhnlich, dass sie erneut festgenommen und gequält werden, falls sie das Schweigen brechen. Außerdem werden Familienangehörige beziehungsweise der Freundeskreis bedroht. Die meisten überlebenden Opfer besitzen ohnehin keine Kraft mehr, sich aufzulehnen. Hinzu kommt ein Phänomen, das bereits von überlebenden KZ-Opfern bekannt ist, nämlich ein diffuses Schuldgefühl. Man fühlt sich schuldig, überlebt zu haben, während andere sterben mussten. Man leidet darunter, unter größten Schmerzen oder Todesangst Dinge gesagt oder getan zu haben, die anderen Menschen vielleicht schadeten. Folter verfolgt allerdings nicht immer den Zweck, etwas über den politischen Gegner zu erfahren, sodass eine erpresste Aussage nicht unbedingt eine Neuigkeit für die Folterschergen erbrachte. Ihr Ziel ist es vielmehr, die Persönlichkeit zu zerbrechen, jemanden unfähig zu machen, nach der Folter noch eine oppositionelle Rolle spielen zu können. Außerdem soll das gesundheitlich und seelisch geschundene Opfer nach seiner Entlassung ein warnendes Beispiel für andere sein.[191]

Ob ein »Verrat« wirklich für andere Menschen Konsequenzen zeigte, kann ein Folteropfer also nicht ohne weiteres einschätzen. Nur wenige Überlebende der Folter geben darüber Auskunft, unter extremem Druck einen »Verrat« begangen zu haben, weil ihr Schweigen der Erhaltung ihres Selbstwertgefühls dient.

»Der unsichtbare Folterer sitzt immer mit am Tisch«.[192] Im Berliner Behandlungszentrum für Folteropfer hat man täglichen Umgang mit der Problematik des Schweigens über die Folter – besonders bei sexualisierter Folter. Über die Hälfte der Patientinnen dort sind Kurdinnen. Angriffe auf die sexuelle Integrität eines Menschen bedeuten eine der schwersten Formen der Verletzung der Ehre und erfordern nach dem kurdischen Sittenkodex die Bestrafung des Angreifers. Mit der Folter provozieren die Täter, dass Ehemann, Vater oder Bruder nicht in der Lage waren, die Frau zu schützen. Ziel ist, damit nicht nur die Ehre der Frau zu verletzen, sondern gleichzeitig den Ehrenkodex des Mannes.[193]

Das Berliner Behandlungszentrum machte aufgrund seiner Erfahrung mit Angehörigen der kurdischen Volksgruppe im Jahr 2002 darauf aufmerksam, dass die Türkei keineswegs ihr Versprechen erfüllte, systematische Folter abzuschaffen, um in die Europäische Union aufgenommen werden.[194] In den Jahren 2007 und 2008 ist festzustellen, dass Folter und Misshandlungen an politischen Gefangenen zwar rückläufig sind, dass aber türkische Beamte mit Polizeibefugnissen nach wie vor durch Schläge, Todesdrohungen, Schlafentzug oder Verweigerung von Wasser und Nahrung foltern und misshandeln, dass exzessiv Gewalt angewendet wird, extralegale Hinrichtungen geschehen und Demonstranten erschossen werden.[195]

Nach Erfahrungen des Berliner Behandlungszentrums kann bei zahlreichen Folterformen ein relativ sicherer Nachweis geführt werden.[196] So sind Perforationen beider Trommelfelle oftmals die Folge von beidhändigen Schlägen auf die Ohren, es zeigen sich wie beim Knalltrauma typische Anordnungen der Löcher. Schädigungen durch elektrischen Strom hinterlassen vielfach charakteristische Narben. Die in vielen Ländern angewandte Falanga (Schläge auf die Fußsohlen) führt zu gut belegbaren Veränderungen der Sohlen und der Statik der Füße und Unterschenkel. Aus Syrien kennt man die Verbrennungen durch heißes Plastik mit bezeichnenden Narbenbildungen. In zahlreichen afrikanischen Ländern kommt es während der Verhaftung durch Militärs, zudem in Camps und Kasernen, zu Stichverletzungen mit Bajonetten, die eindeutige Spuren zeigen. Zwangshaltungen in Minikäfigen über Wochen führen zu schmerzhaften Veränderungen an Gelenken und Muskulatur. Brennende Zigaretten hinterlassen typische Narben auf der Haut. Ein Mann aus dem Libanon wies 72 solcher Verbrennungsnarben auf. Misshandlungen durch Gegenstände, die unter die Finger- und Fußnägel geschoben wurden, lassen sich auch nach längerer Zeit nachweisen. Folter in hängenden Positionen hat Kopfverletzungen zur Folge, weil die Opfer plötzlich fallengelassen werden. Nervenschädigungen an den Handgelenken sind häufig Folge von Fesselungen. Langwährende soziale Deprivation oder sensorische Deprivation hinterlassen kognitive Einschränkungen, die nur jemand beschreiben kann, der sie erfahren hat. Verbundene Augen vor, während und nach der Folter kann psychoseähnliche Zustände begünstigen, die den Erfahrungen von Menschen gleichen, die eine Augenoperation mit anschließender mehrtägigen Abdeckung der Augen durchmachen.

Im Berliner Zentrum wird mit vielfältigen kombinierten Modellen daran gearbeitet, Traumatisierte zu behandeln,[197] wie Psychotherapie, Musiktherapie, Gestalttherapie, körpertherapeutischer Arbeit oder Gruppentherapie. Durch Sozialarbeit werden Patienten unterstützt, den Weg durch deutsche Behördenapparate zu finden, sich bei Ämtern zu behaupten, Wohnung zu suchen, die Sprache zu erlernen. Psychosoziale Versorgung dient dazu, Beziehungen aufzubauen, den Kontakt zu Bezugspersonen zu finden.[198] In der Familientherapie wird versucht, die Familie zu stabilisieren, denn durch traumatisierte Familienmitglieder ist ein harmonisches Familienleben nicht möglich. Es entstehen so neue Opfer und neue Sündenböcke, der Umgang untereinander ist von einer Sprache der Gewalt geprägt, die Familie droht auseinander zu brechen.[199]

Trotz aller wissenschaftlichen Hilfsmittel bleibt allerdings festzuhalten: Die »Heilung« von einem traumatischen Erlebnis ist nicht erreichbar, da die Ursachen nicht ungeschehen gemacht und die Erinnerungen nicht ausgelöscht werden können. Es bleibt für Opfer von Menschenrechtsverletzungen eine überdauernde Erschütterung zurück. Bei Traumaüberlebenden ist auch nach der Therapie von einer besonderen Verletzlichkeit und Anfälligkeit gegenüber Belastungssituationen auszugehen, und individuelle Ereignisse können eine Reaktualisierung bereits zurückgebildeter Symptomatiken auslösen.[200]

Von Jean Améry, der Insasse eines NS-Konzentrationslagers war, stammt der Ausspruch: »Wer der Folter erlag, kann nicht mehr heimisch werden in der Welt.« Mit Blick auf den im Jahr 1964 begonnenen Auschwitz-Prozess schrieb er: »Das Weltvertrauen des einzelnen Menschen, zu welchem ganz wesentlich die Gewissheit gehört, dass der andere auf Grund von geschriebenen oder ungeschriebenen Sozialkontrakten mich schont, genauer gesagt, dass er meinen physischen und damit metaphysischen Bestand respektiert, zerbricht irreversibel in der Tortur.«[201]

Täterpersönlichkeiten sind – besonders in der zweiten Hälfte des vorigen Jahrhunderts – in vielfacher Hinsicht erforscht worden.[202] Die Aufklärung darüber, wie jemand zum Folterer wird, konnte allerdings die epidemische Ausbreitung der Folter nicht verhindern. Die Hauptkriegsverbrecher in Nürnberg wurden einem mehrfach überprüften Rorschach-Test unterzogen, der bei keinem der Angeklagten psychologisch auffällige Merkmale der Persönlichkeit zeigte.[203] Immer wieder stellt sich daher die Frage: Sind Verantwortliche für Folter und Folterknechte normale Menschen wie du und ich? Die Testreihen des Milgram-Experiments jedenfalls, die auch in Deutschland wiederholt wurden, sprechen bei drei Viertel der Durchschnittsbevölkerung dafür, so lange eine Autoritätsperson konsequente Anweisungen erteilt.[204] In anderen Fällen war das gruppenkonforme Verhalten ausschlaggebend dafür, dass »ganz normale Männer« (Christopher R. Browning) als Angehörige des Reserve-Polizeibataillons 101 zwischen Juli 1942 und November 1943 mehr als 38 000 Menschen erschossen und erschlugen und weitere 45 000 aus ihren Häusern und Verstecken trieben, um sie in die Gaskammern von Treblinka zu schicken.[205]

Das weniger bekannte Stanford-Gefängnis-Experiment beweist den Zusammenhang zwischen Folter und Machtausübung. Ohne Training oder Vorbereitung übernahmen nach dem Zufallsprinzip ausgewählte Studenten freiwillig eine Woche lang die Rolle von »Gefangenen« oder »Wärtern« in einem simulierten Zellenblock im Keller des Psychologischen Instituts der Universität Stanford. Innerhalb kurzer Zeit traten bemerkenswerte Veränderungen ein. Die Gefangenen wurden passiv, abhängig und hilflos. Im Gegensatz dazu erlebten die Wärter bei sich Gefühle von Macht, Status und Gruppenzugehörigkeit, sie benahmen sich aggressiv, beschimpften und schikanierten die Gefangenen. Das auf die Dauer von zwei Wochen geplante Experiment wurde nach 6 Tagen abgebrochen, denn die Wärter entwickelten sich zu Peinigern, die Gefangenen wurden depressiv und litten unter extremem Stress.[206]

Staaten, die systematisch Folter praktizieren, benötigen hierzu ausgewähltes Personal. Das Anforderungsprofil erfüllen gut angepasste Anwärter, die eine gewünschte politische Grundhaltung zeigen, an deren Gehorsam kein Zweifel besteht, die die Doktrin der Sicherheitskräfte verinnerlichen und die politische Gegner oder staatlich verordnete Sündenböcke zu hassen lernen.

Die Ausbildung zu Folterknechten folgt bestimmten Techniken.[207]

(1) Erhöhung der Bindung unter den Angehörigen
   - Initiationsriten zur Separierung der Betreffenden von der Gesellschaft und zu ihrer Einführung in eine besondere Gemeinschaft, in der andere Regeln und Werte gelten
   - Erzeugen eines Elitebewusstseins
   - Verwenden einer gruppeninternen Sondersprache zur Betonung der Unterschiede zwischen der Gruppe und der übrigen Gesellschaft

(2) Reduktion der Belastung durch Gewissenskonflikte
   - Beschuldigungen und Demütigungen der Opfer, um diese leichter quälen zu können
   - Schikanen, eine permanente physische und psychische Einschüchterung, die logisches Denken unmöglich macht und die für Brutalität und Unmenschlichkeit erforderlichen instinktiven Reaktionsweisen fördert
   - Belohnen für Gehorsam und Strafen für mangelnde Kooperation
   - Bereitstellen von Modellen: Andere Gruppenmitglieder können bei Gewalttätigkeiten und deren späterer Belohnung beobachtet werden
   - Systematische Desensibilisierung gegenüber Gräueltaten durch schrittweise Gewöhnung, bis sie, jenseits aller Konflikte mit früheren moralischen Grundsätzen, als normale Routinehandlungen erscheinen.

Nur in Ausnahmefällen sind Folterer von ihrer Veranlagung her Sadisten.

Untersuchungen an ehemaligen Vietnam-Soldaten haben gezeigt, dass das Bewusstsein von verabscheuungswürdigen Taten – auch wenn sie im Krieg unter extremen Bedingungen und auf Befehl begangen wurden – langfristig nicht ohne Folgen bleibt. In einer Untersuchung von 130 Vietnamveteranen, die einen Therapeuten aufsuchten, waren fast 30 % wegen ihrer eigenen Gewalttaten während des Krieges verstört. Sie kämpften mit Ängsten, Schuldgefühlen und Depressionen und waren unfähig zu intimen Beziehungen.[208]

»Folter ist für die Opfer in nie zuvor gekannter Weise unvorhersagbar, gleichzeitig unausweichlich und zumeist unkontrollierbar«, weiß der Psychotherapeut Norbert F. Gurris vom Behandlungszentrum für Folteropfer Berlin aus seiner Erfahrung zu berichten. »Folter kann daher auch nicht ›bewältigt‹ werden. Der fast immer zu erwartende Zusammenbruch des Selbst und der Selbstwerte führt zu einem Erleben eigenen totalen Versagens, der Zuschreibung von eigener Schuld und damit zu überwältigenden Schamgefühlen. Der unter der Folter oft unausweichliche Verrat von Freunden, Verwandten und Gesinnungsgenossen konnte nicht vorausgesehen werden. Oft deckt das Bewusstsein dies später wieder zu mit der Folge verstärkter, aber diffuser Scham- und Schuldgefühle, die sich in quälenden psychosomatischen Symptomen ausdrücken. In vielen Fällen findet eine ›traumatische Bindung‹ an die Folterer statt, indem diese im nachhinein unterschwellig geschützt und geschont werden, manchmal kommt es sogar zur Identifikation mit dem Peiniger. Viele Opfer erleben keine eindeutige, zielgerichtete Wut und Aggression gegenüber den Folterern, sondern eher gegen sich selbst.«[209]

Ein Patient des Behandlungszentrums: »Zuerst dachte ich, sie würden mich totschlagen. Darauf war ich gefasst, und hätten sie es doch nur getan. Aber das Schlimmste waren die Pausen; ich wusste nie genau, ob und wann sie mich wieder quälen würden. Stattdessen haben mich die Folterer langsam aufgezogen mit ihren Bemerkungen über mein Geschlecht, mit schlechten Witzen, grausamer als der Schmerz war auch das Alleinsein nach der Folter, da bin ich verrückt geworden. Ich habe mich gefühlt wie ein Tier, ein getretener Hund, der trotzdem immer abhängiger wird von der Gnade seines sadistischen Herren.«[210]

Auf Seiten der Täter stehen oft Ärzte, die Einfluss darauf nehmen, dass das Opfer nicht stirbt, weil dies dem Folterzweck zuwider liefe, oder die gefolterte Menschen kurzfristig behandeln, um sie für eine erneute Quälerei wiederherzustellen. Ärzte spielen als Mitwisser bei der Aufdeckung oder Vertuschung von Menschenrechtsverletzungen eine Schlüsselrolle.[211] Auch in Guantánamo wirkten Ärzte mit, und nicht ohne Grund verhinderte die Bush-Regierung das Veröffentlichen sämtlicher Totenscheine.[212]

Im Konzert der internationalen Bestrebungen, Menschenrechte zu verwirklichen, spielt Deutschland eine wichtige Rolle. Die Bundesregierung lässt in ihren Verlautbarungen keinen Zweifel daran, dass sie Menschenrechtsverletzungen international mit Nachdruck bekämpfen will. So wendet sie sich gegen eine »erhöhte« Nachsicht und Toleranz gegenüber Staaten mit problematischer Menschenrechtssituation.[213] Doch gewährt sie hier und da einen Anti-Terror-Rabatt, wie wir noch sehen werden. Gleichwohl will die Bundesregierung nach ihren Worten keine »Umwidmung« von Menschenrechtsverletzungen in Anti-Terror-Maßnahmen tolerieren.[214] Träfe diese Absicht zu, müsste das Bundeskriminalamt die internationale polizeiliche Zusammenarbeit neuen Kriterien unterwerfen.[215] Und wenn die Bundesregierung tatsächlich die Absicht hätte, »keine Dominanz des Themas innere und äußere Sicherheit vor menschenrechtlichen, sozialen, kulturellen und entwicklungspolitischen Aspekten zu dulden«,[216] dann müsste sie erst einmal vor der eigenen Türe kehren und die Unterstützung von Diktaturen durch deutsche Polizeihilfe sofort einstellen. BKA-Vizepräsident Prof. Dr. Jürgen Stock muss sich als Interpol-Vizepräsident fragen lassen, warum die Interpol-Zentrale in Lyon das Wort Folter tabuisiert und schlimmste Menschenrechtsverletzungen weltweit toleriert.

Die Bush-Administration hat das Land in ihrem »Kampf gegen das Böse« auf einen Tiefpunkt geführt und den Ruf der Weltmacht schwer beschädigt,[217] was durch die Diskussion über die Frage unterstrichen wird, ob das während der spanischen Inquisition erfundene Waterboarding (simuliertes Ertränken) Folter sei oder nicht. Es ist nicht zu begründen, einen Menschen, den man zu einer Aussage erpressen will, in den Zustand akuter Todesangst zu versetzen, ohne dies als Folter zu bezeichnen. Die UN-Antifolterkonvention aus dem Jahr 1984 sagt dazu:

»Unter Folter versteht man eine Handlung, durch die einer Person vorsätzlich große körperliche oder seelische Schmerzen oder Leiden zugefügt werden, zum Beispiel um von ihr oder einem Dritten eine Aussage oder ein Geständnis zu erlangen, um sie für eine tatsächlich oder mutmaßlich von ihr oder einem Dritten begangene Tat zu bestrafen oder um sie oder einen Dritten einzuschüchtern oder zu nötigen oder aus einem anderen, auf irgendeiner Art von Diskriminierung beruhenden Grund, wenn diese Schmerzen oder Leiden von einem Angehörigen des öffentlichen Dienstes oder einer anderen in amtlicher Eigenschaft handelnden Person, auf deren Veranlassung oder mit deren ausdrücklichem oder stillschweigendem Einverständnis verursacht werden.«[218]

Am 14. März 2003 legte der damalige US-Vize-Justizminister John Yoo ein geheimes Memorandum vor, wonach die Anwendung von Gewalt bei Verhören von Verdächtigen im Ausland erlaubt sei und die UN-Konvention gegen Folter eingeschränkt werde. Auch der Gebrauch bewusstseinsverändernder Drogen sei gestattet. Zwar wurde das Memorandum später zurückgezogen, doch offenbart es die Grundhaltung, dass der US-Präsident in Kriegszeiten Völkerrecht brechen und Grenzen überschreiten darf, womit den Folterern ein Freibrief ausgestellt wird.[219]

Am 8. März 2008 legte Präsident Busch gegen das von US-Senat und US-Repräsentantenhaus verabschiedete Anti-Folter-Gesetz sein Veto ein, das nur mit einer Zweidrittelmehrheit, die wahrscheinlich nicht zustande kommt, überstimmt werden kann. Der Fraktionsvorsitzende der Demokraten kritisierte, der Präsident hätte erneut die moralische Führung der Nation aufs Spiel gesetzt. Andere Stimmen sprachen davon, die Entscheidung sei »schändlich« oder »fundamental unamerikanisch«. Bush erklärte ausdrücklich, dass er auch weiterhin der CIA nicht die Hände binden würde und »besondere Maßnahmen« im Kampf gegen gefährliche Terroristen erlaube.[220] Auch CIA-Direktor Michael Hayden sprach sich gegen ein Folterverbot aus. Die von der CIA angewandten Methoden seien »legal und effektiv«. Auch Waterboarding schloss er für die Zukunft nicht aus.[221]

Da war es folgerichtig, dass Kanada die USA (neben Israel, Syrien, Ägypten, China, Saudi-Arabien, Afghanistan) auf eine offizielle Liste der Folterstaaten setzte. Zwei Tage später ließ allerdings der kanadische Außenminister verlautbaren, dies sei ein Irrtum gewesen, »die USA foltern nicht«.[222]

2. Deutsche Täter

Mit der Einführung der Strafprozessordnung im Jahre 1877 wurde die Polizei zur Hilfsbehörde der Staatsanwaltschaft ernannt. Das neue Gesetz verbot die Anwendung von Zwang bei Vernehmungen nicht ausdrücklich. In Verbindung mit den Amtsbefugnissen wurden zwar keine systematische Folter, aber immer wieder Misshandlungen bekannt, so auch ein brutales Vorgehen der wilhelminischen Polizei gegen Demonstranten und Streikende. Hier kam es häufig zu Verletzungen infolge rücksichtsloser Säbelhiebe in die Masse. Die Presse war voll von kritischen Kommentaren über den notwendigen »Schutz vor dem Schutzmann«.[223]

In den deutschen Kolonien in Afrika, im Pazifik und in der Südsee herrschte ein von Rassismus und Gesetzlosigkeit geprägter Zustand, die Peitsche war das Symbol deutscher Herrschaft und körperliche Züchtigung an der Tagesordnung. 1893 wurde in Kamerun ein Fall von Folter zur Aussageerpressung durch einen deutschen Gerichtsassessor bekannt, wobei die Folter zum Tode führte. 1905 wiederholte sich ein ähnlicher Fall in Togo.[224]

Im I. Weltkrieg, als der Krieg zu einer Materialschlacht mit wochenlangem Trommelfeuer vor Verdun und an der Somme wurde, reagierten viele Soldaten mit neurotischen Konversionssyndromen (Zittern, psychogene Lähmungen, Gleichgewichtsstörungen). Dies wurde für die Heeresführung zu einem

Problem, das die Kampfkraft der Truppe unterminierte. Ein Arzt namens Kaufmann entwickelte daraufhin eine Foltermethode, die er Persuasionstherapie nannte, bei der Gliedmaßen der Soldaten unter hochgespannten Strom gesetzt wurden. Die verfolgte Absicht war eine abschreckende Wirkung, nämlich dass der Patient lieber wieder kämpfen wollte, als sich der schrecklichen »Kur« zu unterwerfen.[225]

Mit dem Dritten Reich kehrte die Folter endgültig zurück. »Gewalt, Gewalt, Gewalt – das war die Methode der Naziverbrecher: allgemeiner Terrorismus, grundlose Verhaftungen, Demütigung, Qual, Folter und Mord als unverschämt und öffentlich angewandte Form des sogenannten Regierens. Ausgeübt in den Konzentrationslagern, ohne Scheu als Vernichtungslager deklariert. Juden, Katholiken, Protestanten, Roma und Sinti, Sozialdemokraten, Christlich-Soziale, Kommunisten, Volksgruppenangehörige, die nicht vor Begeisterung ›Heil Hitler‹ schrieen – sie alle waren vom Tod bedroht, und nicht nur bedroht, sondern ihm auch geweiht.« (Franz Vranitzky, Rede am 14.3.2008 zum 70. Jahrestags des »Anschlusses« Österreichs an das Deutsche Reich.)[226]

Die Foltermethoden der Nazis, vom Prügeln bei »verschärften« Vernehmungen über Ersticken im Wasserkübel durch die Gestapo bis zur »Boger-Schaukel« in Auschwitz, waren grausam und schrecklich. Die Scheußlichkeiten beim Namen zu nennen, ist nicht leicht, es soll aber doch Klarheit bestehen, wozu Menschen fähig sind. Lassen wir Leon W. Wells zu Worte kommen, der überlebte und für Abertausende Opfer Zeugnis ablegte. Es ist der Winter 1941/42:

»Hand in Hand mit der Ausdehnung des Lagers steigerte eine Häufung der Misshandlungen allgemein die Furcht und den Terror. Kurz nacheinander kam es zu folgenden Zwischenfällen: Ein Jude namens Zudyk, ein früherer Straßensänger, stand am Rand einer Grube und rührte Kalk. In der Überzeugung, dass der Mann zu langsam arbeite, ging der Obersturmführer auf ihn zu und stieß ihn in die Grube, wo der arme Teufel einen qualvollen Tod erlitt. [...] Es verging keine Nacht, ohne dass eine Anzahl von Häftlingen in den Schnee hinaus geschickt wurde. Ich erklärte schon, was sie dort erwartete. Eine sogenannte ›Zwangsbrigade‹ wurde gebildet und ihr zugeteilt zu werden bedeutete ebenfalls den sicheren Tod. Man brauchte keinesfalls einen ›Fehler‹ begangen zu haben; für einen ›Fehler‹ bezahlte man auf jeden Fall mit dem Tode. Der Auftrag bei einem ›Sonderkommando‹ bestand darin, dass eine Trage geschleppt werden musste, auf der etwa 200 Kilo Steine lagen. Das wurde zwei Männern überlassen. Die Tatsache, dass die Mehrzahl der Gefangenen hier nicht einmal fähig war, die Trage überhaupt vom Boden hochzuheben, geschweige denn, sie herumzutragen, galt als ausreichende Rechtfertigung einer unmenschlichen ›Bestrafung‹. Der Brigadeführer, dessen Pflicht es war, diese Unglücklichen zu schlagen und anzutreiben, war ein gewisser Ingenieur Schanzer. Er versuchte auf jede erdenkliche Weise sich Gift zu verschaffen, um dieser ›Arbeit‹ zu entrinnen. Dazu fand er zwar keine Gelegenheit, aber an den Prügeln, die er sich von dem Untersturmführer gefallen lassen musste, weil er angeblich mit seinen Männern zu nachsichtig sei, siechte er dahin. [...] Vierzehn Tage später lebte er nicht mehr. Keiner von den dreißig Männern, die zu dieser Brigade gehörten, konnte die Anstrengungen länger als acht oder zehn Tage aushalten – das heißt, wenn er nicht inzwischen schon erschossen worden war. Ein solches Ende war nicht so selten, denn wenn der Ober- oder der Untersturmführer Scharfschießen übten, stellten sie sich am Fenster der Bürobaracke auf und benutzten die vorbeikommenden Arbeiter der ›Zwangsbrigade‹ als Schießscheiben. Auch alle anderen Arbeiter, die gerade am Fenster vorbei mussten, konnten als Ziele dienen. Die beiden SS-Offiziere hatten den Ehrgeiz, vor allem auf die Hände, das Genick, das Knie oder die Nase zu schießen. War die ›Übung‹ beendet, ging der Untersturmführer durchs Lager und suchte die Verwundeten, um ihnen den ›Gnadenschuss‹ zu geben. Eine Wunde am Finger genügte als Rechtfertigung für diese Behandlung. Unserer Werkstatt blieben solche Szenen auch nicht erspart. So passierte es, dass einer unserer Männer eingeschlafen war und die Warnung, der Oberführer komme, überhört hatte. Mit einem kalten Lächeln ging dieser zu dem Mann und erdrosselte ihn auf der Stelle. So kam es, dass zu Ende der ›März-Aktion‹ am 1. April die Gesamtzahl der Häftlinge 550 nicht überstiegen hatte, obwohl jeden Tag neue Gefangenen gebracht worden waren.«[227] – Diese Aussagen sind durch zahlreiche andere Beweise über Verbrechen im Janowska-Lager in Lemberg belegt.[228]

Nach dem Ende der Hitler-Diktatur verfehlte die »sogenannte« DDR ihr Ziel, einen Staat mit größerer sozialer Gerechtigkeit aufzubauen. Nach und nach eskalierte die Bespitzelung und Überwachung durch Organe der Staatsicherheit. »Operative Psychologie« wurde in Potsdam als Fach an der Juristischen Hochschule des Ministeriums für Staatssicherheit (MfS) gelehrt.[229] Ziel der Methode war das »Eindringen in die inneren Regungen des Feindes«. Dadurch entstünden Erkenntnisse über Gedanken und Gefühle, typische Verhaltensweisen und psychische Eigenschaften des Gegners, die wertvolle Hinweise für seine Entlarvung, Liquidierung, Beeinflussung und Zersetzung liefern. Die so manipulierte Persönlichkeit konnte zerstört, manchmal auch für eigene Zwecke eingesetzt (»umgedreht«) werden. Ein Ausschnitt aus einem Schulungsfilm des MfS wird in dem mit dem Oskar ausgezeichneten Kinofilm »Das Leben der anderen« gezeigt.

In der Tat hatte die Methode im Sinne des Systems der DDR Erfolg.

Der Bürgerrechtler Jürgen Fuchs, selbst ein Opfer in der MfS-Untersuchungshaftanstalt Berlin-Hohenschönhausen von November 1976 bis September 1977, hat in seinen Büchern das System entlarvt.[230] Er kommt zu dem Ergebnis, dass die Zersetzung auf das Herzstück menschlicher Beziehungen ziele, nämlich das Vertrauen. Es handele sich um ein psychologisches Verbrechen, weil die Techniken, die in den Stasi-Akten als »Plan zur Verunsicherung der Vorgangsperson« dokumentiert sind, wirksamer als körperliche Misshandlungen und die Spuren viel schwerer nachweisbar seien. Neben vielen anderen waren die DDR-Schriftsteller Reiner Kunze und Günther Ullmann von solchen Zersetzungen betroffen und vor allem von ihrem »Freund«, dem Stasi-Spitzel Ibrahim Böhme, systematisch verraten worden, der das Material für einen jahrelangen Nervenkrieg lieferte.[231] Hierzu diente vor allem die Inszenierung von scheinbaren Zufällen und völlig unglaublichen Zusammenhängen, die die Betroffenen an ihrer Wahrnehmung und an ihrem Verstand zweifeln ließen, sodass jegliches Vertrauen in andere Menschen zerstört und eine diffuse Angst erzeugt wurde, dass sie nicht mehr Herr ihrer Sinne, dass sie verrückt seien.

Die Zersetzungsmaßnahmen gegen den Bürgerrechtler Wolfgang Templin wurden durch Klaus Behnke analysiert, der folgendes Beispiel beschreibt: »Mitarbeiter des MfS brachen, mit Nachschlüsseln ausgerüstet, in eine Wohnung ein, dort stahlen sie nur die einfarbigen Handtücher. Beim zweiten Mal stahlen sie nur die bunte Bettwäsche. Und so weiter. Wer mit solchen Zersetzungsmaßnahmen ›bearbeitet‹ wurde, war nicht nur irritiert, sondern hier begann ein Prozess der Realitätsdiffusion, der letztendlich eine Psychose auslösen konnte.«[232]

Wie sich aufgrund der Stasi-Akten nach der Wende herausstellte, waren in vielen Fällen die zunächst als paranoid empfundenen Verdächtigungen gegen Freunde und Angehörige durchaus berechtigt, die später als »IM« (informelle Mitarbeiter) entlarvt wurden. Es waren solche Menschen, von denen man es am wenigsten erwartet hatte.

Doch wurde auch in der Bundesrepublik der Rechtsstaat in mancher Hinsicht über die Maßen strapaziert. Wenn der RAF-Häftling Andreas Baader vom 15. Juni bis 14. August 1974 von 14 verschiedenen Rechtsanwälten an insgesamt 24 Tagen, zusammengerechnet über einhundert Stunden lang, in der Haftanstalt besucht worden ist, dann kann man nicht von Isolationshaft und schon gar nicht von Isolationsfolter sprechen. Ganz anders ist die Unterbringung in sogenannten »Toten Trakten« zu beurteilen. Von 1974 an protestierte Amnesty International regelmäßig gegen die Haftbedingungen und verwies darauf, dass eine Reihe von Häftlingen in Isolationshaft in sogenannten ›Toten Trakten‹ untergebracht wurde, in denen Sinnesreize stark reduziert waren. Zu den Kennzeichen dieser Trakte, für die Generalbundesanwalt Kurt Rebmann verantwortlich war, gehörten ständige Beleuchtung, fast völlige Stille, Zellen mit weiß gestrichenen Wänden, an die nichts gehängt werden durfte, weiß gestrichene Möbel und fast ständige Beobachtung. Amnesty International drückte seine Besorgnis aus, dass die geistige und physische Gesundheit von RAF-Gefangenen nachweislich gefährdet wurde.[233] Nach dem Urteil von Dr. Sepp Graessner, Mitbegründer des Behandlungszentrums für Folteropfer in Berlin, führen fehlende äußere Reize zur Schwierigkeit, Realität zu überprüfen. Der Gefangene fühle sich dauerhaft auf einem hohen Stresspegel und empfinde die Außenwelt subjektiv als Dauergewalt. So wurden bei Astrid Proll äußerst labile Kreislauf- und Wahrnehmungsprobleme ärztlich festgestellt, die zu einer Einschränkung der Verhandlungsfähigkeit führten.[234] Der Gefangenen Ilse Schwipper attestierte ein Anstaltsarzt eine tiefe Erschöpfungsdepression, was ihre Verhandlungsfähigkeit in Zweifel ziehe.[235]

Festnahmen und Inverwahrungnahme von ausländischen Mitbürgern geben immer wieder Anlass, an der interkulturellen Kompetenz der Sicherheitskräfte zu zweifeln, wenn umstrittene Polizeieinsätze die Öffentlichkeit und die Politik beschäftigen. In Dessau verbrannte am 7. Januar 2005 der Asylbewerber Oury Jalloh in seiner Zelle.[236] Zum Todeszeitpunkt war der aus Sierra Leone stammende Mann mit Händen und Füßen an eine feuerfeste Matratze gefesselt. Der Prozess wird von der Liga für Menschenrechte und Pro Asyl beobachtet,[237] die Antwort auf Fragen erwarten: Wie konnte ein Feuer entstehen? Hat es damit zu tun, dass der Mann fremd und dunkelhäutig war? Handelt es sich um einen Unfall oder Suizid? Wie sind verzögerte Reaktionen auf den Feueralarm zu erklären?[238]

Das Landgericht Dessau soll davon überzeugt sein, dass etliche als Zeugen geladene Polizisten lügen.[239]

Oder:

Ob der 26-jährige Türke Adem Özdamar im Polizeigewahrsam in Hagen am 17. Februar 2008 an den Folgen von Polizeigewalt starb, ist nach wie vor ungeklärt. Sein Herzstillstand und das Gehirnödem seien Folge des Drogenkonsums, behauptet die Polizei. Allerdings ergab die Begutachtung eines Gerichtsmediziners, dass Hämatome über der linken Augenbraue und am rechten Oberlid eine Folge stumpfer Gewalt seien.[240]

Oder:

Die Polizeiwache in Bernau geriet in Verruf, mit rabiaten Methoden auf Vietnamesen, die im Straßenhandel unversteuerte Zigaretten verkauften, Jagd zu machen (»Wir gehen jetzt Fidschis jagen.«). Durch das Landgericht Frankfurt (Oder) wurden drei Beamte wegen Körperverletzung im Amt rechtskräftig zu Freiheitsstrafen zwischen neun Monaten und zwei Jahren verurteilt. Aus der Urteilsbegründung ergibt sich,[241] dass festgenommene Vietnamesen in mindestens neun Fällen auf der Wache oder in einem leeren Zimmer des Polizeigebäudes sich nackt ausziehen mussten, dabei fortgesetzt geschlagen und getreten wurden. Einen Vietnamesen ketteten sie nackt an die Heizung. Ein Beamter richtete ein Klappmesser gegen das Geschlechtsteil des Festgenommenen und drohte, es abzuschneiden. Für ein Foto mussten sich die Vietnamesen in einer Reihe aufstellen und Grimassen schneiden, um »wie grinsende Chinesen« auszusehen. Eines der Opfer, das in einer Plastiktüte einen Damenschlüpfer bei sich trug, wurde gezwungen, diesen über seine Kleidung anzuziehen, um ihn lächerlich zu machen. Als bei der Durchsuchung ein Lippenpflegestift gefunden wurde, bemalte ein Beamter damit das Gesicht des Betroffenen, danach hagelte es wieder Faustschläge. Durch ärztliche Gutachten wurden Verletzungen, wie Prellmarken an Schädel, Thorax und beiden Unterschenkeln, dokumentiert.

Allerdings werden nur in seltenen Fällen – wie hier im Fall der schlagenden und quälenden Polizisten aus Bernau – die Täter bestraft. Ein signifikanter Anteil der Misshandlungen durch deutsche Polizeibeamte richtet sich gegen ausländische Staatsbürger oder Deutsche ausländischer Herkunft. Amnesty International erhob im Jahr 2004 eindringliche Vorwürfe mit dem Hinweis darauf, dass in einer hohen Zahl solcher Fälle die Polizei mit Gegenanzeigen reagiere.[242] Das Vorgehen mancher Polizisten ist kriminell: Sie schlagen und verletzen einen Ausländer und zeigen ihn anschließend wegen »Widerstandes gegen die Staatsgewalt« an, machen ihn damit zu einem doppelten Opfer, das auch noch gerichtlich bestraft wird, da die Polizisten unisono unter Eid den Angeklagten als Angreifer beschuldigen. Dies geschieht nicht zuletzt, um ihr eigenes Handeln zu »legalisieren«. Die Innenministerkonferenz weicht darauf aus, dass es sich um »Schwarze Schafe« und Einzelfälle handelt. Dass dahinter jedoch ein strukturelles Problem verborgen ist, wird negiert oder vernachlässigt. Gründliche Untersuchungen gibt es nicht.

Exkurs Schweiz:

Tritte, Schläge, Drohungen mit dem Hund – der Europarat zeigte sich besorgt über gewalttätige Übergriffe der Genfer Polizei. Das Anti-Folter-Komitee kontrollierte im Herbst 2007 in mehreren Kantonen Polizeistationen und Gefängnisse. Einige Festgenommene seien noch misshandelt worden, als sie bereits am Boden lagen. »Solche Methoden sind ganz einfach unakzeptabel«. Zudem seien Würgetechniken angewendet worden, um Festgenommene zum Erbrechen von Betäubungsmitteln zu zwingen. In der Mädchen-Strafanstalt in Lory bei Bern sei eine Minderjährige von Aufsehern gedrosselt worden, erklärte die Delegation.[243]

Exkurs Österreich:
Vier Polizisten brachten im August 2006 den Gambier Bakary J. in eine leere Lagerhalle in Wien, fesselten ihn mit Handschellen, malträtierten ihn mit Fußtritten und Schlägen und bedrohten ihn mit Hinrichtung. Anschließend fuhren sie ihr Opfer in ein Krankenhaus und gaben an, Bakary J. habe auf dem Weg zum Flughafen, als er abgeschoben werden sollte, einen Fluchtversuch unternommen. Danach wurde der Gambier wieder in Schubhaft verlegt. Weder Polizisten des Polizeigewahrsams noch Krankenhauspersonal meldeten den Vorfall. Nachdem die Ehefrau des Opfers Anzeige erstattet hatte, stellte ein Arzt mehrfache Schädelfrakturen und multiple Prellungen fest. Im August 2006 verurteilte das Landgericht Wien die Täter zu Bewährungsstrafen zwischen sechs und acht Monaten. Das milde Urteil rechtfertigte das Gericht damit, dass es sich um einen »Ausrutscher« und eine Stresssituation, wie sie bei Abschiebungen vorkomme, gehandelt habe.[244]

Unter dem Begriff »Rettungsfolter« ist der Fall des früheren Frankfurter Vize-Polizeipräsidenten Wolfgang Daschner bekannt geworden, der im Herbst 2002 einem Kindesentführer Folter androhte, um ihn zu zwingen, das Versteck des Kindes zu offenbaren. Der Polizist konnte in dieser Phase der Ermittlungen davon ausgehen, dass das Kind in Lebensgefahr schwebte. Wie sich erst hinterher herausstellte, war das Opfer aber bereits von seinem Entführer ermordet worden. In diesem Zusammenhang ist die Erkenntnis der Folterforschung wichtig, dass wegen der ausgelösten Ängste die Androhung »wirkungsvoller« sein kann als die Folter selbst, der manche widerstehen.

Daschner berief sich auf den Rechtfertigungsgrund des »übergesetzlichen Notstandes«, den das Frankfurter Landgericht jedoch nicht anerkannte. Das Urteil war milde, nämlich eine Verwarnung mit Strafvorbehalt. Gleichzeitig bekräftigte aber das Gericht das absolute Folterverbot. Das Hessische Innenministerium stellte ein Disziplinarverfahren gegen Daschner ein.

Bis heute hält die Diskussion in Wissenschaft, Publizistik und Öffentlichkeit darüber an, in bestimmten Fällen »ein bisschen Folter« zu erlauben, besonders in der Terrorismusbekämpfung. Das Verbot der Folter ist absolut und unter anderem in Artikel 3 der Europäischen Menschenrechtskonvention, die in Deutschland Gesetzeskraft besitzt, festgeschrieben: »Niemand darf der Folter oder unmenschlicher oder erniedrigender Strafe oder Behandlung unterworfen werden.«[245] Es gibt an der Rechtslage nichts zu deuteln, Folter ist nicht verhandelbar.[246]

Daschner ist ein seriöser Polizist und kein leichtsinniger Mensch. Von Kollegen, die mit ihm zusammen die Ausbildung an der Polizeiführungsakademie absolvierten, wird er als ernsthaft und gewissenhaft beschrieben. Man darf den Gewissenskonflikt nicht unterschätzen, in dem sich ein Polizeiführer in einer solchen Situation befindet, das gilt auch für die Entscheidung, den (nach Landespolizeigesetzen zulässigen) »finalen Rettungsschuss« anzuordnen, zum Beispiel in Fällen der Geiselnahme (die Bezeichnung »finaler Todesschuss« vermeidet der Gesetzgeber).

Daschner ist gewiss kein »Folterer«, man kann ihm humanitäre Motive nicht absprechen. Trotzdem war seine Entscheidung grundlegend falsch und darf sich, in welchem Zusammenhang auch immer, nicht wiederholen. Es besteht Rechtsklarheit und Rechtssicherheit nicht zuletzt auch zum Schutz der verantwortlichen Polizeiführer.

Wie dieses Buch immer wieder neu beweist, ist der Unrechtsgehalt von Folter fast durch nichts zu überbieten. Folter hat immer einen Anfang und nie ein Ende. Es darf nicht sein, in bestimmten Fällen Ausnahmen zuzulassen, denn dies führt zu einem Aufweichen des Verbots und Schritt für Schritt zur Anwendung der Folter.[247] Es handelt sich um einen schleichenden Prozess, wie die Historie einiger Folterregime belegt. Keineswegs wird die Entscheidung immer in den Händen eines Verantwortlichen mit einer hohen ethischer Überzeugung liegen. Emotionen spielen in stressgeladenen Situationen eine Rolle, Law-and-Order-Denken kann vielleicht ausschlaggebend sein. Auch hinkt der in der Diskussion bemühte Vergleich mit dem »finalen Rettungsschuss«, denn eine solche Aktion wird immer Aufsehen erregen, sich zumeist öffentlich abspielen und durch die Medien publik gemacht – jedenfalls in einem demokratischen Rechtsstaat. Nicht ohne Grund ist auch diese Maßnahme trotzdem umstritten. Folter jedoch spielt sich in Amtsstuben ab, unkontrollierbar, ohne Zeugen, ohne Kenntnis von Staatsanwaltschaft oder Gericht, mit oder vielleicht auch ohne Wissen der Vorgesetzten. Folter ist von der Mauer des Schweigens umgeben.

In der Regel hat das Opfer nur eine geringe Beschwerdemacht, wie nicht wenige Misshandlungsfälle innerhalb der deutschen Polizei beweisen.[248] Angenommen, im Fall Daschner hätte das Gericht die Androhung von Folter für rechtens erklärt, dann würde sich das in manchen Polizistenköpfen als Ermächtigungsgrundlage einnisten. Dem Beamten X, der einen Banküberfall aufklären will, könnten die Nerven vielleicht durchgehen, wenn der dringend Tatverdächtige ihn belügt, oder der Beamte Y könnte nun gegenüber einem Pädophilen handgreiflich werden, den er aus verständlichen Gründen verabscheut. Es käme dann nur auf die subjektive Beurteilung des verletzten Rechtsgutes an, um sich in einem »übergesetzlichen Notstand« zu wähnen. Der Staat darf einen wehrlosen Menschen, den er in seiner Gewalt hat, nicht zu einem Objekt degradieren und seine Würde negieren.

Die deutsche Bundesregierung hat vor diesem Hintergrund wiederholt unmissverständlich Position bezogen und dabei deutlich gemacht, dass das Verbot absolut ist und ausnahmslos auch im Notstand gilt. Sie erklärte mit direktem Bezug auf den Fall Daschner: »Beim Folterverbot handelt es sich nach Überzeugung der Bundesregierung um eines der elementaren und unabdingbaren Grund- und Menschenrechte der Internationalen Staatengemeinschaft.«[249] Heiner Bielefeld hält in einem Essay in einer Broschüre des Deutschen Instituts für Menschenrechte die Achtung der Menschenwürde für »unhintergehbar«, weil sie den letzten Referenzpunkt rechtlicher und moralischer Argumentation überhaupt bilde.[250] AI-Generalsekretärin Barbara Lochbihler wendet sich gegen jede Aufweichung des Folterverbots und trug dazu bei, Prof. Horst Dreier als Kandidaten für das Amt des Bundesverfassungsgerichts-Vizepräsidenten zu verhindern, weil er in einer Kommentierung der Verfassung den Rechtsgedanken einer rechtfertigenden Pflichtenkollision zwischen der Würde des Opfers und der des Täters nicht von vornherein ausgeschlossen hatte.[251]

Der schleswig-holsteinische Innenstaatssekretär Ulrich Lorenz fordert ein Ende der Debatte über ein »bisschen Folter«[252] und Jan Philipp Reemtsma postuliert, dass die Ächtung jeder Art von Folter nicht aufgegeben werden dürfe, »ohne unsere Rechtskultur schwer zu beschädigen und letztlich aufs Spiel zu setzen«.[253]

3. Ranking der Unrechtsstaaten

Will man beurteilen, ob die Kooperation mit einzelnen Staaten auf dem Gebiet der Sicherheit nützlich oder schädlich ist, muss zunächst einmal über das Ausmaß der Menschenrechtsverletzungen Klarheit bestehen. Hierüber geben zahlreiche Länderberichte von staatlichen und zivilen Institutionen weitgehend Aufschluss, auch wenn man berücksichtigen muss, dass wahrscheinlich vieles im Dunkeln liegt. Es fehlt jedoch eine Orientierung, welchen Platz einzelne Staaten einnehmen, um sie untereinander zu vergleichen und die Dynamik der Entwicklung einzelner Regime, ihre Gewaltpotentiale und positive wie negative Einflüsse zu verfolgen. Es wurde deshalb für diese Untersuchung erstmals überhaupt versucht, eine Tabelle der Menschenrechtsverletzungen 2007 (ANLAGE I), einen Index Menschenrechtsverletzungen 2007 (ANLAGE II) und eine Rankingliste Menschenrechtsverletzungen 2007 (ANLAGE III) als formalisierte Bewertungsraster über die Beachtung der Menschenrechte in einzelnen Staaten aufzustellen. Es ist auch daran gedacht, diese Indikatorenkataloge Jahr für Jahr fortzuschreiben.

Vergleichbare Erhebungen gibt es bisher nicht. Einzelne Thinktanks befassen sich allerdings mit verwandten Untersuchungen. So erstellt die Bertelsmann-Stiftung in Verbindung mit dem Münchner Centrum für angewandte Politikforschung einen Transformations-Index, der sich in Management-Index und Status-Index unterteilt.[254] Der Index bewertet 125 Entwicklungs- und Transformationsländer. Im Management-Index werden überwiegend marktwirtschaftliche Parameter berücksichtigt. Der hier interessierende Status-Index erfasst unter anderem Rechtsstaatlichkeit und Stabilität demokratischer Institutionen und zeigt den Trend demokratischer Entwicklung an. Klammert man einmal das Problem aus, dass Bertelsmann die Maßstäbe festlegt und die Bundesrepublik Deutschland so eine Art Urmeter für diesen Index bildet, weisen nur 13 von 75 Demokratien uneingeschränkt funktionierende Gewaltenteilung einschließlich einer unabhängigen Justiz auf. Amtsmissbrauch werde sogar in nur 7 Ländern umfassend und strikt geahndet. In 52 Demokratien, die nominell als solche bezeichnet werden, sollen nach dem Index Korruption, Ämterpatronage und Willkür herrschen. In 27 fragilen Staaten ist das staatliche Gewaltmonopol gefährdet und sind Verwaltungsstrukturen kaum funktionsfähig.[255]

Man darf bei solchen Rankings nicht verkennen, welches Klientel Bertelsmann bedient, nämlich Hintergrundmaterial zu liefern für Global Player, deren Firmenpolitik auf Rendite ausgelegt ist. Darüber hinaus berät Bertelsmann nach eigenen Angaben Regierungsvertreter, Politikexperten und ehemalige Staatschefs.

Der Thinktank Freedomhouse in Washington[256] bewertet auf einer Skala von 1 bis 7 Kriterien von Freiheit und Demokratie und unterscheidet zum Beispiel zwischen gefestigten, halb gefestigten und gemischten Demokratien sowie zwischen halbautoritären und autoritären Regimen. Der Jahresbericht misst auch die Ausbreitung der Korruption. Da Freedomhouse überwiegend von der US-Regierung finanziert wird, können Zweifel an der Objektivität aufkommen. Abweichungen von anderen Ratings sind allerdings selten, sodass die Werte auch von deutschen Thinktanks, die als seriös gelten, wie dem Bonner International Center of Conversion (BICC), zitiert werden. BICC kritisiert allerdings, dass das Zustandekommen der Parameter nicht offengelegt wird.

Der Korruptionsindex von Transparency International (ANLAGE IV), der von der Bundesregierung unterstützt wird, ist für dieses Buch von Bedeutung, weil Korruption und Menschenrechtsverletzungen zwei Seiten derselben Medaille sind. Vielleicht kann man sie nicht gleichwertig nebeneinander betrachten, weil Mord, Folter, erzwungenes Verschwinden, Vergewaltigung u. a. im Unrechtsgehalt höher einzustufen sind. Zumindest bleibt aber festzustellen, dass sich sehr oft Menschenrechtsverletzung und Korruption gegenseitig bedingen (siehe Abschnitt IX). Wissenswert ist, dass deutsche Polizei, EUROPOL und Interpol Programme zur Bekämpfung der Korruption auflegen, aber keine Strategien entwickeln, gegen Menschenrechtsverletzungen direkt vorzugehen. Bezeichnenderweise behindert keines der polizeilichen Korruptionsbekämpfungsprogramme die Zusammenarbeit mit korrupten Diktaturen, wie noch zu beweisen sein wird. Insoweit sind die erarbeiteten Indizes eine wichtige Ergänzung bei der Beurteilung eines Unrechtsstaates. Die Spitzenstellung geringer Korruption nehmen Dänemark, Finnland, Neuseeland, Singepur und Schweden ein; Schlusslichter bilden Usbekistan, Haiti, Irak, Birma und Somalia. Wenn Deutschland den günstigen Platz 16 erreicht, dann kann dieses Ergebnis insoweit falsch sein, als die Korruption eines in Deutschland ansässigen Global Player nicht vor Ort, sondern im Ausland zum Tragen kommt. Würde Deutschland zum Beispiel in dem Index mit der Korruption der Firma Siemens belastet, dann hätte dies eine Verschiebung der Prozentanteile zur Folge. Doch geht der Index leider auf diese Seite überhaupt nicht ein (siehe weiter unten).

Der Index listet 180 Länder nach dem Grad auf, in dem dort Korruption bei Amtsträgern und Politikern wahrgenommen wird. Es ist ein zusammengesetzter Index, der sich auf verschiedene Umfragen und Untersuchungen stützt, die von neun angeblich unabhängigen Institutionen durchgeführt wurden. Es werden Geschäftsleute sowie Länderanalysten befragt und Umfragen mit Staatsbürgern im In- und Ausland mit einbezogen.[257]

Transparency International erfährt Kritik vor allem von Business Crime Control (BCC), nämlich nicht unabhängig zu sein, weil TI auch von Regierungsstellen sowie von Wirtschaft und Industrie finanziert wird, also den Chefetagen nahe stünde und deren Meinung in die Bewertung eines Landes einfließe.[258] Andererseits stehen hinter den Erhebungen unterschiedliche Institute der Meinungsumfrage, allen voran das internationale Gallup-Institut.

Der TI-Korruptionsindex beleuchtet die eine Seite, nämlich wie die Korruption staatlicher Stellen, zum Beispiel in Entwicklungsländern, wahrgenommen wird. Gerade sie sind der – unzuverlässige – Counterpart deutscher Politik in vieler Hinsicht, vor allem des Bundeskriminalamts. Insoweit ist der Transparency-Index für dieses Forschungsvorhaben von Bedeutung und aussagefähig. BCC meint zwar, dass der Index auch deshalb einseitig sei, weil die ärmsten Länder am schlechtesten wegkommen. Man darf aber nicht verkennen, dass in diesen Ländern eine hausgemachte Korruption typisch und weit verbreitet ist, wenn nämlich Einheimische jede Dienstleistung oder amtliche Erlaubnis bei einheimischen Hoheitsträgern »schmieren« müssen. In Afghanistan zum Beispiel wird niemand aus einem Gefängnis entlassen, der nicht dafür zahlt. Beförderungen von Beamten sind nur üblich, wenn der Vorgesetzte eine bestimmte Summe erhält. In Mexiko zahlt ein Polizist an seinen Vorgesetzten täglich umgerechnet zwei bis fünf Euro. Die Beispiele könnten endlos fortgesetzt werden, denn im Alltag dieser Länder spielt Bestechung von außen weniger eine Rolle, zumal in den ärmsten Ländern oder in einem Bürgerkriegsstaat auch meist nicht viel für Global Player zu verdienen ist, falls nicht im Ausnahmefall wichtige Rohstoffe ausgebeutet werden können, zum Beispiel Erdöl.

Es wird zu Recht kritisiert, dass der TI-Index nicht die andere Seite, nämlich die Geberseite von Wirtschaft und Industrie, kritisch ins Visier nimmt.[259] Das ist im Kontext der Untersuchung von Formen der Kooperation mit Folterregimen eine ebenfalls wichtige Größe, auf die wir offiziell keine Antwort erfahren. Denn die »Geber« von Polizeihilfe, also deutsche staatliche Stellen, »korrumpieren« die Empfänger auf ihre Weise, um eigene Interessen durchzusetzen, selbst wenn man es nicht als Korruption im klassischen Sinn bezeichnen sollte. Einzelheiten hierzu werden später diskutiert (Abschnitte IX und X).

Rankinglisten als Informationsträger informieren darüber, welche Staaten welche Menschenrechte mehr oder weniger missachten und/oder korrupt sind. Die Menschenrechtslage lässt sich nur bedingt quantitativ in Zahlen und Statistiken erfassen. Indizes können deshalb nur als Anhalt dienen und nicht den Anspruch eines wissenschaftlich statistisch erhobenen empirischen Beweises erheben. Denn das ist einerseits nicht möglich, weil nicht wenige Staaten ihre Menschenrechtsverbrechen verschleiern, gar keine oder ungenaue Angaben machen, keine Kontrollmaßnahmen zulassen und die Arbeit von NGOs – wenn überhaupt – nur eingeschränkt erlauben, so an erster

Stelle Nord-Korea oder China. Die Erhebungsgrundlage der Variablen ist also manchmal lückenhaft, somit ist die Validität der Untersuchungen eingeschränkt. Auch bestehen Definitionsprobleme, zum Beispiel der Begriffe Terrorismus und Staatsterrorismus.

Andererseits erfüllen Index- und Rankingliste nur bedingt den Anspruch von Reliabilität, denn jede neue Untersuchung muss nicht zu denselben Resultaten führen, sobald Gewichtungen verändert werden. Dass wesentliche Daten zur Grundlage der Studie gemacht werden (Relevanz), daran bestehen allerdings keine Zweifel.[260]

Wenn man Einschränkungen toleriert, besitzen die Skalen trotzdem ihren Stellenwert. Sie sind untereinander vergleichbar, transportieren zahlreiche relevante Informationen, zeigen die Existenz von Konflikten und Eskalationen an, können also als Instrument der Meinungsbildung und der Prognose hilfreich sein. Die Bewertungsraster machen keinesfalls im Einzelfall eine differenzierte Analyse des betreffenden Staates überflüssig.

4. Netzwerke gegen Menschenrechtsverletzungen

Die nationalen und internationalen Netzwerke gegen die Verletzung von Menschenrechten sind so zahlreich und engmaschig, dass man sich fragt, warum sie nicht wirkungsvoller sind. Könnte es sein, dass die fast unübersehbaren bindenden Vorschriften, eingegangenen Verpflichtungen und praktizierten Systeme der Überwachung sich gegenseitig blockieren, womöglich neutralisieren? Gewiss wäre es wirkungsvoller, Schwerpunkte zu setzen und sie an nur einer mit Kompetenzen ausgestatteten Stelle zu konzentrieren, zum Beispiel ausschließlich bei den Vereinten Nationen. Auch wäre es hilfreich, die Abkürzungssucht einzudämmen, die den nicht mit der Materie Vertrauten verwirren muss. Doch kann das alles vermutlich keinen nachhaltigen Fortschritt bringen. Die Gründe, warum 106 Staaten folternd oder misshandelnd durch die Maschen schlüpfen, liegt an der Macht, die sie ausüben und der Ohnmacht der internationalen Gemeinschaft, sie daran zu hindern. Ohnmacht ist allerdings öfter durch andere Begriffe zu ersetzen, wie Unwillen, politische Rücksichtnahme, Anpassung, wirtschaftlicher Vorteil, fragwürdige Bündnisse, gemeinsame Strategien, Allianzen der Bekämpfung von Terrorismus oder Organisierter Kriminalität – und kollektive Gleichgültigkeit. Als auf einer internationalen Polizeikonferenz in Paris die Vertreter arabischer Staaten ostentativ den Raum verließen, als der israelische Redner mit seinem Referat begann, setzten sie ein politisches Zeichen. Nichts dergleichen jedoch geschah, als der afrikanische Vertreter eines üblen Folterstaates an das Mikrophon trat, eigentlich hätte sich der Saal leeren müssen. Die kollektive Gleichgültigkeit Menschenrechten gegenüber hat sich wie eine Seuche verbreitet.

So absurd es klingen mag: Netzwerke gegen die Folter können solche für die Folter sein. Denn leider muss man feststellen, dass der Menschenrechtsrat der Vereinten Nationen,[261] der seit dem 19. Juni 2006 die Nachfolge der UN-Menschenrechtskommission antrat und seinen Sitz in Genf hat, etwa zur Hälfte von Unrechtsstaaten repräsentiert wird. Durch unheilvolle Allianzen blockieren die Mitglieder des Menschenrechtsrats in wesentlichen Fragen die Menschenrechtsarbeit und spielen sich die Bälle zu. Somit sitzt der Henker mit am Richtertisch, was nur dadurch vermieden werden könnte, wenn die Charta der UN vorsehen würde, ausschließlich solche Staaten in das Gremium zu berufen, die den Standards der Menschenrechte genügen. Dies darf nicht durch Abstimmung, sondern durch Festlegung des Sekretariats der UN-Hochkommissarin für Menschenrechte entschieden werden. Momentan stammen 22 von 47 Mitgliedstaaten aus solchen Ländern, die foltern oder misshandeln. Das ist genauso, als wolle man den Teufel mit dem Belzebub austreiben.

Die USA haben sich erst gar nicht um einen Sitz beworben, aber China und Russland tun alles, ihre Untaten nicht publik werden zu lassen, so wie sich asiatische Staaten (Indonesien, Pakistan) nicht in die Karten blicken lassen wollen oder afrikanische (Angola, Ägypten) und lateinamerikanische Länder (Brasilien, Peru) Kontrollen erschweren. Die katholische Kirche bezeichnete im Kölner Domradio den Menschenrechtsrat als »zahnlosen Tiger« und rügt, dass er wochenlang dazu schwieg, wie China den Aufstand in Tibet brutal erstickte und über einhundert Tote zu verantworten hatte. Das Domradio zitiert einen westlichen Diplomaten: »Wir haben erst gar nicht beantragt, dass der Rat eine Tibet-Sondersitzung einberuft oder dass der Rat Peking offiziell rügt.« China könne sich in der Tibet-Frage auf die Unterstützung fast aller afrikanischen und asiatischen Staaten verlassen. Im Gegenzug halte China seine Hand über andere Regime, die sonst am Pranger stünden. Auch die Militärmachthaber in Birma brauchten vom UN-Menschenrechtsrat nicht viel zu befürchten.[262]

Positiv ist zu vermerken, dass Deutschland bei der Wahl in den Genfer Rat die meisten Stimmen von allen westlichen Staaten erhielt.

Neben dem Menschenrechtsrat, der auf der UN-Charta basiert, sollen internationale Abkommen, deren Grundlage die Allgemeine Erklärung der Menschenrechte ist, durch Mindeststandards für ein Netz von Schutzmaßnahmen sorgen.

Von den wichtigsten Menschenrechtsverträgen seien erwähnt:[263]

- 1965 Anti-Rassismus-Konvention
- 1966 Sozialpakt
- 1966 Zivilpakt
- 1979 Frauenrechts-Konvention
- 1984 Anti-Folter-Konvention
- 1989 Kinderrechts-Konvention
- 1990 Wanderarbeiter-Konvention
- 2007 Übereinkommen über die Rechte von Menschen mit Behinderungen
- 2007 Konvention zum Schutz aller Personen vor erzwungenem Verschwinden.

Die Einhaltung und Umsetzung der Konventionen versuchen UN-Ausschüsse zu überwachen, wie der Menschenrechtsausschuss und der Anti-Folter-Ausschuss, die eigene unabhängige Untersuchungen durchführen.[264]

Wie Blinde, die von Farbe sprechen, erkennen die meisten der Staaten, die systematisch aus politischen Motiven morden, Menschen verschwinden lassen oder quälen, die Menschenrechte an. 144 Staaten haben die UN-Antifolterkonvention ratifiziert.[265] Die Verträge, die sie signiert haben, bleiben ohne jede Wirkung. Die Lippenbekenntnisse solcher Staaten in der Generalversammlung der Vereinten Nationen sind eine Zumutung für jene Vertreter von Staaten, die demokratische Werte praktizieren. Diplomatische Rücksichtnahmen gehen auf Kosten der Menschenrechte. Aber es wäre schon ein erster Schritt, wenn die deutsche Bundesregierung ihren ungeschminkten Asyl-Bericht über die Menschenrechtslage in 40 Staaten nicht als Verschlusssache VS-NfD einstufen und damit zu einem Dienstgeheimnis erklären würde.

Ethische Absichtserklärungen, auch solche von Polizisten, sind Schall und Rauch, solange zum Beispiel die Interpol-Organisation Folter in den eigenen Reihen duldet. Und Netzwerke zerreißen, wenn Lügen im UN-Sicherheitsrat die Kriegsbereitschaft der »Koalition der Willigen« beeinflussen (USA), massenweise Hinrichtungen verschleiern (China) oder die Ermordung von Dissidenten (Russland) leugnen sollen. Da klingt es einigermaßen absurd, wenn ausgerechnet die USA den Olympiakandidaten China ermahnen, die Menschenrechte zu beachten.

Es war nicht die Regel, dass sich der britische Premier Gordon Brown weigerte, an der Zusammenkunft der Konferenz Afrikanischer Staaten teilzunehmen, um nicht an einem Tisch mit dem Diktator Robert Mugabe sitzen zu müssen. Und im Gegensatz zu ihrem Vorgänger bringt Bundeskanzlerin Angela Merkel auf beispielhafte Weise Menschenrechte im Ausland zur Sprache.

Das Hochkommissariat der Menschenrechte (OHCR)[266] ist wichtigstes Organ der Vereinten Nationen auf diesem Gebiet, zumal die Chefin, Frau Louise Arbour (Kanada), eine motivierte und engagierte Frau ist, die Unabhängigkeit beweist und großen Einfluss ausübt, auch auf den Menschenrechtsrat. Sie führt eigene Untersuchungen mittels Ländervisiten durch, reist um die Welt, um im Interesse der Menschenrechte mit Regierungen zu verhandeln und legte 2005 Kofi Annan einen viel beachteten Aktionsplan vor.[267] Nach dieser Analyse sind Gründe für die »Kluft zwischen Menschenrechtsrhetorik und Realität«:

- Armut und globale Ungleichgewichte
- Diskriminierung von Menschen
- Bewaffnete Konflikte und Gewalt
- Straflosigkeit von Folter
- Demokratiedefizite
- Schwäche staatlicher Institutionen.

Die Amtszeit von Frau Arbour läuft Ende Juli 2008 aus. Ihre Nachfolgerin wird die südafrikanische Richterin Navanethem Pillay sein. Sie ist seit 2003 Richterin der Berufungskammer des Internationalen Strafgerichtshofes in Den Haag, zuvor war sie Richterin und Präsidentin beim Internationalen Tribunal Ruanda.[268]

Neben solchen qualifizierten Frauen leistet der Jurist Manfred Nowak (Österreich) als UN-Sonderberichterstatter für Folter hervorragende Arbeit.[269] Seine mutigen Fact-Finding-Missionen klären in vielen Diktaturen die Hintergründe von Folter auf. Das illegale Gefangenenlager Guantánamo auf Kuba besuchte er nicht, weil die US-Regierung nicht zuließ, dass er unter vier Augen mit Gefangenen hätte sprechen können.

Als Meilenstein auf dem Gebiet der Bestrafung von Verantwortlichen gilt die Einrichtung des Internationalen Strafgerichtshofes in Den Haag,[270] der 1998 in Rom beschlossen wurde und zuständig ist für

- Völkermord
- Verbrechen gegen die Menschlichkeit und
- Kriegsverbrechen.

Mangelnde Kooperation bestimmter Staaten, besonders der USA, schwächen den Strafgerichtshof allerdings erheblich. Per Gesetz verfügt der amerikanische Präsident über alle Kompetenzen, um Anklagen gegen US-Bürger zu verhindern.[271]

Der internationale Strafgerichtshof leitet zu den Netzwerken der Europäischen Union über, nämlich zum Europäischen Gerichtshof für Menschenrechte in Straßburg (EuGH),[272] der in direktem Zusammenhang mit der Europäischen Konvention zur Verhütung von Folter und unmenschlicher oder erniedrigender Behandlung oder Strafe zu sehen ist.[273] Der Gerichtshof befindet sich jedoch in einer Krise, weil er von Beschwerden überflutet wird (40 000 im Jahr 2006) und die Urteile viel zu spät kommen.[274]

Als Institution des Europarats führt das Europäische Komitee zur Verhütung von Folter (CPT) regelmäßige Länderinspektionen durch, die sich auf Haftanstalten, Gefängnisse, Polizeigewahrsam und psychiatrische Anstalten konzentrieren. Hierdurch wird ein wichtiger Beitrag zur Prävention und Aufklärung geleistet. In Deutschland fanden Kontrollen 1991, 1996, 1998, 2000 und 2005 statt.[275] Bei der letzten Kontrolle wurden zwar keine Vorwürfe über erfolgte körperliche Misshandlungen von Personen während der Dauer ihrer Haft in Polizeieinrichtungen an die Delegation herangetragen, doch beanstandete sie eine Reihe von Fällen übermäßiger Gewaltanwendung durch Polizeibeamte zum Zeitpunkt der Festnahme durch Schläge und Tritte, nachdem die Person bereits unter Kontrolle war, und eine unnötig harte Fesselung mit Handschellen.[276] Die Ländervisiten führen unabhängige Fachleute durch (aus Deutschland Dr. Wolfgang Heinz vom Deutschen Institut für Menschenrechte, der auch dem Expertenausschuss des UN-Menschenrechtsrats angehört). Die CPT- Länderberichte[277] sind aktuelle Lage-Analysen auf dem Gebiet der Menschenrechte und ein unentbehrliches Hilfsmittel für die Menschenrechtspolitik.

Neben dem Europäischem Gerichtshof und der CPT stellen der Hochkommissar für Menschenrechte sowie die Generaldirektion für Menschenrechte und der Unterausschuss Menschenrechte des Europäischen Parlaments wichtige Institutionen des Europarats dar.[278] Von besonderer Bedeutung ist der Menschenrechtskommissar des Europarats, Thomas Hammarberg (Schweden), der Mitgliedsstaaten inspiziert. Im Oktober 2006 besuchte er auch Deutschland.[279] Hinzu kommen Einrichtungen der Organisation für Sicherheit und Zusammenarbeit in Europa (OSZE) mit einem Büro für demokratische Institutionen und Menschenrechte.[280] Dort besteht unter anderem eine Kontaktstelle für Sinti und Roma; auch ist ein Sonderbeauftragter für die Bekämpfung des Menschenhandels tätig.

Bezieht man die bereits dargestellten Einrichtungen der Vereinten Nationen ein, kann man sich des Gefühls der Überorganisation nicht erwehren, auch wenn sich viele Menschen für einen guten Zweck engagieren. In scheinbar überflüssiger Weise richtete die EU im März 2007 auch noch eine Europäische Agentur für Grundrechte in Wien ein. Das alles ist ein riesiges Arbeitsbeschaffungsprogramm, aufgebläht und von Doppel- und Dreifacharbeit geprägt. Ob die Beteiligten selbst bei dem Dschungel von Aufgaben, Kompetenzen und Verantwortung noch den Überblick behalten, darf bezweifelt werden.

Die verschiedenen Ebenen der Menschenrechtsarbeit in Deutschland werden noch im Kontext der nächsten Kapitel deutlich. Nicht unerwähnt bleiben sollte an dieser Stelle das Deutsche Institut für Menschenrechte in Berlin,[281] das im März 2001 auf Empfehlung des Deutschen Bundestages gegründet worden ist. Es soll über die Lage der Menschenrechte im In- und Ausland informieren, Forschung betreiben, Politik und Gesellschaft beraten, Bildungsarbeit organisieren und internationale Zusammenarbeit auf dem Feld der Menschenrechte pflegen.

Der erzwungene Rücktritt des für vier Jahre gewählten Direktors Percy MacLean nach nur halbjähriger Amtszeit bedeutete einen schweren Rückschlag und Ansehensverlust für das Institut. Die Kritik am neuen Institut, das sich ja selbst erst einmal finden und organisieren musste, war verfrüht und unsachlich. Das Bundesinnenministerium soll sich empört gezeigt haben, weil deutsche Ausländer- und Flüchtlingsfragen thematisiert wurden. Dass sich das Institut schwerpunktmäßig auch inlandsbezogener Menschenrechtsthemen annahm, führte zu Konflikten mit einigen Kuratoriumsmitgliedern, weil es nach deren Meinung angeblich politisch zu brisant beziehungsweise nicht im engeren Sinne menschenrechtlich relevant sei, sich mit der Situation und den Rechten zum Beispiel von Ausländern, Flüchtlingen, Pflegebedürftigen und Arbeitslosen in Deutschland zu befassen. Auch sei es für das Institut eigentlich zu konkret, ein Forschungsprojekt zur Integration weiblicher Asylberechtigter aufzulegen; das könnten auch andere Einrichtungen leisten. Insgesamt konzentriere sich die Arbeit des Direktors – so ein Kuratoriumsmitglied gegenüber der Presse – zu stark auf die Verwirklichung einzelner Rechte in Deutschland; das Kuratorium lege demgegenüber mehr Wert »auf die Beobachtung und Begleitung der internationalen Debatte über wirtschaftliche, soziale und kulturelle Menschenrechte« und deren »Verankerung im Völkerrecht«. Der konservative Block soll daraufhin dem Direktor am 8. Januar 2003 das Vertrauen entzogen und zum Rücktritt gezwungen haben, ohne ihm auch nur eine Chance zu geben, sich zu konkreten Vorwürfen zu äußern oder auf Anregungen einzugehen.[282]

In der Verantwortung des neuen Leiters Heiner Bielefeld hat das Institut inzwischen Tritt gefasst und unter anderem Publikationen herausgegeben, die allgemeine Anerkennung fanden, so die Anthologie »Prävention von Folter und Misshandlung in Deutschland«.[283]

Die Vorsitzende des Bundestagsausschusses für Menschenrechte und Humanitäre Hilfe, Frau Prof. Herta Däubler-Gmelin, definierte in einer Konferenz am 15. Juni 2007 die Aufgaben des Ausschusses wie folgt: »Das Handeln der Bundesregierung und der übrigen staatlichen Institutionen, aber auch Gesetze und Gesetzesinitiativen auf ihre Bedeutung für Menschenrechtsfragen zu überprüfen sowie in Anträgen, Beschlüssen und Entschließungen des Deutschen Bundestages gegebenenfalls für Änderungen zu sorgen.«[284] Es spricht Bände, wenn die Ausschussvorsitzende fortfährt: »Unser Ziel ist es, übrigens unser gemeinsames Ziel, Menschenrechte ins Zentrum der Politik zu rücken, also die Randgruppenexistenz der Menschenrechtspolitik zu beenden. Sie gehören in jedes der häufig als ›harte Politikbereiche‹ bezeichneten Politikfelder, also in den Bereich der Innenpolitik, Außenpolitik, Handelspolitik, Rechts- und Verteidigungspolitik mitten hinein.«[285] – Wenn demnach nach vielen Jahrzehnten demokratischen Parlamentarismus' noch immer Menschenrechte eine »Randgruppenexistenz« aufweisen, braucht man sich nicht zu wundern, dass Bundesministerien diese Präferenz nicht immer beweisen und dass das weisungsgebundene Bundeskriminalamt Menschenrechte vernachlässigt. Das heißt nicht: Sie verstoßen bewusst gegen gravierende Menschenrechte. Das heißt aber: Menschenrechte genießen keinen Vorrang.

Als Konsequenz sollte die Arbeit des Menschenrechtsausschusses im Deutschen Bundestag mehr Gewicht erfahren und in den Vordergrund gerückt werden. Verfolgt man die Beschlussempfehlungen und Berichte der letzten Jahre, öffentliche Anhörungen, die viel zu seltenen Delegationsreisen und Pressemitteilungen,[286] dann wird klar, dass der so wichtige Ausschuss viel zu selten in das politische Tagesgeschäft eingeschaltet ist, schon gar nicht bei der bilateralen Polizeihilfe eine ausreichende Mitbestimmung oder Kontrolle ausübt.

Bemerkenswert ist, dass die Bundesregierung am 22. Februar 2008 einen Gesetzesentwurf zur Schaffung eines deutschen Präventionsmechanismus vorgelegt hat, der organisatorisch als Unterausschuss des Antifolterausschusses der Vereinten Nationen wirken soll. Vorgesehen sind die Einrichtung einer Bundesstelle zur Verhütung von Folter, die regelmäßig Gewahrsamseinrichtungen der Bundeswehr und der Bundespolizei überprüft sowie eine Länderkommission, die flächendeckend Gewahrsamseinrichtungen des Justizvollzugs, der Polizei und der Psychiatrie kontrolliert.[287]

Nichtregierungsorganisationen sind als eine wichtige Ergänzung der nationalen wie auch der internationalen Politik ein nicht wegzudenkender Faktor in der Menschenrechtsarbeit und genießen offiziell hohes Ansehen bei UN, EU und der deutschen Bundesregierung. Amnesty International zum Beispiel wird in amtlichen Berichten zitiert, auch bestehen Kontakte auf der Arbeitsebene zwischen AI und verschiedenen Ministerien.

Das Bundeskriminalamt pflegt keine Verbindung zu Amnesty International und nimmt die Jahresberichte überwiegend nicht zur Kenntnis.

Wiederkehrende Einladungen der Polizeiführungsakademie in Münster (neuerdings Deutsche Hochschule der Polizei) an Amnesty-Mitglieder zeigen, dass das Entgegenkommen von Personen abhängig ist.

Falk Menzner, selbst Kriminalbeamter und Sprecher der Amnesty-Koordinationsgruppe Polizei,[288] erklärte: »Die AI-Ko-Gruppe hat einen schweren Stand, sich innerhalb der Polizeiorganisationen der Bundesländer mit ihren Forderungen zur Minimierung von ungesetzlicher Polizeigewalt Gehör zu verschaffen. Die Gruppe verzeichnet allerdings ein zunehmendes öffentliches Interesse und wird zumindest von den Polizeigewerkschaften nicht mehr diffamiert, wie in den ersten Jahren. Nach wie vor bleibt aber der Dissens zwischen verantwortlichen Ministern und Polizeigewerkschaften einerseits und der Amnesty-Ko-Gruppe Polizei andererseits in der Frage, ob polizeiliche Übergriffe nur als bedauerliche Einzelfälle zu werten sind oder aber bereits ein Muster ungesetzlichen polizeilichen Handelns widerspiegeln.«[289]

Obwohl in Deutschland agierende NGOs fast alle im Forum Menschenrechte[290] zusammengeschlossen sind, kommt Amnesty International als Menschenrechtsorganisation in Deutschland und weltweit überragende Bedeutung zu.[291] In Länderberichten, Jahresberichten und im Monatsheft Amnesty Journal informiert AI zuverlässig und ausführlich über die weltweite Menschenrechtslage. Das Internationale Sekretariat in London recherchierte im Jahr 2006 in 77 Ländern und Regionen, überwachte Gerichtsverhandlungen, konferierte mit Regierungen, erhob Fakten bei örtlichen Menschenrechtsorganisationen, beschulte Menschenrechtsverteidiger und sprach mit Opfern. Ein ausgeklügeltes System sorgt dafür, dass Informationen auf Zuverlässigkeit und Wahrheitsgehalt geprüft werden.

Durch Eilaktionen *(urgent actions),* in denen Tausende Appellschreiben versandt werden, erreicht AI eine Erfolgsquote von bis zu 40 %, sodass die Lage eines bedrohten Menschen verbessert oder er sogar freigelassen wird.

Auch andere Menschenrechtsorganisationen erlangen mit ihrer Arbeit große Bedeutung, zum Beispiel Human Rights Watch, um eine weitere wichtige Institution zu nennen, die größte Menschenrechtsorganisation in Amerika mit Hauptsitz in New York, für die nach eigenen Angaben 190 Anwälte, Journalisten und Länderfachleute arbeiten.[292]

5. Aktionspläne für Menschenrechte der Bundesregierung

Niemand wird der deutschen Bundesregierung den ernsten Willen bestreiten, sich für die Verwirklichung der Menschenrechte einzusetzen – wenn da nicht der »Sachzwang« wäre. Aber selbst wenn Verfassung und Verfassungswirklichkeit auf dem Gebiet der Menschenrechte weder jetzt noch in absehbarer Zeit übereinstimmen, dürfen die politischen Selbstbindungen nicht aus den Augen verloren werden, an denen alle Akteure immer wieder gemessen werden sollten.

Im jüngsten »Aktionsplan Menschenrechte der Bundesregierung 2005/2006«[293] liegt das Schwergewicht auf der Entwicklung der auswärtigen Beziehungen (Auszüge):

»Allgemeine Grundsätze

- Menschenrechtsschutz als Auftrag und Aufgabe allen staatlichen Handelns
  Die Achtung der Menschenrechte ist in Deutschland ein Verfassungsgebot und eine Querschnittsaufgabe in allen Politikbereichen auf allen Ebenen staatlichen Handelns.
- Kohärenz herstellen
  Das bedeutet, dass die nach innen wirkende und die internationale Menschenrechtspolitik den gleichen Zielen und Werten folgen und stimmig sein muss.
- Weltweit für die Menschenrechte eintreten
  Außen-, Sicherheits-, Entwicklungs- Kultur- und Wirtschaftspolitik sollen im eigenen und in anderen Ländern zum selbstverständlichen Bestandteil der politischen Analyse und des politischen Handelns gemacht werden.

- Zusammenarbeit mit anderen Staaten und internationalen Organisationen suchen
  Dies soll vor allem im Verbund und durch gemeinsames Zusammenwirken in internationalen Gremien erfolgen.
- Die Rolle der Zivilgesellschaft stärken
  Stärkung der Zivilgesellschaft als wesentliches Element der Menschenrechtspolitik, Zusammenarbeit mit Nichtregierungsorganisationen

Die Prioritäten der deutschen Menschenrechtspolitik 2005 bis 2006 lauten:

- Todesstrafe weltweit ächten
- Gegen Folter und das Verschwindenlassen von Personen kämpfen
- Bei der Terrorismusbekämpfung Menschenrechte beachten
- Wirtschaftliche, soziale und kulturelle Rechte gewährleisten
- Rechte aller Menschen auf Entwicklung fördern
- Aktiv gegen Rassismus, Fremdenfeindlichkeit und Antisemitismus eintreten
- Gewalt gegen Frauen verhindern
- Menschenrechte von Frauen, insbesondere in der Konfliktprävention und Konfliktlösung stärken
- Rechte von Kindern sichern
- Kinder vor Gewalt und Ausbeutung schützen
- Minderheiten und indigene Völker schützen
- Diskriminierung gesellschaftlicher Gruppen verhindern
- Schwere Menschenrechtsverletzungen strafrechtlich verfolgen
- Rechte von Migrantinnen und Migranten, Asylsuchenden und Flüchtlingen schützen
- Menschenrechtsverteidiger schützen
- Menschenrechtliche Verantwortung von Unternehmen stärken
- Demokratie und Rechtsstaat fördern
- Internationale menschenrechtliche Gremien und Überwachungsorgane stärken
- Internationale Regelungen für die Biotechnologie treffen
- Menschenrechte als Kriterien im Außenhandel anwenden
- Prävention von Menschenrechtsverletzungen.«

Entwicklungshilfeministerin Heidemarie Wieczorek-Zeul verkündete am 10. März 2008 den »2. Entwicklungspolitischen Aktionsplan für Menschenrechte 2008–2010«, der 24 Maßnahmen enthält, die sich mit dem obigen Katalog teilweise überschneiden, aber einen anderen Schwerpunkt haben, nämlich die Armut zu bekämpfen und die Rechte auf Nahrung, Gesundheit und Bildung zu stärken.[294]

Die Formulierung dieser Vorsätze geht auf den Milleniumgipfel der Vereinten Nationen 2000 in New York zurück, wo angesichts zunehmender Verelendung in zahlreichen Entwicklungsländern, der anhaltenden Benachteiligung von Frauen in vielen Staaten und der fortschreitenden Umweltzerstörung acht sogenannte Milleniumziele beschlossen wurden, die bis 2015 erreicht werden sollen:[295]

1. Bekämpfung von extremer Armut und Hunger
2. Primarschulbildung für alle
3. Gleichstellung der Geschlechter und Stärkung der Rolle der Frau
4. Senkung der Kindersterblichkeit
5. Verbesserung der Gesundheitsversorgung der Mütter
6. Bekämpfung von HIV/Aids
7. Ökologische Nachhaltigkeit
8. Aufbau einer globalen Partnerschaft für Entwicklung.

Auf dieser Grundlage legte die Bundesregierung im April 2001 das »Aktionsprogramm 2015 – Armut bekämpfen. Gemeinsam handeln – Der Beitrag der Bundesregierung zur weltweiten Halbierung extremer Armut« vor.[296]

Nach einer Umfrage der Weltbank, die 20 000 Menschen in 23 der ärmsten Ländern befragte, zählen Sicherheits- und Rechtsprobleme zu ihren wichtigsten Sorgen.[297]

Hier schließt sich der Kreis mit dem Buchthema: Hunger, Armut, mangelnde Bildung und die damit einhergehende Ungerechtigkeit sind die Hauptursachen von Kriminalität und Gewalt. Oft wäre es besser, mit den Millionen Euro, die fragwürdige Polizeikräfte in Diktaturen erhalten, das Übel an der Wurzel zu packen. Fairer Handel, Verschuldungsabbau und Zugang zu lebensnotwendigen Ressourcen sind nur einige der Felder, die als Querschnittsaufgabe in Angriff genommen werden müssten.

»Armut ist nicht gottgegeben. Armut kann durch gemeinsame Anstrengungen beseitigt werden. Die Strategie muss alle Sektoren und Ebenen unserer Gesellschaft umfassen, vor allem müssen dabei der Staat, der Markt sowie die Zivilgesellschaft mit eingeschlossen werden« (Ela Bhatt, Indien, Trägerin des Alternativen Nobelpreises).[298]

VII
MENSCHENRECHTE AUF DEM PRÜFSTAND

1. Strukturen der NS-Vergangenheit im BKA

Die Entwicklung des Bundeskriminalamtes in den ersten beiden Jahrzehnten nach seiner Gründung im Jahr 1951 ist untrennbar mit Paul Dickopf verbunden, der sich selbst gerne als »Architekt des BKA« bezeichnen ließ.[299] Wie niemand sonst hat er das Amt geprägt, unter tatkräftiger Mithilfe seines Freundes und Vertreters Rolf Holle, der vor allem die Fäden im Hintergrund zog. In Konkurrenz zu beiden befand sich Dr. Bernhard Niggemeyer, der das Kriminalistische Institut des BKA aufbaute und leitete. Das Triumvirat stand den knapp 50 Beamten des Leitenden Dienstes vor, die so gut wie alle ihre beruflichen Wurzeln in der Sicherheitspolizei Himmlers und Heydrichs hatten, in diesem Sinne geprägt waren und ihre Berufserfahrungen auf das Bundeskriminalamt übertrugen.

Diese Männer hätten niemals in ihren Beruf zurückkehren dürfen.

Der harte Kern der »Charlottenburger« (Spitzname im BKA) bestand mit Dickopf aus 7 Beamten des 13. Kriminalkommissar-Anwärterlehrganges vom Herbst 1938 bis Frühjahr 1939 an der SS-Führerschule der Sicherheitspolizei in Berlin-Charlottenburg. Mit Folgelehrgängen zählten zu den »Charlottenburgern« im engeren Sinne 24 Beamte. 48 BKA-Beamte, Angestellte oder Wissenschaftler waren früher im Reichskriminalpolizeiamt tätig, das die Abteilung V im Reichssicherheitshauptamt, der Berliner Terrorzentrale in der Prinz-Albrecht-Straße, bildete.

Dickopf, der sein Jurastudium abbrach, wurde nach Absolvieren des Kriminalkommissarlehrgangs von der Militärischen Abwehr unter Wilhelm Canaris als Doppelagent in der Schweiz eingesetzt mit dem Auftrag, den Schweizer Geheimdienst zu unterwandern. Seine Berichte leitete er über die deutsche Vatikanbotschaft in Rom nach Berlin.

Die Schweizer Behörden bewiesen ein anderes Demokratieverständnis als das BKA, das dem Autor jegliche Akteneinsicht verweigerte, denn sie erteilten eine Sondererlaubnis, als geheim eingestufte Dickopf-Akten auswerten zu dürfen. Dickopf spielte dort die Rolle eines Überläufers, erregte aber unter anderem durch seine Geldmittel Verdacht sowie durch den Gestapo-Spitzel Francois Genoud, der Dickopf in Lausanne ein Jahr Unterschlupf gewährte und ein glühender Verehrer des Nationalsozialismus war, im Braunhemd auftrat und eine helvetische Faschistenbewegung gegründet hatte. Zeitweise war Dickopf, bei dem echte und gefälschte Ausweise gefunden wurden, in der Schweiz in Haft. Am 10. Oktober 1945 wurde er aus der Schweiz ausgewiesen. Das passte so ganz und gar nicht zu seiner Legende, ein Widerstandskämpfer gewesen zu sein mit besten Beziehungen zum Schweizer Geheimdienst und »stets willkommener Freund der Eidgenossen«. Aber Dickopf war eine Spielernatur, beherrschte Tarnen und Täuschen und besaß schauspielerisches Talent. So fiel nicht nur der amerikanische Geheimdienst auf ihn herein, sondern auch die meisten BKA-Mitarbeiter und eine Reihe von Bundesinnenministern. Besonders letztere wollten es allerdings so genau nicht wissen. Nur dass Minister Genscher Dickopf bei dessen Verabschiedung in den Ruhestand als »Vorbild für die gesamte deutsche Polizei« bezeichnete, war etwas des Guten zuviel. Und die Stadt Meckenheim ehrt ihn bis heute mit der Paul-Dickopf-Straße, was eigentlich ein Politikum ist.

Am 24. Januar 1945, zu einem Zeitpunkt also, als am Untergang des Dritten Reichs kein Zweifel mehr bestand, setzte sich Dickopf mit Allen Dulles, dem Chief of Mission des US-Geheimdienstes OSS in der US-Gesandtschaft in Bern in Verbindung. Das OSS war die Vorläuferorganisation der CIA, deren Chef von 1953 bis 1961 Dulles wurde.

Damit begann Dickopfs Laufbahn als Geheimdienstmitarbeiter, dem die Amerikaner als Fachmann besonders für den Aufbau der Kriminalpolizei im Nachkriegsdeutschland vertrauten. Dickopf wird bis 1950 anonym unter der Agenten-Nummer 9610 zahllose Aktennotizen und 21 Berichte an seinen Führungsoffizier Tom Polgar, einen hochrangigen CIA-Mitarbeiter, liefern. Die Nr. 9610 zeugt nicht gerade von Professionalität, weil sie sich aus Dickopfs Geburtstag 9.6.1910 zusammensetzt.

Jedenfalls spricht es nicht für die Souveränität der jungen Bundesrepublik, dass die CIA ihren Mann an einflussreicher Stelle im BKA und in der Interpol-Organisation platzieren konnte. Der aus Bayern stammende erste Staatssekretär im Bundesinnenministerium, Hans von Lex, hat folgerichtig den »Einbau alliierter Vertrauensleute in deutsche Behörden« kritisiert.

In der Planungs- und Aufbauphase des BKA begann Dickopfs Charlottenburger Lehrgangskollege Rolf Holle eine besondere Bedeutung zu gewinnen, der inzwischen als Graue Eminenz und heimlicher Chef im neu geschaffenen Kriminalamt der Britischen Zone in Hamburg das Grundsatzreferat leitete.

Holle war Angehöriger des Reichssicherheitshauptamtes, Aktivitäten sind dort aber nicht nachweisbar. Er bearbeitete in Berlin Kriegswirtschaftsverbrechen. 1930, also noch vor der Machtübernahme, trat er dem NS-Schülerbund und der »Hitlerjugend« bei, 1933 der SA-Standarte Leipzig, 1937 der NSDAP und 1939 der SS. 1940 bewarb er sich für den Einsatz im polizeilichen Kolonialdienst, wurde in Rom ausgebildet und gab an, in Deutsch-Südwestafrika oder in der Südsee eingesetzt werden zu wollen. Er hatte offensichtlich die Weltmachtansprüche des NS-Regimes verinnerlicht. Eine Teilnahme des regelmäßig beförderten und mit Orden dekorierten SS-Hauptsturmführers an Verbrechen ist nicht bekannt geworden.

Dickopf erstellte ab 1948/49 mit Holles Unterstützung Organigramme, Stellenpläne, Haushaltspläne und steuerte die Entscheidungen der Militärregierung. Zuständig war der US-Hochkommissar für Deutschland mit Sitz im IG-Farben-Haus in Frankfurt a. M., wo der Aufbau eines neuen politischen Systems in Deutschland geplant und umgesetzt wurde. Der US-Geheimdienst nahm dabei weitgehend eine Lenkungsfunktion wahr, um deutsche Innenpolitik zu gestalten. Der geübte »Doppelspieler« Dickopf war alsbald nicht nur Mitarbeiter des amerikanischen Geheimdienstes, sondern wurde auch Berater der Bundesregierung, saß also an einer Schaltstelle der Macht. Er beeinflusste mit seinem Adjutanten Holle nicht nur entscheidend den Aufbau der Sicherheitsbehörden in der Bundesrepublik, sondern auch die Personalpolitik. BKA-Direktor Helmut Prante, der den Dickopf-Nachlass sichtete, vermerkte in einer Einleitung, dass die Geschichte des Bundeskriminalamtes neu geschrieben werden müsse, wobei sich die Frage erhebe, ob Dickopf ein Werkzeug des US-Geheimdienstes war oder ob die Beziehung umgekehrt zu sehen sei.

Dickopf wäre gerne sofort BKA-Präsident geworden, doch war sein SS-Dienstgrad zunächst ein Hindernis. Als er Ende 1949 als Kriminalkommissar und Sachbearbeiter in das Bundesinnenministerium (BMI) eingestellt werden sollte, wurde seine Rolle als Widerstandskämpfer angezweifelt. Um seine NS-Karriere zu kaschieren, war er gezwungen, die Bewerbungsunterlagen mehrfach zu ändern und einen zweiten Lebenslauf zu schreiben, den er auf die erste Version zurückdatierte.

Dickopf erhielt die Personalhoheit, die Planstellen des neu geschaffenen BKA zu besetzen. Bis Mai 1951 bewarben sich 8000 Personen aus dem Kreis der ehemaligen Nazi-Sicherheitspolizei – ein großer Teil des gesamten Berufsstandes. Auf die Mehrheit der NS-Kriminalisten übte der alte Beruf eine magische Anziehungskraft aus ohne Gespür dafür, dass sie sich als Polizisten für immer selbst disqualifiziert hatten. Dickopf wählte aus einer Liste 128 Bewerber aus, darunter 20 ehemalige Kriminalkommissare, 38 Kriminalräte,

9 Kriminaldirektoren. Das BMI verzichtete ausdrücklich auf eine Ausschreibung – Experten wurden gebraucht. Das Personal des Kriminalamts der Britischen Zone wurde geschlossen in das BKA integriert, darunter die bereits erwähnten 48 Angehörigen des Reichskriminalpolizeiamtes. Nunmehr bestand das BKA überwiegend aus einem geschlossenen Kreis alter Kameraden. War das Nazivorleben eines Kandidaten zu belastend, wurde der Ex-Gestapo- oder SD-Mann auch schon einmal von Dickopf an den Verfassungsschutz oder die Organisation Gehlen vermittelt.

Mit dem Einverständnis des BMI und der Alliierten – letztere unter den Vorzeichen des beginnenden Kalten Krieges – konnten alsbald SS- und Gestapo-Leute nicht nur eingestellt werden, sondern einige von ihnen direkt vom Chef-Sessel im Reichskriminalpolizeiamt in einen solchen im Bundeskriminalamt wechseln:

Der Chef-Biologe des Reichskriminalpolizeiamtes, Dr. Otto Martin, der Chef der Urkunden-Abteilung, Rudolf Mally, der Chef-Techniker der Reichskriminalpolizei, Heinrich Becker, der Chef der Personenfeststellungszentrale und der Fingerabdrucksammlung, Heinz Drescher – sie alle wurden Referats- oder Abteilungsleiter des BKA in ihrem alten Sachgebiet.

Der Chef-Fahnder des Reichskriminalpolizeiamtes, Kurt Amend, wurde Chef-Fahnder des Bundeskriminalamtes. In der Beurteilung des SS-Sturmbannführers aus dem Jahr 1943 heißt es: »Ihm obliegt das gesamte Fahndungswesen. Seine hervorragende geistige Veranlagung und sein ausgezeichnetes Fachwissen stempeln ihn zu einem der besten Beamten des RKPA.« Amend war ein mächtiger Mann, der sämtliche Fahndungen im »Großdeutschen Reich« einschließlich der besetzten Gebiete steuerte. Er dürfte Hunderttausende auf dem Gewissen haben, die dank seiner intelligenten Fahndungsmethoden in ein KZ kamen oder vor ein Sondergericht. »Elemente«, wie es im NS-Jargon hieß, die es zu vernichten galt: Sinti und Roma, Lesben, Homosexuelle oder sonstige »Asoziale« nach damaliger Lesart, Deserteure, entwichene Kriegsgefangene, untergetauchte ausländische Arbeitssklaven und vor allem jüdische Bürger. Auch wird Amend nach Verschwörern des 20. Juli gefahndet haben. Amend war nicht ein Rädchen im Getriebe des NS-Systems, sondern einer seiner Motoren. Als Leiter der Fahndungsabteilung im Bundeskriminalamt ging Kurt Amend Ende 1964 unbehelligt und hoch befördert in den Ruhestand.

Nur zwei der ehemaligen Nazi-Polizisten wurden im Ausland bestraft, aber keiner der BKA-Führer in der Bundesrepublik. Staatsanwaltschaftliche Ermittlungen oder Disziplinarverfahren wurden entweder gar nicht eingeleitet oder alsbald eingestellt, manche wurden vor der Verbeamtung auf Angestelltenstellen geparkt oder – um sie vorübergehend aus der Schusslinie zu nehmen – zum Statistischen Bundesamt oder zum Bundesamt für Geodäsie abgeordnet. Und alle wurden befördert, genossen ihre satten Pensionen – im Gegensatz zu ihren überlebenden Opfern, die in Polen, auf dem Baltikum, in der Sowjetunion und anderswo unterhalb des Existenzminimums vegetierten.

Es gab im BKA nicht nur Paul Dickopfs »Charlottenburger«, sondern noch andere Seilschaften, wie die »Gleiwitzer« unter Eduard Michael oder die Angehörigen der ehemaligen Geheimen Feldpolizei unter Dr. Bernhard Niggemeyer.

Niggemeyer wurde gegen Dickopfs Willen auf Anordnung des Staatssekretärs von Lex übernommen. Dickopf, der Mann ohne Staatsexamen, hatte Probleme mit Akademikern, sodass Feindseligkeiten, die allerdings nach außen kaschiert wurden, vorprogrammiert waren. Trotzdem stieg der ehemalige SS-Sturmbannführer hinter Dickopf und Holle in die Führungsspitze des Amtes auf und genoss als Veranstalter und Moderator der jährlichen internationalen BKA-Herbsttagungen hohes Ansehen. Seine Tätigkeit als Leitender Feldpolizeidirektor in der Heeresgruppe Mitte in Russland bagatellisierte er indem er vorgab, einer Art Briefkastenbehörde vorgestanden zu haben. Verdächtigungen begegnete er mit großer Arroganz, obwohl die Geheime Feldpolizei als Gestapo der Wehrmacht galt. Niggemeyer unterstanden 12 Feldpolizeigruppen, so auch die Gruppe 723. Sie protokollierte z. B. für die Zeit von Juli 1941 bis September 1943 insgesamt 3137 Exekutionen. Über eine andere seiner Gruppen berichtete ein Staatsanwalt: »Bei der GFP 729 war es vielfach zu Exzessmorden gekommen, indem sich einzelne Außenpostenführer (Feldpolizeisekretäre) unumschränkte Tötungsbefugnisse anmaßten. Es kam häufig nicht einmal mehr zu einer Einvernahme des Verdächtigen, geschweige denn zu irgendeinem standrechtlichen oder Gerichtsverfahren, bevor die Zivilisten (u. a. auch Frauen und Kinder) meist im Wald ermordet wurden.«

Niggemeyer behauptete, keine Befehls- und Disziplinargewalt gehabt und auch keine Fachaufsicht ausgeübt zu haben.

Die nach Niggemeyers Tod in einem ehemaligen MfS-Archiv gefundenen Arbeitsberichte der Monate April bis September 1944 bezeugen das Gegenteil. Selbst auf dem Rückzug wurden unter seinem Befehl noch 675 Personen exekutiert und 1047 Personen den Einsatzgruppen des SD ausgeliefert, was annähernd den sicheren Tod bedeutete. Mit seiner Unterschrift ist sein Pflichteifer belegt, dass er nämlich regelmäßig seine Gruppen aufsuchte, kontrollierte und belehrte, zum Beispiel über die einheitliche Durchführung von Exekutionen.

Zu Niggemeyers Gruppierung im Kriminalistischen Institut zählte u. a. Joachim Kaintzik, einst im Reichskriminalpolizeiamt Spezialist für die Verfolgung von Homosexuellen, dann Leitender Feldpolizeidirektor der Heeresgruppe Süd. Er war in der UdSSR in einer vergleichbaren Position wie Niggemeyer und muss auf ähnliche Weise in Verbrechen involviert gewesen sein, was nie untersucht wurde. Oder SS-Hauptsturmführer Georg Fischer, einst Chef einer Niggemeyer unterstehenden Feldpolizeigruppe, der als Regierungskriminalrat pensioniert wurde und sich 1979 das Leben nahm.

Einsatzgruppen waren Mörderbanden mit dem Auftrag, rückwärts der fechtenden Truppe – wie es hieß – im eroberten Gebiet die einheimische Intelligenz, vermutete politische Gegner – sogenannte »Deutschenhasser« – und potentielle Widerständler rücksichtslos und brutal zu töten. In welcher Funktion auch immer jemand einer solchen Einheit angehörte, er war Mittäter. Der hessische Generalstaatsanwalt Fritz Bauer, der den Auschwitz-Prozess auf den Weg gebracht hatte und im BKA verhasst war, sagte: »Wer an dieser Mordmaschine hantierte, wurde der Mitwirkung am Morde schuldig, was immer er tat.«[300] Und: »Eine Tötung, die nicht vom Kriegsrecht gedeckt ist, ist Mord und muss dem gemäß geahndet werden.«[301]

Mitglieder solcher Einsatzgruppen waren:

SS-Hauptsturmführer Kurt Griese, Einsatzkommando 3 der Einsatzgruppe A in Litauen 1941, die u. a. 140 000 Juden in Litauen ermordete, Intimfreund von Dickopf, pensioniert als Regierungsdirektor 1970;

SS-Hauptsturmführer Gerhard Freitag, genannt »Kommissar Bübchen«, Einsatzkommando 2 in Riga 1941 sowie im Kaukasus 1943 Sonderkommandos 10a, 1973 als Regierungskriminaloberrat in Pension;

Adalbert Buttler, Kompanieführer im Polizei-Bataillon 315 in der Ukraine 1942/43. Das Bataillon führte Massenerschießungen durch. Dann Ausbildung zum »Jagdzugführer« und Einsatz in der berüchtigten »Eingreifgruppe Piper«. Im BKA als Referatsleiter für Personenfeststellung tätig;

»Charlottenburger« und SS-Obersturmführer Ewald Peters war Angehöriger des Einsatzkommandos 6 und erhängte sich 1964 in der Untersuchungshaft;

Heinrich Erlen, Gestapochef in Wilna, befehligte nach eigenem Geständnis Exekutionen und wurde in der Sowjetunion zu 25 Jahren Arbeitslager verurteilt. Entlassen 1955 nach 10 Jahren.

Die Namen solcher NS-Täter tauchen in vielen Akten und in der BKA-Fachliteratur auf. Für das Bundeskriminalamt ist es schmerzlich, dass ehemalige Kollegen Mordkommandos angehörten: Eduard Michael, genannt »Pistolen-Ede« (Einsatzkommando 5/II und Leiter der Außenstelle der Sicherheitspolizei Tschenstochau); Martin Vogel (Einsatzkommando II/6 und Angehöriger der Sicherheitspolizei Radom); Rudolf Thomsen (Gestapo Krakau und laut Beurteilung bewährt bei Sonderaufträgen), Günter Labitzke (Einsatzkommando zur Vernichtung der Intelligenz in Polen in der »Aktion Tannenberg«).

Die Gründungsväter des BKA waren offensichtlich unfähig, sich von ihrer eigenen Vergangenheit zu lösen, vielmehr sahen sie sich in der alten Tradition, ja es wurden sogar die alten Visitenkarten weiterbenutzt und nachgedruckt. Dickopf schrieb in seinem CIA-Bericht II/1948, dass seine Denkschrift im Ganzen gesehen nichts Neues bringe, sondern er als Ideallösung der künftigen Gestaltung der Kriminalpolizei den Zustand von 1936 bis 1945 betrachte. Auf unglaubliche Weise redete er der Sicherheitspolizei das Wort, »die nicht deshalb schlecht und verdammenswert ist, weil sie zur Zeit der Naziherrschaft das Licht der Welt erblickt hat«.

Dickopf organisierte die Sachgebiete des BKA nach dem Vorbild des Reichskriminalpolizeiamtes unter Ausklammerung der Positionen, die in einem Rechtsstaat unmöglich hätten übernommen werden können. Nicht durchsetzen konnte er ein Weisungsrecht des BKA gegenüber den Länderpolizeien und eine uneingeschränkte Ermittlungskompetenz der Zentralstellen, was zu kritisieren er nie müde wurde. Dickopfs Erbe ist eine Überdimensionierung des Amtes bis heute mit einem Hang zum Perfektionismus.

In einem atemberaubenden Tempo löste Rolf Holle, der später Dickopfs Vertreter werden sollte, im Jahr 1946 kriminalpolizeiliche Probleme, indem er innerhalb kürzester Frist Richtlinien betreffend Daktyloskopie, Schusswaffen-Erkennungsdienst, Fahndung, Meldedienst, Rauschgift- und Falschgeldbekämpfung oder Statistik schuf. Liest man aber die Vorschriftensammlung des Reichskriminalpolizeiamtes gegen, dann erkennt man, dass Holle weitgehend abgeschrieben hatte unter Ausklammerung der NS-ideologischen Begriffe, allem voran des Wortes Konzentrationslager. Das »Zigeunerunwesen« wurde in »Landfahrerplage« umbenannt, an der Geisteshaltung des Dr. Josef Ochs, von Dickopf freundschaftlich Seppl genannt, änderte sich fast nichts. Er war als Jurist im RKPA für die Einweisung – auch von Sinti – in Konzentrationslager durch Vorbeugehaftbefehle zuständig. 1954 sagte Ochs als BKA-Referatsleiter in einer Konferenz, »dass der übliche Meldedienst bei diesem notorischen Verbrechertyp versagt«.

Das BKA übernahm ehemalige Vorschriften bis hin zu identischen Formularen. Der Bruch mit der Terrorzentrale des Dritten Reichs wurde nicht vollzogen, sondern auf deren Erfahrungswissen aufgebaut. Dickopfs ständige Redewendung war: »Wie haben die das früher gemacht?« Man orientierte sich an NS-Beförderungsrichtlinien oder kopierte die Regelungen für Fahndungskosten und Bewegungsgeld. Als die Sicherungsgruppe (SG) aufgebaut wurde, richtete sie ihre Tätigkeit an dem Vorbild des Reichssicherheitsdienstes aus. Spektakulär war der Einsatz der SG in der SPIEGEL-Affäre im Jahr 1962. Der ehemalige SS-Hauptsturmführer und Einsatzleiter Theo Saevecke hatte Erfahrungen im RKPA gesammelt, wo er – wie seine Kollegen Ochs und Kaintzik – für die Vorbeugende Verbrechensbekämpfung zuständig war, danach in der Einsatzgruppe VI in Polen und später in einem Einsatzkommando der Sicherheitspolizei und des SD in Tunesien. Saevecke, »Henker von Mailand« genannt, übernahm im September 1943 das Kommando der Sicherheitspolizei in Mailand und ließ im August 1944 auf dem Loretoplatz 15 Widerstandskämpfer erschießen. Am 9. Juni 1999 wurde er in Turin in Abwesenheit zu lebenslanger Haft verurteilt. Saevecke, der nicht an Italien ausgeliefert wurde, starb ein Jahr später – altersstarrsinnig, ungebeugt, ohne Reue und ohne Mitleid mit den Opfern, wie die meisten seiner Kaste.

Das alles musste Folgen haben, die jetzt ein interdisziplinäres Wissenschaftlergremium näher prüfen soll. Da geht es um den direkten Einfluss, den die »Charlottenburger« ausübten, nicht zuletzt auch als Ziehväter des ihnen genehmen Nachwuchses. In den folgenden Jahrzehnten, in denen scheinbar Bewährtes nicht hinterfragt wurde, spielte eine Rolle, dass die »Alt-Kriminalisten«, wie sie sich gern verharmlosend nannten, als rehabilitiert galten. Ihre Entnazifizierung, die eine Farce war, trugen sie wie einen Schutzschild vor sich her, ja sie stellten sich als Opfer von Verleumdungskampagnen dar. Hinzu kam die fehlende Strafverfolgung. Das an sich zuständige Hessische Landeskriminalamt tat alles bis zur Grenze der Begünstigung, um die BKA-Kollegen zu schützen.

2. Blick zurück im Blick nach vorn

Paul Dickopf verstarb 1973. Er hinterließ 68 Aktenbände über die Gründungsgeschichte des Bundeskriminalamtes, die 1975 an das Bundesarchiv Koblenz abgegeben und auf Antrag des BKA für 25 Jahre gesperrt wurden. Dadurch, dass man die Nazivergangenheit zu einem Dienstgeheimnis stilisierte, wurde eine Aufklärung für lange Zeit unmöglich gemacht.

Während der Vorarbeiten für eine Biographie des BKA-Präsidenten Dr. Horst Herold beantragte der Autor 1996 eine Verkürzung der Schutzfrist. Dies wurde vom Bundeskriminalamt abgelehnt mit der Begründung: »Dies ist nicht im Sinne des verstorbenen Paul Dickopf.« Auch wurde dadurch die Recherche der NS-Vergangenheit des Bundeskriminalamtes für ein weiteres Buchprojekt verhindert.

Erst nachdem im Bundesarchiv Koblenz die Sperrfrist abgelaufen war, konnte das Buch »Die braunen Wurzeln des BKA« in Angriff genommen werden.

Im April 2000 genehmigte Bundesinnenminister Schily per Erlass die Akteneinsicht für BKA und Bundesinnenministerium. Über ein Jahr jedoch verhinderte das BKA die Akteneinsicht angeblich aus Gründen des Datenschutzes und des Beamtenrechts, obwohl dem Autor die Akten des BMI zur Verfügung standen, also die Akten des Dienstherrn, in denen nicht wenige Personalvorgänge enthalten waren.

Im September 2001 erschien das Buch, ohne dass auch nur ein Schriftstück des BKA hätte verwertet werden können. Die BKA-Pressestelle verlautbarte, dass in dem Buch »nichts Neues« stünde und lehnte eine Stellungnahme ab, wie auch der BKA-Präsident gegenüber Medienvertretern ein Interview verweigerte.

Eine Kleine Anfrage der Fraktion der PDS im Deutschen Bundestag zu dem Buch beantwortete die Bundesregierung im November 2001 mit dem höchst missverständlichen Satz: »Das Bundeskriminalamt hat keine nationalsozialistische Vergangenheit. Das Bundeskriminalamt wurde 1951 gegründet.«

Jörg Ziercke, der Ende Februar 2004 das Amt des BKA-Präsidenten übernahm und damit Chef einer der drei wichtigsten Sicherheitsbehörden neben BfV und BND ist, hat als Impulsgeber das Tabu des Schweigens über die NS-Vergangenheit gebrochen. Und es war so mutig wie konsequent seitens des Präsidenten, einen offenen Diskurs zuzulassen. Auch über die Täter.

In drei Kolloquien diskutierte das BKA im August, September und Oktober 2007 mit Fachleuten öffentlich die Verstrickung des Bundeskriminalamtes in den Nationalsozialismus. Es drängt sich danach zwangsläufig auch die Frage nach der NS-Vergangenheit des Bundesamtes für Verfassungsschutz, des Bundesnachrichtendienstes und des Militärischen Abschirmdienstes auf, die bisher trotz Ankündigungen eine Aufklärung schuldig blieben.

Ziercke wurde nach der dritten Veranstaltung in einem Interview im Deutschland-Radio Kultur gefragt:[302]

»2001 erschien eine einschlägige Monografie über die Vergangenheit des BKA von Dieter Schenk, einem früheren Kriminaldirektor des BKA. Dem warf man teilweise in der Kritik noch Nestbeschmutzung, Anmaßung vor in seinem Anspruch der Aufklärung. Jetzt marschieren Sie vorneweg. Ist das auch ein Signal für den Polizeinachwuchs?«

Antwort Ziercke:

»Ich möchte gerne, dass im Bundeskriminalamt offen kontrovers diskutiert wird, dass man bereit ist zum Dialog, dass Meinungsfreiheit auch wirklich gelebt wird, dass ein Führungsstil praktiziert wird, der auch den einzelnen Mitarbeiter sicher macht, dass er seine Ideen und Meinungen äußern kann. Und für mich war es selbstverständlich, Herrn Schenk mit einzubeziehen, der der Erste im Grunde war, der so detailliert über die Geschichte des BKA berichtet hat. Man muss nicht mit all seinen Ergebnissen einverstanden sein, auch mit seinen Ableitungen in die Zukunft nicht einverstanden sein, da setze ich mich auch kontrovers mit ihm auseinander, aber er hat Verdienste, was diese braune Geschichte des BKA angeht.«

Solche Einsichten waren ein Novum im Bundeskriminalamt. Von allen Präsidenten zeigte sich bis dato einzig Horst Herold offen für die Auseinandersetzung mit der NS-Zeit und unterstützte mit Material die Erforschung.

Für Ziercke musste es sehr irritierend sein, dass einzelne Mitarbeiter seine Initiative kritisierten, die BKA-Historie zum öffentlichen Thema zu machen. »Haben wir nichts Besseres zu tun?«, schrieben sie, oder ein Ewiggestriger distanzierte sich mit den Worten: »Dies ist nicht mehr mein BKA.«

Denkwürdig ist, dass die GdP-Bezirksgruppe des BKA nicht etwa Zustimmung signalisierte, weil sie doch selbst in den ersten Jahrzehnten von den Altnazis im BKA drangsaliert, diskriminiert und in der Arbeit behindert wurde. Außerdem hätten sich die GdP-Vertreter erinnern müssen, dass Gewerkschaften im Mai 1933 aufgelöst und viele Gewerkschafter in Konzentrationslagern ermordet wurden. Vielmehr erhob der GdP-Vorsitzende Jürgen Vorbeck erhebliche Vorwürfe: Der Präsident bringe das Amt in ein negatives Licht, obwohl noch keine Forschungsergebnisse vorlägen, er stelle Generationen von Beamten unter NS-Generalverdacht.

Die Redaktion des GdP-Bezirks-Journals erlaubt sich einige Entgleisungen auf Stammtischniveau. Da ist davon die Rede, dass sich das BKA den »Spaß« erlaube, in der »Mottenkiste« der eigenen Vergangenheit zu graben. Das BKA brauche sich jedoch nicht wegzuducken oder in Selbstzweifel zu verfallen, »wenn sich Journalisten und Literaten in Vermarktung ihrer Produkte oder politische Kreise in Verfolgung ihrer speziellen Ziele mit geschichtsträchtigen Totschlagargumenten in Szene setzen«. Und schließlich:

Die Aufarbeitung der BKA-Historie entspreche »illustren Szenarien« und sei »fern von unseren Alltagsproblemen«.

Der von BKA-Präsident Ziercke initiierte Blick in die Vergangenheit des Amtes ist als gelungen zu betrachten. Er fand auch ein positives Echo in den Medien, hat also erwartungsgemäß dem Amt genutzt und keineswegs geschadet.

Weil Menschenrechte universal und unteilbar sind, kann die Geschichte nicht rückwärts betrachtet werden, ohne Gegenwart und Zukunft im Blick zu behalten.

In Polen zum Beispiel gibt es so gut wie keine Familie, die nicht Opfer zu beklagen hatte. Durch Nazi-Deutschland verloren zwischen 1939 und 1945 annährend fünf Millionen polnische Menschen das Leben, fast ein Fünftel der Bevölkerung. Das polnische Judentum wurde fast gänzlich ausgelöscht. Junge Polinnen und Polen, als Studenten an der Lodzer Universität und auch sonst im Land, stellen Fragen nach dem Warum, nach der Nichtbestrafung und den Karrieren der Täter. Nach dem Hier und Jetzt. Nach Erika Steinbach und Preußischer Treuhand. Der Blick nur in die Vergangenheit verkürzt das Problem auf unzulässige Weise. Höchst aktuell müsste die strukturell gewachsene Zusammenarbeit mit Folterregimen durch BKA-Verbindungsbeamte, durch Polizeientwicklungshilfe und vor allem in der Interpol-Organisation auf die Tagesordnung gesetzt werden. Darauf wollte sich aber Präsident Ziercke, wie sich aus der Diskussion in den Kolloquien ergab, keineswegs einlassen. Vielleicht konnte er das auch nicht, möglicherweise war er bereits bis an die Grenzen dessen gegangen, was sich ein BKA-Präsident seiner Führungsmannschaft und dem Minister gegenüber erlauben darf. Und vielleicht muss erst ein Paradigmenwechsel eintreten, eine Zero-Toleranz gegenüber Folter in der deutschen Innenpolitik. Mittelfristig darf man die Ignoranz, mit der polizeiliche Partner Menschenrechte behandeln, keinesfalls ausklammern. Dazu gehört zum Beispiel auch, dass das BKA schon immer in der Exekutiv-Kommission von Interpol vertreten ist – einer Art Aufsichtsrat –, Seite an Seite mit Folterknechten, wenn man verantwortliche Funktionäre der Polizei solcher Staaten so nennen will (siehe Kapitel XV/3). Der Vizepräsident des BKA, Prof. Jürgen Stock, wurde im November 2007 zum Vizepräsidenten der IKPO-Interpol gewählt. Auch andere einflussreiche BKAler gingen und gehen bei der Weltorganisation ein und aus. Wie man seine eigene rechtsstaatliche Gesinnung an der Garderobe im Foyer des Interpolgebäudes in Lyon abgeben kann, ohne sich selbst zu beschädigen, ist nicht klar. Die Täterschaft von Folterern wird einfach totgeschwiegen und oft den Opfern nicht geglaubt, weil das eine das andere bedingt.

»Die 30jährige Frau S. kommt zum ersten orientierenden Gespräch in das Berliner Behandlungszentrum. Bei der Begrüßung und den einleitenden Erklärungen fällt mir ihre Zurückhaltung und Verschlossenheit auf. Sie kommt aus einem Land in Südostasien und ist seit zwei Jahren in Deutschland, wo sie Antrag auf Asyl gestellt hat. Unter Tränen schildert sie, ihr derzeit größtes Problem sei, dass man ihr bei den Behörden und Gerichten keinen Glauben schenkte. Seit ihrer Ankunft in Deutschland vor zwei Jahren habe sie sich immer wieder bemüht, ihre seit der etwa einjährigen Haft in ihrem Heimatland bestehenden psychischen Probleme niederzuhalten. Anfangs sei ihr das wohl gelungen. Seit einigen Monaten jedoch werde sie wieder jede Nacht schweißgebadet und unter Herzklopfen von Alpträumen geweckt. Aber auch tagsüber in gewöhnlichen Alltagssitiuationen, zum Beispiel in der vollen U-Bahn, die sie an die räumliche Enge in den damals überfüllten und überheizten Gefängniszellen erinnere, oder bei der Begegnung mit zufälligen Passanten auf der Straße, in welchen sie Gesichter der Folterer von damals wiederzuerkennen glaube, werde sie von bildhaften Erinnerungen aus dieser Zeit und panischen Angstgefühlen überfallen. Ständig stehe sie unter der Anspannung einer inneren Übererregtheit und Reizbarkeit und gerate aus belanglosen Anlässen heraus leicht in Wutausbrüche.

Auch Meditationstechniken, in denen sie geübt sei, hätten ihr nur zwischenzeitliche, nicht jedoch nachhaltige Linderung ihres seelischen Druckes verschaffen können. Aus Anlass der Ablehnung ihrer Widerspruchsklage auf Asyl beim Verwaltungsgericht sei sie jetzt ganz außer sich, fürchte ihre letzte innere Kontrolle zu verlieren und denke daran, sich das Leben zu nehmen.

Unter meinem vorsichtigen Nachfragen gibt sie folgenden Bericht über ihr Schicksal: Sie war in ihrer Heimat eine kaufmännische Angestellte in einem großen Textilbetrieb. Als sie an einem Montagmorgen an ihre Arbeitsstelle kam, wusste sie nichts davon, dass es über das Wochenende einen geheimen Putschversuch gegen die Regierung gegeben hatte, welcher aber niedergeschlagen worden war und in welchen vermutlich das gesamte Management ihres Betriebes verwickelt gewesen war. Infolgedessen war sie höchst verwundert darüber, niemanden in den Büros vorzufinden. Wenig später tauchten Polizeibeamte auf, welche ihr Fragen stellten, die sie nicht beantworten konnte. Man nahm sie mit und setzte das Verhör in der Behörde fort. Sie wurde vielfach geschlagen, mehrfach vergewaltigt und mit elektrischen Stromstößen und kalten, harten Wasserstrahlen gefoltert. Ein knappes Jahr blieb sie in Haft, zeitweise den unwürdigsten Umständen einer engen, dunklen, überhitzten Einzelzelle ohne ausreichende Nahrung ausgesetzt. Dank der Hilfe und Beziehungen von Verwandten kam sie nach einem

Jahr schließlich frei und konnte ihr Land in Richtung Deutschland verlassen.

Ihre Schilderung wird immer wieder unterbrochen durch Augenblicke, in denen sie ihre Fassung verliert und Tränen und Verzweiflung nicht zurückhalten kann. Entsetzen und Mitgefühl machen mich zunächst befangen.

Frau S.: ›All diese Dinge liegen mittlerweile schon zwei Jahre zurück. Es ist mir ja in der Zwischenzeit auch gelungen, sie aus meinem Bewusstsein zu verbannen. Ich habe die Erfahrung gemacht, dass dies möglich ist. Doch jetzt hat meine Verzweiflung und Wut darüber, dass mir niemand zu glauben scheint, die alte Wunde erneut aufgerissen.‹

Ich antworte ihr: ›Die psychischen Probleme, von denen Sie berichten, kennen wir sehr gut. Fast alle Menschen, die zu uns kommen, leiden unter ähnlichen Beschwerden wie Sie. Wir kennen das. Was Sie als Ihr Leiden oder Ihre Krankheit ansehen, ist eigentlich etwas ganz Normales, eine ganz normale Reaktion auf die abnorme und abstruse Erfahrung, die Sie im Gefängnis gemacht haben. Die Situation, die Folter ist es, die verrückt ist und nicht Sie. Normal und ganz menschlich ist, wie Sie darauf reagieren.‹

Ihre Mimik hellt sich etwas auf. ›Folter‹, sage ich etwas provozierend, ›eigentlich gibt es das gar nicht.‹ Sie schaut irritiert und verstört auf. ›Ich meine‹, fahre ich fort, ›in kaum einem Staat geben die Regierungen offen zu, dass gefoltert wird. Eine schlichte, politisch ganz allgemein übliche Verleugnung, welche zur Folge hat, dass es im Bewusstsein der meisten Menschen Folter nicht gibt, allenfalls ganz am Rande in Berichten und Zahlen von Amnesty International. Somit – und das ist auch eine Strategie der Täter – fällt es den Opfern schwer, Glauben zu finden für das, was ihnen widerfahren ist. Niemand schenkt den Opfern Gehör, keiner möchte mit Folter etwas zu tun haben. Die Realität des Alltagslebens läuft getrennt an der verleugneten, geheimen Realität der Folterkeller vorbei, ohne dass erstere von der zweiten Kenntnis nehmen will.‹

Frau S. hört mir jetzt ganz aufmerksam zu. Ich scheine etwas angesprochen zu haben, was sie tief beschäftigt. Im weiteren Gespräch bemerke ich, wie das Thema, niemand glaube ihr, ständig wiederkehrt und wir uns offenbar im Kreis bewegen. So frage ich: ›Kann es sein, dass es Ihnen manchmal ebenso ergeht wie den Behörden, dass Sie auch daran zweifeln, ob sich die Dinge damals im Gefängnis so zugetragen haben und dass Sie Ihrer Erinnerung selbst nicht mehr so ganz glauben können?‹

Da beginnt sie heftig zu weinen. Ich hätte es ausgesprochen. Denn insgeheim zweifle sie daran, ob sie wirklich im Gefängnis gefoltert und vergewaltigt worden sei. Sie würde es selbst jetzt nach zwei Jahren nicht mehr glauben, wenn nicht die Alpträume, die Gedanken und Bilder wären, die ständige innere Anspannung und erregte Unruhe. So sei sie vor dem Gefängnisaufenthalt nie gewesen. Manchmal denke sie auch, sie habe sich das damals nur eingebildet und sei jetzt ›einfach nur verrückt‹ geworden.

Die Geschichte der Frau S. ist ein Beispiel dafür, wie sich nach einem schweren existentiellen Trauma eine Perlschnurkette neuer kleinerer traumatischer Erfahrungen anschließt. Dadurch wird trotz aller ihrer Bemühungen, zu vergessen, ihre Erinnerung an das Gefängnis und dem, was sich darin ereignete, lebendig erhalten. Ähnlich wie sexuell missbrauchte Kinder sieht sie sich einer Welt gegenüber, welche ihre Aussagen und Angaben misstraut oder diese nicht glaubt, mit der Folge, dass sie selbst ihre Geschichte für Einbildung zu halten und sich für ›verrückt‹ oder ›krank‹ zu erklären beginnt. Am Ende dieser Entwicklung ist sie es, die sich schuldig und beschämt fühlt: Ihre Verschlossenheit gegenüber Mitmenschen und Umwelt nimmt folglich zu. Ihre Erinnerungen an die erlebte Gewalt beginnt sie ganz in sich hineinzunehmen, einzuschließen, in sich zu versenken. Dadurch verstärkt sich ihr Gefühl der Isolation und des Ausgeschlossenseins von der Welt. Es ist, wie ich in den meisten Fällen erleben konnte, als ob das Opfer seine Gefängniszelle von damals innerlich mit sich weiterträgt.«[303]

3. Auschwitz-Code

Die Beschäftigung des BKA mit seiner NS-Vergangenheit ist historisch gesehen ein Quantensprung. Über Jahrzehnte konnten BKA-Mitarbeiter die Erfahrung machen: Die Täter werden geschont, die Nazi-Verbrechen vertuscht. Zumindest ist nunmehr Vergangenheitsbewältigung kein Tabu mehr.

Andererseits haben diese Beamten, die jetzt mit dem Naziterror konfrontiert werden, ganz andere Erfahrungen gemacht. Sie erlebten sich bei unzähligen Auslandsdienstreisen auf der Ebene der Mächtigen – Privilegien *all inclusive:* Am Zielort in einem komfortablen Hotel eines exotisch anmutenden Landes den Swimmingpool genießen, die Gastfreundschaft der örtlichen Kollegen für selbstverständlich halten – Palmenstrand am Wochenende und Hubschrauberflug über ein Tierreservat eingeschlossen – Empfang beim Interpolchef oder Innenminister – man spricht ja dieselbe Sprache in der weltweiten Polizeifamilie. Die zerlumpten Bettler vor dem Tor des Hotels? Der von Lepra gezeichnete Krüppel auf dem Gehweg? Vielleicht fanden manche es etwas hart, dass der sie begleitende Polizeioffizier solche Menschen wie lästige Fliegen wegscheuchte. Schnell vergessen, spätestens auf dem LH-Flug zurück nach Frankfurt. Business-Class.

Scheinbar nicht schlecht, so ein Leben als BKA-Ermittler – abwechslungsreich, interessant, große weite Welt.

Vielleicht aber gab und gibt es doch den einen oder anderen, eventuell sogar nicht wenige, die einen sensiblen Blick auf die andere Seite werfen. Die spätestens jetzt an sich heran lassen wollen, an welchen Verbrechen ihre Vorgänger schuldig wurden. Die Vergleiche anstellen. Und die plötzlich Ähnlichkeiten bemerken mit Strukturen der SS, der Gestapo oder des SD. Die diese Allmacht bedrückend finden, die ihr Gesprächspartner, ein Polizeigeneral in Afrika, Lateinamerika oder Asien ausstrahlt. Die sich einen kleinen Moment vorstellen können, was es bedeutet, ihm ausgeliefert zu sein, vor ihm und seinem Befehl zittern zu müssen. Und wenn man Augen und Ohren nicht verschließt, sieht man auf dem Hof des Polizeihauptquartiers ganz zufällig, wie ein Mann aus dem Streifenwagen gezerrt wird. Sie treten ihn, er fällt zu Boden, sie treten weiter … Damit endet die Szene, denn der freundliche Kollege vom Interpolbüro lenkt schnell die Aufmerksamkeit in eine andere Richtung. Aber die Geräusche hallen nach, Schmerzensschreie, brutale Befehle, der dumpfe Aufschlag eines Körpers. Zufällig parkt am nächsten Tag der Wagen, der den BKA-Gast am Hotel abgeholt hat, an derselben Stelle. Das Blut im Schmutz des Bodens ist eingetrocknet. Dann wieder das sterile BKA-Gebäude in Wiesbaden, Meckenheim oder Berlin. Diese leise, geschäftige Arbeitsatmosphäre. Nächste Dienstreise. Das Flüchtlingslager, gesichert mit rasierklingenscharfen Nato-Draht-Rollen auf Y-Abweisern. Der Zaun ist unüberwindbar. Oder das Slumgebiet, im Müll wühlende ausgemergelte Gestalten. Wieder kommen Bilder in den Kopf: Konzentrationslager, Ghettos, geheime CIA-Gefängnisse in Ägypten, Marokko, Usbekistan, Jordanien – die Bilder überlagern sich wie Schatten, werden kongruent. Namen verschwimmen. Bokassa – Hitler – Pol Pot – Marcos – Stalin – Taylor – Heydrich – Mao – Pinochet – Bin Laden – Himmler – Saddam Hussein – Papa Doc. Der namenlose Heckenschütze der Todesschwadron in San Salvador. Abu Ghraib-Fotos im SPIEGEL, Guantánamo im Fernsehen. Nächste Dienstreise. Foltergefängnis Far Filastin in Damaskus. Der Ermittlungsrichter hat fünfzehn Stunden Vernehmung erlaubt. Er wird vorgeführt, ein Deutscher syrischer Herkunft. Er schwitzt. Aus jeder Hautpore strömt Angst. Folter? »Ich bin bei der Festnahme geschlagen worden«, sagt er. Der syrische Kollege wirkt undurchsichtig. Zurück in Wiesbaden. Schweigen darüber. Er hat ja gesagt, dass er nicht gefoltert wird. Er hat gesagt, dass seine Zelle 190 cm lang, 103 cm breit und ohne Licht ist. Wie ein Sarg? Aber keine Folter. Er hat gesagt, dass er auf die Vernehmung drei Tage lang vorbereitet wurde. Er hätte sich ja trotzdem beschweren können. Er tat es nicht. Also wurde er nicht gefoltert.

»Auf dieses Zeichen begannen die SS-Männer, Langhoff mit Knüppeln zu traktieren, bis er blutüberströmt zusammenbrach. Dann ließen sie ihn eine halbe Stunde allein, um ihm Bedenkzeit zu geben.

In dieser halben Stunde habe ich nur immer gedacht: So ist das also. – So ist das also. Ich empfand keinerlei Furcht mehr. Es war mir so, als wenn ich ein anderer wäre, der sich selbst am Boden liegen sieht. Hundertmal sagte ich mir vor: So ist das also – so ist das also. Ich konnte keinen anderen Gedanken fassen. Mein Atem flog, mir war furchtbar heiß. Ich lag platt auf dem Bauch und presste meinen Kopf und die nackte Brust auf die kalten Steinfliesen. Das kühlte. Aus Nase und Mund lief Blut. Ich lag mit dem Kopf in der Lache und wollte mich wegwälzen. Unerträgliche Schmerzen. Ich konnte mich nicht rühren. Die Haut war an vielen Stellen geplatzt. Hals und Arme dick aufgeschwollen. Mit der Zunge tastete ich meinen Mund und die Zähne ab. Vorn fehlte mir alles. Verflucht, sie haben dir deine Zähne rausgeschlagen! – Reg Dich nicht auf, es hat doch keinen Zweck mehr – in einer halben Stunde kommen sie wieder und machen sie dich kaputt. Bestimmt.

Tatsächlich wurde das Verhör nach einer halben Stunde fortgesetzt mit Zwangsexerzieren und weiteren Knüppelschlägen, diesmal auf das nackte Gesäß. Erst als Langhoff eine Ohnmacht vortäuschte, ließ man von ihm ab. Stundenlang lag er dann in seinem Blut auf dem Zellenboden, bis eine Gruppe SS-Männer herein kam, um den berühmten Gefangenen in seiner Hilflosigkeit zu bestaunen. Langhoff erkannte unter ihnen den SS-Obergruppenführer Fritz Weitzel[304], den damaligen Polizeipräsidenten von Düsseldorf.

Der trat auf mich zu, beugte sich interessiert über mich und fragte: Was haben Sie denn? Sind Sie krank? Haben Sie sich gestoßen?

Neben ihm standen grinsend meine Peiniger und stießen sich mit den Ellenbogen an.

Dem fehlt nichts! Der markiert bloß, Gruppenführer! Das ist ein ganz Gerissener!«[305]

Ghettos, Einsatzgruppen, Exekutionen – der millionenfache bürokratisch, systematisch, industriell organisierte mit geballter Aggressivität vollzogene Völkermord der Nationalsozialisten lässt an sich keinen Vergleich mit heutigen Gräueln zu. Bis zu einem bestimmten Punkt sind die Methoden jedoch verwandt, die Motive oft rassistisch, die exzessive Gewalt, die Hinrichtungen, die Folter, die Rechtlosigkeit von Häftlingen, die Hilflosigkeit und das Elend der Unterdrückten ähnlich.

VIII
RECHTSEXTREMISMUS IN DER POLIZEI

1. Rechtsextremisten

Es ist notwendig, bei dem internen Widerstand im BKA gegen die Offenlegung der Nazivergangenheit und bei der gleichgültigen Behandlung weltweiter Menschenrechtsverletzungen nach Antworten zu suchen: Wer sind Meinungsmacher, schweigende Mehrheit oder Minderheit, wer sind die Lenker und Denker hinter den Kulissen? Spiegeln Polizisten den politischen und sozialen Querschnitt der Bevölkerung wider? Ist das Bundeskriminalamt eine Ansammlung von Bürgern, die im politischen Denken und Handeln dem Proporz entsprechen, oder beherrscht sie durchgängig ein Law-and-Order-Denken? Einfache Antworten wird man nicht finden, dazu müsste eine breit angelegte empirische Untersuchung initiiert werden, zum Beispiel durch das Bundesinnenministerium oder die Bundesinnenministerkonferenz. Es besteht die Vermutung, dass politisch Verantwortliche vielleicht das Ergebnis scheuen, weil man die politischen Folgen nicht absehen kann.

Aber es gibt die Möglichkeit von Ableitungen, indem man andere Untersuchungen zu Rate zieht. Eine zugegeben unscharfe Ausgangsthese, die es zu überprüfen gilt, könnte lauten: Polizisten sind rechtslastig, aber nicht überwiegend rechtsextrem. Zuvor sollte man sich über die Werteordnung von Rechtsextremisten im klaren sein, wenn man Vergleiche anstellt.

Im Verfassungsschutzbericht 2006[306] findet sich folgende Definition: »Das rechtsextremistische Weltbild wird von nationalistischen und rassistischen Anschauungen geprägt. Dabei herrscht die Auffassung vor, die Zugehörigkeit zu einer Ethnie, Nation oder Rasse entscheide über den Wert eines Menschen. Da nach rechtsextremistischem Verständnis diesem Kriterium auch die Menschen- und Bürgerrechte untergeordnet werden, stehen Rechtsextremisten in einem fundamentalen Widerspruch zum Grundgesetz, das diesen Rechten besonderen Rang und Schutzwürdigkeit zuweist.«[307]

Im Verfassungsschutzbericht wird betont, dass dieser Personenkreis für ein autoritäres politisches System unter einem Führer eintritt. Das Erscheinungsbild der subkulturellen Szene habe sich gewandelt von Glatze, Springerstiefeln und Bomberjacke zu modischer Kleidung, Piercings und Turnschuhen. Etwa 160 »Kameradschaften« stünden der NPD nahe. Das Internet biete mit etwa 1000 Seiten Homepages und Webforen (2006) eine bedeutende Plattform zur Verbreitung der Ideologie.[308] Das Weltbild sei diffus, weise antisemitische, fremdenfeindliche und neonazistische Elemente auf, dem eine Freund-Feind-Haltung und Intoleranz gegenüber Menschen anderer Prägung eigen sei. Eine gewisse Bedeutung komme der Musik zu, die noch vom Hardrock bestimmt werde, sich aber in Richtung Hard- und Hatecore, Black Metal und Balladen entwickele. Im Jahr 2005 bestanden 142 Musikgruppen und waren 26 Liedermacher bekannt.[309]

Unter den 86 periodischen rechtsextremistischen Publikationen habe die National Zeitung als Sprachrohr der DVU eine Auflage von 40 000 pro Woche. Die Zeitung schüre durch falsche Tatsachenbehauptungen Ängste vor Massenzuwanderung und einer Überfremdung Deutschlands.[310]

Die Abschaffung der Demokratie wird propagiert in Texten wie: »Wir holen uns zurück, was Ihr uns schuldig seid, das deutsche Volk erwacht und wird befreit.«[311] Für die Anhänger der Ideologie gilt: »Volksgemeinschaft ist Blutsgemeinschaft«. Rassistische Parolen lauten: »In jeder Ecke Zigeuner und Vetteln, die im Dreck hocken und um Geld betteln, Zigeunerpack, jagt sie alle weg, ich hasse diesen Dreck.« Widerliche antisemitische Machwerke sind kaum zu überbieten: »Auserwählt, dass ich nicht lache, wir scheißen auf die gesamte jüdische Rasse. Wie Hasen werden wir euch knarren und den gesamten Zentralrat im Massengrab verscharren. Schuba Duba Du, Zyklon B. yeah.« Extremisten dieser Couleur verherrlichen den Krieg: »Der Schwarze Orden ist neu erwacht, das Feuer des Hasses wurde wieder entfacht.« Frauenverachtung (»die Frau beugt sich und dient«) und Mutterkult sind weitere Elemente; Obdachlose und Drogenabhängige zählen als »Schmarotzer« zum Feindbild. Selbst ernannte Eliten (Burschenschaften) pflegen Männlichkeitsrituale und verkünden, dass »nur der Starke gewinnt« und eine »Blut- und Boden«-Ökologie überbetont Heimatschutz, Heimatliebe oder Lebensader.[312]

Ein letztes Beispiel: »Zu viele Ausländer. Türken. Polen. Tamilen. Ghanesen. Zigeuner. Pakistani. Libanesen. Als Drogendealer. Als Asylschwindler. Als Sozialhilfebetrüger. Als Schlepper. Ist leider so. Und unfähige Parteien, egal ob schwarz, rot oder grün. Nein zur multikulturellen, multikriminellen Gesellschaft auf deutschem Boden! Nein zu immer mehr Überfremdung! Nein zu immer mehr Asylanten und Zuwanderern! Ja zum Ausländerstopp!«[313]

Teile der Bundeswehr sind nicht unerheblich vom rechtsextremen Gedankengut infiziert und weisen gegenüber der Tätigkeit revanchistischer Traditionsvereine und Soldatenverbände eine große Affinität auf. Beunruhigend ist das Ergebnis einer Untersuchung der Universität der Bundeswehr Hamburg

(2001) über »die politische Orientierung der Studenten an den Universitäten der Bundeswehr im Vergleich zu den Studenten an öffentlichen Hochschulen«. Der Studie zufolge stimmt ein Anteil von 25 % der Offiziersstudenten nationalkonservativen Positionen zu und steht »zur Zeit bereits außerhalb der demokratischen Prinzipien«.[314]

Bei der Polizei sucht man vergeblich eine ähnliche querschnittsorientierte Untersuchung rechtsextremer Tendenzen. Deswegen kommt den MdBs Ulla Jelpke und Petra Pau von der Fraktion der Linkspartei das Verdienst zu, durch regelmäßige kenntnisreiche Anfragen die Regierung zu öffentlichen Erklärungen über den Rechtsextremismus in Deutschland zu veranlassen So auch in einer Großen Anfrage vom 17. März 2006.[315] Die Quintessenz lautet: Die NPD ist im Aufwind. Dies zeigte sich bei den Kommunalwahlen in Sachsen am 8. Juni 2008, als die NPD in alle Kreistage gewählt wurde.

»Man braucht keine V-Leute um zu wissen, wie gefährlich die NPD ist, es genügen die Aussagen der führenden Köpfe« (Charlotte Knobloch).[316]

Die Nationaldemokratischen Partei Deutschlands propagiert ein »Drei-Säulen-Modell«: »Kampf um die Straße, Kampf um die Köpfe, Kampf um die Parlamente«. Ihr Mitgliederbestand unter Vorsitz von Udo Voigt ist im Jahr 2006 um 1000 auf etwa 7000 angestiegen.[317] Die NPD baut ein Netz von Vorfeldaktivitäten auf, die teilweise auf den ersten Blick unpolitisch erscheinen: Sportturniere und Kinderfeste, Ferienzeltlager und Heimatpflege werden von der Partei und ihrer Jugendorganisation, den »Jungen Nationaldemokraten« (JN), angeboten. Die NPD hält zwar mit ihren rechtsextremen Inhalten nicht hinterm Berg, aber mit solchen niedrigschwelligen, vorpolitischen Aktivitäten versucht sie weitere gesellschaftliche Akzeptanz zu gewinnen und Teil einer regionalen »Normalität« zu werden.[318]

Die Deutsche Volksunion (DVU) unter dem Vorsitz von Dr. Gerhard Frey verfügt über 8500 Mitglieder (500 Mitglieder weniger als im Vorjahr) und hat sich im »Deutschlandpakt« mit der NPD verbündet,[319] sodass beide Parteien mit vereinten Kräften Wahlerfolge in Mecklenburg-Vorpommern (6 Sitze NPD), Sachsen (12 Sitze NPD), Bremen (1 Sitz DVU) und Brandenburg (6 Sitze DVU) errangen und in die Landtage einziehen konnten.

Die Republikaner (REP) hingegen grenzen sich von NPD und DVU ab, spielen jedoch zur Zeit eine geringere Rolle, dass das BfV sie in seinem Jahresbericht 2006 nicht gesondert erwähnt.[320] Das stellte sich Anfang der neunziger Jahren noch ganz anders dar, als Polizisten in Scharen zu ihnen überliefen.

Erstmals zogen die Republikaner unter dem Bundesvorsitz von Franz Schönhuber mit einem Wahlerfolg von 7,5 % in das Berliner Landesparlament ein. Bei den Europawahlen im Juni 1989 erreichten die REPs 7,1 % (mit dem höchsten Anteil im Süden der BRD, nämlich 14,6 % in Bayern und 8,7 % in Baden-Württemberg). Die Gesamtmitgliederzahl lag bei knapp 14 000.[321] Viele Polizeibeamte machten keinen Hehl daraus, mit den Republikanern zu sympathisieren, wogegen insbesondere die Vereinigung der Kritischen Polizisten Front machte. Nicht wenige Polizisten kandidierten für die REPs, was den Bundestag, aber auch Gerichte beschäftigte. Das Verwaltungsgericht Sigmaringen entschied, dass ein Beamter keinen Anspruch auf Beförderung zum Kriminaloberkommissar hat, wenn er sich bei den Republikanern engagiert, da Zweifel an seiner Verfassungstreue bestünden.[322] Das OVG Koblenz entschied im gleichen Sinn, dass ein Ex-Republikaner nicht Kommissar werden dürfe.[323]

Im Jahr 2006 gab es nach den Feststellungen des Verfassungsschutzes in 182 Organisationen 38 600 (2005 = 39 000) Mitglieder. Das Potential gewaltbereiter Rechtsextremisten durch Skinhead-Szene und Neonazi-Aktivisten liegt nach dem BfV-Bericht in Deutschland bei 10 400 Personen. Rechtsterroristische Strukturen wurden nicht festgestellt.[324] Dass die Zahlen einigermaßen zuverlässig sind, dafür garantieren die V-Leute des Verfassungsschutzes, die in Vorständen der Faschisten sitzen. Das ist zwar dubios, aber für Geheimdienste nützlich.

Weniger zuverlässig ist die Polizeiliche Kriminalstatistik (siehe weiter unten).

Die Rechts-Links-Debatte hat auf dem Gebiet des Extremismus und Terrorismus an Aktualität und Schärfe verloren, seit eine dritte Kraft nach dem 9.11.2001 das politische Tagesgeschehen bestimmt: Der islamistische Terrorismus durch Gruppierungen wie Al Qaida, Hamas, Muslimbruderschaft, Kalifatstaat oder iranische Volksmudjahedin.

Dass das Bundeskriminalamt den Schwerpunkt seiner Tätigkeit auf die akute und gefährlichste terroristische Bedrohung richtet, ist zwar konsequent, inwieweit aber der angestrebte präventive Sicherheitsstaat auf realistischen oder konstruierten Bedrohungsszenarien aufgebaut wird, soll noch untersucht werden (Kapitel X/5).

Es wäre jedoch verfehlt, hinsichtlich des Rechtsextremismus Entwarnung zu geben, auch wenn nach der Kriminalstatistik 2007 die politisch motivierte Kriminalität in diesem Bereich um 2,9 % und die der Gewaltdelikte um 5,5 % zurückgegangen sind. Dafür spricht schon allein die hohe Zahl der erfassten Straftaten, nämlich 17 607 Delikte gesamt, darunter 1054 Gewalttaten.[325] Zweifel sind angebracht, ob die statistischen Werte nicht nur wegen der Dunkelziffer unbekannter Delikte höher sind, weil deutliche Anzeichen dafür vorliegen, dass die Bundesländer daran interessiert sind, den Rechtsextremismus herunterzuspielen und die Kriminalstatistik zu verfälschen. Aus diesem Grund musste Frank Hüttemann, Chef des LKA Sachsen-Anhalt, im November 2007 zurücktreten. Er übernahm die Verantwortung für die Manipulation, dass etwa die Hälfte der eindeutig rechten Straftaten im 1. Halbjahr 2007 als unpolitische Delikte erfasst wurden.[326] Der Süddeutschen Zeitung lag ein Bericht aus dem Untersuchungsausschuss des Landtags vor, wonach das Magdeburger LKA vom Ministerium des Innern angeblich den Auftrag hatte, »die Falldaten der politischen Kriminalität zu bereinigen«.[327] Dem Bundeskriminalamt kann man solche Fälschungen nicht vorwerfen, es muss sich aber fragen lassen, welchen Einfluss das Amt in der AG Kripo (Arbeitsgemeinschaft der Landeskriminalämter und des BKA) ausübt, um dem Missbrauch der Statistik vorzubeugen.

Unter den statistisch erfassten Gewaltdelikten hatte die Körperverletzung mit 86,7 % den höchsten Anteil.[328] Mit der Losung des »Kampfes um die Straße« gehören Kundgebungen und Demonstrationen zum typischen Aktionsrepertoire der extremen Rechten. Regelmäßig wiederkehrende Anlässe sind der Todestag von Rudolf Heß oder der Jahrestag der alliierten Bombardierung Dresdens. Als Motto von Demonstrationen dienen beispielsweise: »Deutschland einig Vaterland – Für einen gesunden Nationalstolz« oder »Unsere Toten – Gefallen, doch nicht vergessen« oder »Gegen den Bau von Moscheen«. Rechtsextreme Aufmärsche sollen der Einschüchterung dienen und die demokratische Öffentlichkeit zermürben, intern haben sie als Binnenwirkung eine identitätsstiftende Wirkung.[329]

Mit 208 Kundgebungen erreichte das Jahr 2005 einen Höhepunkt, im Jahr 2007 waren es rund 140 Veranstaltungen, es ist also eine deutlich abnehmende Tendenz festzustellen.[330]

Solange sie nicht gegen Strafgesetze oder Auflagen des Versammlungsrechts verstoßen, können Neofaschisten für sich demokratische Rechte wie Demonstrations- und Meinungsfreiheit in Anspruch nehmen. Diese Rechte sind durch die Polizei im Falle von Störungen linker Gegendemonstrationen zu garantieren. Leider ist aber immer wieder festzustellen – in Leipzig, Fulda und andernorts – dass die Polizei bisweilen Gegendemonstranten des linken Spektrums unnötig drangsaliert, wenn nicht sogar gegen sie hart vorgeht, also großen Diensteifer an den Tag legt, rechte Demonstranten zu »schützen«.

2. Werte-Skalen von Polizisten

Immer wenn ein Eklat rechtsextremes Verhalten der Polizei an die Oberfläche spült, kommt der Verdacht auf, es handele sich um die Spitze des Eisbergs. Sei es, dass bei drei Personenschützern von Michel Friedman, des früheren Vizepräsidenten des Zentralrats der Juden, rechtsradikales Material gefunden wird und der hessische Innenminister Volker Bouffier angeblich eine Debatte darüber im Landtag verhindere[331] – sei es, dass Polizeischüler in Berlin sich gegenüber einem Holocaust-Überlebenden beschweren, sie wollten nicht im Unterricht an den Holocaust erinnert werden.[332]

Man möchte dann zu verbindlichen Forschungsergebnissen greifen können, welche evaluieren und verifizieren, welche rechtsextremistische Tendenzen es in der Polizei gibt. Solche Untersuchungen sind vorhanden, allerdings mehr als zehn Jahre alt.[333] Die Ergebnisse haben die Verantwortlichen in Polizei und Politik möglicherweise verschreckt, sodass bis heute – wie erwähnt – keine Fortschreibungen oder Neuauflagen erfolgten. Zu einer demokratischen Kultur gehört aber, dass sie um sich selbst weiß. Die Versäumnisse sind um so bedauerlicher, als eine Dunkelfelduntersuchung in diesem Bereich bisher überhaupt noch nicht stattfand. Zwar ist davon auszugehen, dass sich grundsätzliche Positionen von Polizisten über Jahre nicht wesentlich ändern und heute noch ähnlich sein dürften, aber empirisch gesichert ist das nicht. Hinzu kommt, dass die völlig unterschiedlichen organisatorischen Arbeitsbedingungen der Polizeisparten Schutzpolizei, Kriminalpolizei, Landeskriminalamt, Wasserschutzpolizei, Bereitschaftspolizei und Bundespolizei nicht differenziert wurden, wie es auch eine erhebliche Rolle spielt, ob ein Polizist seine Berufserfahrung im sozialen Brennpunkt einer Großstadt macht oder ob er in einer Kleinstadt oder im ländlichen Bereich eingesetzt ist. Auch spielt nicht nur das Lebensalter eine Rolle, sondern ganz erheblich das Dienstalter, wie auch die Stellung in der Hierarchie der Polizei. Alle diese Variablen müssten in eine aussagekräftige Erhebung einfließen (Längsschnittstudie, qualitative Interviews, Feldbeobachtungen), von Erkenntnissen der Dunkelfeldforschung ergänzt und mit der Einstellung der Gesamtbevölkerung in Bezug gesetzt werden.

In den vorliegenden Studien wurde schwerpunktmäßig die Fremdenfeindlichkeit der Polizei thematisiert, also nur ein – wenn auch wichtiger – Teilbereich des Rechtsextremismus. Kann man diese Stichproben auch nicht als repräsentativ für »die Polizei« ansehen, sie vermitteln aber doch Einsichten, Überzeugungen und Grundhaltungen nicht nur von einzelnen Polizisten. Es ist hier nicht der Raum, die Ergebnisse der Studien in aller Breite und Ausgewogenheit darzustellen und zu interpretieren. Vielmehr werden die prägnanten Angaben hervorgehoben, die darauf warten, in einer zeitgemäßen, wissenschaftlich fundierten (und sicher finanziell aufwändigen) Untersuchung neu überprüft zu werden.

Eine empirische Seminararbeit der Fachhochschule für öffentliche Verwaltung Nordrhein-Westfalen[334] – veröffentlicht 1990 – hatte zum Ergebnis, dass 43,5 % der Polizisten es besser gefiele, wenn es keine Gastarbeiter in der Bundesrepublik gäbe. 52,2 % wollten Aussiedler »bestimmt nicht« oder »nicht gern« in ihrer Nachbarschaft. Auch würden sie eine Gesellschaft bevorzugen, in der es keine Sinti und Roma gäbe.

In einer anderen Studie[335] standen Polizisten der Aussage »Zigeuner sind asozial« näher als der Aussage »Wirtschaftskriminelle sind asozial«.

In einer repräsentativen Projektstudie »Die Bekämpfung fremdenfeindlicher Straftaten« an der Fachhochschule für öffentliche Verwaltung in Koblenz (1994)[336] wurden von 747 Fragebögen 547 freiwillig und anonym beantwortet:

21,0 %	stimmten zu, dass die Polizei auf dem rechten Auge blind ist
16,4 %	empfanden Ausländer generell als eine soziale Bedrohung
65,5 %	sahen Asylbewerber als soziale Bedrohung an
34,9 %	hielten eine multikulturelle Gesellschaft nicht für sozial verträglich
62,0 %	fanden die Einstellung von Ausländern in den Polizeidienst problematisch
26,3 %	hielten eine Mitgliedschaft von Polizeibeamten bei den »Republikanern« als vereinbar mit dem Berufsbild
33,7 %	bezeichneten Fremdenfeindlichkeit nicht als eine Gefahr für den demokratischen Rechtsstaat
50,0 %	würde eine Gesellschaft ohne Sinti und Roma besser gefallen.

Die Innenministerkonferenz (IMK) initiierte 1995 an der Polizeiführungsakademie ein mit nur geringen Mitteln ausgestattetes Projekt über Fremdenfeindlichkeit in der Polizei.[337] Die Untersuchung beschränkte sich letztlich überwiegend auf Erhebungen, wie Polizisten gesellschaftliche Verhältnisse im Zusammenhang mit ihrem Beruf wahrnehmen. Ihre Aussagen wurden dokumentiert,[338] zum Beispiel sei nach Einbruch der Dunkelheit die Innenstadt »fest in ausländischer Hand«, viele deutsche Frauen »trauen sich nachts kaum mehr vor die Tür«. Jugoslawen und Albaner könne man meist den

Bereichen Organisierte Kriminalität, Menschenhandel und Prostitution zurechnen. Schwarzafrikaner seien häufig Dealer und Verführer der Jugend, viele müsse man als primitive, dumme und verantwortungslose Untermenschen bezeichnen (»haben Aids, vögeln unsere weißen Frauen«). Osteuropäer (besonders Polen) seien zumeist illegal als Schwarzarbeiter in Deutschland. Im Grunde seien sie »arme Schweine«, doch viele »klauen wie die Raben, saufen, randalieren und sind asozial«. »98 % aller Polen sind Abzocker.«

Der »prototypische Zigeuner schafft nix« und lebt als »Schmarotzer«, dafür seien Betrügereien und Diebstahl an der Tagesordnung. Türkische Dealer »stinken nach Knoblauch, fahren große Autos und haben eine mittelalterliche Mentalität«.

»Wenn du einen Ausländer kontrollierst, der dazu noch schlampig aussieht, beträgt die Trefferquote 99 %.«

»Wenn mich jemand anbrüllt, gibt's den Knüppel.«

»Wenn man mit solchem Abschaum zu tun hat, muss man die Handschuh bis zur Schulter hochziehen.«

Die Urheber der wissenschaftlichen Studie (Dr. Manfred Bornewasser, Prof. Roland Eckert, Dr. Helmut Willems) legten sich in der Bewertung der Ergebnisse nicht eindeutig fest: Nach ihrer Meinung gibt es in der Polizei keine strukturelle Fremdenfeindlichkeit, aber es handelt sich auch nicht um bloße Einzelfälle. Vielmehr überfordere eine Kumulation von Belastungen die Beamten.[339]

Das interpretiert Martin Herrnkind, Polizeibeamter, Diplom-Kriminologe und Dozent an Polizeibildungseinrichtungen, ganz anders: »Hinter den zigfachen Belegen für polizeilichen Rassismus verbirgt sich ganz zentral ein autoritäres und nicht mit dem Geist unserer Verfassung in Einklang zu bringendes Staats- und Berufsverständnis. Die in der Studie vorzufindenden kriminalpolitischen und asylpolitischen Äußerungen der PolizeibeamtInnen bewegen sich auf dem Niveau von Boulevardblättern und Stammtischen. Bedenklich genug, wenn solcherart Einlassungen aus den Reihen der Durchschnittsbevölkerung erklingen. Aus den Mündern von PolizeibeamtInnen werden solche nicht zuletzt unprofessionellen Einstellungen zu einer Gefahr für Staat und Verfassung.«[340]

Der Vorwurf, dass deutsche Polizisten aus rassistischen Motiven Ausländer misshandeln, fand immer wieder Erwähnung in den Länderberichten von Amnesty International, zuletzt im Jahresbericht 2005.[341] Der UN-Menschenrechtsausschuss drückte darüber seine Sorge aus.[342] Da es einem AI-Prinzip entspricht, keine Recherchen über das eigene Land durchzuführen (aus Gründen der Objektivität, aber in Unrechtsstaaten auch zum eigenen Schutz), wurden durch Michael Butler vom Internationalen Sekretariat London 1995 insgesamt 70 Fälle und zwei Jahre später nochmals 40 Fälle in Deutschland überprüft.[343] Er kam zu dem Ergebnis, dass die Misshandlungen vielfach rassistisch motiviert waren. Den Opfern wurden die Zähne ausgeschlagen, sie trugen Quetschungen, Prellungen und Knochenbrüche davon als Folge von Fausthieben, Fußtritten und Knüppelschlägen. Mehr als die Hälfte der Fälle trug sich in Berlin zu. In zwei Fällen habe es sich um Folter gehandelt, als zwei Vietnamesen in Berlin nicht nur geschlagen, sondern zwanzig Minuten lang gezwungen wurden, in einem Wasserkanal hin- und herzulaufen. Amnesty klassifizierte die Straftaten nicht als Einzelfälle, sondern als ein ausländerfeindliches Muster. Bundesinnenminister Manfred Kanther wies die Vorwürfe als maßlos zurück,[344] die Gewerkschaft der Polizei (GdP) schrieb in ihrer Monatsschrift Deutsche Polizei: »Amnesty International vergreift sich im Ton«[345] und der GdP-Vorsitzende Hermann Lutz faxte der Innenministerkonferenz: »Diese Formulierung ist geeignet, das Ansehen der Polizei in der Bundesrepublik zu schädigen.«[346]

Ungleiche Berufserfahrungen zwischen uniformierter Polizei und Kriminalpolizei schlagen sich zwangsläufig in unterschiedlichen Denk- und Verhaltensweisen nieder, so auch im Bundeskriminalamt. Offiziell wird dort die *political correctness* beachtet. Nur unter sich reden Kollegen freimütig, erzählen sich manchen chauvinistischen oder rassistischen Witz. Dunkelhäutige »Kriminalstudenten« im BKA werden schon mal als die »Angebrannten« bezeichnet, oder es sagt jemand, der gerade kenianische Polizeioffiziere zum Rhein-Main-Flughafen gefahren hat: »Ich habe die Fuhre Briketts abgeliefert.« Solche Äußerungen verraten unbewusst die innere Einstellung. So erzählte ein Referatsleiter der Terrorismusabteilung bei einer Tasse Kaffe von einer Dienstreise. Er kam gerade aus Paris, wo zwei deutsche Frauen festgenommen worden waren, die dem terroristischen Umfeld zugerechnet wurden. »Die XY wollte ihren Namen nicht angeben. Da hat ihr der französische Kollege mit der Faust in die Fresse geschlagen, da wusste sie ganz schnell wieder, wie sie hieß.« Er sagte es mit einem zufriedenen Unterton, fand es offensichtlich angemessen und gut so, vor allem wirkungsvoll. Er selbst würde nie so handeln, aber letztlich entsprach die Methode seiner Überzeugung. Aus dem Zuhörerkreis kam kein Widerspruch. (Das Verhalten des französischen Beamten hat eine Struktur und ist kein Ausnahmefall, vielmehr hat man dafür bei der französischen Polizei sogar eine Bezeichnung und »Rechtfertigung«, nämlich »délit de sale gueule«, das heißt »Delikt der hässlichen Fresse«.)

Mehr als 5000 BKA-Mitarbeiterinnen und Mitarbeiter bilden einen Querschnitt, an den auch die Messlatte des Rechtsradikalismus in der Gesamtbevölkerung gelegt werden kann.

3. In der Mitte der Gesellschaft

Im Jahr 1981, das ist relativ lange her, erschien die damals weit verbreitete SINUS-Studie, wonach 13 % der (west-)deutschen Wähler ein rechtsextremes Weltbild hatten.[347] Doch gibt es brandneue Erkenntnisse. Im Oktober des Jahres 2006 widmete sich eine aktuelle repräsentative Studie der Universität Leipzig (Prof. Dr. Elmar Brähler, Dr. Oliver Decker) im Auftrag der Friedrich-Ebert-Stiftung erneut diesem Thema.[348] Die Ergebnisse sind aufschlussreich, denn sie widerlegen den allgemein »gefühlten« Eindruck, dass die ostdeutschen Länder und junge Neonazis den Schwerpunkt des Rechtsextremismus bilden. In Erinnerung sind mehrere schwere Übergriffe gegen Ausländer, unter anderem in Potsdam und Weimar, oder die bundesweite Diskussion um sogenannte *No Go Areas* für Menschen anderer Hautfarbe vor allem in Ostdeutschland. Die Studie präsentiert ein sehr differenziertes Bild.

Befragt wurden 3878 Personen in West- und 996 Personen in Ost-Deutschland.

Ein geschlossenes rechtsextremes Weltbild haben demnach insgesamt 8,6 % der Bevölkerung, davon 9,1 % in West- und 6,6 % in Ostdeutschland; 6,5 % (im Osten) aber »nur« 4,4 % (im Westen) befürworten eine Diktatur.

Bei Ausländerfeindlichkeit und Antisemitismus fallen Unterschiede ins Auge. Im Osten sind 30,6 % ausländerfeindlich eingestellt, bei den westlichen Nachbarn 25,7 %. Bei Erscheinungen des Antisemitismus ist es umgekehrt, da liegt der Westen mit 9,5 % gegenüber dem Osten (4,2 %) vorn.

Aussagen wie »Die Ausländer kommen nur hierher, um unseren Sozialstaat auszunutzen« befürworten die Einwohner in Bundesländern im Osten mit 43,8 % oder: »Die Bundesrepublik ist durch die vielen Ausländer in einem gefährlichen Maß überfremdet« mit 40,5 %.

Demgegenüber sind Westbürger mit 20,1 % der Überzeugung: »Auch heute noch ist der Einfluss der Juden zu groß« und meinen mit 14,7 %: »Die Juden haben einfach etwas Besonderes und Eigentümliches an sich und passen nicht so recht zu uns«.

Bei Werten des Sozialdarwinismus sind die Ostergebnisse (6,2 %) etwas höher als im Westen (4 %), doch ist die gemeinsame Zustimmung zu Einzelaussagen prägnant: »Wie in der Natur sollte sich in der Gesellschaft immer der Stärkere durchsetzen« (gesamt 17,7 %). Oder: »Eigentlich sind die Deutschen anderen Völkern von Natur aus überlegen« (gesamt 14,8 %). Jeder zehnte Deutsche ist sich einig, dass es wertvolles und unwertes Leben gibt.

Den Nationalsozialismus verharmlosen die Bürger in Ostländern weniger stark als im Westen, aber immerhin befürwortet in allen Ländern zusammen etwas mehr als jeder zehnte Deutsche die Aussage: »Ohne Judenvernichtung würde man Hitler heute als großen Staatsmann ansehen« (11,6 %). Oder: »Der Nationalsozialismus hatte auch seine guten Seiten« (11 %). 5,1 % im Osten und 9,2 % im Westen finden: »Die Verbrechen des Nationalsozialismus sind in der Geschichtsschreibung weit übertrieben worden«.

Die rechtsextreme Einstellung in Abhängigkeit vom Lebensalter verteilt sich in der Gesamtbevölkerung wie folgt (in %):

	14–30 Jahre	31–60 Jahre	über 60 Jahre
Befürwortung Diktatur	4,9	4,6	5,2
Chauvinismus	16	18,9	22
Ausländerfeindlichkeit	22,6	24,7	32,7
Antisemitismus	7,1	7,9	10,2
Sozialdarwinismus	3,5	4,4	5,2
Verharmlosung Nationalsozialismus	3,3	4	4,6

Zusammenfassend bringt die Studie zum Ausdruck, dass

- Rechtsextremismus in der Mitte der Gesellschaft verankert ist,
- es eine konstant hohe Ausländerfeindlichkeit gibt,
- Nationalismus und Chauvinismus seit 2002 leicht zugenommen haben,
- alle Altersgruppen betroffen sind.

Die ansteigende Tendenz im Alter war so deutlich bisher nicht allgemein bekannt, was besonders daran liegen mag, dass ältere Jahrgänge nicht auffallen, sie exponieren sich im allgemeinen nicht auf Demonstrationen.

Eine zweite wichtige (jährlich erscheinende) Studie »Thüringen Monitor 2001–2007« bezieht sich auf das Land Thüringen und wird vom Institut für Politikwissenschaft der Friedrich-Schiller-Universität Jena (Dr. Michael Edinger, Dr. Andreas Hallermann, Prof. Karl Schmitt) erstellt.[349] Sie hat das positive Ergebnis, dass der Anteil Rechtsextremer (gesamt) und »überzeugter«

Rechtsextremer (der harte Kern) in Thüringen seit 2001 den niedrigsten Stand erreicht. Darüber hinaus ist in dieser Studie in Ergänzung zur obigen Deutschland-Studie signifikant:

- Frauen, Ältere, Befragte ohne Abitur und Arbeitslose neigen stärker zum Rechtsextremismus,
- unter Anhängern der ehemaligen DDR (Nostalgiker) finden sich viermal so viele Rechtsextreme im Vergleich zu solchen, die Distanz zum alten Regime haben,
- gleiches gilt für Befragte, die die ideologischen Fundamente des untergegangenen Staates unterstützen,
- mit 17 % liegt der Anteil der Gewaltbereitschaft, um politische Ziele durchzusetzen, doppelt so hoch gegenüber einer Vergleichsgruppe,
- scheinbar Unterlegene und Minderheiten werden zum Objekt dieser Aggression.

Menschen mit rechtsextremer Einstellung sind nach dem Persönlichkeitstest der Studie dominanter, verschlossener und misstrauischer sowie ängstlicher und depressiver. Das Gefühl politischer Einflusslosigkeit spielt dabei eine Rolle und beeinflusst ein geringes Selbstwertgefühl.

Rechtsextreme, die über ihre Erziehung durch die Eltern berichten, erinnern sich an geringe emotionale Wärme, starke Ablehnung und Bestrafung durch den Vater sowie Überforderung durch die Mutter.

War der Vater nur gering an der Erziehung beteiligt und die Mutter die wichtigste Bezugsperson, fehlte später diesen Menschen ein positives männliches Vorbild, an dem sie sich hätten orientieren können. Je größer die Defizite waren, um so intensiver ließen sich die Betroffenen auf den Rechtsextremismus ein.

Zusammenfassend kann man im Hinblick auf die Polizei feststellen: Ältere Untersuchungen über rechtsextreme Tendenzen in der Polizei haben Mängel, weil sie teilweise nicht repräsentativ sind und unterschiedliche Strukturen der Polizeiorganisation nicht berücksichtigen. Starke chauvinistische und fremdenfeindliche Erscheinungen sind allerdings nicht zu übersehen, zeigen einen Trend an, können aber nicht eine empirisch-wissenschaftliche Gültigkeit für die jüngste Zeit in Anspruch nehmen.

Die statistische Erfassung rechtsextremer Erscheinungen ist lückenhaft, weil Polizei und Innenpolitik versuchen, die Existenz des Rechtsextremismus im eigenen Bereich herunterzuspielen. Eine bisher fehlende Dunkelfelduntersuchung könnte die realen Verhältnisse verifizieren.

Dass polizeiliche Gewalt gegen Ausländer aus rassistischen Motiven hoch ist, beweist seit Jahren Amnesty International. Das strukturelle Problem wird von politisch Verantwortlichen bestritten, die von Einzeltaten durch »schwarze Schafe« ausgehen.

Sozialwissenschaftlich kann man nicht ohne weiteres Erscheinungsweisen des Rechtsradikalismus in der deutschen Bevölkerung auf die Polizei im allgemeinen und das Bundeskriminalamt mit über 5000 Bediensteten im besonderen übertragen. Man kann aber die These aufstellen, dass bei einer Untersuchung von 5000 Polizisten die Ergebnisse zumindest ein ähnliches Resultat haben werden.

Wie in der Gesamtbevölkerung würden danach 26,7 % der Polizisten ausländerfeindliche Tendenzen vertreten und 19,3 % chauvinistisches Gedankengut pflegen, hätten ein starkes Nationalgefühl, wären für ein energisches Durchsetzen deutscher Interessen und wollten Deutschland weltweit Macht und Geltung verschaffen.

Dies knüpft an die Arbeitsweise des Bundeskriminalamtes an, gerade solche Werte in der internationalen polizeilichen Zusammenarbeit zu betonen, um internationalen Einfluss zu gewinnen, letztlich Macht auszuüben. Dabei nimmt das Amt in Kauf, Diktaturen zu unterstützen und Folter zu ignorieren. Die Cop Culture des BKA gipfelt in der Interpol-Organisation, wenn mit höchsten Vertretern der Unrechtsregime ein pfleglicher und unkritischer Umgang an der Tagesordnung ist (siehe Kapitel XV/3).

Die längerfristige Entwicklung sieht für die Polizei günstiger aus, denn rechtsextreme Überzeugungen sind im Alter zwischen 14 und 30 Jahren, bei Menschen mit Abitur und Studium sowie bei solchen, die nicht arbeitslos sind, weniger ausgeprägt vorhanden, sodass der polizeiliche Nachwuchs ein Hoffnungsträger ist.

4. Cop-Culture

Dass Polizisten auch Ängste haben, gehört nicht unbedingt zum herkömmlichen Bild, welches der Bürger von »Gesetzeshütern« hat. Tatsächlich wurde die Frage nach Angst im Demonstrationsgeschehen von 20 Prozent der Einsatzkräfte bejaht. Sie fühlen sich »winzig« und »so verlassen«, oft allein gelassen, nur auf sich gestellt und abhängig vom Kollegen rechts und links in der Polizeikette. Aus dieser Angst heraus resultieren Überreaktionen, wie harter Schlagstockeinsatz, zu hastiges Vordringen oder das Ziehen der Schusswaffe.[350]

Über die Innenansichten der Polizei ist wenig bekannt. Hinter der Fassade aggressiver Männlichkeit herrschen subkulturelle Gesetze, wie sie

Dr. Raphael Behr beschreibt.[351] Behr weiß, wovon er spricht, denn er war selbst 15 Jahre lang Polizist und stellt in seinen Feldstudien als Soziologe die richtigen Fragen.

Hinter Cop Culture kann sich eine gefährliche Mischung von menschenrechtswidrigen Verhaltensweisen verbergen, weil in diesem polizeilichen Untergrund ganz andere Gesetze herrschen, nämlich solche, die über der eigentlichen Legalität stehen. Dies trifft besonders auf Polizisten zu, die in vorderster Front eingesetzt sind: als Streifenbeamte, in Einsatzeinheiten, in Spezialeinsatzkommandos, bei der Kripo in Sonderkommissionen, bei der Zielfahndung, in Observationsgruppen oder in Auslandseinsätzen, also überall da, wo es gefährlich werden kann und man sich aufeinander verlassen muss.

Auch im »legalen« Bereich handelt der Polizist in der Regel aus einer Überlegenheitsrolle heraus, nämlich in dem Bewusstsein, immer auf Zwangsmittel zurückgreifen und jederzeit Verstärkung herbeirufen, also seine Übermacht ausspielen zu können.

In der polizeilichen Subkultur entwickeln sich ein besonderes Zusammengehörigkeitsgefühl und unabdingbare Kameradschaft, weil der Beruf ein hohes Risikoprofil hat, also Vertrauen untereinander unerlässlich ist, der eine für den anderen einstehen muss. Solche Polizisten sehen sich oft selbst so, dass sie in vorderster Front stehen, im Kampf gegen das gesellschaftliche Chaos, dass sie Krieger sind des Guten gegen das Böse, zum Beispiel im Kampf gegen Drogen, Terrorismus oder Migranten. Sie verteidigen Recht und Ordnung, dürfen dabei nicht zimperlich sein. Gewalt wird als Handlungsoption und das eigene Verhalten prinzipiell als legal empfunden. Sie entwickeln für sich das subjektive Verständnis, ihre Cop Culture stünde nicht im Widerspruch zur offiziellen Polizeiphilosophie.[352]

Da es sich um einen geschlossenen Regelkreis handelt, sind interne und externe Kontrollen unzureichend. Gegen die Mauer des Schweigens ist schwer anzukommen, aus ihr auszubrechen ebenfalls annähernd unmöglich, will man nicht als »Kameradenschwein« dastehen.

Wie schon erwähnt, ziehen sich wie ein roter Faden »übereinstimmende« Aussagen von Polizisten durch zahlreiche Gerichtsverhandlungen wegen Widerstandes gegen die Staatsgewalt. Und immer gilt: »Im Zweifel für den Polizisten. Warum werden gewalttätige Beamte so selten verurteilt?« (DIE ZEIT).[353] Der *second code* polizeilicher Eigengesetzlichkeiten führt zu Fehlurteilen in einer nicht geringen Zahl von Verfahren wegen Drogenhandels, wenn nämlich um des Erfolges willen der Täter von einem Verdeckten Ermittler oder einem V-Mann angestiftet wurde *(agent provocateur),* vielleicht vorher ein kleiner Konsument war und plötzlich dem »Geschäft seines Lebens« nicht widerstehen konnte. Das Gericht, das häufig Hintergründe ahnt oder Fakten dafür gewinnt und Unmut zeigt, wird darüber nichts erfahren, weil der ermittlungsführende Beamte ein Papier überreicht, das ihm bescheinigt, dass er über »innerdienstliche Angelegenheiten« keine Aussagegenehmigung hat. Hier erfährt die Cop Culture ihre Bestätigung und wird von oben gedeckt, weil man den Erfolg und die positive Schlagzeile haben will, die dem Image der Behörde dient.

Die Geheimhaltung funktioniert auf verschiedenen Hierarchieebenen unterschiedlich. Wenn der BKA-Präsident – wie geschildert – im Bundestags-Innenausschuss aussagt, dass seine in Beirut eingesetzten Beamten nach eigenem Bekunden keine Kenntnis von Folter hatten und darüber eidesstattliche Versicherungen abgeben, dann handelt er gutgläubig und stellte sich vor seine Mitarbeiter, jedenfalls so lange nicht das Gegenteil erwiesen ist. Der libanesische militärische Nachrichtendienst in Beirut, mit dem die BKA-Beamten vor Ort zusammenarbeiteten, ist allerdings eine Foltereinheit. Man kann nicht übersehen, was dort passiert, wenn man wochenlang eng kooperiert. Aus Gründen der Solidarität untereinander und mit den libanesischen »Kollegen« sowie im Zeichen des gemeinsamen Wissens, des Eigenschutzes und des kollektiven Schweigens könnte es sehr wohl sein, dass die »Krieger gegen den Terrorismus« meineidliche Versicherungen abgegeben haben. Dabei können Risiken der Selbstbeschädigung bewirken, dass jemand als »*Whistleblower*« aus der Reihe tanzt, dann aber als Lügner dasteht und auch so behandelt wird.

Cop Culture ist ein System gemeinsamer Werte und Auffassungen, die von einer Polizistengeneration zur nächsten weitergegeben wird.[354] Das kann Relikte nationalsozialistischer Grundauffassungen genau so betreffen wie rassistische Einstellungen oder eine abträgliche Meinung über Menschenrechte. Das so erworbene Verständnis von Abweichung und Konformität richtet sich nach subkulturell gültigen Werten und nicht etwa nach Recht und Gesetz. Das betrifft auch die Frontstellung der weltweit eingesetzten BKA-Verbindungsbeamten (»Unser Mann in Duschanbe …«), denn Menschenrechtsverletzungen lassen nicht etwa die Zusammenarbeit mit einem Folterregime scheitern.

Oder: BKA-Präsidenten und -Vizepräsidenten treffen sich seit Jahrzehnten regelmäßig im Exekutivrat der Interpol-Organisation mit verantwortlichen Polizeischergen aus Diktaturen und gehen einfach zur Tagesordnung über. Das ist Cop Culture auf höchstem Niveau.

5. Menschenrechtsbildung und Menschenrechtskontrolle

Eine besondere Herausforderung für eine zielgruppengerechte Menschenrechtsbildung ergibt sich aus der Sachlage, dass die Polizei einerseits für den Schutz der Menschenrechte Verantwortung trägt, andererseits aber in Gefahr geraten kann, Menschenrechte konkret zu verletzen. Menschenrechtsbildung muss auf diese Ambivalenz eingehen.[355]

Dies sollte nicht im Frontalunterricht geschehen, sondern durch Rollenspiel, interaktive Einzel- und Gruppenarbeit, Fallanalysen, Filme und Planspiele sowie Kontakt mit Opfern, durch ausländische Gastreferenten oder durch Exkursionen, zum Beispiel in Behandlungszentren für Folteropfer. Romani Rose berichtete im Herbst 2007 in seinem Vortrag im BKA, dass es für ihn eine Art Sternstunde bedeutete, als hessische Polizeipräsidenten kürzlich dem Dokumentations- und Kulturzentrum Deutscher Sinti und Roma in Heidelberg einen Informationsbesuch abstatteten. – Eigentlich müssten sich dort Polizisten die Klinke in die Hand geben.

Als EU-Menschenrechtskommissar Thomas Hammarberg im Oktober 2006 Inspektionen in Deutschland durchführte, wurde ihm versichert, dass Menschenrechte bei der Vorbereitung auf den Polizeidienst und der internen Schulung »eine große Rolle spielen«.[356] Die Bundesregierung betont in ihrem letzten Bericht über die Menschenrechtspolitik den Stellenwert der Menschenrechtsbildung in Deutschland, besonders in Laufbahnlehrgängen und bei der Fortbildung der Polizei.[357]

Die Informationen sind widersprüchlich. Pausengespräche anlässlich der drei BKA-Kolloquien hatten zum Inhalt, dass ein BKA-Pensionär, eine BKA-Oberkommissarin und eine junge BKA-Kriminalkommissar-Anwärterin übereinstimmend sagten: »Wir haben nie etwas von Menschenrechten gehört und auch nie etwas über den Nationalsozialismus.« Einzige Ausnahme sei im Strafprozessrecht die Unterrichtung über verbotene Vernehmungsmethoden (§ 136a StPO), die das Gebiet der Menschenrechte tangierten. Diese nicht repräsentative Stichprobe nährt den Verdacht, dass Menschenrechte zwar Inhalte von Curricula bilden, aber leicht übergangen werden, weil andere Stoffgebiete Vorrang genießen. Es kann auch anders sein, wenn zum Beispiel die Hessische Stiftung für Friedens- und Konfliktforschung Widerstreite junger Bereitschaftspolizisten bei Demonstrationseinsätzen untersuchte (»Bereitschaftspolizei in der Krise«),[358] was dazu führte, dass das Hessische Innenministerium gemeinsam mit der Friedensstiftung ein Trainingsprogramm zum interkulturellen Lernen an der Hessischen Polizeischule herausgab (2002).[359]

Wenn allerdings in Schleswig-Holstein in einem Jahr nur 24 Beamte zu einem Fortbildungsseminar über Menschenrechte geschickt werden, dann gleicht das einer Träne im Ozean. In anderen Bundesländern ist es ähnlich, die Standards der Fortbildung sind eher Lehrgänge über Umwelt, Brandursachenermittlung oder Jugendsachbearbeitung.

Im Auftrag des Deutschen Instituts für Menschenrechte untersuchte Günter Schicht das Problem (2007) und analysierte 41 Lehrpläne, Seminarübersichten und curriculaähnliche Unterlagen.[360] Nach seiner fundierten und lesenswerten Studie finden sowohl an Fachhochschulen als auch an Landespolizeischulen Menschenrechte als selbständiges Thema keine Berücksichtigung, wohl aber in der Rechtsausbildung und im Unterricht über Berufsethik. Als Fortbildungsveranstaltungen bieten die meisten Bundesländer Seminare zur Erhöhung der interkulturellen Kompetenz an, doch besteht ein Defizit hinsichtlich des Themas im umfassenden Sinn. Ein Mangel ist hinsichtlich der Fortbildung von Führungspersonal zu verzeichnen.

Die Deutsche Hochschule der Polizei macht eine positive Ausnahme, indem sie »Menschenrechte und Polizei« thematisiert und Vertreter von Amnesty International einlädt. So auch Falk Menzner, den Sprecher der Koordinations-Gruppe Polizei von AI, der gar nicht ausschließt, dass die Berührungsängste auf beiden Seiten vorhanden sind. Seinen Zuhörern, das sind Führungskräfte aus allen Bundesländern, sagt Menzner, dass die Fortbildungslehrgänge nicht genug Breitenwirkung haben, um ein tieferes, nachhaltiges Bewusstsein für die Respektierung von Menschenrechten zu schaffen. Und weiter: »Die Vermittlung historischer Kenntnisse, interkultureller Kompetenz, Wissen um gesellschaftliche und wirtschaftliche Verhältnisse von Migranten, Gewaltvermeidungsstrategien bei konfliktträchtigen Einsätzen, Kommunikationstraining, Vermittlung aktueller höchstrichterlicher Rechtsprechung sowie eine vor- und nachbereitende Einsatzkritik auch unter dem Aspekt der Menschenrechte – das alles sind Forderungen, die im Polizeialltag noch nicht umgesetzt sind.« Menzner ist ein Human-Rights-Botschafter, wie man sie sich viel häufiger bei der Polizei wünschte. Er vertritt auch die Auffassung, dass mehr Menschen mit nichtdeutscher oder doppelter Staatsbürgerschaft beziehungsweise mit Migrationshintergrund bei der Polizei eingestellt werden müssten, dann werde der »Fremde« kollegial und alltäglich erlebt. Kriminalist Menzner kennt aus eigener Erfahrung, wie Polizisten über Ausländer reden und appelliert an Dienststellenleiter, den alltäglichen Rassismus nicht zu dulden, denn Sprache schaffe Bewusstsein: »Spricht man von einem Türken als Kanaken, dann wird er später ebenso abfällig behandelt.«

Es sei eben ein längerer Prozess, meint Menzner, aber die Menschenrechte seien inzwischen doch in der Ausbildung der Polizei angekommen. Es sei wichtig dem Polizeibeamten zu vermitteln, dass das polizeiliche Gegenüber – ob nun Türke, Schwarzafrikaner oder die betrunkene hilflose Person – ein Mensch mit Ängsten, Bedürfnissen, Sorgen und Fehlern ist. Der Polizeibeamte müsse begreifen, dass diese Personen seine Klientel sind, mit denen er im Beruf menschlich umgehen muss. Ein Herabblicken auf diese Menschen sei völlig fehl am Platz. Und dieses Bewusstsein müsse nicht nur durch Lehrpläne, sondern durch Vorbildhaltung der Vorgesetzen umgesetzt werden.

Die KO-Gruppe Polizei von Amnesty International veröffentlicht auf ihrer Website Arbeits- und Positionspapiere zur Menschenrechtsbildung und gibt Hinweise auf Trainingsmaterial.[361]

Amnesty International ermahnte im Jahr 2004 die Bundesregierung erneut, unabhängige Stellen einzurichten, die Beschwerden gegen Beamte oder Behörden entgegennehmen, ihnen nachgehen, recherchieren, dokumentieren und getroffene Maßnahmen veröffentlichen sowie statistisches Material über Menschenrechtsverletzungen erstellen.[362]

Bisher stieß die Forderung auf taube Ohren, obwohl es doch im selbstverständlichen Eigeninteresse der Polizei liegt, wenn neutrale Institutionen geschaffen werden, bei denen sich ein Opfer beschweren oder Anzeige erstatten kann. Menschenrechtskontrolle bedeutet zum Beispiel auch, dass Polizisten ein Namens- oder Nummernschild tragen.

Die Bundesregierung lehnt das alles in einer Antwort auf die Kleine Anfrage der Links-Fraktion mit harschen Worten ab (Mai 2008):[363] Detailkenntnisse lägen nicht vor, weil Beschwerdegründe gegen das Handeln von Polizisten nicht erfasst und Disziplinarverfahren nicht aufgeschlüsselt würden. Außerdem treffe die Polizeiliche Kriminalstatistik bei Körperverletzung im Amt keine Aussage, ob es sich bei Tatverdächtigen um Polizisten handelte. Eine unabhängige Untersuchungskommission sei entbehrlich, weil es das Instrument der Dienstaufsichtsbeschwerde gebe oder den Rechtsweg vor Gericht. In der Anonymität von uniformierten Polizeibeamtinnen und -beamten sehe sie (die Bundesregierung) keinen Freiraum für rassistische (verbale) Übergriffe, vielmehr sei das Tragen von Namens- oder Nummernschildern aus Sicherheitsgründen nicht gestattet und eine Änderung nicht beabsichtigt, da nicht ausgeschlossen werden könne, dass sich Widerstandshandlungen und tätliche Angriffe gegen Polizisten auf deren privaten Bereich und Familienangehörige ausdehnen könnten.

Auf Dauer werden sich die Hardliner nicht auf die von ihnen selbst gewollten Wissenslücken zurückziehen können. Politische Kräfte geben keine

Ruhe, eine Polizeikommission zu fordern, so in Hamburg, Bayern und Sachsen-Anhalt. Auch die beiden Polizeigewerkschaften sprechen sich (noch) gegen eine Kontrollinstanz aus, während der Bund Deutscher Kriminalbeamter (BDK) dafür ist.[364]

Mit gutem Beispiel könnte das Bundeskriminalamt voran gehen und einen dem Präsidenten unmittelbar unterstellten Menschenrechtsbeauftragten für den eigenen Bereich schaffen, der als Querschnittsaufgabe alle Abteilungen berät, ungehinderten Zugang zu Diensträumen, Akten und dienstlichen Verrichtungen hat und gleichzeitig einen ständigen Lehrauftrag an der Fachhochschule des Bundes wahrnimmt.

Auf diesem Gebiet ist Österreich einige Schritte weiter. Vom Wiener Bundesinnenministerium wurde nicht nur ein von Magister Walter Suntiger (Menschenrechtskonsultant) konzipiertes Handbuch für Menschenrechte und Polizei herausgegeben (download möglich)[365], sondern 1999 ein unabhängiger Menschenrechtsbeirat geschaffen, der gegenüber dem Bundesinnenminister Empfehlungen ausspricht, aber auch alle Aktivitäten veröffentlicht. So ergibt sich aus dem vom Vorsitzenden Prof. Gerhart Wielinger herausgegebenen Jahresbericht 2007,[366] dass die Kommissionen des Menschenrechtsbeirats im Berichtsjahr insgesamt 567 mal Dienststellen der Sicherheitsexekutive, darunter 130 mal Polizeianhaltezentren, besuchten. Außerdem wurden 113 Polizeieinsätze an Orten der Ausübung (Razzien, Demonstrationen, Großveranstaltungen sowie Flugabschiebungen) unter dem Aspekt der Wahrung der Menschenrechte beobachtet. Das Konzept ist als *best practice* so überzeugend, dass der Menschenrechtsausschuss des Deutschen Bundestages aktiv werden sollte, wenn schon nicht Minister Wolfgang Schäuble beziehungsweise seine Ministerialbürokratie von sich aus die Initiative ergreifen.

6. Der Polizeientwicklungshelfer

Der Polizeientwicklungshelfer wird im allgemeinen nicht besser sein als die Institution, in der er tätig ist, denn sie hat ihn geprägt, sie bestimmt über seine Laufbahn und Karriere, sie formt sein Weltbild. Deshalb ist es angezeigt, zunächst einmal kurz die Unternehmenskultur der Polizei zu beleuchten.

»Die Polizei will geliebt werden«, bemerkt Jan Philipp Reemtsma, aber Liebe sei ein privates Gefühl, deshalb sei wichtiger als das Geliebtwerden, der Polizei Respekt zu zollen.[367] – Mit Berufsbild und Arbeitsmotivation der Polizei beschäftigen sich seit geraumer Zeit Polizeiorganisationen auf unterschiedlichen Ebenen und in fast allen Bundesländern.[368] Der Präsident eines

Grenzschutzpräsidiums beklagt, dass die Polizei einem ständigen Rechtfertigungsdruck ausgesetzt sei und politisch instrumentalisiert werde. Sie werde als Retter in der Not gerufen, aber mit Misstrauen und Vorurteilen verfolgt.[369] Wer so denkt, geht allerdings seinem eigenen Vorurteil auf den Leim, denn durch den Bürger erhält die Polizei oft gute Noten (»Die Südpfälzer mögen ihre Polizei«), besonders in süddeutschen Ländern, aber auch in Schleswig-Holstein.[370]

Vielmehr ist es die Polizei selbst, die verunsichert ist, Eigenbild und Fremdbild zur Deckung zu bringen, was an der historischen Hypothek einerseits liegen mag, aber vor allem Ursachen hat in Managementfehlern. Einen Beweis hierfür liefert das Bundeskriminalamt. Mit viel Elan erarbeitete man einen »Orientierungsrahmen« für die 1990er Jahre, der die strategischen, organisatorischen und unternehmensphilosophischen Leitlinien für die Arbeitsbewältigung abgeben sollte. Man wollte eine neue »Unternehmenskultur« schaffen und verstand darunter »ein System von Wertvorstellungen, Verhaltensnormen sowie Denk- und Handlungsweisen, das Tradition und Gegenwart integriert und zukünftiges Verhalten prägt«.[371] Nach der Vorstellung der Amtsleitung verleiht die Unternehmenskultur dem Unternehmen – also dem BKA – »eine eigene, unverwechselbare Systemidentität nach innen wie nach außen. Sie wirkt als die verinnerlichte Verhaltenssteuerung im Sozialen«. Die »Unternehmensphilosophie« enthalte als Teil der Unternehmenskultur Vorstellungen darüber, wie man sich verhalten soll, an was man sein Tun und Lassen messen und beurteilen soll, wie man Dinge einschätzen soll, wie etwas betrachtet (›gesehen‹) werden soll usw.« Das »usw.« deutet an, dass man hier eigentlich nicht mehr weiter wusste und dass diese Soll-Forderungen als Worthülsen die wirklichen Probleme der Mitarbeiter ignorierten.

Die Amtsleitung wollte den Dingen in Form einer repräsentativen Mitarbeiterbefragung, anonym und auf freiwilliger Basis, auf den Grund gehen (N = 2187). Dieser positive Schritt brachte Klarheit über die Fehler im Führungsbereich:[372]

Wie beurteilen Sie das Betriebsklima in Ihrer Organisationseinheit?
Schlecht: 15,8 %
Sehr schlecht: 4,4 %

Sind Ihnen soweit wie möglich selbständige Aufgaben, Entscheidungsbefugnisse und Verantwortung übertragen?
Selten: 14,6 %
Nie: 4,3 %

Beachtet Ihr unmittelbarer Vorgesetzter Ihre Meinung bei wichtigen Entscheidungen?
Selten: 17,7 %
Nie: 7,1 %

Fühlen Sie sich über die wesentlichen Dinge, die Ihre Arbeit betreffen, von Ihrem Vorgesetzten ausreichend informiert?
Selten: 17,4 %
Nie: 3,1 %

Hilft Ihnen Ihr Vorgesetzter, wenn Sie Schwierigkeiten bei Ihrer Arbeit haben?
Selten: 19,5 %
Nie: 9 %

Erkennt Ihr Vorgesetzter gute Leistungen lobend an?
Selten: 25,3 %
Nie: 11,1 %

Fühlen Sie sich richtig beurteilt?
Unzufrieden: 10,9 %
Sehr unzufrieden: 9,6 %

Fördert das Verhalten Ihres Vorgesetzten Ihre Einsatzbereitschaft?
Selten: 28,6 %
Nie: 15,7 %

Fühlen Sie sich über wesentliche Dinge im Amt ausreichend informiert?
Selten: 33,6 %
Nie: 5,8 %

Es ist nicht zu übersehen, dass ein großer Teil der BKA-Mitarbeiter quasi seine »innere Kündigung« ausgesprochen hatte: Nahezu ein Drittel der Mitarbeiter beantwortete die Frage, ob sie sich über ihre Aufgabe hinaus dem BKA persönlich verbunden fühlen, mit »kaum« oder »überhaupt nicht«.

Das Bundeskriminalamt beauftragte sodann eine Unternehmensberaterin, den Wandel in der Führung zu beeinflussen und die erkannten Mängel zu beheben. Frau Dr. Gertrud Höhler war der Ansicht, dass zwischen Führung und Mitarbeitern im BKA mehr Solidarität gefordert und Mitgestaltung am

Arbeitsplatz notwendig sei, »die Zerwürfnisse von Gestern müssen überwunden werden.«[373] Zu ihrem Einführungsvortrag kamen gerade mal einhundert von mehreren Tausend Betroffenen, die Resignation war also weiter sehr groß. Die Thesen der Expertin klangen überzeugend: Prüfung der Kompetenzverteilung, bessere Qualifizierung der Mitarbeiter, die das Gefühl haben müssten, unverwechselbar und unentbehrlich zu sein. Die Führung müsse zustimmende Anteilnahme an jedem Einzelnen zeigen. Erfolge müsse man gemeinsam feiern und Misserfolge gemeinsam ausgewertet werden. Gerade weil das Amt als Behörde keine Wettbewerber habe, müsse man zeigen, dass man »vorn« sei.

Der damalige BKA-Präsident Hans-Ludwig Zachert glaubte wohl selbst nicht an den Erfolg, wenn er in einer Replik auf Frau Höhler resigniert feststellte, dass das BKA ein Tanker sei, »der noch 25 Meilen fahren würde, bevor auch nur 2 Grad backbord bemerkbar würden«.[374] Mit anderen Worten: Der oberste Chef selbst war der Ansicht, dass das Amt nicht zu lenken ist, er kannte seine Pappenheimer. Es waren die Referats-, Gruppen und Abteilungsleiter auf der Kommandobrücke.

Mitte der neunziger Jahre durchleuchtete ein Bochumer Institut unter Dr. Rolf Taubert das Bundeskriminalamt. Es ging dabei um Management und Personalführungsinstrumente. Das Ergebnis war erneut vernichtend: »Das BKA steckte in einer tiefen Depression«. Dies publizierte das Magazin FOCUS,[375] das offensichtlich über das Geheimpapier verfügte, das nicht einmal Personalrat und Berufsvertretungen erhalten hatten, was genauso bezeichnend ist wie die Tatsache, dass es in die Hände eines FOCUS-Redakteurs geriet. So erfuhren die Gewerkschafter aus der Presse Einzelheiten des Gutachtens: »Gespräche mit Vorgesetzten finden häufig in repressiver Atmosphäre statt, das heißt, es steht die Klärung einer Schuldfrage im Vordergrund oder sie werden sogar unter disziplinarischer Perspektive geführt. Die Mitarbeiter sind gehemmt in der Präsentation eigener Vorstellungen in Besprechungen.«

Oder die Personalratsvorsitzende, der das alles nicht neu gewesen sein dürfte, musste lesen: »Ein offenes oder aufrichtiges Kommunikationsklima besteht weder nach innen noch nach außen. Die Amtsleitung verliert an Glaubwürdigkeit. – Entscheidungen werden ohne Rücksprache oder Begründung, häufig eher personen- und nicht sachorientiert getroffen und vom Karrieredenken einzelner dominiert. Es entsteht die Mentalität des vorauseilenden Gehorsams, die ein devotes Verhalten mit sich bringt. Es besteht keine Bereitschaft zur Selbstkritik und Korrektur einmal getroffener Entscheidungen. – Es wird zu wenig Lob ausgesprochen, überhaupt fehlt ein

System von Belohnungen. – Es besteht eine weit verbreitete Illoyalität auf allen Ebenen.«[376]

Man muss dem Amt zugute halten, dass es sich offen zeigte für solche Untersuchungen.

Ende 2001 waren die aktuellen Probleme immer noch identisch mit den alten. Im Bezirks-Journal der Gewerkschaft der Polizei (GdP) schrieb Manfred Krauss einen Artikel »Innere Kündigung – Ursachen und Auswirkungen«.[377] Obwohl die Aufgaben durchaus effektiv erfüllt würden, erlebe man keine »Amtsidentität«, kein stabiles Zugehörigkeitsgefühl. Zwischen den Hierarchieebenen Amtsleitung, Abteilungen und Referate bestünde eine Kluft. Weisungen fehle die Transparenz, Hintergrundinformationen müsse man der Presse entnehmen, Kompetenzräume würden nicht eingehalten, es werde »durchregiert«. Ferner bestünde ein Mangel an Kooperation mit benachbarten Aufgabengebieten, Mitarbeitergespräche fänden nicht statt, Abteilungsegoismus und Konkurrenz werde strukturell gefördert. Das alles seien Ursachen für die innere Kündigung. »Fast alle Probleme treffen natürlich auch jede Führungskraft selbst. Jeder Vorgesetzter ist ja auch wieder Untergebener. Insofern könnte man sagen, dass Führungskräfte nur reproduzieren, worunter sie selbst leiden.«[378]

Einer, der den Kritischen Polizisten angehörte, ist Hermann Maxeiner. Weil er auf die Auswirkungen einer dienstlichen Panne aufmerksam machte, warf ihm 1993 sein BKA-Referatsleiter vor: »Sie sind ein Grüner!« Das war damals im BKA ein Schimpfwort. Maxeiner ging den dornigen Weg der Zivilcourage und sagte offen seine Meinung. Er wurde zwar bei Beförderungen übergangen, kann aber in Anspruch nehmen, sich immer treu geblieben zu sein. Im August 2002 empörte er sich in der GdP-Zeitung über die Weigerung des BKA, sich mit seiner braunen Vergangenheit auseinanderzusetzen.[379] »Diese Personen haben über zwanzig Jahre Geist und Politik des BKA bestimmt und als Dienstvorgesetzte das berufliche Schicksal von Hunderten von Mitarbeitern beeinflusst. Mir wird jetzt auch klar, warum die ›Ziehsöhne‹ der sogenannten Charlottenburger, wie man die Führungsriege des BKA nannte, […] die ich zu Beginn meiner Dienstzeit noch als Vorgesetzte erleben durfte, mit autoritärem Führungsstil versucht haben, der jungen Generation ihre Vorstellungen aufzuzwingen und jegliches Selbstbewusstsein und jegliche Kreativität im Keim zu ersticken. Ganz zu schweigen von ihren Vorstellungen über die Polizei in einem demokratischen Rechtsstaat.«

Anfang 2004 eskalierten die Führungsfehler so, dass BKA-Mitarbeiter und ihre Familienangehörigen in Meckenheim und Wiesbaden auf die Straße gingen, um für ihre Rechte zu demonstrieren, ein bis dato einmaliger Vorgang. In einem einsamen Beschluss hatte nämlich die Amtsleitung per Brief ihren »Untergebenen« mitgeteilt, dass vom BKA-Standort Meckenheim aus 1200 und in Wiesbaden 800 Bedienstete nach Berlin umziehen müssten. Eklatante Managementfehler wurden erneut sichtbar:

- keine Transparenz der Entscheidungsfindung
- keine vertikale Information von oben nach unten
- keine Beteiligung von Personalvertretung und Berufsvertretungen
- Täuschung der Mitarbeiter in vorausgegangenen Personalversammlungen.

Alles das sind Ausflüsse eines autoritären Führungsstils. Bundesinnenminister Otto Schily entließ BKA-Präsident Ulrich Kersten, der das »Unternehmen BKA« in den Sand gesetzt hat, nur dass dieses Amt nie Konkurs anmelden muss.

Am 26. Februar 2004 trat der 56jährige Jörg Ziercke, Leiter der Polizeiabteilung im Innenministerium Kiel, die Nachfolge an. Er ist nach Horst Herold ein herausragender BKA-Chef, der hohe fachliche Qualifikation mit Offenheit und Fairness verbindet, souverän auftritt. Diesen Ruf hatte er nicht nur in Schleswig-Holstein, sondern auch in wichtigen Gremien, wie dem AK II (Arbeitskreis Polizei-Abteilungsleiter der Innenministerien) erworben. Eine seiner ersten Maßnahmen war, alle streitigen Personalsachen zur Chefsache zu deklarieren, um zu schlichten, Vergleiche zu schließen, Ruhe einkehren zu lassen. Auch ist er als BKA-Chef direkt per eMail zu erreichen. Das hat es bisher nicht gegeben, doch wer bringt die Zivilcourage auf, seine unmittelbaren Chefs, die Erst- und Zweitbeurteiler (siehe unten) zu desavouieren? Jörg Ziercke meint es ernst, wenn er ausdrücklich erklärt, kritischen Mitarbeitern den Vorzug vor anderen zu geben.[380]

Aber die *chronique scandaleuse* ist nicht zu Ende. Mitarbeiter des Amtes haben jahrelang geheime Akten, höchst vertrauliche Informationen aus dem Terrorismusbereich, an Medienvertreter verkauft. Wieder war ein FOCUS-Journalist im Spiel, in einem anderen Fall ein Autor des Magazins CICERO. Der Nachrichtenhandel hatte laut Ziercke eine Dimension, »wie ich es nicht für möglich gehalten habe« (April 2007).[381] Die Täter sind bis heute nicht enttarnt, und es muss für Ziercke eine herbe Enttäuschung, wenn nicht gar eine Desillusion, gewesen sein, dass Bedienstete des BKA, das jährlich einen Korruptions-Lagebericht heraus gibt, selbst korrupt sind.

Die Chancen stehen nicht besonders gut, denn unverändert dominiert im Amt – wie Insider berichten – ein autoritäres Klima, ein angepasstes Verhalten an Vorgesetzte und Kritiklosigkeit des Nachwuchses, um sich nicht die nächste Beförderung zu verderben. Auch Ziercke kann nicht die seit Jahrzehnten gewachsene Polizei-Hierarchie, die eigentlich eine militärische ist, abschaffen. So sind bei der zweigeteilten Laufbahn des BKA im Gehobenen Dienst (Kommissare) fünf Beförderungshürden zu überwinden, um in die Endgruppe zu gelangen. Im Höheren Dienst (Räte/Direktoren) sind es vier. In manchen Bundesländern gibt es auch noch eine dreigeteilte Laufbahn, also einen Mittleren Dienst. Wer also vom Kriminalmeister bis zum Leitenden Polizei-(Kriminal-) Direktor aufsteigen will, ist immer wieder neu einem Erst- und Zweitbeurteiler ausgeliefert. In einem Prozess über Jahrzehnte ist derjenige, der Karriere machen will, auf Wohlwollen und Gunst angewiesen.

Im Bundeskriminalamt herrscht Unruhe über Beurteilungsrichtlinien, die den Betriebsfrieden belasten. Sie werden als ungerecht empfunden, weil jeder Organisationseinheit nach einer Gaußschen Kurve die gleiche Quotierung an guten, mittleren und weniger guten Noten (Punkten) zusteht. Da wird nicht berücksichtigt, dass es vielleicht in der einen Organisationseinheit besonders viele gute oder in der anderen eher mittelmäßige Beamtinnen und Beamte gibt. Die Berufszufriedenheit hängt auch vom Arbeitsgebiet ab. In einer operativen Einheit kann man sich entfalten und bewähren, in einer Bürotätigkeit bei der Verwaltung von Dateien oder im Erkennungsdienst weniger. Erstbeurteiler ist der Referatsleiter, Zweitbeurteiler der Gruppenleiter – seine Bezeichnung ist »Maßstabshalter«.

Sein gesamtes Berufsleben hat Martin Herrnkind bisher dazu verwandt, der »inneren Verfasstheit« der Polizei auf die Spur zu kommen, nicht zuletzt als Sprecher der ehemaligen Kritischen Polizisten, doch auch als Schichtführer in einem Brennpunkt-Polizeirevier. Der diplomierte Kriminologe (Universität Hamburg) kommt zu dem Ergebnis, dass die Polizei ein Sammelbecken konservativ orientierter Persönlichkeiten ist, die staatlicher Autorität zugeneigt sind und Gesellschaft verändernde Kräfte eher nicht vertreten. Die Polizei soll bewahren, nicht reformieren, schon gar nicht revolutionieren.[382] Herrnkind weiß aus eigener Erfahrung, was Korpsgeist und die Mauer des Schweigens bedeuten. »Diese ›Immunitätskultur‹ kann zum völligen Leerlauf der gruppeninternen Selbstkontrolle führen.«[383] Er hat das *racial profiling* untersucht, dass nämlich Verdachtsstrategien der Polizei auf Minderheiten wie Migranten gerichtet sind und einen institutionalisierten Rassismus als Ursache haben.

Das Idealbild des BKA-Polizeientwicklungshelfers und Auslandsverbindungsbeamten müsste eigentlich so aussehen: weltoffen, tolerant, human, sozial, kritisch, auch selbstkritisch, durchsetzungsfähig, widerstandsfähig, nicht unterwürfig gegenüber Obrigkeit, unerschrocken.

Als Verbindungsbeamter oder als Langzeitberater im Ausland müssten demnach solche Beamten oder Beamtinnen eingesetzt werden, die so souverän waren, dem BKA im Selbsttest die schlechten Noten zu erteilen, denn sie haben Fehler erkannt und kritisiert, zeigten Selbstbewusstsein und Immunität gegenüber Angepasstheit.[384]

Die wahren Polizeientwicklungshelfer machen jedoch Karriere und kommen in diese Position, weil sie genau so nicht gepolt sind. Sie folgen stromlinienförmig der Strategie, auch Diktaturen zu unterstützen. Ein BKA-Beamter, der in seinem Berufsleben nicht von einer behördeninternen Demokratie geprägt ist und vielleicht in einem ausländerfeindlichen Umfeld Dienst versieht, ist wahrlich kein guter Botschafter der Polizei im Ausland. Seine innere Einstellung zur Macht stürzt ihn vielleicht auch nicht so leicht in Gewissenskonflikte, denn dass ein Entwicklungsland mit harter Hand regiert wird, nimmt er womöglich hin (»In Duschanbe ist alles anders …«). Wenn einzelne Verbindungsbeamte im Sinne des Amtes »scheitern«, was ausnahmsweise vorkommt, dann waren sie zu sensibel, handelten aus Mängeln in der Persönlichkeit nicht auftragsgemäß (siehe Kapitel X/1). Spricht man mit einem Verbindungsbeamten über seine Motive, dann kommt in aller Regel das Argument, er wolle »einen Beitrag zur Demokratisierung« leisten. Vielleicht glaubt er es in dem Moment selbst, doch blauäugig sind Kriminalisten gewöhnlich nicht. Selbst wenn er den einen oder anderen ausländischen Polizeibeamten vom Rechtsstaat überzeugt, wäre der Kollege selber höchst gefährdet, wollte er die Idee weiter verbreiten; es könnte sein, dass er schnell Opfer der systematischen Folter wird. Auch ist nichts davon bekannt, dass BKA-Verbindungsbeamte Kontakte zu oppositionellen Kreisen des Gastlandes knüpfen, sie meiden auch die deutschen NGOs vor Ort. Dies böte aber die Chance, den eigenen Horizont zu erweitern, andere Argumente zu hören, die innenpolitische Lage umfassend zu beurteilen.

Es ist ein Phänomen, dass Managementfehler der Polizei als solche erkannt und trotzdem nicht abgestellt werden. Das ist auch keineswegs auf das BKA beschränkt. Wenn hier kurz darauf eingegangen wird, dann wiederum unter dem Blickwinkel: Welches Personal vertritt im Ausland die deutsche Polizei, wie wird es ausgewählt und wozu ist es fähig? Wie wird die betriebswirtschaftliche Erkenntnis umgesetzt, dass sich Menschenrechtsbildung mit den Fortbildungsinhalten für modernes Management verknüpfen lässt?[385]

Zur Zeit ist die Ausbildung der Polizei in einem Umbruch mit dem Ziel, in den Bundesländern an Fachhochschulen oder Berufsakademien eine modularisierte Ausbildung des Gehobenen Dienstes als Bachelor-Studiengang und an der Deutschen Hochschule der Polizei in Münster-Hiltrup als Master-Studiengang zu vollziehen.[386] Polizeimanagement ist in erster Linie in Studienplänen der Polizeihochschule ausgewiesen.[387]

Verschiedene Bundesländer, wie Nordrhein-Westfalen, Berlin, Schleswig-Holstein, Saarland oder Baden-Württemberg versuchen sich einem Polizeimanagement in Teilschritten zu nähern, wobei insbesondere der Bereich Controlling interessiert. Das Bundeskriminalamt hat Qualitäts-Management lediglich in zwei kleinen Arbeitsbereichen eingeführt (siehe weiter unten).

Generell ist festzustellen, dass die Widerstände gegen einen Modernisierungsprozess erheblich sind. Es wird zuerst mit Verständnislosigkeit, dann mit Misstrauen und schließlich mit Ablehnung reagiert. Folglich werden auch nicht die positiven Ansätze genutzt. Dies beginnt bereits mit der Schwierigkeit, sich auf Fachbegriffe der Wirtschaft einzulassen (z. B. Benchmarking) und sie auf die Polizei zu übertragen.[388] Aber die Ursachen liegen tiefer, denn vor einem strategischen Maßnahmenplan ist eine rigorose Selbstbewertung und Schwachstellenanalyse notwendig. Da es dabei auch zentral um die Stellung der Mitarbeiter geht, also um innere Demokratie des »Unternehmens Polizei«, kann man sich nicht in die Tasche lügen und die Konflikte im Führungsbereich unterschlagen. Dies erregt Widerspruch und Ablehnung, denn viele der Vorgesetzten wollen sich nicht auf die Ebene der Mitarbeiter (Sachbearbeiter) einlassen, sondern in den Führungsgremien unter sich bleiben.

Im Bundeskriminalamt konnte man sich nicht zur Einführung eines Qualitätsmanagementsystems entschließen, obwohl es gerade dort innovativ und zeitgemäß gewesen wäre. Zunächst dachte man an die Abteilungen und einigte sich schließlich auf den kleinsten gemeinsamen Nenner.

Acht Grundkonzepte bilden die Voraussetzungen des Qualitätsmanagements:[389]

- Ergebnisorientierung
- Ausrichtung auf den Kunden
- Führung und Zielkonsequenz
- Management mittels Prozessen und Fakten
- Mitarbeiterentwicklung und -beteiligung
- Kontinuierliches Lernen, Innovation und Verbesserung
- Entwicklung von Partnerschaften
- Soziale Verantwortung.

Im Bundeskriminalamt wurde im Jahr 2001 das Konzept von Dr. Ernst-Heinrich Ahlf, Gruppenleiter KI/1 (Kriminalstrategie), mit Unterstützung interessierter Mitarbeiter seines Arbeitsbereichs implementiert.[390]

Das System soll durch eine Verbesserung der Produktqualität und der Mitarbeiterzufriedenheit eine ständige Optimierung der Kundenzufriedenheit erreichen.

Sogenannte Schlüsselkunden des BKA der Kategorie I sind: Abteilungsleitungen und Amtsleitung des BKA, das Bundesinnenministerium und die Vollzugspolizei in Bund und Ländern.

Kategorie II: Europäische, internationale Organisationen, sonstige Einrichtungen der Polizei, Justiz und Wissenschaft sowie weitere Behörden.

Nach dem Konzept geht man davon aus, dass zufriedene Mitarbeiter meistens auch für zufriedene (Schlüssel-) Kunden sorgen, weswegen es auf die Mitarbeiterzufriedenheit wesentlich ankommt, die erzielt werden soll durch:

- Gezielte Fort- und Weiterbildung/Training in strategischen Bereichen
- Mitbestimmung bei Entscheidungen
- Aktive Ermutigung der Mitarbeiter zur Kreativität und Initiative
- Leistungsanerkennung
- Zugriff auf alle notwendigen Informationen, Austausch von Wissen, Zurverfügungstellung technologischer Infrastruktur
- Positives Arbeitsklima.

Es soll an dieser Stelle nicht vertieft werden, ob es bei der Umsetzung des Projekts bei KI/1 Mängel gibt. Vielmehr ist es wichtig zu wissen, welche Chance die Amtsleitung verpasst, wenn man Qualitätsmanagement in 35 Arbeitseinheiten (Referate, Gruppen, Abteilungen) ignoriert.[391] Denn die Beachtung der Kriterien hieße »Führung im Mitarbeiterverhältnis«, also Realisierung des kooperativen Führungsstils, was exakt die Fehler vermeiden hilft, die das Amt, wie mehrfach festgestellt, über viele Jahre beging. Ganz abgesehen davon kann Qualitätsmanagement nur funktionieren, wenn die gesamte Behörde teilnimmt, ansonsten führt die Schnittstellenproblematik zum Scheitern.

Die Konsequenz dieser Entwicklung ist, dass es dem BKA mangels gelebter innerer Demokratie nicht gelungen ist, die Mehrheit der Bediensteten für seine Ziele einzusetzen. Qualifizierte Mitarbeiter mussten resignieren, wie Hermann Maxeiner, der in sein Tagebuch notierte: »Immer häufiger kommen mir Zweifel an der Sinnhaftigkeit meiner Arbeit, ich muss mich ständig selbst motivieren.« In Gesprächen unter vier Augen gaben Vorgesetzte Maxeiner in der Regel Recht und stimmten seiner Kritik zu, erklärten jedoch im gleichen Atemzug, nichts ändern zu können, »die Verhältnisse sind nun mal so«.

Durch Managementfehler, wie unter anderen ein kontraproduktives Beurteilungswesen, wird ein Beamtentypus auf Dienstreisen in alle Welt geschickt, der verinnerlicht hat, nicht freimütig und selbständig Anstoß an Menschenrechtsverletzungen nehmen zu sollen, weil das sein Vorgesetzter nicht will. Dieser Vorgesetze ist auch in keiner Weise verpflichtet, sich gegenüber seinem Mitarbeitern zu rechtfertigen, ihn an seinen Entscheidungen teilhaben zu lassen oder ihn etwa zum konstruktiven Widerspruch zu animieren. Noch immer gilt Kritik am Vorgesetzten als Majestätsbeleidigung, weil er sich in seiner Amtsautorität angegriffen fühlt und nicht die persönliche Souveränität besitzt, angemessen damit umzugehen – natürlich gibt es auch Ausnahmen, die als Ausnahme die Regel bestätigen.

Der BKA-Gruppenleiter Ahlf begründet das Managementkonzept mit Worten, von denen man sich wünscht – um es in einer bildhaften Sprache auszudrücken – dass alle Referats-, Gruppen- und Abteilungsleiterkollegen einschließlich Vizepräsidenten sich den Text hinter den Spiegel stecken und jeden Morgen beim Rasieren lesen:

»Wissensmanagement beruht auf der intelligenten Verknüpfung moderner Technologien/leistungsstarker Rechner mit der Erfahrung der Mitarbeiter und zum anderen auf Vertrauen. Vertrauen ist damit der Nährboden, auf dem eine Wissenskultur entstehen kann. Regiert Misstrauen oder wird Wissen zur Machtdemonstration benutzt, wird Vertrauen beschädigt und die Entwicklung von neuem Wissen behindert, weil sich dann jeder an sein eigenes Wissen klammert oder dieses Wissen aufgrund hierarchischer Positionen taktisch nach egoistischen Gesichtspunkten einsetzt.«[392]

IX
FOLTER UND KORRUPTION – GESCHWISTER IM UNGEIST

In Afghanistan verdient ein Polizist 60 bis 70 Dollar im Monat, ein Betrag, von dem er nicht leben oder gar eine Familie versorgen kann. Ähnliches ist in den armen Ländern der Erde ein durchgehendes Muster, was zwangsläufig dazu führt, dass sich Polizisten Nebeneinnahmen verschaffen – meist nicht auf legale Weise.

Eine andere Qualität stellen in fragilen Staaten kriminelle Polizisten, Milizen oder Soldaten dar. Herrschen in einem Staat Anarchie, Bürgerkrieg oder Terror, besorgen sie sich Nahrungsmittel, Geld oder Wertsachen durch brutalen Raub mit der Waffe in der Hand. An sogenannten Roadblocks werden willkürliche Kontrollen vorgenommen, häufig sind Kindersoldaten oder jugendliche Milizen beteiligt, in zerlumpten Uniformen, Pässe kontrollierend, obwohl sie offenkundig Analphabeten sind – nicht selten mit dem Finger am Abzug einer aus Deutschland stammenden MP Heckler und Koch, manchmal betrunken oder zugekifft und damit noch unberechenbarer. Jeder Landeskundige befolgt ihre Befehle, meist in Form der Herausgabe eines Geldscheines, manchmal auch des Fahrzeugs, genannt *carnapping*. Wer nicht – wie der diplomatische Dienst oder andere vermögende Kreise – in einem gepanzerten Fahrzeug sitzt, ist vor solchen kriminellen Kräften nicht sicher. Sie morden, vergewaltigen, rauben und schlagen.

Kommen wir kurz auf die Verhältnisse in Afghanistan zurück: Dort stehen Polizisten oft auf zwei Gehaltslisten. Sie werden unter der Regie des BKA-Aufbauteams in Kabul eingestellt und ausgebildet, verschreiben sich aber gleichzeitig einem der Warlords, der eine eigene Kampftruppe unterhält und den Mohnanbau in seinem Gebiet kontrolliert. Die Unterwanderung der Sicherheitskräfte ist vor allem erfolgreich, weil die Taliban ein Vielfaches zahlen. Warlords und Drogenbauern verpflichten die Taliban als Schutzmacht gegen die Zerstörung der Drogenfelder durch ausländisches Militär.[393] Auf welcher Seite solche »Ordnungshüter« stehen, wird nur dann offenbar, wenn sie endgültig zu dem Stammesfürst überlaufen, was häufig geschieht. Namhafte afghanische Parlamentarier und Regierungsmitglieder sind in den Drogenhandel verwickelt, ohne dass gegen sie vorgegangen wird. Unverändert herrscht ein »*state of impunity*«, ein Zustand der Straffreiheit. Die Staatsorgane werden aber keine Autorität aufbauen können, solange sie selbst Teil des Problems sind.[394] Auch das ist ein weltweites strukturelles Phänomen.

Zu den Erscheinungsformen der Korruption gehören Bestechung, Unterschlagung, Veruntreuung, Ämterpatronage und Vetternwirtschaft.[395] Unter Korruption wird gemeinhin das Verhalten von Menschen verstanden, die mit öffentlichen oder privaten Aufgaben betraut sind, ihre Pflichten aber nicht respektieren, ihre politischen Ämter oder Mandate missbrauchen, um ungerechte Vorteile zu erlangen, somit ihre Amtspflichten verletzen (Nehmer). Hans See spricht mit Blick auf die neoliberale Globalisierungspolitik zugunsten der Freiheit des internationalen Finanzverkehrs von »privat vorgezogener Deregulierung« und von »kriminellen Formen des Marketing« als Unterfällen von Wirtschaftskriminalität. Das bedeutet: Korruption ist Missbrauch der Verfügungsgewalt über Kapital, nämlich menschliche Schwächen zum Programm zu erheben, »Gesetzesbruch zu belohnen«, weil man die finanziellen Mittel dazu besitzt, zum Beispiel als Wirtschaftsunternehmen, um sich Wettbewerbs- und Gewinnvorteile zu verschaffen (Geber). Ziel ist die Vergrößerung der Möglichkeiten politischer Einflussnahme der Wirtschaft insgesamt auf Staaten und Märkte.[396] »Korruption heißt, von den Armen stehlen.« (Heidemarie Wieszorek-Zeul)[397]

Wie nicht erst der Siemens-Skandal, in dem 1,3 Milliarden Euro dubioser Zahlungen geflossen sein sollen,[398] offenbart, ist auch in Deutschland Korruption verbreitet. Im »Bundeslagebild Korruption 2006«[399] berichtet das Bundeskriminalamt von 6895 Korruptionsstraftaten, wobei die öffentliche Verwaltung das Hauptziel bildete (kommunale Behörden, Bildungseinrichtungen und Universitäten), gefolgt von privaten Firmen. Eine Vorteilsannahme erfolgte überwiegend bei der Erlangung von Aufträgen im Zusammenhang mit Wettbewerbsvorteilen und dem Erzielen behördlicher Genehmigungen. Unter 2611 Tatverdächtigen (gesamt) befanden sich 53 korrumpierte Polizisten (2005 = 74). Während Korruption insgesamt in etwa auf der Ebene des Jahres 2004 lag, ist sie im Bereich der Privatwirtschaft, einem langjährigen Trend folgend, angestiegen. Der Wert der Vorteile, die angenommen wurden, hat sich von 27 Millionen Euro im Vorjahr auf 48 Millionen erhöht.[400] Die Bezeichnung »Bundeslagebild Korruption« ist etwas hochstaplerisch, so als hätte das BKA wirklich einen zuverlässigen Einblick in deutsche Konzerne. Allein was sich bei Siemens jahrzehntelang in diesem Bereich abspielte, davon hatte das BKA keine Ahnung.

In ihrer letzten Sitzung vor der parlamentarischen Sommerpause 2008 hat die Bundestagsfraktion der Grünen einen Gesetzesentwurf zur Einrichtung eines Korruptionsregisters beschlossen. Ähnliche Intiativen, die bis auf das Jahr 1995 zurückgehen, waren mehrmals gescheitert, so im Jahr 2002 an der CDU/CSU im Bundesrat. Die präventive Wirkung wäre nicht von der

Hand zu weisen, wenn bei staatlichen Aufträgen von über 25 000 Euro geprüft werden müsste, ob der Bieter oder Bewerber in dem Register gespeichert ist.[401]

Inwieweit deutsche Firmen und besonders die Global Player unter ihnen im Ausland bestechen und sich Privilegien gewähren lassen, ist wegen der Dunkelziffer nicht zu beantworten. Das Ausmaß bei Siemens lässt ahnen, dass es sich bei unserem Wissen darüber um die Spitze des Eisberges handelt. Insider berichten, dass man sich bei der Ausführung selbst die Hände nicht schmutzig macht, sondern einen einheimischen »Operating-Director« einsetzt, der die entsprechenden »Kontakte pflegt«. Nach dem Korruptionsindex von Transparency International liegt Deutschland auf dem niedrigen 16. Rang von 180 Ländern (Anlage IV), steht also scheinbar gut da. Dabei darf man nicht unterschlagen, dass Korruptionsmaßnahmen ihren Ursprung im Mutterkonzern haben, sich aber in den ausländischen Niederlassungen entfalten und auswirken. Man kann in diesen Fällen vom Export oder auch vom Outsourcing der Korruption sprechen. So sollen 2253 Firmen, darunter 57 deutsche Unternehmen, zu Zeiten des Regimes von Saddam Hussein den »Schurkenstaat« Irak bestochen haben, unter ihnen werden Siemens, DaimlerChrysler und Fresenius Medical Care genannt.[402]

Die Bürgerrechtsorganisation Business Crime Control kritisiert an den Antikorruptionsorganisationen zu Recht, dass sie in der Regel die staatliche oder halbstaatliche Nehmerseite, Beamte, Politiker, Parteien an den Pranger stellen, nicht aber die bestechenden Unternehmer, also die Geberseite, die Regierungschefs, Politiker und Beamte kaufen.[403]

Der Appellationscharakter einer gemeinsamen Broschüre des Bundeswirtschaftsministeriums und Justizministeriums unter dem Titel »Korruption vermeiden – Hinweise für deutsche Unternehmen, die im Ausland tätig sind«[404] kann nicht darüber hinwegtäuschen, dass es sich um Wunschdenken handelt, das relativ blauäugig daherkommt. Denn wenn ein Unternehmer in einem Entwicklungsland, das von bitterer Armut geprägt ist, seine Geschäfte macht ohne Rücksicht auf die Zerstörung einheimischer Märkte, dann setzt er sich ohnehin über moralische Skrupel und meist auch über die Gesetze des Standortstaates hinweg. Er beutet billige Arbeitskräfte aus, hat mit Krankenkassen oder Sozialversicherung nichts im Sinn, braucht keine Gewerkschaften oder Betriebsräte zu fürchten und erzwingt Ruhe und Ordnung in seinem Unternehmen durch Kräfte, die ihm ein Militär- oder Polizeigeneral zur Verfügung stellt. Das sind ideale Geschäftsbedingungen für eine Geschäftsleitung, der Gewinnmaximierung über alles geht. Eine andere Methode war die von VW, den Betriebsrat durch Luxusleben und Bordellbesuche ruhig zu stellen. So oder so denken diese Global Player – womit nicht alle gemeint sein können und über einen Kamm geschoren werden dürfen – ausschließlich an den höchstmöglichen Profit. Akteure im Irak, in Russland, Rumänien, Bulgarien oder Südafrika liefern dafür aktuelle Beispiele, wie auch erstmals durch Siemens die Systematik der weltweiten Korruption in vielen Einzelheiten offengelegt worden ist. Da läuft es zwangsläufig ins Leere, wenn die beiden Ministerien in der Broschüre empfehlen, Geschäftsabläufe transparent zu gestalten oder in einem Arbeitsvertrag gar festzuhalten, dass Korruption untersagt ist.

Im Jahre 1997 wurde das OECD-Übereinkommen über die Bekämpfung der Bestechung ausländischer Amtsträger in deutsches Recht umgesetzt (§§ 334 ff. StGB). Der Tatbestand ist erfüllt, auch wenn Deutsche das Delikt im Ausland begehen.[405] Dass bis 1999 Bestechungsgelder als Werbungskosten von der Steuer abgesetzt werden konnten, spricht für sich.

Auf der Ebene der Vereinten Nationen hat Deutschland im Jahr 2003 gemeinsam mit 110 anderen Staaten die UN-Konvention gegen Korruption (UNCAC) unterzeichnet, aber noch immer nicht ratifiziert, weil man sich bisher nicht auf eine Novellierung der Strafbestimmungen über Abgeordnetenbestechung (§ 108e StGB) einigen konnte.[406]

Korruption geschieht im Kontext von Armut und Reichtum und wird begünstigt durch den Mangel an Kontrollmechanismen und Rechenschaftspflicht. Korruption führt zu Rechtsunsicherheit und stellt letztlich die staatliche Legitimität in Frage.[407] So oder so bleiben die Menschenrechte auf der Strecke. Sie korrelieren eindeutig mit Korruption und erfahren dadurch eine zusätzliche Schwächung. Die These, dass mit einem hohen Korruptionsrating ein hoher Rang von Folter verbunden ist, findet nicht immer, aber doch in ¾ aller Fälle eine Bestätigung dadurch, dass nämlich von den 50 weltweit am höchsten belasteten Korruptionsstaaten 38 Länder (76 %) foltern und misshandeln. Korruption und *bad governance* führen in der Regel zur Verletzung von Menschenrechten.

Korruption und Folter haben denselben Nährboden der Willkür und des Machtmissbrauchs, meist bedingen sie sich gegenseitig. Der Folterknecht braucht nichts zu befürchten, wird von oben geschützt, kann sich jederzeit freikaufen und wird durch Privilegien belohnt. Charakteristisch ist, dass in nicht weniger als 74 Staaten alles dafür getan wird, dass die Täter von Strafverfolgung verschont werden (Anlage I).

Die Feinde der Korruption sind transparente Amtsführung, wirksame Mitbestimmung und Kontrollmechanismen sowie eine funktionierende Demokratie.[408]

Das Bundeskriminalamt arbeitet mit korrupten Polizeibehörden auf der ganzen Welt teilweise eng zusammen. Welche Konsequenzen das hat, wird in Verbindung mit dem Einsatz von Verbindungsbeamten und der Leistung von Polizeihilfe näher untersucht, wie durch Korruption auch die Interpol-Organisation infiziert ist, deren Chef deswegen zurücktreten musste.

X
GOBAL PLAYER DER POLIZEI

1. Verbindungsbeamte des BKA

Von seinen Verbindungsbeamten, »die uns mit strategischen und taktischen Informationen versorgen«, hat Präsident Ziercke eine hohe Meinung, er erwähnte sie sogar in einem Festvortrag anlässlich des Jubiläums seines Abiturienten-Jahrgangs am Lübecker Dom-Gymnasium (2007). In einer *tour d'horizon* berichtete er dort über seine vielseitige Tätigkeit als BKA-Chef.[409]

Das offizielle Programm des Verbindungsbeamten»wesens« wird vom Bundeskriminalamt in einer Konzeption, die Richtliniencharakter hat, aber auch in verschiedenen Fachartikeln (»Erfolgsgeschichte«) wie folgt dargestellt:[410]

Die ersten Verbindungsbeamten nahmen 1972 in Istanbul, 1978 in Rom und 1980 in Madrid ihren Dienst auf. Mit der Stationierung 1983 in Bangkok wurden sie Rauschgiftverbindungsbeamte genannt, die im Rahmen der »Vorverlagerungsstrategie« – auf die noch im Kapitel X/3 zurückzukommen ist – entsandt wurden. Damit sollte der Kampf gegen Drogen bereits in den Herkunfts- und Transitländern aufgenommen werden.

Alsbald erfolgte eine Erweiterung der Kompetenz auf die Deliktsbereiche Organisierte Kriminalität (wovon Rauschgift einen Teilbereich bildet), Terrorismus und Staatsschutz. Der Zuständigkeitsradius wurde »vor dem Hintergrund eines stärker kriminalstrategisch ausgerichteten Aufgabenzuschnitts« erweitert und 1998 die Bezeichnung in BKA-Verbindungsbeamte (BKA-VB) geändert. Das Geschäft der VB boomte; 1992 bis 1994 waren es bereits 42 Beamte, darunter 6 Beamtinnen,[411] die Kosten beliefen sich seinerzeit auf mehr als 7 Millionen DM jährlich.[412] 1998 waren insgesamt 48 Beamte an 35 Standorten in 32 Ländern tätig. Die Bundesrepublik lag damit an der Spitze Europas,[413] vor Großbritannien und weltweit an zweiter Stelle hinter den USA, deren Drug Enforcement Administration (DEA) bereits 1994 mit 300 VB weltweit operierte.[414]

Darüber hinaus sind zu EUROPOL in Den Haag ständig mindestens sechs BKA-Verbindungsbeamte abgeordnet und zum Interpol-Generalsekretariat in Lyon mindestens zwölf (Stand 2007).[415]

Aufgrund bilateraler Abkommen versehen seit 2007 mindestens 63 BKA-Verbindungsbeamtinnen und -beamte an 52 Standorten in 49 Ländern

Dienst. Sie sind in den deutschen Auslandsvertretungen stationiert und genießen außerhalb Europas Diplomatenstatus.[416] Entsendeschwerpunkte sind Westeuropa (16), Osteuropa (16) und Amerika (11). Die übrigen verteilen sich auf Asien, Afrika sowie den Nahen und Mittleren Osten (20). Wahrscheinlich ist das schon nicht mehr der letzte Stand und das Kontingent weiter erhöht, das entspräche der Personalpolitik des Amtes auf allen Ebenen.[417]

Wie das BKA in seinen Richtlinien bestimmt, erfordern das Entsendevolumen und die hohen Kosten eine ständige Effizienzkontrolle, was zur Folge hatte, dass in der Vergangenheit Standorte aufgelöst, verlagert oder doppelt besetzt wurden.

Anforderungsprofil nach der BKA-Richtlinie:

Eingesetzt werden Beamtinnen und Beamte des gehobenen und höheren Dienstes. Sie müssen den Status eines Beamten auf Lebenszeit haben.

Voraussetzung ist die Fähigkeit, sich schnell und umfassend in komplexe und schwierige Sachverhalte einzuarbeiten, ferner werden ausbaufähige Kenntnisse in mindestens einer Interpol-Arbeitssprache verlangt und die Bereitschaft, die Sprache des Empfängerstaates zu erlernen, den Familienwohnsitz in den Empfängerstaat zu verlegen. Der Bewerber muss eine Sicherheitsüberprüfung über sich ergehen lassen. Außerdem wird Tropentauglichkeit zwingend vorausgesetzt, was auch für Familienmitglieder gilt.

Darüber hinaus soll der Verbindungsbeamte über eine Reihe weiterer Eigenschaften verfügen, wie physische und psychische Belastbarkeit, besondere Kontaktfähigkeit, Verhandlungsgeschick, ausgeprägtes Urteilsvermögen, gute Allgemeinbildung, gute schriftliche und mündliche Ausdrucksfähigkeit. Beste Umgangsformen werden insbesondere im Hinblick auf internationale diplomatische Gepflogenheiten verlangt und auf ein gepflegtes äußeres Erscheinungsbild Wert gelegt. Zudem muss die Fähigkeit ausgeprägt sein, auf die besonderen Bedingungen fremder Kulturkreise – speziell im Umgang mit Behörden – einzugehen, auch sind die charakterliche Eignung und das persönliche Umfeld von Bedeutung.

Verbindungsbeamte, die in der Regel auf vier Jahre an einen Auslandsposten abgeordnet werden, haben folgenden Auftrag:

Sie werden präventiv und repressiv tätig. Sie sollen sowohl ermittlungsinitiierend als auch ermittlungsunterstützend arbeiten. Sie sollen aufklären und Informationen sammeln sowie auswerten. Ihr ermittlungsbezogener Einsatz muss sich in aller Regel an einem konkreten, polizeilich relevanten Sachverhalt orientieren. Sie üben keine hoheitliche Tätigkeit im Empfangsstaat aus. Das Völkerrecht, das Recht des Empfangsstaates sowie die mit den Empfangsstaaten getroffenen Vereinbarungen haben sie bei ihrer Tätigkeit zu beachten.

Unter strategischen und taktischen Gesichtspunkten sollen sie außerdem die Kriminalitätslage im Empfangsstaat beobachten und über Maßnahmen zur Kriminalitätsbekämpfung, insbesondere der international organisierten Kriminalität, berichten. Sie vertreten die Interessen der deutschen Polizei – insbesondere des BKA. Darüber hinaus unterstützen sie sonstige deutsche Strafverfolgungsorgane.

Im Rahmen der internationalen Zusammenarbeit können schließlich Verbindungsbeamte, die außerhalb der Europäischen Union eingesetzt sind, auf Ersuchen von EU-Staaten in Anspruch genommen werden, wenn diese nicht mit einem eigenen Verbindungsbeamten in dem Staat vertreten sind.

Das Aufgabenfeld der Verbindungsbeamten ist dann noch einmal speziell aufgelistet:

- Anwesenheit bei Vernehmungen von Tatverdächtigen und Zeugen, bei Durchsuchungen und anderen Ermittlungsmaßnahmen
- Auswertung aufgefundener oder überlassener Unterlagen
- Mitwirkung bei Fahndungen und polizeilichen Rechtshilfeangelegenheiten
- Informationsgewinnung und Informationsaustausch vor allem zur Unterstützung deutscher Ermittlungsverfahren
- Betreuung und Unterstützung deutscher Beamter bei Dienstreisen in den Empfangsstaat in Angelegenheiten des polizeilichen Informationsaustausches und der Ausführung internationaler Rechtshilfeersuchen der Polizeibehörden
- Unterstützung der für die Bekämpfung des jeweiligen Kriminalitätsbereiches zuständigen Behörde des Empfangsstaates bei deren eigenen Ermittlungsverfahren mit Bezug zur Bundesrepublik Deutschland
- Allgemeine Beratung der Sicherheitsbehörden der genannten Länder in Angelegenheiten der Kriminalitätsbekämpfung
- Kontakt zur Interpol-Stelle des Empfangsstaates (Nationales Zentralbüro der IKPO-Interpol – NZB)
- Teilnahme an Konferenzen und Fachtagungen im Empfangsstaat oder in der Region, für die sie zuständig sind

- Beratung von deutschen und ggf. fremden Auslandsvertretungen über Maßnahmen der Kriminalitätsbekämpfung, zum Beispiel *modi operandi* illegaler Einreisen
- Kontakt zu den Verbindungsbeamten anderer Staaten im Empfangsstaat.

Seit 2003 (modifiziert 2006) gilt auf EU-Ebene ein Orientierungsrahmen für Verbindungsbeamte.[418] Er sieht vor, dass Verbindungsbeamte

- sich regelmäßig treffen, um einschlägige Informationen auszutauschen
- zusammenarbeiten, um die Beziehungen zum Gastland zu verbessern
- die anfallenden Aufgaben bei Bedarf untereinander aufteilen
- die Interessen eines oder mehrerer Mitgliedstaaten wahrnehmen, sofern diese dem zustimmen.

In den BKA-Richtlinien wird nicht explizit auf die Einhaltung von Menschenrechten durch die Verbindungsbeamten selbst eingegangen, wie ihnen auch keine Verhaltensmaßregeln auferlegt sind, wenn der Gaststaat Menschenrechte verletzt. Das Wort Menschenrechte kommt nicht vor, schon gar nicht das Wort Folter. Gleichfalls wird Korruption nicht erwähnt und nicht problematisiert, obwohl doch die durch Korruption bedingte Willkürherrschaft des Gastlandes Qualität und Zuverlässigkeit erlangter Informationen in Frage stellt. Der Aufgabenkatalog enthält Handlungsaufforderungen und keine Verbote oder Einschränkungen, er erweitert also den Ermessensspielraum erheblich in der Absicht, Verbindungsbeamte nicht einzuengen. Gleiches gilt für den Datenschutz, der keine Erwähnung findet, was einer Tolerierung gleichkommt, ihn nicht beachten zu müssen. Unter dem Gesichtspunkt, dass deutsches Recht nicht im Empfängerstaat gilt, wird auf fragwürdige Weise dieses Recht zugrunde gelegt, auch wenn es sich um eine Diktatur handelt. Das könnte vermieden werden, wenn in die Richtlinien ein Passus aufgenommen würde: »Verbindungsbeamte haben deutsches Recht bei ihrer Tätigkeit analog zu beachten.« Sie bewegen sich stattdessen in einer Grauzone. Soweit ihre Amtshandlungen direkt am Sitz der Deutschen Botschaft erfolgen, die völkerrechtlich deutsches Territorium bildet, können Maßnahmen des Verbindungsbeamten objektiv rechtswidrig sein.

Eine Kompetenzbegrenzung ist nicht gewollt, weder vom Bundeskriminalamt, noch von der Bundesregierung. In den Anfangsjahren bestand beim Auswärtigen Amt eine gewisse Skepsis, wurden BKA-Beamte als Fremdkörper betrachtet, die Diplomaten wollten sich nicht »in die Karten schauen lassen«. Solche Bedenken gibt es überwiegend nicht mehr. Alle Bundesministerien, auch das Auswärtige Amt, erwähnen in ihren Schriften immer wieder die Notwendigkeit und Zweckmäßigkeit der Institution. Verbindungsbeamte (Beamtinnen eingeschlossen) haben sich überwiegend gut integriert, schwarze Schafe waren die Ausnahme. O-Ton AA: »Direkte persönliche Kontakte mit Verantwortlichen in den Sicherheitsbehörden führen zu intensiver und effektiver Kooperation.«[419] Also »intensive und effektive Kooperation« auch mit Folterregimen?

Bei kleineren Vertretungen werden VB in der Regel (ohne Wissen des BKA) in den Bereitschaftsdienstplan aufgenommen, was das Botschaftspersonal entlastet. Auch setzt der Kanzler der Botschaft (Verwaltungschef) sie gar nicht so selten für eigene Zwecke ein, zum Beispiel für Kurierfahrten oder Betreuung von Besuchern, wovon das BKA ebenfalls nichts erfährt. Manchmal sind sie »Mädchen für alles«. Ist die Sicherheitslage prekär, wird ihre Anwesenheit als Gewinn betrachtet, denn sie tragen zur Stabilität und Beruhigung des Botschaftspersonals bei. Sind an einer Vertretung auch Kräfte des BND und ein Militärattaché stationiert, kann es – je nach persönlicher Mentalität – zu Konkurrenzproblemen kommen.

Der Botschafter übt die Dienstaufsicht, das Bundeskriminalamt die Fachaufsicht aus. Letztere kann nur bedingt wahrgenommen werden, das Amt ist weit weg. Demnach müssen Verbindungsbeamte an der langen Leine geführt werden, haben also große Freiheiten. Zuständig ist die BKA-Abteilung »Internationale Koordination« in Berlin-Treptow. Verbindungsbeamte müssen sich einerseits mit dem Botschafter arrangieren, der eine Beurteilung abgibt, die für die weitere Verwendung und Karriere wichtig ist. Und sie müssen andererseits ihre Tätigkeit gegenüber dem Berliner Führungspersonal in einem guten Licht darstellen und ihre Existenzberechtigung nachweisen. Dies Tag für Tag, weil sie einer Effizienzkontrolle unterliegen und natürlich nach einem Umzug mit Familie vermeiden wollen, dass der Dienstposten, der auch anderweitige Vorteile mit sich bringt, gestrichen wird. Ihre Berichte über die Sicherheit fließen in den periodischen politischen Lagebereich der Botschaft ein.

Das enge Zusammenwirken mit der Botschaft und die Kooperation mit den Sicherheitskräften des Gastlandes bewirken, dass Verbindungsbeamte sehr genaue Kenntnis von Menschenrechtsverletzungen erhalten. Wenn einem Staat, der foltert und misshandelt, polizeiliche Entwicklungshilfe geleistet wird, dann wird die Regel sein, dass dies geschieht, obwohl der Verbindungsbeamte über Menschenrechtsverletzungen berichtet hat. Möglicherweise wird er aber gravierende Menschenrechtsverletzungen nicht nach Berlin melden. Beide Varianten sind negativ zu beurteilen und entlasten die Entscheidungsträger ohnehin nicht, weil Ministerien und BKA zahlreiche andere Quellen zu nutzen verpflichtet sind, die über die Menschenrechtslage

Aufschluss geben. In die Richtlinien sollte aufgenommen werden: Verbindungsbeamte berichten quartalsmäßig aus ihrer Erfahrung und Sicht über die Menschenrechtslage im Gastland.

Dass Verbindungsbeamte auch bei der Ausbildungs- und Ausstattungshilfe für das Empfängerland mitwirken und teilweise solche Leistungen initiieren, ist in den Richtlinien nicht geregelt, wird aber so gehandhabt. Man sollte die Richtlinien entsprechend ergänzen.[420] Sicher wird durch Polizeihilfe auch die Zusammenarbeit gefördert und intensiviert, weil der Verbindungsbeamte ein willkommener »Geber« ist, was in Diktaturen höchst problematisch ist, denn leider werden solche Regime nicht unerheblich unterstützt (siehe Abschnitt XI).

Verbindungsbeamte sind von Amts wegen verpflichtet, engen Kontakt zu Sicherheitsinstitutionen des Gastlandes zu halten. Das sind nicht immer nur die Polizeibehörden, sondern vielfach Geheimdienste und militärische Stellen mit Exekutivbefugnissen. Es entspricht den Gepflogenheiten, sich gegenseitig regelmäßig einzuladen und sich »Freundschafts«-Geschenke zu machen. Wenn sich ein Verbindungsbeamter den indonesischen Gummiknüppel in seinem Berliner Büro an die Wand hängt, weiß man, wes Geistes Kind er ist. Gleiches gilt, wenn hinter seinem Schreibtisch im Botschaftsbüro die mannshohen Fahnen Deutschlands und des (diktatorischen) Gaststaates aufgestellt sind. Zwangsläufig erinnert solches an die Studie der Friedrich-Ebert-Stiftung über die Verbreitung rechtsextremer Gesinnung in der Mitte der deutschen Gesellschaft.

In einem Sachstandsbericht schrieb der für den Einsatz der Verbindungsbeamten zuständige BKA-Kriminaldirektor Dr. Rainer Buchert, die Unterbringung an der deutschen Botschaft schließe nicht aus, »dass der Verbindungsbeamte auch bei der Polizei Arbeitsmöglichkeiten zur Verfügung hat«.[421] Ein Büro in der Einsatzzentrale einer Folterpolizei? Das ist jedenfalls dann zu vermuten, wenn der Verbindungsbeamte nicht an der Deutschen Botschaft akkreditiert ist, sondern als Langzeitberater direkt zu einer Polizeibehörde abgeordnet ist, wie es die »vierte Säule« der Vorverlagerungsstrategie propagiert (siehe Kapitel X/3).

Bei grassierender Korruption ist besondere Zurückhaltung im Umgang mit Sicherheitsinstitutionen des Gastlandes angesagt. Deshalb sollten die Richtlinien ergänzt werden: »Verbindungsbeamte berichten quartalsmäßig über die Korruptionslage im Gastland. Ist Korruption verbreitet, muss stets hinterfragt werden, auf welche Weise eine erlangte Information beeinflusst worden sein kann und ob sie der Wahrheit entspricht.«

Es soll gar nicht angezweifelt werden, dass viele Verbindungsbeamte eine rechtsstaatliche Einstellung haben. Sie können aber kaum den Spagat bewältigen, dies einerseits zur Geltung zu bringen und andererseits die Einladung des Geheimdienstchefs zur Beförderungsfeier oder zum Grillabend oder zum gemeinsamen Übungsschießen auszuschlagen. Vor allem dann nicht, wenn der Botschafter mit diesem Geheimdienstchef wöchentlich Tennis spielt (es wird nicht behauptet, dass das die Regel ist). Jedenfalls kommt man nicht mit »vornehmer Zurückhaltung« an Informationen, gerät vielmehr ins Abseits, ist erfolglos und hat als Verbindungsbeamter versagt. Das Dilemma, sich auf die Ebene von Folterknechten einlassen zu müssen, ist nicht auflösbar, was die Institution der Verbindungsbeamten jedenfalls in Unrechtsstaaten fragwürdig macht.

In folgenden 24 Staaten, in denen systematisch gefoltert und/oder systematisch misshandelt wird, versehen sie Dienst:

Algerien 108/99 *)	Brasilien 155/72	Jordanien 135/53
Libanon 132/99	Venezuela 113/164	Thailand 126/84
Spanien 91/25	Peru 118/72	Tadschikistan 101/150
Ägypten 141/105	Mexiko 161/72	Pakistan 163/138
Nigeria 140/147	Türkei 133/64	Indonesien 151/143
Marokko 124/72	Russland 162/143	Afghanistan 121/172
Tunesien 119/61	Tschechien 71/41	Kuwait 81/60
China 165/72	Saudi-Arabien 136/79	Usbekistan 136/175

*) MR-Ranking/Korruptions-Ranking – schlechteste Werte 165/179

Es erhebt sich die Frage, in welchem Umfang man in diesen Ländern der Einsatz von Verbindungsbeamten verantwortet werden kann und ob man deren Aktivitäten zumindest erheblich reduzieren müsste, um sie nicht zu Spießgesellen einer Folterpolizei werden zu lassen. Auf jeden Fall müsste die Teilnahme an Ermittlungshandlungen generell untersagt werden. Die Richtlinien sollten deshalb folgende Ergänzung erfahren: »Wird in dem Gastland systematisch gefoltert oder systematisch misshandelt, verbietet sich eine Teilnahme an Vernehmungen, Durchsuchungen und anderen Ermittlungshandlungen oder die Auswertung sichergestellter Gegenstände. Bei Kenntnis von Folter in einem konkreten Fall ist die Zusammenarbeit sofort abzubrechen.«

Greift man das Beispiel Usbekistan heraus, wird die Problematik deutlich. Die Korruptionsrate ist dort eine der höchsten der Welt, die Menschenrechtslage desolat. Auch nach dem Bertelsmann Transformations-Index zeigt Usbekistan gravierende Hindernisse auf dem Weg zur marktwirtschaftlichen Demokratie.[422] Menschenrechtsverteidiger werden bedroht, unter Hausarrest gestellt oder in Geheimprozessen zu hohen Freiheitsstrafen verurteilt. Als sich ein solcher für die Rechte der Bauern einsetzte und Bezirksbehörden Gelderpressung und Korruption vorwarf, wurde er durch Folter beinahe zum Ersticken gebracht sowie mit Schlagstöcken an den Füßen und Fersen traktiert. Systematische Folter und Misshandlungen sind weit verbreitet, dem Internationalen Roten Kreuz wird der Zutritt zu Haftanstalten verweigert. Das Antifolter-Komitee der UN bezeichnete im November 2007 Folter und Misshandlung in diesem Staat als »Routine«. Im Mai 2005 eröffneten Sicherheitskräfte in Andischan das Feuer auf friedliche Demonstranten und töteten Hunderte. Versucht jemand die Hintergründe des Massakers aufzuklären, wird er rücksichtslos verfolgt.[423]

Sicherheitspolitische und wirtschaftliche Interessen veranlassten die Bundesregierung, während der EU-Ratspräsidentschaft (2007) eine »EU-Zentralasienstrategie« auf den Weg zu bringen. Dabei treten Menschenrechte in den Hintergrund, wenn man laut Homepage der deutschen Botschaft sich mit Usbekistan »freundschaftlich verbunden fühlt«, weil eben Deutschland fünftwichtigstes Lieferland Usbekistans ist, aber vor allem Usbekistan zur Anti-Terror-Koalition gehört.[424] Die Fraktion der CDU/CSU erklärte im Menschenrechtsausschuss, »es gebe keine Interessenkonflikte der Bundesregierung in Usbekistan«.[425] Die Bundeswehr nutzt nämlich den Lufttransportstützpunkt Termes durch ihre Einsatzgeschwader. Im Gegenzug wurden internationale Sanktionen, die nach dem Massaker von 2005 verhängt worden waren, wieder gelockert. Kenneth Roth, Direktor von Human Rights Watch, bezeichnet das als einen »Kuhhandel«.[426] Hans-Christian Ströbele, Bundestagsabgeordneter der Grünen und Mitglied des Geheimdienst-Kontrollgremiums, forderte am 20. April 2006: »Die Bundesregierung muss die heutigen Aussagen des ehemaligen britischen Botschafters in Usbekistan, Craig Murray, unverzüglich und vollständig aufklären, wonach die CIA dort Gefangene habe foltern lassen und Deutschland Erkenntnisse daraus erhalten sowie geheimdienstlich kooperiert habe.«[427] Eine Aufklärung steht auch heute noch aus (Mai 2008).

Die Länder Zentralasiens werden nach Erkenntnissen des BKA als Transitstrecke für Drogen und Organisierte Kriminalität benutzt. Trotzdem ist die Frage angebracht, was ein BKA-Verbindungsbeamter im Folterstaat Usbekistan bewirken will, wenn jede Information, die er erhält, entweder durch

Folter erpresst und falsch sein kann oder durch Korruption willkürlich und damit ebenfalls falsch sein dürfte? Ganz abgesehen davon, dass der Umgang mit solchen Polizei»kollegen« gegen eigene berufsethische Überzeugungen verstoßen müsste. Das BKA täte gut daran, den Schulterschluss mit einem Folterstaat zu beenden und seinen Mann in Taschkent abzuziehen.

Wie eng die Zusammenarbeit des BKA-Verbindungsbeamten in Amman mit dem jordanischen Geheimdienst ist, fand Erich Schmidt-Eenboom heraus.[428] Als das Magazin Cicero über die Geschichte des Topterroristen Musab al-Zarqawi berichtete (und die Redaktionsräume durchsucht wurden), hatte der Cicero-Autor aus einem Geheimbericht des BKA zitiert. Der Bericht hatte einen Umfang von 127 Seiten und der Text fast vierhundert Fußnoten. Mehr als ein Viertel der Fußnoten, so wusste Schmidt-Eenboom zu berichten, fußte auf Erkenntnissen aus Jordanien, nämlich auf Mitteilungen des BKA-Verbindungsbüros in Amman und auf Erkenntnissen des jordanischen Nachrichtendienes GID (General Intelligence Department). Schon alleine dieser Fall belegt, wie problematisch die Tätigkeit des Verbindungsbeamten ist, der sich so intensiv auf jordanische Geheimdienstagenten einlässt, die im übrigen – wie zwei Besuche im Juni und Juli 2002 beweisen – in Wiesbaden durchaus hoffähig waren.

Im April und Mai 1993 war ein BKA-Verbindungsbeamter Opfer einer dreiwöchigen Geiselhaft in Pakistan.[429] Der Einsatz ist also nicht ungefährlich und bedeutet in fragilen Staaten eine hohe psychische und physische Belastung. Deswegen werden Verbindungsbeamte psychologisch beraten und betreut, was bereits Bestandteil des Auswahlverfahrens ist.[430] Manfred Krauß, Diplom-Psychologe im BKA, hat darüber berichtet (»Ein Leben in Luxus?«).[431] Er beschreibt hohe Eigenverantwortlichkeit und große Handlungsfreiräume, Möglichkeiten unkonventioneller Lebensgestaltung, äußere Anreize wie Gehalt, Status, Klima – aber auch die Probleme der Anpassung an eine fremde Kultur, was zur Stressbelastung führt, zu Verlustgefühlen, hier und da auch zum Kulturschock. Als Gegenstrategie igeln sich manche ein und schaffen sich ihr »kleines Deutschland«, manche werden zum Aussteiger, tauchen in die fremde Kultur ein und passen sich dem einheimischen Lebensstil völlig an. Problematisch sei auch, sich auf den diplomatischen Alltag einer Botschaft umzustellen mit einer »ständigen Abwägung zwischen den Interessen der Auslandsvertretung und dem polizeilichen Auftrag (Stichwort: aktive Informationsbeschaffung)«. Außerdem laste auf den Verbindungsbeamten ein erheblicher Erfolgsdruck. – Da kann man zwischen den Zeilen herauslesen, dass der Polizist von den Diplomaten gebremst werden muss, wenn er sich zu eng mit den Vertretern des Gastlandes einlässt. Problematisch ist auch der Prozess der Wiedereingliederung in den heimischen BKA-Dienstbetrieb nach Ablauf der Einsatzzeit durch Monotonie und Kontrolle am Arbeitsplatz, Verlust der Statussymbole und Wegfall wirtschaftlicher Vorteile. Auch könne es zum »umgekehrten Kulturschock« kommen.[432]

Neben dem Psychologen haben im Laufe der Zeit drei für den Einsatz von Verbindungsbeamten verantwortliche BKA-Beamte in der Fachliteratur über den Einsatz ihrer »Schützlinge« berichtet. Sie alle verloren kein Wort darüber, welchen Stellenwert Menschenrechte haben und dass ihre Missachtung durch den polizeilichen Counterpart eigentlich auch Stress auslösen müsste. Entweder haben Menschenrechte weder für den Psychologen noch für die anderen Verfasser irgendeine Relevanz, weil Verbindungsbeamte davon nicht berührt sind. Oder es handelt sich doch um ein Problem, das aber tabu ist, also unter den Teppich gekehrt wird. Beide Alternativen sind bedenklich.

Es wäre allerdings falsch, Verbindungsbeamte in Bausch und Bogen zu kritisieren oder ihre Tätigkeit generell für rechtsstaatlich zweifelhaft zu beurteilen. Es liegen Welten dazwischen, ob der BKA-Kriminalist in Rom oder Brasilia, in Den Haag oder Islamabad seinen Dienst verrichtet. Je höher der Grad der Menschenrechtsverletzungen, um so restriktiver müsste der Einsatz geregelt werden. Handelt es sich um ein Regime, in dem systematisch gefoltert wird, sollte allerdings die Kooperation des Verbindungsbeamten mit Polizei, Geheimdiensten und Militär gegen Null tendieren, was seinen Abzug nahe legt. Ungelöst ist außerdem das Problem des Datenschutzes.

2. Datenwaschanlagen

Die beiden ersten beim Bundeskriminalamt in Wiesbaden in den achtziger Jahren eingesetzten Verbindungsbeamten waren der Stabsstelle Interpol angegliedert. Jeder dort kannte sie unter ihren Spitznamen »Dottore« (aus Rom) und »Carlos« (aus Madrid). Der italienische Beamte war ein vornehmer, freundlicher und kultivierter Mann, der eher ein Kriminologe als ein Polizist hätte sein können. Er verrichtete seine Arbeit unauffällig. Ganz anders der Spanier, der mit stürmischen Temperamentsausbrüchen Organisierte Kriminalität und vor allem die ETA bekämpfte – und manchmal von seinem italienischen Kollegen belächelt wurde. Die Tür zum Büro von »Carlos« stand gewöhnlich weit offen, niemand, der den Flur benutzte, entging seinem Redeschwall. Er sprach doppelt so schnell wie jeder BKA-Bedienstete und telefonierte zehnmal so lange. In vier von acht Stunden des Arbeitstages glühte die Telefonleitung zwischen Wiesbaden und Madrid. In der restlichen Zeit sah man ihn häufig am Kopiergerät. Gleich zu Anfang des Verbindungsbeamten»wesens« wurde in aller Deutlichkeit klar, was typisch ist für Verbindungsbeamte: Sie saugen sich voll mit Informationen aus ihrem Gastland und teilen sie – damals telefonisch, heute via Internet – nach Hause mit. Spurenlos. Ohne offiziellen Vermerk in irgendwelchen Akten. Vorbei an allen Bestimmungen über Datenschutz. Umgekehrt funktionierte es natürlich ebenso. Der BKA-Rauschgiftsachbearbeiter suchte »Carlos« auf, der rief seine Kollegen bei Interpol Madrid an, diese besorgten die Information und gaben sie wenige Stunden später per Telefon durch. Dass die Methode höchst problematisch ist, weil die informelle Nachricht zu Eingriffen in Grundrechte benutzt werden kann, mit denen es viele Empfängerländer nicht so genau nehmen – um es harmlos auszudrücken – dürfte auf der Hand liegen.

In der nächsten Ausbaustufe wurden die ausländischen Verbindungsbeamten im BKA unmittelbar bei der Rauschgift- und der Terrorismus-Abteilung angesiedelt. Natürlich nahmen sie auch an Lagebesprechungen teil. 1994 kamen 18 Verbindungsbeamte aus 10 Ländern nach Wiesbaden: Türkei (1), Österreich (1), Italien (2), Spanien (2), Frankreich (3), Belgien (1), Großbritannien (2), Skandinavien (1), Venezuela (1) und USA (4). Die amerikanischen *Liaison Officers* gehörten zum FBI, zur DEA (Drug Enforcement Administration) und zum US-Zoll.[433]

Gemeinsame Arbeitsgruppen der Polizeien haben den »Vorteil«, dass keine direkte elektronische Kommunikation erfolgt. Bei solchen *closed door meetings* hat jeder Teilnehmer den unmittelbaren Zugriff auf den Datenbestand seiner eigenen Behörde. Am runden Tisch werden die Erkenntnisse dann ausgetauscht, teils »auf Zuruf«, in jedem Fall auf dem ganz »kurzen Dienstweg«. Welche Daten ausgetauscht wurden, entzieht sich jeder Kontrolle und es ist nicht mehr nachvollziehbar, woher eine spezifische Information stammt, ob diese rechtmäßig erlangt wurde und welchen Beschränkungen deren Nutzung unterliegt.

Eine institutionalisierte Form dieser Kooperation findet bei EUROPOL statt, wo etwa 530 EUROPOL-Beamte mit mindestens 93 Verbindungsbeamten der nationalen Polizeibehörden – abgekürzt ELOS *(EUROPOL-Liaison Officers)* – an einem Tisch arbeiten.[434] »Im besten Fall orientiert sich ein Beamter bei den ausländischen Daten am eigenen nationalen Recht, auch wenn dies nicht gilt. Wahrscheinlicher ist aber, dass überhaupt keine vertiefte Rechtsprüfung stattfindet in der Hoffnung bzw. Vermutung, dass das

›Heimatrecht der Daten‹ die konkrete Nutzung schon erlauben wird« (Thilo Weichert).[435]

In Österreich werden die Verbindungsbeamten Polizei-Attachés genannt. Diesen Ausdruck hat man in Deutschland wegen der NS-Belastung vermieden, weil Angehörige der Sicherheitspolizei Himmlers und Heydrichs 1936 bis 1945 als Polizei-Attachés an deutschen Botschaften eingesetzt wurden. Nach dem Stand von 2008 sind seit 1999 insgesamt 29 österreichische Verbindungsbeamte weltweit tätig (darunter eine Frau), vom Wiener Innenministerium gerne als »Generalisten«, »Österreichs Visitenkarte« oder »Unser Mann in …« beschrieben. Sie werden an der Sicherheitsakademie (SIAK) ausgebildet und müssen einen Sprach-, Belastungs- und Stresstest sowie ein »kommissionelles Hearing« bestehen.[436]

Die Schweiz setzt Verbindungsbeamte beim BKA Wiesbaden, bei EUROPOL Den Haag, beim Interpol-Generalsekretariat Lyon sowie bei FBI und DEA Washington ein. Mit EUROPOL gibt es ein Abkommen, das den Einsatz von EUROPOL-Verbindungsbeamten in der Schweiz regelt. Unter anderem sind danach die Archive der Verbindungsbeamten unverletzlich.[437]

Verbindungsbeamte sind ein Geschäft auf Gegenseitigkeit. Wie viele ausländische Verbindungsbeamte heute beim Bundeskriminalamt in Wiesbaden, Meckenheim oder Berlin tätig sind und Daten austauschen, wird vom Amt nicht veröffentlicht. Ihre Anzahl betrug 1998 insgesamt 51 aus 22 Ländern.[438] Diese Statistik dürfte inzwischen weit überboten sein und nicht die amerikanischen *Liaison-Officers* berücksichtigen. Im Rahmen der Terrorismusbekämpfung waren bis zu 15 Verbindungsbeamte des FBI Washington am Standort Meckenheim (Abteilung ST) tätig[439] und zumindest ein CIA-Verbindungsbeamter ist speziell für das BKA zuständig.

Von Mitgliedsstaaten der EU waren bereits 1997 weltweit mindestens 287 Beamte eingesetzt.[440] Deren Arbeit verläuft aber nicht immer reibungslos, weil es aus der Sicht der EU zu einer problematischen und übermäßigen Konzentration kommt. So agieren beispielsweise in Bangkok 13 Beamte aus 9 EU-Ländern, in Moskau 14 Beamte aus 10 Ländern. Deren Einsätze seien immer noch – so wird geklagt – an nationalen Interessen orientiert und nicht europäisch koordiniert.[441]

Wie es scheint, steht trotzdem die Entwicklung erst am Anfang. Auf der internationalen BKA-Herbsttagung 2005 unter dem Thema »Neue Allianzen gegen Kriminalität und Gewalt« hielt William Hughes von der britischen »*Serious Organized Crime Agency*« (SOCA) einen Vortrag und plädierte für den Einsatz von wesentlich mehr Verbindungsbeamten. »Sie müssen ein aktives Instrument innerhalb der Strafverfolgungsbehörden werden. Das bedeutet, dass sie ›Teil der Gastbehörde‹ werden müssen. [...] Bei SOCA wollen wir unsere Beamten innerhalb der internationalen Strafverfolgungsbehörden ›eingebettet‹ wissen, und dies gilt auch umgekehrt. Wir werden sie weltweit mittels schneller Sachbearbeitung und aktivem Management unterstützen. In einigen Teilen der Welt geschieht dies bereits in Zusammenarbeit mit weiteren Behörden, und die Erfolge sind beeindruckend. Dies erfordert wirkliches Vertrauen zwischen den Behörden, ein Faktor, der nicht hoch genug eingeschätzt werden kann.«[442]

Im Irak-Krieg hat die US-Army »eingebettete« Journalisten als Kriegsberichterstatter für gesteuerte propagandistische Fehlinformationen missbraucht, seither weiß man, was das bedeutet. Nun also »eingebettete« Polizisten »als Teil« eines Unrechtsstaates »auf gegenseitiger Vertrauensbasis«. Mit welcher Dienstauffassung gewinnt man Vertrauen zu einem Folterknecht?

Um solche Ideen rechtsstaatlich zu kontrollieren, ist es an der Zeit, den Einsatz von Verbindungsbeamten unter Parlamentsvorbehalt zu stellen. Bisher werden Entscheidungen dieser Art relativ unbemerkt im Bundesinnenministerium getroffen und höchstens dann publik, wenn eine Oppositionspartei eine Kleine Anfrage im Bundestag stellt. Die Antworten der Bundesregierung sind oft nicht erschöpfend, klammern konkrete Fragestellungen manchmal aus oder ergehen sich in Allgemeinplätzen. Das reicht für eine parlamentarische Kontrolle nicht aus, denn die Global Player der Polizei machen als Scharnier einer Sicherheitsarchitektur Politik. Sie stellen Weichen und initiieren Entscheidungen. Um den Verlust an legislativer Kompetenz auszugleichen, schlägt der Thinktank SWP (Stiftung Wissenschaft und Politik) vor, einen »Entsendeausschuss« zu bilden, der als Unterausschuss aus Mitgliedern der Ausschüsse für Auswärtiges, Haushalt, Inneres und Verteidigung zusammengesetzt ist.[443] Auch SWP hat leider den Menschenrechtsausschuss nicht auf der Rechnung.

3. Die vier Säulen der Vorverlagerungsstrategie

Die Bundesregierung erläutert die Vorverlagerungsstrategie wie folgt (Dezember 2005):[444]

»(1) Die Bundesregierung leistet bereits seit 25 Jahren beim Aufbau demokratischer Polizeistrukturen weltweit Unterstützung.

(2) Sicherheitspolitischer Schwerpunkt der Gewährung polizeilicher Ausbildungs- und Ausstattungshilfe ist dabei die Abwehr der von internationalen

Gruppierungen ausgehenden Gefahren in verschiedenen Kriminalitätsfeldern bereits in den Entstehungsländern.

(3) Der Ansatz dieser sogen. Vorverlagerungsstrategie geht zurück auf das Aktionsprogramm der Bundesregierung zur Bekämpfung des Rauschgiftmissbrauchs aus dem Jahre 1980. Sie wurde 1990 im »Nationalen Rauschgiftbekämpfungsplan« der Bundesregierung festgeschrieben. Bedingt durch die Entwicklungen im Bereich der international organisierten Kriminalität und die Anschläge vom 11. September 2001 in den USA erstrecken sich die Maßnahmen der Vorverlagerungsstrategie mittlerweile auf a l l e Kriminalitätsbereiche einschließlich der Terrorismusbekämpfung (gesperrt durch den Autor).

Ziel ist die Verlagerung der polizeilichen Abwehrlinie in die Ursprungs- und Transitländer grenzüberschreitender Kriminalität. Damit soll Kriminalität bereits vor den deutschen Grenzen bekämpft und deren Auswirkungen auf Deutschland reduziert werden.

Voraussetzung dafür ist aber, dass die Polizeien der betreffenden Länder über einen möglichst gleichwertig hohen Standard im Bereich der Ausbildung und der technischen Einsatzmittel verfügen.

(4) Im Rahmen dieser polizeilichen Unterstützung stehen deshalb Aus- und Fortbildungsmaßnahmen sowohl in Deutschland als auch im Empfängerland und die Beratung durch Entsendung von Kurz- oder Langzeitexperten bei der Planung und Durchführung größerer Vorhaben zur Verbesserung von Aufbau, Organisation oder Ausstattung der Polizei im Vordergrund.

Informationsbesuche und Ausbildungen ausländischer Polizeibeamter in der Bundesrepublik Deutschland sind notwendig, um sie mit praktischer Polizeiarbeit in einem demokratischen Rechtsstaat unter Würdigung der Menschenrechte vertraut zu machen. Hierbei soll beispielhaft deutlich gemacht werden, wie sich Demokratie und Rechtsstaatlichkeit auf Organisation, Ausbildung und Arbeitsweise der deutschen Polizei auswirken. Zu den Fortbildungsmaßnahmen gehören neben Hospitationen und allgemeinen Lehrgängen auch Fachseminare wie beispielsweise in den Bereichen Organisierte Kriminalität, Terrorismusbekämpfung (Definition Terrorismus und Phänomenbereiche, Lagebilder, allgemeine Bekämpfungsstrategien und -ansätze), Urkundenfälschung, Menschenhandel, Schleusungskriminalität, Kraftfahrzeugverschiebung, Rauschgiftkriminalität und Luftsicherheit sowie zu Fragen der strategischen und operativen Auswertung. Detaillierte Informationen zu sensiblen Themen und Techniken sowie zu konkreten polizeilichen Ermittlungsmaßnahmen werden nicht übermittelt.

(5) Polizeihilfe dient als Instrument der Außenpolitik einerseits der Pflege und Vertiefung der ausländischen Beziehungen, andererseits auch dem stra-

tegischen Ziel, die staatliche Souveränität befreundeter Staaten zu festigen und ihre Stabilität nach innen und außen zu verstärken.

Das Auswärtige Amt wird daher bei Ausbildungsmaßnahmen ausländischer Polizisten in Deutschland unter Beachtung der entsprechenden Informationspflichten umfassend beteiligt, nicht zuletzt um die reibungslose Organisation der Einreise (etwa Einholung einer Aufenthaltsgenehmigung/eines Visums) und des Aufenthaltes in Deutschland zu gewährleisten.

In Fällen, in denen das Bundeskriminalamt oder die Bundespolizei in den Heimatländern der ausländischen Polizisten Verbindungsbeamtenbüros unterhalten, erfolgt die Koordinierung der Maßnahmen und Unterrichtung der deutschen Auslandsvertretungen in der Regel zusätzlich unter Einbindung der an den Auslandsvertretungen akkreditierten Verbindungsbeamten.

(6) Die Unterstützung ausländischer Polizeien entwickelt sich zudem mehr und mehr von einer nationalen Förderung zu einer internationalen bzw. multinationalen Förderung im Rahmen der Europäischen Union (EU) oder der Vereinten Nationen (VN).«

Obige Ausführungen stehen im Zusammenhang mit der Ausbildung von 50 irakischen Polizisten in Deutschland, weswegen Maßnahmen in Deutschland ausführlich erläutert wurden.

Ergänzend führte die Bundesregierung in ihrem Zweiten Periodischen Sicherheitsbericht (November 2006) aus (Auszug):[445]

»Schließlich wird Deutschland Risiken für die Innere Sicherheit auch in Zukunft durch Maßnahmen zur Stabilisierung rechtsstaatlicher und demokratischer Strukturen in anderen Staaten begegnen. Dies geschieht vornehmlich durch polizeiliche Ausbildungs- und Ausstattungshilfe sowie durch Beteiligung an internationalen Polizeimissionen. […]

Bei der Bekämpfung der international organisierten Rauschgiftkriminalität forciert das Bundeskriminalamt zudem die sogenannte Vorverlagerungsstrategie. […] Dieser Ansatz umfasst sowohl die Entsendung von Verbindungsbeamten als auch gezielte Ausbildungs- und Ausstattungshilfe. […]

Sowohl die Entsendung von Verbindungsbeamten als auch die Ausbildungshilfe und Ausstattungshilfe haben sich als effektive Instrumente (sogenannte drei Säulen) der internationalen polizeilichen Zusammenarbeit erwiesen. Die Erfahrungen des BKA haben jedoch den Bedarf für die Einführung einer weiteren vierten Säule der Vorverlagerungsstrategie bei der Bekämpfung der international organisierten Drogenkriminalität ergeben, nämlich eine gezielte und ergänzende personelle praktische Beratung und Unterstützung polizeilicher Kräfte im Ausland.«

Zur »Vierten Säule« erklärte BKA-Präsident Ziercke (November 2005):[446]

»In Zukunft soll in einzelnen sachlich bzw. regional definierten Arbeitsschwerpunkten ein viertes operatives Element hinzukommen: die gezielte und ergänzende personelle und praktische Betreuung und Unterstützung polizeilicher Kräfte vor Ort. Hierzu sind zunächst zwei Pilotprojekte in Tadschikistan und in Venezuela geplant.«

Prüft man in dem Zusammenhang die Erkenntnisse von Amnesty International und Human Rights Watch über Tadschikistan, dann findet man »weitverbreitete und routinemäßige Anwendung von Folter und Misshandlungen durch Vernehmungsbeamte, insbesondere um Geständnisse in Strafverfahren zu bewirken«.[447]

In Venezuela sind die Verhältnisse nicht besser: »Mehrfach trafen Berichte über ungesetzliche Tötungen strafverdächtiger Personen durch die Polizei ein. In den meisten Fällen fanden weder unabhängige Ermittlungen statt, noch wurden die Täter strafrechtlich zur Verantwortung gezogen. Zwischen 2000 und 2005 haben bei 5500 Vorfällen über 6100 Menschen ihr Leben verloren. Von den fast 6000 beschuldigten Polizisten wurden lediglich 517 angeklagt und weniger als 250 festgenommen.«[448]

Man fragt sich zum wiederholten Mal, wieso das Bundeskriminalamt nicht zuerst einen absoluten Folterstopp zur Bedingung seiner Kooperation macht (und dies auch evaluiert) und wie es seine Pläne trotz der unerträglich hohen Korruption in beiden Staaten durchsetzen will (siehe Korruptions-Index 150 für Tadschikistan und 162 für Venezuela – von 179 Punkten). Im Rahmen der EU-Zentralasien-Strategie müssten zunächst einmal die Zivilgesellschaft in Tadschikistan entwicklungspolitisch gestärkt und in Venezuela eine wirkungsvolle Justiz aufgebaut werden, bevor die BKA-Initiativen von Erfolg gekrönt sein können.

Die Vorverlagerungsstrategie ist nicht vom Bundeskriminalamt erfunden worden, sondern von amerikanischen Rauschgiftfahndern und CIA-Agenten. Bereits in den sechziger Jahren, als die 6. *Criminal Investigation Division* (CID) im US-European-Headquarter Heidelberg eine zentrale Zuständigkeit für Drogen hatte, gab es die Mr. Rohrmann und Mr. Simpson als *Liaison-Officers*. Der eine war für das Hessische Landeskriminalamt, der andere für die Kripo Frankfurt am Main zuständig; beide lieferten sich einen erbitterten Konkurrenzkampf, wer die größeren Erfolge hatte. Zu einer Zeit, als das BKA Jahre später die ersten Schritte tat, waren von der DEA bereits 300 Polizisten weltweit unterwegs und von der CIA Tausende Agenten im Kampf gegen den Kommunismus auf ihre Weise aktiv. Es wird noch darüber zu diskutieren sein, dass die DEA bis heute weitgehend erfolglos geblieben ist.

Wenn das BKA dem amerikanischen Vorbild nacheiferte, dann sicher mit besten Absichten und nicht unter kriminellen Vorzeichen. Aber es bleibt zu prüfen, was rechtsstaatlich vertretbar ist.

Zum Einsatz von Verbindungsbeamten wurde vorstehend bereits teilweise Stellung bezogen. Ausbildungs- und Ausrüstungshilfe sind Gegenstand der Erörterung des nächsten Abschnittes XI. Ohne diese Ergebnisse vorwegzunehmen sei gesagt, dass die Vorverlagerungsstrategie zwar überzeugend klingt und durchaus positive Ansätze hat, die jedoch in vielen Fällen die Nachteile nicht aufwiegen, weil im Umgang mit Unrechtsregimen Grenzen überschritten werden, sodass die gute Absicht in das Gegenteil verkehrt wird, bestenfalls wirkungslos ist. So im Fall der 50 irakischen Polizisten. Ihnen im Jahr 2005 Organisation, Ausbildung und Arbeitsweise der deutschen Polizei als positives Beispiel vorzuführen, ist sicher nicht schädlich. Aber ob es etwas nutzt, wenn diese 50 Mann zu Hause aufgesogen werden in einer Polizei, die willkürlich inhaftiert, ihre Opfer an den Armen aufhängt, Verbrennungen mit Zigaretten erzeugt, Schläge erteilt, mit Elektroschock quält, stranguliert, Knochen bricht und Frauen sexuell missbraucht? Alles das verantworten irakische Sicherheitskräfte auch im Jahr 2005 im Irak.[449] Vielleicht war dann der Deutschlandaufenthalt nur ein schöner Traum vom Wissen, was sein kann, aber in Bagdad, Mosul oder Basra so nicht ist, ganz abgesehen davon, dass rechtsstaatliche deutsche Vorstellungen von der amerikanischen Besatzungsmacht im Irak konterkariert werden, während die Busch-Administration in internationalen Gremien dem Irak Folter vorwirft. Und wenn die Polizei in der Ukraine – um ein anderes Beispiel zu nennen – Jahr für Jahr deutsche Ausrüstungshilfe erhält, ohne dass Folter und Misshandlungen eingestellt werden,[450] dann haben die vier Säulen der Vorverlagerungsstrategie versagt.

Die Vorverlagerungsstrategie ist aber nur scheinbar ein ausschließlich polizeiliches Instrument. Vielmehr ist die Strategie ein politischer Schlüssel, in anderen Staaten Einfluss und Macht auszuüben, zum Beispiel die »Festung Europa« zu bauen. Denn längst treten nationale Interessen hinter weltpolitischen Ansprüchen zurück.

4. Weltinnenpolitik

Auf der internationalen BKA-Herbsttagung Anfang November 2005 sprach BKA-Präsident Ziercke über Trends der Globalisierung und Internationalisierung mit der Folge eines zunehmenden Bedeutungsverlustes räumlicher Distanzen.[451] Der Strukturwandel betreffe Erscheinungsformen der Kriminalität gleichermaßen wie deren Bekämpfung mittels »effektiver Kooperationsmechanismen mit internationalen und nationalen Sicherheitsagenturen und sonstigen Einrichtungen«. Es müssen, so Ziercke, angesichts der aktuellen Bedrohung »über bereits bestehende Kooperationsformen hinaus neue – vor allem internationale – Allianzen gegen Kriminalität gebildet werden.« Ziercke kündigte an, dass in Zukunft Sicherheits- und Nachrichtendienste verstärkt mit Akteuren kooperieren werden, die nicht im klassischen Sinn Kriminalität bekämpfen. Er denke dabei an Wirtschaftsunternehmen, aber auch an die Bundeswehr und an die Sicherheitsforschung. Beispielhaft erwähnt er den COSPOL-Ansatz *(Comprehensive Operational Strategic Plan Police)* auf EU-Ebene und das Konzept des Bundesinnenministeriums zum Schutz kritischer Infrastrukturen. Mit dem Ziel der Früherkennung geht es nach Ziercke auch um eine verstärkte Kooperation im Bereich der Intelligence-Arbeit, um die Aussagekraft und Reichweite von Analysen zu erhöhen.

Mit seinen Ausführungen bewegt sich der BKA-Chef auf der Höhe der Zeit.

Er greift Argumente auf, die Thinktanks als Berater der Regierung seit Jahren erarbeiten. »Beyond 2010« heißt so ein Strategie-Papier der Bertelsmann-Stiftung oder »Die strategischen Antworten Europas«.[452] Darin geht es um die künftige Gestaltungskraft Euroas in einer neuen globalen Weltpolitik, hier sind auch die Wurzeln der Zentralasien-Strategie des Bundesaußenministers zu finden. Europa sei ein verletzlicher Kontinent, resümieren die Vordenker, aber auch aufgrund seiner Größe und wirtschaftlichen Stärke ein Faktor der Weltpolitik. Es müsse ein Großprojekt im Bereich der Sicherheit gefunden werden. Eine engere sicherheitspolitische Integration sei für die Bürger mit Vorteilen verbunden, die die Nationalstaaten im Alleingang nicht mehr erzielen könnten. Gemeinsame Antworten auf transnationale Probleme wie grenzüberschreitende Kriminalität, illegale Migration, Proliferation, Terrorismus sowie neue regionale und globale Risiken würden durch Bündelung von sicherheitspolitischen Ressourcen Effizienz- und Kostenvorteile für die Mitgliedsstaaten bieten. Noch fehle es an einer engen konzeptionellen Verzahnung der Aspekte innerer und äußerer Sicherheit. Dies setze ein kohärentes Konzept voraus, das Europäische Sicherheitsinteressen in einem umfassenden Verständnis definiert, innere und äußere sowie zivile und militärische Aspekte von Sicherheit aufeinander abstimmt. Dies sei ein Beitrag zur Mitbestimmung der künftigen Weltordnung.[453]

In diesem Europa der Mächtigen werden die kleineren, finanzschwachen Staaten allerdings »beyond 2010« zurückfallen. Angedacht ist nämlich bereits ein Europäischer Sicherheitsrat und eine Europäische Sicherheits- und Entscheidungsgruppe, in denen Deutschland, Frankreich, Großbritannien, Italien, Spanien, die Niederlande und Polen das Sagen haben sollen.

In diese Überlegungen fügt sich ein Gutachten von Prof. Jörg Monar im Auftrag der Bertelsmann-Stiftung ein (2006), das die Einrichtung eines Europäischen FBI und einer Europäischen CIA prüft, die er EBI *(European Intelligence Bureau)* und EIA *(European Intelligence Agency)* nennt. Zwar kann Monar diesen zentralisierten Machtbehörden einige Vorteile abgewinnen, schätzt aber momentan die Hürden als zu hoch ein, die einer Einführung entgegenstünden und empfiehlt sie nicht wirklich.[454]

Alle diese Überlegungen, die als Vorstufen konkreter Umsetzung in Politik zu werten sind, machen deutlich, dass die Stärke nationaler Zentralgewalt schwindet und übernationale Interventionskräfte wie auch transnationale Polizei die Zukunft bestimmen werden – was auch einen Bedeutungsverlust für das Bundeskriminalamt mit sich bringen wird. Der traditionelle Sicherheitsbegriff, der in innere und äußere Sicherheit unterteilt, ist genau so überholt wie die klare Trennung zwischen Strafrecht (repressiv) und Polizeirecht (präventiv) oder die Unterscheidung in staatliche und zivile Instanzen, die im Bereich der Sicherheit Kompetenzen besitzen.

Zweifelsohne sind politische Kräfte am Werke, die eine Weltinnenpolitik propagieren und mittelfristig Europa zur Durchsetzung seiner Interessen in eine Weltmachtstellung bringen wollen, zumal sich die Machtverteilung auf dem Globus verschiebt, die USA als »Verlierer der Zukunft« gesehen werden, allerdings der Rang Chinas und Indiens als aufsteigend beurteilt wird.[455]

Unschwer ist bereits jetzt zu erkennen, dass mit dem erweiterten Sicherheitsbegriff eine Verlagerung des Gewichts von der Repression auf die Prävention weitreichende Folgen hat. Es findet eine Bedeutungsverschiebung von der Justiz auf die Polizei, vom Recht auf Effizienz statt.[456] Damit sind, wie Prof. Hans-Jörg Albrecht, Direktor am Max-Planck-Institut für ausländisches und internationales Recht, feststellt, Veränderungen in der Gewaltenteilung verbunden. Diskussionen und Entscheidungen verlagern sich auf eine Ebene, die sich der Öffentlichkeit und nationalen Systemen der Kontrolle weitgehend entziehen.[457] Die Auswirkungen für die Rechts- und Innenpolitik bestehen auch darin, dass ein erweiterter Sicherheitsbegriff eine Abkehr vom Tatverdacht hin zur Gefahrenanalyse, zu Risikoräumen oder Risikogruppen führt. Konkrete Fakten, die einen Tatverdacht begründen, werden abgelöst durch abstrakte Einschätzungen, Prognosen. Zwar zielt die europäische Politik auf Anti-Rassismus und Anti-Diskriminierung ab, doch geraten

Angehörige bestimmter Religionen oder Ethnien in das Fadenkreuz von Verdachtsschöpfern (zum Beispiel Rasterfahndung nach Studenten moslemischen Glaubens an Universitäten).

Wie von Ziercke angekündigt und bereits realisiert, spielen bereits der polizeilich-militärische Komplex und der polizeilich-industrielle Komplex in der Bekämpfung von Terrorismus und internationaler Kriminalität eine gewichtige Rolle, indem militärische und private Bereiche in die Pflicht genommen werden (siehe Abschnitte XIII und XIV).

Hans-Jörg Albrecht verweist darauf, dass die veränderten Sicherheitskonzepte ausschließlich mit organisierter oder terroristischer Kriminalität und die dadurch verursachten Gefahrenlagen begründet werden, dass es aber an nachweisbaren Beweisen fehlt, in welchem Umfang solche Gefahren tatsächlich vorhanden sind und ob die veränderten Konzeptionen in der Lage sein werden, derartige Gefahren zu reduzieren.[458] Der Gefahrenbegriff im Polizeirecht, der Anscheinsgefahr, Putativgefahr, abstrakte, konkrete oder unmittelbar bevorstehende Gefahr unterscheidet,[459] wird aufgelöst durch diffuse Szenarien, wie ein denkbarer terroristischer Angriff auf ein Kernkraftwerk oder das Abschießen eines Flugzeugs, dessen Passagiere in der Hand von Terroristen sind.

Doch ist die Regierungspolitik eindeutig, Bundeskanzlerin Angela Merkel sagte am 2. Juli 2007: »Die alte Trennung von innerer und äußerer Sicherheit ist von gestern.«[460] Damit geht einher, dass die CDU/CSU einen Nationalen Sicherheitsrat als Analyse- und Entscheidungszentrum fordert, angesiedelt im Bundeskanzleramt.[461] Dies würde die Ressort-Gewaltenteilung zwischen Innen-, Außen- und Verteidigungspolitik aufheben, die Macht der Bundeskanzlerin / des Bundeskanzlers erheblich ausweiten und Rechte des Parlaments schwächen. Urheber dieser Vorschläge ist ein einflussreicher Thinktank, der die Bundesregierung berät: die Bundesakademie für Sicherheitspolitik. Deren Präsident, Dr. Rudolf Adam, schlägt vor zu überdenken, ob nicht der Auslandsnachrichtendienst BND dem Auswärtigen Amt unterstellt werden soll und ob nicht die Bundeswehr Interventionsrechte im Inland haben müsste.[462] Der erweiterte Sicherheitsbegriff schafft neue Dimensionen und entwickelt sich in Richtung einer Omniprävention, denn die Gefahr lauert überall.

5. Präventiver Sicherheitsstaat

Der BKA-Präsident bezieht sich auf das Bundesverfassungsgericht, wenn er feststellt, dass der Staat die Sicherheit der Bevölkerung gewährleisten müsse.

Dies sehe er als seine zentrale Aufgabe an, wie er auch im BKA-Kolloquium in der Diskussion sagte: »Ich muss mit Diktaturen zusammenarbeiten, um den Bürger zu schützen.« Für ihn sei relevant: Die Risikopotentiale zu erkennen und die Bedrohungslagen zu bewältigen, und zwar im Vorfeld von Gefahren. Außerdem handele es sich bei der Kriminalprävention um eine gesamtgesellschaftliche Aufgabe. Die Kehrseite wirtschaftlicher und gesellschaftlicher Globalisierung sei die Globalisierung der Kriminalität. Das fordere eine zeitgemäße Abwägung von Freiheit und Sicherheit, eine Balance, die auf angemessene Weise die Freiheit durch Sicherheit stärke.[463]

Das alles hat auch mit gefühlter Sicherheit zu tun, wie nämlich der Bürger subjektiv die Staatsgewalt erlebt. Und wenn die öffentliche Meinung dahin tendiert, dass die Freiheit zu Tode geschützt wird – wie es landläufig heißt –, dann ist die Balance gestört. So häufen sich Affären, die zeigen, dass Publizisten und Journalisten nicht mehr vor Abhörmaßnahmen sicher sind; morgen können es oppositionelle Politiker sein und übermorgen kann es Pfarrer und Ärzte treffen. Das alles mögen Wolfgang Schäuble im gläsernen Büro über der Spree oder Jörg Ziercke auf dem Wiesbadener Neroberg mit Blick auf den Taunus anders beurteilen, weil sie solche Absichten gar nicht hegen, aber das Vertrauen ist gefährdet. Und eben dieses Vertrauen wird auch nicht etwa dadurch gefestigt, dass der Bundesinnenminister als Verfassungsminister mit Unterstützung seines BKA-Chefs Gesetzesvorhaben so überzieht, dass das Bundesverfassungsgericht korrigierend die Grenzen aufzeigen musste. »Die Zivilgesellschaften treten in einen andauernden Sicherheitszustand ein. Wie ein aufgeregter Bienenschwarm umkreisen ihre Sicherheitspolitiker und -organe vermeintliche und tatsächliche Sicherheitsrisiken.« Dabei werde die Unterscheidung zwischen permanentem Ausnahmezustand und andauerndem Sicherheitszustand, zwischen totaler Mobilmachung und angemessener Gegensteuerung nicht berücksichtigt.«[464]

Eine seit Jahren bewährte Methode des Bundeskriminalamtes, die eigene Position zu stärken und Forderungen zu unterstreichen, ist die Jahrespressekonferenz Ende des Monats März. »Das ist jedes Mal eine kleine Horrorshow, geht es doch in geballter Form um die Böswilligkeit der Welt« (DIE ZEIT).[465] Die Botschaft am 28. März 2008 lautete, dass das BKA Anschläge befürchtet und die Lage unverändert angespannt ist.[466]

Eine wesentliche Veränderung in unserem Rechtsgefüge ist dadurch eingetreten, dass Polizei und Geheimdienste so eng zusammengerückt sind, dass sich die Konturen verwischen und ineinander übergehen. Idealtypisch braucht eigentlich eine starke Demokratie überhaupt keinen Verfassungsschutz (Fritz

Bauer). Kabarettisten bringen es auf ihre Weise auf den Punkt, dass es vielleicht die NPD gar nicht gibt, weil der Verfassungsschutz die NPD ist (»Scheibenwischer« vom 27. März 2008). Und wenn der Verfassungsschutz seit Jahrzehnten den linksliberalen Publizisten Rolf Gössner (Präsident der Liga der Menschenrechte und Mitherausgeber des angesehenen jährlichen »Grundrechtereports«) mit Überwachungsmaßnahmen überzieht, dann ist der Verfassungsschutz der Verfassungsfeind und nicht ein verdienstvoller Demokrat, der diskriminiert und kriminalisiert wird, um einen »lästigen Mahner« mundtot zu machen.

Das neue BKA-Gesetz soll dem BKA präventivpolizeiliche Rechte einräumen, nämlich zu recherchieren und zu observieren, ohne dass ein strafprozessualer Anfangsverdacht vorliegt. Obwohl dies Präsident Ziercke in einer Anhörung vor dem Rechtsausschuss des Bundestags anders sieht,[467] wird hier der Verfassungsgrundsatz verletzt, dass Polizei Ländersache ist und dem Bund solche Kompetenzen nicht zustehen.

Am 14. Dezember 2004 hat in Berlin-Treptow das Gemeinsame Terrorismusabwehrzentrum (GTAZ) seine Arbeit aufgenommen. Dort werden die Analysespezialisten des Bundeskriminalamtes und des Bundesamtes für Verfassungsschutz zentral zusammengeführt. Aber nicht nur sie.

Das Terrorismusabwehrzentrum verfügt nach der Verlautbarung des Bundesinnenministeriums über »exzellente Bedingungen, um einen Informationsaustausch in Echtzeit sowie schnelle und zielgerichtete Analysen aktueller Gefährdungshinweise und die Abstimmung operativer Maßnahmen gewährleisten zu können«.[468]

Auch der Bundesnachrichtendienst, die Kriminal- und Verfassungsschutzämter der Länder, die Bundespolizei, das Zollkriminalamt und der Militärische Abschirmdienst arbeiten mit und sind in die Arbeitsabläufe des Terrorismusabwehrzentrums eingebunden, insgesamt 8 Bundesbehörden und 32 Länderbehörden.[469]

Kontinuierlich und intensiv werden folgende Aufgaben gemeinsam wahrgenommen:

- Tägliche Lagebesprechungen
- Gefährdungsbewertungen
- Operativer Informationsaustausch

- Fallauswertung
- Strukturanalysen
- Aufklärung des islamistisch-terroristischen Personenpotenzials
- Ressourcenbündelung.

Das BMI lobt seine Errungenschaft über die Maßen: »Mit der Einrichtung des Terrorismusabwehrzentrums hat sich Deutschland auch international gut positioniert: Bei der Bekämpfung des internationalen Terrorismus ist die internationale Zusammenarbeit von existenzieller Bedeutung. Daher ist perspektivisch auch die Einbindung ausländischer Experten bei geeigneten Projekten vorgesehen.«[470] Bundesinnenminister Otto Schily kündigte am 8. August 2005 an, das GTAZ bis Ende des Jahres von 180 auf 200 Anti-Terror-Spezialisten aufzustocken.[471] Inzwischen sind dort aktuell 229 Personen tätig (Juli 2008).[472]

Es stellen sich Fragen:

Haben die Erfinder des TE-Abwehrzentrums nicht im Blick gehabt, dass in den Jahren 1936 bis 1945 genau diese Bündelung zwischen Kriminalpolizei, Geheimer Staatspolizei (Gestapo) und Sicherheitsdienst (SD) im Berliner Reichssicherheitshauptamt (RSHA) vorgenommen wurde?

Haben die Väter des TE-Abwehrzentrums nicht den »Polizeibrief« der alliierten westlichen Militärgouverneure vom 14. April 1949 an den Parlamentarischen Rat nachgelesen, der ein Trennungsgebot zwischen Polizei und Nachrichtendienst verlangt, was in deutsches Verfassungsrecht eingegangen ist?

Welche »ausländischen Experten« (siehe oben) sitzen mit am Tisch? Ist die CIA regelmäßiger Gast? Der Mossad?

Wie ist bei der mündlichen Weitergabe von Erkenntnissen in der Expertenrunde der Datenschutz gewährleistet (Stichwort Datenwaschanlage)? Das betrifft im übrigen auch die wöchentliche »Präsidentenrunde« im Bundeskanzleramt, wenn die Chefs von BKA, BND und BfV mit dem Kanzleramtsminister zusammentreffen. Nach Auskunft von Dr. Thomas de Maizière in einem Fernsehinterview wird nicht einmal ein Protokoll geführt.

Wenn man schon durch das gemeinsame Lagezentrum die Polizei, deutsche Inlandsgeheimdienste und den BND als Auslandsgeheimdienst am runden Tisch vereint, dann war es aus Sicht der Protagonisten stringent, eine alles umfassende Antiterrordatei (ATD) zu schaffen, die am 30. März 2007 ihren »Wirkbetrieb« (BMI) aufgenommen hat.[473]

Originalton BMI: »Durch die Antiterrordatei werden vorhandene Erkenntnisse zu Personen aus dem Bereich des internationalen Terrorismus und des ihn unterstützenden Extremismus für alle beteiligten Behörden rasch auffindbar. Beteiligt sind das Bundeskriminalamt, das Bundesamt für Verfassungsschutz, die jeweils 16 Landeskriminalämter und Landesämter für Verfassungsschutz sowie der Bundesnachrichtendienst, der Militärische Abschirmdienst, das Zollkriminalamt und die Bundespolizeidirektion.«[474]

Rechtsgrundlage für die Antiterrordatei ist das am 31. Dezember 2006 in Kraft getretene Antiterrordateigesetz.[475] Es enthält detaillierte Regelungen über die zu speichernden Personen und Objekten sowie über die Voraussetzungen der Datenverarbeitung. Neben sichtbaren Grunddaten (11 Datenkategorien) zur ersten Identifizierung einer Person werden auch Daten gespeichert, die eine fachliche Bewertung der gespeicherten Personen im Sinne einer Gefährdungseinschätzung zulassen. Diese sogenannten »erweiterten Grunddaten« (17 Datenkategorien) können für Recherchen genutzt werden. Sie werden aber nur im Eilfall oder auf Nachfrage bei der speichernden Behörde sichtbar.[476]

Präsident Ziercke verteidigte die Verbunddatei damit, dass Trennungsgebot und Datenschutz gewährleistet seien, weil nur die Grunddaten abgebildet werden und andere Daten verdeckt sind.[477] Im Innenausschuss des Bundestages erläuterte er das als geheim eingestufte System (November 2006) als »ganzheitlichen Bekämpfungsansatz«, in dem alle betroffenen Behörden »in optimaler Weise kooperieren«.[478] In der Tat erfährt die anfragende Stelle bei verdeckten Daten nichts von einem »Treffer«, sondern nur der Datenbesitzer, in dessen Entscheidung es liegt, darauf zu reagieren.

Die ATD scheint also rechtsstaatlich gesehen in Ordnung. Der Haken an der Sache: Sie bildet zwangsläufig das Herzstück des omnipotenten TE-Abwehrzentrums. Dort sitzt jede Sparte vor ihrem Bildschirm und ist online mit dem eigenen Datenzentrum verbunden. Es liegt doch auf der Hand, dass in diesem Kreis alles so geheim ist, dass nichts mehr geheim ist und die Erkenntnisse zwecks Lagebeurteilung entschlüsselt ausgetauscht werden. In »Echtzeit«, wie es so schön heißt. Außerdem ist nicht definiert, was ein »Eilfall« ist, der alle Sperren aufhebt. Und ist nicht das Misstrauen am Platz, dass in sicherheitsmäßig angespannten Zeiten der »Eilfall« zum »Regelfall« wird?

Am 1. Januar 2007 nahm das Gemeinsame Internetzentrum (GIZ) der Bundessicherheitsbehörden den Betrieb auf. Auch hier arbeiten Polizei und Nachrichtendienste eng zusammen, nämlich das BKA mit dem BND und MAD unter Federführung des BfV. Es handelt sich unter dem Motto »*check the web*« um eine »behördenübergreifende Internet-Monitoring- und Analysestelle zur Verbesserung der Erkenntnislage zu extremistischen und terroristischen Aktivitäten im Internet« (Ziercke).[479] Der BKA-Präsident verweist darauf, dass der internationale islamische Terrorismus das Internet mit ca. 5000 Seiten als Propaganda-Plattform benutzt. Man kann seiner Ansicht nicht widersprechen, dass diese Aktivitäten im Netz überwacht werden müssen, wenn man nicht gleichzeitig das Misstrauen haben müsste, dass im GIZ auch der generalverdächtigte Normalbürger in das Fadenkreuz der »unheimlichen Allianz der Sicherheitsdienste« gerät. Ziercke verlangt: neues Denken, neue Ansätze, neues Handeln! So seien bei der Abteilung Staatsschutz des BKA »in enger Zusammenarbeit mit dem BfV« mit dem Ziel, neue Ermittlungsansätze im Kampf gegen den islamischen Terrorismus zu gewinnen, »Informationsboards« unter Federführung des BKA und »Analyseboards« unter Federführung des BfV eingerichtet worden. Alle diese Instrumente dienten der Früherkennung und Prognose, um »vor die Lage« zu kommen«.[480]

Die Vorratsdatenspeicherung von Telekommunikationsverbindungen boomt und ist laut Jörg Ziercke »für die praktische Ermittlungsarbeit insbesondere im Bereich des Terrorismus und der Organisierten Kriminalität von zentraler Bedeutung«.[481] Ihre Notwendigkeit wird häufig mit TE- und OK-Bekämpfung begründet, was Ziercke nicht sagt, aber in die öffentliche Diskussion eingegangen ist. Dem steht allerdings gegenüber, dass nur 0,42 % der Daten aufgrund von Ermittlungen gegen eine terroristische Vereinigung erhoben wurden, hingen 16,06 % wegen Betrugs, 13,78 % wegen Verstoßes gegen das Betäubungsmittelgesetz. Das Identifizieren der Anschlussinhaber im Internet erfolgte zu knapp 80 % wegen Betrugsdelikten.[482] Es ist demnach Etikettenschwindel zu behaupten, dass die Vorratsdatenspeicherung zur Bekämpfung des Terrorismus beantragt wird.[483]

Der Telekom-Skandal führt deutlich vor Augen, welche Missbrauchsmöglichkeiten mit den Vorratsdaten bestehen. So besteht der Verdacht, dass im Auftrag von Managern nicht nur die Telefonkontakte von Aufsichtsratsmitgliedern, Gewerkschaftern und Journalisten ausspioniert, sondern auch Bewegungsbilder erstellt und Bankdaten erfasst wurden. Es handelt sich um weitreichende Eingriffe in die geschützte Privatsphäre, was nur ein Richter hätte anordnen dürfen.[484]

Überwachung zielt immer auf die präventive Abwendung der Abweichung vom Sollwert und auf die Vermeidung der Realisierung von Konflikt und Risiko ab: Wenn Überwachung aufhört, beginnt die offene Auseinandersetzung, der Kampf. Überwachung dient der Aufrechterhaltung des Status quo, nicht der ergebnisoffenen Veränderung. Überwachung kann daher als Herrschafts- und Regulierungsstrategie verstanden werden, die im Interesse des Status quo bestehende Ordnung(en) präventiv sichern und notwendige Zwangsinterventionen auf ein Minimum reduzieren will.[485]

»Die Freiheit stirbt mit Sicherheit« (Thilo Weichert). Überwachung wird mit Sicherheit gleichgesetzt. Überwachung setzt Verdacht voraus, letztlich einen Generalverdacht. Überwachung sucht Verknüpfungen, optimiert sich gegenseitig, hat viele Merkmale: Online-Durchsuchung (»Bundestrojaner«),[486] Video-Wohnraumüberwachung, Telefonüberwachung, Nutzen der Mautdaten von Toll Collect für Fahndungszwecke, Präventive Rasterfahndung, Biometrische Daten in Personaldokumenten, flächendeckende Video-Überwachung, Daten des gläsernen Flugpassagiers,[487] IMSI-Catcher, elektronischer »Staubsauger« des BND (strategische Äther-Überwachung), zentrales Bundesmelderegister, zentrale Steueridentifikationsnummer und ein dubioser Datenaustausch mit den USA, was der Bundesdatenschutzbeauftragte Peter Schaar kritisiert, weil die Datenschutzvorkehrungen »unter Niveau« sind.[488] Grünen-Chefin Claudia Roth hierzu: »Solange in den USA gefoltert werden darf, fehlt die Grundlage für eine Zusammenarbeit.«[489] – Nicht alle Positionen des vorstehenden Katalogs gehen auf das Konto des BKA.[490]

Laut Statistik der Bundesnetzagentur nimmt die Bundesrepublik mit 44 278 Telefonüberwachungen (2007) den Spitzenplatz aller demokratischen Staaten ein – und das Jahr für Jahr.[491] Das nimmt auch nicht wunder, denn 38 Sicherheitsbehörden des Bundes und der Länder unterhalten – ausweislich eines Berichtes des Bundesinnenministeriums an den Innenausschuss des Deutschen Bundestages vom 11. März 2008 – in Deutschland fast 80 Anlagen zur Telekommunikationsüberwachung (TKÜ).[492]

Bundesinnenminister Wolfgang Schäuble erklärte lakonisch, dass er »keine Denkverbote akzeptiert«. Er plant eine »Bundesabhörzentrale« beim Bundesverwaltungsamt Köln, die gemeinsam für Verfassungsschutz, Bundeskriminalamt und Bundespolizei IT-Serviceleistungen erbringen soll.[493]

Um dies zu realisieren, sollen zwei Institutionen geschaffen werden:[494]

- Kompetenzzentrum TKÜ (CC-TKÜ)
  Bündelung der Konzeptions-, Planungs- und Forschungsaktivitäten zur TKÜ

– Servicezentrum TKÜ (SC-TKÜ)
  IT-Dienstleister für die teilnehmenden Behörden, die für die TKÜ benötigte informationstechnologische Infrastruktur aufbauen und betreiben.

Für die Umsetzung dieser Pläne hat das BMI beim Bundeskriminalamt einen Aufbaustab eingesetzt, der am 1. April 2008 seine Arbeit aufgenommen hat.

Schäuble bezeichnete es als eine interne Organisationsmaßnahme, die weder das Trennungsgebot zwischen Polizei und Geheimdiensten berühre, noch mit dem Bundestag verhandelt werden müsse und auch keine gesetzlichen Maßnahmen erfordere. Der Bundesdatenschutzbeauftragte Peter Schaar äußerte Bedenken, denn es sei ja durch eine Software-Änderung technisch jederzeit möglich, alle Abhörmaßnahmen untereinander zu schalten.[495]

Selbstredend unterstützt Jörg Ziercke die weitgehenden Pläne, die wohl im Wiesbadener Amt entworfen wurden und die zur Bewältigung der Massendaten im Internet realisiert werden müssten. Er wendet sich gleichzeitig gegen eine »Angstdebatte« und forderte zum »fairen Dialog« auf. Die letzte BKA-Herbsttagung (20. bis 22. November 2007) hatte »Polizei in der digitalen Welt« zum Thema. In seinem Grundsatzreferat[496] hebt der BKA-Chef hervor, dass der technische Wandel Tat- und Tätertypologien rasant verändert:

»(1) Klassische kriminologische Räume werden durch den virtuellen Raum entgrenzt. Die Dezentralität des Internets befördert die Dezentralität von Netzwerken des Terrorismus und der Organisierten Kriminalität. Aber auch der Aktionsraum von Einzeltätern ist per Mausklick weltumspannend.

(2) Verschlüsselung und Anonymisierung schaffen verfolgungsfreie Räume mit fatalen Folgen für die Innere Sicherheit, sowohl für die Strafverfolgung als auch für die Gefahrenabwehr.

(3) Die Ungleichzeitigkeiten von Technik und Recht müssen beseitigt werden. Der Staat darf sich nicht blind, taub und handlungsunfähig machen.«

Als Konsequenz fordert Ziercke:
(1) technikoffene und flexible rechtliche Regelungen zur Strafverfolgung und Gefahrenabwehr,
(2) Online-Durchsuchung gespeicherter Daten und Informationen,
(3) Telekommunikationsüberwachung (Quellen-TKÜ) und
(4) ein Kompetenz-Center zur Auswertung von Massendaten.

Es wäre wünschenswert, wenn Minister Schäuble einen weiteren Planungsstab einberufen würde, der Vorschläge unterbreitet, das ausufernde Abhören von Festnetz- und Mobiltelefongesprächen (TÜ) auf ein vernünftiges Maß zu beschränken.

Im Jahr 1835 erschien das Buch »Über die Demokratie in Amerika« von Alexis de Tocqueville. Im Kapiel »Welcher Art Despotismus die demokratischen Nationen zu befürchten haben«, steht zu lesen:[497]

»Ich will entwerten, unter welchen neuen Zügen der Despotismus sich in der Welt einstellen könnte: Ich sehe eine unübersehbare Menge ähnlicher und gleicher Menschen, die sich rastlos um sich selbst drehen, um sich kleine und gewöhnliche Freuden zu verschaffen, die ihr Herz ausfüllen. Jeder von ihnen ist, ganz auf sich selbst zurückgezogen, dem Schicksal allen anderen gegenüber wie unbeteiligt: seine Kinder und seine besonderen Freunde sind für ihn die ganze Menschheit; was seine übrigen Mitbürger angeht, so ist er zwar bei ihnen, aber er sieht sie nicht; er berührt sie, aber er spürt sie nicht; er lebt nur in sich und für sich selbst, und wenn ihm auch noch eine Familie bleibt, so kann man doch zumindest sagen, ein Vaterland hat er nicht mehr.

Über diesen Bürger erhebt sich eine gewaltige Vormundschaftsgewalt, die es allein übernimmt, ihr Behagen sicherzustellen und über ihr Schicksal zu wachen. Sie ist absolut, ins einzelne gehend, pünktlich, vorausschauend und milde. Sie würde der väterlichen Gewalt gleichen, hätte sie – wie diese – die Vorbereitung der Menschen auf das Mannesalter zum Ziel; sie sucht aber, im Gegenteil, die Menschen unwiderruflich in der Kindheit festzuhalten; sie freut sich, wenn es den Bürgern gut geht, vorausgesetzt, dass diese ausschließlich an ihr Wohlergehen denken. Sie arbeitet gern für ihr Glück; aber sie will allein daran arbeiten und allein darüber entscheiden; sie sorgt für ihre Sicherheit, sieht und sichert ihren Bedarf, erleichtert ihre Vergnügungen, führt ihre wichtigsten Geschäfte, leitet ihre gewerblichen Unternehmungen, regelt ihre Erbfolge und teilt ihren Nachlass; könnte sie nicht ihnen vollends die Sorge, zu denken, abnehmen und die Mühe, zu leben? […]

So bereitet der Souverän, nachdem er jeden einzelnen der Reihe nach in seine gewaltigen Hände genommen und nach Belieben umgestaltet hat, seine Arme über die Gesellschaft als Ganzes; er bedeckt ihre Oberfläche mit einem Netz kleiner, verwickelter, enger und einheitlicher Regeln, die nicht einmal die originellsten Geister und die stärksten Seelen zu durchdringen vermögen, wollen sie die Menge hinter sich lassen. Er bricht den Willen nicht, sondern er schwächt, beugt und leitet ihn; er zwingt selten zum Handeln, steht vielmehr ständig dem Handeln im Wege; er zerstört nicht, er hindert die Entstehung; er tyrannisiert nicht, er belästigt, bedrängt, entkäftet, schwächt, verdummt und bringt jede Nation schließlich dahin, dass sie nur noch eine Herde furchtsamer und geschäftiger Tiere ist, deren Hirte die Regierung ist.«

6. Bundespolizei baut die Festung Europa

Besucht man die Homepage der Bundespolizei, dann liest man von einer einzigartigen Erfolgsgeschichte:[498] »Staatsanwaltschaft Berlin und Bundespolizei zerschlagen international agierende Schleuserorganisation«, »Internationale Bundespolizeisportschule mit neuem WM-Medaillenrekord«, »Bundespolizei und polnischer Grenzschutz arbeiten noch enger zusammen«, »Internationale Polizeimissionen«, »GSG 9«, »FRONTEX Libertas, Securitas, Justitia«, – und die Zukunft hat auch schon begonnen: »Automatisierte und Biometriegestützte Grenzkontrolle« mit Grußwort des Bundesinnenministers. »*Do you want to participate?*« Was in ein paar Jahren an jedem Airport Standard sein wird, ist momentan in Frankfurt Rhein-Main im Non-Schengen-Verkehr noch freiwillig und im Probelauf. Man muss sich mit seinem Reisepass nur einmal registrieren lassen, danach reicht ein Blick in die Iris-Kamera (»verbesserte Funktionalität«). Ein Vorgeschmack dessen, was der präventive Sicherheitsstaat noch alles auf Lager hat, wenn dann auf der Rolltreppe von Karstadt die Iriskamera im Blickkontakt mit den Kunden steht. Das »Auge des Gesetzes« erhält eine ganz neue Semantik.

Vor dem 30. Juni 2005 hieß die Bundespolizei noch Bundesgrenzschutz. Die seit 16. März 1951 bestehende Truppe (Einsatzstärke damals 10 000 Mann) wurde vielfach umorganisiert, zuletzt am 1. März 2008 (40 000 Beschäftigte). Auch die Aufgaben erfuhren eine permanente Erweiterung und gelten heute als »integrativ und supranational«. Die Kern-Aufgabenfelder umfassen Bahnpolizei, Grenzpolizei, Luftsicherheit und Unterstützung bei Großereignissen.[499]

Die Bundespolizei hat erstmalig im Jahr 1989 an einer internationalen Polizeimission der Vereinten Nationen (UNTAG) in Namibia teilgenommen.

Bis Ende 2007 weitete sich diese Tätigkeit auf 23 internationale Missionen der UN, der WEU und der OSZE aus. Außerdem ist die Bundespolizei am bilateralen Polizeiaufbauprojekt Afghanistan und an der »grenzpolizeilichen Beratertätigkeit« im Libanon beteiligt. Seit 1994 sind auch Polizeivollzugsbeamte der Bundesländer einbezogen (siehe Kapitel X/9). Die Entsendung erfolgt seitdem regelmäßig im Verhältnis 1/3 Bundesbeamte und 2/3 Landesbeamte. Insgesamt kamen seither 5333 Polizeivollzugsbeamte zum

Einsatz, davon 2066 Beamte des Bundes (Bundespolizei und BKA). Die Gesamtbeteiligung schlüsselt sich nach Missionen wie folgt auf:[500]

UNTAG (Namibia), September 1989 bis März 1990, 50 Polizeivollzugsbeamte (PVB)
UNTAC (Kambotscha), Mai 1992 bis August 1993, 105 PVB
MIN URSO (Westsahara), Mai 1992 bis Juni 1996, 13 PVB
WEU DANUBE (Donauregion, Rumänien, Bulgarien), Juni 1993 bis Juni 1996, 173 PVB
EU/WEU MO/BiH (Bosnien-Herzegowina), August 1994 bis Oktober 1996, 212 PVB
UNMIBH IPTF (Bosnien-Herzegowina), April 1996 bis Dezember 2002, 1 398 PVB
WEU MAPE (Albanien), Juni 1997 bis September 2001, 91 PVB
OSCE KVM (Provinz Kosovo), Dezember 1997 bis April 1999, 16 PVB
OSCE HR (Kroatien), Februar 1998 bis April 2002, 20 PVB
OSCE PMG (Donauregion, Kroatien), Oktober 1998 bis Dezember 2000, 31 PVB
UNMIK (Provinz Kosovo) Juli 1999 bis heute, 2 501 PVB
GPPT/GPPO (Afghanistan) April 2002 bis heute, 201 PVB
Deutsches Beraterteam im Libanon, September 2006 bis heute, 13 PVB
EUPM BiH (Bosnien-Herzegowina), Januar 2003 bis heute, 296 PVB
UNOMIG (Georgien), September 2003 bis heute, 16 PVB
EUPOL
Proxima (Mazedonien), Dezember 2003 bis Dezember 2005, 35 PVB
UNMIL (Liberia), November 2004 bis heute, 17 PVB
EU AMIS (Sudan/Darfur-Region), September 2005 bis heute, 13 PVB
EUBAM Rafah (Palästinensische Autonomiegeb.Gaza), November 2005 bis heute, 15 PVB
EUBAM
MD/UA (Moldavien/Ukraine), November 2005 bis heute, 18 PVB
EUPAT (Mazedonien), Dezember 2005 bis Juni 2006, 3 PVB
EUPOL Copps (Palästinensische Autonomiegeb.), Januar 2006 bis heute, 3 PVB
UNMIS (Sudan), August 2006 bis heute, 10 PVB
EUPOL AFG (Afghanistan), Juni 2007 bis heute, 34 PVG

Die Auslandseinsätze der Polizei werden von einer »Bund-Länder-Arbeitsgruppe Internationale Polizeimissionen« (AG IPM) organisiert, die von der Innenministerkonferenz im November 1994 beschlossen wurde und im Bundesinnenministerium eine Geschäftsstelle unterhält. Der AG IPM obliegt die Vorbereitung, Organisation und Koordination von Maßnahmen im Zusammenhang mit den Auslandseinsätzen.[501]

Es würde den Rahmen dieser Untersuchung sprengen, wollte man die einzelnen Einsätze näher beschreiben, die in der Regel dazu dienen, »kurzfristig Ruhe und Ordnung zu schaffen, um unmittelbar mit dem Aufbau rechtsstaatlicher Strukturen zu beginnen«.[502] Soweit es sich um Friedensmissionen handelte, um einem in Not geratenen Volk oder einer Ethnie zur Hilfe zu eilen, sie vor Bürgerkrieg, Mord, Folter oder anderen Menschenrechtsverletzungen zu schützen, sind die Einsätze sicher gerechtfertigt. In anderen Fällen verfolgten und verfolgen sie auch den Zweck, die Machthemisphäre des europäischen Staatenblocks auszubauen, Einfluss zu sichern und einseitig zu definieren, was für einen Staat gut und richtig ist, nämlich das westliche Modell aufzuzwingen, was dann häufig Teil des Problems ist. Auf der Strecke blieben dabei manchmal politische Vielfalt und abweichende Interessen wie auch die Würde eines Volkes, dem eine Besatzungsmacht seinen Willen überstülpt.

Die Bundesregierung vertritt die Auffassung, dass der Aufbau funktionierender Polizeistrukturen durch internationale Polizeimissionen auch der Abwehr von Gefahren für die Sicherheit Deutschlands dient. Er vermindere Flüchtlingsströme, die häufig von Kriminalität begleitet würden.[503] Dies widerlegt allerdings ein Vortrag des BKA-Präsidenten (siehe nächstes Kapitel »Migrationsverbrechen«).

Gemessen an der Zahl der eingesetzten Beamten ist die Beteiligung an internationalen Polizeimissionen ein exklusives Nebenprodukt, das aber für die Imagepflege der Bundespolizei eine große Rolle spielt, die mit farbigen Grafiken damit Werbung betreibt. Skandale sind nicht bekannt geworden; die Bundespolizei erledigt diese Aufgabe zufriedenstellend und hat einen Ansehensgewinn zu verbuchen. Nach Auffassung der Bundesregierung genießen deutsche Polizisten im Ausland einen »hervorragenden Ruf«. Sicher ist auch richtig, dass die eingesetzten Polizistinnen und Polizisten fachlich und persönlich von einem Auslandseinsatz profitieren.[504]

Der Einsatz der Bundespolizei im Inneren der deutschen Republik ist nicht Thema dieser Untersuchung. Im Weiteren geht es vielmehr um die Bedeutung der Bundespolizei im Schengen-Raum. In der Schengener Übereinkunft einigten sich 1985 die Beneluxstaaten, Deutschland und Frankreich darauf, die Kontrollen an den Binnengrenzen im Rahmen des Binnenmarktes abzubauen und im Gegenzug an den Außengrenzen zu verschärfen. Mit dem Beitritt weiterer Staaten im Verlauf der Jahre und einer gemeinsamen Fahndungsdatei »Schengener Informationssystem« (SIS) trat ein Bündel grenzüberschreitender Polizeikompetenzen in Kraft, teils auch in einer Reihe von bilateralen Verträgen.

Auf dem 11. Europäischen Polizeikongress Ende Januar 2008 sagte in seiner Eröffnungsrede Bundesinnenminister Schäuble: »Für die Bekämpfung Organisierter Kriminalität, für den Schutz terroristischer Anschläge und für die Abwehr illegaler Migration brauchen wir heute eine enge internationale und insbesondere europäische Zusammenarbeit.«[505] Es ist bemerkenswert, welchen Stellenwert illegale Migration für den Minister direkt hinter Organisierter Kriminalität und Terrorismus genießt, was im übrigen auch die Berliner Politik eindeutig umsetzt.

Auf derselben Veranstaltung betonte BMI-Staatssekretär Dr. August Hanning, dass die Erweiterung des Schengen-Raumes einen Sicherheitsgewinn bringe. Die polizeiliche Zusammenarbeit spiele eine große Rolle. Beispielhaft erwähnte er, dass jetzt deutsche und tschechische oder polnische Polizisten gemeinsam ermitteln und observieren, gemeinsam Tatortspuren sichern und in gemeinsamen Hubschraubereinsätzen die Grenze überwachen können. Die polizeiliche Nacheile an der Grenze sei erleichtert wie auch die gegenseitige Rechtshilfe in Strafsachen.[506]

Die Bundespolizei bezeichnet Schengen als das »Erfolgsmodell der Europäischen Union auf ihrem Weg zu einem gemeinsamen Raum der Freiheit, der Sicherheit und des Rechts«. Die vollzogene Verwirklichung der Personenfreizügigkeit durch Aufhebung der Kontrollen an den Binnengrenzen müsse durch Ausgleichsmaßnahmen »nach hohem Schengen-Standard« begleitet werden, damit keine Einbußen an Sicherheit eintreten:[507] Solche Schritte seien u. a.:

- Harmonisierung und Verstärkung der Außengrenzkontrollen
- Vereinbarung einer grenzüberschreitenden polizeilichen Zusammenarbeit
- Einrichtung eines automatisierten Personen- und Sachfahndungssystems
- Gemeinsame Bekämpfung der Schleuserkriminalität
- Vereinbarung einer grenzüberschreitenden justitiellen Zusammenarbeit
- Gemeinsame Visa- und Asylpolitik.

Seit dem 21. Dezember 2007 gehören 24 EU-Mitgliedsstaaten dem Schengen-Raum an.

Das Bundesinnenministerium und das Bundespolizeipräsidium Potsdam erklärten nach 100 Tagen als Zwischenbilanz, dass sich die Maßnahmen bewährten, besonders durch die »sichtbare Präsenz der Bundespolizei in der Fläche im Grenzgebiet« (bis zur Tiefe von 30 km und in Zügen). Entlang der 1300 km langen Grenze Deutschlands seien 1128 Personen bei unerlaubten Einreisen festgestellt und davon 713 Personen bereits wieder zurückgeschoben worden.

Ab 30. März 2008 sind auch die Binnenkontrollen für den Schengen-Luftraum weggefallen.[508]

Die gesamte Entwicklung wurde über Jahre von deutscher Politik dominiert, flankiert von den anderen G5-Staaten Spanien, Frankreich, Italien und Großbritannien. Somit war das Bundeskriminalamt auch an der Gründung von EUROPOL federführend beteiligt und besetzt bis heute mit einem BKA-Kriminaldirektor die Chefposition (Jürgen Storbeck, Nachfolger Max-Peter Ratzel). Der Aufbau des Schengen-Informationssystems SIS und SIS II – es handelt sich um gewaltige Datenbanken, die von Deutschland mit den meisten Ausschreibungen genutzt werden – geht auf Grundlagenforschung des BKA zurück und wird von diesem als »Quantensprung der polizeilichen Fahndung in Europa« gefeiert.[509] Die ersten Vorschläge einer EU-Grenzschutzpolizei basieren auf einer deutsch-italienischen Initiative im Jahr 2000. Von beiden Ländern stammt auch die Empfehlung, »Auffanglager« in Nordafrika zu errichten.[510]

Seit Sommer 2003 nehmen Grenzpolizisten aus Bulgarien, Kroatien, Tschechien, Polen, Bosnien-Herzegowina, Rumänien, Lettland, Estland, Litauen, Ungarn, Ukraine und Georgien an Laufbahnlehrgängen des gehobenen und höheren Dienstes der Bundespolizeiakademie Lübeck teil. Im Jahr 2000 ist die Europäische Polizeiakademie CEPOL in Bramshill/UK zur supranationalen Ausbildung hochrangiger Führungskräfte geschaffen worden.[511]

Das Herzstück der EU-weiten Grenzkontrollen ist die Grenzschutzagentur FRONTEX,[512] die am 1. Mai 2005 ihre Tätigkeit in Warschau aufgenommen hat[513] und ebenfalls von Deutschland erfunden wurde: »Die Bundesregierung hat maßgeblich zur Gründung der Agentur beigetragen.« (29.4.2004).[514] Es handelt sich neben EUROPOL um die zweite europäische Sicherheitsbehörde. Wesentliche Aufgabe der Agentur ist die Koordinierung der Zusammenarbeit der Grenzpolizeien der Mitgliedsstaaten zum Schutz der Außengrenzen unter anderem durch gemeinsame Einsätze, Personalaustauschmaßnahmen, gemeinsame Rückführungen, als Querschnittaufgabe das Erstellen von europaweiten Risikoanalysen zur illegalen Migration, Förderung der Entwicklung von Detektionstechnik sowie die Harmonisierung der Aus- und Fortbildung der Grenzpolizeien.[515]

FRONTEX hat etwa 60 Mitarbeiterinnen und Mitarbeiter (Stand 2006), das Personal soll bis 2010 auf 125 Mitarbeiter wachsen.[516]

Im Jahr 2007 ordnete die Bundespolizei zwischen fünf und sieben Verbindungsbeamte zu FRONTEX ab mit den Aufgabenfeldern Einsatz/Operation, Risikoanalyse sowie Aus- und Fortbildung. Drei Bundespolizisten arbeiten in Leitungsfunktionen.[517] Deutschland stellt ferner vier Hubschrauber, ein Boot für den Bereich der Nord- und Ostsee sowie zehn Wärmebildgeräte mit Bedienungspersonal für die »Toolbox« (CRATE) zur Verfügung. Eine »Drohne« als unbemanntes, luftgestütztes Informationssystem mit Kamera und Infrarotsichtgerät ist in der Entwicklungsphase. Seismische Sensoren, die Herztöne von Menschen erkennen können, dienen der Kontrolle von Containern. Zwei seeflugtaugliche Hubschrauber der Bundespolizei inklusive Personal beteiligten sich an der »Operation Nautilus« 2007. Darüber hinaus hat Deutschland bis zu 50 Experten der Bundespolizei für den Einsatz in den »Soforteinsatzteams für Grenzsicherungszwecke« (RABITS) zugesagt und hält bereits jetzt 100 Beamte bzw. Beamtinnen in ständiger Reserve.[518] Die Bundesregierung beteiligte sich im Jahr 2007 insgesamt mit 148 Polizeivollzugsbeamten der Bundespolizei an den Seegrenz-Operationen. Die eingesetzten Experten der Bundespolizei hatten eine Beratungsfunktion. Der Auftrag der eingesetzten Hubschrauberbesatzungen war die Überwachung des zugewiesenen Operationsgebietes.[519] Die Bundesregierung hebt hervor, dass gemeinsame Einsatzmaßnahmen unter der Ägide von FRONTEX im Einvernehmen mit dem jeweils anfordernden Mitgliedstaat durchgeführt werden und unter dessen Hoheit stehen.[520]

Im EU-Haushalt wurden für FRONTEX 2005 insgesamt 6,157 Millionen Euro und 2006 insgesamt 11,754 Millionen Euro zur Verfügung gestellt.[521] Das Budget soll bis 2010 auf jährlich 36 Millionen steigen.[522]

Hinter dem gigantischen Bollwerk, die Außengrenzen der Festung Europa dicht zu machen, steht eine Gesamtkonzeption[523] deutscher Perfektion. Neben dem gemeinsamen permanenten Ausbau der internationalen Grenzsicherheitssysteme, den gemeinsamen Ausbildungsprojekten und neben der operativen Zusammenarbeit an den EU-Außengrenzen geht es ferner um:

- Vorverlagerungsstrategie in Form von grenzpolizeilichen Verbindungsbeamten und Dokumentenberatern in Herkunfts- und Transitländern, u. a. Beratung von Visastellen und Luftfahrtunternehmen

- Zusammenarbeit mit allen nationalen Behörden, wie Bundeskriminalamt, Bundesamt für Migration und Flüchtlinge (BAMF), Zollkriminalamt, Finanzkontrolle von Schwarzarbeit.

Weitere Maßnahmen grenzpolizeilicher Kooperation sind:

- Einsatz von Bundespolizeibeamten an Flug- und Seehäfen und an Brennpunkten illegaler Migration in Italien und Spanien
- Einsatz gemeinsamer Streifen mit Polen, der Tschechischen Republik und Frankreich sowie Durchführung trilateraler Zugstreifen mit Österreich und Italien
- Durchführung von EU-Twinning-Projekten unter Leitung der Bundespolizei zum Aufbau effektiver Grenzregime mit Polen, Ungarn, der Tschechischen Republik, Slowenien, Rumänien, Bulgarien, Kroatien und Bosnien-Herzegowina.

Kern eines Twinning-Projektes ist die Entsendung von versierten Projektberatern für einen Zeitraum von mindestens einem Jahr. 1999 bis 2006 gab es 24 solcher Twinning-Projekte, an denen auf Zeit mehrere hundert Experten der Bundespolizei tätig waren (Gesamtvolumen knapp 20 Millionen Euro).[524]

Darüber hinaus ist die Bundespolizei am »Gemeinsamen Analyse- und Strategiezentrum illegale Migration« (GASIM) beteiligt,[525] das als »Informations-, Koordinations- und Kooperationsplattform« (BMI) im Mai 2006 seine Arbeit aufnahm (siehe Kapitel X/7).[526]

Des Weiteren nimmt die Bundespolizei Aufgaben im »Gemeinsamen Terrorismusabwehrzentrum« (GTAZ) wahr (siehe Kapitel X/5).

GASIM und GTAZ sind Gremien des Bundesinnenministeriums.[527]

Aber damit erschöpfen sich die koordinierenden und kooperierenden nationalen und europäischen Partnerorganisationen noch immer nicht. Regelmäßig tagen ferner die »*Baltic Sea Region Boarder Control*«, das »Maritime Sicherheitszentrum (Gemeinsames Lagezentrum See)«, das »Gemeinsame Zentrum der deutsch-französischen Polizei- und Zollzusammenarbeit« in Kehl und die »Gemeinsame Stelle der grenzüberschreitenden Polizeiarbeit Luxemburg«.[528]

Auch im Bereich der Migrationsbekämpfung werden Verbindungsbeamte als unentbehrlich beurteilt. Sie haben nach Darstellung der Bundesregierung die

Aufgabe der Informationsgewinnung, -analyse und -weiterleitung sowie des Informationsaustauschs im Hinblick auf polizeiliche, grenzpolizeiliche und migrationspolitische Entwicklungen. Dies umfasst auch die Lage an den EU-Außengrenzen sowie die Beobachtung der für die Bundespolizei und für das Bundeskriminalamt aufgabenrelevanten Lagefelder im Gastland und der jeweiligen Region.[529] Verbindungsbeamte vermitteln ihren Gastländern, die nicht immer als Demokratien bezeichnet werden können, Spezialausrüstung: Einsatzfahrzeuge, Einsatzboote, Funk- und EDV-Ausstattung und kriminaltechnisches Gerät.[530] Damit kann man nicht nur Kriminelle, sondern auch politische Gegner bekämpfen.

Mit Stand Juni 2006 – inzwischen dürfte die Anzahl größer sein – setzte die Bundespolizei 21 »Grenzpolizeiliche Verbindungsbeamte« (*Immigration Liaison Officer* – ILO) in 19 Staaten sowie einen Verbindungsbeamten bei EUROPOL ein.[531] Wie ihre Kollegen vom BKA sind sie bei den deutschen Botschaften ansässig. Teilweise verrichten sie auch bei der Behörde des Gastlandes Dienst, wie zum Beispiel bei der französischen Grenzpolizei in Paris und auf dem Flughafen Charles de Gaulle. Im Gegenzug entsendet Frankreich Verbindungsbeamte zur Grenzschutzdirektion Koblenz und zum Flughafen Frankfurt am Main.[532] Beamte der Bundespolizei dürfen hoheitliche Aufgaben im Gastland generell nicht ausüben. De jure nicht, aber in Wahrheit sind sie längst vorverlagerte Grenzkontrolleure, zum Beispiel bei der Lufthansa (*Airline Liaison Officer* – ALO)

Mindestens 400 Verbindungsbeamte insgesamt dürften EU-Staaten stationiert haben.

Es bedarf keines Beweises zu unterstellen, dass bei dem vernetzten Zusammenwirken so vieler Instanzen, Gremien und Akteure das Geben und Nehmen von Informationen unkontrolliert erfolgt, somit der Datenschutz auf der Strecke bleibt. Unter vier Augen geben das Insider auch zu. Obendrein greift der Verfassungsschutz gerne auf die »Amtshilfe« der Bundespolizei zurück, wenn er wissen will, wann bestimmte Personen ein- oder ausreisen.

Mindestens 14 »Dokumentenberater« der Bundespolizei sind in den Visa-Stellen der Konsularabteilungen deutscher Botschaften und an Flughäfen im Ausland eingesetzt, um das Personal beim Erkennen von gefälschten oder verfälschten Personaldokumenten zu beraten. Die Tätigkeit der »Dokumentenberater hatte im Jahr 2005 zur Folge, dass 8555 Personen an der unerlaubten Einreise nach Deutschland gehindert wurden.[533]

Im Spiel der Kräfte um die Abwehr von Migranten gelingt es einer Behörde, relativ selten öffentliche Aufmerksamkeit zu erregen, obgleich sie von großer

Bedeutung ist: das Bundesamt für Migration und Flüchtlinge (BAMF) in Nürnberg mit 22 Außenstellen und knapp 2000 Beschäftigten. Dort wird nicht nur das Ausländerzentralregister und eine Visa-Datei mit 25 Millionen personenbezogenen Eintragungen gepflegt, sondern Migrationspolitik betrieben und beeinflusst. Das Bundesamt ist für die Durchführung von Asylverfahren zuständig. Das heißt, es prüft bei Ausländern, die einen Asylantrag stellen, ob ein Anspruch auf Asyl oder Schutz nach der Genfer Flüchtlingskonvention bestehen oder ob sogenannte »zielstaatsbezogene Abschiebungshindernisse« vorliegen (BMI).[534] Das ist positiv ausgedrückt. Die Prüfung läuft eher darauf hinaus, Gründe der Ablehnung zu finden, obwohl Folteropfer, die traumatisiert sind, gar nicht in der Lage sind, ihre Geschichte widerspruchsfrei, detailliert und chronologisch zu schildern.

So lehnte das BAMF in Falle des Herrn A. asylrelevante Gründe ab. Das Verwaltungsgericht Berlin beauftragte das Behandlungszentrum für Folteropfer in Berlin zu prüfen, ob es Beleg für die von Herrn A. behauptete Folter an Händen und Geschlechtsteilen gebe. Auszüge aus dem Gutachten:[535]

»Es handelt sich um einen 27jährigen Mann, einen Kurden aus der Türkei. Seit dem 13. Lebensjahr dieses Mannes, das heißt seit dem Militärputsch von 1980, herrscht der Ausnahmezustand in den kurdisch bewohnten Provinz der Türkei. Millionen von Jungen und Mädchen lernen in dieser Periode nichts als latente Angst kennen. Herr A. erhält in seiner Schulzeit, wenn er kurdisch spricht, Schläge vom Lehrer. Dauerhaftes Misstrauen gegen jedermann bestimmt seinen Alltag und seine sozialen Kontakte. Da nichts so ansteckend ist wie Gewalt, wird er zwangsläufig von der Gewalt der Polizei und der Militärs infiziert. Verwandte werden verhaftet. Herr A. schwankt ständig zwischen Trauer und Rachegefühlen. Als sich der bewaffnete Widerstand formiert, sieht sich Herr A. herausgefordert, den Widerstand mit Nahrung, Kleidern und Geld zu unterstützen.

Er wird nach seiner Verhaftung nach Diyarbakir gebracht, wo er nach seinen Angaben vier Monate lang fast täglich gefoltert wird. Misshandlungen hatten schon auf dem Transport stattgefunden. Man wirft ihm eine Zusammenarbeit mit verbotenen Organisationen vor.

Nach der Schilderung der räumlichen Verhältnisse während der Verhöre und Folterungen wird erkennbar, dass es sich um das E-Typ-Gefängnis in Diyarbakir gehandelt haben muss. Darstellungen durch andere Patienten, vor allem ihre Zeichnungen des Bauwerks und der Keller, erlauben diese Schlussfolgerung.

Die von Herrn A. unter Mühen dargestellten Folterformen ergeben ein Gesamtbild, das wir für dieses Gefängnis als bezeichnend kennen:

Herr A. wurde gezwungen, einen Raum zu betreten, dessen Boden mit Glassplittern übersät war. Er zerschnitt sich die Fußsohlen und wurde danach in einen Raum gedrängt, der mit Salz ausgelegt war.

Anschließend musste er in einen Raum, in dem knöchelhoch Wasser stand. Zuvor war er wiederholt auf die Fußsohlen geschlagen worden.

Zum Zeitpunkt der Beurteilung lagen die Ereignisse in Diyarbakir drei Jahre zurück. Zu suchen war folglich nach rund drei Jahren alten Narben an den Fußsohlen. An der linken Sohle fanden sich dreizehn, an der rechten zwölf abgrenzbare Narben, dunkler als die Umgebung. Das Alter kann aus der Erfahrung bestätigt werden. Die Fettpolster unter den Sohlen sind deutlich reduziert, was als Falanga-Folge gewertet werden muss. Die Sehnen der Sohlen lassen sich kaum anspannen, die Großzehen sind überstreckbar. Die Folgen dieser Symptomatik sind Schmerzen und Gangstörungen.

Herr A. gab an, man habe ihn mit dem Bajonett auf die Hände geschlagen. Er schildert ferner, dass man ihn durch erhitzte Zangen oder ähnliches am Handrücken gefoltert habe. Bei der Untersuchung finden sich auf beiden Handrücken je eine unregelmäßige Narbe, die Quetschverletzungen entsprechen kann. Daneben besteht eine sekundär verheilte Schnittwunde über der rechten Handfläche, die als Folge der Bajonetthiebe auf die Hände aufgefasst werden kann. Herr A. hatte im Interview von Verbrühungen mit heißem Wasser berichtet. Bei der Untersuchung erkennt man Verbrennungsareale mit Narbengewebe über der rechten Wange, der Stirn, dem rechten Oberlid und dem Nasenrücken sowie Verbrennungsnarben in typischer Figuration über den Fingerrücken der Finger II bis V beidseits. Die Hände seien im gefesselten Zustand verbrüht worden, was die Aussparung der Daumen erklärt. Bei der Untersuchung imponiert ferner eine unregelmäßige, wulstige Narbe an der Schulter, die Herr A. mit einem spontanen Biß eines Folterers erklärt. Er habe bei der Verbrühung eine den Folterer treffende Abwehrreaktion gemacht. Darauf habe der Mann ihn heftig gebissen. Es sind in der Tat Bissspuren von zwei Schneidezahnreihen zu erkennen. Da Bissverletzungen sehr oft Infektionen zur Folge habe, sind die narbigen Auftreibungen erklärbar.

Herr A. war nach seinen Worten der elektrischen Misshandlung am Penis ausgesetzt. Seine Darstellung der Applikation der Elektroden entsprechen den angewandten Praktiken. Es findet sich eine bezeichnende Narbe, die aus naheliegenden Gründen keiner gewebebioptischen Untersuchung unterzogen wird.

Die gebräuchlichsten Formen der Misshandlung waren nach den Angaben von Herrn A. Schläge mit Fäusten und Gegenständen an den Körper und vor allem an den Kopf. Sie hatten wiederholte Bewusstlosigkeit zur Folge. Auf dem behaarten Kopf finden sich sieben abgrenzbare, altersgleiche Narben. Davon deuten drei auf chirurgische Intervention. Man erkennt noch die Stichkanäle. Bei Hinweisen auf ärztliche Beteiligung im Umfeld von Folterhandlungen merken wir besonders auf. Nach den Angaben von Herrn A. erwachte er zweimal aus der Bewusstlosigkeit und stellte fest, dass seine Kopfhaut genäht wurde. Er hatte verbundene Augen gehabt und konnte uns daher keine Einzelheiten berichten. Es wurde während der chirurgischen Versorgung nicht gesprochen. Nach den Worten von Herrn A. könnte es sich auch um Pfleger gehandelt haben.

Erfahrungen von scham- und ehrverletzenden Misshandlungen lassen sich nicht von der Haut ablesen. Sie enthüllen sich allerdings im Vorgang des Erinnerns durch Sprechweise, Mimik, Trauer, Verstummen.

Herr A. ist stets in unbekleidetem Zustand gefoltert worden. Ihm wurden Gegenstände in den Enddarm gesteckt. Er wurde gezwungen, den Urin der Folterer zu trinken. Die Verhöre erlebte Herr A. meist mit verbundenen Augen. Er registrierte die Folterungen in benachbarten Räumen. Das passive Mithören von Schreien anderer Gefangener hinterlässt tiefe Spuren.

Die Absicht hinter diesen schamverletzenden Foltermethoden ist nicht das Geständnis, sondern die Auflösung der persönlichen Identität. Je größer die geschilderten Ungeheuerlichkeiten und je brüchiger die Identitätsreste, desto größer der Eindruck der Unglaubwürdigkeit.

Simon Wiesenthal berichtete einmal vom Vergnügen der SS-Leute in den Vernichtungslagern, wenn sie den Gefangenen zynisch vor Augen hielten: ›Stellen Sie sich nur vor, Sie kommen in New York an und die Leute fragen: Wie war es in den deutschen Konzentrationslagern? Was haben sie da mit Euch gemacht? Sie würden den Leuten die Wahrheit erzählen. Und wissen Sie, was dann geschehen würde? Sie würden Ihnen nicht glauben, würden Sie für wahnsinnig halten, vielleicht sogar in eine Irrenanstalt stecken.‹

Auch Herr A. wird mit den Worten aus der Haft entlassen, er würde keine Menschen finden, die ihm seine Geschichte glaubten. Es gebe keine Anklage, keinen Prozess, kein Urteil, nichts Schriftliches. Lediglich ein von Herrn A. unterschriebenes Geständnis, in dem er sich für die freundliche Behandlung bedankt.

Die Erlebnisse der erniedrigenden, ehrverletzenden sexuellen Misshandlungen lassen Herr A. aussprechen, er wäre lieber gestorben. Es gibt eigentlich keinen Patienten, männlich oder weiblich, in unserer Einrichtung, der aus dieser Region stammt und keine sexuellen oder schamverletzenden Misshandlungsfolgen beklagt. In der Haft in Diyarbakir sind schon viele Menschen unter der Folter gestorben. Diese Fälle sind sowohl von Amnesty International als auch von der türkischen Menschenrechtsstiftung dokumentiert. Im vorliegenden Fall muss aus der Gesamtschau der Beurteilungsmaßstäbe gefolgert werden: Es handelt sich mit an Sicherheit grenzender Wahrscheinlichkeit um einen Folterüberlebenden.«

Inwieweit man Irrtümer und falsche Entscheidungen im BAMF diskutiert und ob sie Konsequenzen haben, entzieht sich der Kenntnis. Die Alltagsarbeit dieser Behörde wird auch hier von Verbindungsbeamten beeinflusst. Man unterscheidet zwischen »Liaisonpersonal«, das man für vier Jahre »zwecks Harmonisierung verfahrensrechtlicher Abläufe oder Aufdeckung von Mehrfachanträgen« zu europäischen Partnerbehörden schickt und im Gegensatz dazu »Verbindungspersonal« an deutschen Auslandsvertretungen, das den Zweck verfolgt, Einfluss auf Einzelentscheidungen der Rechts- und Konsularabteilung vor Ort zu nehmen.

Das BAMF betreibt auch wissenschaftliche Forschung über Migrationsfragen »zur Gewinnung analytischer Aussagen über die Steuerung der Zuwanderung« (BMI). Dass diese Forschung die Politik des Bundesinnenministeriums beeinflusst, kann man annehmen.

Mit reichlich Verspätung stellte Minister Schäuble dem Parlament am 9. Mai 2008 den »Migrationsbericht 2006« (erstellt vom BAMF) vor.[536] Eine wichtige Erkenntnis: Der Anteil der ausländischen Bevölkerung an der Gesamtbevölkerung liegt in Deutschland weiterhin bei rund 8,8 %; das Gerede von »Überfremdung« ist also Unsinn. Man kann es auch so ausdrücken: Mehr lässt man nicht ins Land hinein, trotz demografischer Erkenntnis der Überalterung der Bevölkerung und trotz »Greencard« für qualifizierte Fachkräfte. Und vor allem: Trotz Genfer Flüchtlingskonvention, die eigentlich ein verbrieftes Recht darstellt, in jedes Land der EU zu kommen, um Schutz zu suchen. Die Zurückweisung ist deswegen von ihrem Ansatz her völkerrechtswidrig.

Der Bundesinnenminister sagte ferner: »In einem Europa der offenen Grenzen können wir Migrationspolitik nicht mehr alleine national steuern. Deswegen brauchen wir eine gemeinsame europäische Politik zur Bekämpfung illegaler Migration. […] Natürlich gibt es in der Partnerschaft mit Herkunfts- und Transitstaaten, die man braucht, um die Schleuserkriminalität zu bekämpfen, auch Verbindungen zwischen der Steuerung legaler und der Bekämpfung illegaler Migration. Dabei müssen wir auch die Interessen der Dritten Welt, der Herkunftsländer bedenken. Das nennt man dann strukturierte Migration. Und wenn wir dies tun, sehen wir auch den Zusammenhang zwischen Migration und globaler Verantwortung.«[537]

Nun gibt es eigentlich keine »Dritte Welt«, sondern nur »Eine Welt«. Und Migrationsströme lassen sich in erster Linie durch Bekämpfung der Armut »strukturieren« und nicht durch Kriminalisierung, denn niemand ist freiwillig ein Flüchtling und als Flüchtling per se kriminell.

An diesem Punkt ist das Bundeskriminalamt erneut zuständig, dessen Präsident ebenfalls die Trias Organisierte Kriminalität, Terrorismus und illegale Migration zu beschwören scheint. Ziercke verweist auf den am 27. Mai 2006 in Prüm geschlossenen Vertrag zwischen Deutschland, Belgien, Spanien, Frankreich, Luxemburg, den Niederlanden und Österreich, der eine weitere Optimierung der grenzüberschreitenden Zusammenarbeit vorsieht.[538] Es geht dabei um:

- Einrichtung von nationalen DNA-Analysedateien
- Erlaubnis gegenseitig auf DNA-Profile zuzugreifen und sie abzugleichen
- Allseitige Abfrage elektronisch gespeicherter Fingerabdrücke
- Gegenseitiger Zugriff auf Fahrzeugregisterdaten
- Präventiver Informationsaustausch bei Großveranstaltungen zur Verhinderung terroristischer Straftaten.

Dass es sich hier um eine sehr weit gehende Aufweichung des Datenschutzes mit vielseitigen Gefahren des Missbrauchs handelt, steht außer Frage.[539]

Die Bekämpfung von Organisierter Kriminalität ist eine Kernkompetenz des Bundeskriminalamtes, und Schleusungskriminalität stellt einen Teil von OK dar.

Das Auswärtige Amt sieht das BKA in die Gesamtstrategie der grenzüberschreitenden Maßnahmen eingebunden, vor allem weil es »Erscheinungsformen der Schleusungskriminalität, der unerlaubten Einreise und des unerlaubten Aufenthaltes, Migrationsbewegungen sowie Push- und Pullfaktoren« analysiere. Auch könne das BKA »legale Fassaden der Täterstrukturen in Deutschland« erkennen.[540]

Solchen Fragen widmete sich vom 14. bis 16. November 2006 die BKA-Arbeitstagung »Illegale Migration – Gesellschaften und polizeiliche Handlungsfelder im Wandel«. Jörg Ziercke hat in seinem Vortrag zur Versachlichung aufgerufen und selbst dazu beigetragen.[541] Er sagte Sätze wie: »Migration darf nicht mit Kriminalität gleichgesetzt werden. Die weit überwiegende Mehrheit der Ausländer und Zuwanderer in Deutschland tritt strafrechtlich nicht in Erscheinung.« Oder: »Von den sich in Deutschland illegal aufhaltenden Personen geht derzeit keine schwerwiegende Bedrohung der Sicherheitslage aus. Verstöße gegen das Ausländerrecht, Ladendiebstahl und Urkundenfälschung sind die überwiegenden Delikte. Grundsätzlich bemühen sich illegal Aufhältige um Unauffälligkeit und Konformität.«

Als Chef des BKA kann er schlecht sagen, dass er den Ausbau der Festung Europa für einen kriminogenen Faktor hält. Stattdessen verweist er auf 23 Großschleusungen im Jahr 2005, aber auch darauf, dass die Zahl der Tatverdächtigen um 23 % gesunken sei. Ziercke macht auf Begleit- und Folgekriminalität aufmerksam, wie Menschenhandel, Drogen- und Waffenhandel. Niemand kann und will ihm widersprechen, wenn das BKA sexuelle Ausbeutung und Zwangsprostitution oder Kinderpornografie wirkungsvoll bekämpfen will. Er macht sich auch Gedanken über Migranten als Opfer rechtsextremer Gewalt und hebt hervor, dass in Deutschland lebende Ausländer ihrerseits zu weniger als 1 % extremistischen Vereinigungen angehören, also kein Massenphänomen darstellen. Er will nicht ausschließen, dass ein Gefahrenpotential hinsichtlich des Terrorismus besteht. Am Schluss seines Vortrages hebt er hervor: »Wir müssen uns mit den Ursachen weltweiter Wanderungen befassen. Oberstes Ziel sollte es sein, dass Menschen aus wirtschaftlich schwachen Ländern, die in die Staaten der Europäischen Union drängen, eine Perspektive im eigenen Land erhalten. Nur wenn wir die Entstehungsformen von Migration vor Ort analysieren und identifizieren, wird vorausschauendes und effektives Handeln möglich sein, das sich humanitären Grundsätzen verpflichtet fühlen muss.«

Unter den Zuhörern befand sich auch ein Hardliner von FRONTEX.

Nach diesen Worten ist der BKA-Präsident nicht der Vertreter eines harten politischen Kurses, er müsste sich aber gegenüber seinen Kollegen durchsetzen, die die Weichen im Strategiezentrum GASIM stellen (siehe nächstes Kapitel). Auch Udo Hansen vertritt eine humane Linie, der im Jahr 2001 als Präsident des Grenzschutzpräsidiums Ost in seinem Vortrag über den derzeitigen und künftigen Schutz der EU-Außengrenzen ins Grübeln kam: Die Grenzpolizei als zweitgrößte Polizei der Bundesrepublik koste 3,4 Milliarden jährlich. Man müsse ernsthaft darüber nachdenken, ob dieser ungeheure Aufwand gerechtfertigt sei, indem sogenannte Sicherheit produziert werde, »wenn man auf der anderen Seite feststellt, dass die Menschen, die wir mühsam ergreifen, vielleicht die Menschen sind, die wir hier eigentlich brauchen würden«.[542]

Udo Hansen – immerhin ein Insider – blieb ein einsamer Rufer in der Wüste. Auch gingen bisher vom Bundeskriminalamt keine Impulse aus, die repressive und aggressive Migrationspolitik in Europa zu ändern.

7. »Migrationsverbrechen«

Der Wegfall der Binnengrenzkontrollen in 24 EU-Staaten Ende 2007, den viele deutsche Polizisten als Sicherheitsrisiko ablehnten und die Gewerkschaft der Polizei als »zu früh« tadelte, gilt als ein Ausdruck von Mobilität und Freiheit. Der dafür gezahlte Preis ist jedoch hoch.Vor allem kostet er Menschenleben. Tausende sind mit seeuntüchtigen Kähnen auf dem Atlantik oder dem Mittelmeer ertrunken. Die Vorstellung, dass sie fast alle hätten gerettet werden können, ist unerträglich. Wie Fachleute wissen, könnte das Satellitenzentrum in Torrejon/Spanien jedes Boot über GPR ohne Probleme orten und identifizieren. Zivile Rettungsdienste oder Fischerboote könnten und würden dann in Seenot geratene Menschen an Bord nehmen und in den nächsten Hafen bringen. Das wäre möglich, wenn weder Flüchtlinge noch Helfer kriminalisiert würden, die Retter nicht befürchten müssten, dass man ihre Boote beschlagnahmt. Durch die real existierenden Verhältnisse werden Migranten jedoch in die Arme der wirklich Kriminellen getrieben, die als Schleuserbanden und fragwürdige Schlepper die ohnehin armen Menschen abzocken und deren Leben rücksichtslos riskieren.[543] Somit hat sich der Slogan, dass die EU auf ihrem Weg zu einem gemeinsamen Staatenverbund der Freiheit, der Sicherheit und dem Recht dient, in sein Gegenteil verkehrt.

Amnesty International sind im Jahr 2006 1150 Todesfälle bekannt geworden, bei denen 650 Menschen ertranken und 81 auf der Flucht verdursteten oder verhungerten. Andere starben aufgrund der Strapazen oder infolge Krankheit.[544] Vermutlich sind die Todeszahlen viel höher, weil die Weltöffentlichkeit gar nichts davon erfährt. Roter Halbmond und Rotes Kreuz schätzen, dass 3000 Menschen im Jahr 2006 ertrunken sind. Die Internationale Organisation für Migration geht davon aus, dass 40 % aller »Boat People« ertrinken. Kofi Annan: »Diese stille Krise der Menschenrechte beschämt unsere Welt.«[545]

Die Bundesregierung weigert sich offenkundig, ihr Wissen über die seit Jahren anhaltende Flüchtlingstragödie öffentlich preiszugeben und entzieht sich auch einer parlamentarischen Kontrolle. In einer Kleinen Anfrage wollte die Fraktion der Grünen im Bundestag Einzelheiten wissen (1. Juli 2008)[546]:

Frage: »Wie viele tote bzw. wie viele lebendige Bootsflüchtlinge wurden im Zuge der sechs Seeaußengrenzoperationen (der Grenzschutzagentur FRONTEX, Anm. D. Sch.) innerhalb bzw. außerhalb des Operationsgebietes entdeckt? (bitte aufschlüsseln)«

Antwort: »Der Bundesregierung liegen darüber keine amtlichen Erkenntnisse vor.«

Frage: »Nach welchen Regeln/Grundsätzen wird mit Booten umgegangen, die außerhalb des Kontrollgebiets gesichtet werden, und auf denen sich erkennbar/vermutlich Bootsflüchtlinge befinden?«

Antwort: »FRONTEX stimmt für jeden einzelenen gemeinsamen Einsatz einen sogen. Operationsplan mit dem betroffenen EU-Mitgliedstaaten und im Einzelfall mit Drittstaaten ab. Darin werden konkrete praktische Regelungen, die sich am Einsatzgebiet und Einsatzzweck orientieren, detailliert festgelegt.«

Die eigentliche Frage, um was für Regelungen es sich handelt, bleibt somit unbeantwortet.

Die Bundesregierung, also das federführende BMI, zieht sich darauf zurück, dass statistische Erfassungen nicht ihr obliege, sondern in der »jeweiligen nationalen Verantwortung« erfolge.[547]

Das wäre ja eine miserable Migrationspolitik, wenn die Regierung zwar ihre Beamten einsetzt, sich aber nicht für die Ergebnisse interessiert. Außerdem ist es Aufgabe des gemeinsamen Analyse- und Strategiezentrums (siehe weiter unten), genau solche Auswertungen zu betreiben.

Die Migrationspolitik wird von der Bundesregierung mit absoluter Konsequenz betrieben, humanitäre Überlegungen sind hinter den organisatorischen Vorkehrungen nur schwer zu erkennen. Im Mai 2006 errichtete das Bundesinnenministerium das sogenannte Gemeinsame Analyse- und Strategiezentrum illegale Migration (GASIM), in dem etwa 40 Beamte des BKA, der Bundespolizei, des Bundesamtes für Migration und Flüchtlinge (BAMF), des BfV, BND und des Zolls sowie der sogenannten Finanzkontrolle Schwarzarbeit tätig sind.

Die Aufgabenfelder umfassen:[548]

- Zusammenführung und Verdichtung vorliegender Informationen im Bereich illegale Migration
- Intensivierung der behördenübergreifenden Zusammenarbeit
- Gegenseitige Unterstützung in operativen und strategischen Fragen
- Abstimmung strategischer Positionen im internationalen Kontext.

In sieben Foren erstellt das GASIM zum Beispiel »Lagebilder Migrationsströme« oder unter Leitung des BKA »strategische Konzepte im Phänomenenbereich illegale Migration«. Die Bundesregierung betont, dass das Gasim selbst keine operativen Maßnahmen durchführt.[549] Jedoch initiiert das GASIM überörtliche und behördenübergreifende Einsätze bzw. operative (Sofort-) Maßnahmen. Es dürfte keinem Zweifel unterliegen, dass das GASIM wesentlich die Tätigkeit der Grenzschutzagentur FRONTEX steuert.[550]

Flüchtlinge, die nach Europa wollen, schaffen dies kaum noch oder eben illegal. Einmal mit diesem Stigma behaftet, können sie hier kaum noch mit Schutz und Sicherheit rechnen. Sie werden bei ihrer Aufnahme würdelos behandelt, als kriminell und unerwünscht diffamiert, sie werden in Lagern untergebracht und sind ihren gesamten Aufenthalt über von Abschiebung bedroht.[551]

Die EU verfolge eine Politik der systematischen Abschottung, der Abweisung und der Auslagerung, konstatiert AI, denn wenn Menschen vor Verfolgung fliehen, würden sie als illegale Einwanderer behandelt und hätten keinen Zugang zu einem fairen Asylverfahren. Die Grenzagentur FRONTEX spüre flüchtige Menschen schon auf der See auf, um sie nach Afrika zurück zu bringen, bevor sie europäischen Boden erreichen.[552]

Auf einer Euro-Afrikanischen NGO-Konferenz im Sommer 2006 wurde beschlossen: »Wir lehnen die Aufteilung der Menschheit in diejenigen, die sich frei auf dem Planeten bewegen können und denjenigen, denen das verboten ist, ab. Wir lehnen ebenso ab, in einer Welt zu leben mit mehr und mehr militarisierten Grenzen, die unsere Kontinente teilen und jede Gruppe von Ländern in eine Festung verwandeln.«[553]

Die EU umgibt sich mit einem Ring von Staaten, die als »sichere Drittstaaten« anerkannt werden, obwohl sie selbst alles andere als »sicher« im Sinne der Menschenrechte bezeichnet werden können, wie zum Beispiel Türkei, Marokko, Libyen, Ukraine. Diese Staaten errichten »regionale Schutzzonen« mit Auffanglagern zur »heimatnahen Unterbringung«. Erreicht ein Flüchtling EU-Territorium, kann er sofort in einen solchen Drittstaat zurückgeschoben werden und muss einen (aussichtslosen) Asylantrag außerhalb der EU stellen. In der Regel wird er aber aus dem Drittstaat wiederum weitergeschoben, weil 80 Entwicklungsländer das Cotonou-Abkommen (23. Juni 2000) unterzeichnet haben, das sie verpflichtet, Flüchtlinge zurückzunehmen. Man spricht von Kettenabschiebungen, deren Strapazen wiederum viele nicht überleben.[554]

Um es ganz profan auszudrücken: »FRONT-EX« *(nomen est omen)* macht Jagd auf Migranten. FRONTEX will die Migrationsrouten unterbrechen und de facto das Asylrecht aushebeln. Wir sollten nicht aus dem Blick verlieren, dass die Bundespolizei voll involviert ist in das unmenschliche Geschäft, in dem von Asylrecht geredet wird, aber Abschottung gemeint ist. Bundespolizisten tragen zur Identifizierung von Flüchtlingen genau so bei (EURODAC-Datenbank für Fingerabdrücke von Asylbewerbern; Visa-Informationssystem VIS; Abgleich biometrischer Daten SIS II), wie sie an »Erstprofilen« mitwirken, die Nationalität eines Opfers zu bestimmen. Sie patrouillieren mit Schiffen in Küstennähe wohl wissend, dass Flüchtlingsboote große Umwege auf die offene, todbringende See riskieren müssen.[555] Sie detektieren in der Nacht mit Wärmebildkameras die Opfer aus der Luft. Bundespolizisten gehören zu einer nach militärischem Vorbild aufgebauten polizeilichen Eingreiftruppe. Das Bundeskriminalamt ist mit 12 Beamtinnen und Beamten im Analyse- und Strategiezentrum GASIM beteiligt, und Führungskräfte der Bundespolizei und des Bundeskriminalamtes haben Teil am Einfallsreichtum, strategische Konzepte für FRONTEX zu entwerfen, die inhumane, oft tödliche Auswirkungen haben. Die meisten Todesfälle geschehen auf hoher See, manche Opfer wurden viele Kilometer von der Zivilisation entfernt in der Wüste abgesetzt und sich selbst überlassen (Marokko). Und es war Bundesinnenminister Otto Schily, der in einer Pressekonferenz am 9. September 2005 in Newcastle Konzentrationslager in Nordafrika, die er als »Auffanglager« bezeichnete, vorschlug.[556]

Bei der Verwirklichung des Ziels, die Grenzen auf den afrikanischen Kontinent auszudehnen (Vorverlagerungsstrategie), lässt sich FRONTEX ungehemmt auf Staaten ein, die Folterregime sind. Diese werden mit Entwicklungsgeldern belohnt und mit Ausrüstung bedacht, zu der allerdings auch Leichensäcke gehören. Ein solches Land ist zum Beispiel Mauretanien. Dort wird gefoltert, die Praxis von Zwangsarbeit und Sklaverei besteht weiter, Haftbedingungen sind hart.[557] Von den Kanarischen Inseln werden Immigranten nach Mauretanien abgeschoben. Von dort führt der Leidensweg nach Mali oder in den Senegal (Kettenabschiebung).[558]

Am 31. Januar 2007 empfing der Schlepper »Luz de Mar« des Seerettungsdienstes Teneriffa den Notruf des Frachters »Marine I«, auf dem sich 369 Immigranten befanden. Er geleitete das Schiff in die Nähe der mauretanischen Küste, wo es über eine Woche ohne Betreuung im internationalen Gewässer liegen blieb, bis die mauretanischen Behörden eine Genehmigung erteilten, den Hafen von Nuadibu anzulaufen.

Jesus Hidalgo A. verfasste am 23. April 2007 ein Beschwerdeschreiben an die Vereinten Nationen (Auszüge):[559]

»Seit dem 12. Februar sind die Immigranten und Flüchtlinge der beschlagnahmten Marine I inhaftiert, ohne reale legale Grundlage oder gerichtliche Anweisung und unter der Bewachung spanischer Sicherheitskräfte. Am 14. Februar werden die Arbeiten zur Feststellung der Identität der Flüchtlinge und Immigranten abgeschlossen; diese Arbeiten werden von mehr als 100 Beamten der Nationalpolizei, die direkt von Spanien geschickt werden, ausgeführt.

Der Ort der Inhaftierung ist eine alte Fischfabrik, wo laut Informationen der bereits erwähnten Tageszeitung El Pais vom vergangenen 16. März die Flüchtlinge und Immigranten noch immer im Halbdunkel zusammengepfercht sind. Sie leiden unter der Krätze, die durch die räumlichen Bedingungen zum Ausbruch kommt und schlafen noch immer auf denselben Bodenbelägen und unter denselben Decken, die ihnen anfangs von mehreren NGOs ausgehändigt worden sind.

Informationen von verschiedenen humanitären, in dem Gebiet arbeitenden Organisationen zufolge, sind die Bedingungen in der Fischhalle, um in Termini der Gesundheit zu sprechen, unadäquat: Die Belüftung ist ungenügend. Die Flüchtlinge und Immigranten sehen kein Tageslicht, da ihnen in keinem Moment gestattet wurde, diese Räumlichkeit zu verlassen. Die Betroffenen sind zusammenpfercht, da sie, obgleich die Halle groß ist, sich nur in einer bestimmten Zone aufhalten dürfen, in der sie den Tag zubringen müssen. Die Flüchtlinge und Immigranten schlafen auf dem Boden, auf Bodenbelägen aus Plastik und ein paar Decken. Der Zugang zu den Waschbecken und Duschen wird erschwert durch die spanische Polizei, welcher die Überwachung obliegt und die mit unterschiedlicher Strenge vorgeht. Aufgrund dieser Umstände waren die Flüchtlinge und Immigranten manchmal gezwungen, in einer Ecke der Halle in Flaschen zu urinieren.

Was ihre psychische Gesundheit anbelangt, haben die Flüchtlinge und Immigranten verschiedene Stadien durchgemacht. Am Tag der Ankunft erschienen sie besonders betroffen, mit verlorenem Blick. Manche erlitten nachträglich Beklemmungen und Angstzustände und allgemein waren sie in einem Zustand der Bedrücktheit und permanenter Sorge, was Kopfschmerzen, Schlaflosigkeit, Stress und andere Reaktionen bei ihnen auslöste, die das Leiden widerspiegelten, das diese Situation bei ihnen verursachte.

Von den insgesamt 369 Personen sind die 23 Asiaten, die der freiwilligen Rückführung nicht entsprechen wollten, diesbezüglich am verletzlichsten, da sie aufgrund der Ausweglosigkeit des Geschehens einem größeren Stress unterworfen sind. Die Mehrheit zeigt eine große Unruhe gegenüber einer Aktion, die sie wieder zurück an ihren Ursprungsort bringen kann, wo sie Opfer von Verfolgung und bewaffneten Konflikten sein können.

Die in der Halle untergebrachten Immigranten und Flüchtlinge gaben an, seitens der spanischen Autoritäten unter Druck gesetzt worden zu sein, damit sie ihre ›freiwillige Rückkehr‹ akzeptieren.

Laut den Nachrichten der wichtigsten spanischen Tageszeitungen, die die Krise begleitet haben und von Nichtregierungsorganisationen, die vom Ort des Geschehens vertrieben wurden, berichtete die Mehrheit der in Nuadibu festgehaltenen Personen, dass die Motive für das Verlassen ihrer Herkunftsländer mit dem Konflikt in Cachemira und dessen Konsequenz der Verfolgung verbunden waren. Alle gaben an große Angst davor zu haben, im Fall einer Rückführung in ihre Ursprungsländer Verletzungen ihrer grundlegenden Menschenrechte wie erniedrigende und inhumane Behandlung, Folterungen, Freiheitsentzug und sogar Mord zu erleiden.«

Flash-back

Sie nannten es den Madagaskar-Plan. Er sah vor, vier Millionen Juden auf der zum französischen Kolonialreich gehörenden Insel Madagaskar anzusiedeln. Es war ein Teil der »territorialen Endlösung« im Zusammenhang mit der Um- und Aussiedlungspolitik im Deutschen Reich und den besetzten Ländern mit dem Ziel, Europa »judenfrei« zu machen. Der Madagaskar-Plan entstand im Juni 1940 im Referat D III des Auswärtigen Amtes, die detaillierte Planung erfolgte durch das Referat Eichmanns im Reichssicherheitshauptamt. Hiernach hatte Frankreich die Insel Madagaskar Deutschland als Mandat zu überlassen. Eichmann schickte zur Vorbereitung des Projektes Mitarbeiter ins Hamburger Tropeninstitut und in die französischen Kolonialarchive in Paris. Unter der Verwaltung eines dem Reichsführer SS unterstehenden Polizeigouverneurs sollten die Juden auf einem abgegrenzten Territorium der Insel »agrarisch tätig« werde, also auf einem so niedrigen Lebensniveau gehalten werden, dass ihre Vernichtung nur eine Frage der Zeit gewesen wäre.

Himmler plädierte für eine »Abschiebung des gesamten Volksabschaums« aus Deutschland ins Generalgouvernement. Dies sei der beste Weg, diese Menschen zu ausgebürgerten Sklaven zu degradieren. Außerdem schlug er die »Auswanderung von Juden nach Afrika oder sonst in eine Kolonie« vor, um so »den Begriff Jude […] völlig auslöschen zu sehen«.

Mit der Planung des Krieges gegen die UdSSR wurde der Madagaskar-Plan von dem Vorhaben abgelöst, die Juden in die dort zu eroberten Gebiete zu transportieren. Der Madagaskar-Plan zeigte bereits die wahren Ziele der Nationalsozialisten, die bald darauf durch die »Endlösung« in die Tat umgesetzt wurden.[560]

8. Exportschlager GSG 9

Die GSG 9 ist Thema von Fernsehsendungen und Büchern,[561] sie wird als »legendär« bezeichnet und ihr erster Chef, Ulrich K. Wegener, »Held von Mogadischu« genannt. Als Bundesinnenminister Otto Schily die BGS-Truppe am 13. Dezember 2002 an ihrem Standort in St. Augustin besuchte, war der Anlass das 30jährige Jubiläum. Dass die GSG 9 bei 1400 Einsätzen nur in vier Fällen von der Schusswaffe Gebrauch machte, belege ihre hohe Professionalität und kompetente Führung, meinte der Minister.[562] Allerdings dienten mehr als 900 Einsätze dem Entschärfen von Sprengmitteln und Munition,[563] denn in Wahrheit litt die Sondereinheit darunter, nach der Befreiung der LH-Maschine »Landshut« (18. Oktober 1977) hoch motiviert zu sein, aber nicht eingesetzt zu werden, zumal ihr in den Mobilen Einsatzkommandos (MEK) und Spezialeinsatzkommandos (SEK) der Bundesländer Konkurrenz erwachsen war. Aber sie war in anderen Bereichen erfolgreich, so mancher Botschafter auf einem hochgefährlichen Auslandsposten empfand Dankbarkeit, vier der baumlangen Kerls mit einer MP über der Schulter in unmittelbarer Nähe zu wissen. Hypersensibel darf man nicht sein, will man diesen Job ausüben, da wird auch schon mal »Hinrichten« gespielt oder werden Liegestütze über einem aufgeklappten Messer gemacht.[564]

Nachdenklich stimmt allerdings, wenn der ehemalige BGS-General Wegener mit zwei Bundeswehroffizieren, Reinhard Günzel und Wilhelm Walter, das Buch »Geheime Krieger – drei deutsche Kommandoverbände im Bild: KSK, Brandenburger, GSG 9« verfasste und im Verlag Pour le Mérite herausgab (2006), ein Verlag, der laut Verfassungsschutzbericht eindeutig rechtsextrem ist. Auch soll sich Gründungskommandeur Wegener auf das Vorbild der Division »Brandenburg« berufen haben und von deren Kameradschaft und Korpsgeist beeindruckt gewesen sein, doch wiegelt die Bundesregierung in ihrer Antwort auf eine Kleine Anfrage der Abgeordneten Ulla Jelpke ab (2007): »Aus der Dienstzeit des Generals a. D. Ulrich K. Wegener ist nichts über etwaige wehrmachtsverherrlichende Auffassungen bekannt«, auch gebe es keinen Traditionsbezug zwischen der GSG 9 und der Division »Brandenburg«.[565] Das Buch jedenfalls, das von der Zeitschrift des Deutschen Bundeswehrverbandes positiv rezensiert wurde, spricht eine andere Sprache.[566]

Nachfolger von Wegener war dessen Vertreter Major Klaus Blätte. Er nahm Ende der siebziger Jahren an einer Rahmenstabsübung »Geiselnahme« der Polizei in Gießen teil und erklärte in der abschließenden Manöverkritik: »Wenn mehr als die Hälfte meiner Männer lebend aus einem Einsatz herauskommen, dann war der Einsatz für mich ein Erfolg.«[567]

So viel zum dienstlichen Klima in der Spezialeinheit. Um alles das geht es bei den weiteren Ausführungen nicht, vielmehr soll thematisiert werden, dass die GSG 9 über viele Jahre Polizeikräfte ausbildete, die sich später als Folterknechte betätigten. Das ist Politikern durchaus bewusst, denn bis heute lehnen sie Auskünfte weitgehend ab und sabotieren parlamentarische Kontrolle. »Angesichts der praktizierten Abschottung, des geheimpolizeilich-konspirativen Auftrags, des ausgeprägten Korpsgeistes und angesichts der Anonymität der eingesetzten GSG 9-Kämpfer ›ohne Gesicht‹ (ruß-geschwärzt oder maskiert) laufen die üblichen Kontrollmechanismen ins Leere« (Rolf Gössner).[568]

Im Jahr 1986 fragte MdB Hans-Christian Ströbele, ob es richtig sei, dass die GSG-9 in Thailand ausbildet und in welchen anderen Ländern außerdem. Indirekt und fast entschuldigend bestätigte der Parlamentarische Staatssekretär beim BMI: »Die Initiative ging nicht von der Bundesregierung aus, sondern von Thailand.« Über drei weitere Länder wollte er nicht reden, da »Vertraulichkeit vereinbart« worden sei.[569]

Innen-Staatssekretär Hans Neusel berichtete 1988 im Bundestags-Innenausschuss, dass die Niederlande, Somalia, Singapur, Saudi-Arabien, Thailand und die Vereinigten Arabischen Emirate durch »umfangreiche projektbegleitende Beratung bei Organisation, Ausrüstung und Ausbildung« von der GSG 9 das Anti-Terrorhandwerk erlernten. Die Ausbildung werde auch im Ausland durchgeführt. Neusel erklärte, die Linie des BMI sei, Informationen darüber »nicht so breit zu treten, damit sich der potentielle Gegner nicht darauf einrichten könne«.[570] Das Argument ist nicht besonders originell, denn das Wissen um eine gut ausgebildete Spezialeinheit hätte auf den Gegner eher eine abschreckende Wirkung gehabt.

In jüngster Zeit antwortete die Bundesregierung im Dezember 2007 auf eine Kleine Anfrage: »Zu den Einsätzen der Spezialeinheiten werden grundsätzlich keine Angaben gemacht.«[571]

In ihrer Homepage schreibt die Bundespolizei über ihr Aushängeschild: »Ein weiteres wesentliches Aufgabenfeld der GSG 9 ist die Ausbildungsunterstützung für Spezialeinheiten im In- und Ausland.« Im Internet ist ergänzend zu lesen, dass Angehörige der GSG 9 ihren Dienst in fremden Einheiten versehen und dort ihr Können und Wissen austauschen, oder dass Beamte fremder Einheiten ihren Dienst bei der GSG 9 leisten.[572]

Der im allgemeinen gut informierte damalige Chefreporter der Frankfurter Rundschau, Karl-Heinz Krumm (ein persönlicher Freund von Horst Herold), bezeichnete die GSG 9 als »absoluten Renner im Exportgeschäft«.[573] Ihm offenbarte Ulrich Wegener, dass bereits ein halbes Jahr nach der Aktion in Mogadischu Ersuchen aus rund 60 Ländern vorlagen. Inzwischen sei Wegener zum weitestgereisten Polizisten der Bundesrepublik geworden. Er und seine Polizisten hätten zwischen 1977 und 1982 in rund 30 Ländern etwa tausend Spezialisten ausgebildet. Genannt werden USA, Singapur, Österreich, Somalia und Saudi-Arabien. Wegener habe »umfängliche freundschaftliche Kontakte überall auf der Welt geknüpft«.

Nach der alten Volksweisheit: »Sage mir, mit wem du umgehst, und ich sage dir, wer du bist«, hätte man sich schon damals – und bis heute – näher anschauen können, welche »freundschaftlichen Kontakte« sich die GSG 9 einhandelte. Denn mit Fug und Recht kann man behaupten, dass in Diktaturen grundsätzlich die politischen Gegner – die Opposition – als Terroristen definiert werden. Und sie mit allen Mitteln zu bekämpfen, dient der eigenen Machterhaltung. Die GSG 9 leistete einen Beitrag zur Stabilisierung dieser Regime. Vielleicht hatten die draufgängerischen jungen Elitepolizisten, die schwören mussten, ihr eigenes Leben einzusetzen, kein politisches Bewusstsein. Und vielleicht hatten die nicht weniger draufgängerischen Führer der GSG 9 Grundhaltungen, die in einer deutschen Polizei deplatziert waren.

Der Fachjournalist für Innere Sicherheit Otto Diederichs (taz, Tagesspiegel, CILIP) listete 50 Staaten bis 1979 und 60 bis 1982 auf, deren Sicherheitskräfte ihre Ausbildung durch die GSG 9 genossen, einschließlich Irak,[574] was die Bundesregierung bezüglich des Irak bestritt.[575]

Aufgrund einer von der Bundesregierung nicht veröffentlichten Aufstellung waren die Anti-Terroreinheiten folgender Staaten durch GSG 9 – Spezialisten ausgebildet, teilweise sogar aufgebaut worden:

Somalia

1979 Basis- und Spezialausbildung einer Spezialeinheit der Polizei
4,5 Millionen DM (»als Dank für Mogadischu«).

AI-Jahresbericht 1981: Inhaftierungen ohne Gerichtsverfahren, unfaire Verurteilungen, Folter-Vorwürfe, harte Haftbedingungen sowie Anwendung der Todesstrafe.[576]

Singapur

1980 Basisausbildung Anti-Terror-Team (S.A.F.-A.T.-T.), von Singapur finanziert.

AI-Jahresbericht 1981: Folter und Misshandlungen in Haft- und Vernehmungszentren; aufgrund des Internal Security Act politische Gefangene ohne Gerichtsverfahren bis zu 18 Jahren inhaftiert; Anwendung der Todesstrafe.[577]

Saudi-Arabien

1980, 1984, 1988 Grundsatzplanung, Basis- und Spezialausbildung, Beratung bei Organisation und Einsatzmittelbeschaffung, von Saudi-Arabien finanziert.

AI-Jahresbericht 1988: Prügelstrafe, Vollstreckung von mindestens 54 Todesurteilen, systematische Folter durch: Falaqa (Schläge auf Fußsohlen), Schlägen mit Stöcken, Drahtbügeln oder einem verknoteten Seil; Aufhängen des Opfers an einem durch zwei Schlaufen geschobenen Pfosten (häufigste Methode); des weiteren zwei bis drei Stunden langes Stehen im Wechsel mit einstündigem Sitzen zuweilen mehrere Tage oder Wochen lang; erzwungene Kniebeugen, manchmal mit hinter die Knie gebundenen Holzpflöcken, die qualvolle Schmerzen bereiten, Schläge auf alle Körperstellen, Verbrennen empfindlicher Körperteile mit Zigarettenglut sowie Eintauchen in eiskaltes Wasser.

Ein Gefangener berichtet, man habe seine Füße durch zwei Seilschlaufen an einem schweren Stock geschoben. Zwei Polizisten hätten diesen dann rotieren lassen und die Schlaufen so immer fester gezogen. Anschließend habe man seine Füße hochgehoben und 25- oder 30mal mit einem etwa einen Zentimeter breiten Stock auf die Sohlen geschlagen. Dabei habe man ihm zwei Zehen am linken Fuß gebrochen.

Häufig wurden die Folterungen eingestellt, sobald ein Geständnis unterschrieben war.[578]

Thailand

1985 Basisausbildung für gemischtes Team Polizei und Militär, kostenlos da in Deutschland absolviert.

AI-Jahresbericht 1985: Anwendung der Todesstrafe, Incommunicadohaft bis zu 480 Tagen, unfaire Prozesse wegen angeblicher Majestätsbeleidigung und Verurteilung bis zu 6 Jahren Haft wegen dieses Delikts, extralegale Hinrichtungen durch paramilitärische Einheiten.[579]

Vereinigte Arabische Emirate
1986, 1988 Grundsatzplanung, Basisausbildung und Unterstützung bei der Vollausbildung, Beratung bei Organisation und Einsatzmittelbeschaffung, von VAE finanziert.

AI-Jahresbericht 1988: Inhaftierung ohne Gerichtsverhandlung, Incommunicadohaft, Folter durch Falaqa, Schläge mit Plastikschläuchen und Stöcken, Elektroschocks, Verbrennen mit Bügeleisen, Schlafentzug, Aussetzen abwechselnd kalter und heißer Luft im entkleideten Zustand.[580]

Die ausführliche Darstellung der Foltermethoden in Saudi-Arabien in zeitnaher Ausbildung durch die GSG 9 wurde gewählt, weil sich Ulrich Wegener zu diesem Zweck ab Mai 1988 auf die Dauer von 15 Monaten beurlauben ließ und ganz offiziell mit einem »Appell des Grenzschutzkommandos West« durch Bundesinnenminister Friedrich Zimmermann verabschiedet wurde.[581] Einige seiner Männer nahm Wegener mit, die angeblich sogar arabisch lernten. Dass die deutschen Spezialisten auch deutsches Know-how exportierten, liegt auf der Hand. Ging es doch nicht nur um schlichte Ausbildung, vielmehr baute Wegener in Riad mit deutschen Firmen ein modernes Trainings- und Unterkunftszentrum auf, das in dieser aufwändigen Form sonst nirgendwo in der Welt existierte.[582]

Was im Falle von Libyen Anfang April 2008 hohe Wellen schlug (»Deutsche Elitepolizisten sollen illegal Gaddafis Truppen trainiert haben«)[583], weil deutsche Polizisten Berufsgeheimnisse verraten haben könnten, spielte offensichtlich in Saudi-Arabien und auf anderen weltweiten Trainingsschauplätzen der GSG 9 keine Rolle. Allerdings waren die lukrativen Nebenjobs genehmigt, was bei den Gaddafi-Helfern nicht zutraf. Einige GSG 9-Männer kündigten nach dem Saudi-Auftrag ihr Beamtenverhältnis und gingen in die private Sicherheitsindustrie. Die Bundesregierung wollte dazu keine Einzelheiten preisgeben, weil sie »über keine Erkenntnisse privatwirtschaftlicher Aktivitäten verfügt«.[584] Ein Politikum ist, warum die aus dem deutschen Beamtenverhältnis ausgestiegenen Spezialisten, die nunmehr feudalistische Ölscheichs beschützten, ihre Ausbildungskosten nicht zurückzahlen mussten.

Was die GSG 9 in den Jahren 1991, 1997, 1998 und 2001 im Folterstaat Zaire getrieben hat,[585] behält das Bundesinnenministerium für sich. Da die Ignoranz gegenüber Menschenrechten seitens der GSG 9 und der politisch Verantwortlichen exemplarisch beschrieben wurde, wird darauf verzichtet, die Folterpraktiken von Ägypten, Indonesien, Indien, der Türkei und … und … darzulegen.

9. Die Polizei der Bundesländer

Von etwa 266 000 Polizeivollzugsbeamten in Deutschland sind aktuell an Auslandsmissionen der Vereinten Nationen und der Europäischen Union 208 Polizisten beteiligt, davon 123 Beamte der Länderpolizei, 81 der Bundespolizei und 4 vom Bundeskriminalamt (Stand März 2008).[586]

Der Anteil ist also, gemessen an der Gesamtstärke, gering. Der vor Jahren festgelegte Schlüssel, der die Kräfte in 1/3 Bund und 2/3 Länder aufteilt, trifft momentan nicht zu.

Am meisten engagieren sich Nordrhein-Westfalen, Baden-Württemberg, Hessen und Niedersachsen, während das Schlusslicht Bayern bildet (»Die Drückeberger aus Bayern«),[587] das hierfür gerade in jüngster Zeit Kritik der Bundesinnenministerkonferenz einstecken musste. Obwohl doch gerade Bayern als Vorkämpfer in Sachen Recht und Ordnung gilt, hat sich noch nie ein bayerischer Polizist in Afghanistan blicken lassen. Bayerns Innenminister Joachim Herrmann: »Ich habe nicht die Absicht, daran etwas zu ändern. Mich überzeugt das Konzept dort nicht, das Land ist ja noch mitten im Krieg.«[588]

Ob sich die Bundesregierung in Abstimmung mit den Ländern dafür entscheidet, sich an einer internationalen Polizeimission zu beteiligen, hängt, wie es heißt, von einer außen- und sicherheitspolitischen Interessenanalyse ab. Abgewogen wird nach Angaben der Bundesregierung unter anderem: Die Vertretbarkeit des Risikos unter Berücksichtigung der Sicherheitslage, medizinische Versorgung, die humanitäre und menschenrechtliche Lage im Krisengebiet, das Vorhandensein einer »Exit-Strategie«.[589] Der Einsatz ist freiwillig und dauert in der Regel ein Jahr.

Nach den »Leitlinien für den Einsatz deutscher Polizeivollzugsbeamter (PVB) im Rahmen internationaler Friedensmissionen« wurde folgendes Anforderungsprofil für Bewerber festgelegt:[590]

- Mindestdienstzeit bei der Polizei 8 Jahre
- Gute körperliche Verfassung
- Nachgewiesene gesundheitliche Eignung
- Ausgeprägte englische Sprachkenntnisse
- Keine engen persönlichen Beziehungen im/zum Einsatzgebiet
- Hohe Stressstabilität und Selbstdisziplin
- Fähigkeit zum selbständigen Arbeiten
- Ausgeprägte Kommunikationsfähigkeit
- Gepflegtes äußeres Erscheinungsbild

Auslandseinsatz der Polizei des Bundes und der Länder

	UNMIK (Kosov.)	EUPM (Bosn.-Herzg.)	UNOMIG (Georg.)	UNMIL (Liberia)	UNMIS (Sudan)	UNAMID (Sudan/Darfur)	EUPOL COPPS (palest. Gebiete)	EU BAM (Rafah)	EU BAM (Moldau Ukra.)	GPPT (Afgha.)	EUPOL (Afgha.)	Gesamt
	139	18	4	5	5	2	2	1	5	9	18	208
Bundes-polizei	54	7	1	3	2	0	0	1	5	1	7	81
Bundes-kriminalamt	3	0	0	1	0	0	0	0	0	0	0	4
Baden-Württemberg	12	1	0	0	0	0	0	0	0	2	1	16
Bayern	0	0	0	0	0	0	0	0	0	0	0	0
Berlin	6	0	0	0	0	0	0	0	0	0	1	7
Brandenburg	4	2	0	0	0	0	0	0	0	0	0	6
Bremen	2	0	0	0	0	0	0	0	0	0	0	2
Hamburg	2	0	0	0	0	0	0	0	0	0	1	3
Hessen	8	2	0	0	0	0	0	0	0	2	1	13
Mecklenburg-Vorpommern	1	0	0	0	0	0	0	0	0	0	0	1
Nieder-sachsen	10	2	0	0	0	1	0	0	0	0	0	12
Nordrhein-Westfalen	23	2	1	1	3	1	1	0	0	1	3	36

	UNMIK (Kosov.)	EUPM (Bosn.-Herzg.)	UNOMIG (Georg.)	UNMIL (Liberia)	UNMIS (Sudan)	UNAMID (Sudan/ Darfur)	EUPOL COPPS (palest. Gebiete)	EU BAM (Rafah)	EU BAM (Moldau Ukra.)	GPPT (Afgha.)	EUPOL (Afgha.)	Gesamt
	139	18	4	5	5	2	2	1	5	9	18	208
Rheinland-Pfalz	8	1	1	0	0	0	1	0	0	0	1	12
Saarland	2	0	0	0	0	0	0	0	0	0	0	2
Sachsen	1	0	1	0	0	0	0	0	0	0	1	3
Sachsen-Anhalt	1	1	0	0	0	0	0	0	0	0	1	3
Schleswig-Holstein	1	0	0	0	0	0	0	0	0	3	0	4
Thüringen	1	0	0	0	0	0	0	0	0	0	1	2
Länder	82	11	3	1	3	2	2	2	0	8	11	123
Bund	57	7	1	4	2	0	0	0	5	1	7	85

- PC-Grundkenntnisse
- Fahrerlaubnis und ggf. Befähigung zum Lenken geländegängiger Fahrzeuge.

Bund und Länder sind seit 2003 darauf eingestellt, für das zivile Krisenmanagement der EU gemeinsam bis zu 910 Polizeivollzugsbeamte zur Verfügung zu stellen. Zudem wurde ein Personalpool aus 90 PVB gebildet, die nach einem Vorlauf von 30 Tagen in einer Auslandsmission einsatzbereit sind. Der nationale Pool ist Beitrag zum Zivilen Krisenmanagement der EU, das insgesamt mehr als 1400 Polizisten für einen derartigen »Rapid-Deployment-Einsatz« vorsieht.

Engpässe, qualifiziertes Personal zu stellen, ergeben sich bei der OK-Bekämpfung, bei Spezialisten für Information und Kommunikationstechnik und der Besetzung von höchstrangigen Führungsfunktionen.[591]

In Nordrhein-Westfalen haben Auslandseinsätze der Polizei eine lange Tradition. Im Jahr 2004 verwies das Düsseldorfer Innenministerium auf zehn Jahre »Aufbau, Beratung und Überwachung der lokalen Polizei als ein Patentrezept«. In dieser Zeit seien insgesamt 750 Beamtinnen und Beamte eingesetzt worden.[592] Das Land Hessen informiert auf der Website des Innenministeriums über sein Engagement.[593] Auch hätten sich die in Hessen ausgebildeten Diensthunde in Algerien, Ägypten und Peru bewährt (»Vier Pfoten die verbinden«).[594] Der »Polizeikurier Rheinland Pfalz« wirbt mit einem Foto »KHK Hummel im Kreis internationaler Kollegen im Kosovo«.[595]

Unabhängig von ausländischen Polizeimissionen werden Polizisten aus den Bundesländern unter der Regie des Bundeskriminalamtes als Personenschutzbeamte an deutschen Botschaften oder als Kurz- und Langzeitexperten im Rahmen der Ausbildungs- und Ausstattungshilfe im Ausland eingesetzt.

Manche Bundesländer gingen eigene Wege. So baute die bayerische Polizei 1983 – damals höher motiviert als heute – mit drei Beamten die Anti-Terroreinheit »Garde Civil« in Zaire auf.[596] Welche Rolle dabei die Hanns-Seidel Stiftung spielte, führte zu einer Anfrage im Bayerischen Landtag.[597] In der amtlichen Begründung für Polizei- und Militärhilfe (bis 1988 insges. 22,5 Millionen DM) heißt es u. a.: »Zaire verfügt über für Industrieländer wichtige mineralische Rohstoffe und verfolgt unter Mobuto einen klar prowestlichen Kurs.«[598] Wie viele Menschen die Foltereinheit auf Befehl des Diktators Mobuto auf dem Gewissen hat, wird wohl nie geklärt werden können.

Doch engagierte sich Bayern nicht nur in Schwarz-Afrika, der Freistaat kannte auch keine Berührungsängste mit dem Klassengegner. Seit Bundesinnenminister Friedrich Zimmermann 1984 bei einem Besuch in Peking mit seinem chinesischen Amtskollegen Liu Fuzhi eine Kooperation vereinbart hatte,[599] entwickelten sich über Jahre Ausbildungsprojekte, wie moderne Methoden der Polizeiausbildung und der Polizeiverwaltung, Maßnahmen zur Aufrechterhaltung der öffentlichen Ordnung und Polizeieinsätze bei Demonstrationen. Das Massaker auf dem Platz des Himmlischen Friedens in Peking am 3. und 4. Juni 1989 beendete nicht etwa die chinesisch-bayerische Kooperation, wie man eigentlich hätte erwarten können. 300 Opfer wurden offiziell angegeben, 700 bis 3000 Tote von Amnesty International geschätzt und vom chinesischen Roten Kreuz 2600 getötete Zivilisten gezählt.[600] Trotzdem wurde 1990 die bayerische Hilfe zumindest teilweise fortgesetzt.[601]

Ab 1. Oktober 1990 schickte Bayern für die Dauer von ein bis zwei Jahren 50 Polizisten nach Moskau, denn »Die bayerische Polizei unterstützt die Moskauer Ordnungshüter« nach einer Vereinbarung zwischen Innenminister Edmund Stoiber mit dem stellvertretenden sowjetischen Innenminister Generalleutnant Michail Bogdanow.[602] Nebenbei verkauften sie den Russen auch noch 60 bis 80 Polizeifahrzeuge, zum großen Teil gebraucht, wie es damals hieß.

10. Auslandseinsätze des Zolls

Der Zoll steht weniger im Fokus des öffentlichen Interesses als die Polizei, obwohl er über weitreichende Rechte verfügt, wie die Überwachung der Telekommunikation und des Brief- und Postgeheimnisses. Während 43 Hauptzollämter flächendeckend die Routinearbeit erledigen, ist das Zollkriminalamt (ZKA) in Köln eine Zentralstelle, die gerne das Bundeskriminalamt als »großen Bruder« bezeichnet. Das ZKA lenkt und koordiniert die Ermittlungen der 8 Zollfahndungsämter, die von einem technisch hochgerüsteten Spezialeinsatzkommando »Zentrale Unterstützungsgruppe Zoll (ZUZ)« operative Hilfe erfahren.[603] Im Zollfahndungsdienst sind etwa 3000 Bedienstete tätig, das sind ungefähr 8 % der rund 38 000 Zollbediensteten (Stand 2001).[604] Natürlich ist der Zoll auch im Gemeinsamen Terrorismusabwehrzentrum (GTAZ) vertreten und speist dort sein Zollfahndungsinformationssystem ein.

Bei den internationalen Aktivitäten geht es vordinglich um die Bekämpfung von Rauschgift, Produkt- und Markenpiraterie, Geldwäsche, Zigarettenschmuggel, Subventionsbetrug und illegalem Waffenhandel. Dabei gibt es viele Berührungspunkte mit der Polizei, weswegen 28 gemeinsame »Ermittlungsgruppen Rauschgift« und 14 gemeinsame »Finanzermittlungsgruppen« bestehen. Trotzdem baut sich da auch Konkurrenz auf, wenn Paul Wamers, Vizepräsident des ZKA, in einem im BKA gehaltenen Vortrag selbstbewusst die Sicherstellung von 400 Kilogramm Heroin und 700 Kilogramm Kokain (2005) verkündet.[605] Ganz nebenbei erfährt man auch von Wamers etwas über eine »Internationale Arbeitsgruppe verdeckter Ermittler«, die die Polizei streng geheim hält.[606]

Überhaupt ist der Zoll weniger zimperlich. So spricht er unverblümt davon, dass seine Verbindungsbeamten im Ausland operativ tätig sind und bezeichnet sie auf seiner Website als »Zollattachés«, was sie nicht sind, denn sie haben denselben Status wie BKA-Verbindungsbeamte an deutschen Botschaften.

Eingesetzt sind Zoll-Verbindungsbeamte (»diplomatische Repräsentanten deutscher Zollverwaltung«) an 13 Standorten: Afghanistan, Bulgarien, Großbritannien, Italien, Kroatien, Litauen, Niederlande, Polen, Russland, Spanien, Tschechische Republik, Türkei und USA.[607] In Planung ist von deutscher Seite ein Einsatz in China, was aber wohl wegen der chinesischen Marken- und Produktpiraterie Probleme aufwerfen dürfte.

Ferner schickt der Zoll Verbindungsbeamte zu EUROPOL, arbeitet mit OLAF, der Betrugsbekämpfungs-Behörde der Europäischen Kommission, zusammen und ist Teil des Netzwerkes für Warnhinweise, zum Beispiel auf dem Gebiet des Subventionsbetruges. OLAF *(Office Européen de Lutte Anti-Fraude)*, gegründet 1999, obliegt der Schutz der Budget-Interessen der Gemeinschaft. OLAF hat beispielsweise Zugang zu den Akten aller Empfänger von Subventionen der EU.

Aufgrund deutscher Initiativen wurde 2003 vom EU-Ministerrat die Einführung eines europäischen Kriminalaktennachweissystems FIDE *(Fichier d'identification des Dossiers d'Enquêtes douanières)* auf dem Sektor Zoll beschlossen.

Im Rahmen eines »Europäischen integrierten Grenzmanagements« strebt der Zoll eine Verzahnung mit den Grenzschutzbehörden an.

Mit US-Behörden arbeitet der Zoll auf dem Gebiet der »*Container Security Initiative* (CSI)« zusammen, deren Ziel es ist, Warentransporte in die USA, die terroristischen Zwecken dienen könnten, frühzeitig zu erkennen.[608]

Der Zoll hat einen Verbindungsbeamten bei Interpol und ist Mitglied der Weltzollorganisation (WZO) mit Sitz in Brüssel. In das Zollkriminalamt in Köln ist eines von weltweit elf Regionalen Verbindungsbüros der WZO integriert, das Schmuggeldaten sammelt und austauscht. Hierzu dient das

»*Customs Enforcement Network*« (CEN), auf das 140 Länder zugreifen können.[609] Dies als besondere Errungenschaft zu bezeichnen ist zweifelhaft, sowohl aus der Sicht des Datenschutzes als auch wegen der Teilhabe von Unrechtsstaaten an der Datenbank.

11. Dunkelfeld BfV, BND und MAD

Unter Hinweis darauf, dass das Bundeskriminalamt ein externes Forschungsprojekt zur Untersuchung seiner NS-Vergangenheit in Auftrag geben wolle, fragte Ende 2007 Max Stadler (FDP) die Bundesregierung nach der Gründungsgeschichte von Bundesamt für Verfassungsschutz und Bundesnachrichtendienst.

In ihrer Antwort umreißt die Bundesregierung die Vorgeschichte des BND mit knappen Worten.[610] So sei Generalmajor Reinhard Gehlen von 1942 bis April 1945 Leiter der Abteilung »Fremde Heere Ost« (FHO) im Oberkommando des Heeres gewesen. Nach Kriegsende habe er sich mit seinen Mitarbeitern den amerikanischen Streitkräften für die nachrichtendienstliche Arbeit gegen die Sowjetunion zur Verfügung gestellt. Im Juli 1946 erfolgte die Gründung der deutschen »Organisation Gehlen« unter amerikanischer Oberhoheit mit dem Ziel einer späteren Übernahme durch eine zukünftige deutsche Regierung. Am 11. Juli 1955 erging der Kabinettsbeschluss der Bundesregierung, wonach eine Dienststelle »Bundesnachrichtendienst« eingerichtet und die »Organisation Gehlen« in den »Bundesnachrichtendienst« überführt wurde.

Zur Aufarbeitung dieser Historie erklärte die Bundesregierung weiter, dass bereits die »Organisation Gehlen« erstmals im Jahr 1952 eine Übersicht von 56 hauptamtlich beschäftigten Mitarbeitern vorlegte, die NS-Funktionäre gewesen waren. Sie alle seien im Zuge der Entnazifizierung als »Mitläufer« bzw. »Amnestierte« eingestuft worden, »sodass keine Verwendungsbeschränkungen vorlagen«. Anzumerken ist, dass die sogenannte Entnazifizierung eine Farce war und außerdem US-Geheimdienst-Instanzen jede strafrechtliche Verfolgung verhinderten.

Den Hintergrund für eine erneute Beschäftigung mit der Thematik, so die Bundesregierung weiter, hätte der Prozess gegen die ehemaligen SD-Führer Heinz Felfe und Hans Clemens gebildet. Daraufhin habe von 1963 bis 1968 die »Organisation 85« bestanden, die eine Überprüfung der NS-Belastung von BND-Mitarbeitern zur Aufgabe hatte. 146 Mitarbeiter wurden näher beleuchtet, inwieweit sie dem Reichssicherheitshauptamt (RSHA), dem Sicherheitsdienst (SD) oder der Geheimen Feldpolizei (GFP) angehört hatten. Als Ergebnis wurden 71 Mitarbeiter entlassen und 75 weiter beschäftigt. Der letzte dieser 75 Mitarbeiter schied im Jahr 1986 aus dem Dienst aus.

Aus Personalakten ergebe sich, dass 69 Mitarbeiter ehemals der SS angehörten, drei der Gestapo, acht dem SD, sieben der Sicherheitspolizei (SiPo), zehn dem RSHA. Auf einzelne Mitarbeiter hätten mehrere der Merkmale zugetroffen. In Führungspositionen seien fünf Mitarbeiter gewesen (Gehaltsstufe A 15 und höher bzw. entsprechende BAT-Stufen). Der Bericht der Bundesregierung schweigt sich darüber aus, welche Folgen es für die Entwicklung in Pullach hatte, dass der BND von Nazitätern gegründet, aufgebaut und jahrzehntelang beeinflusst wurde.

Über die Gründungsgeschichte des Verfassungsschutzes weiß die Bundesregierung – selbst nach einem Zeitraum von mehr als 50 Jahren – nichts, denn eine systematische Befassung damit habe »bislang nicht stattgefunden«. Im BfV werde zur Zeit eine Konzeption erarbeitet, die eine »wissenschaftlich seriöse Aufarbeitung sicherstellen soll«. Erst dann könne man die Frage beantworten, ob es zutreffe, dass in den 50er und 60er Jahren des vergangenen Jahrhunderts insbesondere frühere Gestapomitarbeiter führende Positionen beim BfV innehatten.[611]

Dass dies der Fall war, ergibt sich zum Beispiel aus der Art und Weise, wie der spätere BKA- und Interpol-Präsident Paul Dickopf belastete Gestapo-Angehörige (»bewährte Abwehrmänner«) an den Verfassungsschutz weiterleitete, weil sie für das BKA nicht tragbar waren.[612] Archiverkenntnisse der DDR, die damals zwar zu Propagandazwecken verwendet, deshalb aber historisch nicht falsch waren, sprechen auch eine deutliche Sprache. So werden aus den Akten des Militärgeschichtlichen Instituts in Potsdam eine Reihe von SS-Sturmbannführer, SS-Hauptsturmführer und Gestapo-Kommissare namentlich als Mitarbeiter des BfV aufgeführt.[613]

Die NS-Vergangenheit des Militärischen Abschirmdienstes wurde bisher ebenfalls unter den Teppich gekehrt. BND und MAD haben die gleiche Familiengeschichte. Der erste MAD-Kommandeur war Gerhard Wessel (1913–2002). Er hatte als Oberstleutnant i. G. (im Generalstab) ab 1943 die Funktion des »Gruppenleiters I (Feindlage Sowjetunion)« in der Abteilung Fremde Heere Ost im Generalstab des Heeres inne. 1955 wurde Wessel als Oberst in die neu geschaffene Bundeswehr übernommen und war dann nach Gründung des MAD von Januar 1956 bis September 1957 der erste MAD-Kommandeur. Von 1968 bis 1978 folgte Wessel Gehlen auf den Chefsessel als Präsident des BND.[614] Die NS-Belastung des MAD-Führungsstabes ist bisher überhaupt noch nicht erforscht. Bemüht man ehemaliges DDR-Wissen, dann heißt es: »Den Kern des MAD-Personals bildeten zunächst Offiziere und Unteroffiziere, die Erfahrungen beim Verfassungsschutz, bei der Kriminalpolizei, beim Passkontrolldienst, beim Zoll, in der Abteilung ›Fremde Heere Ost‹ unter General Gehlen und beim Amt ›Ausland/Abwehr‹ unter Admiral Canaris gesammelt hatten.«[615]

Die Bundesregierung vertritt die Ansicht, dass die Aufklärung der NS-Vergangenheit in erster Linie Aufgabe der Nachrichtendienste selbst sei, wobei sie als Regierung solche Vorhaben unterstütze. Zwar betont sie die Bedeutung, weil »gerade den Sicherheitsbehörden eine besondere Verantwortung für den Schutz der freiheitlich demokratischen Grundordnung zukomme«, doch Anweisungen erteilt sie diesbezüglich ihren nachgeordneten Behörden nicht. Es ist allerdings anzunehmen, dass BND, BfV und MAD durch das Vorbild BKA in Zugzwang geraten.

Von Interesse wäre auch, inwieweit interne rechtsextreme Strömungen die Arbeit der Geheimdienste beeinflussten. So ist beispielsweise bekannt, dass der ehemalige MAD-Kommandeur und Generalmajor a. D. Gerd-Helmut Komossal Autor und Interviewpartner der »Deutschen Nationalzeitung« oder der als rechtsradikal eingestuften »Jungen Freiheit« sowie Unterzeichner der »Erklärung zur Präsentation der Anti-Wehrmachtsausstellung in der Frankfurter Paulskirche« gewesen sein soll.[616] Auch ist er Verfasser eines Vorwortes zu dem im rechtsextremen Grabert-Verlag (siehe Verfassungsschutzbericht 2006) erschienenen Buch »Ideologie gegen Wehrmacht-Tradition«.

Konteradmiral a. D. und ehemaliger MAD-Chef Günter Poser war stellvertretender Bundesvorsitzender der »Republikaner« und Vertreter Franz Schönhubers.[617]

Wird die Arbeit der Geheimdienste durch die Opposition, besonders durch das die Regierung kontrollierende Parlament, kritisiert, erfolgt seitens der Bundesregierung der stereotype Hinweis, dass sie dazu nur im Parlamentarischen Kontrollgremium (geheime) Auskunft erteile. In dem Zusammenhang leistet sich Berlin eigentlich eine Provinzposse, indem in die Kontrollkommission der ehemalige Bundesrichter Wolfgang Neskovic als Vertreter der Links-Partei gewählt wurde, der in dieser Funktion den Verfassungsschutz kontrolliert, der wiederum die Links-Partei bespitzelt.

Vertrauenskrisen gab es bis in jüngste Zeit oft. Skandale der Geheimdienste werden nur durch Medien und parlamentarische Untersuchungsausschüsse publik, wobei seitens der Dienste nach besten Kräften »gemauert« wird. Hier und da öffnet sich aber doch ein Fenster und gibt Einblicke in deren Tätigkeit. Es würde den Rahmen der Untersuchung sprengen, hierauf näher einzugehen.[618] Ursache für das Eigenleben der Geheiminstanzen ist häufig, dass die Kompetenzen des parlamentarischen Kontrollgremiums nicht ausreichen, was zur Zeit Überlegungen auslöst, eine Reform durchzuführen (Antrag der Fraktion Bündnis 90/Die Grünen vom 8. März 2008).[619] Zum Beispiel fehlen den Mitgliedern der PKGr Befugnisse, wie sie ein Untersuchungsausschuss besitzt. Hans-Christian Ströbele meint, der alte Korpsgeist müsse weg. Nur Transparenz der Strukturen, klare Weisungen und Verantwortlichkeiten sowie Kontrolle könnten verhindern, dass Teile des Geheimdienstes außer Rand und Band geraten. Deswegen sei die Grundsteinlegung für einen Umzug des BND nach Berlin »kein Grund zum Feiern«.[620]

Der ehemalige Präsident des BND August Hanning (2001) – heute BMI-Staatssekretär – sah als Aufgabe des BND, der über 6000 Bedienstete hat, eine zuverlässige nationale Informationsgrundlage zu schaffen als Voraussetzung einer modernen Sicherheitspolitik. Gleichgültig ob die Frage nach dem Einsatz von politischen, wirtschaftlichen oder militärischen Mitteln zur Krisenbewältigung gestellt werde, sei als Bedingung in jedem Fall eine solide Beurteilungsbasis notwendig.[621]

Mit deutlichem Schwerpunkt hat sich der BND die Bekämpfung des internationalen Terrorismus zur Aufgabe gemacht, neben anderen Gebieten wie Proliferation, Organisierte Kriminalität, Waffen- und Drogenhandel, Geldwäsche und illegale Migration.[622] Bei operativen Recherchen arbeitet der BND eng mit dem BfV zusammen (siehe Kapitel V/2). Wie sich aus dem Bericht des Parlamentarischen Kontrollgremiums zu Vorgängen im Zusammenhang mit dem Irak-Krieg ergibt, ist die Kooperation des BND mit der CIA eng gestaltet, bis hin zum Einsatz in Bagdad vor Beginn und während des Irak-Krieges.[623]

Im Pariser CTIC *(Counterterrorist Intelligence Center),* Code-Name »*Alliance Base*«, arbeiten BND, CIA, der französische Geheimdienst DGSE *(Direction Générale de la Sécurité Extérieure)* mit den Geheimdiensten aus Großbritannien, Kanada und Australien zusammen, zum Beispiel um verdeckte Operationen zu planen. »Während wir in der Bundesrepublik auf die Trennung von Polizei und Nachrichtendiensten achten, besteht die Gefahr, dass in Paris Informationen einfach mal so über den Tisch geschoben werden. Das wäre ungeheuerlich«, warnt Sabine Leutheusser-Schnarrenberger.[624]

Die Landesämter für Verfassungsschutz verfügen über insgesamt 2872 Mitarbeiter (Stand 2004).[625] Das Bundesamt für Verfassungsschutz in Köln, das etwa 2500 Mitarbeiter hat und zu dessen Kernaufgaben Spionageabwehr sowie alle Varianten des Extremismus wie auch des islamistischen Terrorismus gehören, »leidet« unter dem Prinzip der Gewaltenteilung, wie es im »Polizeibrief« von den Alliierten gefordert wurde, eingedenk der Allmacht des Reichssicherheitshauptamtes. Verfassungsschutzpräsident Heinz Fromm versucht dem etwas Positives abzugewinnen, indem er meint, dann würde durch den notwendigen Diskussions- und Koordinierungsbedarf (mit den Landesämtern) einseitigen und vorschnellen Entscheidungen entgegengewirkt.[626] Anders darf er offiziell nicht argumentieren, wie auch das BKA schon immer gern die Fachaufsicht über die Kripo der Länder ausüben würde. Heinz Fromm hat auch Probleme damit, dass die Polizei vermehrt Vorfeldaufklärung betreibt, also dem Verfassungsschutz in die Quere kommt, was durch die Novellierung des BKA-Gesetzes forciert wird. Dies erfordere eine engere Zusammenarbeit, womit auch deutlich wird, dass sich beide Tätigkeitsfelder vermischen, was die Väter des Grundgesetzes vermeiden wollten. In dieselbe Richtung weist, dass der Verfassungsschutz, dem ja keine exekutiven Befugnisse zustehen, solche durchaus ausübt, zum Beispiel in Form von gemeinsamen Recherchen mit dem BND (siehe Kapitel V/2). Letztlich ist der Unterschied zwischen einer Vernehmung (Polizei) und einer Befragung (Nachrichtendienst) zumindest für den Verdächtigen in seiner Konsequenz nicht absehbar und beides ein operativer Vorgang. Zumindest ist die Auskunft des BMI-Staatssekretärs Lutz Diwell fragwürdig, dass die Verbindungsbeamten des BfV im Ausland nicht mit Auslandsaufklärung befasst seien. Ihre Aufgabe sei vielmehr in Angelegenheiten, in denen es Bezüge zu Deutschland gibt, Kontakte zu ausländischen Nachrichtendiensten zu unterhalten bzw. zu intensivieren. »Es handelt sich folglich um eine rein inlandsbezogene Aufgabenerfüllung.«[627]

Seit Jahrzehnten treffen sich die Inlandsgeheimdienste der EU-Länder und der Schweiz in einem informellen Rahmen im »Berner Club«. Dort wurde im September 2001 eine *Counter-Terrorism Group* (CTG) gegründet, die Analysen über islamischen Terrorismus den Länderinnenministerien zur Verfügung stellt. Eine formelle Verbindung zur EU besteht nicht, auch sind keine Polizeivertreter beteiligt, jedoch ist eine Aufnahme von EUROPOL in der Planung.[628]

Bis 2009 soll das BfV zum »Zentralen Inlands-Nachrichtendienst-Kompetenzzentrum« ausgebaut werden, um die »operative Leistungsfähigkeit« zu erhöhen. Dies soll durch Beobachtung, Gewinnen von V-Leuten und Telefonüberwachung erreicht werden.[629] Die Antwort auf die Kleine Anfrage der FDP-Fraktion zu diesem Problemkreis ist ein weiterer Beweis dafür, wie die Bundesregierung eine öffentliche Kontrolle verhindert, indem mit Allgemeinplätzen auf gezielte Fragen reagiert wird.[630]

Der Militärische Abschirmdienst in Köln ist mit etwa 1300 Bediensteten der dritte Geheimdienst des Bundes. Ihm obliegt die Abwehr von Spionage und das Aufspüren verfassungsfeindlicher Bestrebungen innerhalb der Bundeswehr. Seine Kompetenzen wurden 2004 auf eine Tätigkeit im Ausland erweitert, aber dort auf den räumlichen Bereich der Liegenschaften der Bundeswehr begrenzt, so zum Beispiel in Afghanistan. Die Ausbildung des MAD findet ohnehin beim BfV statt, das gerne die Militärkollegen als 18. Verfassungsschutzamt bezeichnet, womit die Tendenz geschürt wird, den MAD aufzulösen. Er hat im Inland dieselben Aufgaben wie der Verfassungsschutz und muss sich im Ausland außerhalb des Kasernenbereichs an den BND wenden. Der Thinktank DIAS (Düsseldorfer Institut für Außen- und Sicherheitspolitik) prognostiziert, dass einzig der BND zukünftig die Nachrichtengewinnung im militärischen Bereich betreiben wird. Außerdem steht der MAD längst im Schatten des »Kommandos Strategische Aufklärung« der Bundeswehr mit seiner satellitengestützten Hightech und etwa 7000 Mitarbeitern.[631]

Fazit: Geheimdienste und eine offene demokratische Gesellschaft sind ein Widerspruch in sich. Geheimdienste verdienen unser Misstrauen. Die Kette von Skandalen über Jahrzehnte macht ihre Tätigkeit fragwürdig.[632] Das Abhören des E-Mail-Verkehrs zwischen einer SPIEGEL-Redakteurin und einem Mitglied der afghanischen Regierung ist ein Beispiel für viele Pannen, zumal Deutschland mit Afghanistan freundschaftliche Beziehungen unterhält, der afghanische Außenminister Rangin Dadfar Spanta in Aachen studiert hat, ja sogar seit 1994 Mitglied des Grünen-Kreisverbandes Aachen-Stadt sein soll.[633] Man kann nur vermuten, dass solche Vorgänge die Spitze des Eisberges sind. Geheimdienste haben ein gewisses Flair und etwas Hochstaplerisches, wenn operativ tätige BND-Angehörige im Alltagsleben einen Decknamen führen. So kann ein Dr. von Kleist, Ansprechpartner des Bundeskriminalamtes, vielleicht einen bürgerlichen »Klarnamen« (BND-Bezeichnung) führen und nie eine Universität von innen gesehen haben.

Ohne den Verfassungsschutz wäre die NPD längst verboten. Geheimdienste sind auf Informanten angewiesen, die so gut wie immer keine ehrenhaften Motive haben. Unter Hinweis auf »Quellenschutz« lassen sich Geheimdienste oft nicht auf den Wahrheitsgehalt von Fakten festlegen. Selbst wenn ihre Behauptungen den Tatsachen entsprechen, bleibt die Ungewissheit und damit eine dubiose Beurteilungsgrundlage.

Der Verfassungsschutz, wollte er wirklich die Verfassung schützen, müsste auch untersuchen, welche Auswirkung das Einschränken von Grund- und

Bürgerrechten auf die Gesellschaft hat. Auf die Idee kommt das BfV erst gar nicht, weil es auf seine Feindbilder festgelegt ist.

Geheimdienste leisten Doppel- und Dreifacharbeit, beginnend mit dem polizeilichen Staatsschutz über die Landesämter für Verfassungsschutz (mit Außenstellen) bis hin zum Kölner BfV. Es ist nicht einzusehen, warum der Verfassungsschutz-Mann vor Ort regelmäßig den für Staatsschutz zuständigen Kripo-Kollegen aufsucht, um vorbei an Trennungsgebot und Datenschutz dessen Wissen abzuschöpfen, obwohl doch der Staat bereits im Besitz dieses Wissens ist.

Was etwa einhundert Verfassungsschützer in Thüringen[634] über Rechtsextremismus herausfinden, leisten bereits Jahr für Jahr im »Thüringen-Monitor« drei Professoren der Universität Jena mit ein paar Studenten. Es soll gar nicht bezweifelt werden, dass der BND kluge Köpfe hat, die dem Bundeskanzleramt wichtige Lageberichte liefern. Aber hinter jedem Papier auf dem Schreibtisch des Kanzleramtsministers stehen 6000 Mann! Eine Handvoll qualifizierter Wissenschaftler der Thinktanks könnte die gleiche Leistung erbringen und tut dies auch bereits. Neubau und Umzug des Bundesnachrichtendienstes werden inzwischen auf eine Milliarde Euro geschätzt. Für dieses Geld könnte man einen kleinen hochkarätigen Stab von Eggheads mehrere Jahrzehnte beschäftigen, die mindestens genauso gute Analysen liefern würden.

Wir leben in einer Informationsgesellschaft. Was wir über 12 672 deutsche Geheimdienstler (Stand 2004)[635] wissen, haben im Zweifel Heribert Prantl und Hans Leyendecker auch schon herausgefunden. Oder Erich Schmidt-Eenboom. Selbst was scheinbar geheim ist, findet Google im Netz. So auch jeden Vortrag des BKA-Präsidenten, selbst wenn er auf einer Jubiläumsveranstaltung seines Abitur-Jahrganges in Lübeck gehalten wurde.

Im übrigen bestreitet Ziercke, dass sein Amt mit der Novelle des BKA-Gesetzes selbst zu einem Geheimdienst mutiert (»Das Ganze ist weniger spekulativ, als manche glauben.«). Er meint, dass das BKA pro Jahr in nur etwa fünf »einsatzintensiven, besonders gefahrenträchtigen Fällen« im Vorfeld von Straftaten tätig wird.[636] Es bleibt abzuwarten, ob er diese Rechnung nicht ohne seine arbeitseifrigen Mitarbeiter gemacht hat.

XI
DAS BKA UND DIE POLIZEIENTWICKLUNGSHILFE

1. Politischer Überbau

Parlamentarische Anfrage (10. Januar 2008):

»In welchen Empfängerländern dieser Hilfen sieht die Bundesregierung seit 2000 die Menschenrechtslage als weiterhin problematisch an?«

Antwort der Bundesregierung:

»Die Bundesregierung setzt sich gegenüber den Regierungen der Empfängerländer auch weiterhin für eine Verbesserung der Menschenrechtslage ein.«[637]

Dass aneinander vorbeigeredet wird, hat System und geschieht nicht zufällig. Die Frage wird vorsätzlich nicht beantwortet, das Beispiel steht für den Unwillen, das Übel beim Namen zu nennen, nämlich dass Folterregime unterstützt werden.

In fünf Stellungnahmen aufgrund von parlamentarischen Anfragen der Oppositionsparteien (Bündnis 90/Die Grünen und Die Linke) hat die Bundesregierung in den letzten Monaten deutsche Polizeihilfe politisch begründet und erläutert.[638] Alle Anfragen waren von der Sorge geprägt, dass die Polizeihilfe nicht ausreichend die Menschenrechtslage in den Empfängerstaaten berücksichtigt. Die Bundesregierung reagierte darauf mit allgemeinen Formulierungen, die sie seit Jahren stereotyp benutzt, und weicht einer konkreten Auskunft aus.

Die Verantwortung für Polizeihilfe liegt beim Bundesinnenministerium. Entsprechend den Intentionen des Ministeriums werden Ausbildungs- und Ausstattungshilfen in den Empfängerländern mit folgenden Zielen geleistet:

- »Aufbau rechtsstaatlicher Strukturen im Bereich der öffentlichen Sicherheit und Ordnung
- Förderung des Demokratisierungsprozesses bei Sicherheitsbehören
- Know-how-Transfer, um mit der Arbeitsweise einer rechtsstaatlichen Grundsätzen verpflichteten Polizei vertraut zu machen
- Schaffen demokratischer Rahmenbedingungen
- Eigenständige Wahrnehmung und effiziente Erledigung von Aufgaben, Vermitteln von Kenntnissen über Mittel und Methoden moderner Ermittlungsarbeit.«

Darüber hinaus liegt es nach der Auffassung des BMI im deutschen Interesse, dass die Unterstützungsmaßnahmen

– in der Regel neue Wege der gemeinsamen bilateralen Zusammenarbeit mit den verschiedenen deutschen Polizei- und Grenzschutzdienststellen eröffnen.

Außerdem bezog sich die Bundesregierung auf die Vorverlagerungsstrategie (siehe Kapitel X/3), worunter die Verlagerung der polizeilichen Abwehrlinie in die Ursprungs- und Transitländer zwecks Bekämpfung der

– »Organisierten Kriminalität
– Schleusungskriminalität
– Rauschgiftkriminalität
– Herkunfts-, Rekrutierungs- und Rückzugsregionen des internationalen Terrorismus«

zu verstehen sei.[639]

Die Federführung zur Durchführung von Ausbildungs- und Ausstattungshilfe liegt, wie die Bundesregierung hervorhebt, beim Bundeskriminalamt, daneben in Schwerpunktregionen (z. B. Libanon, Afghanistan) bei der Bundespolizei.[640]

Projekte der Polizeihilfe werden oft von den BKA-Verbindungsbeamten initiiert, was aber keine offizielle Erwähnung findet.

Die Koordinierung der Polizeihilfe erfolgt generell durch die bereits 1992 eingerichtete Bund-Länder-Koordinierungsstelle (BLK), in der das Bundeskriminalamt den Vorsitz führt. Es handele sich um ein Gremium, das in regelmäßigen Sitzungen beabsichtigte Unterstützungsleistungen und die Beteiligung von Bundes- und Länderdienststellen berät.[641]

Wie die Regierung einräumt, erfasst sie nicht systematisch die Polizeihilfe durch Drittstaaten, prüft also nicht routinemäßig Synergieeffekte. Vielmehr stelle sie lediglich im Einzelfall bei der Bewilligung bilateraler Projekte fest, ob andere Staaten vor Ort ähnliche Leistungen erbringen. Sie halte eine andere Vorgehensweise nicht für erforderlich, da in der Koordinierungsstelle Projektcontrolling und Abstimmungsprozesse stattfänden und Erfahrungen ausgetauscht würden. – Da sind Zweifel an der Professionalität des Gremiums berechtigt.

Neben dem BKA, der Bundespolizei, Länderpolizei und Bereitschaftspolizei der Länder leistet die Bundeswehr militärische Ausbildungs- und Ausrüstungshilfe (siehe Abschnitt XIII und ANLAGE VIII).

Ausbildungshilfe

Die Ausbildung von ausländischen Polizeikräften erfolgt durch:

- Langzeitexperten
- Kurzzeitexperten
- Stipendiatenprogramme.

Deutsche Langzeitexperten werden im Rahmen der bilateralen Ausbildungshilfe zurzeit nicht verwendet (wohl aber bei den ausländischen Polizeimissionen, wie zum Beispiel in Afghanistan oder im Kosovo).

BKA und Bundespolizei setzten in den Jahren 2000 bis 2006 im Rahmen von rund 100 einwöchigen Lehrgängen, Seminaren und Workshops Kurzzeitexperten ein. Solche Veranstaltungen wurden jeweils in der Empfängerregion durchgeführt und hatten die Schwerpunkte Rauschgiftkriminalität, organisierte Kriminalität, Kriminaltechnik und Terrorismusbekämpfung.

Referenten waren vorwiegend Angehörige des Bundeskriminalamtes, unterstützt im Einzelfall durch Beamte der Länder, der Bundespolizei und des Zolls.

Durch Stipendiatenprogramme sollen ausländische Teilnehmer »besonders umfassend und intensiv mit der Polizeiarbeit in der Bundesrepublik Deutschland, dem dabei herrschenden Aufgabenverständnis, Menschenbild und den (auch rechtlichen) Rahmenbedingungen« vertraut gemacht werden.

Das Bundeskriminalamt führt jährlich ein Programm für 15 bis 20 Stipendiaten durch. Zwischen 2000 und 2006 nahmen 132 Polizeibeamte aus 55 Staaten teil (von Afghanistan bis Vietnam).[642] Das Programm umfasst 10 Monate, davon 4 Monate Ausbildung in deutscher Sprache im Heimatland und 6 Monate ergänzende Sprachausbildung sowie theoretische und praktische Polizeiausbildung, darunter vier Wochen bei einer Polizeidienststelle eines Bundeslandes. Das Hauptgewicht liege bei modernen Ermittlungsmethoden und der internationalen justiziellen und polizeilichen Zusammenarbeit.[643]

Der Schwerpunkt der Ausbildungshilfe des BKA lag nach Auskunft der Bundesregierung in Ländern, die im Rahmen der EU-Nachbarschaftspolitik von Bedeutung sind, vor allem EU-Anrainerstaaten, ferner in Staaten des Nahen und Mittleren Ostens, in Nordafrika, Zentralasien, in Südost-/Südwestasien und Lateinamerika.

Ausstattungshilfe
Sie wird nach der amtlichen Version geleistet, um:

- »mit dringend benötigtem polizeilichen Gerät die polizeiliche Tätigkeit strukturell, organisatorisch und materiell deutlich zu verbessern
- die zu fördernden Dienststellen technisch zu unterstützen und eine
- Zweckentfremdung auszuschließen
- über eine Anfangsinvestition hinaus Nachhaltigkeit durch dauerhafte, effektive Verbrechensbekämpfung zu gewährleisten«.

Es ist der Bundesregierung wichtig zu betonen, dass es sich nicht um den Charakter einer einseitig gewährten Hilfe handele, sondern sie ganz gezielt der Verbesserung und Effizienzsteigerung der Zusammenarbeit diene. Nur ein Unterstützungsbedarf vor Ort alleine sei kein hinreichendes Entscheidungskriterium.

Die Bundesregierung fährt fort: »Entsprechend der o.g. strategischen und operativen Schwerpunktbildungen und Bedarfsanalysen wurden neben den ausbildungsbegleitenden Ausrüstungsgegenständen vorwiegend IT-Ausstattungen zur Einrichtung und zum Betreiben polizeilicher Informations- und Auswertesysteme, optische Geräte und sonstige Observationsausstattungen zur Beweiserhebung und Dokumentation sowie Spezialgeräte zur Durchführung kriminaltechnischer Untersuchungen geliefert. Im Einzelnen umfasst dies die Bereiche Kriminaltechnik (z. B. Spurensicherungskoffer, Tatortkoffer, Laborgeräte, Test- und Analysegeräte), Führungs- und Einsatzmittel (z. B. fototechnisches Gerät, Ferngläser, Nachtsichtgeräte, passive Schutzausrüstung, Gerätschaften zur Detektion von Rauschgiften und Sprengmitteln sowie zur Delaborierung, Kameras), Funk- und Fernmeldetechnik (z. B. Computer, Server, Drucker, Monitore, einschließlich Betriebssysteme, Diktiergeräte, Kopierer), Mobilitätstechnik (z. B. Kleinbusse, Kraftfahrzeuge, Motorräder), Lehr- und Lernmittel (z. B. Videoanlagen, Projektoren, Kopiergeräte, Fachbücher) und verkehrspolizeiliches Gerät (z. B. Verkehrsunfallaufnahmeausstattung, Alkoholtestgeräte, Geschwindigkeitsüberwachungsgeräte, Erste-Hilfe-Koffer).«[644]

Von Lieferungen ausgeschlossen seien:

- »Waffen, Munition sowie Maschinen zu deren Herstellung
- Hilfsmittel des unmittelbaren Zwanges, wie Handfesseln, Schlagstöcke, Wasserwerfer, Reizstoffsprühgeräte, technische Sperren (mit Ausnahme Afghanistan)
- nachrichtendienstliches Gerät«.

Die »Gesamtdarstellung der Ausstattungs- und Ausbildungshilfen des BMI einschließlich Geschäftsbereich« für die Jahre 2000 bis 2006 ist in einer Tabelle erfasst (ANLAGE VI).[645] Aufgeführt sind 57 Empfängerstaaten mit einem Gesamtvolumen von 68,1 Millionen Euro, von denen 48,8 Millionen Euro für Afghanistan bestimmt waren und sich 19,3 Millionen Euro auf die anderen Staaten verteilten.

2. Die Linie des BKA

Im Vergleich zu den Stellungnahmen der Bundesregierung wird deutlich, dass das Bundeskriminalamt die Polizeihilfe ausschließlich pragmatisch aus polizeilicher Sicht beurteilt und durchführt. Das Bundesinnenministerium schafft einen politischen Überbau, den das BKA im Grunde gar nicht berücksichtigt, wohl auch nicht braucht. Für das BKA ist die Hilfe Mittel zum Zweck, bilaterale Beziehungen aufzubauen, um die bestmögliche Zusammenarbeit zu erreichen. Die hehre Absicht der Demokratisierung im Sinne eines strategischen Ziels, »die staatliche Souveränität befreundeter Staaten zu festigen und ihre Stabilität nach innen und außen zu verstärken«,[646] findet seitens des BKA keine Berücksichtigung und auch keine Erwähnung. Ohne große Überraschung stellt sich heraus, dass das Bundeskriminalamt insofern eine unpolitische Behörde ist.

Das Motto des BKA lautet vielmehr, dass »Hilfsmaßnahmen keine Einbahnstraße« sind. Seine »Erwartungshaltung« lautet:[647]

- »deutliche Verbesserung der Informationswege
- Unterstützung in konkreten Fällen
- wesentliche Intensivierung der polizeilichen Zusammenarbeit«.

Ausbildungshilfe

BKA-Pressemitteilung vom 21. Februar 2002:

Headline: »Bundeskriminalamt unterstützt Polizeien weltweit durch Sach- und Ausbildungshilfe – Stipendiatenprogramm seit 20 Jahren erfolgreich – Begrüßung mit Fototermin für Pressevertreter«.

Die Pressestelle teilte mit, dass am 27. Februar 2002, 14 Uhr, im BKA 19 Polizeibeamte aus 17 Ländern begrüßt werden. Die internationalen Gäste absolvieren eine sechsmonatige Stipendiatenausbildung, in der sie mit den Strukturen und Aufgaben der deutschen Polizei vertraut gemacht werden. Nach ihrer Ausbildung in Deutschland sollen sie in ihrem Heimatland als Multiplikatoren wirken und wichtige Ansprechpartner des BKA sein. Dadurch werde die Zusammenarbeit nachhaltig verbessert.

Seit 1982 führe das BKA jährlich einen Stipendiatenlehrgang durch und habe dabei insgesamt 238 ausländische Polizeibeamte aus 59 verschiedenen Ländern fortgebildet.

Die Teilnehmer des aktuellen Lehrganges kamen aus Albanien, Argentinien, Bosnien-Herzegowina, Bulgarien, Chile, China, Ecuador, Kasachstan, Kroatien, Mazedonien, Peru, Rumänien, der Slowakischen Republik, Tadschikistan, Tansania, der Ukraine und Venezuela.

In der Pressemitteilung wird ferner darüber informiert, dass solche ehemaligen Stipendiaten, die besonders eng mit dem BKA zusammengearbeitet haben, nach etwa drei Jahren »im Rahmen einer dreiwöchigen Nachbetreuungsmaßnahme« nochmals in das BKA eingeladen werden. Eine Effizienzprüfung habe ergeben, dass rund 80 % der ehemaligen Stipendiaten durch ihre Sprachkenntnisse und das Verständnis für die Ermittlungsarbeit der deutschen Polizei wertvolle Ansprechpartner für das BKA geworden waren.

Mit anderen Worten: Wer wie erwartet die Interessen des BKA in seinem Heimatland vertritt und sich »bewährt« hat (BKA),[648] wird nochmals mit einer für ihn lukrativen Reise nach Deutschland belohnt.

Das Stipendiatenprogramm ist in Wahrheit ein Programm, im Partnerland nationale Verbindungsbeamte aufzubauen. Für sich genommen ist das gar nicht zu kritisieren, sondern eine geschickte Methode. Nur sollte man es nicht mit Vokabeln wie »Aufbau rechtsstaatlicher Strukturen«, »Förderung des Demokratieprozesses« oder »Schaffen demokratischer Rahmenbedingungen« propagieren.

Dass der Stipendiat in Deutschland eine überwiegend rechtsstaatlich arbeitende Polizei kennenlernt, ist so positiv wie wirkungslos. Wenn in den Jahren

2000 bis 2006 im Bundeskriminalamt 132 Stipendiaten aus 55 Staaten ausgebildet wurden[649] und 99 von ihnen aus Staaten kamen, in denen systematisch gefoltert oder misshandelt wird,[650] muss man sich realistisch vor Augen führen, was ein solcher Mann zu Hause erreichen kann, wenn er aus Wiesbaden zurückkehrt. Selbst wenn er die demokratische Arbeitsweise der deutschen Polizei verinnerlicht hat, ist er chancenlos, irgendetwas zu bewegen, falls sein Heimatland ein Unrechtsstaat ist. Wie sollen zum Beispiel sieben Stipendiaten aus Indonesien (2004, 2006, 2007) in einem Land etwas verändern, dessen Menschenrechtslage ununterbrochen desolat ist, wie sich Jahr für Jahr zeigt:[651]

2004
Extralegale Hinrichtungen, Verschwindenlassen, willkürliche Inhaftierungen, Folterungen, sexuelle Gewalt, Vertreibungen und Zerstörung von Privatbesitz.

2006
Folterungen, willkürliche Inhaftierungen, exzessive Gewalt gegen Demonstranten, zwei Personen durch Erschießungskommandos hingerichtet.

2007
Extralegale Hinrichtungen, Folterungen, exzessive Gewaltanwendungen, Misshandlungen in Gefängnissen und in den Hafteinrichtungen der Polizei im ganzen Land verbreitet, Hinrichtung von drei Menschen, das Recht auf freie Meinungsäußerung gefährdet.

Indonesien hat eine Gesamtstärke der Polizei von 280 000 Mann (Stand 2007), darunter ca. 14 000 der gefürchteten para-militärischen mobilen Brigade BRIMOB (die von der GSG 9 gelernt hat).[652] Woher will man den Optimismus nehmen, dass sieben in Deutschland ausgebildete Stipendiaten einen Einfluss ausüben könnten, denen 280 000 etablierte und aus Jakarta zentralistisch gesteuerte Polizisten gegenüberstehen, zumal die Sicherheitskräfte im Landesinneren »zur Aufrechterhaltung der Ordnung und Einheit« vom Militär dominiert werden. Zudem weisen das Menschenrechts-Ranking (151 von 165) und das Korruptions-Ranking (143 von 179) ausgesprochen negative Werte auf. In Indonesien kann beispielsweise ein Polizist nur befördert werden, wenn er seinen Vorgesetzten »schmiert«.

Indonesien steht exemplarisch für etwa 40 Unrechtsregime unter den genannten 55 Staaten. In knapp der Hälfte der Fälle besuchte jeweils nur ein

Stipendiat die BKA-Fortbildung, dessen Einfluss dürfte im Heimatland durchschnittlich bei 1 : 150 000 Polizisten liegen.

Am Lehrgang 2001 nahm ein Vertreter Chinas teil. Hat etwa deshalb China seine Praxis bis heute geändert, Menschen massenweise hinzurichten?

Zumindest ein Fall ist bekannt, dass ein Stipendiat aus Afrika in Deutschland um politisches Asyl bat. Er wurde Tierpfleger im Frankfurter Zoo.

Es ist von vorneherein klar, dass ein Unrechtsstaat nicht seinen Mann in der Absicht zum BKA schickt, dass dieser nach Rückkunft das Regime reformieren (revolutionieren) soll – ein Regime, dessen ganzes Streben auf Machterhaltung ausgelegt ist.

Stipendiaten gehören nicht zu den Eliten fremder Polizeien und qualifizieren sich in der Regel aufgrund ihrer Ausbildung in Deutschland für eine Beförderung im mittleren Management. Sie werden im Zentralen Interpol-Büro (NZB) des Landes eingesetzt oder im Bereich Organisierte Kriminalität oder Terrorismus, häufig in der Rauschgiftbekämpfung. Hier sind sie dann Ansprechpartner sowohl des deutschen Verbindungsbeamten vor Ort als auch der Fachabteilung des BKA. Man kennt sich – man ist per Du – Anruf genügt. Datenschutz spielt, wie schon erörtert, keine Rolle.

Folgerichtig definiert das BKA die Stipendiatenausbildung wie folgt:[653] »Stipendiaten lernen die Arbeitsweise und -struktur in der deutschen Polizei kennen. Dadurch:

- Verständnis für die Anfragen der deutschen Polizei in den Heimatländern der Stipendiaten
- Kontaktmöglichkeit für den BKA-Verbindungsbeamten vor Ort
- Schnelle Informationswege
- Unterstützung in konkreten Verfahren
- Verbesserung und Intensivierung der polizeilichen Zusammenarbeit.«

Soweit das Bundeskriminalamt Lehrgänge und Seminare im Ausland durchführt, haben sie die Schwerpunkte Organisierte Kriminalität, Rauschgift, Analyse und Tatortarbeit/Spurensicherung, Terrorismus.[654] Fragen der Menschenrechte oder gar Folter werden als Thema genau so wenig erwähnt wie Gewaltenteilung oder Rechtsstaatsprinzipien.[655] Damit müsste man aber erst einmal anfangen, bevor man Fachthemen behandelt. Das Problem ist allerdings, dass dies die »guten Beziehungen« stören würde, die man im Interesse der eigenen Prioritäten aufbaut. Und wenn BKA-Vizepräsident Stock einmal tatsächlich über »Polizeiliche Berufsethik und Menschenrechte« referiert

(Mexiko-City, 10.10.2005),[656] dann scheint dies die Ausnahme von der Regel zu sein, denn man findet weder von ihm noch von anderen BKA-Referenten weitere Manuskripte zu dieser Thematik. Im übrigen ist der Erfolg – besser gesagt der Misserfolg – an den Jahresberichten von Amnesty International und Human Rights Watch ablesbar, ohne dass BMI und BKA Konsequenzen ziehen.

Ausstattungshilfe

Dass Ausstattungshilfe kein Selbstzweck ist, betont auch das Bundesinnenministerium. Das Bundeskriminalamt berät seine ausländischen Polizeipartner, welche Ausstattung und Ausrüstung in Frage kommt und setzt für die Dauer von ein bis vier Wochen Kurzzeitexperten ein, um die Anwendung zu optimieren *(training on the job)*. Ziel der Ausstattungshilfe ist laut BKA: »Förderung kriminalstrategisch relevanter Empfängerstaaten, um eine eigenständige, effiziente Aufgabenwahrnehmung in dem Land zu erreichen. Dadurch verbesserte Erledigung von BKA-Ermittlungsersuchen und Erfüllung von Ermittlungsanforderungen vor Ort.«[657]

Diese Formulierungen muss man jedenfalls dann kritisch hinterfragen, wenn es sich bei dem Empfängerland um eine Diktatur handelt. Denn deutsche Ausrüstungshilfe ist gleichermaßen geeignet, Verbrechen zu bekämpfen, als auch solche zu begehen.[658] Der Missbrauch deutscher Technik ist in Staaten, die gewaltsam ihre Opposition kriminalisieren, vorprogrammiert. Das BKA nimmt es in Kauf und trägt wissentlich dazu bei, die Effizienz zu steigern, in der (Fehl-) Annahme, dass es eigenen Zwecken nutzt. Denn die »bessere Erledigung von Ermittlungsanforderungen« kann bedeuten, dass deutsche Technik eingesetzt wird, Menschenrechtsverletzungen zu begehen zwecks Optimierung vom BKA verlangter Ergebnisse. Hierzu gehören:[659]

- »Verbesserung der Kommunikationsmittel (Funk, Fax, Mobiltelefone)
- Fahrzeuge zur besseren Mobilität
- DV-Ausstattung zur Einrichtung und zum Betreiben polizeilicher Informationssysteme
- Optische Geräte und sonstige Observationsausstattung«.

Der polizeilich geschulte Fachmann weiß zu beurteilen, wie eine derart aufgerüstete Unrechtspolizei »schlagkräftiger« wird, um im Bild zu bleiben. Der Aufbau eines funktionierenden Transportsektors und Kommunikationswesens dient dazu, dass die Staatsgewalt auch in entlegenen Landeszonen präsent ist.

Das BKA fördert »kriminalstrategisch relevante Empfängerstaaten«. Es hat nicht die Absicht, Empfängerstaaten nach Kriterien der Rechtsstaatlichkeit auszusuchen, um sie auf den Weg der Tugend einer Demokratie zu führen. Vielmehr handelt es sich um eine kühle Kosten-Nutzen-Analyse, ob ein Staat kriminalgeographisch für die Bekämpfung von Rauschgift, Terrorismus oder Immigranten wichtig erscheint, denn auf diese drei Gebiete reduziert sich in der Regel das Interesse. Dass man solche Staaten mit Misstrauen und Vorsicht behandelt sowie Abstand zu den dort üblichen Methoden hält, wäre eigentlich zu erwarten, wenn man eine irgendwie geartete Zusammenarbeit anbahnt. Dass man die Kooperation mit sogenannten *states at risk* durch Ausstattungshilfe »erkauft«, ist hingegen problematisch. Auf jeden Fall verbindet man damit auch die Absicht, den BKA-Verbindungsbeamten vor Ort zu stärken, denn im O-Ton des Bundeskriminalamtes heißt es:

- »Abwicklung der Ausstattungshilfe/Ausbildungshilfe über die Verbindungsbeamten des BKA
- Gegebenenfalls als flankierende Maßnahme zur Neuentsendung von Verbindungsbeamten«.

Damit wird deutlich, dass die Polizeihilfe für das BKA auch ein taktisches Element ist, die Arbeit von Verbindungsbeamten zu optimieren. Dessen *standing* ist kaum zu übertreffen, wenn er als »Wohltäter« auftreten kann. Es ist überhaupt nicht zu kritisieren, wenn einem finanzschwachen Staat beim Aufbau einer Polizeiorganisation geholfen wird. Das ist allerdings dann nicht vertretbar – um es noch einmal zu betonen – wenn in einem Staat systematisch gefoltert oder misshandelt wird beziehungsweise andere schwerwiegende Menschenrechtsverletzungen begangen werden.

3. Das Quälen von Menschen geht einfach weiter …

Eine Grundvoraussetzung für Polizeihilfe ist, die richtigen Partner zu finden, und zwar solche, bei denen eine Reformwilligkeit besteht. Reform meint nicht in erster Linie eine Professionalisierung der Fachgebiete, sondern vor allem eine Demokratisierung, was ja das Bundesinnenministerium eigentlich propagiert, allerdings mit den bisherigen Methoden nicht erreicht.

Denn wenn Polizeihilfe wirklich Sinn machen soll, genügt es nicht, die Zusammenarbeit zu verbessern, vielmehr muss sich auch die Menschenrechtslage positiv entwickeln, weil das eine das andere bedingen sollte. Von Reformwilligkeit kann keine Rede sein, wenn systematische Folter fortgesetzt und/oder systematische Korruption nicht eingestellt werden. Dann kehren sich direkte Zuwendungen in das Gegenteil und dienen nicht der Erhöhung menschlicher Sicherheit, sondern stellen Risiken dar. Wenn für das Bundeskriminalamt »Zusammenarbeit« und »Informationsgewinnung« erste Priorität genießen, läuft das Amt Gefahr, die Augen davor zu verschließen, dass es ein verbrecherisches System unterstützt und sich zu ungewollten Komplizen macht.

Thinktanks, die mit dem Entwicklungshilfeministerium (BMZ) und der Gesellschaft für Technische Zusammenarbeit (GTZ) eng kooperieren, warnen dringend vor zweifelhafter Militär- oder Polizeihilfe. Nach Meinung von BICC *(International Center for Conversion)* ist der Unterstützung der zivilen Regierung der Vorzug zu geben, wie auch einem demokratisch gewählten Parlament sowie Beamten mit Kontrollkompetenzen und einem Monitoring in der Zivilgesellschaft. Deshalb sei die Betonung von *good governance* auch im Sicherheitsbereich häufig der konstruktivste, wenn auch ein indirekter Weg zur Erreichung des Ziels von menschlicher Sicherheit und nachhaltiger Entwicklung.[660]

Eigentlich müssten zwei Bedingungen vorgeschaltet werden:

Erstens stellt – als *conditio sine qua non* – der Empfängerstaat vor Beginn der Polizeihilfe Folter, Misshandlungen und andere schwerwiegende Menschenrechtsverletzungen mit sofortiger Wirkung ein, denn es ist unerträglich und unzumutbar, mit einer Polizei zusammenzuarbeiten in dem Bewusstsein, dass gleichzeitig schwerste Menschenrechtsverletzungen geschehen. Bricht der Vertragsstaat diese Bedingung, zieht sich das Bundeskriminalamt sofort aus dem Projekt zurück.

Zweitens kann eine Polizeibehörde, die sich selbst kontrolliert und keiner Kontrolle von außen unterliegt, keine Polizeihilfe empfangen, denn der Missbrauch wäre vorprogrammiert.

Die Realität sieht vielmehr so aus, dass Polizeihilfe in Millionenhöhe zur indirekten Legitimation eines repressiven Regimes führt. In Form von bilateraler Ausstattungs- und Ausbildungshilfe wurden zwischen 2000 und 2006 insgesamt 57 Staaten durch BKA/BMI unterstützt. Nach Erkenntnissen von Menschenrechtsorganisationen ist 35 Staaten der Vorwurf systematischer Folter und 7 Staaten der Vorwurf der systematischen Misshandlungen zu machen. Viele Staaten erhielten demnach jahrelang trotz Folter und Misshandlungen Polizeihilfe, ohne ihr Verhalten einzustellen oder zu ändern.

Unrechtsregime, an die 2000–2006 Polizeihilfe geleistet wurde (Auswahl)[661]

	Menschenrechtsverletzungen 2006[662]	Betrag Polizei – Hilfe 2000–2006 in EURO
Albanien	Folter, Misshandlung, Kinderprostitution, Kinderpornografie	383 587
Aserbaidsch.	Folter, Misshandlungen	148 655
Äthiopien	Folter, Misshandlungen, politische Morde	27 004
Brasilien	Folter, Misshandlungen, extraleg. Hinrichtung	64 412
Bulgarien	Folter, Misshandlungen, unmenschl. Haft	1 675 402
Georgien	Folter, Misshandlungen	302 189
Guatemala	665 Morde an Frauen, 224 Anschläge auf MR-Verteidiger	86 682
Indonesien	Folter, Misshandlungen, willkürl. Verhaftungen Exzessive Gewalt durch Polizei	82 000
Irak	Folter, Misshandlungen, willkürl. Inhaftierung vorsätzl. Tötung Tausender, exzessive Gewalt	953 830
Jemen	Exzessive Tötungen durch Sicherheitskräfte, Mehr als 1000 Pers. ohne Anklage u. Gerichts-Verfahren in Haft	401 235
Kolumbien	Extralegale Hinrichtungen durch Sicherheitskräfte, Gewalt gegen Frauen, Vergewaltigung, Verschwindenlassen von Opfern	46 702
Lettland	Folter, Misshandlungen	566 824
Litauen	Menschenhandel, sex. Ausbeutung, Prostitution Verkauf von 2000 Mädchen vorw. nach England	686 760

	Menschenrechtsverletzungen 2006[662]	Betrag Polizei – Hilfe 2000–2006 in EURO
Moldau	Folter, Misshandlungen im Polizeigewahrsam Sex. Menschenhandel	40 000
Mazedonien	Extralegale Hinrichtungen, Verschwindenlassen	361 700
Paraguay	Misshandlungen bei Festnahmen. u. in Gefängnissen Todesfälle, Kindersoldaten, Verkauf von Kindern zwecks Kinderpornografie u. Kinderprostitution	123 149
Peru	Folter, Misshandlungen, Haftbedingungen	289 938
Rumänien	Misshandlungen, Rassismus gegen Roma	1 841 894
Russland	Folter, Misshandlungen, Entführungen, Verschwindenlassen, willkürliche Festnahmen extralegale Hinrichtungen	440 313
Sambia	Folter, Misshandlungen	49 749
Serbien/ Mont.	Folter, Misshandlungen, Handel mit Mädchen	885 000
Tschechien	Misshandlungen	429 844
Türkei	Folter, Misshandlungen, Todesdrohung, Schlafentzug, Verweigerung von Wasser u. Nahrung Tötungen durch polizeil. Schusswaffengebrauch	745 550
Ukraine	Folter, Misshandlungen, antisemitische u. rassistische Übergriffe, Menschenhandel Frauen u. Kinder betreffend	1 475 825
Usbekistan	Misshandlungen, Schläge bei Festnahme, Drangsalierungen, Sicherheitskräfte töten Hunderte Männer, Frauen, Kinder	89 233

Mangelnde Effizienzkontrolle am Beispiel Bulgarien und Ukraine:
Die Polizeihilfe wurde wie folgt geleistet (in EURO)

	Bulgarien	Ukraine
2000	20 859	290 110
2001	122 598	165 691
2002	193 775	398 013
2003	247 949	85 550
2004	263 220	91 481
2005	430 000	207 000
2006	397 000	179 000
	1 675 402	1 475 825

Ein Demokratisierungseffekt ist nicht feststellbar. Durchgängig wird Jahr für Jahr von schweren Menschenrechtsverletzungen berichtet, insbesondere dass Folter durch die Polizei in Bulgarien und der Ukraine weit verbreitet ist. Controlling oder Evaluation fanden nicht statt, denn die Polizeihilfe wurde nie unterbrochen oder gar nach einer Zwischenbilanz eingestellt.

Man kann sich des Eindrucks nicht erwehren, dass das Bundeskriminalamt Erkenntnisse, unter welchen Bedingungen eine sinnvolle Entwicklungshilfe geleistet werden kann, ignoriert oder sie in dem Drang, internationale Polizeikontakte um jeden Preis zu knüpfen, fahrlässig außer Acht lässt. Einem Projekt müssten nicht nur strategische Analysen und Bedarfsanalysen vorgeschaltet werden, sondern es wären auch operationelle Leitlinien zu beachten.

Es wäre sehr nützlich, wenn das Bundeskriminalamt sich mit den Grundsätzen auseinandersetzen würde, die BMZ, GTZ und BICC bereits im Jahr 2000 gemeinsam erarbeitet haben:[663]

- Geberorganisationen müssen nicht automatisch eng mit den Akteuren des Sicherheitssektors zusammenarbeiten (Militär, Polizei, Justiz, Strafverfolgung).
- Ergebnisse der traditionellen Ausrüstungs-, Militär- und Polizeihilfe mahnen zur Vorsicht. Sie standen zumeist im Zeichen ideologischer Auseinandersetzungen, die Ausrüstung von Streitkräften mit modernen Waffen fungierte oft als Türöffner für Rüstungsexporte.

- Polizei, Justiz und Militär sind häufig aufgrund ihrer Vergangenheit diskreditiert
- Die Reform des Sicherheitssektors hat nicht unbedingt Priorität zu Lasten anderer entwicklungspolitischer Ziele.
- In Zweifelsfällen ist es sinnvoll, die direkte Kooperation mit Sicherheitskräften zu meiden und stattdessen vor allem die Kräfte zu stärken und zu unterstützen, die für eine demokratische Kontrolle des Sicherheitssektors verantwortlich sind.

Bevor man weitere Millionen ausgibt, wäre es sinnvoll, in einem externen Forschungsprojekt zu prüfen, welchen effektiven Nutzen die bisher geleistete Hilfe überhaupt gebracht hat. Gleichzeitig gehört die Vorfeldstrategie auf den Prüfstand, die so griffig klingt, dass sie nicht hinterfragt wird.

4. Fragile Staaten, Evaluierung und Verantwortlichkeit

In der Abteilung Internationale Koordinierung des Bundeskriminalamtes sitzen die Fachleute für Polizeihilfe, über deren Konzepte das Bundesinnenministerium entscheidet, das sie auch politisch umsetzt. Oft entsteht ein Hilfsprojekt, wenn ein ausländischer Staat beim Auswärtigen Amt einen Antrag stellt. In manchen Fällen werden politische Schwerpunkte vom Bundesinnenministerium oder dem Auswärtigen Amt vorgegeben (z. B. »Zentralasienstrategie«). Weitere Impulse gehen vom BKA und den Verbindungsbeamten aus (auch von der Bundespolizei in deren Kompetenzbereich der »Festung Europa«). »Aufgrund einer kriminalpolizeifachlichen Lagebeurteilung und Bedarfsanalyse erstellt das Bundeskriminalamt zu Beginn eines jeden Haushaltsjahres eine Jahresplanung für die Abwicklung der Ausstattungs- und Ausbildungshilfe. Die Jahresplanung, in der für jedes Empfängerland gesondert Art und Höhe der Hilfe festgelegt wird, bildet die Grundlage für die Durchführung der einzelnen Unterstützungsmaßnahmen.«[664] Das Budget für Polizeihilfe wird gemeinsam vom Auswärtigen Ausschuss und vom Haushaltsausschuss beschlossen. Andere Ministerien oder Parlamentsausschüsse sind – wenn überhaupt – nur marginal an bilateraler Polizeihilfe beteiligt, schon gar nicht der Ausschuss für Menschenrechte. Immer gilt das Primat der Politik: Das Bundeskriminalamt wird auf diesem oder anderen wichtigen Handlungsfeldern ohne Genehmigung der Bundesregierung nichts unternehmen. Sicher kann man das BKA im Gegensatz zu den Geheimdiensten nicht als »Staat im Staate« bezeichnen; die Arbeit des Amtes ist für die Politik relativ transparent. Das schließt Pannen im Einzelfall nicht aus, sie sind aber selten struktureller Natur (Fall Bad Kleinen), basieren allerdings auf Managementfehlern. Das Bundeskriminalamt empfindet es als Idealzustand, wenn in Berlin die grundsätzlichen politischen Entscheidungen getroffen werden, jedoch die polizeiliche Umsetzung durch das BKA in eigener Verantwortung erfolgt. Es hängt zumeist von der Mentalität des Bundesinnenministers ab, inwieweit er dem entspricht oder er und die Ministerialbürokratie in das Amt hineinregieren. Dies ist umso eher dann der Fall, wenn der Präsident des BKA schwach ist. Es hat den Anschein, dass die Balance zwischen dem BKA-Präsidenten (Ziercke) und dem Bundesinnenminister (Schäuble) momentan ausgeglichen ist. Wolfgang Schäuble berief sich in zurückliegender Zeit zum Beispiel bei Fragen der Online-Durchsuchung öfter auf die Fachleute des BKA. Würden zwischen BMI und BKA Spannungen herrschen, ließen sich solche auf Dauer nicht verbergen, sie scheinen momentan nicht zu bestehen. Die »Harmonie« bedeutet auch eine gemeinsam getragene Verantwortung, wie sie bei der Diskussion um die Online-Durchsuchung offenbar wurde.

Ist also ein Projekt politisch gewollt und genehmigt, beginnt die Durchführungsphase der Polizeihilfe regelmäßig mit einer polizeifachlichen Bedarfsanalyse durch das BKA, bei der – gemeinsam mit Regierung und Polizeiführung des Partnerlandes – geprüft wird, welche Hilfsmaßnahmen »im wohlverstandenen Interesse der Polizei des jeweiligen Empfängerlandes liegen«.[665] Dabei werden nach den Vorstellungen des Bundesinnenministeriums Stärke, Ausbildungsstand, Ausstattung und Aufgabenschwerpunkt der Polizei ebenso berücksichtigt wie die allgemeine Kriminalitätsentwicklung im Land und besondere Schwerpunkte und Erscheinungsformen der Kriminalität.

In verantwortliches Handeln eingeschlossen ist, dass man wissenschaftliche Erkenntnisse beachtet, Erfahrungen anderer einbezieht *(lessons learned)* und Empfehlungen berücksichtigt, die Experten geben. Seit mehr als fünf Jahren bestehen internationale Standards, wie man fragile Staaten beurteilen kann, auf welche Weise dort eine Hilfe möglich ist, wo Fallstricke verborgen liegen und wann die Gefahr des Scheiterns droht beziehungsweise die Hilfe sich in das Gegenteil verwandelt. Damit ist auch die Entscheidung verbunden, in bestimmten Fällen von einer Unterstützung abzusehen oder sie einzustellen.

Schlechte Voraussetzungen für eine umfassende Reform des Sicherheitssektors bieten Länder mit hoher Kriegswahrscheinlichkeit, in Spannungsregionen und schwache oder fragile Staaten, sogenannte *failed states* oder *collapsed states*. Ihr Kennzeichen ist der Verlust von staatlicher Kontrolle über das Gewaltmonopol.[666] Politische Morde, systematische Folter und Misshandlungen oder Verschwindenlassen wie auch weit verbreitete Korruption sind sichere Indizien für einen fragilen Staat, in dem Machthaber keine Kontrolle erfahren.

Ein Indikatorenkatalog hilft Krisenpotentiale zu bestimmen.[667]
Fragile Staaten bedrohen den Bürger durch:

- Überreaktion der Sicherheitskräfte
- Fehlende Rechtssicherheit
- Politische Institutionen zur Konfliktlösung existieren nicht
- Politische Rechte und Freiheiten eingeschränkt
- Selbst- und Lynchjustiz, die traditionelle und ordentliche Gerichtsbarkeit ersetzen
- Korrupter staatlicher Sicherheitsapparat
- Fehlende Minimalversorgung.[668]

Wenn Konfliktparteien weniger an der Entwicklung eines gemeinsamen Grundkonsenses als an der Durchsetzung eigener Macht interessiert sind und wenn sie tendenziell den Einsatz von Gewalt befürworten, dann verbietet es sich, mit ihnen zu kooperieren.

Die Empfehlung, mit den Vertretern a l l e r Konfliktparteien zu kooperieren, dürfte für das BKA sehr fremd und ungewohnt sein, doch ist ein Umdenken angesagt. Kontakt zu reformorientierten Kräften zu suchen, quasi ihnen Hilfe angedeihen zu lassen, ist bisher außerhalb der Betrachtungsweise des Amtes. Vielmehr scheut das BKA den Konflikt in dem Glauben, dass seine Vorverlagerungsstrategie gefährdet sein könnte. Das Amt muss sich frei machen für neue Ideen, nämlich nicht kurzfristig auf autoritäre Machthaber, sondern langfristig auf demokratische Staatselemente zu setzen. Das korrespondiert mit einer Reform der Interpol-Organisation, was später zu diskutieren sein wird (siehe Abschnitt XV).

Es ist ein folgenschwerer Fehler, ein Regime auf Dauer durch Polizeihilfe zu stabilisieren, um ausschließlich *good cooperation* zu erreichen. In diesem Fall wird anstatt auf Demokratie und Menschenrechte auf Realismus gesetzt. Eine Scheinstabilisierung stärkt herrschende Eliten und nicht die Bevölkerung. Dabei besteht die Gefahr, sich zum Spielball lokaler Akteure zu machen. Den unkritischen Umgang mit herrschenden Eliten praktizieren insbesondere Verbindungsbeamte, deren Einsatz – wie mehrfach erwähnt – einer Neuorientierung bedarf. Alte Eliten auszugrenzen oder schrittweise zu marginalisieren oder zu sozialisieren, daran beteiligt sich das BKA bisher nicht. Und das Amt berücksichtigt nicht ausreichend die kontraproduktive Wirkung der Korruption.[669]

Vielmehr vertritt das Bundeskriminalamt die Maxime: *security first!* Nur der starke Staat kann Rauschgift, Organisierte Kriminalität, Terrorismus und Migrantentum bekämpfen und ist ein wirkungsvoller Partner. Jedoch ändert die einseitige Konzentration nichts an den strukturellen Problemen. Bedingung müsste sein: Kein Beitrag ohne positive Entwicklung. Gerade dieser Ansatz wird fahrlässig nicht beachtet: Das Foltern geht weiter. Außerdem müsste ein Programm *security first* mit einer Gesamtstrategie verbunden sein.[670]

Bilaterale Polizeihilfe folgt einer eigenen Logik und eigenen Erfordernissen. Alle internationalen Erfahrungen sprechen dagegen, diesen Bereich isoliert zu regeln, ohne dass die Polizeihilfe Hand in Hand geht mit:

- Armutsbekämpfung
- Good governance
- Zivilem Friedensdienst
- Kooperation mit NGOs vor Ort.

Zwischen BKA-Verbindungsbeamten und den Vertretern von Nichtregierungsorganisationen bestehen nur selten Kontakte. NGOs stellen oft kritische Öffentlichkeit her und stärken oppositionelle Kräfte, hingegen stützen Verbindungsbeamte die Machthaber, fühlen sich diesem Lager nahe, wirken somit konfliktverschärfend. Zwangsläufig sind sie einseitig informiert und begehen Fehler bei der Lagebeurteilung. Die Politik des BKA müsste sich dahingehend ändern, dass Verbindungsbeamte eine Brücke schlagen zu solchen Akteuren, nicht nur aus Gründen einer Konfliktprävention, sondern auch aus Eigeninteresse. Denn die Oppositionellen von heute können die Regierung von morgen bilden.

Sich nicht in die Karten schauen zu lassen, ist Charakteristikum bilateraler Polizeihilfeprojekte. Das Bundesinnenministerium handelt auf diesem Feld weitgehend autark und beteiligt andere Ministerien, wie zum Beispiel das Bundesentwicklungsministerium (BMZ), nicht ausreichend. Auch bei parlamentarischen Anfragen gibt sich das BMI möglichst zugeknöpft. War in zurückliegender Zeit die BKA-Hilfe in einem Land mit militärischer Ausbildungs- und Ausstattungshilfe durch die Bundeswehr kombiniert (siehe Abschnitt XIII), standen die Vorzeichen im Sinne einer Demokratisierung besonders schlecht. Es gibt allerdings sechs Projekte, die wenigstens im Ansatz der Forderung einer Stärkung der Zivilgesellschaft entsprachen und mit Maßnahmen des BMZ verknüpft waren.[671] So war die Ausbildungs- und

Ausstattungshilfe in Äthiopien mit der »Stärkung föderaler Sicherheitsstrukturen« kombiniert, in Guatemala mit der »Verankerung von gendersensiblem Verhalten und Integration einer multiethnischen Perspektive der Polizei« gekoppelt, in Indonesien durch »Unterstützung von Menschenrechtsverteidigern« ergänzt, in Kolumbien durch »Stärkung der Rechtsstaatlichkeit – Justiz, Generalstaatsanwaltschaft, Ombudspersonen« abgesichert und in Peru durch »Reform der Strafrechtsreform sowie Unterstützung der Ombudspersonen« vervollständigt.

Es wäre viel gewonnen, wenn es überhaupt kein Polizeientwicklungshilfeprogramm gäbe, das nicht eingebettet ist in die Stärkung demokratischer Kräfte der Zivilgesellschaft, zumal nach dem »Aktionsplan zur zivilen Krisenprävention, Konfliktlösung und Friedenskonsolidierung« der Bundesregierung (Mai 2004) die entwicklungspolitische Förderung der Menschenrechte eine Querschnittsaufgabe sein soll.[672]

Zwar gibt es ein interministerielles Rahmenkonzept der Bundesregierung (AA, BMZ, BMVg, BMI) und eine »Arbeitsgruppe Sicherheitssektorreform« (AG SSR),[673] die aber bisher keine erkennbare Wirksamkeit entfaltet hat. Zumindest sind die Weichen richtig gestellt, dass sich alle Ressorts abstimmen sollen. Die Arbeitsgruppe geht auf ein Konzeptpapier der EU-Kommission vom Mai 2006 zurück. Darin wird ebenfalls betont, dass die Reform des Sicherheitssystems mehr ist als nur die Steigerung der Effizienz einzelner Sicherheitsorgane, wie Militär, Polizei und Justiz. Die Gefahr von Verstößen gegen bürgerliche Rechte durch Vertreter der Staatsmacht sei dort am größten, wo es keine handlungsstarke Zivilgesellschaft gibt und demokratische Strukturen nur schwach ausgebildet beziehungsweise inexistent sind.[674]

Das Bundesministerium für wirtschaftliche Zusammenarbeit und Entwicklung (BMZ) hat für seinen Bereich das Konzept »Entwicklungsorientierte Transformation bei fragiler Staatlichkeit und schlechter Regierungsführung«[675] und das Positionspapier »Förderung von Demokratie in der deutschen Entwicklungspolitik«[676] herausgegeben. Insoweit ist das BMZ dem Bundesinnenministerium um Schritte voraus, vor allem weil das BMZ auch »Evaluierungskriterien für die deutsche bilaterale Entwicklungszusammenarbeit« erarbeitet hat.[677]

Dabei geht es um die Kriterien:

- Relevanz (Tun wir das Richtige?)
- Effektivität (Erreichen wir die Ziele der Entwicklungsmaßnahme?)
- Effizienz (Werden die Ziele durch die Entwicklungsmaßnahme wirtschaftlich erreicht?)

- Entwicklungspolitische Wirkung (Trägt die Maßnahme zum Erreichen übergeordneter Ziele bei?)
- Nachhaltigkeit (Sind die positiven Wirkungen von Dauer?).

Auf welche Weise das BKA seinem Dienstherrn Schäuble eine Evaluierung schuldet, ist nicht bekannt. Würde er die Fragen stellen: »Erreicht das BKA mit seiner Ausbildungs- und Ausstattungshilfe, dass schwerwiegende Menschenrechtsverletzungen eingestellt werden?« (Effektivität) und »Hat sich die Menschenrechtslage für die Bevölkerung wesentlich verbessert? (übergeordnete Ziele) – dann würden momentan jedenfalls die Antworten desaströs ausfallen müssen.

5. Tradition und Moderne der Drogenbekämpfung

Cannabiskraut und Cannabisharz (Marihuana und Haschisch) sind die weltweit am häufigsten angebauten und gehandelten illegalen Drogen. Die großflächige Herstellung von Cannabisharz konzentriert sich auf einige wenige Länder, vor allem auf Marokko (Rif-Gebirge), gefolgt von Pakistan und Afghanistan. Cannabis wird vor allem über die Iberische Halbinsel nach Europa eingeschmuggelt, wobei die Niederlande als zweitwichtigster Umschlagplatz gelten. Die Produktion in Marokko ist um etwa 10 % rückläufig.[678]

An zweiter Stelle weltweit steht Kokain. Mit Abstand größter Lieferant ist Kolumbien, gefolgt von Peru und Bolivien. Der Kokainhandel konzentriert sich mit 44 % auf Südamerika und 34 % auf Nordamerika, gefolgt mit 15 % auf West- und Mitteleuropa. Transitländer in die EU sind Surinam, Brasilien, Argentinien, Venezuela, Ecuador, Curacao, Jamaika, Mexiko, Guyana und Panama.[679] Über die Westafrikaroute oder über Portugal gelangt der Stoff nach Westeuropa.[680] Der Anbau der Kokaflächen hat trotz umfangreicher Bekämpfungsmaßnahmen durch die USA im Jahr 2007 erneut zugenommen.[681]

Aus dem Saft der Mohnkapsel wird Opium und im weiteren chemischen Verarbeitungsprozess aus Opium Heroin gewonnen. Das in Europa konsumierte Heroin wird vor allem in Afghanistan hergestellt, gefolgt von Birma. Jeder siebte Einwohner Afghanistans ist am Anbau von Mohn beteiligt, wie sich aus einem 600 Seiten starken Bericht des US-Außenministeriums ergibt (Februar 2008). Danach produzierte im Jahr 2007 Afghanistan 93 % des weltweit gehandelten Opiums, dies bedeutet einen Anstieg um 3 % gegenüber dem Vorjahr. Der Wert des Opiums in Höhe von 2,6 Milliarden Euro entspricht einem Drittel des afghanischen Bruttoinlandproduktes (BIP). Das US-Außenministerium ruft die afghanische Regierung dazu auf, entscheidende Maßnahmen gegen den ausufernden Mohnanbau zu unternehmen. Der Drogenhandel stelle in Afghanistan die Anstrengungen zur Einführung einer stabilen Demokratie und einer freien sowie legalen Wirtschaft in Frage.[682]

Heroin gelangt über zwei große Schmuggelwege nach Europa: Die Balkanroute führt im Transit über Pakistan, Iran und die Türkei und von dort über eine südliche Route nach Italien und eine nördliche Route nach Österreich, Deutschland und in die Niederlande. Eine zweite Route verläuft über Zentralasien (Turkmenistan, Tadschikistan, Kirgisistan, Usbekistan) über Russland, Weißrussland und die Ukraine nach Estland, Lettland sowie von dort in skandinavische Länder.[683]

Die traditionelle Drogenbekämpfung bedient sich vor allem repressiver Mittel. Dass Konsumenten häufig Kranke und nicht Straftäter sind, ist weitgehend Konsens der Strafverfolgungsbehörden. Konsumenten können auch Dealer sein, um den eigenen Bedarf zu finanzieren; dieser Kleinhandel ist nicht im Fokus von Zentralstellen wie dem Bundeskriminalamt.

Für das BKA jedoch gilt: Die repressive Rauschgiftbekämpfung ist weitgehend gescheitert, die jährliche Steigerung der Heroin- und Kokain-Produktion kann nicht eingedämmt werden. Das gibt auch die Bundesregierung zu: »Die weitreichende Problematik des Drogenanbaus und -handels in Entwicklungsländern und der steigende Drogenkonsum in den Anbauländern sowie der Drogenmissbrauch in westlich geprägten Staaten ist nach Jahrzehnten der intensiven Prävention und Bekämpfung immer noch nicht gelöst (9. April 2008).«[684]

Somit müsste sich das BKA auch eingestehen, dass seine Vorverlagerungsstrategie nicht die Wirkung zeigt, die es sich seit Anfang der neunziger Jahre davon versprochen hat.[685]

Es gibt drei miteinander verknüpfte Gründe, warum die Polizei das Problem weltweit nicht in den Griff bekommt. Der wichtigste ist Korruption. Mit Drogen wird so viel Geld verdient, dass sich die Profis in dem Geschäft eine Organisationsstruktur aufbauen können, die sie schützt. Und in diesem System spielt die Polizei eine herausragende Rolle. Besonders in Entwicklungsländern, wo Polizisten selbst in leitenden Funktionen nur ungenügend bezahlt werden, ist die Verlockung groß, zumal die moralische Hemmschwelle nicht hoch ist, weil Bestechung zum Alltag gehört. Das Dilemma des BKA ist, dass sich der Ermittler oder Verbindungsbeamte nie sicher sein kann, ob er nicht von seinem ausländischen »Kollegen« reingelegt zu wird. Das Büro des Interpolchefs eines solchen Landes entsprach zumindest zeitweise in seiner Einrichtung dem eines Konzernchefs von IBM oder Coca Cola. Hinter vorgehaltener Hand wusste die Deutsche Botschaft zu berichten, dass es mit »Narco-Dollars« bezahlt war. Dieses Beispiel steht für viele. Die DEA (US-Drogenbekämpfungsbehörde) pumpte Millionen von Dollar in lateinamerikanische Länder und musste oft Lehrgeld zahlen. Eine Großaktion mit Militär und Hubschraubereinsatz in Peru musste mehrfach verschoben werden, bis auch der letzte Urwaldstützpunkt der Drogenmafia gewarnt war, den größten Teil der Ernte einbringen und zu Kokapaste verarbeiten konnte. Festnahmen gab es so gut wie keine. Wie von Zauberhand waren alle Felder, Labors und Urwald-Landestrips menschenleer. Auch wurden die US-Fahnder belogen, denn bei der Aktion waren nicht etwa 7 %, sondern nur 0,7 % der Anbaufläche vernichtet worden.[686]

Die Bekämpfung des weltweiten Drogenhandels hat das Ziel, an die Hintermänner heranzukommen. Hierzu bedienen sich alle Polizeien der Welt der »Dienste« von Informanten bzw. V-Leuten. In Richtlinien ist geregelt, dass V-Leute nach der Menge des sichergestellten Rauschgiftes bezahlt werden, sie haben also ein »Geschäftsinteresse«. Auch im Bundeskriminalamt ist es Konsens, die größtmögliche Drogenmenge aus dem Verkehr zu ziehen. Beliebt sind solche Schlagzeilen auch bei der Amtsleitung:

»Die Staatsanwaltschaft Köln und das BKA teilen mit: 1 Tonne Haschisch sichergestellt« (BKA-Pressestelle 21.6.2007);

»Die Staatsanwaltschaft Münster und das BKA teilen mit: Erfolgreicher Schlag gegen Rauschgiftschmuggler – 150 Kilogramm Heroin im Großraum Bocholt sichergestellt« (BKA-Pressestelle 21.12.2007).[687]

Die Gerichtsverhandlungen produzieren dann manchmal ganz andere Schlagzeilen:[688]

»Bei 300 Kilo Kokain war Versuchung für Ex-Diplomaten zu groß«,[689]

»Polizeispitzel darf Täter nicht ›verführen‹. Haschischdealer zu Heroinhandel angestiftet«,[690]

»Ministerium weist Kritik des hr zurück: Kokaindeal nicht von der Polizei eingefädelt«.[691]

Im November 1999 bejahte der Bundesgerichtshof einen Verstoß gegen die Europäische Menschenrechtskonvention, wenn ein Unverdächtiger vom Staat zu einer Straftat provoziert werde.[692]

Nicht auszuschließen ist, dass vielleicht der *undercover agent,* der – um eine Tonne Heroin oder Kokain angeblich zu erwerben – ein vorgetäuschtes Vermögen in Millionenhöhe »nachweist«, vielleicht sogar die Produktion dieser Menge überhaupt erst anreizte, die vielleicht noch gar nicht auf dem illegalen Markt zur Verfügung stand. Diesen polizeilichen Parallelmarkt wissenschaftlich zu erforschen, würde dringend eine Wissenslücke schließen, wenn man bedenkt, dass in der Zeit von 1996 bis 1999 allein EUROPOL-Verbindungsbeamte in 253 »kontrollierte Lieferungen« involviert waren,[693] was den Umfang ahnen lässt. Unter einer kontrollierten Lieferung versteht man eine observierte und überwachte illegale Drogenlieferung, die vom Ursprungs- bis zum Bestimmungsland von der Polizei gesteuert wird. Das ist ein juristisch abgesichertes und trotzdem problematisches Verfahren, wenn das Verhalten der Täter durch die Polizei manipuliert wird. Es soll vorgekommen sein, dass eine größere Cannabislieferung im Raum Wiesbaden / Mainz eintraf und das BKA plötzlich auf dem Stoff in einer angemieteten Garage festsaß, weil ihm die Abnehmer abhanden gekommen waren. Es sollen ferner in der Vergangenheit kontrollierte Lieferungen in einen Gerichtsbezirk geleitet worden sein, von dem man wusste, dass dort hohe Strafen verhängt werden. Wahrscheinlich sind solche rechtsstaatswidrigen Praktiken inzwischen eingestellt, es lässt sich dennoch feststellen, dass hohe Sicherstellungsmengen den Markt unter Umständen verfälschen, nicht unbedingt die wirklichen Größenordnungen widerspiegeln (Deutschland als Umschlagplatz?) und auf keinen Fall das Drogenproblem lösen.

Der dritte Bereich betrifft das Austrocknen des Schwarzen Marktes durch Entkriminalisierung. Konservative Kräfte sind gegen gesetzliche Änderungen, und das BKA hält sich relativ bedeckt. Das betrifft auch die Unterscheidung zwischen harten und weichen Drogen, wobei der Staat eigentlich einen Strafanspruch im Falle von Cannabis verwirkt, solange er der Lobby der Alkohol- und Tabakindustrie nachgibt, deren Produkte einen viel größeren Schaden anrichten.[694] Im übrigen gehen laut Bundesregierung 140 000 Todesfälle jedes Jahr auf das Konto des Tabakrauchens.[695] Zwar verbietet es sich, tote Menschen gegeneinander aufzurechnen, aber trotzdem sei erwähnt, dass die Zahl der Drogentoten mit 1296 Opfern 2007 den niedrigsten Stand seit 1989 aufweist.[696]

Längst haben sich Substitutionsprogramme bewährt, durch legale Verabreichung von Methadon eine Heroinsucht umzupolen. Bereits vor zwanzig Jahren gab es in London Heroin auf Rezept. Pilotstudien in Deutschland bestätigen inzwischen, dass ein ärztlich kontrolliertes Steuern der Heroinsucht (durch ein preisgünstiges synthetisches Heroin-Derivat) zur Folge hat, dass die suchtkranke Person ein sozialangepasstes Leben führen kann, nicht mehr auf Beschaffungskriminalität oder Prostitution angewiesen ist, um schließlich in der Gosse zu landen und ihrem Leben mit dem »goldenen Schuss« ein Ende zu setzen. Der Drogen- und Suchtbericht 2007 der Bundesregierung führt aus: »Das Modellprojekt zur heroingestützten Behandlung hat gezeigt, dass gesundheitlich und sozial stark verelendeten Schwerstabhängigen wirksam geholfen werden kann.«[697] Dass Dealer keine Chance mehr hätten, wenn der Markt legalisiert würde, liegt auf der Hand. Eine entsprechende Änderung des Betäubungsmittelgesetzes scheiterte bislang am Widerstand der CDU/CSU.[698] Es stünde dem BKA gut an, eine Schrittmacherfunktion nicht nur in Deutschland, sondern auch in der EU zu übernehmen. Dazu müsste das Amt über seinen eigenen Schatten springen und restriktive Positionen aufgeben.

Alle Aspekte sprechen dafür, dass das Rauschgiftproblem durch repressive Maßnahmen (allein) nicht zu lösen ist. Das haben auch Politiker erkannt, als die Fraktionen der CDU/CSU und SPD gemeinsam einen Antrag auf Beschluss des Deutschen Bundestages einbrachten, in dem einem entwicklungspolitischen Ansatz der Drogenkontrolle, wie auch der wissenschaftlichen Forschung, ein größeres Gewicht eingeräumt werden soll (9. April 2008).[699] Basierend auf dem EU-Programm »Förderung der entwicklungsorientierten Drogenkontrolle in Entwicklungsländern (EOD)« und dem »EU-Drogenaktionsplan 2005–2008« unterstreichen die Koalitionspolitiker die Leitlinien. Sie umfassen die Aktionsbereiche: Koordinierung, Nachfragereduzierung, Angebotsreduzierung, internationale Zusammenarbeit sowie Information, Forschung und Evaluation. Moderne Drogenpolitik zielt also nicht mehr vorwiegend auf militärische und staatliche Sicherheit, sondern auf Konzepte der Entwicklungspolitik. Diese sollen »wissenschaftlich unterfüttert« werden, denn »es fehlt noch tiefergehendes Wissen über die Konfliktsituationen in den Drogen produzierenden Ländern Myanmar, Kolumbien, Peru und Bolivien, um neue Antworten gegen Drogenanbau finden zu können«.[700] Es muss erstaunen, wie viele Jahrzehnte es gedauert hat, um auf diese Erkenntnis zu kommen. Aber immerhin hat sich bereits die Meinung durchgesetzt, dass allein das Vernichten von Anbauflächen nicht der Weisheit letzter Schluss ist, trifft es doch die Ärmsten der Armen, schürt Hass und Vergeltung und spielt den Drogenbaronen in die Hände, den Nachwuchs ihrer Privatarmeen zu rekrutieren.

Entgegen der parlamentarischen Gewohnheit hat sich der Menschenrechtsausschuss des Bundestages, der sich viel zu selten einschaltet, der Sache angenommen. Eine Delegation reiste vom 24. bis 30. September 2007 in Begleitung von vier Personenschutzbeamten des BKA nach Kolumbien und Peru.

Die Abgeordneten trafen sich mit örtlichen Regierungs- und Parlamentsvertretern, aber auch mit Nichtregierungsorganisationen und Menschenrechtsaktivisten.[701]

Die Abgeordneten sprachen u. a. als Empfehlung aus, juristisches Fachpersonal bzw. Ausbilder, forensische Experten und Fachleute in Mediation zur Unterstützung des Versöhnungsprozesses zu entsenden und zu schulen, mit Laborausstattung für forensische Untersuchungen technisch zu unterstützen und den Austausch von Studenten, Wissenschaftlern und Sozialarbeitern in Gang zu setzen.

Den Abgeordneten war sehr wohl bewusst, dass »alle Politikbereiche überlagert wurden vom Drogenanbau und -handel, der damit verbundenen Geldwäsche und Korruption sowie Waffenhandel«. Sie registrierten: »Seit Jahrzehnten wird Kolumbien durch Gewalt beherrscht. Die handelnden Akteure sind dabei der Staat, das Militär, die Paramilitärs, Rebellenorganisationen sowie Drogenbosse.«[702] Da die Abgeordneten die Sicherheitslage genau analysierten, sind ihre Empfehlungen ein gutes Beispiel dafür, dass die Zivilgesellschaft gestärkt werden muss und nicht die Sicherheitskräfte. Das Bundeskriminalamt wird in den Vorschlägen nicht erwähnt, auch ist nicht an Ausstattungshilfe gedacht, wohl soll gezielt Menschenrechtsausbildung betrieben werden. Obwohl in beiden Ländern die Sicherheitsdefizite erheblich sind (in Kolumbien z. B. wurden zwischen 1991 und 2003 insgesamt 1925 Gewerkschaftsmitglieder ermordet, und zahllose Menschen sind und bleiben verschwunden),[703] wird hier der richtige Weg beschritten.

6. Erfahrungen aus der Vergangenheit Oder: Das »Umbrella-Projekt«

Im Jahr 1981 erhielt der indonesische Botschafter in Bonn einen neuen Posten: Er wurde Polizeiminister als Chef der Indonesischen Nationalpolizei. Der Botschafter, der in Diplomatenkreisen hohes Ansehen genoss, hatte auch gute deutsche Freunde, die ihm ein Startkapital mit auf den Weg gaben: 1,4 Millionen DM als Polizeihilfe.

Zwei Beamte des BKA erhielten den Auftrag nach Indonesien zu reisen, um ein entsprechendes Konzept zu entwickeln. Ihnen wurde gesagt, dass das Projekt den »Umbrella« Rauschgiftbekämpfung haben müsse, denn wegen der »etwas prekären Menschenrechtslage« in Indonesien ließe sich das investierte Geld nur auf diese Weise politisch rechtfertigen. Schnell wurde den BKA-Männern allerdings in Jakarta klar, dass es seinerzeit in Indonesien mit Ausnahme von ein paar Marihuana rauchenden australischen Touristen auf der Insel Bali gar kein wirkliches Drogenproblem gab. Dies lag einerseits an religiösen Überzeugungen der Bevölkerung und andererseits am rigiden Vorgehen der Sicherheitskräfte. Von einem der beiden BKA-Spezialisten auf Todesschwadronen angesprochen, erklärte ein indonesischer Polizeioberst: »Das ist ein spezifisch indonesisches Problem, das kann man einem europäischen Polizisten nicht vermitteln.« Jedenfalls waren 491 erfasste Rauschgiftfälle (1979) gemessen an der ungewöhnlichen Flächenausdehnung Indonesiens und 147,4 Millionen Einwohnern (1980) nachgerade lächerlich, sie erfuhren allerdings eine Steigerung um fast 100 Prozent auf 901 Fälle im Jahr 1980. Dem standen beispielsweise 62 395 erfasste Fälle der Rauschgiftkriminalität in der Bundesrepublik im Jahr 1980 gegenüber.[704]

Trotzdem wurde das Projekt unter der Bezeichnung »Beratung bei der Drogenmissbrauchsbekämpfung« begonnen und später erweitert. Jahrelang kamen deutsche Kurz- und Langzeitexperten in Indonesien zum Einsatz, wie auch indonesische Stipendiaten in der Bundesrepublik ausgebildet wurden.

Als Dank erhielt der BKA-Präsident zweimal einen indonesischen Orden. Der Vizepräsident reiste im November 1984 nach Indonesien. Hier wurde ihm auch die berüchtigte Anti-Terroreinheit BRIMOB vorgeführt. Er lernte, dass deren Wahlspruch lautete: »Schaffung einer geschlossenen Gesellschaft in Harmonie«. Dem Vizepräsidenten wurde vorgeführt, wie bei Schießübungen mit scharfer Munition rechts und links der Zielscheiben BRIMOB-Kämpfer stehen mussten. Er fand das ziemlich gefährlich, doch meinte die indonesische Seite, es handele sich um eine »vertrauensbildende Maßnahme«. Die mobile Brigade BRIMOB, von der GSG 9 bestens vorbereitet, war an erheblichen Menschenrechtsverletzungen in den Krisengebieten Aceh, Ambon, Molukken, Ost-Timor, Sulawesi und West-Papua aber auch bei Einsätzen gegen Demonstranten in Ballungszentren beteiligt.[705] Der Schwiegersohn Suhartos, General Prabowo Subianto, soll 1981 bei der GSG 9 in Hangelar eine Spezialausbildung genossen haben. In seine Heimat zurückgekehrt, avancierte er zum Chef aller indonesischen militärischen Spezialeinheiten und übernahm zudem das Kommando über das wegen seiner Brutalität gefürchtete »Detachment 81«.[706]

Auch die USA, Neuseeland, Japan und Indien leisteten Indonesien Polizeihilfe in verschiedenen Bereichen.

Es ist anhand der Menschenrechtslage in Indonesien zu prüfen, welchen Demokratisierungseffekt die Maßnahmen hatten:[707]

1985
Extralegale Hinrichtungen, Fälle von Verschwindenlassen, Folter, willkürliche Festnahmen und Inhaftierung aus politischen Gründen durch die Sicherheitskräfte.

1990
Folterungen und Misshandlungen an politischen Gefangenen und straftatenverdächtigen Personen, mehrere Gefangene kamen ums Leben. Folter durch Elektroschocks, Schläge, Verbrennen mit Zigaretten, Zubringen mehrere Stunden in Wasserbehältern. Präsident Suharto schrieb in einer Biographie, die dann vom Markt genommen wurde, dass mit seiner Billigung »in den 80er Jahren Tausende Kriminelle ohne Gerichtsbeschluss hingerichtet wurden. »Wer gegen uns war, musste erschossen werden. Überall lagen Leichen herum, sozusagen als Schocktherapie.«[708]

1995
Die Indonesierin Dasmen wachte erst nach drei Tagen im Krankenhaus aus dem Koma auf. Polizisten hatten sie gefoltert, weil ihr neunjähriger Sohn im Verdacht stand, eine Brieftasche gestohlen zu haben.

Folterungen an politischen Gefangenen und straftatenverdächtigen Personen waren an der Tagesordnung und hatten in einigen Fällen den Tod des Opfers zur Folge. Mehrere Menschen wurden extralegal hingerichtet und zahlreiche straftatenverdächtige Personen von der Polizei unter fragwürdigen Umständen erschossen.

2000
Weit verbreitete systematische Menschrechtsverletzungen, darunter extralegale Hinrichtungen, Vergewaltigungen und Zwangsvertreibungen. Die Praxis des Verschwindenlassens weiterhin sehr verbreitet.

2006
Opfer von Folterungen: 64 % während ihrer Verhöre, 43 % bei der Festnahme und 25 % in der Haft.

In demselben Jahr erhielt Indonesien (Korruptionsindex 143) erneut 82 000 Euro deutsche Polizeihilfe.

2008
überreichten fünf Menschenrechtsorganisationen dem Anti-Folter-Komitee in Genf (CAT) die Unterlagen über 4000 Folterfälle in den Provinzen Aceh und Papua seit 1998.[709] Das Internationale Sekretariat von Amnesty Interna-

tional berichtete am 2. Mai 2008, dass Folter und Misshandlungen über das ganze Land verbreitet seien. 2007 habe das Legal Aid Institute 367 Gefangene in vier Haft- und Gefängniseinrichtungen auf der Insel Java interviewt. 80 % von ihnen waren Opfer von Folter, so auch Frauen und Kinder. Als Methoden wurden genannt: Schläge, Tritte, Bedrohung, Zwang zur Masturbation oder sich nackt auszuziehen. Beschwerden vor Gericht hätten keinerlei Wirkung erzielt.[710]

Die Entwicklung in Indonesien war wie in vielen anderen Ländern vom Ost-West-Gegensatz geprägt. General Mohamed Suharto wurde von der CIA an die Macht gebracht. Gesteuert von CIA-Agenten in Jakarta, schlug er gemeinsam mit antikommunistisch eingestellten Generälen 1965 einen angeblichen kommunistischen Putschversuch nieder und richtete anschließend ein Blutbad an. Getötet wurden nicht nur zwischen 300 000 und 500 000 angebliche Kommunisten, sondern auch durch Pogrome große Teile der chinesischen Minderheit, die wegen ihres Fleißes das Geschäftsleben beherrschte und der Bevölkerung ein Dorn im Auge war.[711]

Während des Kalten Krieges hatten Polizei- und Militärhilfe vorwiegend das Ziel, die Sicherheitsinstitutionen des eigenen (westlichen oder östlichen) Lagers zu stärken. So war Indonesien in den 1970er und 1980er Jahren Empfänger von deutschen Patrouillenbooten oder durch Hubschrauberlizenzen Geschäftspartner des Rüstungskonzerns MBB. Diese Rüstungslieferungen wurden unabhängig von der Menschenrechtslage nach der Wende fortgesetzt. Nach 1994 erhielt der Inselstaat aus ehemaligen NVA-Beständen 34 Schiffe, darunter 15 Korvetten und zwei Landungsboote. Auch erfolgte die Lieferung von Luftlandepanzer des Typs Wiesel.[712] Andere namhafte deutsche Unternehmen, wie MTU, Heckler & Koch oder die Meyer- und Lürssen-Werften haben einen namhaften Anteil am Aufbau der indonesischen Rüstungsindustrie. Die deutsche Maschinenpistole Heckler & Koch MP 5 wurde dort in Lizenz hergestellt,[713] weltweit vertrieben und in vielen Unrechtsstaaten benutzt, sowohl durch Polizei und Milizen als auch durch Rebellenorganisationen. Die Frankfurter Rundschau (»Hilfe für einen guten Freund«) listete weitere Waffengeschäfte auf und verwies darauf, dass die Bundesregierung Mitverantwortung für den Terror indonesischer Soldaten trage.[714] Die Überschrift bezieht sich auf einen Brief von Bundeskanzler Helmut Kohl an Suharto, in dem er ihn als »lieben Freund« anredet, der »in seiner Amtszeit nicht nur für sein Land, sondern für ganz Südostasien einen wichtigen Beitrag zur Stabilität und zur positiven wirtschaftlichen Entwicklung« geleistet habe.[715]

Indonesien ist nur ein Beispiel von vielen ähnlichen Geschäftsbeziehungen deutscher Rüstungsfirmen mit Unrechtsregimen. So auch im Jahr 1983 mit Peru. Folter war dort weit verbreitet. Während eines Protestmarsches wurde am 11. September 1982 der Gewerkschaftsführer Delfin Cuba T. von der Nationalgarde verhaftet und nach Ayacucho gebracht. Während des Verhörs wurde er gefoltert und erlitt schwere innere Verletzungen, als ihm ein Gewehrlauf in den Mastdarm gestoßen wurde. Einige Wochen später wurde er ins Krankenhaus eingeliefert und operiert.

Weitere Folterungen ereigneten sich durch den Staatssicherheitsdienst (Seguridad del Estado) in der Stadt Chimbote. Ehemalige Gefangene sagten aus, sie seien nackt ausgezogen und dann systematisch getreten und mit sandgefüllten Lederschläuchen geschlagen worden. Man unterwarf sie der sogenannten *pita:* Ihre Hände wurden hinter ihrem Rücken zusammengebunden und mit einem über einen Balken geworfenen Seil nach oben gezogen; gleichzeitig wurde ihr Kopf in feuchte Lappen eingewickelt, die das Atmen behinderten. In einigen Fällen wurde *la pita* durch Elektroschocks verstärkt, indem die nasse Kleidung der Gefangenen mit Steckdosen in Kontakt gebracht wurden.[716]

Peru war Gegenstand eines mündlichen Schlagabtausches im Deutschen Bundestag am 3. Oktober 1984:[717]

Vizepäsident Westphal:
Wir kommen zur Frage Nr. 41 des Abgeordneten Schwenninger:
Wieso liegt bei der Lieferung von 104 Kisten mit 515 Heckler & Koch-Gewehren, die von den peruanischen Behörden im Dezember 1983 auf dem Flughafen von Lima beschlagnahmt wurden, kein Verstoß gegen das Außenwirtschaftsgesetz oder das Kriegswaffenkontrollgesetz vor?

Bitte schön, Herr Staatssekretär.

Dr. Sprung, Parl. Staatssekretär: Herr Schwenninger, die Firma Heckler & Koch hatte die nach dem Kriegswaffenkontrollgesetz und dem Außenwirtschaftsgesetz erforderlichen Genehmigungen, vollautomatische Gewehre nach Peru auszuführen. Der Bundesregierung liegen keine Erkenntnisse vor, dass die erwähnten Waffen außerhalb der erteilten Genehmigung geliefert wurden.

Vizepräsident Westphal: Zusatzfrage des Abgeordneten Schwenninger.

Schwenninger (GRÜNE): Besteht für die Bundesregierung nicht Grund für die Annahme, dass den an der Lieferung Beteiligten die erforderliche Zuverlässigkeit fehlt, was angesichts der Beschlagnahmeaktion des peruanischen Zolls nahe liegt, und sieht die Bundesregierung nicht den § 6 Abs. 3 Nr. 3 des Kriegswaffenkontrollgesetzes berührt?

Dr. Sprung, Parl. Staatssekretär: Herr Kollege Schwenninger, dies ist nicht der Fall. Die Bundesregierung hat eine sorgfältige Prüfung vorgenommen, bevor die Genehmigung erteilt wurde.

Vizepräsident Westphal: Noch eine Zusatzfrage des Abgeordneten Schwenninger.

Schwenninger (GRÜNE): Wer ist nach Informationen der Bundesregierung Empfänger der fraglichen Gewehre, und konnte die Herstellerfirma Heckler & Koch, Oberndorf, der Bundesregierung diese Information geben? Es geht also wirklich darum: Wer hat sie bekommen, oder wer sollte sie bekommen?

Dr. Sprung, Parl. Staatssekretär: Herr Kollege, die Genehmigung hat die Firma Heckler & Koch erhalten.

(Schwenninger, [GRÜNE]: Wer soll sie dort in Peru bekommen? Darum geht es doch!)

Es geht darum, wer sie erhalten hat, Herr Kollege, und die Genehmigung hat die Firma Heckler & Koch erhalten.

(Lachen bei der SPD)

Vizepräsident Westphal: Jetzt gibt es eine Zusatzanfrage des Abgeordneten Jannsen.

Dr. Jannsen (GRÜNE): Herr Staatssekretär, sind Sie in der Lage, dem Hause mitzuteilen, wer die Waffen – nicht die Genehmigung – erhalten sollte?

Dr. Sprung, Parl. Staatssekretär: Empfänger der Lieferungen sind Sicherheitskräfte Perus gewesen.

(Zuruf von der SPD: Aha!)

Vizepräsident Westphal: Zusatzfrage des Abgeordneten Sauermilch.

Sauermilch (GRÜNE): Herr Staatssekretär, steht die innere Lage Perus nicht der Lieferung solcher Gewehre an Peru entgegen angesichts der sich häufenden Menschenrechtsverletzungen?

Dr. Sprung, Parl. Staatssekretär: Die Lieferungen, um die es sich bei der Frage von Herrn Schwenninger handelte, sind im letzten Jahr erfolgt.

(Schwenninger [GRÜNE]: Guardia Civil!)

Die Genehmigung dafür ist im letzten Jahr erteilt worden.

(Sauermilch [GRÜNE]: Aber das ändert doch nichts an den Menschenrechtsverletzungen!)

Damit ist nichts über die mögliche Genehmigung in der vor uns liegenden Zeit ausgesagt worden.

(Sauermilch [GRÜNE]: Das ist doch nicht die Beantwortung meiner Frage!)

Vizepräsident Westphal: Darin ist die Bundesregierung frei.

Dr. Sprung, Parl. Staatssekretär: Die Bundesregierung hat vor der Erteilung der Genehmigung sehr sorgfältige Prüfungen vorgenommen, und sie ist zu dem Ergebnis gekommen, dass die Genehmigung erteilt werden könnte.

Vizepräsident Westphal: Zusatzfrage des Abgeordneten Catenhusen.

Catenhusen (SPD): Kann die Bundesregierung Informationen bestätigen, dass im Bereich von Ayacucho von der Guardia Civil Massaker an der Bevölkerung mit Hilfe von gelieferten Heckler & Koch-Gewehren begangen worden sind?

Dr. Sprung, Parl. Staatssekretär: Ich kann Ihnen diese Frage nicht beantworten. Darüber liegt mir keine Information vor.

(Catenhusen [SPD]: Das ist aber traurig!)

Vizepräsident Westphal: Zusatzfrage der Abgeordneten Frau Dr. Bard.

Frau Dr. Bard (GRÜNE): Wenn Sie auf diesem Gebiet recherchiert haben und sich diese Nachrichten als richtig herausstellen: Wären Sie bereit, weitere Geschäfte dieser Art zu unterbinden?

Dr. Sprung, Parl. Staatssekretär: Wenn um neue Genehmigungen nachgesucht wird, werden in die Überlegung alle Faktoren einbezogen, die normalerweise zu betrachten sind, wenn über solche Genehmigungen entschieden wird.

Vier Jahre später (April 1988) wurde im Innenausschuss des Deutschen Bundestags über die Polizeihilfe in Höhe von 100 000 DM für den Staat Kolumbien gestritten.[718] Interessant an dem Disput ist, dass die Probleme bis heute dieselben geblieben sind. Die Abgeordneten der Opposition beanstandeten, dass die Polizeihilfe geleistet werde, obwohl nach dem Bericht des Menschenrechtsausschusses zwischen Polizei und Guerilla sowie Drogenhändlern eine enge Zusammenarbeit bestehe. Ein Abgeordneter merkte an, er halte es »für eine kühne Zielvorstellung«, dass die Polizeihilfe der Demokratisierung der Ordnungskräfte diene und wollte wissen, ob man dem schon nahegekommen sei. Vielleicht sei es bereits ausreichend, wenn Polizeihilfe nicht dazu diene, Menschenrechtsverletzungen zu unterstützen oder effektiver zu machen. Ein Abgeordneter der Regierungsparteien (CDU/FDP) stellte fest, er würde niemals unterstellen, dass Polizeihilfe Menschenrechtsverletzungen dienen könne, »Menschenrechtsverletzungen sind nicht mein Thema.« Schließlich kritisierte ein anderer Abgeordneter, dass der Bericht der Bundesregierung über die Polizeihilfe als VS-NfD eingestuft sei. Auf Seiten der Bundesregierung nahm Staatssekretär Hans Neusel vom Bundesinnenministerium Stellung: Mit der Klassifizierung VS-NfD solle deutlich werden, dass das Material nicht zur Presseveröffentlichung geeignet sei, da man unangenehme Diskussionen in der Öffentlichkeit vermeiden wolle. Außerdem dürfe man angesichts der relativ geringen Beträge nicht erwarten, dass durch finanzielle Polizeihilfe ein entscheidender Einfluss auf die demokratische Entwicklung oder die Menschenrechtslage in dem unterstützten Land ausgeübt werden könne.

Mit dem Zusammenbruch des Warschauer Paktes hätte man eigentlich erwarten können, dass Polizei- und Militärhilfe neuen Kriterien unterstellt werden, da sowohl das bisherige Feindbild wegfiel als auch ein Wettrüsten nicht mehr sinnvoll war. Doch wurde der Empfängerkreis ausgedehnt, die Menschenrechtslage weiterhin missachtet und Waffen in Spannungsgebiete geliefert. Der das Entwicklungshilfeministerium beratende Thinktank BICC warnt im Rückblick auf die 1980er und 1990er Jahre: »Ausrüstungs-, Militär- und Polizeihilfe wurde mit zum Teil problematischen Ergebnissen praktiziert: Teils mussten Programme abgebrochen werden, teils trugen derartige Programme zur Stärkung von Polizei und Militär bei, die jedoch weiterhin Menschenrechte missachteten oder sich an die Macht putschten. [...] Allein die Betrachtung der heutigen innergesellschaftlichen Situationen in einer Reihe der genannten Länder zeigt, wie problematisch die Unterstützung war (2007).«[719]

Keine Berührungsängste mit Folterregimen zeigte auch die *International Police Association* (IPA), ein internationaler Berufsverband der Polizei (Leitmotiv: »Dienen durch Freundschaft«). Wie so oft übernahm auch hier das Bundeskriminalamt die Schrittmacherfunktion. Ihr Nestor war der Leitende Kriminaldirektor Jürgen Klös, ein Gruppenleiter im BKA. Er war Präsident der IPA-Sektion Deutschland und wurde schließlich Präsident der gesamten Organisation, nannte sich dann gerne »Weltpräsident«. Seinem Eifer war zu verdanken, dass Deutschland 1988 mit 47 266 Mitgliedern die IPA anführte. Organisiert waren in der IPA zu diesem Zeitpunkt etwa 220 000 Polizisten in 51 Ländern,[720] von denen 13 Folterregime waren und 3 Todesschwadrone unterhielten (Brasilien, Peru, Philippinen).

Im Mai 1974 besuchte eine deutsche IPA-Delegation den Folterstaat Türkei. Nihat Ülkekul, der Generalsekretär der türkischen IPA-Sektion, berichtet, dass sich Klös große Verdienste um den Aufbau der türkischen Sektion erworben habe.[721] Neben Klös bezeichnet Ülkekul als wichtige Besucher aus Deutschland den Wiesbadener Polizeipräsidenten Dr. Karl Ender und verschiedene namentlich genannte Polizisten aus München, Stuttgart und Berlin. Die IPA setzte sich für Ordens- und Ehrenzeichen ein und verlieh auch selbst solche in Gold, Silber und Bronze.[722] 1985 erhielt Klös das Bundesverdienstkreuz.[723] In ihrem Magazin IPA-aktuell warb die IPA völlig distanzlos für Urlaubsreisen in Unrechtsstaaten; die Reisen wurden von der örtlichen Polizei betreut, so in »das neue IPA-Haus« (abgebildet) im Apartheidstaat Südafrika.[724] Die Frankfurter Rundschau titelte: Auf dem Programm stehen »Besuche bei Hunden und Schwarzen«. Der Staatssekretär im BMI, Franz Kroppenstedt, erklärte auf Anfrage der Grünen im Deutschen Bundestag, dass die Teilnahme von Beamten des BKA an solchen Reisen nicht offiziell erfolge, und »über die Privatsphäre übe die Bundesregierung keine Kontrolle« aus.[725] Vielleicht hatten die BKA-Urlauber vom IPA-Ferien-Haus in Kapstadt[726] einen Blick über den Atlantischen Ozean auf Robben Island – die vor

Kapstadt gelegene Insel, auf der Nelson Mandela seit 1964 als politischer Gefangener festgehalten wurde.

Die Beamten des sogenannten Höheren Dienstes der Polizei – in den 1950er Jahren wurden sie »Oberbeamte« genannt – werden in Münster-Hiltrup ausgebildet (»Mutterhaus der deutschen Polizei«). Aus dem ehemaligen Polizeiinstitut ging 1973 die Polizeiführungsakademie (PFA) hervor, die seit 2006 als Deutsche Hochschule der Polizei (DHPol) Aus- und Fortbildung betreibt, nunmehr mit wissenschaftlichem Anspruch. Die Hochschule ist Mitglied der Mitteleuropäischen Polizeiakademie MEPA und der Vereinigung Europäischer Polizeiakademien AEPC. Außerdem gehört sie zum EU-Netzwerk CEPOL *(Collège Européen de Police)*.[727]

Bisher ist die Gründungsgeschichte der obersten Polizeiausbildungseinrichtung hinsichtlich ihrer NS-Vergangenheit ein weißer Fleck. Nur hier und da sickerte durch, dass ein Dozent für Kriminologie der Anfangsjahre zuvor bei Admiral Canaris Dienst versah oder ein Dozent für Kriminalistik der SS-Sicherheitspolizei angehörte. Neben BND, BfV und MAD ist somit die DHPol eine vierte Einrichtung auf Bundesebene, die auf ein externes Historikergremium wartet.

Betrachtet man die ersten Jahrzehnte, dann war Hiltrup alsbald ein Anziehungspunkt für die Polizei aus dem Ausland. Zwischen 1974 und 1983 wurden über 200 Polizeiführungskräfte aus über 20 Ländern ausgebildet. So kamen 51 aus dem Sudan, 42 aus der Türkei, 21 aus Tunesien, 12 aus Somalia[728] – also, wie gehabt, aus Staaten, deren Menschenrechtslage zu größten Bedenken Anlass hätte geben müssen. Dass die Polizeielite aus solchen Ländern in Hiltrup lernte, wie man Sicherheitskräfte effizient organisiert und führt, um die eigene Bevölkerung zu unterdrücken und beispielsweise einen »Brotaufstand« (Tunesien, 1978) mit brutaler Gewalt niederzuschlagen, schien nie eine Überlegung wert zu sein. Vielmehr beantwortete der Präsident der PFA 1983 das besorgte Schreiben einer »Friedensinitiative Hiltrup« mit belehrender Arroganz: »Nehmen Sie zur Kenntnis und richten Sie Ihr Verhalten danach aus: […] Die ausländischen Teilnehmer werden allein auf der Grundlage unserer freiheitlich demokratischen Grundordnung der Verfassung der Bundesrepublik Deutschland aus- und fortgebildet.«[729]

Ohne die Menschenrechtslage günstig zu beeinflussen (Evaluation blieb ein Fremdwort), pumpte die Bundesregierung viel Geld in Staaten, die damals als »Dritte Welt« bezeichnet wurden:

Programm des Auswärtigen Amtes für Ausstattungshilfe 1988 bis 1998 (BMVg, BMI, BKA)[730]

	Millionen Mark
1979–1981	147,1
1982–1984	146,0
1985–1987	165,0
1988–1990	176,0
1991–1993	196,38
1995–1998	166,3

Die erste Ausstattungshilfe der Bundesregierung geht auf das Jahr 1958 zurück und wurde für Afghanistan geleistet (9,5 Millionen DM bis 1976). Ab 1962 erfolgten routinemäßige Programme, so zum Beispiel bis Ende der 70er Jahre für Somalia, Togo, Sudan, Zaire, Zentralafrikanische Republik, Ägypten, Iran, Arabische Republik Jemen, Jordanien, Marokko, Tunesien, Türkei.[731]

Es ist müßig, die gravierenden Menschenrechtsverletzungen dieser Staaten aufzuzählen, vielmehr könnte man umgekehrt fragen, welcher der Staaten auch nur annährend sich demokratischen Kriterien verpflichtet fühlte. Es handelte sich um Ausnahmen. Die Liste der polizeilichen Ausstattungshilfe 1995 bis 1998 führt von Albanien bis Weißrussland 27 Staaten auf, nur vier waren frei von gravierenden Menschenrechtsverletzungen. In 15 Ländern wurde systematisch gefoltert, in 8 Staaten ereigneten sich extralegale Hinrichtungen, in 3 Staaten verschwanden Menschen und in 2 trieben Todesschwadrone ihr Unwesen. In der ANLAGE VII sind beispielhaft die Unterstützungsmaßnahmen für ausländische Polizeien zur Bekämpfung der Organisierten Kriminalität im Jahr 1996 aufgeführt.

Am 13. Dezember 1990 veranstalteten Brigitte Erler (Generalsekretärin der deutschen AI-Sektion), Rupert Neudeck (Notärztekomitee Cap Anamur), Elmar Schmähling (Flotillenadmiral a. D. und Friedensaktivist), Christian Busoldt (Wissenschaftl. Mitarbeiter Bundestagsfraktion Die Grünen) und der Autor in Bonn eine Pressekonferenz, um gegen das bevorstehende Ausstattungshilfe-Programm 1991–1993 der Bundesregierung zu protestieren. Beispielhaft führte der Autor folgende Länder auf, die in dem Programm Leistungen erhalten sollten (Auszüge):[732]

Zaire

Seit 1978 Ausstattungshilfe in Höhe von 28 Millionen DM für Militär und Polizei.

Aufbau der Garde Civil durch bayerische Polizisten. Offizielle Begründung der Unterstützung: Das auf Mobuto zugeschnittene Herrschaftssystem ist latent instabil. Zaire verfügt über wichtige mineralische Rohstoffe und verfolgt außenpolitisch einen klar prowestlichen Kurs.

Ein rigider Diktator wird stabilisiert!

Somalia

Seit 1962 Ausstattungshilfe in Höhe von 89,3 Millionen DM. Die Polizei untersteht dem Verteidigungsministerium und ist Instrument der Unterdrückung der Opposition, die Ausstattungshilfe erhöht ihre Schlagkraft. Der Missbrauch der Kriminaltechnik für nachrichtendienstliche Zwecke liegt auf der Hand. Die Hilfe geht offiziell an die Polizei, jedoch keine Gewaltenteilung zwischen ihr und Militär.

Guatemala

10,6 Millionen DM Ausstattungshilfe für die Nationalpolizei. Auf Vermittlung der Konrad-Adenauer-Stiftung wurden geliefert: 55 Mercedes-Geländewagen, 5 Mercedes-Busse, 60 BMW-Kräder und 80 Funkausrüstungen. Die Fahrzeuge waren filmreif auf dem Platz vor dem Präsidentenpalais in Guatemala City aufgebaut und glänzten in der Sonne, als BMI-Ministerialdirektor Prof. Dr. Manfred Schreiber, ehemals Polizeipräsident in München, den Fuhrpark übergab. Die Konzerne Mercedes und BMW werden den Auftrag zu schätzen gewusst haben.

Jüngste Gräueltat der Todesschwadrone wenige Zeit später: Aus einem Mercedes heraus wurde ein Straßenkind, das nach dem Diebstahl von Obst auf dem Markt flüchtete, von einem Polizisten erschossen.

Auf der Bonner Pressekonferenz wurde betont: Polizeiliche und militärische Entwicklungshilfe in Parlamentsvorlagen mit Schlagworten wie »Westbindung«, »Blockfreiheit«, »geostrategische Interessen«, »Sicherung deutscher Wirtschaftsinteressen« oder »Förderung der Stabilität« zu begründen, trägt nicht der Menschenrechtslage Rechnung, wie sich auch eine Ausstattungshilfe in solchen Fällen wegen der Missbrauchsgefahr verbietet.[733]

Die Pressekonferenz im Jahr 1990 (die Frankfurter Rundschau berichtete) hatte keine Wirkung auf die Abgeordneten des Deutschen Bundestages, der den nächsten Dreijahresplan mit dem Haushaltsgesetz verabschiedete. Bis heute, also annähernd 18 Jahre später, hat sich an der Politik, Unrechtsregime auszurüsten, fast nichts geändert, allerdings sind die Jahresberichte von Amnesty International immer umfangreicher geworden. Das ist eine bittere Erkenntnis.

XII
AFGHANISTAN

1. Die Position der Bundesregierung

Nach den Ausführungen des Bundesinnenministeriums war die internationale Staatengemeinschaft in Afghanistan gezwungen zu intervenieren, weil die Taliban das Land zu einer Drehscheibe des internationalen Terrorismus gemacht hatten. Deshalb werde, wie der Slogan insinuiert, »die deutsche Freiheit am Hindukusch« verteidigt. Außerdem wurden Menschenrechte massiv missachtet, Frauen und Mädchen das Recht auf Bildung abgesprochen, öffentliche Hinrichtungen praktiziert und der Alltag der Bürger gegängelt und drangsaliert.

»Wir unterstützen Afghanistan dabei, ein Stabilitätsfaktor in dieser schwierigen Region zu werden.«[734]

Um Sicherheit, Rechtsstaat und wirtschaftliche Entwicklung zu erreichen, fördere die Bundesregierung zusammen mit der internationalen Gemeinschaft die afghanische Regierung.

Auf den Konferenzen in Tokio (2002), Berlin (2004) und London (2006) hat Deutschland 80 Millionen Euro pro Jahr zugesagt. Sie sollen für den zivilen Wiederaufbau verwendet werden und sind für den Zeitraum bis 2010 gedacht. Im Jahr 2007 wurden die Mittel auf 100 Millionen pro Jahr erhöht. Insgesamt hat die Bundesregierung seit 2002 für den Wiederaufbau Afghanistans über 550 Millionen Euro zur Verfügung gestellt und bis 2010 weitere 400 Millionen Euro zugesagt.[735]

Außerdem belief sich der Schuldenerlass auf 73 Millionen Euro.

Der UN-Sicherheitsrat entschied am 20. Dezember 2001 über den Einsatz der Schutztruppe International Security Assistance Force (ISAF), an der sich mit Beschluss des Deutschen Bundestags am 22. Dezember 2001 (jährliche Verlängerung) die Bundeswehr mit rund 3200 Soldaten beteiligt. Deutschland stellt das drittgrößte Kontingent und trägt als Führungsnation die Verantwortung in der Nordregion. Sie ist in Kunduz und Faisabad stationiert. Eine Erhöhung der Truppen auf 4400 bis 4800 Soldaten ist geplant. Im März 2007 beschloss der Bundestag zusätzlich den Einsatz von 6 Tornado-Aufklärungsflugzeugen, deren Einsatzgebiet ganz Afghanistan ist. Insgesamt sind in der von der NATO geführten ISAF-Schutztruppe 42 000 Soldaten im Einsatz.[736]

Daneben bekämpfen unter US-Kommando rund 12 000 Soldaten verschiedener Nationen in der Operation Enduring Freedom (OEF) das Netzwerk der Al Qaida und die Taliban.

Im Jahr 2002 übernahm Deutschland die Führungsrolle für den Wiederaufbau der afghanischen Polizei. Hierzu wurde in Kabul ein Projektbüro eingerichtet. Dessen Kernaufgaben lagen bei:[737]

- Beratung von Entscheidungsträgern in Polizei und Innenministerium
- Aus- und Fortbildung, insbesondere von Multiplikatoren
- Umsetzen der bilateralen polizeilichen Ausstattungshilfe
- Koordinierung der internationalen Unterstützung
- Aufbau der Polizeiakademie.

Kriminaldirektor Peter Zumhof vom Bundeskriminalamt ist Leiter des Projektbüros. Er bezeichnete als wichtigste Botschaft aller Lehrinhalte, dass die Bevölkerung wieder Vertrauen zu ihrer Polizei gewinnen könne.[738]

Von April 2002 bis Juni 2007 waren durchschnittlich 40 Polizeivollzugsbeamte aus Bund und Ländern eingesetzt. Zusätzlich wurden jährlich zwischen 25 und 30 Kurzzeitexperten der deutschen Polizei in der Aus- und Fortbildung verwendet. Für den Polizeiaufbau stellte Deutschland jährlich bis zu 12 Millionen Euro zur Verfügung.[739] Das Polizeiprojekt Afghanistan wurde unmittelbar vom Bundesinnenministerium betreut.[740]

Seit 17. Juni 2007 ist das Projektbüro in eine Europäische Mission EUPOL-AFG überführt worden.

In der seit August 2002 wiedereröffneten Polizeiakademie Kabul wurden über 4850 Absolventen ausgebildet. Diese neue Generation soll nach einem dreijährigen Studium die Schlüsselpositionen innerhalb des Innenministeriums, der Polizei und der Grenzpolizei besetzen. Daneben wurden 14 000 Polizisten fortgebildet und vor dem Hintergrund des Drogenhandels Struktur und Logistik der Grenzpolizei aufgebaut.[741]

Als bilaterale Ausbildungshilfe wurden geleistet (Auszüge):[742]

- Bau eines Gebäudes für die Ausbildung des gehobenen Polizeidienstes an der Polizeiakademie Kabul
- Bau eines Gebäudes zur Ausbildung der Drogenbekämpfungspolizei (»*Counter Narcotics Training Unit*«) in Kabul
- Bau und Ausstattung einer Diensthundeschule für die Grenzpolizei

- Ausstattung der Flughäfen Kabul, Herat und Mazar-i-Sharif mit Luftsicherheitsgerät
- Ausstattungshilfe für das Landeskriminalamt und das Interpol-Büro in Kabul
- Funktechnik, Funktelefone für Lage- und Einsatzzentralen
- Ausbildung und Ausstattung der Bereitschaftspolizei Kabul mit Körperschutzausstattung, Schilden, Helmen, Schlagstöcken, Handschellen, Handschuhen und Reizstoffsprühgeräten
- Kurzfristiger Kauf und Bereitstellung eines Busses für die Polizeiakademie nach dem verheerenden Selbstmordanschlag mit 24 toten afghanischen Polizisten im Juni 2007.

Der Allgemeine Rat der Europäischen Union hat am 12. Februar 2007 den Einsatz der europäischen Polizeimission EUPOL-AFG entschieden. Es sollen etwa 200 Polizeiberater und sonstige Experten aus den EU-Mitgliedstaaten und aus Drittstaaten (Kanada, Norwegen) die Arbeit des deutschen Projektbüros fortführen, und zwar durch:[743]

- Aus- und Fortbildung
- Beratung und Mentoring von Entscheidungsträgern
- Koordination der internationalen Aufbauhilfe
- Vernetzung mit dem Justizbereich.

Deutschland gab die Zusage, sich mit 60 Polizeibeamten zu beteiligen. Am 23. Mai 2008 beschlossen die EU-Außenminister in Brüssel, die Einsatzkräfte zu verdoppeln und innerhalb eines Jahres auf 400 Mann zu erhöhen. Deutschland sagte eine Beteiligung mit mehr als einhundert Polizeiausbildern zu. Das Projekt versteht sich als Maßnahme der Europäischen Sicherheits- und Verteidigungspolitik (ESVP-Mission) unter der Leitung von Friedrich Eichele, Vizepräsident des Bundespolizeipräsidiums Mitte, und dauert zunächst drei Jahre.

2. Mittelfristig zum Scheitern verurteilt?

Trotz des massiven Militäreinsatzes und trotz der erheblichen Polizeihilfe erreichte die Gewalt einen weiteren Höhepunkt und wurde in Afghanistan so viel Opium produziert wie nie zuvor.

Wie UNO-Generalsekretär Ban Ki Moon bekannt gab, kamen 2007 mehr als 8000 Menschen gewaltsam ums Leben. Jeden Monat gab es durchschnittlich 566 Zwischenfälle im Gegensatz zu 425 in 2006. Die Zahl der Selbstmordanschläge erhöhte sich von 123 (2006) auf 160 (2007).[744]

Die Nachrichtenagentur *Agence France Press* (AFP) meldete, dass die Opiumproduktion in Afghanistan nach Angaben der Vereinten Nationen um 30 % gestiegen ist. Das UN-Büro für Drogen- und Verbrechensbekämpfung (UNODC) teilte in seinem Jahresbericht 2007 mit, dass Afghanistan einen neuen Rekord beim Anbau von Schlafmohn aufgestellt hat: Im vergangenen Jahr stieg der Anbau um 59 % auf 165 000 Hektar und konzentriere sich auf Regionen, die von den Taliban beherrscht werden.[745] Die Opiumproduktion ist 2007 auf die Rekordhöhe von 8000 Tonnen gestiegen (2006 waren es 6200 Tonnen).[746] Die deutsche Bundesregierung räumt ein, dass aufgrund schlechter Regierungsführung, mangelnder Durchsetzung des Gewaltmonopols und Korruption das Risiko für Profiteure des Schlafmohnanbaues und des Drogenhandels gering sei.[747]

Auf deutliche Weise beschreibt der Thinktank Stiftung Wissenschaft und Politik (SWP) die Verhältnisse in Afghanistan.[748] Die Übergangsregierung Hamid Karzai nutze in den 34 Provinzen ihre Befugnisse, Polizeidienststellen zu errichten, indem sie Milizen der Warlords dazu legitimiere, ihr eigenes »Recht« anzuwenden. Außerdem sei die Bezahlung der Polizisten schlecht, weswegen viele in korrupte oder kriminelle Strukturen verwickelt seien. Mitunter errichten sie Kontrollstellen und erheben willkürlich »Steuern«. Immer wieder würden Polizisten der Folter und anderen Menschenrechtsverletzungen beschuldigt. In der Bevölkerung werde die ANP (Afghan National Police) eher als Teil der Sicherheitsprobleme des Landes denn als Mittel zu deren Lösung wahrgenommen.

Im Mai 2006 warnte Human Rights Watch davor, Kandidaten, die Menschenrechte verletzt hatten, auf hohe Polizeiposten in den Provinzen zu berufen.[749]

Hinzu kommt, dass ein Großteil der Mudjaheddin-Milizen, die gegen die Sowjetunion und gegen die Taliban gekämpft haben, im Rahmen des Entwaffnungsprogramms auf allen Ebenen in den Polizeidienst übernommen wurden. Dies stärkte die Fraktionierung der Polizei, alte Loyalitätsnetzwerke reichen weit in sie hinein.[750] Außerdem wird die Arbeit der Polizei durch die Milizen der lokalen Machthaber eingeschränkt. Schlechte Ausbildung und mangelhafte und uneinheitliche Ausstattung der Polizei mache sie zu einem bevorzugten Anschlagsziel militanter Kräfte. Von den Sicherheitskräften haben Polizisten die höchste Anzahl an Opfern zu beklagen. Seit Anfang 2006 sind wenigstens 627 Polizisten getötet und 1090 verletzt worden.[751] Nicht zuletzt ihre Gefährdung führt dazu, dass viele Polizisten zu den Taliban überlaufen oder mit den Warlords paktieren und auf deren Gehaltslisten stehen.

Am 24. März 2006 wurde die Bundesregierung gefragt:[752] »Versuchen die Warlords der einzelnen Provinzen Afghanistans Einfluss auf die Arbeit der afghanischen Polizei zu nehmen?«

Antwort: »Es liegen keine Anhaltspunkte für eine gezielte Einflussnahme vor.«

Die SWP-Kritik hingegen versucht keine Vernebelung der Realität, wenn sie feststellt: Die Glaubwürdigkeit der ANP werde dadurch untergraben, dass sich Verdächtige aus der Untersuchungshaft freikaufen können. Schlimmer noch sei, dass die Mehrheit der Beamten des Innenministeriums in den Drogenhandel verwickelt sei. Polizeidienststellen würden an Clans verkauft, die so ungehindert den Transport der Drogen sicherstellen. Die internationale Gemeinschaft sei in den vergangenen Jahren zu keinem Zeitpunkt entschieden gegen diesen Misstand vorgegangen. SWP empfiehlt den EU-Geldgebern, jegliche weitere finanzielle Unterstützung der Regierung Karzai an konkrete Reformmaßnahmen im afghanischen Innenministerium zu knüpfen.[753]

Auch die deutsche Regierung hält die Strafverfolgung »wegen der Schwäche der afghanischen Strafverfolgungs- und Justizbehören, verbunden mit einem hohen Maß an Korruptionsanfälligkeit«, für unzureichend. Nunmehr stellt die Bundesregierung im Widerspruch zu früheren Aussagen fest: »Die Taliban finanzieren sich in zunehmendem Maße aus ihrer Beteiligung am Drogenhandel und -schmuggel sowie über Schutzgelder, die sie von Drogenbauern erpressen (September 2007).«[754]

Die Regierung Karzai beschloss Mitte 2006, eine 12 000 Mann starke Hilfspolizei aufzubauen, die Afghan National Auxiliary Police (ANAP).

Die Ausbildung ist miserabel und auf zehn Tage begrenzt. Die Analphabetenrate wird auf bis zu 80 % geschätzt. Die ANAP erfreut sich regen Zulaufs, weil nach nur zehn Tagen ein reguläres Gehalt und eine Dienstwaffe winken. Auf diese Weise werden lokale paschtunische Milizen legalisiert,[755] und die ANAP sei offen wie ein Scheunentor für eine Unterwanderung durch den Taliban.[756]

Während die afghanische Regierung ihren eigenen (korrupten) Weg geht, weichen die Konzepte der amerikanischen Besatzungsmacht und der von Deutschland dominierten EU-Linie grundlegend voneinander ab. Wie SWP kritisiert, setzen die Amerikaner »auf Masse und nicht auf Klasse«, dies sei nicht geeignet, eine bürgernahe Polizei zu schaffen. Allein im Haushaltsjahr 2007 wendeten die USA 2,5 Milliarden US-Dollar auf und setzten 100 Soldaten sowie 500 Angehörige der Sicherheitsfirma Dyn Corp ein, die in fünf Jahren in Kurzlehrgängen 60 000 Polizisten ausbildeten. Dabei geht es nicht darum, das Handwerk einer rechtsstaatlich funktionierenden Polizei zu erlernen, sondern wie man als Paramilitärs Aufständische bekämpft.[757] Nach amerikanischen Quellen sollen ca. 70 % der afghanischen Rekruten in den unteren Rängen Analphabeten sein.[758] Deswegen wies ein Dyn Corp-Ausbilder die Kritik zurück, dass Menschenrechte zu kurz kommen. »Es ist schwer, jemandem abstrakte Konzepte wie Menschenrechte zu vermitteln, wenn er nicht einmal über eine Grundbildung verfügt.« Zudem seien viele Polizisten aufgrund extremer Gewalterfahrung zynisch geworden. »Internationale ethische Standards lassen sich hier noch nicht anwenden.« Er meint, die deutsche Ausbildung orientiere sich am vergleichsweise sicheren Norden. »Die Deutschen sind immer an den sicheren Orten.«[759]

Die Verletzung von Menschenrechten geschieht allerdings in Afghanistan nicht abstrakt, sondern sehr konkret, was man sicher auch einem Analphabeten anschaulich erklären könnte. Schlecht ausgebildete Polizisten in einer hochkorrupten Umgebung werden keinen Beitrag dazu leisten, das negative Bild in der Öffentlichkeit von Polizisten als Sicherheitsrisiko zu ändern. In einer Studie des US-Verteidigungsministeriums wurden die deutschen Bündnispartner, die gründlicher vorgehen, beanstandet (2007): »Als internationale Führungsnation ist Deutschland daran gescheitert, eine effektive Polizei aufzubauen und hat drei Jahre vertan.«[760]

Amnesty International kritisiert besonders den Geheimdienst *National Directorate of Security* (NDS), der über weitreichende Befugnisse verfügt und allmächtig nicht nur exekutive Rechte genießt, sondern auch Urteile verhängt, was jede Rechtsstaatlichkeit unterlaufe. Es gab ständige Berichte über Folterungen, Misshandlungen und Verschwindenlassen von Häftlingen im Gewahrsam des NDS.[761]

Die deutsche Regierung muss sich fragen lassen, inwieweit der Bundesnachrichtendienst bei Aufbau, Organisation und Arbeitsweise des NDS beratenden Einfluss ausübte, also eine Mitverantwortung trägt.

Ungeachtet der Foltervorwürfe durch das NDS überstellten ISAF-Kräfte festgenommene Personen an den afghanischen Geheimdienst und machen sich damit zu Komplizen von Folterern, denn es ist undenkbar, bei einem monatelangen Aufenthalt vor Ort keine Kenntnisse von den Praktiken zu erhalten. Staatssekretär Reinhard Silberberg behauptete am 22. November 2007: »Der Bundesregierung liegen keine Informationen darüber vor, dass durch deutsche Streitkräfte in Afghanistan vorübergehend festgehaltene Personen nach ihrer Übergabe an afghanische Stellen gefoltert worden sind.«[762] Entweder erfolgte die Aussage wider besseres Wissen, oder die in Afghanistan operierenden Kräfte des BfV und BND haben keine Ahnung von den tatsächlichen Verhältnissen, was aber unwahrscheinlich ist.

Amnesty International wendet sich gegen bilaterale Vereinbarungen, die sicherstellen sollen, dass übergebene Gefangene nicht gefoltert werden. Nach Ansicht von AI-Generalsekretärin Barbara Lochbihler seien sie »das Papier nicht wert, auf denen sie geschrieben sind«.[763]

Auch Einheiten der *Operation Enduring Freedom* überstellen weiterhin Gefangene an das NDS und an US-Hafteinrichtungen, zum Beispiel auf dem Luftwaffenstützpunkt Bagram bei Kabul. Am Jahresende 2007 sollen sich dort noch 500 Gefangene befunden haben.[764]

Noch immer ist der Vorwurf nicht endgültig geklärt, dass Murat Kurnaz in Bagram von zwei Männern mit deutscher Flagge am Ärmel der Uniform verhört wurde, die ihn an den Haaren rissen und mit dem Kopf auf den Boden schlugen.[765]

Im Zusammenhang mit dem geheimen Gefängnis Bagram gab das Bundeskriminalamt am 7. Juli 2006 folgende Presseerklärung heraus:[766]

»(1) US-Stellen hatten auf Nachfrage des Verbindungsbeamten des BKA in Afghanistan im Jahr 2003 die grundsätzliche Möglichkeit angeboten, auf dem Stützpunkt Bagram inhaftierte Personen zu befragen. Hintergrund dieser Anfrage waren die Ermittlungen im Zusammenhang mit dem Anschlag auf deutsche ISAF-Soldaten am 7. Juni 2003.

(2) Das BKA hat von dieser Möglichkeit niemals Gebrauch gemacht. Dies ist auch zukünftig nicht vorgesehen.«

Berichten zufolge waren die internationalen Streitkräfte 2007 durch wahllose Luftangriffe und andere militärische Operationen für den Tod mehrerer Hundert Zivilisten verantwortlich.[767] Daran beteiligt sind die deutschen Tornados, die oft die Zieldaten liefern. Im Juli 2008 erreichte der deutsche Einsatz endgültig eine neue Eskalationsstufe, als eine Schnelle Eingreiftruppe der Bundeswehr *(Quick Reaction Force)* die norwegische Einheit ablöste. Es ist zu erwarten, dass die deutschen Soldaten in blutige Gefechte verwickelt werden.[768] Zwischen dem 6. März 2002 und dem 19. Mai 2007 kamen durch Attentate, Minen, Unfälle, Hubschrauberabsturz und beim Entschärfen einer Boden-Luft-Rakete insgesamt 21 Bundeswehrsoldaten ums Leben. Bei einem Attentat im August 2007 in Kabul wurden zwei Beamte des Bundeskriminalamtes und ein Landesbeamter getötet. Sie waren Angehörige des Personenschutzkommandos bzw. des Objektschutzdienstes der Deutschen Botschaft Kabul.[769]

Die Taliban und andere bewaffnete Gruppen trugen 2007 die Verantwortung für den Tod von mindestens 300 Zivilisten durch Selbstmordanschläge. Im Süden und Südosten des Landes sind Entführungen dramatisch angestiegen. Die Taliban verurteilen in rechtswidrigen Prozessen Menschen zum Tode und erschießen sie.[770]

Profiteure des Afghanistan-Krieges sind Rüstungsfirmen, zum Beispiel der Rheinmetall-Konzern. Er baut nach Erkenntnissen von German-Foreign-Policy derzeit ein Schutzlagersystem für die Bundeswehr zur Abwehr von Beschuss (48 Millionen Euro), belieferte die Bundeswehr mit 21 Fuchs-Transportpanzern mit neuem Schutz gegen Minen, den Schützenpanzer »Puma« und das gepanzerte Transportfahrzeug »Boxer«. Auch andere Staaten (Niederlande, Kanada) sind Kunden, zum Beispiel von Entschärfungsrobotern oder Bergepanzern.[771]

Rheinmetall hat als Rüstungskonzern eine lange Tradition. In der Zeit des Nationalsozialismus wurde das Unternehmen in die Hermann-Göring-Werke eingegliedert, wo das Werk im großen Maßstab zur Aufrüstung für den Zweiten Weltkrieg beitrug und 35 000 Zwangsarbeiter wie auch KZ-Häftlinge beschäftigte.[772]

Die afghanische Zivilgesellschaft leidet Not. Besonders in den Provinzen haben informelle konservative Kräfte das Sagen. Noch immer benötigen Frauen die Erlaubnis der Familie, einen Beruf ausüben zu dürfen, und sucht die Mutter den Ehepartner der Tochter aus.[773] Frauen und Kinder profitieren landesweit von Maßnahmen zur Alphabetisierung, der Aus- und Fortbildung und Beschäftigungsförderung.[774] Aber:

- Lebenserwartung von Frauen 44 Jahre
- Müttersterblichkeit 7 Prozent
- Durchschnittliche Kinderzahl 6,6 Kinder pro Frau
- Analphabetenrate 80 %
- Einschulungsraten auf dem Land: Jungens 45 %, Mädchen 27 %
- 70–80 % der Frauen sind zwangsverheiratet.[775]

Frauen, die für Regierungsbehörden tätig sind, erhielten Drohungen. Auf mehrere Frauen wurden 2007 Mordanschläge verübt.[776]

Bundesverteidigungsminister Franz-Josef Jung erklärte Anfang Juni 2008, dass der unterstützende Einsatz von Armee und Polizei fremder Staaten noch mindestens 10 bis 15 Jahre notwendig sein wird, bis eine »selbsttragende Sicherheit« gewährleistet sei,[777] und NATO-Generalsekretär Jaap de Hoop Scheffer meinte: »*Nation Building,* das dauert vielleicht eine Generation.«[778]

XIII
POLIZEILICH-MILITÄRISCHER KOMPLEX

1. Polizeisoldaten

Der Einsatz von deutschen Polizeibeamten erfolgt, wie die Bundesregierung betont, als Teil des Zivilen Krisenmanagements der EU.[779] Dem Rat der Europäischen Union obliegt im Bereich Justiz und Inneres und im Rahmen der Gemeinsamen Außen- und Sicherheitspolitik (GASP) sowie der Europäischen Sicherheits- und Verteidigungspolitik (ESVP), die entsprechenden Initiativen zu ergreifen und umzusetzen. Auf der Sitzung des Europäischen Rats in Santa Maria da Feira (Juni 2000) wurden vier Prioritäten des Zivilen Krisenmanagements der EU definiert:

- Aufbau der Polizei
- Stärkung der Rechtsstaatlichkeit
- Stärkung der Zivilverwaltung
- Katastrophenschutz.

Der Europäische Rat legte außerdem in Nizza fest (Dezember 2000), zwei Missionsarten zu unterscheiden:

- *Substitution Mission,*
  die aufgrund eines fehlenden lokalen legitimen Gewaltmonopols ein Mandat mit Ausübung von Exekutivaufgaben erfordert, bei gleichzeitigem Aufbau einer lokalen Polizei und
- *Strengthening of Local Police Mission,*
  die durch Beobachtung, Beratung, Ausbildungs- und Ausstattungshilfe ohne Exekutivaufgaben agiert.[780]

Besonders bei der *Substitution Mission,* wie beispielsweise im Kosovo, war die Polizei mehr und mehr auf die Durchführung paramilitärischer Aufgaben angewiesen. Aber auch da, wo es scheinbar »nur« um den Polizeiaufbau geht, zwingt die Sicherheitslage zu quasi-militärischem Verhalten, so in Afghanistan.

Außerdem ist das deutsche Polizeikontingent der Weisungsbefugnis des eingesetzten Polizeiführers *(Police Head of Mission)* unterstellt. Haben andere Nationen das Kommando, wie Frankreich, Italien oder Spanien, kann eine ganz andere Grundauffassung vom »zivilen« Polizeieinsatz zum Tragen kommen.

In der Tat gibt es seit 2004 die *European Gendarmerie Force (GDF),* an der sich Deutschland aus verfassungsrechtlichen Gründen nicht beteiligt. Die Polizeitruppe wurde auf Vorschlag Frankreichs gegründet, umfasst 900 aktive Polizeibeamte und hat ihr Hauptquartier im italienischen Vicenza. Die Polizeieinheit mit militärischem Status setzt sich aus der französischen *Gendarmerie Nationale,* den italienischen *Carabinieri,* der portugiesischen *Guarda National Republicana,* der niederländischen *Koninklijke Marechausee* und der spanischen *Guardia Civil* zusammen.[781]

Die Bundespolizei ist gezwungen, sich der Entwicklung anzupassen, indem sie sich auf neue Aufgabenfelder im Ausland einstellt. Sie wertet Einsatzerfahrungen aus, veranstaltet Übungen und spezialisiert ihr Fachwissen, zum Beispiel durch Referenten der Bundeswehr.[782]

Trotzdem verweist die Bundesregierung darauf, dass es keine Paramilitarisierung der Polizei gebe. Der Einsatz erfolge nach § 8 Bundespolizeigesetz ausschließlich im Rahmen polizeilicher oder anderer nichtmilitärischer Aufgaben, auch finde keine Vermischung mit militärischen Einheiten statt.[783] Diese Auslegung stimmt nicht ganz mit der Realität überein. So erklärte Christian Schmidt, Parlamentarischer Staatssekretär des Bundesministeriums der Verteidigung: »Eine betonierte Trennung von äußerer und innerer Sicherheit ist nicht mehr aufrechtzuerhalten.« Wenn über einen Einsatz der Bundeswehr im Inneren nachgedacht werde, müsse die Polizei im Gegenzug dazu bereit sein, »typische Militäraufgaben in Auslandseinsätzen, zum Beispiel auf dem Balkan, wahrzunehmen.«[784]

Der Vorsitzende der »Bund-Länder-Arbeitsgruppe Internationale Polizeimissionen«, Dieter Wehe, beschreibt die Wechselbeziehung zwischen Polizei und Militär folgendermaßen: »Die lokale Polizei ist oftmals nicht oder nicht umfassend zur Gewährleistung der Sicherheit in der Lage. Internationale Polizeikräfte stehen nicht zur Verfügung oder können wegen der Sicherheitslage nicht eingesetzt werden. Deshalb müssen Militäreinheiten gegebenenfalls vorübergehend auch polizeiliche Aufgaben in den Krisenregionen wahrnehmen. Die Trennung zwischen Militär und Polizei ist zwar wünschenswert, aber oftmals nicht zu realisieren. Um die Polizeiaufgaben annährend wirkungsvoll und verhältnismäßig wahrnehmen zu können, ist eine entsprechende Vorbereitung der militärischen Kräfte erforderlich. [...] Ein Erfahrungsaustausch zwischen den Polizeien Deutschlands und der Bundeswehr, die Durchführung gemeinsamer Übungen sowie eine Kooperation im Rahmen der Vorbereitung auf eine Auslandsverwendung stehen dem bundesdeutschen Trennungsgebot nicht entgegen.«[785]

Der regierungsnahe Thinktank Stiftung Wissenschaft und Politik (SWP) geht einen Schritt weiter und macht sich für *Provincial Reconstruction Teams* stark, die »im symbiotischen Zusammenwirken ziviler und militärischer Spezialisten den höchsten Grad an Wirkung für die Betroffenen erzielen«.[786] SWP empfiehlt nicht nur gemeinsame Liegenschaften und Einrichtungen zu nutzen, sondern gemeinsam zu agieren. Solche Einheiten erreichten mehr Wirkung mit weniger Ressourcen, wenn sie gebündelt, das heißt integriert handeln – konzeptionell und operativ.

Dazu fehlt es an einer gesetzlichen Grundlage. Noch jedenfalls, aber vielleicht liegen Entwürfe bereits in einer Schublade des BMI. Die Gewerkschaft der Polizei lehnt eine Übernahme von Militäraufgaben und eine Mischung entsprechender Einsatzkräfte ab.[787] Der GdP-Vorsitzende Konrad Freiberg: »Die Bundesminister Schäuble und Jung lassen nicht von dem unsinnigen Plan, die Bundeswehr in Deutschland für Polizeiaufgaben einsetzen zu wollen, während die Polizei andererseits im Ausland überall dort verstärkt eingesetzt werden soll, wo sich die Bundeswehr zurückzieht oder nicht hingehen will. Das ist eine verkehrte Welt.«[788] Freiberg nannte als Beispiel, dass der Rückzug der Bundeswehr aus Bosnien-Herzegowina mit einer Verstärkung der deutschen Polizeikräfte in diesem Land kompensiert werde. Der GdP-Chef meinte, dass in Deutschland »ohne Ende trotz wachsender Aufgaben« bei der Polizei Personal abgebaut werde, dafür solle die Bundeswehr einspringen. Daraufhin erklärte die Bundeskanzlerin auf einem Bundeskongress der GdP, dass die Polizei nicht zum Lückenbüßer der Bundeswehr werden soll. Auch im Landesinneren sei nicht geplant, dass die Bundeswehr Polizeiaufgaben übernehme (November 2006).[789]

In Realität sind die Grenzen längst aufgeweicht.[790] Die Bundeswehr soll bei besonderen Gefährdungslagen im Inneren im Rahmen ihrer spezifischen Fähigkeiten im Bereich Airpolicing, Objektschutz oder bei der Abwehr atomarer, biologischer und chemischer Gefahren eingesetzt werden können,[791] wie sie bereits bei dem G 8-Gipfel in Heiligendamm die »Luftaufklärung« übernommen hatte. Andererseits ist die Polizei im Kosovo und im Libanon in militärische Aufgaben involviert. Im Norden des Libanon sind entlang der syrischen Grenze Bundespolizisten gemeinsam mit Zoll und libanesischem Militär im »integrierten Grenzmanagement« aktiv.[792]

An der gesetzlichen Regelung wird wahrscheinlich deshalb nicht gerüttelt, weil die Entsendung von Polizeikräften durch alleinige Entscheidung des Bundesinnenministeriums erfolgt, das allenfalls das Auswärtige Amt beteiligt.

Komplexität und politische Auswirkung von Polizeimissionen oder von bilateralen Polizeieinsätzen stehen Einsätzen der Bundeswehr in nichts nach. Es ist deshalb nicht einzusehen, warum nicht auch Auslandsoperationen der Polizei unter Parlamentsvorbehalt stehen sollten. Damit ist nicht in erster Linie Kontrolle der Regierung gemeint, sondern dass der Bundestag eine Mitverantwortung übernimmt, die außenpolitische Tragweite überprüft und die Durchsetzung von Menschenrechten nicht aus den Augen verliert. Darüber hinaus sollte das Parlamentarische Kontrollgremium ein Mitspracherecht erhalten, wenn BND und BfV als dritte Komponente neben Polizei und Militär im Ausland eingesetzt werden sollen.

2. Internationale Krisenprävention, Konfliktlösung und Friedenkonsolidierung unter dem Einfluss deutscher Streitkräfte

Der Aktionsplan »Zivile Krisenprävention, Konfliktlösung und Friedenskonsolidierung« wurde 2004 verabschiedet und sollte die Krisenprävention im Regierungshandeln als Querschnittsaufgabe verankern.[793] Er umfasst:

- Prävention im engeren Sinne, also das Bemühen, die gewaltsame Austragung eines sich abzeichnenden Konflikts abzuwenden;
- Beilegung bereits ausgebrochener Konflikte, vor allem durch Friedenseinsätze der UN;
- Friedenkonsolidierung, auch als *post-conflict-prevention* bezeichnet, besonders durch *post-conflict-state-building.*

Ausgehend vom erweiterten Sicherheitsbegriff fallen hierunter als Bündelung aller Kräfte unter anderem die Polizei- und Bundeswehrmissionen, Maßnahmen der Polizei- und Militärhilfe, Förderung von Menschenrechten und Demokratie, aber auch Handlungsfelder der Abrüstung und Rüstungskontrolle.[794]

Wie so oft klaffen Anspruch und Wirklichkeit auseinander. Ein Blick in die Vergangenheit zeigt, dass zwar negative Erfahrungen gemacht, aber keine Lehren daraus gezogen wurden.

Prüft man die Menschenrechtslage in 21 Staaten, die 1975 in den Genuss deutscher Militärhilfe kamen, dann ergibt sich ein düsteres Bild, im Gegensatz zur offiziellen Begründung der damaligen Bundesregierung, dass Menschenrechte bei der Entscheidungsfindung eine wichtige Rollen spielten. Grundsätzlich wurde bis zum Zusammenbruch des Warschauer Paktes Militärhilfe unterschiedslos befreundeten Staaten gewährt, die dem westlichen Lager zugerechnet werden konnten. Einher ging die Hilfe in der Regel mit kommerziellen Interessen deutscher Rüstungsexporte.[795] Wie schnell es Realpolitikern gelingt, an alte »Traditionen« wieder anzuknüpfen, zeigt der Iran, welcher schon zu Zeiten des Schah bedacht wurde und 1983 unter Ayatolla Ali Chomenei wieder zu den Empfängern der bundesdeutschen Militärhilfe gehörte. Militärdiktaturen in Lateinamerika, wie Chile, Brasilien, Argentinien oder Paraguay erhielten »Waffenhilfen« genauso wie Pakistan oder die Türkei – Länder, in denen die Armeen nachweislich an Menschenrechtsverletzungen beteiligt waren. Das türkische Militärregime erhielt in Höhe von 15 Millionen DM den größten Einzelposten des deutschen Programms 1982 bis 1984.[796] Zwischen 1964 und 1980 war die Türkei mit 930 Millionen DM der wichtigste NATO-Empfänger deutscher Militärhilfe. Zwischen 1981 und 1984 folgte eine »Rüstungssonderhilfe« in Höhe von 600 Millionen DM zur Modernisierung der türkischen Streitkräfte, u. a. durch Lieferung von 77 Panzer Leopard I und 5000 Panzerabwehrraketen.[797]

Honduras erhielt zum Beispiel Fernmeldegeräte »zur Verbesserung des Fernmeldewesens der honduranischen Armee, was somit unmittelbar der Bevölkerung zugute kommt«. Die Begründung kann nur als zynisch bezeichnet werden, denn die im Grenzgebiet zu El Sdalvador lebenden Flüchtlinge wurden von honduranischen Militäreinheiten gezielt verfolgt, terrorisiert, gefoltert und getötet. Eine der grausamsten Aktionen fand am 12. Juni 1982 statt, als mehr als 300 Flüchtlinge, die meisten davon Frauen und Kinder, versuchten, den Grenzfluss Rio Sumpul zu überqueren. Auf der honduranischen Seite stand bereits das Militär postiert, um die unbewaffneten Menschen zu erschießen.[798]

Flash-back

»Ich habe mich, und das war mir möglich, bemüht, nur Kinder zu erschießen. Es ging so vor sich, dass die Mütter die Kinder bei sich an der Hand führten. Mein Nachbar erschoss dann die Mutter und ich das dazugehörige Kind, weil ich mir aus bestimmten Gründen sagte, dass das Kind ohne seine Mutter doch nicht mehr leben konnte. Es sollte gewissermaßen eine Gewissensberuhigung für mich selbst sein, die nicht ohne ihre Mutter mehr lebensfähigen Kinder zu erlösen (Polizeibataillon 101).«[799]

Exportschlager waren die schon mehrmals erwähnten Waffen der Firma Heckler & Koch aus Oberndorf/Neckar, zum Beispiel das automatische Sturmgewehr G 3. Da für jede Waffe eine Ausfuhrgenehmigung vorgeschrieben ist, baute und exportierte Heckler & Koch schlüsselfertige Fabriken und verkaufte sie mit Lizenzen und Patenten. Produktion und Einsatz des Gewehrs G 3 erfolgte nach Presseveröffentlichungen in Europa in 11 Staaten, in Afrika in 15 Staaten, in Lateinamerika in 11 Staaten und in Asien in 14 Staaten.[800]

Der Hubschrauber BO 105 der Firma Messerschmitt-Bölkow-Blohm wurde in Indonesien und auf den Philippinen in Lizenz hergestellt. Nach Chile hat ihn eine schweizer Firma exportiert. Andere bei ausländischen Militärs begehrte Produkte waren Panzerwagen der Firma Rheinstahl, Condor-Radpanzer von Thyssen oder elektronisches Kriegsgerät der Firmen Siemens und AEG. Zum Sortiment deutscher Firmen gehörten Kampfflugzeuge, Flugabwehrsysteme oder U-Boote.[801]

Die Praxis der Vergangenheit darf nicht den Blick darauf verstellen, dass deutsche Rüstungsexporte bis heute weltweit eine große Rolle spielen.

Auf die fünf größten Rüstungsexporteure der Periode 2003–2007 – es sind dies die USA, Russland, Deutschland, Frankreich und Großbritannien – entfielen 80 % aller Rüstungsverkäufe. Deutschland steht mit 3395 Millionen US-Dollar als Exportland hinter den USA und Russland an dritter Stelle.[802] Die deutsche Regierung behauptet seit Jahren unisono, Rüstungstransfers würden sehr restriktiv gehandhabt. Dies wäre bei konsequenter Auslegung nach dem Kriegswaffenkontrollgesetz und dem Außenwirtschaftsgesetz auch durchaus möglich. Die Wirklichkeit sieht jedoch anders aus, wie Mathias John, der ausgewiesene Fachmann von Amnesty International auf dem Gebiet MEC *(Military, economic, cultural relations and human rights)* weiß: »Die Praxis der Rüstungsexportkontrollen der Bundesregierung [...] führt schon seit langem dazu, dass Deutschland ganz weit oben im Feld der großen Waffenlieferanten mitspielt. Restriktiv war und ist nur die Informationspolitik der Bundesregierungen, da seit Jahren vermieden wird, Rüstungsexporte im notwendigen Detail offenzulegen.«[803] Die offizielle Stellungnahme: »Die Bundesregierung verfolgt eine restriktive Rüstungsexportpolitik«[804] ist schlichtweg falsch.

Damit stoßen wir auf einen der eklatanten Widersprüche deutscher Politik nicht nur der amtierenden Bundesregierung. Denn hier konterkariert das Wirtschaftsministerium, was das Entwicklungshilfeministerium an Boden gut machen will. Es unterliegt keinem Zweifel, dass deutsche Waffenexporte dazu beitragen, Menschenrechtsverletzungen zu begehen, Bürgerkriege führbar zu machen, Unrechtsregime zu stärken. In 19 Staaten, die deutsche Lieferungen erhielten, gab es gewalttätige innere Konflikte.[805] Das Programm der deutschen humanitären Hilfe[806] und der Aktionsplan der internationalen Krisenprävention, Konfliktlösung und Friedenkonsolidierung[807] drohen damit ausgehebelt zu werden. Auch die Rolle der Bundeswehr ist berührt, die einerseits in diesem Programm einen positiven Beitrag leistet, andererseits aber Türöffner für die Rüstungsindustrie spielt, nicht zuletzt durch Militärattachés an Deutschen Botschaften, von denen nicht wenige ihre Aufgabe als Rüstungslobbyisten verstehen und in diesem Sinne enge Beziehungen zu Militär und Geheimdiensten des Gastlandes pflegen. Da Deutschland seit dem Jahr 2000 über einhundert Staaten militärische Ausbildungs- und Ausstattungsprogramme sowie andere Unterstützungen gewährte,[808] kann man sich vorstellen, wie viele Militärberater Waffen Made in Germany ihren Counterparts empfehlen.

Der Aktionsplan will *good governance* stärken, denn gute Regierungsführung bedeutet verantwortungsvollen Umgang mit politischer Macht. Ziel sind auch Projekte, die Demokratisierungshilfe und Demokratisierungsförderung bieten.[809] Die Bundeswehr leistet militärische Hilfe in Vierjahresprogrammen,[810] die für den Zeitraum 2001 bis 2008 in der ANLAGE VIII aufgeführt ist. Hinzu kommen bilaterale Jahresprogramme, wie der Einsatz von Militärberatern.[811] Federführend ist das Bundesministerium für Verteidigung.

Unterstützung beim Minenräumen, Hilfe im Sanitätswesen oder Ausbildung bei der Munitionsdelaborierung[812] sind gewiss Maßnahmen, die der Friedenskonsolidierung dienlich sein können, doch ist deutsche Militärhilfe nicht darauf beschränkt, den Frieden zu fördern.

Das Bundesverteidigungsministerium unterstützt zum Beispiel die Maghrebstaaten. Marokko erhielt seit 2001 Hilfen in Höhe von 4 Millionen Euro, Tunesien in Höhe von 2,5 Millionen Euro.[813] Marokko, Tunesien und Algerien waren darüber hinaus Empfänger bilateraler Ausbildungshilfe; Marokko und Tunesien wurden außerdem durch Bundeswehrexperten bei Spezialthemen beraten.[814] Alle drei Länder sind gute Kunden deutscher Rüstungsfirmen. In den Jahren 2001 bis 2005 erfolgten Rüstungsexporte nach Algerien in Höhe von 1381 Millionen US-Dollar, nach Marokko 205 Millionen US-Dollar und Tunesien 216 Millionen US-Dollar.[815]

Alle drei Länder vertreten eine pro-westliche Politik und haben gute Beziehungen zu den USA. Innerhalb der arabischen Welt hat Tunesien in der Vergangenheit oft die Rolle eines Vermittlers eingenommen. In Folge des von den Vereinigten Staaten geführten »Kriegs gegen den Terror« hat sich die

Menschenrechtslage durch Anti-Terrorismus-Gesetze im Maghreb verschlechtert.

Die Menschenrechtsverletzungen verhindern jedoch in keinem der drei Länder eine enge Kooperation mit der Bundeswehr (Militärhilfe) und dem Bundeswirtschaftsministerium (Ausfuhrgenehmigung von Rüstungsgütern).

Verschiedenen Menschenrechtsorganisationen zufolge werden in Algerien willkürliche Festnahmen, schlechte Haftbedingungen, Folter, unverhältnismäßige Gewaltanwendung und außergerichtliche Hinrichtungen durch Sicherheitskräfte vermeldet. Ein großes Problem ist auch die vom Staat behinderte Aufklärung des Schicksals der während des Bürgerkriegs verschwundenen Personen.[816]

Die Zustände in marokkanischen Gefängnissen sind katastrophal. Systematische Folter, Misshandlungen, Haft ohne Kontakt zu Anwälten oder zur Familie über Monate, Todesurteile nach unfairen Verfahren – dies ist der Alltag Hunderter von Häftlingen im Témara-Haftzentrum nahe Rabat.[817] Im Mai 2003 forderten mehrere Bombenanschläge auf jüdische und westliche Einrichtungen in Casablanca über 40 Menschenleben und mehr als 60 Verletzte. Die Attentate haben die politische Atmosphäre in Marokko deutlich verändert. Die Sicherheitskräfte gehen mit großer Härte gegen fundamentalistische Gruppen vor. Wiederholt wurde die Todesstrafe verhängt.[818]

Auch in Tunesien werden Folter und Misshandlungen angewendet, während die Peiniger straflos ausgehen. Viele Menschen werden im Zusammenhang mit terroristischen Straftaten in unfairen Gerichtsverhandlungen zu hohen Strafen verurteilt und in Incommunicadohaft gehalten. Bei einem Anschlag auf der Insel Djerba kamen am 11. April 2002 20 Menschen ums Leben, darunter 14 Deutsche.[819]

Mit der Militärhilfe schließt sich ein Kreis, denn ganz Nordafrika kooperiert mit deutschen Behörden bei der Flüchtlingsabwehr. Tunesien erhielt vom Bundesverteidigungsministerium sechs »Albatros«-Schnellboote aus Beständen der Marine zur Verfolgung von Flüchtlingen sowie Kommunikationsausrüstung und Boden-Überwachungsradar für einen Millionenbetrag. Algerien wurde mit einem Überwachungssystem für 10,5 Millionen Euro ausgestattet und an Marokko Militär-Lkw für 4,5 Millionen Euro geliefert. Ägypten hat bereits 2002 fünf Schnellboote erhalten. Auch Libyen ist »mit im Boot« und steht im engen Kontakt mit FRONTEX zur Abwehr von Flüchtlingen in der libyschen Wüste.[820] Nach einem Bericht von Human Rights Watch haben libysche Behörden allein im September 2006 fast 2000 Migranten festgenommen und mehr als 3700 zwangsweise in andere afrikanische Staaten gebracht.[821] Flüchtlinge, Asylbewerber und Migranten wurden nach wie vor während der Haft misshandelt.[822]

Und ihre Asylanträge werden in Deutschland abgelehnt. So im Falle des Studenten aus einem nordafrikanischen Land, der Patient im Behandlungszentrum für Folteropfer in Berlin war. Auszüge aus dem Bericht:[823]

»Herr T. organisierte als Student große Demonstrationen gegen das Regime in seinem Land. Bei einer Demonstration wurde er fotografiert und verhaftet. Er wurde auf grausame Art gefolter. Er wurde aufgehängt und überall auf den Körper geschlagen. Manchmal wurde er für mehrere Stunden mit den Füßen nach oben aufgehängt, oder er musste stundenlang mit gefesselten Händen hängen. Er wurde auf die Fußsohlen geschlagen, mit Elektroschocks gequält und erlitt sexuelle Misshandlungen. Nach den Folterverhören musste er für drei Jahre ins Gefängnis.

In der Zeit der Verhöre versuchte seine Freundin, ihn zu besuchen. Die Freundin wurde verhaftet und vor seinen Augen in einem Raum von drei Polizisten vergewaltigt. Diese Bilder verfolgen ihn bis heute. Er entwickelt einen scheinbar unstillbaren Hass. Er hasst seinen Vater, weil er eine Zweitfrau geheiratet hatte, und er hasst seine Mutter, weil sie ihn verlassen hatte. Er hasst alle Frauen, weil die Stiefmutter ihn jeden Tag geschlagen hatte. Er hasst schließlich alle Menschen, vertraut keinem und beschimpft jeden. Als er zu seinem ersten Termin zu uns kam, blickte er mich immer nur misstrauisch an und schwieg fast nur. Erst nach der fünften Stunde taute er langsam auf.

Als sein Asylantrag abgelehnt wurde, hörten wir zwei Wochen lang nichts von ihm. Dann tauchte er wieder zum üblichen Termin auf. Er sah sehr krank und erschöpft aus. Er eröffnete mir, einen zweiten Suizidversuch unternommen zu haben. Man hatte ihn halbtot in seinem Zimmer gefunden, sein Körper war schon erkaltet und keiner glaubte, dass er überleben werde. Er sagte mir, er habe jetzt überhaupt keine Hoffnung mehr. Seine gesamte Hoffnung sei auf den Asylantrag gerichtet gewesen. Müsste er jetzt zurückkehren, so würde er hingerichtet werden. Man suche ihn von beiden Seiten: von Seiten des Regimes und seitens seiner Organisation. Die Oganisation beschuldigte ihn, er habe Kollegen unter der Folter verraten. Deswegen seien in der Heimat Mordversuche gegen ihn unternommen werden.

Herr T. hatte viele Beschwerden: Er litt ständig unter Kopf- und Rückenschmerzen, unter Schmerzen in den Beien und unter Alpträumen und Ängsten. Er hatte öfter von der vergewaltigten Freundin geträumt und litt unter Schuldgefühlen. Zu seinem Suizidversuch sagte er: ›Ich will nicht mehr leben, ich hatte Pech, dass ich nicht gestorben bin, aber ich werde es wieder versuchen.‹ Das nächste Mal sprachen wir über seine Gefängnishaft. Er meinte, es sei die Hölle gewesen. Er habe sich in jeder Stunde, in der er gefoltert worden sei, den Tod gewünscht und einmal laut daram gebettelt, dass der Folterer ihn töte, weil er die Schmerzen nicht mehr hätte ertragen können. Dann begann er zu weinen. Er berichtete weiter, dass er nach seiner Entlassung kaum Besuch von Freunden der Organisation erhalten hätte. Schließlich habe ihn ein ihm nahestehender Freund der Organisation gewarnt, dass er von der Organisation umgebracht werden soll.«

In einem Thesenpapier traten Christian Schmidt (CSU) als Parlamentarischer Staatssekretär beim BMVg und Dr. Christian Ruck, Vorsitzender der Arbeitsgruppe für wirtschaftliche Zusammenarbeit und Entwicklung der CDU/CSU-Fraktion im Deutschen Bundestag, für eine »Verzahnung der deutschen Entwicklungs- und Sicherheitspolitik« ein, bei der in grundlegenden politischen Entscheidungen »stets unsere nationalen Interessen« einfließen sollten (gesperrt durch den Autor). Es sei höchste Zeit für die Entwicklung einer nationalen Gesamtstrategie,[824] welche Weltregionen

- für die Abwehr von Gefahren für unsere äußere und innere Sicherheit eine zentrale Rolle spielen,
- der Ausgangspunkt eines besonders hohen Bedrohungspotentials sind,
- der Ursprung von Angriffen auf unsere freiheitlich-demokratische Grundordnung sind,
- für die Steigerung von Deutschlands politischem und wirtschaftlichem Stellenwert in der Welt von besonderer Bedeutung sind,
- für den Zugang zu den für unsere Wirtschaft unverzichtbaren Auslandsmärkten und Rohstoffen besonders wichtig sind,
- für die Sicherung unserer Energieversorgung eine wesentliche Rolle spielen.

Die Bundeswehr trägt solchen Gedanken Rechnung, wenn sie ihren militärischen Auftrag mit Entwicklungshilfe verbindet.[825] Sie repariert Schuldächer, bohren Brunnen oder beseitigen mit schwerem Gerät einen Erdrutsch. Das Programm CIMIC *(Civil Military Cooperation)* dient einem guten Image und kommt bei der Bevölkerung gut an. Es ist aber Bestandteil der militärischen Operationsführung, weil die CIMIC-Soldaten im Kontakt mit Einheimischen Informationen gewinnen sollen, um ein ziviles Lagebild zu erstellen, das für strategische Entscheidungen wichtig ist.

Deutschland beteiligt sich zur Zeit mit rund 7500 Soldaten an einer Reihe von Einsätzen im Ausland, bei denen bisher Soldaten häufiger mit Zivilisten als mit feindlichen Militärs, Milizen oder Aufständischen konfrontiert wurden und eine Verzahnung mit entwicklungspolitischen und humanitären Aufgaben stattfindet *(comprehensive approach)*:[826]

ISAF Afghanistan, 3495 Soldaten: Im Auftrag der UN Wahrung der Menschenrechte und Unterstützung bei der Herstellung der inneren Sicherheit in Afghanistan;
EUFOR Bosnien und Herzegowina, 140 Soldaten: Unter dem Kommando der EU Absicherung des Friedensvertrags von Dayton, Volksgruppen von Feindseligkeiten abhalten;
UNMIS Sudan, 39 Soldaten: Absicherung des Friedens im Süd-Sudan im Rahmen der UN-Mission;
UNIFIL Libanon, 470 Soldaten: Sogenanntes robustes Mandat der UN für die maritime Taskforce zur Kontrolle von Schiffen im Verdachtsfall, Unterbindung von Waffenschmuggel;
UNOMIG Georgien, 12 Soldaten: Beobachtermission der UN zur Entschärfung des Konfliktes zwischen den ethnischen Gruppen der Georgier und der Abchasen, Einhaltung des Moskauer Abkommens von 1994;
OEF (Operation Enduring Freedom) Horn von Afrika, 250 Soldaten: Kampf gegen den Terrorismus durch Überwachung des Seeraumes durch die Marine;
KFOR Kosovo, 2870 Soldaten: Basierend auf der Resolution 1244 des Weltsicherheitsrates Absicherung einer zivilen Übergangsverwaltung, Demilitarisierung und Stabilisierung der Region.

Die Fraktion Bündnis 90/Die Grünen legte dem Bundestag am 5. März 2008 einen Entschließungsantrag vor, für die Auslandseinsätze der Bundeswehr einen klaren rechtlichen Rahmen zu schaffen, der sich an den Menschenrechten und am Völkerrecht orientiert.[827] Im Zusammenhang mit Afghanistan gehe es u. a. darum, was mit festgenommenen Personen zu geschehen habe und ob Soldaten bei der Tornado-Luftaufklärung zur Identifizierung von Personen und Objekten einen Beitrag zu gezielten Tötungen leisten dürften. Auch bewege sich der Kampf gegen Straftäter in einer rechtlichen Grauzone.

In dem Antrag wird hervorgehoben, die Soldaten und Soldatinnen dürften sich nicht strafbar machen und müssten Rechtssicherheit haben. Die Verantwortung dürfe nicht bei ihnen abgeladen werden, weil es bei Politikern einen Dissens der Auffassungen gäbe.

3. Kriegsakteure im Zeitalter der Globalisierung

Die Deutsche Stiftung für internationale Entwicklung (DSE), die das Entwicklungsministerium berät, setzt sich mit Krisenprävention auseinander und kommt wie andere Institute zu dem Ergebnis, dass eine größere Kohärenz staatlichen und multilateralen Handelns, nämlich eine bessere Verknüpfung und Aufgabenteilung zwischen Entwicklungs-, Außen- und Sicherheitspolitik, notwendig sei. Skeptisch beurteilen die Verfasser der Studie, ob die Bundesregierung das Konkurrenzdenken zwischen Ressorts und damit einhergehende Abstimmungsprobleme überwinden könne[828] und schlägt eine differenzierte Bestandsaufnahme der Ausstattungshilfe-Programme für ausländische Streitkräfte und Polizeibehörden vor. Dabei gehe es »um eine kritische Evaluierung der gesamten militärpolitischen und rüstungswirtschaftlichen Außenbeziehungen des BMVg gegenüber Krisenregionen«. Auf den Prüfstand gehöre auch der Militärattaché-Dienst, der, vor allem nach seiner Ausweitung in den 1990er Jahren, eine wichtige Funktion im Rahmen der Krisenfrüherkennung habe. Es scheine jedoch immer noch eine allzu starke Bindung an die »Vertretung deutscher militärpolitischer, rüstungswirtschaftlicher und wehrtechnischer Interessen« zu geben.

Der Schlüsselsatz der Analyse lautet: »Aus friedenspolitischer Perspektive muss die Reform des Sicherheitssektors primär auf eine rechtsstaatliche und zivilgesellschaftliche Kontrolle abzielen. Derartige Reformen sollten sinnvoller Weise nicht unter dem Einfluss militärisch geprägter Strukturen – etwa der Beratergruppen der Bundeswehr – erfolgen.«[829]

Das Gegenteil ist inzwischen der Fall, denn die Bundesregierung bevorzugt den massiven Einfluss der Bundesakademie für Sicherheitspolitik (BAKS), die dem Bundesverteidigungsministerium untersteht und von ehemaligen Bundeswehrgenerälen geführt und indoktriniert wird.

Auch die Bertelsmann-Stiftung vertritt eine Militarisierung der Außen-(Sicherheits-)politik. Die Tendenz der Bertelsmann-Forscher geht in die Richtung, unter Beteiligung Deutschlands – neben Frankreich und Großbritannien (»die großen Drei«) – eine »Strategie weltpolitischer Mitgestaltung« zu übernehmen, die als Ziel das Schaffen einer europäischen Armee hat, die durch ein »äquivalentes Projekt im Feld der inneren Sicherheit ergänzt werden müsste«.[830] Da von solchen Thinktanks auch Impulse ausgehen, die Bundeswehr im Süden Afghanistans einzusetzen, um nicht als feige oder Drückeberger dazustehen, sprechen Kritiker von Kriegstreiberei.

Mit dem vom Bundesministerium der Verteidigung herausgegebenen »Weißbuch 2006 zur Sicherheitspolitik Deutschlands und zur Zukunft der Bundeswehr«[831] wird die »vernetzte Sicherheit« postuliert. Bezeichnend ist, dass hier mit dem Willen der Bundesregierung nicht etwa eine gemeinsame Autorenschaft des AA, BMVg und BMI gewählt worden ist, sondern eine militärische Pointierung erfolgte, zumal die hochrangigen Generalstabsoffiziere das Planungsvermögen einer jeden Ministerialbürokratie weit in den Schatten stellen. Dadurch wächst ihnen nicht nur eine Definitionsmacht zu, sondern auch eine Meinungsführerschaft. Erstaunlich ist, wie hier Auswärtiges Amt und Bundesinnenministerium in den Hintergrund treten; gänzlich auf der Strecke bleibt das Entwicklungshilfeministerium, und vom Parlamentsausschuss für Menschenrechte redet schon gar niemand mehr. Stringent wäre eigentlich gewesen, wenn für ein Weißbuch zur Sicherheitspolitik Deutschlands das Bundeskanzleramt verantwortlich zeichnet.

Nach dem Weißbuch 2006 hat deutsche Sicherheitspolitik einen Ansatz, der »nur in vernetzten sicherheitspolitischen Strukturen sowie im Bewusstsein eines umfassenden gesamtstaatlichen und globalen Sicherheitsverständnisses« zu entwickeln ist.

Aufgrund der Militarisierung deutscher Sicherheitspolitik findet zwar (noch) keine Stabübergabe vom Innenminister an den Verteidigungsminister statt, aber ganz eindeutig wird eine Zuständigkeit der Bundeswehr in der Terrorismusbekämpfung begründet. In Abkehr von Erfahrungen aus der Zeit des Nationalsozialismus und der verfassungsrechtlichen Einschätzung überzeugter Demokraten der letzten Jahrzehnte, heißt es nunmehr: »Die Verflechtungen zwischen innerer und äußerer Sicherheit nehmen immer mehr zu. Zur Abwehr terroristischer und anderer asymmetrischer Bedrohungen soll die Bundeswehr eingesetzt werden.« Ganz eindeutig legt sich die Regierung fest, dass sie die Notwendigkeit der Erweiterung des verfassungsrechtlichen Rahmens sieht – auch hinsichtlich des Einsatzes militärischer Kampfmittel.[832]

Recht schnell vergaß die Bundeskanzlerin, was sie der Gewerkschaft der Polizei ein halbes Jahr zuvor versprochen hatte. Die Trennung der Aufgaben zwischen Bundeswehr und Polizei sei ein überholtes Konzept, änderte Angela Merkel nunmehr ihre Meinung, denn nach dem 11. September 2001 müsse man in neuen Kategorien und ganz neuen Zusammenhängen denken (Juli 2007).[833]

Mit Forschung auf dem Gebiet der Sicherheit und Verteidigung beschäftigt sich auch das Fraunhofer Institut in Freiburg, das die Schwerpunkte wie folgt definiert: »Durch die Ereignisse des 11. September 2001 und die gegenwärtige Neuorientierung der Bundeswehr haben die Themen Verteidigung und Sicherheit *(Defence and Security)* wesentlich an Bedeutung gewonnen. Die internationale Konfliktverhütung und Krisenbewältigung, einschließlich des Kampfes gegen den internationalen Terrorismus, sind an die erste Stelle des Aufgabenspektrums der Bundeswehr gerückt.«[834]

Wie keine andere Institution hat allerdings die Bundesakademie für Sicherheitspolitik das Thema okkupiert und u. a. ein Rahmenkonzept für eine ressortübergreifende Sicherheitspolitik erstellt (2007).[835] Das Papier erhebt den Anspruch, dass die zentralen Handlungsempfehlungen »für eine Verbesserung der Politikfähigkeit« geeignet seien. Eine Vielzahl von Vorschlägen ist innovativ und nicht deshalb schlecht, weil sie aus der Feder von Militärs stammen. Grundsätzlich handelt es sich aber um eine Fortschreibung des präventiven Sicherheitsstaates mit weiteren Einschränkungen von Bürgerrechten, Abbau der Gewaltenteilung, Stärken von Bundeskompetenzen und Entmündigung der Bundesländer (obwohl der bayerische Innenminister und heutige Ministerpräsident Günther Beckstein schon 2004 kein Problem darin sah, die Bundeswehr »in besonderen Gefährdungslagen im Inneren im Rahmen ihrer spezifischen Fähigkeiten« ergänzend zur Polizei einzusetzen).[836] Alle weitreichenden Konsequenzen beruhen letztendlich auf ungesicherten *worst-case*-Prognosen, wie sich der fundamentalistische Terrorismus entwickelt, vor allem in Deutschland.

Ein Nationaler Sicherheitsrat als Analyse- und Entscheidungszentrum (»Führung aus einer Hand«), angesiedelt im Bundeskanzleramt, geht auf dieses Papier zurück und hat bereits zwischen den politischen Parteien heftige kontroverse Diskussionen ausgelöst, weil sich die Balance zwischen Bundesministerien in Richtung einer Machtstellung der Bundeskanzlerin / des Bundeskanzlers verschiebt. Der BAKS-Präsident schlug vor, zur Kompensation den BND dem Auswärtigen Amt anzugliedern, weil es logisch wäre, dass für den Auslandsnachrichtendienst das Außenministerium zuständig sei, wie das BfV, also der Inlandsnachrichtendienst, dem Bundesinnenministerium unterstehe.[837]

Generell hält die BAKS deutsche Sicherheitsbehörden für gut aufgestellt und beurteilt das biometrische Verfahren bei Pässen, das VISA-Informationssystem oder das Gemeinsame Terrorismusabwehrzentrum (GATZ) positiv und schlägt zur Optimierung von FRONTEX ein »Soforteinsatzteam für Grenzsicherungszwecke« und ein GTAZ im europäischen Rahmen vor. Weiter:

»Für den Einsatz der Bundeswehr im Inneren ist eine klare grundgesetzliche Regelung für die Fälle zu schaffen, in denen die Polizeien der Länder oder des Bundes über keine ausreichenden Fähigkeiten verfügen.« Soweit die Bundeswehr auf dem Weg der Amtshilfe schon jetzt eingesetzt wird, empfiehlt das Grundsatzpapier gemeinsame Übungen. Die Studie befürwortet Pools in den Bereichen Polizei, Justiz und Verwaltung als *standing forces,* auf die der Bund uneingeschränkten Zugriff hat.

Erheblicher Verbesserungs- und Handlungsbedarf wird bei Auslandsmissionen der Streitkräfte in Bereichen gesehen, die nicht originär militärisch sind. Hier bedürfe es politisch-strategischer Abstimmung, Vorgaben und Planung. Um die Streitkräfte von Polizeiaufgaben im Ausland zu entlasten, müsse das internationale Krisenmanagement auf EU-Ebene reformiert werden.

Zusammenfassend wird von den BAKS-Experten festgestellt, dass die Verfolgung des internationalen islamischen Terrorismus nicht mehr nur eine Aufgabe der Polizei ist, sondern auch den Einsatz militärischer Mittel erfordern könne. Im internationalen Krisenmanagement, wo militärische Sicherheitsaufgaben, die Herstellung und Wahrung der Öffentlichen Ordnung und der zivile Wiederaufbau eng miteinander verzahnt seien, würden die überkommenen Aufgaben- und Rollenaufteilungen noch offenkundiger verschwimmen. Um diesen Aufgaben adäquat begegnen zu können, müsse das Instrumentarium angepasst und teilweise neu aufgestellt, vor allem aber das effektive Zusammenspiel der unterschiedlichen Instrumente systematisch verbessert werden.

4. Ziel des BKA: Vereinheitlichung polizeilich-militärischer Ressourcen

Der Präsident des Bundeskriminalamtes hat den Begriff der vernetzten Sicherheit, der seit etwa 2002 die Diskussion bestimmt, in seiner Rede auf der BKA-Herbsttagung im November 2005 aufgegriffen. Auch Ziercke geht davon aus, dass die klassischen Differenzierungen zwischen innerer und äußerer, privater und staatlicher, rechtlicher und sozialer Sicherheit zunehmend fragwürdiger werden.[838] Deshalb könnten diese Sicherheitsaspekte heute nicht mehr einer einzigen staatlichen Sicherheitsagentur zugewiesen werden. Der ganzheitliche Ansatz umfasse aus seiner Sicht auch eine Zusammenarbeit mit der Bundeswehr. Besonders deutlich werde dies bei den Post-Konflikt-Einsätzen der Polizei im Ausland, zum Beispiel in Mazedonien oder im Kosovo, bei denen umfassende Krisenbewältigungen im Vordergrund stünden.

So könnten eingesetzte Polizeikräfte Teile der Infrastruktur der Bundeswehr, wie Kommunikationsmittel, Schutzwesten, Transportlogistik nutzen. Darüber hinaus sah Ziercke weitere Felder der Zusammenarbeit im Bereich von Frühaufklärung, Frühwarnsystemen, Lagebilderstellung und Gefährdungsanalysen. Daher müssten polizeiliche und militärische Ressourcen auf dem Feld der strategischen Planung gezielt aufeinander abgestimmt werden.

So bestünden enge Kontakte des Bundeskriminalamtes zum Zentrum für Nachrichtenwesen der Bundeswehr (ZNBw), dessen wesentliches Ziel der Schutz der eingesetzten Kräfte in den Einsatzräumen der Bundeswehr sei. Die Bundeswehr betreibe hierzu eine eigene Informationsbeschaffung in den Einsatzräumen, dabei fielen zum Beispiel Informationen an, die die Rauschgiftkriminalität betreffen.

Ziercke berichtete, dass das Bundeskriminalamt im Juni 2005 eine Zusammenarbeit mit dem Zentrum für Transformation der Bundeswehr vereinbart habe. In Zukunft würden beide gemeinsam »interdisziplinär vernetzte Analysen über die Ursachen, Ausprägungen, Konsequenzen sowie Bekämpfungsmöglichkeiten von Bedrohungen« erstellen. So würde es zum Beispiel eine Zusammenarbeit bei der Nutzung von Satellitenbilddaten geben. Entsprechende Bilder könnten beispielweise zur Erstellung von Gefährdungsanalysen oder für polizeiliche Überwachungsmaßnahmen genutzt werden. Geprüft werde auch die Möglichkeit der Zusammenarbeit bei der Ortung von Schiffen im operativen Bereich, sowie die Unterstützung der strategischen Analyse zur Bekämpfung der Rauschgiftkriminalität.

Aus der Debatte des Einsatzes der Bundeswehr im Landesinneren in Form der Amtshilfe hat sich Ziercke herausgehalten, schon gar nicht forderte er eine Verfassungsänderung zu diesem Zweck. Ganz so deutlich wollte er wohl auch nicht werden, sonst hätte er auf das seit 2002 bei der Bundeswehr bestehende Kommando für Strategische Aufklärung näher eingehen müssen, das mit seiner »Satellitengestützten Abbildenden Aufklärung« überspitzt gesagt jede Ameise in Großformat orten kann. Demgegenüber ist die Video-Überwachung in freien Räumen »ein alter Hut«, und man kann nur ahnen, was das BKA im Rahmen seiner neuen Befugnisse im geheimdienstähnlichen präventiven Bereich mit dieser Bundeswehrunterstützung alles bewerkstelligen kann.

Zu Wort kam auf der BKA-Tagung auch Roland Kästner, Oberst im Generalstab beim Zentrum für Analysen und Studien der Bundeswehr.[839] Er betonte den ressortübergreifenden Ansatz, wobei es darauf ankomme, »die funktionalen Leistungen und vorhandenen Fähigkeiten der einzelnen Ressorts zu koordinieren und bei Planung wie auch Ausführung taktisch-operativ zu nutzen«. Der Schwerpunkt der Kooperation werde, so Kästner, auf gemeinsamen Einsätzen außerhalb Deutschlands liegen.

Bei einem anderen Anlass sagte Hermann Lutz, Präsident von EuroCOP, des europäischen Dachverbands von 25 Polizeigewerkschaften, dass die Polizei ein Teil der zivilen Verwaltung sei und nicht des Militärs – die Polizei müsse in die Bürgerverwaltung integriert bleiben.[840] Dieser (gewerkschaftliche) Traum ist wohl schon lange ausgeträumt.

Einzig das Bundesverfassungsgericht könnte die letzte Instanz sein, den Eroberungsfeldzug der Militärs zu stoppen.

XIV
POLIZEILICH-INDUSTRIELLER KOMPLEX

1. Globalisierung und Corporate Security
Oder: Nur die Fifa, der Vatikan und Coca Cola sind globaler als Siemens

Als Präsident Ziercke seinen Ex-Kollegen Norbert Wolf zur BKA-Herbsttagung am 2. und 3. November 2005 einlud, dürfte der Siemens-Korruptions-Skandal dem Bundeskriminalamt noch nicht bekannt gewesen sein. Das Tagungsthema war Wolf, dem »*Head of Corporate Security*« der Siemens AG wie auf den Leib geschrieben: »Neue Allianzen gegen Kriminalität und Gewalt«.

Ziercke und Wolf dürften sich seit der gemeinsamen Polizeidienstzeit in Schleswig-Holstein gut kennen. Wolf trat 1960 in Eutin in die Landespolizei Schleswig-Holstein ein. Nach der Ausbildung zum Polizeikommissar war er Revierleiter und baute beim Landeskriminalamt ein Mobiles Einsatzkommando auf. 1973 bis 1974 studierte er an der Polizeiführungsakademie und war schließlich ab 1981 Polizeichef in Lübeck. 1988 wechselte er in die Privatwirtschaft als Sicherheitschef bei Siemens. Der gelernte Polizist war außerdem Vorsitzender des Ausschusses für Sicherheitsfragen im BDI (Bundesverband der Deutschen Industrie) und engagierte sich als Sicherheitsbeauftragter des Verbandes der deutschen Wirtschaft in der Russischen Förderation.[841]

Die Zuhörer der BKA-Tagung lernten einen Siemens-Abteilungsleiter kennen,[842] der Qualitätsmanagement verinnerlicht hatte und seine Firma, von deren 440 000 Mitarbeiter 280 000 im Ausland arbeiten, mit Power Point-Präsentation wie folgt vorstellte: »Wir sind stolz, dass wir schon ein Global Player waren, bevor überhaupt jemand wusste, was dieser Terminus bedeutete. Nur die Fifa, der Vatikan oder Coca Cola sind globaler.«

Wenn Wolf sein Aufgabengebiet umschreibt, gewinnen manche Aussagen aus heutiger Sicht in Kenntnis des weltweiten Siemens-Korruptionsnetzes eine zwiespältige Bedeutung. Zum Beispiel wisse der Konzern um die speziellen Herausforderungen des Umganges mit unterschiedlichen Kulturen, was niemand unterschätzen dürfe. Sicherheit sei kein universeller Standard, »es hängt entscheidend davon ab, wo man sich befindet«. Oder: »Ohne Akzeptanz von Kunden, Besuchern und Mitarbeitern kann eine Unternehmenssicherheit keinen andauernden Erfolg haben.« Oder: »Das globale Umfeld setzt uns mehr unter Druck als je zuvor. Wir brauchen Erfolg überall auf der Welt.« 80 % der Geschäfte von Siemens fänden im Ausland statt. Um alle Mitarbeiter in Arbeit und Brot halten zu können, »brauchen wir jeden Tag rund 350 Millionen Euro Auftragseingang«.

Themenfelder, die Wolfs »Corporate Security Office« bearbeiten, umfassen: Beurteilung von Sicherheitslagen, Know-how-Schutz, Persönliche Sicherheit, Krisenmanagement, Abhörsicherheit, Veranstaltungsschutz, Task Force, Cyber Crime Information Warfare, Objektschutz, Recherchen, Geheimschutz, Sicherheitstechnik.

Daraus leiteten sich firmeneigene Sicherheitsstrategien, Richt- und Leitlinien, Koordinierung, Beratung, Analyse und Konzeptionen ab, ohne dass hier der Raum besteht, die Schlagwörter näher zu erläutern.

Gefahren für einen Weltkonzern drohen laut Wolf nicht nur durch fundamentalistischen Terrorismus, sondern auch durch Sabotage, Organisierte Kriminalität, Wirtschaftsspionage oder Cyber Crime aus dem Internet (Hacker, Viren, Cyberspionage). Angriffe können gerichtet sein gegen Leib und Leben, Know-How, Sach- und Vermögenswerte, Prozesse und Betriebsabläufe sowie gegen das Image des Unternehmens.

Nicht zur Sprache bringt Wolf verständlicherweise den modus operandi von Bestechung, zum Beispiel wie man Korruption organisiert und verschleiert, sodass die erwünschte Wirkung eintritt, ohne den Gewinn zu schmälern und dem Renommee zu schaden. Sicher könnte Herr Wolf nicht bestreiten, würde er darüber reden, dass systematische Korruption eine erhebliche Sicherheitsrelevanz besitzt. Es ist schlecht vorstellbar, dass der oberste Sicherheitschef damit nicht befasst war, doch sollte man die Ermittlungen der Münchner Staatsanwaltschaft abwarten, die freilich weisungsgebunden ist.

Dem Motto der Tagung entsprechend, redete Wolf einer Sicherheitspartnerschaft zwischen Staat und Wirtschaft bzw. Industrie das Wort. Er machte vier Vorschläge:

(1) Er könne sich vorstellen, dass durch die Behörden einzelnen Unternehmen konkrete Hinweise gegeben werden, wenn sie durch Wirtschaftsspionage, Organisierte Kriminalität oder Terrorismus bedroht sind. Für ein Unternehmen sei es nämlich hilfreich, auf diese Weise die verschiedensten Informationen verifizieren zu können.

(2) Ein zeitlich begrenzter Austausch von Personal zwischen Industrie und Sicherheitsbehörden sei wünschenswert, um Verständnis füreinander zu gewinnen und das Wissen über Ziele, Aufgaben und Strukturen zu erwerben.

(3) Der Informationsaustausch zwischen Verbindungsbeamten der deutschen Sicherheitsbehörden im Ausland und *Regional Security Officers* sollte begonnen oder erheblich intensiviert werden. Siemens habe in allen sicherheitskritischen Ländern professionelle Sicherheitschefs eingestellt, so in den USA, im Irak, Saudi-Arabien oder Indonesien, die jeweils über ein lokales Netzwerk verfügen. Davon könnten die deutschen Sicherheitsbehörden profitieren.

(4) Im Bereich Forschung und Entwicklung von Sicherheitsprodukten und -systemen könnte die Wirtschaft einen noch intensiveren Beitrag leisten, um Sicherheitsbehörden bei der Verbrechensverhütung und Terrorismusbekämpfung zu unterstützen.

Zu einer Zeit, als die Welt für ihn noch in Ordnung schien, hatte Wolf seinen BKA-Vortrag mit der Passage einer Rede abgeschlossen, die sein Aufsichtsratschef Heinrich von Pierer vor dem Sicherheitsrat der Vereinten Nationen gehalten hat, die heute auch in einem anderen Licht erscheint:

»Isoliert betrachtet ist unternehmerisches Handeln sicherlich nicht in der Lage, die Welt zu verbessern. Aber zusammen mit öffentlichen Partnern können Unternehmen sowohl einen Beitrag im Kampf gegen Gewalt, Anarchie und Terrorismus leisten als auch für Zivilisation, Freiheit und Wohlstand. Wir haben viele Projekte in Vorbereitung, und wir sind bereit für mehr (April 2004).«

Wenige Tage vor Beginn der BKA-Tagung wurde ein Schmiergeldskandal bekannt, wonach aufgrund einer Untersuchung der Vereinten Nationen im Irak (Korruptions-Index 178 von 179 Punkten) 63 deutsche Firmen in dem UNO-Programm »Öl für Lebensmittel« Bestechungsgelder bezahlt haben sollen, darunter auch Siemens. Nachträglich gewinnt die Aussage von Wolf Bedeutung, dass er im Irak einen örtlichen Sicherheitsbeauftragten eingesetzt hat.

Jörg Ziercke hatte seinen ehemaligen Kollegen trotzdem nicht ausgeladen, was einmal mehr der landläufigen Meinung nicht entgegenwirkt, dass Wirtschaftsverbrechen eher als Kavaliersdelikte gelten.

In einem Interview des Deutschlandfunks am 13. November 2005, also nach der Tagung, wurde der BKA-Präsident danach gefragt. Er antwortete:

»Also, der Herr Wolf hat ja deutlich gemacht, dass Siemens 440 000 Mitarbeiter weltweit hat, ich weiß jetzt nicht, inwieweit Irak symptomatisch ist für das Unternehmen Siemens, das kann ich mir überhaupt nicht vorstellen. Also, von dem Ansatz her würde ich erst einmal sagen, dass das, was da möglicherweise falsch gemacht worden ist, muss aufgeklärt werden. Was nicht akzeptabel ist, steht ja außerhalb jeder Diskussion. Also, mit anderen Worten, das muss man sich genau ansehen, wenn das so richtig sein sollte, muss man sich damit auseinandersetzen.«[843]

Spätestens seit einer SPIEGEL-Titelgeschichte »Die Akte Siemens. Innenansichten eines korrupten Konzerns«[844] sind Einzelheiten bekannt, die weit über angebliche Schmiergelder im Iran hinausgehen. Tarnkonten auf den Virgin Islands, in Liechtenstein, Dubai, Singapur, Monaco oder Österreich dienten einzig dem Zweck, angebliche Honorare an Tarnfirmen in aller Welt von Südafrika bis Vietnam zu überweisen, um auf diese Weise Bestechungsgelder auszuzahlen. Die Schadenssumme von angeblichen 1,3 Milliarden Euro wird selbst vom Konzern nicht in Abrede gestellt. Daneben laufen eine Reihe von Kartellverfahren wegen Preisabsprachen.

Selbst im Januar 2007 war Norbert Wolf noch immer nicht *persona non grata* für das BKA, denn Ziercke folgte Wolfs Einladung als Vorsitzender des BDI-Ausschusses für Sicherheitsfragen und hielt einen Vortrag im Bundesverband der Deutschen Industrie. Wolf wird in der BKA-Pressemitteilung zitiert: »Es dient gemeinsamen Interessen, wenn Unternehmen und deutsche Sicherheitsbehörden zu weltweiten Sicherheitsthemen auf einem hohen Niveau vertrauensvoll kooperieren.«[845]

2. Die Vernetzung des BKA mit Wirtschaft und Industrie

Norbert Wolf und Jörg Ziercke spielten sich die Bälle zu, denn Wolfs Ausführungen passten gut in Zierckes Konzept, das wiederum seinen Ursprung in Ratschlägen von Thinktanks hatte, die das Bundesinnenministerium aufgriff. Ausdrücklich erwähnte Ziercke die Beratung durch das Deutsche Institut für Internationale Politik und Sicherheit (SWP) und das Wissenschaftszentrum für Sozialforschung Berlin (WZB).

Ziercke gab im November 2005 das Startsignal »für neue Allianzen«, denn »wir müssen unsere Kräfte noch stärker bündeln und Synergieeffekte aus zielgerichteter Kooperation systematisch entwickeln«. Entscheidend sei, ein Konzept des »ganzheitlichen Ansatzes« zu implementieren, das ursprünglich für die Zusammenarbeit verschiedenster Akteure auf kommunaler Ebene entwickelt wurde.[846]

Einen konkreten Mehrwert sah Ziercke besonders in den Bereichen internationale Früherkennung, präventive Forschung und Entwicklung sowie im Bereich Aus- und Fortbildung.

Mit Global Player strebte er eine strategische Zusammenarbeit an, denn deren Sicherheitsabteilungen verfügen nach seiner Ansicht über Ressourcen, spezifische regionale Gefährdungspotentiale zu erkennen. Im Gegenzug wollte das BKA sein Wissen zur Verfügung stellen, damit Global Player ihre Firmenangehörigen und Firmeneinrichtungen besser schützen könnten.

Ferner dachte Ziercke an eine Sicherheitspartnerschaft mit der Pharmaindustrie zur Bekämpfung des illegalen Arzneimittelhandels. Oder er erhoffte sich Impulse aus der Wirtschaft bei der Bekämpfung der Informations- und Kommunikationskriminalität (IuK-Kriminalität). Schließlich ging es ihm hauptsächlich um die strategische Kooperation mit privaten Sicherheitsdienstleistern, die in der Arbeitsgemeinschaft für Sicherheit der Wirtschaft (ASW) organisiert und u. a. mit BKA, BND, BfV vernetzt sind.

Am 13. Mai 2008 fand bereits die dritte vom BKA initiierte gemeinsame Veranstaltung mit dem ASW statt. Sie konzentrierte sich auf die Themen Produkt- und Markenpiraterie sowie Arzneimittelkriminalität. Neben Ziercke hielt der ASW-Vorsitzende Dr. Thomas Menk einen Vortrag.[847] Menk war auch Leiter der Konzernsicherheit *(Corporate Security Department)* der DaimlerChrysler AG. Zuvor war er im Ministerium des Innern und im Bundesamt für Verfassungsschutz tätig.[848]

Im übrigen stand auch DaimlerChrysler auf der Liste angeblicher Schmiergeldzahler im Irak.[849]

Darüber hinaus steht Herr Menk weiterhin in der Pflicht, die Vorkommnisse um die während der argentinischen Militärdiktatur verschwundenen Betriebsangehörigen von Mercedes-Benz-Argentina (MBA) aufzuklären und geeignete Konsequenzen zu ziehen. Mindestens zehn Betriebsangehörige von MBA wurden verschleppt. Sie wurden wahrscheinlich im staatlichen Auftrag ermordet. Weitere wurden inhaftiert und gefoltert, überlebten aber. Fast alle waren als gewerkschaftliche Aktivisten bekannt, zwei der Verschleppten waren Angehörige des unabhängigen Betriebsrates bei MBA.[850]

Bei der ersten BKA-Veranstaltung 2006 hatten sich 18 Sicherheitschefs von Konzernen eingefunden, im nächsten Jahr verdoppelte sich ihre Zahl. Inzwischen wurde bei allen BKA-Partnern eine Kontaktstelle eingerichtet. Nach Erkenntnissen der Frankfurter Rundschau steht der Kreis mit dem Bundeskriminalamt einmal wöchentlich über eine Telefonkonferenz in Verbindung. Kleinere Unternehmen fühlen sich ausgegrenzt, ihr Vorwurf lautet, dass es Sicherheit vom Staat als »Herrscher über brisante Informationen« wohl nur für den Spezial-Zirkel der Großkonzerne gebe.[851] Eine ganz andere Frage betrifft den Datenschutz, der wohl bei der Liaison zwischen BKA und Firmenvertretern außen vor bleibt. Ein Teilbereich ist allerdings im Sicherheitsüberprüfungsgesetz[852] geregelt, wenn Polizei und Verfassungsschutz auch

Wirtschaft und Industrie Auskünfte über Personen (und deren Ehegatten) erteilen, sofern sie mit einer sicherheitsempfindlichen Tätigkeit betraut sind. Das Verfahren ist undurchsichtig, betrifft aber nicht die neue Strategie.

Der VW-Sicherheitschef Dieter Langendörfer baute vor: »Wir als Sicherheitsexperten wollen Partner des BKA sein, nicht dessen Dienstleister.« Bestünde der Eindruck, dass die Konzerne Handlanger des BKA seien, bedeute dies das Ende der Initiative. Und ASW-Chef Menk meint, dass sich Wirtschaft und Staat auf Augenhöhe begegnen müssten. Ziercke trat den Sorgen der Global Player entgegen, dass sie nicht angehalten würden, für das BKA gezielt Informationen zu sammeln.[853]

Interessant sind in dem Zusammenhang die personellen Verflechtungen, denn in den Sicherheitsabteilungen der Konzerne arbeiten mittlerweile viele ehemalige Spitzenbeamte des Bundeskriminalamtes, des Verfassungsschutzes oder der Polizei. Als einer der ersten wechselte der BKA-Kriminaldirektor Hans Fernstädt als Sicherheitschef zum BBC-Konzern. VW-Sicherheitschef Dieter Langendörfer war einmal Kriminaloberrat in Hamburg und Leiter der Sonderkommission im Entführungsfall Jan Philipp Reemtsma.[854] Reinhard Rupprecht, ehemals BKA-Vizepräsident und Abteilungsleiter im Bundesinnenministerium, ist seit seiner Pensionierung Berater des ASW.[855] Und der Ex-BMI-Mann Menk sorgt für Prominenz aus dem Haus seines früheren Arbeitgebers. So hielt bei einem ASW–»Sicherheitsforum« im Oktober 2007 Dr. August Hanning, Staatssekretär im BMI, einen Vortrag. Hanning begrüßte die BKA-Initiative, es werde deshalb im BMI ein Grundlagenpapier für eine »Sicherheitspartnerschaft zwischen Staat und Wirtschaft« erarbeitet. Auch zeigte Hanning »Sympathie für den Wunsch, die Zuständigkeit des Verfassungsschutzes auf Konkurrenzspionage auszudehnen«. Praktisch komme der Verfassungsschutz aber den Unternehmen durch Anfangsermittlungen bis zur Klärung der Frage entgegen, ob Wirtschafts- oder Konkurrenzspionage anzunehmen sei.[856] Der BfV-Vizepräsident Hans Elmar Remberg (1974 bis 2006 Angehöriger des BND)[857] sagte bei der Gelegenheit, er sehe Deutschland im Visier von fremden Nachrichtendiensten, das gelte vor allem für »chinesische Cyberwar in Form einer Massierung chinesischer Trojaner-Angriffe«.

Im April 2005 lud Menk den Telekom-Sicherheitschef Harald Steininger zu einem Vortrag ein,[858] der jüngst in der Affäre um den Missbrauch der Telekom-Vorratsdaten seinen Posten räumen musste. Steininger begann seinen beruflichen Werdegang bei der Polizei in Hessen und beim Bundeskriminalamt.[859] Die Berliner Sicherheitsfirma Control Risks, die an der Bespitzelung von Telekom-Aufsichtsratsmitgliedern beteiligt sein soll, wird heute von Jürgen Stephan geleitet, der seine Ausbildung bei der Polizei in Niedersachsen absolvierte, danach Jurist wurde und drei Jahre im BKA tätig war. Er distanziert sich von Entscheidungen seiner Vorgänger in der Telekom-Angelegenheit.[860]

Thorsten Mehles ist seit 2002 Vorsitzender des Vorstandes bei der Prevent AG, die sich der Prävention von Wirtschaftskriminalität widmet. Von 2000 bis 2002 leitete er das Referat Organisierte Kriminalität im Landeskriminalamt Hamburg. Dieter K. Sack, Magister der Politologie, trat 1976 in das Bundeskriminalamt ein und war bis 1988 in leitender Funktion in den Bereichen Terrorismusbekämpfung, Tatortgruppe und Fahndung tätig. Seit 1988 ist er Direktor von Corporate Security des BASF-Konzerns.[861] Thomas Tidiks ist Chief Security Officer der Henkel-Gruppe und war 13 Jahre lang Polizist.[862]

Schließlich weist der Jurist Dr. Rainer Buchert eine lupenreine BKA-Karriere vor. Als Kriminaldirektor beschäftigte er sich mit Terrorismus- und Rauschgiftbekämpfung und arbeitete im Stab des Präsidenten. 1992 wurde er Landeskriminaldirektor und Leiter der Kripo Sachsen-Anhalt. Danach war er sechs Jahre lang Polizeipräsident in Offenbach. Seit mehr als fünf Jahren ist Buchert Ombudsmann der Deutschen Bahn AG zur Bekämpfung von Korruption und Mitglied des Lenkungskreises Compliance der DB AG.[863] Die Bahn zählt auch zu Ziercken neuer strategischer Partnerschaft. Oberstaatsanwalt Wolfgang Schaupensteiner, einer der profiliertesten Kämpfer gegen – wie er es nannte – »organisierte Wirtschaftskriminalität« hat die Seiten gewechselt und ist zur Deutschen Bahn AG gegangen. Andere Global Player haben Hartmut Mehdorn dafür wahrscheinlich symbolisch »die Füße geküsst«, dass er den für sie gefährlichen Strafverfolger eingekauft hat. Leiter der Konzernsicherheit der Deutschen Bahn AG ist Jens Puls. Seine Laufbahn begann 1974 als Kriminalkommissar, bevor er als Kriminaldirektor Leiter der Zentralen Kriminalitätsbekämpfung der Kripo Frankfurt am Main wurde und dann zu ABB-Energie und Automationstechnik wechselte.[864]

Der Bundesnachrichtendienst mischt kräftig bei den Allianzen mit. Dass er ein Dienstleister auch für die Interessen der Wirtschaft sein will, betonte BND-Vizepräsident Rüdiger von Fritsch bei der Eröffnung einer Informations- und Fortbildungsveranstaltung des ASW mit dem BND am 24. November 2005 in Berlin ausdrücklich.[865] Die nachrichtendienstlichen Infos dienen zum Beispiel strategischen Entscheidungen hinsichtlich der Investitionssicherheit. Als Auslandsnachrichtendienst fühlt sich der BND außerdem dafür verantwortlich, zum Schutz deutscher Unternehmen beizutragen, beispielweise gegen Entführung, Terrorismus und Kriminalität, was man grundsätzlich bejahen kann.

Doch haben die Geheimdienstler obendrein ein ausgeprägtes Eigeninteresse. Zwar mag der deutsche Auslandsnachrichtendienst hin und wieder deutsche Wirtschaftsunternehmen unterwandern, aber in erster Linie versucht der BND, sich mit Global Player offen zu arrangieren. Selten wird Outsourcing von Agentätigkeit so publik wie im Fall des Siemens-Konzerns. Nach Erkenntnissen des SPIEGEL war Siemens-Vorstandsmitglied Volker Jung der enge Kontaktmann zum BND.[866] Nach der Pensionierung von Jung habe das Unternehmen nach einem Mitarbeiter gesucht, der sogar in die Pullachzentrale wechseln sollte, wozu aber angeblich niemand bereit war. Die enge Kooperation hatte wichtige Gründe: Siemens belieferte nicht nur den BND mit Abhörtechnik, sondern Geheimdienste in aller Welt, zum Beispiel nach Russland, Ägypten oder in die Golfstaaten, schreibt der SPIEGEL. Das Unternehmen sei daher auch in der Lage, sich zur Fehleranalyse in jede große Vermittlungsanlage einzuwählen – ein nachrichtendienstliches Eldorado. Außerdem reisen Siemens-Ingenieure beim Bau von Telefonanlagen an Orte, die nicht einmal ein US-Spionagesatellit auf dem Bildschirm hat, im Iran zum Beispiel.[867]

Am 6. Dezember 2006 umriss auf einer ASW-Fachtagung zur aktuellen Sicherheitslage Ministerialdirektor Günter Krause, Leiter der Polizeiabteilung im BMI, die Felder der Zusammenarbeit mit der Wirtschaft:[868]

- Übermittlung von Informationen durch die Sicherheitsbehörden des Bundes
- Gründung von Sicherheits- und Ordnungspartnerschaften (so mit der Deutschen Bahn und mit dem Sicherheitsgewerbe)
- Entwicklung von Schutzkonzepten für die Wirtschaft (z. B. Basisschutzkonzepte für kritische Infrastrukturen)
- Durchführung von Fachtagungen
- Förderung der Forschung im Bereich der Sicherheitstechnologie.

Der Präsident des Bundeskriminalamtes befürwortete auf einer Veranstaltung des Sicherheitskonzerns Securitas am 22. Juli 2008 in Hamburg, dass die 180 000 Beschäftigten der Branche einen wichtigen Beitrag leisten könnten: »Das Gewaltmonopol liegt beim Staat, das Sicherheitsmonopol nicht.«[869] Auch hier sind Fragezeichen angebracht, nicht zuletzt deswegen, weil bisher niemand untersucht hat, welche Mitarbeiter in der Sicherheitsbranche dem früheren Staatssicherheitsdienst der DDR anghörten oder rechtsextremen Organisationen nahe stehen.

Von keiner Seite werden Risiken namhaft gemacht. Das BKA bewegt sich auf brüchigem Eis, denn es erstellt zwar jährlich einen Korruptionslagebericht und das Lagebild Wirtschaftskriminalität, hat aber in Wahrheit wenig Einblick, was sich auf diesem Gebiet wirklich abspielt, weil das Dunkelfeld groß ist. So kann jede neue Affäre das Amt nicht nur in Misskredit bringen, sich auf solche Partnerschaften eingelassen zu haben, sondern es steht auch blamiert da, so wenig Ahnung von den realen Verhältnissen gehabt zu haben. Das BKA muss sich auch darüber im klaren sein, dass Global Player grundsätzlich nur das tun, was der eigenen Gewinnmaximierung nutzt. Dass das BKA den rigorosen Methoden mancher Konzerne (Ausnahmen bestätigen die Regel) gewachsen ist, muss bezweifelt werden. Und dass Sicherheitschefs sich ihr hohes Gehalt dadurch verdienen, indem sie bedingungslos dem Arbeitgeber zu Diensten sind, müsste die Vertrauensseligkeit der BKA-Amtsleitung etwas bremsen.

Jörg Ziercke war in den letzten drei Jahren, nachdem er die Offensive eröffnet hatte, unermüdlich landauf, landab unterwegs gewesen, bei Unternehmen der Wirtschaft und Industrie Vorträge zu halten. Auf der einen Seite ist es positiv, mit Fakten sachlich zu informieren. Auf der anderen Seite läuft der Präsident Gefahr, auf hochglänzenden Firmenpapieren zur Projektionsfläche von deren Werbung instrumentalisiert zu werden. Eine Firma, die sich mit dem BKA-Chef schmückt, versucht dadurch Gesetzestreue, Kompetenz, Gewicht und Geschäftstüchtigkeit zu unterstreichen.

Nach dreijähriger »Allianz-Strategie« wäre angesagt zu prüfen, was unter dem Strich dabei herausgekommen ist. Aber Evaluation ist ja nicht gerade eine Stärke des Amtes. Deshalb wäre es wünschenswert, eine externe Prüfung vornehmen zu lassen. Einen Siemens- oder Telekom-Skandal jedenfalls hat die Kooperation nicht aufdecken können, von anderen, die noch unter der Decke schmoren, ganz zu schweigen.

3. Offene Fragen

Die »Allianzen« haben einen langen Vorlauf. Bereits 1996 gab das Bundeskriminalamt eine Studie »Europa und die Innere Sicherheit« in Auftrag, die in der BKA-Forschungsreihe erschien und sich mit den Fragen befasste, die sich aus der Weiterentwicklung eines von Grenzen und Grenzkontrollen befreiten Binnenmarktes ergeben, dessen Vergrößerung in Richtung Osten schon damals angestrebt wurde.[870] Hier musste das BKA mit den alten Sicherheitsinstitutionen zusammenarbeiten und wusste durch seine Verbindungsbeamten sehr genau, welche wirtschaftskriminelle Energie dort im

Zuge der Transformation der staatssozialistischen zu privatkapitalistischen Ländern freigesetzt wurde, auch wenn »nur« von Organisierter Kriminalität und Korruption die Rede war. Daher stellt sich die Frage, was das BKA über die Aktivitäten der sich mit kriminellen Methoden ins neue System hinein rettenden und sich in freie Unternehmer verwandelnde Kader wusste, welche aktive oder passive Rolle das Amt in diesem Transformationsprozess spielte. Denn so viel ist inzwischen erkennbar, dass die damals von Publizisten (Jürgen Roth, Jean Ziegler, Petra Bonavita)[871] und von den Medien wahrgenommenen Verbrecherorganisationen inzwischen zum wirtschaftlichen Establishment dieser Staaten aufstiegen und Teil der europäischen Eliten geworden sind. Erinnert sei nur an den Titel von Jürgen Roth: »Die roten Bosse – Russlands Tycoone übernehmen die Macht in Europa«. Es kann nicht sein, dass das BKA die kriminellen Biographien der neuen Wirtschaftseliten und Seilschaften nicht gekannt hat und nicht kennt, und es ist auch nicht vorstellbar, dass das Amt mit ihnen heute nicht zusammenarbeitet.

Diese Frage lenkt den Blick auf andere Länder, zum Beispiel Afrika, Asien oder Lateinamerika, in denen sich seit dem Ende des Kalten Krieges ein Strukturwandel vollzieht. Hier wird – mit tauglichen aber auch untauglichen Mitteln – eine Demokratisierung des Staatsapparats versucht, denen sich aber die etablierten Machthaber, die ihre Positionen teils der CIA und westlicher Außenpolitik verdanken, widersetzen und die Oppositionsparteien als Handlanger neokolonialer Interessen bezeichnen. Mit dieser Begründung werden Wahlkämpfe zu Wahlkriegen mit vielen Toten, Verletzten und großem Flüchtlingselend (zum Beispiel in Zimbabwe).

Hinter diesen Konflikten stecken selbstverständlich auch die Interessen der Global Player, die ihre Wirtschaftsmacht entfalten und versuchen, im Zeichen des Wirtschaftsliberalismus Rohstoffe und Märkte zu sichern und neue Geschäftsfelder zu erobern. Hier nun stellt sich die Frage an das BKA, ob die kriminellen Machenschaften deutscher Unternehmen im Ausland von der Gruppe SO 3 Wirtschafts- und Finanzkriminalität des BKA erfasst werden, was mit diesen Daten und Fakten geschieht, ob und wie die Sicherheitskräfte dieser Länder und/oder Sicherheitsabteilungen der Unternehmen mit dem BKA und seinen Verbindungsbeamten zusammenarbeiten? Was unternimmt das BKA, die Wirtschaftspraktiken, die in Stammsitzländern von Global Player verboten sind, in den Ländern, in denen diese Firmen ihre Interessen durchzusetzen versuchen, zu erfassen und zu verhindern? Oder bedeutet eine eventuelle Passivität des Amtes in dem Bereich einen Freibrief, wie ihn offenkundig Siemens für sich in Anspruch nehmen konnte? Es wäre wünschenswert, wenn das vom BKA jährlich herausgegebene »Bundeslagebild Wirtschaftskriminalität« auch in dieser Hinsicht aussagekräftiger wäre.

Da es sich bei den im Ausland begangenen Straftaten um solche handelt, die vom deutschen Mutterkonzern ausgegangen sein können, erhebt sich die Frage der Anstiftung und Mittäterschaft im Geltungsbereich des deutschen Strafrechts. Dies kann wie im Fall der entführten, gefolterten, getöteten und verschwundenen Betriebsratsangehörigen von Mercedes-Benz-Argentina bis zum Mord gehen. Dem »Wahrheitstribunal« in La Plata lag im Juli 2001 ein Katalog ungeklärter Fragen vor, die sich auf den Mercedes-Konzern in Deutschland bezogen.[872] Obwohl der Sachverhalt öffentlich diskutiert und auch von Amnesty International aufgegriffen wurde (2004),[873] hat das BKA, das ja auch einem Strafverfolgungszwang des § 163 Strafprozessordnung unterliegt, soweit bekannt keine Ermittlungen aufgenommen.[874]

XV
INTERPOL – »GLOBAL PLAYER DER INTERNATIONALEN SICHERHEITSPOLITIK« (OTTO SCHILY)

1. Interpol zu Gast in Deutschland

Seit 85 Jahren spielt die wechselvolle Geschichte der Interpol-Organisation in Deutschland eine herausragende Rolle. Als Höhepunkt aus der Sicht des Bundeskriminalamtes galt die 74. Generalversammlung vom 19. bis 22. September 2005 im Konferenz-Hotel InterContinental Berlin, an der 600 Delegierte aus 154 Staaten teilnahmen.[875] Nach einer zweijährigen Vorbereitungszeit waren rund 500 BKA-Bedienstete, unterstützt durch zusätzliche Kräfte der Bundespolizei und des Landes Berlin, für den Ablauf des Großereignisses verantwortlich. Ein »*Social Program*« bot Begleitpersonen touristische Aktivitäten und ein Galaabend beeindruckte die Gäste, die »ihre höchste Zufriedenheit mit dem reibungslosen Räderwerk der Gesamtorganisation« ausdrückten.[876]

Bundesinnenminister Otto Schily eröffnete die Generalversammlung mit der launigen Anmerkung: »600 hochrangige Polizeibeamte in Berlin – Berlin hat sich noch nie so sicher gefühlt.«[877]

Wie auch Schily wollten Interpol-Präsident Jackie Selebi und BKA-Präsident Ziercke in ihren Reden die heile Interpol-Welt nicht mit der Tatsache konfrontieren, dass eine große Zahl der in Berlin versammelten Polizeichefs für schwerste Menschenrechtsverletzungen in ihrem Heimatland verantwortlich zeichnet. Gemessen an deren Verständnis von Recht und Humanität war Berlin keineswegs sicherer geworden.

Polizei- und Kriminalkongresse, bei denen die Frage der internationalen Verbrechensbekämpfung eine Rolle spielte, waren schon kurz nach der vorletzten Jahrhundertwende wiederholt in europäischen und außereuropäischen Ländern abgehalten worden, so 1905 in Buenos Aires, 1909 in Madrid, 1912 in Sao Paulo, 1913 in Washington, 1914 in Monaco.[878]

Im September 1905 widmete sich eine »Internationale kriminalistische Vereinigung« in Hamburg unter anderem der Frage, ob in allen Staaten Zentralstellen zur Bekämpfung des internationalen Verbrechertums eingerichtet werden sollten.

Die »Deutsche Polizeikonferenz Berlin« beriet 1912 den unmittelbaren gegenseitigen Verkehr von in- und ausländischen Polizeibehörden außerhalb des diplomatischen Dienstes. Diese Frage stand dann auf dem »Ersten Internationalen Polizeikongress« in Monaco (1914) erneut auf der Tagesordnung wie auch die Verbesserung des Erkennungsdienstes (Zentralstelle für Fingerabdrücke) und Errichtung eines internationalen Zentralstrafregisters.

Der I. Weltkrieg unterbrach zunächst die Kontakte, bis im Jahr 1923 der auf Einladung des Wiener Polizeipräsidenten Dr. Johann Schober in Wien tagende Internationale Polizeikongress die Errichtung einer »Internationalen Kriminalpolizeilichen Kommission« (IKPK) mit Sitz in Wien beschloss.[879] Schober wurde zum Präsidenten gewählt.

Die erste Sitzung der Kommission fand im Mai 1924 in Wien statt, es folgte 1925 eine Polizeifachausstellung auf Einladung des Danziger Polizeipräsidenten in Zoppot und im gleichen Jahr ein Internationaler Polizeikongress in New York sowie ein Treffen von Mitgliedern der IKPK in Karlsruhe.

Unter Beteiligung der Tschechoslowakei, von Jugoslawien, Holland, Österreich, Polen, Portugal, Rumänien, Ungarn und Deutschland tagte die IKPK im April 1926 in Wien und im September 1926 in Berlin, wo der preußische Staatsminister Carl Severing die »Große Internationale Polizeiausstellung Berlin 1926« in den Messehallen unter dem Funkturm eröffnete.[880]

1927 wurde eine Resolution angenommen, in den Mitgliedsstaaten, die antikommunistisch ausgerichtet waren, Nationale Zentralbüros (NZB) einzurichten. Ab 1930 verfügte die IKPK über Spezialabteilungen zur Bekämpfung von Falschgeld und Passfälschungen sowie über eine Kriminalaktenhaltung. 1935 ging das internationale Funknetz in Betrieb.[881]

Nach der Annexion Österreichs im Juni 1938 und dem Beginn des II. Weltkriegs am 1. September 1939 kam der Geschäftsverkehr der IKPK weitgehend zum Erliegen. Ein Runderlass des Reichssicherheitshauptamtes regelte, dass der Schriftverkehr über das Reichssicherheitshauptamt (RSHA) zu führen war.[882] Der Chef des RSHA, Reinhard Heydrich, ordnete an, dass der Sitz der IKPK von Wien nach Berlin zu verlegen sei und ließ sich 1940 in einem postalischen Zustimmungsverfahren zum Präsidenten der IKPK wählen, deren Bezeichnung von den Nazis beibehalten wurde.[883] Im April 1941 bezog die NS-IKPK eine Villa Am Kleinen Wannsee 16. Dort verwaltete man Fahndungs-, Fingerabdruck- und Fotokarteien und betrieb weiterhin den internationalen Polizeifunk mit verbündeten Staaten, aber auch mit der Schweiz. Gleichfalls wurden dort Akten der »Kriminalbiologie« und der »Bekämpfung des Zigeunerunwesens« geführt. Die Einladung zur berüchtigten Wannsee-Konferenz erfolgte in diese Villa, was aber auf einem Irrtum beruhte, sodass alle Teilnehmer telefonisch in die Villa Am Großen Wannsee

43/45 umdirigiert wurden.[884]

Nach dem Attentat auf Heydrich und dessen Tod am 4. Juni 1942 wurde zunächst Arthur Nebe als Chef des Reichskriminalpolizeiamtes zum Präsidenten der IKPK ernannt, der den Posten ab 1. Januar 1943 an Ernst Kaltenbrunner abgeben musste, der die Nachfolge Heydrichs als Chef des RSHA antrat.

1946 betrieb Belgien eine Reaktivierung der IKPK. Als Sitz wurde Paris bestimmt und als Fernschreib- und Funkadresse die Bezeichnung INTERPOL gewählt.

1949 erkannten die Vereinten Nationen INTERPOL einen beratenden Status als Nichtregierungsorganisation zu.

Nachdem 1956 die Statuten modernisiert worden waren, lautete ab da die offizielle Bezeichnung IKPO-Interpol oder schlicht INTERPOL.[885]

Als das Gebäude des Generalsekretariats in Paris-St. Cloud dem erhöhten Bürobedarf nicht mehr genügte und die Stadt Paris kein geeignetes Grundstück oder Gebäude zur Verfügung stellen konnte oder wollte, zog das Generalsekretariat 1989 von Paris nach Lyon um, wo ein Neubau errichtet worden war.

Das Reichskriminalpolizeigesetz von 1922 enthielt in §7 die Bestimmung: »Den Verkehr mit ausländischen Behörden kann das Reichskriminalpolizeiamt ausschließlich auf sich nehmen, wenn es ihm für die zweckmäßige Durchführung der Sache erforderlich erscheint.«[886]

Im BKA-Gesetz von 1951 wurde dies ebenfalls in §7 wie folgt geregelt: »Der zur Durchführung der Bekämpfung internationaler gemeiner Verbrecher notwendige Dienstverkehr mit ausländischen Polizei- und Justizbehörden ist dem Bundeskriminalamt vorbehalten.«[887]

Bereits 1950 bediente sich das Bundesinnenministerium des schwedischen Privatgelehrten Harry Södermann als Berater beim Aufbau des Bundeskriminalamtes und des Bundesamtes für Verfassungsschutz. Södermann war Schwedens Vertreter in der IKPK und arbeitete eng mit Paul Dickopf zusammen, auf den der Schwede große Stücke hielt und zur Beförderung zum Regierungsrat vorschlug: »Herr Paul Dickopf ist das Mädchen für alles bei der Planung des Bundeskriminalamtes«.[888]

Södermann war nicht unumstritten, weil er in der NS-Zeit angeblich gute Kontakte in Norwegen zur NS-Sicherheitspolizei und zum SD pflegte, gleichzeitig aber Widerstandskämpfer unterstützte. Heydrich gestattete ihm, das Reichskriminalpolizeiamt gründlich zu studieren, auch sollte Södermann nach dem Krieg weiterhin Verbindung zu Funktionären von Heydrichs Adjutantur unterhalten haben.[889]

Jedenfalls ebnete Södermann den Weg, dass Deutschland 1951 an der 20. Generalversammlung der IKPK in Lissabon als Beobachter teilnehmen konnte und ab 1952 wieder Vollmitglied wurde.

Da Paul Dickopf wegen seines ehemaligen SS-Dienstgrades zunächst keine Chance hatte, Präsident des neu geschaffenen Bundeskriminalamtes zu werden, machte er sich zum Leiter der Abteilung Ausland, womit ihm das deutsche Nationale Zentralbüro (NZB) der IKPK (später IKPO – Interpol) unterstand. Automatisch zählte er damit zur jährlichen Delegation, die zur Interpol-Generalversammlung reiste, die in den Jahren 1952 bis 1956 Dickopf zu einem der »Berichterstatter« wählte.[890] Zwischen 1955 und 1961 informierte er fast regelmäßig in der Zeitschrift »Kriminalistik« über die jährliche Interpol-Generalversammlung.[891]

Von 1959 bis 1966 war Dickopf Angehöriger des Exekutivkomitees der Interpol, eine einflussreiche Position (siehe Kapitel XV/3). Dort lenkte er zum Beispiel in den Jahren 1960 und 1961 mit den Delegierten von Libyen, Brasilien, Liberia, Tunesien, Pakistan und Chile die Geschicke der Interpol-Organisation. Diese Länder waren meilenweit von der Beachtung der Menschenrechte entfernt. Dickopf kannte jedoch keine Berührungsängste mit »Kollegen« aus Folterregimen. Was auch für die gesamte Interpol-Organisation galt, die überwiegend das westliche Lager einte, denn der Ostblock mit seinen Satellitenstaaten mit Ausnahme von »Intercrim Belgrad« war unerwünscht.

Dickopf hatte in seiner Laufbahn nach dem Krieg zwei grundlegende Interessen: Er wollte Präsident des Bundeskriminalamtes werden, und solange dies nicht möglich war, für den Interpol-Bereich zuständig sein. Wegen seiner »Verdienste« in der SPIEGEL-Affäre machte ihn Bundesinnenminister Hermann Höcherl 1965 schließlich zum BKA-Präsidenten (1965 bis 1970).[892]

Auf der 37. Generalversammlung in Teheran im Jahre 1968 stellte sich Paul Dickopf zur Wahl als Präsident der IKPO und erhielt neben Bewerbern aus England, Pakistan und dem Libanon im dritten Wahlgang die erforderliche Stimmenmehrheit. Angeblich hatte sein Freund und Alt-Nazi François Genoud das arabische Lager mobilisiert, für Dickopf zu stimmen. Die Amtszeit dauerte vier Jahre.

Einer seiner Nachfolger im Amt des Interpol-Präsidenten war ein philippinischer Polizeischerge des Marcos-Regimes,[893] was eigentlich alles über den Geist von Interpol aussagt.

Dickopfs letzte Amtshandlung war die Leitung der Generalversammlung im Herbst 1972 im Hotel Intercontinental in Frankfurt am Main.

Wie eingangs erwähnt, fand 2005 zum zweiten Mal eine Generalversammlung auf deutschem Boden statt. Einen Schwerpunkt bildete die Zusammenarbeit bei der Bekämpfung des internationalen Terrorismus. Es wurde beschlossen, die vom UN-Sicherheitsrat gelisteten Taliban- und Al Qaida-Anhänger in das Interpol-Fahndungssystem aufzunehmen (328 Personen, 119 Gruppierungen).

Des Weiteren wurde festgelegt, dass die Datenbank für verloren gegangene oder gefälschte Personaldokumente (8 Millionen Datensätze) künftig nicht nur den nationalen Interpol-Büros, sondern auch den Grenzschutzbehörden zur Verfügung stehen soll. Die vom BKA initiierte weltweite Datenbank »Vermisste und unbekannte Tote« zur Identifizierung von Opfern bei Naturkatastrophen fand allseitige Zustimmung. Die wichtigste personelle Entscheidung: Bereits im ersten Wahlgang wurde BKA-Vizepräsident Prof. Dr. Jürgen Stock in das Exekutivkomitee gewählt.[894]

2. Organisation, Aufgaben, Menschenrechte

Bundeskriminalamt und Interpol-Generalsekretariat zeichnen Interpol als Erfolgsstory.[895] Die Organisation, deren Tätigkeit durch Statuten geregelt wird, hat zurzeit 186 Mitgliedstaaten. Wichtigstes Ziel sei die »möglichst umfassende gegenseitige Unterstützung aller kriminalpolizeilichen Behörden im Rahmen der in den einzelnen Ländern geltenden Gesetze und im Geist der Erklärung der Menschenrechte«. Weil auf zahllose staatliche Einzelinteressen Rücksicht genommen wird, ist der Apparat schwerfällig und außerdem weit entfernt von modernen Managementmethoden. Vor allem kann von der Beachtung der Menschenrechte so lange keine Rede sein, als Folter absolut ignoriert wird.

An der Spitze stehen ein Präsident und ein Generalsekretär. Als Generalsekretär ist der US-Amerikaner Ronald K. Noble in einer zweiten Amtszeit bis 2010 gewählt worden. Hingegen musste der amtierende Präsident, der Südafrikaner Jackie Selebi, im Januar 2008 sein Amt wegen Korruptionsverdachts aufgeben. Nach Medienberichten soll er in Südafrika von einem unter Mordverdacht stehenden Drogenschmuggler eineinhalb Jahre lang Zahlungen von etwa 1,2 Millionen Euro sowie Geschenke angenommen haben. Die reguläre Amtszeit wäre Ende 2008 ausgelaufen.[896] Ein Nachfolger ist noch nicht bestimmt worden.

Das Ansehen der IKPO-Interpol wurde durch den Korruptionsvorwurf beschädigt, zumal sich Interpol selbst dem Kampf gegen Korruption verschrieben hat. Auf der 69. Generalversammlung im Oktober 2000 wurde eine Resolution verabschiedet, die alle Interpol-Mitglieder dazu aufruft, Konzeptionen zur Diagnose, Prävention und Bekämpfung von Korruption zu entwickeln und dies auch in die Ausbildung von Sicherheitskräften einzubeziehen.[897]

BKA-Vizepräsident Stock übernahm neben seiner Tätigkeit im Exekutivkomitee nicht nur die Funktion des Vorsitzenden des Finanzkomitees der Organisation, sondern wurde auf der 76. Generalversammlung im November 2007 in Marrakesch zum Vizepräsidenten von Interpol gewählt. Die BKA-Pressestelle jubelte: »Bundeskriminalamt besetzt Schlüsselposition bei IKPO-Interpol.«[898]

Stock erklärte: »Meine Wahl zeigt die verstärkte Ausrichtung des Bundeskriminalamts auf die internationale Zusammenarbeit und unterstreicht, dass das BKA ein geschätzter Partner in der internationalen Zusammenarbeit ist.«[899]

Im November 2004 eröffnete Interpol ein Verbindungsbüro bei den Vereinten Nationen in New York. Als Verbindungsbeamter *(Special Representative)* wurde der frühere BKA-Präsident und ehemalige Delegierte des Exekutivkomitees, Dr. Ulrich Kersten, entsandt.[900] Er trat am 17. April 2008 in den Ruhestand; eine erkennbare Außenwirkung hatte er in seiner UN-Amtszeit nicht.

Die jährliche Generalversammlung gilt als höchstes Beschlussgremium, während die eigentliche Geschäftsführung beim Generalsekretariat in Lyon liegt, wo etwa 550 Mitarbeiter aus 80 Ländern tätig sind, darunter 12 BKA-Beamte. Etwa ⅓ des Personals ist direkt bei der Organisation angestellt und ⅔ werden aus den Mitgliedstaaten entsandt. Die vier Amtssprachen der Interpol sind Englisch, Arabisch, Französisch und Spanisch. Das Generalsekretariat verfügt über sechs Sub-Regional-Büros in Argentinien, Elfenbeinküste, El Salvador, Kenya, Thailand und Zimbabwe.[901] Darüber hinaus teilt sich Interpol in vier Regionalzonen Afrika, Amerika, Asien/Ozeanien und Europa auf.

Jeder Mitgliedstaat unterhält ein Nationales Zentralbüro (NZB), für Deutschland ist dies das Bundeskriminalamt. Es gibt keine Interpol-Agenten, wie sie manchmal in Fernsehfilmen gezeigt werden. Interpol besitzt keine eigene überörtliche Kompetenz, es gilt vielmehr immer nur das Recht des jeweiligen Staates. (»Die einzelstaatliche Souveränität jedes Mitgliedes bleibt unangetastet.«) De jure kann deshalb ein BKA-Beamter im Ausland keine selbständigen exekutiven Handlungen vornehmen. Das BKA schweigt sich darüber aus, falls dies in der Praxis hier und da unterlaufen wurde, zum Beispiel in der Rauschgiftbekämpfung, durch Verbindungsbeamte, bei der Zielfahndung oder in der Verfolgung von Migranten. Die Überschreitung der örtlichen Zuständigkeit hatte aber auch schon Beschwerden zur Folge, zum Beispiel durch die Niederlande (»De lange arm van het Bundeskriminalamt«).

Die IKPO-Interpol finanziert sich ausschließlich aus den Beiträgen ihrer Mitgliedstaaten. Deutschland ist mit jährlich 3,6 Millionen Euro neben USA, Japan, Frankreich, Großbritannien und Italien Hauptbeitragszahler.

Das Bundeskriminalamt übt eine Schrittmacherfunktion aus, indem es schon immer auf Organisation, Aufgabenstellung, Technik und insbesondere die Datenverarbeitung Einfluss ausübte und die Entwicklung vorantrieb. An das globale Interpol-Informationssystem »I-24/7« *(Interpol Global Communication System 24/7)* sind fast alle Mitgliedstaaten angeschlossen. Deutschland ist der stärkste Nutzer des Netzes und speist im großen Umfang Daten ein, so 4800 Personen und 14 000 Anfragen über Ausländer (2005).[902] Seit Jahrzehnten nimmt das BKA den Spitzenplatz ein, jährlich etwa 150 000 schriftliche Nachrichten mit Interpol auszutauschen.[903] Gemessen am Anteil internationaler Kriminalität in der Bundesrepublik ist die Inanspruchnahme von Interpol durch das BKA überproportional hoch und auf einen Hang zum Perfektionismus zurückzuführen.

Auslandsdienstreisen von BKA-Beamten sind immer auch Interpol-Reisen. Die diesbezügliche interne BKA-Statistik ist nur aus dem Jahr 1988 bekannt geworden. Im genannten Jahr führten 677 Auslandsdienstreisen von 1168 Beamten in 50 verschiedene Länder. Die Hälfte der Länder waren Folterstaaten, 11 von ihnen unterhielten Todesschwadrone. In den Erfahrungsberichten der Dienstreisenden wurde in der Regel auf alles mögliche eingegangen, nur nicht auf die Menschenrechtslage. Der Aufwand an Auslandsdienstreisen des Amtes dürfte heute um ein Vielfaches höher liegen. Im Gegenzug wurden 1988 im BKA 130 Besucher aus Folterregimen und 18 aus Ländern mit Todesschwadronen gezählt und – wie damals üblich – kritiklos als willkommene Gäste behandelt.

Auch wenn der Datenschutz bislang unbefriedigend geregelt ist, gibt es eine Reihe von Funktionen, die positiv zu bewerten sind. So führte die Interpol-Zusammenarbeit im Oktober 2007 zur Identifizierung und Festnahme eines Kinderschänders in Thailand. Experten des BKA hatten ein technisch verfremdetes Foto so bearbeitet, dass der abgebildete Täter wieder sichtbar wurde. Von der Generalversammlung erhielt Interpol das Mandat, künftig in gleichgelagerten Fällen mit Hilfe der Weltöffentlichkeit nach Kinderschändern im Internet zu fahnden.[904]

Die Nutzer des Interpol-Datensystems können auf die AFIS-Datenbank (Automatisches Fingerabdruck Identifizierungssystem), auf eine DNA-Datenbank und ASF-Datenbanken zur Sachfahndung nach gestohlenen Fahrzeugen, Reisedokumenten und Kunstgegenständen zurückgreifen. Das wiederum geht sehr weit, wenn man bedenkt, welchen Missbrauch Diktaturen mit den Daten treiben können und dass sie sich um Datenschutz nicht kümmern.

Nach der Flutkatastrophe in Südostasien stellte Interpol bereits nach wenigen Tagen eine spezielle Website für die in der Krisenregion eingesetzten DVI-Teams *(Disaster Victim Identification)* zur Verfügung, die auch von der Identifizierungskommission des BKA genutzt werden konnte.

Verschiedene automatisierte Ausschreibungen nach vermissten bzw. unbekannten Personen oder unbekannten Toten, solche zur Steuerung von Warnhinweisen bei Briefbomben oder die dem Einfrieren von Vermögen, Reiseverbot oder Waffenbesitzverbot von Mitgliedern der Al-Qaida oder Taliban dienen, sind rechtsstaatlich nicht zu beanstanden.[905]

Kritisch muss man allerdings die internationalen Ausschreibungen zur Festnahme von Personen mit sogenannten »Rotecken« (BKA-Jargon) beleuchten – sie werden so genannt, weil das entsprechende Formular in der rechten oberen Ecke mit einem roten Quadrat gekennzeichnet ist. Diese *Red-Notice*-Ausschreibung betrifft mit Haftbefehl gesuchte Straftäter, die festgenommen und ausgeliefert werden sollen.

Der Missbrauch dieses Instrumentes durch Unrechtsregime ist vorprogrammiert, da häufig oppositionelle Kräfte mit fadenscheinigen »Beweisen« kriminalisiert werden, um nach ihnen international zu suchen und ihrer habhaft zu werden. Im Bundeskriminalamt prüft ein Jurist jeden Einzelfall. Stammt der Haftbefehl aus einem fragilen Staat, erfolgt manchmal gar keine Ausschreibung oder nur zur Aufenthaltsermittlung und nicht zur Festnahme. Die Haftbefehle bestimmter Staaten, wie zum Beispiel aus dem Iran, werden überhaupt nicht anerkannt. Nicht immer ist es jedoch möglich, die Rechtmäßigkeit des Haftbefehls zu eruieren. Zwar betont das BKA, dass die Ausschreibung für sich allein und die Übernahme in das deutsche INPOL-Fahndungssystem keine Rechtsgrundlage für eine Festnahme bilde. Im Trefferfall werde jeweils im Kontakt mit dem ausschreibenden Staat und der zuständigen Staatsanwaltschaft geprüft, ob exekutive Maßnahmen durchgeführt werden sollen.[906] Aber selbst wenn letztlich keine Auslieferung erfolgt, erleidet das Opfer vorübergehende Haft und finanzielle wie berufliche Nachteile, von der psychischen Beeinträchtigung und familiären Konsequenzen ganz zu schweigen.

Diese negativen Begleiterscheinungen konnten trotzdem nicht verhindern, dass es in den zurückliegenden Jahren zu einer Kette von Pannen gekommen ist. An der Spitze des Missbrauchs liegen die Türkei, Usbekistan und Turkmenistan. Beispiele:

Türkei

Seit der türkische Fußballclub aus Wilstorf im Mai 2007 Urlaub auf Mallorca machte, sitzt Binali Y. in Madrid in Auslieferungshaft aufgrund eines Haftbefehls, den Interpol Ankara ausgeschrieben hat. Der Kurde genießt in Deutschland politisches Asyl.[907]

Eine Reise in die Ukraine wurde dem Kurden Behsat S. zum Verhängnis. Der Tatvorwurf, der dem Haftbefehl zugrunde liegt, war für das Verwaltungsgericht Berlin im Jahr 1989 der Anlass, Behsat S. in Deutschland politisches Asyl zu gewähren.[908] Julia Duchrow, Türkei-Referentin von Amnesty International, sagte in dem Zusammenhang (2004), sie habe allein in den letzten vier Monaten fünf ähnliche Fälle betreut.[909]

Hüseyin S. besitzt die doppelte Staatsbürgerschaft der Türkei und der Schweiz. Die Schweiz gewährte dem Lehrer und seiner Familie 1984 in der Schweiz Asyl. Unterwegs nach Frankfurt am Main am 25. Oktober 2003 zu einem sprachwissenschaftlichen Seminar, wurde S. in Deutschland aufgrund eines Haftbefehls festgenommen. Ähnlich gelagert ist der Fall des Naci Ö. aus der Schweiz, der in der Türkei als Gewerkschafter verfolgt wurde und am 17. Juli 2000 auf einer Urlaubsreise in Kroatien festgenommen wurde. Ö. war 1978 aus der Türkei geflohen, nachdem fast alle seine Kollegen ermordet oder verhaftet worden waren.[910] Der Schweizerische Flüchtlingsrat protestierte am 19. Februar 2004 in drei vorliegenden Fällen und kritisierte vor allem, dass Schweizer Behörden den Opfern keine Kenntnis davon gegeben hatten, dass gegen sie eine internationale Ausschreibung vorlag.[911]

Besonders gravierend ist der Fall des Kurden O., der nach schwerster Folterhaft in der Türkei als Asylberechtigter in Berlin anerkannt ist und trotzdem in Berlin inhaftiert wurde, als ihn die Türkei 2006 über Interpol zur Festnahme und Auslieferung ausschrieb. Nach dem Motto »erst inhaftieren, dann prüfen« erließ der Bereitschaftrichter eine »Festhalteanordnung«. Herr O. konnte das Attest eines Polizeiarztes vorlegen, wonach er kein Simulant sei und mit schwersten Krisen gerechnet werden müsse. Ein weiteres amtsärztliches Gutachten der Agentur für Arbeit wies aus, dass bei Herrn O. »ein schwergradiges ausgeprägtes seelisches Leiden aufgrund von schwersten traumatischen Erlebnissen über mehrere Jahre der Inhaftierung« vorliege. Herr

O. erklärte dem Richter, dass er in engen Räumen unter Platzangst mit der Folge von Unruhezuständen, Zusammenbrüchen und Ohnmacht leide. Der Richter erließ einen Beschluss, dass Herr O. durch den leitenden Arzt des Krankenhauses der Berliner Vollzugsanstalten auf Verwahr- und Haftfähigkeit unverzüglich zu untersuchen sei. Damit ließ man sich sechs Tage Zeit. Herr O. trat mittlerweile in einen Hunger- und Durststreik, woraufhin er im »Kriseninterventionsraum« der Haftanstalt Moabit untergebracht wurde. Der Raum verfügt über kein Tageslicht und ist lediglich mit einer Pritsche ausgestattet. Dort wurde Herr O. vom Vormittag des 14. September 2006 bis zum Mittag des 18. September 2006 durchgängig an beiden Beinen und an der rechten Hand in Rückenlage mit metallenen Fesseln (ohne richterliche Anordnung) fixiert. Am 19. September wurde Herr O. schließlich entlassen, auch lehnte das Kammergericht Berlin seine Auslieferung mit Beschluss vom 10. Januar 2007 zwar ab, erklärte aber die Inhaftierung für rechtens und erteilte nachträglich die richterliche Zustimmung der Fesselung. Der Fall beschäftigt nunmehr das Bundesverfassungsgericht.[912]

Usbekistan

Der usbekische Schriftsteller und Vorsitzende der usbekischen »Freiheitspartei« Mohammad S. erhielt nach Inhaftierung und Folter in Usbekistan in Norwegen politisches Asyl. 2002 wurde er in Usbekistan in Abwesenheit zu 15 Jahren Haft verurteilt. Drei seiner Brüder wurden aus Gründen der Sippenhaft ebenfalls zu Strafen zwischen 10 und 15 Jahren verurteilt. Am 28. November 2002 wurde S. auf dem Prager Flughafen aufgrund einer internationalen Ausschreibung festgenommen. Er war auf dem Weg zu einem Interview des in Prag ansässigen usbekischen Dienstes von »*Radio Free Europe*«. Nach 40 Tagen Haft kam er frei.[913] Unbegreiflicherweise wurde die Interpol-Ausschreibung trotzdem aufrechterhalten, sodass ihn im Mai 2006 auf dem Stockholmer Flughafen nochmals dasselbe Schicksal ereilte, wogegen Human Rights Watch protestierte.[914]

Turkmenistan

Annadurdy C. ist führendes Mitglied der turkmenischen Exilpartei »Heimat«. Im Jahr 2004 erhielt er ein Bleiberecht in Bulgarien, wurde jedoch am 19. Februar 2007 in Haft genommen, nachdem turkmenische Behörden einen Auslieferungsantrag gestellt hatten. In einer *Urgent Action* vom 20. April 2007 verwies Amnesty International darauf, dass C. im Falle einer Auslieferung in großer Gefahr schwebt, dort gefoltert und nach einem unfairen Gerichtsverfahren inhaftiert zu werden.[915]

Der Europäische Gerichtshof für Menschenrechte hat im Juni 2008 Russland vor der Auslieferung eines 55 Jahre alten Mannes nach Turkmenistan gewarnt, da ihm dort Folter und Misshandlung drohe. Außerdem sprach der Gerichtshof dem Mann für ein Jahr Abschiebehaft 15 000 Euro Schmerzensgeld zu. Die russische Regierung verwies darauf, dass ihr eine schriftliche Zusage Turkmenistans vorliege, dass der Mann dort nicht misshandelt werde. Der Gerichtshof stellte jedoch fest, ein solches Versprechen sei keine Garantie, zumal Turkmenistan keine internationalen Beobachter ins Land lasse.[916] – Es wäre interessant zu wissen, was der BKA-Verbindungsbeamte in Taschkent über die Menschenrechtslage zu berichten weiß und wie er sich darauf einstellt.

Diplomatische Zusagen oder ein *Memorandum of understanding*, eine ausgelieferte Person nicht foltern zu wollen, sind absolut unzuverlässig und werden willkürlich nicht eingehalten. Deshalb ist es nach der Erfahrung von Amnesty International richtig, sie weder abzuschließen noch anzuerkennen. Hinzu kommt außerdem, dass in einem solchen Fall der »sendende« Staat akzeptiert, dass der »empfangende« Staat Folter praktiziert und diese Praxis auch beibehalten wird. Mit der Ausnahmeregelung für die zurückkehrende Person wird die Folter an anderen Häftlingen, für die keine Ausnahme gilt, gebilligt.[917]

Eine Reform des Verfahrens ist dringend geboten und könnte nur so aussehen, dass aus Staaten, die systematisch Foltern oder misshandeln oder die mit einer hohen Korruptionsrate belastet sind, Haftbefehle zur internationalen Fahndung generell zurückgewiesen werden. Die Entscheidung hierüber sollte der Hochkommissar/die Hochkommissarin für Menschenrechte bei den Vereinten Nationen treffen (*Office of the High Commissioner for Human Rights – OHCHR*).

Von den 186 Interpol-Staaten sind annähernd die Hälfte solche, die Menschenrechte missachten und Folter oder andere grausame oder inhumane Praktiken anwenden. Auf der Website von Interpol sucht man Hinweise darauf vergeblich, schon gar nicht entwickelt Interpol Strategien, diese Entwicklung einzudämmen und Folter zu bekämpfen, wie die Organisation es zum Beispiel zur Bekämpfung der Korruption tut. Zwar verweist Interpol auf seine Zuständigkeit bei Völkermord, Kriegsverbrechen und Verbrechen gegen die Menschlichkeit *(Genocide, war crimes and crimes against humanity)*[918] und veranstaltete 2005 einen internationales Kolloquium, dort kamen der Völkermord in Ruanda und in Jugoslawien, der sowjetische Völkermord in Katyn und die Strafverfolgung nationalsozialistischer und stalinistischer Verbrechen in Polen zur Sprache, mit keinem Satz aber wurden Folter und andere schwere Menschenrechtsverletzungen der Gegenwart thematisiert.[919] Es muss in diesem Zusammenhang an die doppelte Verantwortung von BKA-Vizepräsident und Interpol-Vizepräsident Jürgen Stock erinnert werden, für das Durchbrechen der Mauer des Schweigens Sorge zu tragen.

3. Das Exekutivkomitee

Am 3. November 2000 verkündete die Pressestelle des Bundeskriminalamtes, dass BKA-Präsident Dr. Klaus Ulrich Kersten von der 69. Generalversammlung auf Rhodos/Griechenland in das 13 Mitglieder zählende Interpol-Exekutivkomitee gewählt worden sei. Es hat Tradition, dass seit Paul Dickopf in diesem Gremium BKA-Präsidenten oder -Vizepräsidenten vertreten sind (Keine Mitglieder waren bzw. sind: Horst Herold, Ludwig Zachert, Jörg Ziercke). Nachfolger von Kersten wurde ab September 2005 für drei Jahre BKA-Vizepräsident Jürgen Stock.

Im Vergleich mit einem Konzern der Wirtschaft übt das Exekutivkomitee die Funktion des Aufsichtsrats der IKPO-Interpol aus *(Supervising)*. Ihm obliegt »die Überwachung der von der Generalversammlung getroffenen Entscheidungen und die Aufsicht über die Geschäftsführung des Generalsekretärs«. Ferner setzt das Komitee Arbeitsschwerpunkte und bereitet die Generalversammlungen vor.[920] Das heißt, dass die Mitglieder des Gremiums alle zentralen Aktivitäten der Interpol-Organisation verantworten. Ergo sind Herr Kersten und Herr Stock auch damit zu identifizieren, dass im »Interpol-Konzern« in einem unglaublichen Ausmaß die Menschenrechte nicht beachtet werden. Im Normalfall läge nahe, sich in das Komitee nicht wählen zu lassen, wovon allerdings bisher keine Rede sein konnte. Im Gegenteil, man trifft sich dreimal im Jahr und nimmt keinen Anstoß daran, dass verschiedene Mitglieder des Gremiums als hochrangige Polizeifunktionäre in ihrem Heimatland für Folter und andere grausame, unmenschliche oder erniedrigende Behandlung von Menschen verantwortlich sind. Nichts ist darüber bekannt, dass Menschenrechtsverletzungen in der Tätigkeit des Komitees ein Problem darstellten, ja sie finden keine Erwähnung und sind nach den Gepflogenheiten der Interpol ein Tabu.

Mitglieder im Interpol-Exekutiv-Komitee,[921] denen Verantwortung für Folter vorzuwerfen ist, entstammen momentan u. a. folgenden Ländern:[922]

Algerien
Folterung an vermeintlichen Mitgliedern »terroristischer Organisationen« besonders in der Haft. Verschwindenlassen von Menschen. Straflosigkeit der Täter, die Menschenrechtsverletzungen begangen haben. Keine Einreisegenehmigung des UN-Sonderberichterstatters über Folter.

Brasilien
Folter als Machtinstrument bei Festnahmen und Verhören. Extralegale Hinrichtungen, exzessiver Gewalteinsatz und systematische Folter durch Polizeieinheiten. Todesschwadrone, die Verbindung zur Polizei hatten, töteten Hunderte von Menschen.

Indien
Widerrechtliche Tötungen, Entführungen, Folterungen und Verstümmelungen. Sexuelle Übergriffe durch Vertreter der Staatsorgane. Zwangsumsiedlungen. Gewalt gegen Frauen, Schikanen gegen Menschenrechtsverteidiger.

USA
Entführungen *(Extraordinary Renditions)*. Schwerste Folterungen und Misshandlungen außerhalb der USA, z. B. im Abu-Ghraib-Gefängnis / Irak, in Bagram / Afghanistan und in Guantánamo; Incommunicado-Haft in geheimen Haftzentren, 1005 vollstreckte Todesurteile seit 1977.

Russland
Tötungen, Folterungen, willkürliche Festnahmen, Entführungen, Verschwindenlassen, extralegale Hinrichtungen, Staatsmorde: Anna Politkowskaja und Alexander Litwinenko.

Marokko
Folterungen und Misshandlungen während der Verhöre durch Sicherheitskräfte. Gewalt gegen Frauen. Festnahmen und Massenabschiebungen von Migranten.

Kurzfristig sollten die Statuten der Interpol-Organisation dahingehend geändert werden, dass Mitglied des Exekutivkomitees nur werden kann, wenn das Herkunftsland einen Mindeststandard bei der Einhaltung von Menschenrechten erfüllt. Die Entscheidung hierüber sollte der Hochkommissar / die Hochkommissarin für Menschenrechte bei den Vereinten Nationen treffen *(OHCHR)*. Die Statuten sollten daher vorsehen und entsprechend ergänzt werden, dass Kandidaten nach ihrer Wahl durch die Interpol-Generalversammlung vom OHCHR bestätigt werden müssen.

4. Interpol Beijing

Im Juli 2006 führte BKA-Präsident Ziercke Verhandlungen in Peking mit dem Staatskommissar und Minister für Öffentliche Sicherheit Zhou Yonkang. Der Minister erklärte: »China ist bereit, die Antiterror-Kooperation, den Kampf gegen internationales Verbrechen und die Zusammenarbeit bei der Ausbildung der Exekutive mit Deutschland auszuweiten.«[923] Ziercke traf auch mit dem Vizeminister für Öffentliche Sicherheit, Meng Hongwei, zusammen. Beide erörterten unter anderem Sicherheitsmaßnahmen für die Olympischen Spiele. Wie die chinesische Seite verlautbarte, würdigte der BKA-Chef die bilaterale Kooperation und sei bereit, die Zusammenarbeit weiter zu fördern und auszubauen.[924]

Auf dem Hintergrund dieses China-Besuchs bildete das BKA zwischen 2005 und 2008 in vier Lehrgängen chinesische Personenschützer aus. Ziercke verteidigte die Maßnahme damit, dass auf diese Weise »rechtsstaatliche Ideen transportiert« würden. Es seien gesetzliche Kriterien, das Verhältnismäßigkeitsprinzip und auch technische Voraussetzungen vermittelt worden. »Wir konnten aufzeigen, wie in Europa Personenschutz ausgestaltet wird.«[925]

Man kann es auch anders formulieren: Das BKA qualifizierte chinesische Personenschützer, hat keinen Einfluss darauf, wie diese Experten künftig eingesetzt werden und trägt letztlich zur Stabilisierung eines Regimes bei, dessen Menschenrechtsstandard eine solche Amtshilfe nicht rechtfertigt. So mochte auch ein BKA-Sprecher nicht ausschließen, dass die vom BKA ausgebildeten Kräfte zum Schutz der olympischen Fackel eingesetzt wurden, die in London und Paris als besonders aggressiv auffielen und als »Schläger« kritisiert wurden.[926]

Manfred Nowak, der UN-Sonderberichterstatter für Folter, berichtete darüber, wie schwierig seine Arbeit in China sei, weil die Menschen vor Angst nicht wagten, mit ihm zu reden, da sie sich dadurch gefährden. In Umerziehungslagern könnten Menschen bis zu vier Jahre ohne eine Gerichtsentscheidung festgehalten werden, nur weil sie als »sozial schädlich« eingestuft werden. Nowak berichtete von einem Klima der Angst und Unfreiheit.[927]

Human Rights Watch und Amnesty International registrieren übereinstimmend, dass Folterungen im Gewahrsam der Sicherheitsbehörden weit verbreitet sind. Menschen verschwinden, werden illegal inhaftiert ohne Kontakt zur Außenwelt und ohne Anklage oder Gerichtsverfahren. Die Zahl der Opfer in den Lagern zur »Umerziehung durch Arbeit« wird auf 500 000 Personen geschätzt. Frauen und Kinder werden als Angehörige unter Hausarrest gestellt, drangsaliert und durch Polizisten oder unbekannte Angreifer geschlagen. Für 68 Delikte ist die Todesstrafe angedroht. Die Todesstrafenstatistik gilt als Staatsgeheimnis. Soweit bekannt, wurden im Jahr 2007 in China 1860 Todesurteile verhängt und mindestens 470 vollstreckt. Die tatsächlichen Zahlen dürften nach Einschätzung von AI wesentlich höher liegen.[928] Die Vorgänge in Tibet sind ein weiteres Beispiel dafür, wie auf rigide Weise jede Meinungsfreiheit erstickt wurde. Internet und Medien unterliegen der Zensur.

Human Rights Watch dokumentiert den Fall des Menschenrechtsverteidigers Yang Chunlin, der im Juli 2007 festgenommen wurde, weil er an einer Petition gegen illegale Landkonfiszierung mitgearbeitet und Texte verfasst hat, in denen er Fehlverhalten der Regierung anprangerte und den Olympischen Spielen nicht zustimmte.[929] Zunächst durfte er von seinem Anwalt nicht besucht werden, weil sein Fall »Staatsgeheimnisse« betreffe. Er wurde wegen »Aufhetzens zum Umsturz« angeklagt. Die Polizei schüchterte Angehörige ein und bedrohte seinen Rechtsanwalt. Das Gericht weigerte sich, schwerwiegende Foltervorwürfe zu untersuchen. Während acht Monate Untersuchungshaft durfte er nur einmal im Monat seine Zelle verlassen. Von seinem Prozess erfuhr er einen Tag vor der Verhandlung; Papier und Stift wurden ihm verweigert, mit denen er seine Verteidigung hätte vorbereiten können. Zum Gerichtstermin erschien er in Handschellen und Fußfesseln und wurde während der Verhandlung mit den Beinen an einen Stuhl gefesselt. Das Urteil lautete auf fünf Jahre Gefängnis.

Der Bürgerrechtler Hu Jia wurde im April 2008 zu dreieinhalb Jahren Haft verurteilt, weil er sich unter anderem für Religionsfreiheit und die Rechte von HIV-Infizierten einsetzte. Seine Frau und die wenige Monate alte Tochter stehen unter Hausarrest. Die Ehefrau schrieb an Amnesty: »Viele Polizisten bewachen mein Haus. Heute morgen haben sich drei Polizeifahrzeuge und viele Polizisten vor meiner Wohnung postiert. Es beunruhigt mich, dass zwei der drei Fahrzeuge neue Nummernschilder haben und sich viele neue Gesichter unter den Polizisten befinden. Unter Hausarrest zu stehen, ist nicht schön, doch ich habe lieber mit Polizisten zu tun, die mir seit Jahren bekannt sind.«[930]

Amnesty International stellt fest: »Bei der Vergabe der Olympischen Spiele hatte die chinesische Regierung noch eine Verbesserung der Menschenrechtslage versprochen. Doch schon seit Monaten gehen die Behörden verstärkt gegen Menschenrechtsaktivisten vor. Und das nicht trotz, sondern gerade wegen der Sommerspiele. Vor allem in Peking werden Menschenrechtsverteidiger mundtot gemacht, kritische Journalisten schikaniert und Randgruppen aus der Stadt entfernt. Das IOC habe versagt, denn »das IOC hätte viel deutlicher und früher nachhaken müssen, wie die Versprechen der chinesischen Regierung konkret umgesetzt werden«, so Amnesty-Generalsekretärin Barbara Lochbihler (11. Juli 2008).[931]

Das internationale AI-Sekretariat in London veröffentlichte zum Auftakt der Olympischen Spiele einen umfassenden Bericht über die Lage in China und protestierte gegen die fortgesetzte Anwendung der Todesstrafe, maßlose Verhängung von Verwaltungshaft (Erziehungslager), willkürliche Festnahmen, Haft und Belästigung von Menschenrechtsverteidigern einschließlich Journalisten und Rechtsanwälten sowie die Zensur des Internet.[932]

5. Interpol-Land ist Folter-Land

»Mit nahezu allen Polizeizentralen rund um den Globus unterhält das BKA feste Beziehungen« (BKA Profil).[933]

Was es in Realität bedeutet, Counterpart eines Folterregimes zu sein, kann man hautnah im Behandlungszentrum für Folteropfer in Berlin (BZFO) erfahren. Man kann die Qual der Opfer erleben, die irgendwo auf der Welt glaubten, ein ganz normales Leben führen zu dürfen. Die in der Regel keinem Menschen etwas zu Leide getan hatten außer, dass sie eine andere politische Meinung als die Herrschenden vertraten und in ein Räderwerk gerieten, das ein lebenslanges Trauma hinterlässt. Es sind solche Menschen, die die Folter überlebt haben. Unzählige sind dabei ermordet worden.

Kollektive Gleichgültigkeit und Verdrängung sind die Hauptursachen, Folteropfer zu ignorieren. Im Berliner Behandlungszentrum ist das nicht möglich, werden die Mitarbeiter doch täglich damit konfrontiert. »Wenn ich das Gesagte nicht mehr ertragen kann, dann weine ich, mit der Patientin oder ohne sie.«[934]

Die nachfolgend aufgeführten Fallberichte und Informationen über die Herkunft der Opfer beruhen alle auf Akten des Berliner Behandlungszentrums,[935] das für viele andere steht – in Deutschland und weltweit.

Jeder einzelne Fall bedeutet: Hier erträgt ein Mensch körperliche und psychische Schmerzen bei uns in Deutschland, dessen Leid in einem Land von der Polizei verursacht wurde, mit dem das Bundeskriminalamt auf der Ebene der Interpol ganz normal zusammenarbeitet, so als gäbe es die Folterverbrechen und die Opfer in Berlin überhaupt nicht.

Interpol Ankara

»Zum Zeitpunkt der Aufnahme ist Frau A. 19 Jahre alt. Sie ist eine schöne Frau, die gepflegt und im Verhalten älter wirkt. Sie ist distanziert, dabei freundlich, sodass man ihr den schlechten gesundheitlichen Zustand nicht ansieht. Sie empfindet starke Gefühle von Scham für ihr psychisches Leiden und die vergangenen Erlebnisse und will keinesfalls als krank erkannt werden. Es hat lange gedauert, bis sich Frau A. in der Therapie öffnen und Gefühle der Trauer und der Scham zulassen und aussprechen konnte.

Frau A wurde 1984 als fünftes und jüngstes Kind kurdischer Eltern geboren. Sie hat zwei ältere Schwestern und zwei ältere Brüder. Bis auf eine Schwester sind alle Kinder mittlerweile in Deutschland ansässig, da die gesamte Familie unter schweren politischen Repressionen im Heimatland leiden musste.

In Südostanatolien wohnte die Familie in einem Haus mit Garten, sie waren Bauern mit Vieh und Gemüseanbau. Von dem Erwirtschafteten konnte die Familie gut leben. Frau A. schildert die Kindheit als glücklich und unbeschwert.

Die Geschwister besuchten alle die Grundschule, zum Teil mussten sie die Oberschule oder das Hochschulstudium aus politischen Gründen abbrechen. Alle Familienmitglieder, außer ihrem Vater und einer Schwester, waren politisch aktiv. Frau A. hat bis zur Grundschule kurdisch gesprochen, danach wurde die Sprache verboten.

Bis zur Zeit der wiederholten Festnahmen von Frau A. lagen keine ernsthaften körperlichen oder seelischen Erkrankungen vor, auch in der Familie gab es keine erblichen psychischen oder körperlichen Krankheiten.

Das prägende Ereignis für ihr politisches Bewusstsein war der Tod zweier politisch aktiver Onkel, die offiziell durch einen Autounfall ums Leben gekommen sind, in Wahrheit aber umgebracht wurden. Von diesem Zeitpunkt an wurden ihre Brüder und eine Schwester politisch aktiv. Frau A. war damals sieben Jahre alt.

Das Haus ihrer Familie wurde wiederholt tagsüber als auch nachts von der Polizei heimgesucht. Sie hat Erinnerungen an Durchsuchungen, bei denen die Polizei den Hausstand durchwühlte, nach den politisch aktiven Geschwistern fragte, ihr Vater und der Bruder zusammengeschlagen wurden. Sie kann sich daran erinnern, wie sie versucht hat, sich an den Beinen des Vaters festzuhalten, als sie von Polizisten von diesen weggezerrt wurde. Sie hat in ständiger Angst vor neuen Übergriffen gelebt.

Während ihrer Schulzeit hat sie öfters auf dem Schulweg die Einkäufe der Familie erledigt. Entlang dieses Wegs musste sie auch die örtliche Polizeistation passieren. Des Öfteren wurde sie dabei von Polizisten, denen ihre Familie bekannt war, beschimpft und bedroht. Ab dem 13. Lebensjahr wurde sie an verschiedenen Orten, zum Teil täglich, von Polizisten in Autos aufgegriffen und verhört. Manchmal wurde Frau A. auch auf das Polizeirevier mitgenommen, in dessen Keller in größeren Räumen die Verhöre stattfanden. Dort gab es keine Fenster, sondern nur kleine Lichtschlitze. Die Räume waren stickig und nur mit Stühlen ausgestattet. Es wurden ihr Fragen zu ihren Geschwistern gestellt. Sie hatte große Angst, diese zu gefährden oder selbst umgebracht zu werden. Bei späteren Verhaftungen stellte man ihr Fragen, die sie selbst und ihre politischen Aktivitäten betrafen. Blieben diese unbeantwortet, wurde sie geschlagen und an den Haaren über den Boden geschleift. Während dieser Festnahmen hatte Frau A. große Angst, da sie stets eingeschüchtert und drangsaliert wurde. Der Gedanke daran, politisch auf der richtigen Seite zu stehen, gab ihr allerdings Kraft. Zu dieser Zeit verteilte sie häufig Flugblätter und nahm an vielen Demonstrationen teil.

Als sie in die Oberschule ging, nahm die Anzahl der Verhöre und Verhaftungen zu, bei denen sie länger (bis zu drei Tage) im *Karakol* (Polizeistation) bleiben musste. Sie versucht, nicht mehr daran zu denken, denn diese Verhaftungen waren besonders schlimm, insbesondere die letzte vor ihrer Flucht zu ihrer Tante. Diese wird von ihr wie folgt geschildert:

Kurz vor den Sommerferien wurde sie zusammen mit dem Vater von zuhause aus mitgenommen. Ein Bus voller Polizisten kam vorgefahren, während der Vater schlief und sie für die Schule lernte. Sonst war niemand zu Hause. Frau A. öffnete die Türe und fragte nach einem Durchsuchungsbefehl. Die Polizisten beschimpften sie und stießen sie zur Seite. Ihr Vater wurde in einen anderen Raum gebracht und befragt. Die übrigen Polizisten durchsuchten die Wohnung und fanden bei ihr politische Bücher und Zeitungen, die sie zerrissen. Sie versuchte sich zu wehren, wurde aber geschlagen und gegen ihren Willen mitgenommen. Mit ihrem Vater zusammen brachte man sie mit verbundenen Augen zur Polizeistation. Ihr Vater ließ sich schnell einschüchtern durch Todesdrohungen, wie sie auch früher schon gegenüber ihren Geschwistern ausgesprochen worden waren. Auch Frau A. stellte man viele Fragen, dabei hatte sie zwar große Angst, schrie aber zu Beginn im gleichen Tonfall wie die Polizisten zurück.

Sie wurde an beiden Seiten festgehalten und mit verbundenen Augen eine Treppe hinunter in einen kalten Raum gebracht. In diesem Raum musste sie warten. Sie vernahm Stimmen. Mehrere Personen kamen in den Raum und befragten sie. Bei Nichtbeantwortung der Fragen wurde sie beschimpft, geschlagen und an den Haaren gezogen, man bog ihr die Arme nach hinten. Sie drohten ihr an, ihr die Ehre zu nehmen. Von weiteren Männern, die herein kamen, wurde Frau A. aufgefordert, sich auszuziehen. Da sie dies verweigerte, wurde sie mit Gewalt entkleidet und nackt an einen Stuhl mit Lehne gefesselt. Sie spürte kalte Berührungen an der Haut, auch an intimen Bereichen des Körpers. Nach einem Schlag von hinten auf den Nacken wurde sie ohnmächtig. Als sie wieder aufwachte, waren auch ihre Füße gefesselt, ihre Kleider lagen auf dem Boden, zerrissen und mit Blut befleckt. Sie weiß nicht, was in der Zeit ihrer Ohnmacht mit ihr geschah. Ihre Augen wurden erneut verbunden. Frau A vernahm dann eine unbekannte Stimme, die ihr Fragen so dicht an ihrem Gesicht stellte, dass sie den Atem des Mannes spüren konnte. Er drohte ihr, dass sie diesen Ort nur gelähmt, tot oder mit verbranntem Gesicht verlassen werde. Er werde nun an ihr auslassen, was er ihren Geschwistern im Augenblick nicht zufügen könne. Ihr wurden viele Fragen über die Organisation ihres Onkels gestellt, die sie nicht beantworten konnte. Der Mann sagte, sie halte ihr Geschick selbst in den Händen und wolle es offenbar nicht anders haben; zu den anderen Männern sagte er, sie sollen Frau A – egal wie – zum Reden bringen und verließ den Raum. Die übrigen Männer bestürmten sie mit Fragen, demütigten und erniedrigten sie auch verbal, dass sie völlig verwirrt war. Sie konnte nicht mehr schreien und war zu kraftlos, um sich zu wehren. Nun spürte sie ihre Erschöpfung und den Schmerz von den erlittenen Schlägen mit Händen und Knüppeln, vor allem aber von der erfolgten Erniedrigung. Zu dieser Zeit des Verhörs vernahm sie nur noch die Stimmen, nicht aber mehr die Inhalte der Gespräche.

Frau A. zog sich nach diesem Erlebnis ganz in sich selbst zurück, fühlte sich schuldig ohne zu wissen warum. Sie flüchtete für mehrere Monate von ihrer Familie weg zu ihrer Tante, die in einer größeren Stadt wohnte.

Frau A. leidet unter ausgeprägten Schlafstörungen. Sie hat Angst vor dem Einschlafen, da sie häufig Alpträume hat, mit immer wiederkehrenden Inhalten: darin wird sie von unterschiedlichen Menschen auf die immer gleiche Art und Weise bedroht, erniedrigt, geschlagen und gedemütigt. Auch hört sie vor allem nachts Stimmen. Tagsüber quälen sie unausweichliche und peinigende Erinnerungsbilder an die traumatischen Erlebnisse. Diese treten insbesondere in Ruhephasen auf, aber auch bei Geräuschen und anderen Sinneseindrücken jeglicher Modalität, die nur im entfernten Zusammenhang mit den schlimmen Erlebnissen stehen. Frau A. fühlt sich diesen Bildern ausgeliefert. Oft ist sie »nicht bei sich«, und es treten Abwesenheitszustände auf.

Seit Jahren leidet sie unter starken Kopfschmerzen, Magenschmerzen, Abgeschlagenheit, innerer Unruhe, Nervosität sowie unter muskulären Verspannungen im Nacken und im Schulterbereich. Sie ist innerlich oft sehr unruhig und kann sich schwer konzentrieren, weshalb sie den ersten Versuch einer Nachbeschulung abbrechen musste.

Ihr inneres Empfinden ist geprägt von vielfältigen Ängsten, die sie im Alltag stark einschränken, so meidet sie beispielsweise U-Bahnfahren. Im Kontakt mit anderen Menschen, vor allem mit Männern, fühlt sie sich ängstlich, verunsichert, ist misstrauisch und vermeidet deshalb engere Beziehungen. Es fällt ihr schwer, anderen Menschen, selbst nahen Familienangehörigen, zu vertrauen.

Frau A. leidet unter Gefühlen der Scham für ihre psychischen Probleme, ihre eingeschränkte Leistungsfähigkeit und für das, was ihr im Heimatland widerfahren ist. Darüber hinaus quälen sie Schuldgefühle, sie fühlt sich beschmutzt und wertlos. Sie glaubt nicht daran, dass jemand sie liebenswert finden kann.«

Interpol Teheran

»So können irgendwelche Umgebungsreize, die normalerweise bedeutungslos sind, beim traumatisierten Menschen ›geladen‹ sein und Reaktionen auslösen, wie sie während der Foltersituation abliefen: Ein Patient aus dem Iran erzählte mir, wie er in seinem Heim Schweißgeruch wahrgenommen habe. Der Geruch habe ihn überfallartig an das Militärgefängnis erinnert und zwar so intensiv, dass er die Erinnerung gleichzeitig mit dem Geruch von Blut, Dreck und Erbrochenem, mit den Schreien der Gefolterten und mit seinen eigenen Schmerzen unter der Folter verband. Plötzlich entstand so wieder das gesamte Schreckensszenario seiner Erlebnisse. Eine plötzliche panische Angst sei in ihm aufgestiegen. Eine aufsteigende starke Erregung mit Herzrasen, Schweißausbruch, Atemnot und Empfindungen, der Kopf würde platzen, und die Gelenke würden zerreißen, habe ihn zur panischen Flucht veranlasst. Er sei aus dem Zimmer ins Freie gerannt und dann ziellos in der Stadt herumgeirrt. Der Zustand habe vier Stunden angehalten, bis die Erregung abgeflaut sei.

Eine bosnische Patientin konnte nicht mehr mit dem Bus oder mit der U-Bahn fahren, weil Klickgeräusche sie an die entsicherte Pistole erinnerten, mit der sie tagelang während der Vergewaltigung durch Tschetniks bedroht worden war.

Als Folge dieser veränderten Wahrnehmung der Umwelt, in der alle möglichen Dinge die gelernten Angstreaktionen auslösen können, werden sehr umfangreiche Vermeidungsstrategien ausgebildet. Vielfach vermeiden die Betroffenen ganz alltägliche Handlungen, z. B. Verkehrsmittel und Kontakte mit anderen Menschen. Manche trauen sich überhaupt nicht mehr in die Öffentlichkeit und isolieren sich. Manche entwickeln auch Zwangsverhalten, indem sie zum Beispiel immer wieder kontrollieren müssen, ob die Tür verschlossen ist, oder Waschzwänge, indem sie sich bildhaft-rituell von Schuld, Ehrbeschmutzung und Scham reinzuwaschen versuchen. [...]

Tragisch ist bei all diesen Formen von Vermeidungsverhalten, dass genau dieses Verhalten die ursprünglich gelernte Angstreaktion immer wieder verstärkt. Die Vermeidung, die zu kurzfristiger Entlastung führt, verhindert damit immer wieder die Auflösung der Angstreaktion. Also schließt sich mit der Vermeidung der Teufelskreis, der mit den Jahren immer stabiler werden kann. Aus diesem Grund können die so bezeichneten post-traumatischen Belastungsreaktionen und -symptome ein Leben lang erhalten bleiben. Auch heute noch hören wir zum Beispiel von Überlebenden des Holocaust, die im hohen Alter wieder unter Symptomen leiden, von denen sie geglaubt hatten, sie seien eingedämmt. Tatsächlich können sich Symptome zurückbilden in Lebensphasen, die durch positive Belastungen wie Arbeit, Ehe und Kinderaufziehen geprägt sind. Das ganze Erscheinungsbild kann aber wieder mit ursprünglicher Heftigkeit aufbrechen, wenn die Kinder aus dem Haus gehen oder wenn Menschen aus der Arbeitswelt in den Ruhestand entlassen werden oder wenn sich eine Lebenssituation dramatisch verändert.

Ein anderer iranischer Patient, der vor fast zwanzig Jahren unter dem Schahregime gefoltert worden war, entwickelte heftige Reaktionen, als die Mauer in Berlin fiel. Dieser Mensch hatte in der DDR seine marxistisch orientierte Identität stabilisieren können. Der von außen herbeigeführte Zusammenbruch dieser Identität wirkte wie ein Dammbruch für die zugedeckten Foltererfahrungen. Plötzlich erlebte er vergessen geglaubte Foltersituationen mit fotografischer Schärfe wieder in Albträumen, mit körperlicher Erregung, Angst und Panik, so als würde er gerade wieder gefoltert werden.«

Interpol Addis Abeba

»Nehmen Sie sich eine Decke, suchen Sie sich einen eigenen Platz in diesem Raum, und breiten Sie dann dort Ihre Decke aus.« [...]

Herr S., ein Patient aus Äthiopien, der zwölf Jahre im Gefängnis verbracht hatte, wählte sich einen kleinen rechteckigen Fleck aus in der dunkelsten Ecke des Raumes. So groß wie eine Zelle, wie er mir später sagte. ›Welche Körperhaltung möchten Sie auf dem Platz einnehmen? Wollen Sie liegen, sitzen, stehen?‹ Herr S. hockte sich in zusammengezogener Körperhaltung auf die Decke, die Hände um die aufgestellten Knie geschlungen, den Blick zur Tür gerichtet. Die Erinnerung hatte ihn eingeholt, und er nimmt mich mit leiser Stimme in die Erlebnisse seiner Zelle mit. Die dort erlebten Schrecken sind an seiner Körperhaltung zu sehen. Sie sitzen ihm buchstäblich in den Knochen, obwohl die Zeit im Gefängnis schon einige Jahre zurück liegt. Die Reinszenierung dieser Zelle löst diese Erinnerung an seine Einzelhaft aus. Er kann seit langer Zeit erstmals seinen archaischen Gefühlen von Vernichtungsangst nachgehen und darüber sprechen. Langsam können sich die körperlichen Spannungen lösen. Später ist es möglich, ihm ein weiterführendes Angebot vorzuschlagen, von der Zellenerinnerung bis in die gegenwärtige Situation.

›Gibt es etwas, was Sie jetzt hier auf diesem Platz verändern möchten?‹ Herr S. stellt sich hin, rührt sich jedoch nicht von der Stelle. Er wirkt auf mich wie eingeschlossen. Ich bemerke ganz kleine Bewegungen seiner Füße, die ich aufgreife. ›Gibt es Impulse in Ihrem Körper, sich zu bewegen? Probieren Sie aus, wie es ist, wenn sie denen folgen.‹ Vorsichtig schiebt Herr S. seine Füße über die Decke, kommt langsam ins Gehen innerhalb seiner Deckengrenzen. Er stellt fest, dass da wenig Platz zum Gehen ist. ›Was können Sie tun, dass Sie so viel Raum haben, wie Sie momentan brauchen?‹ Herr S. bleibt beim Hin- und Hergehen innerhalb seiner Deckengrenzen.

In der verbalen Bearbeitung wird ihm deutlich, wie sehr er sich seinen schmalen Gefängnisraum einverleibt hat. Er hat das körperlich im Hin- und Hergehen erfahren. Er kann die Bedeutung auf sein derzeitiges Leben übertragen und verstehen. Es ist ihm im Moment nicht möglich, sich auf Neues, Unbekanntes einzulassen. Er braucht noch den Schutzraum seiner engen Grenzen, aus dem herauszutreten es noch zu früh wäre.«

Interpol Bagdad

»Im islamischen Glauben gilt der Hund als etwas Unreines, das ein gläubiger Muslim nicht zu sich in sein Haus lassen darf. Im arabischen Sprachraum ist die Beschimpfung: ›Du Hund, Sohn einer Hündin!‹ eine schwerwiegende Beleidigung. Herr B. aus Bagdad gelangte über die Bearbeitung seines Traumbildes von einem Hund unter anderem an seine Gefühle von Trauer, Wurzellosigkeit und Entwertung als Opfer. ›Ich bin nicht mehr in meinem Haus und weiß nicht, wo meine Mutter ist. Ich muss unterwürfig sein und mich total anpassen. Das musste ich im Gefängnis während der Folter, und auch hier im Exil fühle ich mich wie ein Hund, der sich bedingungslos anpassen muss. Durch das, was mit mir passiert ist, fühle ich mich unrein und schmutzig. Jeder Mensch kann mich schlagen und mich aus dem Haus werfen.«

Interpol Seoul

»Herr H. aus Südkorea wurde in den 80er Jahren in Südkorea verhaftet, weil er sich im Rahmen einer Besuchsreise für die Annäherung seines Landes an Nordkorea eingesetzt hat. Ihm wurde Spionage vorgeworfen. Er war aus der

Bundesrepublik eingereist, wo er mit seiner Frau lebte. Herr H. wurde lange verhört und nach einem gerichtlichen Verfahren, das er als Farce bezeichnete, zu 14 Jahren Haft verurteilt.

Sowohl vor dem Gerichtsverfahren als auch in der Haft wurde Herr H. gefoltert. Die von ihm als am furchtbarsten beschriebene und erlebte Foltermethode fand in einem Minikäfig statt. Dieser hatte die Ausmaße von einem Viertel Quadratmeter Grundfläche und erlaubte kein Stehen und Liegen. Seine Haltung war überwiegend eine fötale. Er ließ alle Ausscheidungen in diesem Käfig. Die meiste Zeit war er allein. Wenn ihm Essen gebracht wurde, kam es zu Verhöhnungen und direkten Misshandlungen durch das Wachpersonal. In diesen fünf Monaten von Isolation und Zwangshaltung kam es zu unphysiologischen Belastungen der Gelenke in den Hüften, Knien, Füßen, Schultern und Armen. Bis zu seiner vorzeitigen Entlassung saß er rund fünf Jahre in Einzelhaft. Seine Augen litten in dieser Zeit, weil es zumeist dunkel war. Durch Schläge an den Kopf und an die Ohren ist seine Hörfähigkeit eingeschränkt. Er leidet unter Ohrgeräuschen. Die Trommelfelle zeigen Defekte.

Herr H. zeigt drei Jahre nach seiner Entlassung eine starke Spannung. Er wirkt stets wie kurz vor einem emotionalen Ausbruch. In seiner Familie verhält er sich als Tyrann. Seine Frau und seine Kinder haben Angst vor ihm. Er schlägt sie. Seine geschäftlichen Aktivitäten misslingen durchweg. Er träumte von einem bürgerlichen Leben. Es missrät, als sich seine Frau von ihm trennen will. Er schlägt sie krankenhausreif. Sein geäußerter Hauptwunsch an die Therapeuten ist, man möge seiner Frau erklären, dass er ein dauerhaft beschädigter Mensch sei. Sie habe kein Verständnis für ihn.

Er hat wahnhaft wirkende Fantasien über die Angehörigen seiner Frau. Diese träten behindernd zwischen die Beziehung zu seiner Frau. Paranoid wirkt auch, was er über seine Versuche erzählt, Mieten und Zinsen aus südkoreanischen Guthaben zu erhalten. Auch dabei wären die Angehörigen seiner Frau verfolgend hinter ihm her und verhinderten die Auszahlung. Sie hätten ein ihm gehörendes Mietshaus auf sich zu überschreiben versucht. Seine Frau würde auch die Angehörigen in der BRD mit seinem Geld unterstützen. Die Familie hätte ihn wohl schon abgeschrieben. Er bringt seine Anschuldigungen in einer gehetzten, mühsam beherrschten Sprache vor. Er schlägt von Zeit zu Zeit mit der Faust auf den Tisch, um seine innere Spannung abzuführen. Bei der ersten Begegnung mit Herrn H. und seiner Frau machte diese hinter seinem Rücken Zeichen, dass sie ihn für verrückt hält. Vor seiner Haft und Folter sei er ein ruhiger Mensch gewesen. [...] Grobheiten und Gewalttätigkeiten seien nicht vorgekommen. [...] Er sei nicht mehr der, den sie geheiratet hätte.

Herr H. war also ein anderer geworden. Er war über einen langen Zeitraum einer als absolut erlebten Macht ausgeliefert. Er hat trotz der weitgehenden Isolation überlebt. Er ist eine lebende Botschaft und Warnung: Leg Dich nicht mit dieser Macht an! Er sieht die äußere Welt insgesamt als gegen ihn gerichtet an, wittert auch in der Privatsphäre überall Verschwörungen. Er verhält sich wie eine ängstigende Macht in seiner Familie. Seine Frau und seine Töchter müssen sich der Logik des Drills unterwerfen. Es fällt ihm schwer, komplexe Aufgaben zu lösen. Sein Misstrauen bleibt andauernd.

Er hat dauerhaft Angst verspürt. Er hat wochenlang nur wenig geschlafen. Er war stets überwach. Er hat immer wieder erwartet, dass die Macht ihn tötet, wenn es ihr nicht gelänge, ihn sich einzuverleiben. Absolute Macht wird nicht satt. Sie muss immer weiter fressen. Diese Abstraktion gelingt ihm trotz der fünfjährigen sozialen Isolation ohne Besuche von Freunden oder Angehörigen. Sie tröstet ihn. Später fühlt er sich so weit entfernt von seiner Familie. Sie hat nicht erlebt, was für ihn immer wieder in Bildern sich aufdrängt und seine Handlungen mitbestimmt. Sie verstehen nichts. Er deutet Umwelt nur noch in den Kategorien Macht und Ohnmacht. Die Beteiligten seiner inneren Dialoge in Isolation diktieren sein Weltverständnis. Damit hat er als Opfer die Denkmuster der Aggressoren übernommen. Das macht ein Zusammenleben mit ihm schwer. Dabei verhält er sich wie jeder Mensch, der durch nicht vergangene Erfahrung seine Handlungen motiviert. Seine verhüllte Wut entlädt sich oft unvermittelt. Sie trifft nicht die Verursacher der inneren Bilder und Schmerzen in allen Gelenken, sondern seine Familie. Herr H. herrscht. Seine Affektkontrolle hat sich offenbar aufgelöst. Stellvertretend wird die Familie zum Ort, an dem sich das Innere immer erneut am Thema Ohnmacht abarbeitet. Bedeutet Ohnmacht zu überwinden, sich an Herrschaft zu beteiligen? Der Verlust der Affektkontrolle spricht für eine Regression in ein früheres Entwicklungsstadium, als versagte Bedürfnisbefriedigung Unmut erregte. Für eine erzwungene Regression, die zudem darin ihren Ausdruck fand, dass seine Zwangshaltung im Käfig eine fötale war und er seine Ausscheidungen unter sich zu lassen gezwungen war, dass er nicht sprechen konnte außer mit sich selbst. Einen Menschen in eine Regression zu zwingen, zerstört dessen Weltverständnis von Entwicklung und dessen Selbstverständnis.«

Das Behandlungszentrum für Folteropfer in Berlin hatte

2003	501 Patienten
2004	408 Patienten
2005	371 Patienten
2006	418 Patienten
2007	510 Patienten.

Für Folterqualen, die diese Patienten durch Sicherheitskräfte erlitten haben, trugen und tragen u. a. die folgenden Nationalen Zentralbüros (NZB) der Interpol eine Mitverantwortung (eine Auswahl):

Interpol Kabul / Afghanistan, Interpol Algier / Algerien, Interpol Luanda / Angola, Interpol Eriwan / Armenien, Interpol Addis Abeba / Äthiopien, Interpol Baku / Aserbaitschan, Interpol Sarajewo / Bosnien Herzegowina, Interpol Yamoussoukro / Elfenbeinküste, Interpol Conakry / Guinea, Interpol Teheran / Iran, Interpol Bagdad / Irak, Interpol Seoul / Korea, Interpol Jaunde / Kamerun, Interpol Brazzaville / Kongo, Interpol Zagreb / Kroatien, Interpol Beirut / Libanon, Interpol Monrovia / Liberia, Interpol Moskau / Russland, Interpol Belgrad / Serbien, Interpol Freetown / Sierra Leone, Interpol Mogadischu / Somalia, Interpol Colombo / Sri Lanka, Interpol Damaskus / Syrien, Interpol Ankara / Türkei, Interpol Kampala / Uganda, Interpol Kiew / Ukraine.

Flash-back

»In den Exzessen und Massakern verwandelte sich absolute Macht in absolute Aktionsmacht. Die Grausamkeit übersprang alle Grenzen und Hemmungen. Die Fratzen dieser Macht waren vielfälig: die Untaten aus Gewohnheit oder Konformität, die Torturen der Folterknechte, die demonstrativen Vorführungen, Massakern und Hetzjagden, schließlich die Distanztaten, die mit Naturgewalten, Gehilfen oder bloßen Befehlen auskamen. Fern davon, eine Folge von Autoritätshörigkeit oder sadistischer Triebnatur zu sein, entstand die Grausamkeit aus einer Konstallation vollkommener Macht. Unmenschlichkeit ist stets eine Möglichkeit des Menschen.Damit sie zutage tritt, bedarf es nur der absoluten Freiheit über den anderen. Gewöhnlicher Terror rechnet noch mit Gegnern, die er zu bezwingen sucht. Der Exzess hingegen hantiert mit Körpern. Ob als öffentliches Schauspiel oder getarnte Tortur, der Exzess soll nicht Schrecken verbreiten oder Widerstand niederhalten. Er zielt nicht einmal primär auf den Tod. Worauf er vor allem aus ist, ist die Dauer des Schmerzes, der Qual, des Sterbens. Der Exzess transformiert das Töten in einen Vorgang. Er nimmt sich die Zeit, die er braucht.«[936]

6. Folterregime raus aus Interpol

Als wichtigstes Ziel der Internationalen Kriminalpolizeilichen Organisation, die nach ihrem Selbstverständnis dazu beitragen will, die Welt sicherer zu machen, wird definiert, »eine möglichst umfassende gegenseitige Unterstützung aller kriminalpolizeilichen Behörden im Geiste der Erklärung der Menschenrechte sicherzustellen«. Von der hehren Absicht ist Interpol Lichtjahre entfernt. Dies ergibt sich aus dem Index Menschenrechte (ANLAGE I–III), wonach eine hohe Anzahl der 186 Interpol-Staaten im Jahre 2007 wie folgt an Verbrechen beteiligt waren:

- 64 extralegale Hinrichtungen, politischer Mord
- 72 systematische Folter
- 25 Verschwindenlassen
- 85 systematische Misshandlungen
- 67 willkürliche Haft
- 51 unfaire Prozesse, willkürliche Urteile
- 81 Gewalt gegen Frauen.

Wenn man die Polizeien in Demokratien, die diesen Namen verdienen, ausklammert, muss man feststellen, dass Interpol alles andere als eine honorige Gemeinschaft ist.

Dass trotzdem die Polizei schlechthin, also auch in Rechtsstaaten, weltweite Folter und andere Menschenrechtsverletzungen tabuisiert, ermöglicht die gängige Auslegung des Artikels 3 der Statuten: »Jede Betätigung oder Mitwirkung in Fragen oder Angelegenheiten politischen, militärischen, religiösen oder rassistischen Charakters ist strengstens untersagt.« Dies ist die goldene Brücke zur rechtfertigenden Behauptung, bei Folter handele es sich um ein »politisches Delikt«, anstatt zu realisieren, dass es um vorsätzliche gemeine Verbrechen wie Mord, schwere Körperverletzung, Vergewaltigung oder Nötigung geht.

Aus dieser international üblichen Missinterpretation ergeben sich verschiedene Konsequenzen. Die »harmloseste« ist, dass sich die Polizei als weltweite Familie begreift und kollegialen Umgang miteinander pflegt, völlig unabhängig davon, welche Zustände in einem Land herrschen. So zeugen die Berichte der BKA-Beamten über Dienstreisen in alle Welt in der Regel von der reibungslosen Zusammenarbeit und damit von ihrer *déformation professionelle*.

Unvertretbar ist unter Beachtung der Kriterien des Rechtsstaates, den »Sachzwang« als übergeordnetes Regulativ zu benutzen, Terrorismus, Drogenhandel und andere Formen der Organisierten Kriminalität zu bekämpfen, auch wenn dabei Menschenrechte auf der Strecke bleiben.

Verfassungsrechtlich als höchst fragwürdig ist einzustufen, Ermittlungsergebnisse aus Folterregimen im Bereich der Prävention zu nutzen oder in deutsche Strafverfahren einfließen zu lassen, wohl wissend, dass sie mit hoher Wahrscheinlichkeit gegen Bestimmungen der deutschen Strafprozessordnung verstoßen, die nämlich ein Beweisverbot vorsieht, wenn die Freiheit der Willensentschließung und Willensbetätigung nicht gewährleistet ist.

Mit anderen Worten: Die Praxis der Interpol-Arbeit verstößt gegen die Internationale Konvention zum Schutze der Menschenrechte und Grundfreiheiten, die bei uns Gesetzeskraft besitzt, denn die Struktur der IKPO ist menschenrechts- und bürgerfeindlich.

Eine Novellierung der Interpol-Statuten ist dringend geboten. Erstens müssen sie ergänzt werden: »Artikel 3 findet keine Anwendung bei Folter, politisch motiviertem Mord und menschenrechtswidriger Haft.«

Zweitens muss diese Vorschrift in die Tat umgesetzt werden.

Der Menschheitsgeißel Folter kann begegnet werden, wenn man Folterstaaten diskriminiert und kriminalisiert. Es würde dem Bundeskriminalamt gut zu Gesicht stehen, eine Schrittmacherfunktion zu übernehmen. Wenn man anerkennt, was eigentlich selbstverständlich ist, dass nämlich höchsten Rechtsgütern auch die höchste Priorität eingeräumt werden muss, kann man nicht durch Folter verübte Morde pp. im Interesse einer fragwürdigen Kooperation hintanstellen.

Gestaffelt nach der Schwere, sollte die Zusammenarbeit eingestellt oder graduell suspendiert werden, solange die Missstände nicht geändert werden. Der »Schaden« hinsichtlich der Bekämpfung der Organisierten Kriminalität oder des Terrorismus ist, gemessen an der präventiven Wirkung des Kampfes gegen Regierungsverbrechen, gering. Vor allem diente es dem Selbstverständnis der rechtsbewussten Polizei, die nicht Innere Sicherheit gewährleisten kann, indem sie deren Aushöhlung toleriert. Eine solche Polizei benötigt Menschenrechtserziehung und Ethikunterricht: Statt wegzusehen sollten Polizisten mit Entrüstung und Abscheu auf »Kollegen« blicken, die nach rechtsstaatlichen Maßstäben Verbrecher sind.

Das Bundeskriminalamt billigt nicht die Folter und beteiligt sich nicht daran. Aber das BKA macht sich mitschuldig, wenn es kritik- und distanzlos mit einer Folterpolizei zusammenarbeitet. Denn diese verbrecherische Polizei erfährt dadurch internationale Anerkennung und Aufwertung. Sie wird nicht in die Schranken verwiesen, sondern genießt in internationalen Gremien, auf Tagungen oder bei Dienstreisen freundliche Kollegialität. Ja man fördert sie sogar durch Ausbildung und rüstet sie mit moderner Technik aus. Die Folterpolizei macht somit die Erfahrung der stillen Komplizenschaft bei der internationalen Verbrechensbekämpfung. Die Folterknechte können unterstellen, dass man nicht wirklich etwas gegen ihr Tun einzuwenden hat.

Das BKA ist eine Einrichtung des Staates, der sich verpflichtet hat, allen

Praktiken der Folter vorzubeugen, sie zu beenden, die Verantwortlichen zur Rechenschaft zu ziehen. Es liegt demnach gar nicht in der Entscheidung des BKA, Folter zu ignorieren. Die Bundesregierung braucht nur ihre eigene mehrfach öffentlich erklärte Politik umzusetzen, die den Menschenrechten als Querschnittsaufgabe absolute Priorität einräumt.

Die enge Kooperation des Bundeskriminalamtes mit Interpol-Staaten hat eine lange Tradition. Zu keiner Zeit hat Entscheidungsträger beeinflusst, dass im Dritten Reich Millionen Menschen in Konzentrationslagern oder durch SS, Gestapo, SD und Kripo zu Tode gefoltert worden waren. Der SS-Führer Paul Dickopf konnte, wie bereits erwähnt, in den Jahren 1968 bis 1972 Interpol-Präsident werden.

Als Beitrag zum 3. BKA-Kolloquiums im Oktober 2007 hat der Autor folgende Empfehlungen ausgesprochen:[937]

(1) Um sich von Diktaturen zu distanzieren, bedarf es zunächst einer Rankingliste, welche Staaten eine Spitzenstellung des Unrechts einnehmen, bezogen auf die Verletzung von Menschenrechten und das Ausmaß der Korruption.

(2) Anhand der Länderakten des BKA ist zu analysieren, wie sich seit Gründung des BKA die Interpol-Zusammenarbeit mit solchen Staaten gestaltete, welche Intensität und welche Effizienz sie zeigte. Dabei ist abzuwägen, welche Nachteile entstehen können, wenn man die Zusammenarbeit ganz oder teilweise einstellt. Im Einzelfall ist zu entscheiden, dass den Menschenrechten dann der Vorrang einzuräumen ist, falls von Staats wegen systematische Folter und Korruption gewollt oder geduldet werden.

(3) Das BKA sollte seinen Sitz im Exekutivkomitee der Interpol-Organisation dazu nutzen, der Einhaltung von Menschenrechten einen hohen Stellenwert einzuräumen. Wenn von 186 Mitgliedstaaten mehr als einhundert systematisch foltern oder misshandeln, dann bedarf es einer grundsätzlichen Reform, die im Exekutivkomitee ihren Ausgang nehmen könnte.

(4) Das BKA sollte sich deutlich von Mitgliedern des Exekutivkomitees, die aus Unrechtsstaaten stammen, distanzieren, und deren Menschenrechtsverletzungen öffentlich zur Sprache bringen.

(5) Das BKA sollte Entwürfe entwickeln, die Statuten der IKPO-Interpol zu ändern oder zu ergänzen, um die Menschenrechtslage in Mitgliedsstaaten zu

überprüfen, die Zusammenarbeit gegebenenfalls stufenweise zu begrenzen oder einen Staat aus der Organisation ausschließen zu können.

(6) Das gesamte Material, das eine Reform der IKPO-Interpol einleitet, wäre vom BKA für eine Entscheidung durch die Bundesregierung und den Deutschen Bundestag vorzubereiten.

(7) Das BKA könnte die Problematik der weltweiten polizeilichen Zusammenarbeit mit Diktaturen zum Thema der internationalen Herbsttagung 2008 machen.

(8) Vorstandsmitglieder von Amnesty International, Human Rights Watch, Business Crime Control und Transparency International sollten an den Forschungen beratend beteiligt werden.

Darüber hinaus hat der Autor **vier Thesen** propagiert, die Grundlage einer Reform der IKPO-Interpol sein sollten:

(1) Ein Staat, dessen Regierung selbst eine terroristische Vereinigung darstellt, kann nicht Interpolmitglied sein.

(2) Ein Staat, der seine politischen Gegner aus dem Bestreben heraus, die eigene Macht zu erhalten, durch Folter, Verschwindenlassen, extralegale Hinrichtungen, Incommunicado-Haft und Todesschwadrone ermordet oder gnadenlos verfolgt, kann nicht Interpol-Mitglied sein.

(3) Ein Staat, der durch Korruption eine Willkürherrschaft aufrichtet, in dem totale Rechtsunsicherheit herrscht und alles käuflich ist, kann nicht Interpol-Mitglied sein.

(4) Staaten, in denen im Großen und Ganzen eine rechtsstaatlich kontrollierte Polizei tätig ist, sollten nicht tolerieren, mit einer verbrecherischen Polizei zu kooperieren, auf deren polizeiliche Informationen sie sich weder einlassen noch verlassen kann.

Unter der Federführung der Hohen Kommissarin für Menschenrechte bei den UN sollte ein Prüfverfahren in Gang gesetzt werden, welche Maßnahmen gegen folgende Länder angemessen sind: Turkmenistan, Brasilien, Irak, Iran, Mexiko, Russland, Pakistan, Kongo (Demokr. Republik) und China (siehe Ranking-Liste ANLAGE III und Korruptions-Ranking ANLAGE IV).

Um ein Zeichen zu setzen, sollte man kurzfristig Birma (Myanmar), Simbabwe und den Sudan aus der Interpol-Organisation so lange ausschließen, bis diese Staaten den Beweis liefern, dass sie die grundlegenden Menschenrechte beachten (Nord-Korea ist übrigens kein Interpol-Mitglied).[938] Es dürfte schwer fallen, Gründe zu finden, die momentan eine Interpol-Mitgliedschaft dieser drei Länder rechtfertigen – Staaten, die Staatsterrorismus praktizieren und von den Generälen Than Shwe, Thein Sein (Birma), Diktator Robert Mugabe (Simbabwe) und Diktator Omar Hassan al-Bashir (Sudan) beherrscht werden.

Birma

Die Bilder einer blutigen Niederschlagung friedlicher Demonstrationen sind weltweit bekannt geworden. Im Zuge der fünftägigen Proteste im September 2007 verloren mehr als 100 buddhistische Mönche ihr Leben, etwa genau so viele sollen dem »Verschwindenlassen« zum Opfer gefallen sein. Die Offensive der Armee ging mit systematischen Verstößen gegen das Völkerrecht in einem Ausmaß einher, das Verbrechen gegen die Menschlichkeit gleichkam.

Die rechtmäßige Wahlsiegerin Aung San Suu Kyi wird seit 12 Jahren unter Hausarrest gehalten.

»Berichte über Folterungen in den Untersuchungshaftanstalten und in Gefängnissen rissen nicht ab« (AI). Man sperrte Menschen in Zellen, die eigentlich als Hundezwinger vorgesehen waren. Es gab Berichte über Folter und andere unmenschliche, erniedrigende Behandlung. Ein Inhaftierter musste mit nackten Beinen lange auf Ziegelschutt knien und in der sogenannten Fahrradfahrer-Position auf Zehenspitzen stehen. Mehr als 1100 politische Gefangene, die keine medizinische Versorgung erhalten. Militär zwingt Zivilisten ethnischer Minderheiten zur Zwangsarbeit.

Die Militärjunta behinderte im Mai 2008 massiv internationale Hilfsleistungen für die Opfer des Wirbelsturms besonders in der Metropole Rangun und im Irrawaddy-Delta, dem Zentrum der Verwüstungen.

Höchster weltweiter Spitzenplatz der Korruption (Ranking 179).

Simbabwe

Trotz einer unübersehbaren humanitären Notlage behinderte die Regierung wiederholt Hilfsmaßnahmen der Vereinten Nationen und zivilgesellschaftlicher Organisationen. Polizisten wurden zahlreiche Menschenrechtsverletzungen zur Last gelegt, darunter willkürliche Festnahmen und Inhaftierungen, tätliche Übergriffe, Misshandlungen an Gefangenen sowie der exzessive Einsatz von Gewalt. Zahlreiche Personen wurden in Polizeihaft gefoltert. Staatschef Mugabe bereichert sich, während im Land die weltweit höchste

Inflationsrate grassiert. Der Diktator hält sich durch Wahlfälschung und politische Morde, Entführungen und Überfälle an der Macht.

Einer der Spitzenplätze der Korruption weltweit (Ranking 150).

Sudan

Schwere Menschenrechtsverstöße in Dafur durch Regierungskriminalität und durch verbündete Reitermilizen, die Menschen zu Hunderttausenden vertreiben, Männer erschießen, Frauen vergewaltigen. Willkürliche Inhaftierungen, Todesstrafe auch für Minderjährige. Kindersoldaten. Folter war weit verbreitet. Vor allem mutmaßliche Sympathisanten bewaffneter Oppositionsgruppen und Insassen der Flüchtlingslager wurden häufig Opfer von willkürlicher Inhaftierung und Folterung. Die sudanesische Luftwaffe zerstörte Dörfer, in unfairen Gerichtsverfahren wurde die Todesstrafe verhängt und durch die Regierung vollstreckt. Die Vergewaltigung von Frauen ist weit verbreitet, und im Nordsudan weibliche Genitalverstümmelung gängige Praxis.

Weltweit einer der Spitzenplätze der Korruption (Ranking 172).

7. Völkerrechtsstatus

Das Bundeskriminalamt interpretiert den völkerrechtlichen Status der IKPO-Interpol wie folgt: »Im Gegensatz zu Europol beruht die IKPO-Interpol nicht auf einem völkerrechtlich bindenden Vertrag. Auf der Generalversammlung 1946 gaben sich die anwesenden Mitglieder die Rechtsform eines Vereins nach französischem Privatrecht. Grundlage für die Arbeit der IKPO-Interpol sind bis heute die Statuten. Obwohl weder ein völkerrechtlicher Vertrag zwischen den Mitgliedstaaten existiert noch die einzelnen Staaten ausdrücklich Mitglieder der IKPO-Interpol sind, besitzt die Organisation nach herrschender Rechtsauffassung de facto den Status einer Völkerrechtspersönlichkeit (auf Völkerrecht beruhendes untypisches Völkerrechtssubjekt). Gemäß Artikel 4 der Statuten muss die Regierung eines beitrittswilligen Staates eine Erklärung abgeben und die Statuten anerkennen. In der Praxis ist Interpol als *Intergovernmental Organization* (IGO) anerkannt. Dies dokumentiert sich insbesondere durch das Sitzabkommen mit Frankreich und die Zusammenarbeit mit anderen IGO, wie zum Beispiel den Vereinten Nationen und EUROPOL. Auch die Tatsache, dass Interpol Rechtssubjekt in verschiedenen völkerrechtlichen Verträgen (u. a. Europäisches Rechtshilfeübereinkommen) ist, untermauert diese These. Aufgrund der Vielschichtigkeit der Organisation und der großen Anzahl an Mitgliedstaaten dürfte der formelle Abschluss eines völkerrechtlichen Vertrages zum jetzigen Zeitpunkt nahezu unmöglich sein.«[939]

Um die Berücksichtigung von Menschenrechten durch die jetzigen Interpol-Mitgliedstaaten in den Griff zu bekommen und Missstände zu bekämpfen, müssten ganz neue Wege beschritten werden. Der Abschluss eines völkerrechtlichen Vertrages reicht nicht aus, wenn nicht auch organisatorische Veränderungen vollzogen werden. Interpol sollte deshalb als »Autonome Organisation« den Vereinten Nationen angeschlossen werden. Als rechtlich, organisatorisch und finanziell selbständige Organisation wäre sie direkt mit der UN-Generalversammlung vertraglich verbunden. Nach einem Statut hätte Interpol jährlich der UN-Generalversammlung zu berichten, könnte sich bei Vertragsverletzungen direkt an den UN-Sicherheitsrat wenden und müsste hinsichtlich der Menschenrechte einer Fachaufsicht durch das Amt des Hohen Kommissars/der Hohen Kommissarin für Menschenrechte (OHCHR) unterstellt werden, das Mitglieder des Exekutivkomitees bestätigen muss und über den zeitweiligen Ausschluss oder die graduelle Suspendierung von Mitgliedstaaten entscheidet.

XVI
EPILOG

Broken laws, broken lives

Ärzte der US-Menschenrechtsorganisation »Physicians for Human Rights« (PHR), die 1997 den Friedensnobelpreis erhielten, untersuchten elf ehemalige Häftlinge aus CIA-Gefängnissen. An den Untersuchungen und der Dokumentation der Ergebnisse war auch Dr. Christian Pross beteilt, der Mitbegründer und langjährige Leiter des Behandlungszentrums für Folteropfer in Berlin.

Im Juni 2008 wurde der Bericht »Broken laws, broken lives«, der 130 Seiten umfasst, veröffentlich.[940]

PHR hatte bereits zwei andere Dokumentation publiziert: »Zerbrecht sie! Die systematische spurenlose Anwendung von psychologischer Folter durch die Bush-Administration« und »Erweiterte Vernehmungstechniken und das Risiko, kriminell zu handeln«.[941]

Die elf Männer waren Gefangene in geheimen US-Haftanstalten in Guantánamo-Bay/Kuba, Abu Ghraib/Irak, Bagram/Afghanistan und Kandahar/Afghanistan. Von den elf interviewten und untersuchten Männern, die nach etwa drei Jahren entlassen worden waren, wurde nicht einer eines Verbrechens bezichtigt oder strafrechtlich verfolgt. Ihre Haft wurde weder von einem Richter angeordnet, noch fanden bis heute Verantwortliche ein Wort der Entschuldigung oder des Bedauerns.

Die medizinische und psychologische Beurteilung der ehemaligen Häftlinge bestätigt ihre eigenen Angaben im vollen Umfang und offenbart den Schweregrad des Schadens, den sie durch Folter erlitten haben. »Die psychischen Folgen zusätzlich zu den physischen Schäden haben den Körper, den Verstand und das Leben von vielen dieser früheren Häftlinge zerbrochen« (PHR).

Die Ärzte für Menschenrechte (PHR) fordern Wiedergutmachung für alle, die unter US-Verantwortung gefoltert wurden, und zwar sowohl einen finanziellen Ausgleich, als auch medizinische und psycho-soziale Hilfe.

PHR fordert weiter, dass diejenigen, die die strengen Verhörtaktiken autorisierten, rechtfertigten, gestalteten und ausführten nach US-Gesetzen und internationalen Gesetzen bestraft werden. Auch Angehörige von Heilberufen oder Rechtsanwälte, die Komplizen geworden sind, sollen für die Übertretung ihrer ethischen Grundsätze verantwortlich gemacht werden.

PHR hält eine gründliche unabhängige Untersuchung für erforderlich.

Das Entsetzen und Leiden der Männer entzieht sich oft einer Beschreibung. In nachfolgender Zusammenfassung wurden die elf Fälle dokumentiert:[942]

1

Hafez, ein ehemaliger Häftling im Irak, wurde in mehreren Folter-Sitzungen im Flughafen von Bagdad geschlagen, dann mit einer Winde hochgezogen und aufgehängt, wobei er mehrfach das Bewusstsein verlor. Danach brachte man ihn nach Abu Ghraib. Hier hörten die körperlichen Angriffe auf, er kam in Isolierhaft und wurde für mehrere Wochen nackt in einer Zelle eingesperrt. Er erinnert sich: »Man weiß nicht wo man ist, und es herrscht eine unheimliche Stille. Das einzige, was man hören konnte, waren die Stimmen von Opfern, die gerade gefoltert wurden.«

2

Laith, ein ehemaliger Häftling im Irak, wurde am Anfang seiner Festnahme in einem unbekannten Gefängnis an Händen und Füßen gefesselt und so lange brutal geschlagen und getreten, bis er das Bewusstsein verlor. In Abu Ghraib kam er auf die Dauer von ungefähr einem Monat in einer kleinen dunklen Zelle in Isolationshaft, musste Stresspositionen einnehmen, schmutzige Unterwäsche tragen oder war nackt. Er wurde langen Verhören unterzogen. Einmal wurde er zu seinem Bruder gebracht, der nackt war, blutete und vor seinen Augen gedemütigt wurde. Die schmerzhafteste Erfahrung war die Drohung, dass seine Mutter und seine Schwester vergewaltigt würden. Sie sagten ihm: »Du wirst deine Mutter und Schwester hören, während wir sie hier vergewaltigen.«

3

Yasser, ein ehemaliger Häftling im Irak, wurde dreimal Elektroschock-Behandlungen unterzogen, wobei er in einem Fall das Bewusstsein verlor. Während einer Sitzung öffnete jemand, von dem er annahm, dass es sich um einen Arzt handelte, mit den Füßen seinen Mund, goß ihm Wasser zwischen die Zähne und ordnete an: »Weitermachen!«

Während er seine Erfahrungen in Abu Ghraib erzählte, schluchzte Yasser unkontrolliert. Er musste damals seine Kleidung ausziehen, dann wurden ihm Handschellen und Fußfesseln angelegt und eine Kapuze über den Kopf gezogen. In diesem Zustand musste er eine Treppe heraufgehen, während ihm US-Angehörige einen Gewehrlauf in den Rücken stießen und fünf- oder sechsmal einen Besenstil in den After steckten. Er bemerkte, wie das Blut auf seine Füße lief. Die Schmerzen blieben für Monate bestehen, ohne dass er eine ärztliche Behandlung erhielt.

Yasser, der an einem schwerwiegenden Posttraumatischen Belastungssyndrom leidet, sagte zu den ihn untersuchenden »Ärzten für Menschenrechte« (PHR): »Wie kann ich das alles vergessen?«

4

Morad, ebenfalls Gefangener im Irak, erinnert sich: »Es war die Hölle.« Er wurde in Isolierung gehalten, am Schlafen gehindert und mit dem Tod bedroht. Man drohte ihm, wenn er nicht rede, »würden seine schöne Frau und Tochter nach Guantánamo gebracht«. Über Monate hatte er keinen Kontakt zu seiner Familie, die nicht wusste, ob er noch lebte oder tot sei.

5

Rahman, ein Häftling im Irak, erinnert sich mit Schrecken an die dunkle, kalte, fensterlose Zelle in Abu Ghraib, wo er sich 50 Tage aufhalten musste. Er war nackt und wurde manchmal gezwungen, mit einer Kapuze über dem Kopf während der ganzen Nacht die Last von Balken auf dem Körper zu ertragen. Er bat eine Person, von der er annahm, dass es sich um einen Arzt handelte, um die Erlaubnis, einmal seine Zelle verlassen zu dürfen. »Ich hielt es nicht mehr aus, die Zelle hatte kein Licht.« Trotzdem wurden seine Lebensbedingungen nicht geändert.

Rahman erinnerte sich, dass er gedemütigt wurde, indem er Unterwäsche von Frauen tragen musste. Bei anderen Anlässen wurde er wiederholt in kaltes Wasser eingetaucht. »Sie hielten meine Arme fest, sie tauchten meinen Kopf in das Wasser, ich konnte nicht mehr atmen.« Rahman berichtete, welches überwältigende Gefühl von Terror und Demütigung er empfand, als er gezwungen war zuzuschauen, wie eine Pyramide aus nackten Menschen gebildet wurde. »Ich fürchtete, sie würden es auch mit mir machen. Ich dankte Gott, dass ich von der Pyramide verschont blieb. Ich hätte das Eintauchen in kaltes Wasser dieser Demütigung vorgezogen.«

6

Kamal, Häfling im Irak, erinnert sich daran, dass er bei zahlreichen Anlässen so brutal geschlagen oder in Stress-Körperhaltungen gezwungen wurde, dass er das Bewusstsein verlor. Zwei Monate musste er nackt in einer mit Urin imprägnierten Zelle leben. Wenn ihm erlaubt wurde, Kleidung zu tragen, wurde diese vorher in kaltes Wasser getaucht, damit er fror. Während des Verhörs drohten sie ihm, dass er sich entkleiden müsse und sie alle Soldatinnen herbeiholen würden, damit sie ihn nackt betrachten und sagten: »Hello, Imam.« Er erinnert sich, dass einige der Wachen eigentlich nicht schlagen wollten, dass es aber die Vernehmungsbeamten anordneten.

7
Amir wurde in Abu Ghraib religiösen und sexuellen Demütigungen ausgesetzt, lebte mit der Kapuze über dem Kopf, erlitt Schlafentzug, wurde stundenlang im nackten Zustand in Stresspositionen gezwungen und in kaltes Wasser eingetaucht. Er erinnerte sich an den entsetzlichsten Vorfall, als er in einem übelriechenden Raum gezwungen wurde, sich mit dem Gesicht in Urin zu legen, während er in den Rücken und die Seite geschlagen und getreten wurde. Man steckte einen Besenstiel in seinen After und er wurde gezwungen, anschließend wie ein Hund zu heulen, während ein Soldat auf ihn urinierte. Als ihn ein Soldat in das Geschlechtsteil trat, verlor er das Bewusstsein. Amir blutete daraufhin, wurde aber nicht behandelt. Nach diesen Vorfällen wurde er erneut isoliert, der Nacktheit ausgesetzt und vier Tage lang zu mehreren Stress-Körperhaltungen gezwungen. Einzig das Schreien anderer Häftlinge, das lauter und lauter wurde, konnte er hören.

8
Haydar war Gefangener in Guantánamo. Seine Festnahme erfolgte in Kandahar, wo ihn Soldaten so erbarmungslos schlugen, dass er drei Zähne verlor. Einen vierten Zahn verlor er in Gunatánamo. Er sagte, dass die Brutalität ihn dazu brachte, lieber sterben zu wollen. Bei seiner Ankunft in Guantánamo wurde ihm seine Kleidung weggenommen, er wurde geschlagen, getreten und mit Hunden terrorisiert. Er berichtete, dass er in Wasser eingetaucht wurde und bei Verhören in einem kalten Zimmer auf dem Boden sitzen musste, während seine Hände und Füße an Ketten auf dem Boden gefesselt waren. Der Gipfel der Erfahrungen in Guantánamo war, dass sein Kopf mehrfach gegen eine Wand geschlagen wurde, bis er in Ohnmacht fiel.

9
Auch Adeel war Häftling in Guantánamo. Zuvor war er Gefangener in Bagram. Dort wurde er geschlagen oder mit Stacheldraht gefesselt als Strafe dafür, mit anderen geredet, in der Zelle den Koran zitiert oder ein Stück Plastik als Zahnbürste benutzt zu haben. US-Personal sagte zu ihm: »Wirf den Koran in die Toilette.« In Bagram wurden allen Häftlingen der Schlaf entzogen, das Licht brannte 24 Stunden und täglich ertönte laute Rockmusik. Adeel erinnert sich: »Zwei Monate lang sah ich nicht die Sonne.«

Adeel wurde nach Guantánamo überstellt. Auf dem Flug trug er steife Handschuhe, Schutzbrille und Ohrschützer. Hände und Füße waren gefesselt. Er wurde gezwungen, ein Medikament zu nehmen, das dazu führte, dass er während des 24 Stunden-Fluges nach Guantánamo Halluzinationen hatte.

10
Youssef wurde sechs Wochen in Kandahar festgehalten, bevor man ihn nach Guantánamo brachte. Er musste erdulden, nackt zu sein, wurde mit Hunden bedroht, trug eine Kapuze und man schleuderte ihn mehrfach gegen eine Wand. Mit einem Generator wurde er Stromstößen ausgesetzt, sodass er das Gefühl hatte, »meine Venen würden herausgezogen«.

In Guantánamo wurde er langen Verhören in extrem kalten oder heißen Räumen unterzogen, musste Stresspositionen einnehmen, der Schlaf wurde entzogen, und er erlitt »Bombardements auf seine Sinne«, wie auch Drohungen gegen ihn und seine Familie ausgesprochen wurden. Er dachte, dass er wegen der Temperaturunterschiede sterben müsse.

Er fühlte sich extrem gedemütigt, als man ihn zwang, Pornographie anzuschauen oder Zeuge sein zu müssen, als Soldaten den Koran zerrissen und in die Toilette warfen. Einen Vorfall empfand er als besonders entsetzlich, als eine nackte Frau den Verhörraum betrat und ihn mit Blut beschmierte, von dem er annahm, dass es sich um Menstruationsblut handelte. Unbekannte Spritzen wurden ihm verabreicht, die einen roten Ausschlag und Juckreiz auf dem Körper hervorriefen.

11
Rasheed war in Afgahistan durch Kopfjäger gefangengenommen worden, kam dann in US-Gewahrsam und erfuhr schwerwiegende psychische Qualen. In Guantánamo erlitt er wiederholt äußerste Isolation, Schlafentzug, wurde mit Sinnesreizen »bombardiert«. Man verhörte ihn unter Schlägen, Drosselung und Drohungen. Er fühlte sich so unter einem intensiven Druck, dass er »nicht mehr leben wollte«. Aus seinen Medizinalakten in Guantánamo ergibt sich, dass er sich Schnittverletzungen beibrachte und seinen Kopf gegen die Wand schlug und in Hungerstreik trat. Nichtsdestoweniger dokumentierte der Psychologen-Stab in Guantánamo die Ursachen des Verhaltens von Rasheed als »routinemäßige Haftstressoren«.

Flash-back

Nach dem Ende des Massakers von Babi Jar kehrten einige ältere Juden (Zeugen berichten, es seien neun gewesen) nach Kiew zurück und setzten sich an die alte

Synagoge. Niemand wagte es, sich ihnen zu nähern oder ihnen Essen oder Wasser hinzustellen, da dies die sofortige Hinrichtung bedeuten konnte.

Einer nach dem anderen starben die Juden, bis nur noch zwei übrig waren. Ein Passant ging zu dem deutschen Wachtposten, der an der Straßenecke stand, und schlug ihm vor, die beiden alten Juden zu erschießen, anstatt sie ebenfalls verhungern zu lassen. Der Posten dachte einen Augenblick nach, und dann tat er es.[943]

ANLAGEN

ANLAGE I
Tabelle Menschenrechtsverletzungen 2007

Burundi	Bulgarien	Brasilien	Botsuana	Bosnien und Herzegowina	Bolivien	Bhutan	Benin	Belize	Belgien	Belarus	Bangladesch	Bahrain	Bahamas	Australien	Äthiopien	Aserbaidschan	Armenien	Argentinien	Äquatorialguinea	Angola	Algerien	Albanien	Ägypten	Afghanistan		
x		x			x								x		x					x	x		x		Extraleg. Hinrichtung, polit. Mord	Leben
x		x													x	x				x	x		x	x	System. Folter	Leben
	x																		x			x			Folter Einzelfälle	Leben
		x																							Todesschwadrone	Leben
		x								x															Verschwindenlassen	Leben
										x	x													x	Ermordung Frauen	Leben
																								x	Ermordung MR-Vertreter	Leben
															x	x									Ermordung Demonstranten	Leben
																									Todesstrafe, massenhaft verhängt u. vollstreckt	Leben
										x	x	x							x				x		Todesstrafe, Einzelfälle verhängt u. vollstreckt	Leben
x										x			x		x						x				Todesstrafe verhängt, nicht vollstreckt	Leben
x	x	x									x		x							x	x	x	x	x	System. Misshandlung	Gesundheit
		x							x			x			x	x		x	x						Misshandlung Einzelfälle	Gesundheit
																									Misshandlung Frauen	Gesundheit
																									Inhumane Strafen, Sharia	Gesundheit
	x	x			x				x						x	x		x	x			x	x		Haft gesundheitsschädl., hart	Gesundheit
																									Incommunicado-Haft	Freiheit
x		x								x					x	x			x	x			x	x	Haft willkürlich, geheim	Freiheit
												x				x			x				x		Urteile willkürlich, polit. Prozesse	Freiheit
										x													x		Administrativ-Haft	Freiheit
x																									Kindersoldaten	Kinder
		x			x																	x			Kinderprostitution / Kinderpornographie	Kinder
		x			x																	x			Kinderhandel	Kinder
x					x			x						x											Sex. Gewalt gegen Kinder	Kinder
x		x								x	x			x		x						x	x	x	Gewalt gegen Frauen	Frauen
																					x	x			Zwangsprostitution	Frauen
				x						x															Frauenhandel	Frauen
x															x					x					Vergewaltigung	Frauen
															x										Organverstümmelung	Frauen
	x	x			x				x					x				x							Indigene Völker, Rassismus	Rasse, sex. Orient.
	x			x																		x			Sinti u. Roma, Minderheiten	Rasse, sex. Orient.
	x																x						x		sex., relig. Orientierung	Rasse, sex. Orient.
																									Staatsterrorismus	Staat
x		x			x														x					x	Militär gegen Bevölkerung	Staat
		x										x			x		x			x	x			x	Verfolgung MR-Verteidiger	Staat
x		x		x								x							x	x	x	x	x	x	Straflosigkeit MR-Täter	Staat
x			x			x						x	x			x				x	x		x		Gewalt gegen Flüchtlinge, Migranten, Abschieben trotz Folter, Menschenschmuggel	Staat
x	x	x	x	x	x	x	x	x		x	x	x			x	x	x	x	x	x	x	x	x	x	Demokratie-Defizite	Staat
137	59	175	16	30	84	12	7	17	25	96	55	62	43	30	116	91	23	29	82	94	92	99	129	109	Index Menschenrechte	
144	68	155	19	39	100	11	9	22	30	110	66	75	57	39	128	106	28	35	97	109	108	112	141	121	Ranking Menschenrechte	

Haiti	Guyana	Guinea-Bissau	Guinea	Guatemala	Großbritannien	Griechenland	Ghana	Georgien	Gambia	Gabun	Frankreich	Finnland	Fidschi	Estland	Eritrea	El Salvador	Ecuador	Dominikanische Republik	Deutschland	Dänemark	Côte d'Ivoire / Elfenbeinküste	Costa Rica	China	Chile		
x									x							x		x			x				Extraleg. Hinrichtung, polit. Mord	Leben
				x				x	x						x		x				x		x		System. Folter	
x			x																x						Folter Einzelfälle	
																					x				Todesschwadrone	
x				x											x	x							x		Verschwindenlassen	
x				x												x									Ermordung Frauen	
																									Ermordung MR-Vertreter	
			x																		x		x		Ermordung Demonstranten	
																							x		Todesstrafe, massenhaft verhängt u. vollstreckt	
																									Todesstrafe, Einzelfälle verhängt u. vollstreckt	
	x		x	x			x	x																	Todesstrafe verhängt, nicht vollstreckt	
			x	x				x	x						x		x				x		x		System. Misshandlung	Gesundheit
											x		x					x	x						Misshandlung Einzelfälle	
																							x		Misshandlung Frauen	
																							x		Inhumane Strafen, Sharia	
x					x						x				x		x							x	Haft gesundheitsschädl., hart	
									x						x								x		Incommunicado-Haft	Freiheit
x			x			x			x						x		x				x		x		Haft willkürlich, geheim	
x									x						x								x		Urteile willkürlich, polit. Prozesse	
															x										Administrativ-Haft	
																									Kindersoldaten	Kinder
																	x								Kinderprostitution / Kinderpornographie	
												x					x						x		Kinderhandel	
																	x								Sex. Gewalt gegen Kinder	
x				x	x	x	x	x			x	x				x	x	x		x	x		x	x	Gewalt gegen Frauen	Frauen
																									Zwangsprostitution	
x						x						x											x		Frauenhandel	
x				x																	x				Vergewaltigung	
																									Organverstümmelung	
	x			x				x			x			x			x	x		x	x		x	x	Indigene Völker, Rassismus	Rasse, sex. Orient.
																							x		Sinti u. Roma, Minderheiten	
	x													x	x								x		sex., relig. Orientierung	
																							x		Staatsterrorismus	Staat
				x													x						x		Militär gegen Bevölkerung	
x				x												x	x	x					x		Verfolgung MR-Verteidiger	
x				x				x	x		x					x	x	x			x		x	x	Straflosigkeit MR-Täter	
		x			x	x	x				x	x			x			x	x				x		Gewalt gegen Flüchtlinge, Migranten, Abschieben trotz Folter, Menschenschmuggel	
x	x	x	x	x	x	x	x	x	x	x	x	x	x	x	x	x	x	x		x	x	x	x	x	Demokratie-Defizite	
139	27	13	62	126	31	42	31	69	83	6	53	44	16	16	109	77	132	72	28	20	125	6	229	41	Index Menschenrechte	
146	32	15	75	139	43	55	43	84	99	7	65	60	19	19	121	94	142	90	34	24	136	7	165	53	Ranking Menschenrechte	

Korea (Süd)	Korea (Nord)	Kongo (Republik)	Kongo (Demokratische Republik)	Kolumbien	Kirgisistan	Kenia	Katar	Kasachstan	Kanada	Kamerun	Kambodscha	Jordanien	Jemen	Japan	Jamaika	Italien	Israel	Island	Irland	Iran	Irak	Indonesien	Indien	Honduras		
			x	x	x	x				x		x	x		x		x			x	x	x		x	Extraleg. Hinrichtung, polit. Mord	Leben
	x	x	x		x					x		x					x			x	x	x			System. Folter	
						x	x						x										x	x	Folter Einzelfälle	
																									Todesschwadrone	
	x		x	x	x																	x	x		Verschwindenlassen	
				x																	x		x	x	Ermordung Frauen	
																									Ermordung MR-Vertreter	
				x						x															Ermordung Demonstranten	
	x																			x	x				Todesstrafe, massenhaft verhängt u. vollstreckt	
			x									x	x	x								x	x		Todesstrafe, Einzelfälle verhängt u. vollstreckt	
x							x	x																	Todesstrafe verhängt, nicht vollstreckt	
	x	x	x		x					x		x			x		x			x	x	x			System. Misshandlung	Gesundheit
							x		x		x					x			x						Misshandlung Einzelfälle	
																					x				Misshandlung Frauen	
	x																			x		x			Inhumane Strafen, Sharia	
	x	x	x		x							x				x			x		x	x		x	Haft gesundheitsschädl., hart	
	x		x					x				x								x	x				Incommunicado-Haft	Freiheit
	x	x	x	x			x			x		x	x				x			x	x		x		Haft willkürlich, geheim	
x	x						x	x			x	x					x			x	x	x	x		Urteile willkürlich, polit. Prozesse	
																	x								Administrativ-Haft	
			x	x																					Kindersoldaten	Kinder
											x														Kinderprostitution / Kinderpornographie	
											x														Kinderhandel	
			x								x														Sex. Gewalt gegen Kinder	
	x		x	x	x	x			x			x			x					x	x	x	x	x	Gewalt gegen Frauen	Frauen
																				x					Zwangsprostitution	
							x																		Frauenhandel	
			x	x											x					x	x	x	x		Vergewaltigung	
																									Organverstümmelung	
				x			x		x												x	x	x	x	Indigene Völker, Rassismus	Rasse, sex. Orient.
			x																x						Sinti u. Roma, Minderheiten	
x	x									x							x			x	x				sex., relig. Orientierung	
	x		x																	x					Staatsterrorismus	Staat
	x		x	x																x	x	x	x		Militär gegen Bevölkerung	
	x	x	x	x	x	x					x		x							x	x			x	Verfolgung MR-Verteidiger	
	x		x	x		x				x	x	x			x		x			x	x	x	x	x	Straflosigkeit MR-Täter	
x	x	x	x		x	x		x	x			x		x		x				x					Gewalt gegen Flüchtlinge, Migranten, Abschieben trotz Folter, Menschenschmuggel	
x	x	x	x	x	x	x	x	x	x	x	x	x	x	x	x	x	x		x	x	x	x	x	x	Demokratie-Defizite	
33	176	70	206	144	100	70	70	40	37	87	77	124	61	22	59	27	87	0	29	187	186	149	123	91	Index Menschenrechte	
46	156	85	164	149	113	85	85	52	49	103	94	135	72	26	68	32	103	1	35	159	158	151	133	106	Ranking Menschenrechte	

Kategorie	Kriterium	Mosambik	Montenegro	Mongolei	Monaco	Moldau	Mexiko	Mazedonien	Mauretanien	Marokko	Malta	Mali	Malediven	Malaysia	Malawi	Luxemburg	Litauen	Libyen	Liberia	Libanon	Lettland	Lesotho	Laos	Kuwait	Kuba	Kroatien
Leben	Extraleg. Hinrichtung, polit. Mord	x	x				x	x						x	x			x		x		x				
	System. Folter		x	x		x	x	x	x	x			x	x	x			x		x				x		
	Folter Einzelfälle																									
	Todesschwadrone																									
	Verschwindenlassen																									
	Ermordung Frauen						x																			
	Ermordung MR-Vertreter																									
	Ermordung Demonstranten						x			x								x								
	Todesstrafe, massenhaft verhängt u. vollstreckt																									
	Todesstrafe, Einzelfälle verhängt u. vollstreckt													x										x		
	Todesstrafe verhängt, nicht vollstreckt			x						x		x						x					x			
Gesundheit	System. Misshandlung		x	x		x	x	x	x	x			x	x	x		x	x		x				x		
	Misshandlung Einzelfälle																									
	Misshandlung Frauen																									
	Inhumane Strafen, Sharia													x												
	Haft gesundheitsschädl., hart			x	x	x		x	x	x	x				x		x	x		x						
Freiheit	Incommunicado-Haft						x											x		x						
	Haft willkürlich, geheim				x		x		x				x	x	x			x		x					x	
	Urteile willkürlich, polit. Prozesse	x					x	x	x	x			x	x				x	x	x			x		x	
	Administrativ-Haft																									
Kinder	Kindersoldaten																		x							
	Kinderprostitution / Kinderpornographie						x			x																
	Kinderhandel						x							x												
	Sex. Gewalt gegen Kinder						x																			
Frauen	Gewalt gegen Frauen		x			x	x	x						x			x	x	x	x	x			x		x
	Zwangsprostitution													x			x				x					
	Frauenhandel					x		x						x			x				x					
	Vergewaltigung						x			x																
	Organverstümmelung																									
Rasse, sex. Orient.	Indigene Völker, Rassismus																						x			
	Sinti u. Roma, Minderheiten		x					x													x					x
	sex., relig. Orientierung					x															x					
Staat	Staatsterrorismus																									
	Militär gegen Bevölkerung																			x						
	Verfolgung MR-Verteidiger						x			x	x							x					x		x	
	Straflosigkeit MR-Täter	x		x			x						x					x	x	x						x
	Gewalt gegen Flüchtlinge, Migranten, Ab-schieben trotz Folter, Menschenschmuggel			x			x	x		x	x			x				x		x			x	x		
	Demokratie-Defizite	x	x	x		x	x	x	x	x	x	x	x	x	x			x	x	x	x	x	x	x	x	x
	Index Menschenrechte	36	64	68	18	70	188	101	62	111	30	14	59	139	66	0	51	144	41	120	46	22	48	65	35	29
	Ranking Menschenrechte	48	80	83	23	85	161	115	75	124	39	18	68	146	82	1	64	149	53	132	61	26	62	81	47	35

Bereich	Kriterium	San Marino	Samoa	Sambia	Russische Föderation	Rumänien	Ruanda	Portugal	Polen	Philippinen	Peru	Paraguay	Papua Neuguinea	Paläst. Autonomiegebiete	Pakistan	Österreich	Oman	Norwegen	Nigeria	Niger	Niederlande	Nicaragua	Neuseeland	Nepal	Namibia	Myanmar
Leben	Extraleg. Hinrichtung, polit. Mord			x	x					x	x		x	x	x				x					x		x
	System. Folter				x						x	x	x	x	x				x					x	x	x
	Folter Einzelfälle															x										
	Todesschwadrone																									
	Verschwindenlassen				x					x	x	x		x	x									x		
	Ermordung Frauen				x								x	x	x											
	Ermordung MR-Vertreter				x																					
	Ermordung Demonstranten										x															x
	Todesstrafe, massenhaft verhängt u. vollstreckt														x											
	Todesstrafe, Einzelfälle verhängt u. vollstreckt																									x
	Todesstrafe verhängt, nicht vollstreckt			x			x										x		x							
Gesundheit	System. Misshandlung			x	x	x		x			x	x	x	x	x				x					x	x	x
	Misshandlung Einzelfälle																									
	Misshandlung Frauen																									
	Inhumane Strafen, Sharia														x				x							
	Haft gesundheitsschädl., hart				x		x	x				x														x
Freiheit	Incommunicado-Haft																									x
	Haft willkürlich, geheim				x		x		x	x					x				x						x	x
	Urteile willkürlich, polit. Prozesse				x		x												x							x
	Administrativ-Haft																									
Kinder	Kindersoldaten																							x		x
	Kinderprostitution / Kinderpornographie									x		x												x		
	Kinderhandel									x					x									x		x
	Sex. Gewalt gegen Kinder																					x		x	x	
Frauen	Gewalt gegen Frauen			x	x	x							x	x	x		x		x			x	x	x		
	Zwangsprostitution									x					x		x									
	Frauenhandel				x	x				x					x		x									
	Vergewaltigung			x									x		x				x					x	x	
	Organverstümmelung																									
Rasse, sex. Orient.	Indigene Völker, Rassismus							x														x				
	Sinti u. Roma, Minderheiten					x																				
	sex., relig. Orientierung				x				x						x				x			x				
Staat	Staatsterrorismus				x										x											x
	Militär gegen Bevölkerung				x					x	x		x	x	x									x		x
	Verfolgung MR-Verteidiger				x		x				x						x		x							x
	Straflosigkeit MR-Täter				x	x				x	x	x	x	x					x						x	x
	Gewalt gegen Flüchtlinge, Migranten, Abschieben trotz Folter, Menschenschmuggel				x	x			x						x		x			x	x			x		x
	Demokratie-Defizite			x	x	x	x	x	x	x	x	x	x	x	x		x		x	x	x	x	x	x	x	x
	Index Menschenrechte	0	0	61	198	62	50	32	25	109	105	79	103	108	204	12	62	0	127	12	10	39	13	150	73	187
	Ranking Menschenrechte	1	1	72	162	75	63	45	30	121	118	96	117	120	163	11	75	1	140	11	10	51	15	152	91	159

		São Tomé und Principe	Saudi-Arabien	Schweden	Schweiz	Senegal	Serbien	Sierra Leone	Simbabwe	Singapur	Slowakei	Slowenien	Somalia	Spanien	Sri Lanka	Südafrika	Sudan	Swasiland	Syrien	Tadschikistan	Taiwan	Tansania	Thailand	Timor-Leste	Togo	Trinidad und Tobago
Leben	Extraleg. Hinrichtung, polit. Mord		x						x				x		x	x	x	x	x	x				x	x	x
	System. Folter		x				x		x	x			x	x	x	x	x	x	x	x			x		x	x
	Folter Einzelfälle																									
	Todesschwadrone																x									
	Verschwindenlassen														x										x	
	Ermordung Frauen													x			x		x							
	Ermordung MR-Vertreter														x								x			
	Ermordung Demonstranten												x			x	x						x			
	Todesstrafe, massenhaft verhängt u. vollstreckt		x																							
	Todesstrafe, Einzelfälle verhängt u. vollstreckt									x			x													
	Todesstrafe verhängt, nicht vollstreckt														x		x				x				x	x
Gesundheit	System. Misshandlung		x				x		x	x			x	x	x	x	x	x	x	x			x		x	x
	Misshandlung Einzelfälle				x						x	x												x		
	Misshandlung Frauen								x								x									
	Inhumane Strafen, Sharia		x							x			x				x	x								
	Haft gesundheitsschädl., hart								x				x				x	x	x	x		x				
Freiheit	Incommunicado-Haft						x		x								x		x						x	
	Haft willkürlich, geheim		x					x	x	x							x	x	x	x			x		x	x
	Urteile willkürlich, polit. Prozesse		x					x	x				x				x		x	x						
	Administrativ-Haft																									
Kinder	Kindersoldaten							x	x						x											
	Kinderprostitution / Kinderpornographie																						x			
	Kinderhandel																						x			
	Sex. Gewalt gegen Kinder															x	x	x								
Frauen	Gewalt gegen Frauen		x	x	x		x	x	x					x		x	x	x				x				
	Zwangsprostitution						x				x															
	Frauenhandel						x				x															
	Vergewaltigung															x	x	x							x	
	Organverstümmelung							x	x				x				x					x			x	
Rasse, sex. Orient.	Indigene Völker, Rassismus						x										x		x							
	Sinti u. Roma, Minderheiten						x				x	x														
	sex., relig. Orientierung		x				x			x																
Staat	Staatsterrorismus								x				x				x									
	Militär gegen Bevölkerung								x				x		x		x		x						x	
	Verfolgung MR-Verteidiger		x				x		x				x						x						x	
	Straflosigkeit MR-Täter						x		x			x	x	x		x	x	x	x	x			x		x	x
	Gewalt gegen Flüchtlinge, Migranten, Abschieben trotz Folter, Menschenschmuggel		x	x	x	x	x		x				x	x	x	x	x					x	x	x		
	Demokratie-Defizite		x	x	x	x	x	x	x	x	x	x	x	x	x	x	x	x	x	x	x	x	x	x	x	x
	Index Menschenrechte	1	125	20	29	13	119	56	177	70	42	30	164	73	118	112	248	117	136	85	12	43	113	37	137	73
	Ranking Menschenrechte	1	136	24	35	15	131	67	157	85	55	39	153	91	130	125	166	129	143	101	11	57	126	49	144	91

Summe	Zypern	Zentralafrikanische Republik	Vietnam	Vereinigte Staaten von Amerika	Vereinigte Arabische Emirate	Venezuela	Usbekistan	Uruguay	Ungarn	Ukraine	Uganda	Turkmenistan	Türkei	Tunesien	Tschechien	Tschad		
64		x		x		x					x	x	x			x	Extraleg. Hinrichtung, polit. Mord	Leben
72				x		x	x			x	x	x	x	x		x	System. Folter	
14	x														x		Folter Einzelfälle	
3																	Todesschwadrone	
25				x		x	x										Verschwindenlassen	
18																	Ermordung Frauen	
5												x					Ermordung MR-Vertreter	
18											x		x				Ermordung Demonstranten	
8			x	x													Todesstrafe, massenhaft verhängt u. vollstreckt	
17											x						Todesstrafe, Einzelfälle verhängt u. vollstreckt	
28					x												Todesstrafe verhängt, nicht vollstreckt	
85		x	x	x		x	x	x	x	x	x	x	x	x	x	x	System. Misshandlung	Gesundheit
21	x																Misshandlung Einzelfälle	
4																	Misshandlung Frauen	
13					x												Inhumane Strafen, Sharia	
55		x		x				x		x			x	x			Haft gesundheitsschädl., hart	
24			x	x			x					x		x		x	Incommunicado-Haft	Freiheit
67	x	x		x	x		x		x			x	x	x		x	Haft willkürlich, geheim	
51			x	x	x		x					x	x	x	x	x	Urteile willkürlich, polit. Prozesse	
4																	Administrativ-Haft	
10																x	Kindersoldaten	Kinder
12			x														Kinderprostitution / Kinderpornographie	
15			x														Kinderhandel	
16			x		x												Sex. Gewalt gegen Kinder	
81	x			x	x	x			x	x	x	x	x	x			Gewalt gegen Frauen	Frauen
11																	Zwangsprostitution	
22	x									x		x					Frauenhandel	
28		x									x					x	Vergewaltigung	
7																	Organverstümmelung	
32			x							x							Indigene Völker, Rassismus	Rasse, sex. Orient.
16									x						x		Sinti u. Roma, Minderheiten	
29			x				x				x	x	x		x		sex., relig. Orientierung	
12							x					x					Staatsterrorismus	Staat
34						x	x				x	x					Militär gegen Bevölkerung	
49		x			x	x	x					x	x	x			Verfolgung MR-Verteidiger	
74		x		x		x				x		x	x	x	x		Straflosigkeit MR-Täter	
73	x	x		x	x		x			x	x	x		x			Gewalt gegen Flüchtlinge, Migranten, Abschieben trotz Folter, Menschenschmuggel	
152	x	x	x	x	x	x	x	x	x	x		x	x	x	x	x	Demokratie-Defizite	
	61	88	101	139	82	100	125	23	43	86	113	168	123	106	60	98	Index Menschenrechte	
	72	105	115	146	97	113	136	28	57	102	126	154	133	119	71	111	Ranking Menschenrechte	

Untersucht wurden in diesem Forschungsprojekt 165 Staaten. Der Index beruht auf qualitativen Analysen, also der Beschreibung von Menschenrechtsverletzungen in Länderberichten u. a.

- der deutschen Bundesregierung (z. B. 7. und 8. Bericht über die Menschenrechtspolitik)[944], der Parteien im Bundestag (z. B. Kleine Anfragen an die Bundesregierung), der Ausschüsse im Bundestag (z. B. des Menschenrechtsausschusses), verschiedener Ministerien (besonders Auswärtiges Amt, Innenministerium, Verteidigungsministerium, Ministerium für Entwicklung und Wirtschaftliche Zusammenarbeit);
- der wichtigsten Nichtregierungsorganisationen (Suchmaschine hurisearch.org), Forum Menschenrechte (Arbeitsgruppen, u. a.), Amnesty International (Jahresberichte, Länderberichte), Human Rights Watch (Jahresberichte, Länderberichte), Pro Asyl (Informationsverbund Asyl: ecoi.net), Reporter ohne Grenzen (Ranking der Pressefreiheit), Médecins Sans Frontières Internationales (Länderberichte), medico international (Jahresberichte, Reports), Gesellschaft für bedrohte Völker (Länderberichte), Stiftungen (Länderberichte);
- des Deutschen Instituts für Menschenrechte (online-Infoportal);
- von Institutionen der Europäischen Union, so das Europäische Komitee zur Verhütung von Folter und unmenschlicher oder erniedrigender Behandlung oder Strafe (CPT);
- durch Publikationen der Vereinten Nationen, wie Jahresberichte der Hochkommissarin für Menschenrechte (OHCHR) oder das Entwicklungsprogramm der Vereinten Nationen (UNDP) und schließlich auch
- in Länderanalysen oder Jahrbüchern verschiedener Thinktanks, welche die Bundesregierung und ihre Ministerien beraten.

Der hier vorliegende Ranking-Index Menschenrechte misst pro Land die Missachtung von Menschenrechten nach folgenden 38 Variablen:

Gegen das Leben
Politischer Mord, extralegale Hinrichtung
Systematische Folter
Folter in Einzelfällen
Todesschwadrone
Erzwungenes Verschwinden
Ermordung Frauen
Ermordung Menschenrechtsverteidiger
Ermordung Demonstranten

Todesstrafe (massenhaft verhängt u. vollstreckt)
Todesstrafe (Einzelfälle verhängt u. vollstreckt)
Todesstrafe (verhängt, nicht vollstreckt)

Gegen die Gesundheit
Systematische Misshandlung
Misshandlung in Einzelfällen
Misshandlung Frauen
Inhumane Strafen (z. B. Sharia)
Haft gesundheitsschädlich, hart

Gegen die Freiheit
Incommunicadohaft
Haft willkürlich
Politische Prozesse, willkürl. Urteile, kein fair trial
Administrativ-Haft

Gegen Kinder
Kindersoldaten
Kinderprostitution, Kinderpornografie
Kinderhandel, Kinderarbeit
Sexuelle Gewalt gegen Kinder

Gegen Frauen
Gewalt gegen Frauen
Zwangsprostitution
Frauenhandel
Vergewaltigung
Weibl. Genitalverstümmelung

Minderheiten, Rassismus
Verfolgung indigene Völker, Rassismus
Sinti und Roma, Minderheiten
Sex., religiöse Orientierung

Staatsverbrechen
Staatsterrorismus
Militär gegen eigene Bevölkerung
Verfolgung Menschenrechtsverteidiger
Straflosigkeit Menschenrechtstäter

Gewalt gegen Migranten, kein Asyl, Abschieben trotz Folter, Menschenschmuggel
Allgem. Demokratie-Defizite (keine Gewaltenteilung, keine Presse-, Demo.-Freiheit u. a.)

Die Gewichtung der Parameter erfolgt nach einem Punktesystem:

Gegen das Leben	8–15 Punkte
Gegen die Gesundheit	9–12 Punkte
Gegen die Freiheit	je 9 Punkte
Gegen Kinder	je 12 Punkte
Gegen Frauen	je 10 Punkte
Minderheiten, Rassismus	6–8 Punkte
Staatsverbrechen	8–15 Punkte
Demokratiedefizite	1–8 Punkte

Aus der Bewertung errechnet sich die Gesamtziffer, die wiederum den Rang eines jeden Landes in der Folge aller Staaten bestimmt (ANLAGE III).

ANLAGE II
Index Menschenrechtsverletzungen 2007

	Punkte	*Ranking*
Afghanistan	109	121
Ägypten	129	141
Albanien	99	112
Algerien	92	108
Angola	94	109
Äquatorialguinea	82	97
Argentinien	29	35
Armenien	23	28
Aserbaidschan	91	106
Äthiopien	116	128
Australien	30	39
Bahamas	43	57
Bahrain	62	75
Bangladesch	55	66
Belarus	96	110
Belgien	25	30
Belize	17	22
Benin	7	9
Bhutan	12	11
Bolivien	84	100
Bosnien und Herzegowina	30	39
Botsuana	16	19
Brasilien	175	155
Bulgarien	59	68
Burundi	137	144
Chile	41	53
China	229	165
Costa Rica	6	7
Côte d'Ivoire/ Elfenbeinküste	125	136
Dänemark	20	24
Deutschland	28	34
Dominikanische Republik	72	90
Ecuador	132	142
El Salvador	77	94
Eritrea	109	121
Estland	16	19
Fidschi	16	19
Finnland	44	60
Frankreich	53	65
Gabun	6	7
Gambia	83	99
Georgien	69	84
Ghana	31	43
Griechenland	42	55
Großbritannien	31	43

	Punkte	Ranking
Guatemala	126	139
Guinea	62	75
Guinea-Bissau	13	15
Guyana	27	32
Haiti	139	146
Honduras	91	106
Indien	123	133
Indonesien	149	151
Irak	186	158
Iran	187	159
Irland	29	35
Island	0	1
Israel	87	103
Italien	27	32
Jamaika	59	68
Japan	22	26
Jemen	61	72
Jordanien	124	135
Kambodscha	77	94
Kamerun	87	103
Kanada	37	49
Kasachstan	40	52
Katar	70	85
Kenia	70	85
Kirgisistan	100	113
Kolumbien	144	149
Kongo (Demokratische Republik)	206	164
Kongo (Republik)	70	85
Korea (Nord)	176	156
Korea (Süd)	33	46
Kroatien	29	35
Kuba	35	47
Kuwait	65	81
Laos	48	62
Lesotho	22	26
Lettland	46	61
Libanon	120	132
Liberia	41	53
Libyen	144	149
Litauen	51	64
Luxemburg	0	1
Malawi	66	82
Malaysia	139	146
Malediven	59	68
Mali	14	18

	Punkte	Ranking
Malta	30	39
Marokko	111	124
Mauretanien	62	75
Mazedonien	101	115
Mexiko	188	161
Moldau	70	85
Monaco	18	23
Mongolei	68	83
Montenegro	64	80
Mosambik	36	48
Myanmar	187	159
Namibia	73	91
Nepal	150	152
Neuseeland	13	15
Nicaragua	39	51
Niederlande	10	10
Niger	12	11
Nigeria	127	140
Norwegen	0	1
Oman	62	75
Österreich	12	11
Pakistan	204	163
Paläst. Autonomiegebiete	108	120
Papua Neuguinea	103	117
Paraguay	79	96
Peru	105	118
Philippinen	109	121
Polen	25	30
Portugal	32	45
Ruanda	50	63
Rumänien	62	75
Russische Föderation	198	162
Sambia	61	72
Samoa	0	1
San Marino	0	1
São Tomé und Principe	0	1
Saudi-Arabien	125	136
Schweden	20	24
Schweiz	29	35
Senegal	13	15
Serbien	119	131
Sierra Leone	56	67
Simbabwe	177	157
Singapur	70	85
Slowakei	42	55
Slowenien	30	39

	Punkte	Ranking
Somalia	164	153
Spanien	73	91
Sri Lanka	118	130
Südafrika	112	125
Sudan	248	166
Swasiland	117	129
Syrien	136	143
Tadschikistan	85	101
Taiwan	12	11
Tansania	43	57
Thailand	113	126
Timor-Leste	37	49
Togo	137	144
Trinidad und Tobago	73	91
Tschad	98	111
Tschechien	60	71
Tunesien	106	119
Türkei	123	133
Turkmenistan	168	154
Uganda	113	126
Ukraine	86	102
Ungarn	43	57
Uruguay	23	28
Usbekistan	125	136
Venezuela	100	113
Vereinigte Arabische Emirate	82	97
Vereinigte Staaten von Amerika	139	146
Vietnam	101	115
Zentralafrikanische Republik	88	105
Zypern	61	72

ANLAGE III
Ranking Menschenrechtsverletzungen 2007

	Punkte	Ranking
Luxemburg	0	1
Norwegen	0	1
Samoa	0	1
San Marino	0	1
São Tomé und Principe	0	1
Costa Rica	6	6
Gabun	6	6
Benin	7	8
Niederlande	10	9
Bhutan	12	10
Niger	12	10
Österreich	12	10
Taiwan	12	10
Guinea-Bissau	13	14
Neuseeland	13	14
Senegal	13	14
Mali	14	17
Botsuana	16	18
Estland	16	18
Fidschi	16	18
Belize	17	21
Monaco	18	22
Dänemark	20	23
Schweden	20	23
Japan	22	25
Lesotho	22	25
Armenien	23	27
Uruguay	23	27
Belgien	25	29
Polen	25	29
Guyana	27	31
Italien	27	31
Deutschland	28	33
Argentinien	29	34
Irland	29	34
Kroatien	29	34
Schweiz	29	34
Australien	30	38
Bosnien und Herzegowina	30	38
Malta	30	38
Slowenien	30	38
Ghana	31	42
Großbritannien	31	42
Portugal	32	44
Korea (Süd)	33	45
Kuba	35	46

	Punkte	Ranking
Mosambik	36	47
Kanada	37	48
Timor-Leste	37	48
Nicaragua	39	50
Kasachstan	40	51
Chile	41	52
Liberia	41	52
Griechenland	42	54
Slowakei	42	54
Bahamas	43	56
Tansania	43	56
Ungarn	43	56
Finnland	44	59
Lettland	46	60
Laos	48	61
Ruanda	50	62
Litauen	51	63
Frankreich	53	64
Bangladesch	55	65
Sierra Leone	56	66
Bulgarien	59	67
Jamaika	59	67
Malediven	59	67
Tschechien	60	70
Jemen	61	71
Sambia	61	71
Zypern	61	71
Bahrain	62	74
Guinea	62	74
Mauretanien	62	74
Oman	62	74
Rumänien	62	74
Montenegro	64	79
Kuwait	65	80
Malawi	66	81
Mongolei	68	82
Georgien	69	83
Katar	70	84
Kenia	70	84
Kongo (Republik)	70	84
Moldau	70	84
Singapur	70	84
Dominikanische Republik	72	89
Namibia	73	90
Spanien	73	90
Trinidad und Tobago	73	90

	Punkte	Ranking
El Salvador	77	93
Kambodscha	77	93
Paraguay	79	95
Äquatorialguinea	82	96
Vereinigte Arabische Emirate	82	96
Gambia	83	98
Bolivien	84	99
Tadschikistan	85	100
Ukraine	86	101
Israel	87	102
Kamerun	87	102
Zentralafrikanische Republik	88	104
Aserbaidschan	91	105
Honduras	91	105
Algerien	92	107
Angola	94	108
Belarus	96	109
Tschad	98	110
Albanien	99	111
Kirgisistan	100	112
Venezuela	100	112
Mazedonien	101	114
Vietnam	101	114
Papua Neuguinea	103	116
Peru	105	117
Tunesien	106	118
Paläst. Autonomiegebiete	108	119
Afghanistan	109	120
Eritrea	109	120
Philippinen	109	120
Marokko	111	123
Südafrika	112	124
Thailand	113	125
Uganda	113	125
Äthiopien	116	127
Swasiland	117	128
Sri Lanka	118	129
Serbien	119	130
Libanon	120	131
Indien	123	132
Türkei	123	132
Jordanien	124	134
Côte d'Ivoire/ Elfenbeinküste	125	135

	Punkte	Ranking
Saudi-Arabien	125	135
Usbekistan	125	135
Guatemala	126	138
Nigeria	127	139
Ägypten	129	140
Ecuador	132	141
Syrien	136	142
Burundi	137	143
Togo	137	143
Haiti	139	145
Malaysia	139	145
Vereinigte Staaten von Amerika	139	145
Kolumbien	144	148
Libyen	144	148
Indonesien	149	150
Nepal	150	151
Somalia	164	152
Turkmenistan	168	153
Brasilien	175	154
Korea (Nord)	176	155
Simbabwe	177	156
Irak	186	157
Iran	187	158
Myanmar	187	158
Mexiko	188	160
Russische Föderation	198	161
Pakistan	204	162
Kongo (Demokratische Republik)	206	163
China	229	164
Sudan	248	165

ANLAGE IV
Ranking Korruption 2007 (nach Transparency International)

Rang	Land	CPI 2007 Punktwert
1	Dänemark	9,4
1	Finnland	9,4
1	Neuseeland	9,4
4	Singapur	9,3
4	Schweden	9,3
6	Island	9,2
7	Niederlande	9,0
7	Schweiz	9,0
9	Kanada	8,7
9	Norwegen	8,7
11	Australien	8,6
12	Luxembourg	8,4
12	Großbritannien	8,4
14	Hongkong	8,3
15	Österreich	8,1
16	Deutschland	7,8
17	Irland	7,5
17	Japan	7,5
19	Frankreich	7,3
20	USA	7,2
21	Belgien	7,1
22	Chile	7,0
23	Barbados	6,9
24	St. Lucia	6,8
25	Spanien	6,7
25	Uruguay	6,7
27	Slowenien	6,6
28	Estland	6,5
28	Portugal	6,5
30	Israel	6,1
30	St. Vincent & Grenadinen	6,1
32	Katar	6,0
33	Malta	5,8
34	Macao	5,7
34	Taiwan	5,7
34	Vereinigte Arab. Emirate	5,7
37	Dominica	5,6
38	Botswana	5,4
39	Zypern	5,3
39	Ungarn	5,3
41	Tschechische Republik	5,2
41	Italien	5,2
43	Malaysia	5,1

84	Malediven	3,3
84	Montenegro	3,3
84	Swasiland	3,3
84	Thailand	3,3
94	Madagaskar	3,2
94	Panama	3,2
94	Sri Lanka	3,2
94	Tansania	3,2
98	Vanuatu	3,1
99	Algerien	3,0
99	Armenien	3,0
99	Belize	3,0
99	Dominikanische Republik	3,0
99	Libanon	3,0
99	Mongolei	3,0
105	Albanien	2,9
105	Argentinien	2,9
105	Bolivien	2,9
105	Burkina Faso	2,9
105	Djibouti	2,9
105	Ägypten	2,9
111	Eritrea	2,8
111	Guatemala	2,8
111	Moldawien	2,8
111	Mosamik	2,8
111	Ruanda	2,8
111	Salomoninseln	2,8
111	Uganda	2,8
118	Benin	2,7
118	Malawi	2,7
118	Mali	2,7
118	Sao Tome & Principe	2,7
118	Ukraine	2,7
123	Komoren	2,6
123	Guyana	2,6
123	Mauretanien	2,6
123	Nicaragua	2,6
123	Niger	2,6
123	Osttimor	2,6
123	Vietnam	2,6
123	Sambia	2,6
131	Burundi	2,5

131	Honduras	2,5
131	Iran	2,5
131	Libyen	2,5
131	Nepal	2,5
131	Philippien	2,5
131	Jemen	2,5
138	Kamarun	2,4
138	Äthiopien	2,4
138	Pakistan	2,4
138	Paraguay	2,4
138	Syrien	2,4
143	Gambia	2,3
143	Indonesien	2,3
143	Russland	2,3
143	Togo	2,3
147	Angola	2,2
147	Guinea-Bissau	2,2
147	Nigeria	2,2
150	Aserbaidschan	2,1
150	Weißrussland	2,1
150	Republik Kongo	2,1
150	Elfenbeinküste	2,1
150	Ecuador	2,1
150	Kasachstan	2,1
150	Kenia	2,1
150	Kirgisien	2,1
150	Liberia	2,1
150	Sierra Leone	2,1
150	Tadschikstan	2,1
150	Simbabwe	2,1
162	Bangladesch	2,0
162	Kambodscha	2,0
162	Republik Zentralafrika	2,0
162	Papua-Neuguinea	2,0
162	Turmenistakn	2,0
162	Venezuela	2,0
168	Demo. Republik Kongo	1,9
168	Äquatorialguinea	1,9
168	Guinea	1,9
168	Laos	1,9
172	Afghanistan	1,8
172	Tschad	1,8
172	Sudan	1,8

175	Tonga	1,7
175	Usbeksitan	1,7
177	Haiti	1,6
178	Irak	1,5
179	Myanmar	1,4
179	Somalia	1,4

ANLAGE V
Ranking Pressefreiheit 2007

REPORTER OHNE GRENZEN
FÜR PRESSEFREIHEIT

Weltweites Ranking der Pressefreiheit 2007

	Land	Punktzahl	
1	Island	0,75	=
-	Norwegen	0,75	↑
3	Estland	1,00	↑
-	Slowakei	1,00	↑
5	Belgien	1,50	↑
-	Finnland	1,50	↓
-	Schweden	1,50	↑
8	Dänemark	2,00	↑↑
-	Irland	2,00	↓
-	Portugal	2,00	=
11	Schweiz	3,00	↓
12	Lettland	3,50	↓
-	Niederlande	3,50	↓↓
14	Tschechische Republik	4,00	↓
15	Neuseeland	4,17	↑
16	Österreich	4,25	=
17	Ungarn	4,50	↓
18	Kanada	4,88	↓
19	Trinidad und Tobago	5,00	=
20	Deutschland	5,75	↑
21	Costa Rica	6,50	↑
-	Slowenien	6,50	↓↓
23	Litauen	7,00	↑
24	Großbritannien	8,25	↑
25	Mauritius	8,50	↑
-	Namibia	8,50	=
27	Jamaika	8,63	↓
28	Australien	8,79	↑
29	Ghana	9,00	↑
30	Griechenland	9,25	↑
31	Frankreich	9,75	↑
32	Taiwan	10,00	↑↑

33	**Spanien**	**10,25**	↑
34	**Bosnien-Herzegowina**	**11,17**	↓↓
35	**Italien**	**11,25**	↑
36	**Mazedonien**	**11,50**	↑
37	**Japan**	**11,75**	↑↑
-	**Uruguay**	**11,75**	↑↑
39	**Chile**	**12,13**	↑↑
-	**Südkorea**	**12,13**	↓
41	**Kroatien**	**12,50**	↑↑
42	**Rumänien**	**12,75**	↑↑
43	**Südafrika**	**13,00**	↑
44	**Israel**	**13,25**	↑
45	**Kapverde**	**14,00**	=
-	**Zypern**	**14,00**	↓↓
47	**Nicaragua**	**14,25**	↑↑
48	**USA (Inland)**	**14,50**	↑
49	**Togo**	**15,17**	↑↑
50	**Mauritanien**	**15,50**	↑↑
51	**Bulgarien**	**16,25**	↓↓
52	**Mali**	**16,50**	↓↓
53	**Benin**	**17,00**	↓↓
54	**Panama**	**17,88**	↓↓
55	**Tansania**	**18,00**	↑↑
56	**Ecuador**	**18,50**	↑↑
-	**Polen**	**18,50**	↑
58	**Nordzypern**	**19,00**	↑
-	**Montenegro**	**19,00**	n. c.
60	**Kosovo**	**19,75**	↑↑
61	**Hong-Kong**	**20,00**	↓
-	**Madagaskar**	**20,00**	↑
63	**Kuwait**	**20,17**	↑↑
64	**El Salvador**	**20,20**	↓↓
65	**Vereinigte Arabische Emirate**	**20,25**	↑↑
66	**Georgien**	**20,83**	↑↑
67	**Serbien**	**21,00**	↓↓
68	**Bolivien**	**21,50**	↓↓
-	**Burkina Faso**	**21,50**	↑
-	**Sambia**	**21,50**	↑↑
71	**Zentralafrikanische Republik**	**22,50**	↓
72	**Dominikanische Republik**	**22,75**	↓↓
73	**Mosambik**	**23,00**	↓↓
74	**Mongolei**	**23,40**	↑↑
75	**Botswana**	**23,50**	↓↓
-	**Haiti**	**23,50**	↑↑
77	**Armenien**	**23,63**	↑↑
78	**Kenia**	**23,75**	↑↑

79	Katar	24,00	↑
80	Kongo	24,50	↓
81	Moldavien	24,75	↑
82	Argentinien	24,83	↓
83	Senegal	25,00	↓
84	Brasilien	25,25	↓
85	Kambodscha	25,33	↑↑
-	Liberia	25,33	↓
87	Albanien	25,50	↓
-	Honduras	25,50	↓↓
-	Niger	25,50	↑
90	Paraguay	26,10	↓
91	Angola	26,50	=
92	Malawi	26,75	↑
-	Ukraine	26,75	↑↑
94	Elfenbeinküste	27,00	↑
-	Ost-Timor	27,00	↓↓
96	Komoren	28,00	↓
-	Uganda	28,00	↑↑
98	Libanon	28,75	↑
99	Lesotho	29,50	↓↓
100	Indonesien	30,50	↑
101	Türkei	31,25	↓
102	Gabun	31,50	↑↑
103	Israel (außerhalb Israels)	32,00	↑↑
104	Guatemala	33,00	↓↓
-	Seychellen	33,00	↓↓
106	Marokko	33,25	↓
107	Fiji	33,50	↓↓
-	Guinea	33,50	↑
-	Guinea-Bissau	33,50	↓↓
110	Kirgistan	33,60	↑↑
111	Kamerun	36,00	↑
-	USA (außerhalb der USA)	36,00	↑
113	Tschad	36,50	↑↑
114	Venezuela	36,88	↑
115	Tadschikistan	37,00	↑
116	Bhutan	37,17	↓↓
117	Peru	37,38	↓
118	Bahrain	38,00	↓
119	Tonga	38,25	↓↓
120	Indien	39,33	↓↓
121	Sierra Leone	39,50	↓↓
122	Jordanien	40,21	↓↓
123	Algerien	40,50	↑
124	Malaysia	41,00	↓↓

125	Kasachstan	41,63	↑
126	Kolumbien	42,33	↑
127	Burundi	43,40	↓
128	Philippinen	44,75	↑↑
129	Malediven	45,17	↑↑
130	Gambia	48,25	↑↑
131	Nigeria	49,83	↓↓
132	Republik Dschibuti	50,25	↓↓
133	Demokratische Republik Kongo	50,50	↑
134	Bangladesch	53,17	↑
135	Thailand	53,50	↓↓
136	Mexiko	53,63	↓
137	Nepal	53,75	↑↑
138	Swasiland	54,50	↓↓
139	Aserbaidschan	55,40	↓
140	Sudan	55,75	↓
141	Singapur	56,00	↑
142	Afghanistan	56,50	↓↓
143	Jemen	56,67	↑
144	Russland	56,90	↑
145	Tunesien	57,00	↑
146	Ägypten	58,00	↓↓
147	Ruanda	58,88	↓↓
148	Saudi Arabien	59,75	↑↑
149	Simbabwe	62,00	↓
150	Äthiopien	63,00	↑↑
151	Weißrussland	63,63	=
152	Pakistan	64,83	↑
153	Äquatorialguinea	65,25	↓↓
154	Syrien	66,00	↓
155	Libyen	66,50	↓
156	Sri Lanka	67,50	↓↓
157	Irak	67,83	↓
158	Palästinensische Gebiete	69,83	↓↓
159	Somalia	71,50	↓↓
160	Usbekistan	74,88	↓
161	Laos	75,00	↓
162	Vietnam	79,25	↓
163	China	89,00	=
164	Myanmar/Birma	93,75	=
165	Kuba	96,17	=
166	Iran	96,50	↓
167	Turkmenistan	103,75	=
168	Nordkorea	108,75	=
169	Eritrea	114,75	↓

ANLAGE VI
Bilaterale Polizeihilfe 2000–2006

Gesamtdarstellung der Ausstattungs- und Ausbildungshilfen des BMI einschließlich Geschäftsbereich

(HH-Mittel aus 0602 68789 sowie StabiPakt SOE und AFG) (in Euro, gerundet)

Land	2000	2001	2002	2003	2004	2005	2006	Gesamt
Afghanistan aus Mitteln des StabiPakts			10.352.000	12.633.000	8.067.000	8.704.000	9.068.000	**48.824.000**
Afghanistan				21.842	29.305		20.571	**71.718**
Albanien	42.958	37.507	6.518		13.504	138.400	145.000	**383.887**
Aserbaidschan					7.155	16.500	125.000	**148.655**
Äthiopien					8.504	18.500		**27.004**
Bolivien		190				17.300	32.400	**49.890**
Bosnien - Herzegowina						457.300	395.000	**852.300**
Brasilien					5.712	49.700	9.000	**64.412**
Bulgarien	20.859	122.598	193.775	247.949	263.220	430.000	397.000	**1.675.402**
Chile							80.000	**80.000**
China						7.100	6.600	**13.700**
Emirate				11.592				**11.592**
Estland	101.487	211.856	93.485	87.420	44.128	12.000	-	**550.376**
Georgien		3.049	13.826	22.137	151.369	28.800	83.000	**302.181**
Ghana							16.000	**16.000**
Guatemala					4.662	81.900		**86.562**
Indien							10.000	**10.000**
Indonesien							82.000	**82.000**
Irak					412.430	541.400		**953.830**
Iran							5.700	**5.700**
Jemen	182.364	34.055	76.986	66.175	5.455	16.200	20.000	**401.235**
Jordanien							1.000	**1.000**
Kapverden						26.800	30.000	**56.800**
Karibik				18.706				**18.706**
Katar					9.475	15.800	47.000	**72.275**
Kenia		3.377						**3.377**
Kirgistan/Tadsch				15.925	14.943	19.000		**49.868**
Kolumbien				5.261	41.441			**46.702**
Kroatien	177.873	88.867	116.682	103.957	4.926	804.000	220.000	**1.516.304**
Kuwait						2.400		**2.400**
Lettland	57.213	171.740	145.360	116.349	69.363	6.800	-	**566.824**
Libyen							40.000	**40.000**
Libanon	82.708	28.612					845.000	**956.320**
Litauen	162.147	198.719	161.414	103.355	51.425	8.700	3.000	**688.760**
Mali				107.103				**107.103**
Moldau							40.000	**40.000**
Mazedonien						278.700	83.000	**361.700**
Mongolei					3.999			**3.999**
Nigeria					1.502	800	4.000	**6.302**
Paraguay		8.967		31.482		52.700	30.000	**123.149**
Peru	114.574	3.781	31.123	656	4.805	50.000	85.000	**289.939**
Polen	212.897	251.548	172.268	90.588	15.581			**742.881**
Rumänien	31	383.509	140.954	53.496	345.904	403.000	515.000	**1.841.894**
Russland	126.705	24.635	21.423	63.896	88.253	50.400	35.000	**410.313**
Sambia	49.749							**49.749**
Saudi Arabien					7.326			**7.326**
Serbien / Montenegro						409.000	476.000	**885.000**
Slowakei		131.398	81.252	45.469	19.474	6.400	4.400	**288.393**
Sri Lanka						21.800		**21.800**
Slowenien	331.430	278.419	126.744		63.642	21.000	-	**821.235**
Thailand						9.100		**9.100**
Tschechien	238.482	110.215	31.311	39.605	7.131	3.100	-	**429.844**
Türkei				318.008	301.546	96.000	30.000	**745.554**
Ukraine	290.110	165.691	398.013	85.550	91.461	207.000	178.000	**1.415.825**
Ungarn	6.288	431.165	224.260	107.905	11.634	3.800	520	**785.572**
Usbekistan		15.339	14.172	24.653	17.469	9.600		**81.233**
VAE						6.300	7.500	**13.800**
Venezuela							18.000	**18.000**
Gesamt	2.197.875	2.705.237	2.049.564	1.789.079	2.116.744	4.327.300	4.119.691	**19.305.491**
INSGESAMT	2.197.875	2.705.237	12.401.564	14.422.079	10.183.744	13.031.300	13.187.691	**68.129.491**

ANLAGE VII
Polizeihilfe 1996

Kosten Unterstützungsmaßnahmen 1996/97		
Empfängerland	**Maßnahmen 1996**	**Kosten**
Argentinien	Fachausbildung für Stipendiaten des BKA	43.959,83
	Lieferung von audiotechnischem Gerät	13.477,10
Bolivien	Lieferung von funk- und fototechnischem Gerät, Kt-Ausstattung, Schreibmaschinen und eines Gabelstaplers	108.902,00
Brasilien	Fach- und Sprachausbildung für Stipendiaten des BKA sowie Nachbeschulung eines ehemaligen Stipendiaten des BKA	61.917,96
	Lieferung von funktechnischem Gerät	70.945,45
Bulgarien	Lieferung von Büroausstattung, funk-, foto- und videotechnischem Gerät, Büroausstattung, Telefaxgeräten und Strahlenmeßgerät	620.309,77
Costa Rica	Lieferung eines Kfz	20.840,70
Ecuador	Fachausbildung für Stipendiaten des BKA	30.034,90
Indien	Lieferung von audio-, dv- und videotechnischem Gerät	47.671,16
Jordanien	Hospitation eines jordanischen Kriminaltechnikers im BKA, Transportkosten für Gerätelieferungen aus dem Vorjahr	2.870,83
Kapverd. Inseln	Lieferung von Büroausstattung, audio- und videotechnischem Gerät und Tatortspurensicherungskoffern	55.996,12
Kolumbien	Fach- und Sprachausbildung für Stipendiaten des BKA	45.919,52
	Lieferung von funk- und dv-technischem Gerät, verschlüsselten Telefaxgeräten, Nachtsichtferngläsern	155.842,75
Libanon	Lieferung von audio- und funktechnischem Gerät, Büroausstattung sowie Kfz	106.991,50
Malaysia	Lieferung von funk- und audiotechnischem Gerät	63.300,00
Marokko	Lieferung von Mobiltelefonen, Telefaxgeräten und RG-Tests	14.664,69
Pakistan	Fach- und Sprachausbildung für Stipendiaten des BKA	36.440,86
	Lieferung von DV- und Büroausstattung, Telefaxgeräten, Kopiergeräten und Motorrädern	114.694,30
Panama	Fachausbildung für Stipendiaten des BKA	42.096,68
	Lieferung von video-, foto- und audiotechnischem Gerät sowie DV- und Funkausstattung	292.289,91
Paraguay	Lieferung von funktechnischem Gerät	50.400,00
Polen	Lieferung von Funk- und DV-Ausstattung	105.060,98

Empfängerland	Maßnahmen 1996	Kosten
Portugal	Fachausbildung für Stipendiaten des BKA und Nachbeschulung eines ehemaligen Stipendiaten	36.200,25
Rumänien	Lieferung von Fahrzeugen, video-, audio-, funk- und dv-technischem Gerät und Büroausstattung	201.757,06
Slowak.Rep.	Fach- und Sprachausbildung für Stipendiaten des BKA	31.147,79
	Lieferung von Kfz, video- und fototechnischem Gerät, Spurensicherungskoffer und Funkausstattung	338.717,08
Syrien	Nachbeschulung eines ehemaligen Stipendiaten des BKA	3.607,48
	Lieferung von Kfz und funktechnischem Gerät	138.753,01
Thailand	Lieferung von Mobiltelefonen, Telefaxgerät und fototechnischem Gerät	20.885,13
Tschech.Rep.	Fachausbildung für Stipendiaten des BKA	28.313,07
	Lieferung von Kfz, video- und funktechnischem Gerät und Peilausstattung	252.857,57
Türkei	Informationsbesuch türkischer Kriminaltechniker im BKA	12.139,27
	Lieferung von dv- und funktechnischer Ausstattung, Fotokopierer und Drucker	376.140,90
Ukraine	Lieferung von Tatortkoffern	5.094,81
Ungarn	Fach- und Sprachausbildung für Stipendiaten des BKA und Nachbeschulung für ehemaligen Stipendiaten des BKA	33.132,50
	Lieferung von funktechnischem Gerät und Nachtsichtfernglas	48.330,37
Usbekistan	Fachausbildung für Stipendiaten des BKA	33.609,18
	Lieferung von Telefax- und Diktiergeräten	60.200,00
Venezuela	Lieferung von video- und funktechnischem Gerät und Kfz-Zubehör	46.523,91
Vietnam	Lieferung von Büro- und DV-Ausstattung, Fotokopierer, Mobiltelefon, Telefax und Doku-Prügerät,	31.843,32
Zypern	Nachbeschulung für ehemaligen Stipendiaten des BKA	4.027,33
	Lieferung von Telefaxgerät, Fotokopierer und Mobiltelefonen	11.398,60
MEPA	Lehrgang 1996	3.671,75
Gesamtkosten 1996		3.822.977,39

ANLAGE VIII
Militärhilfe 2001–2008

Im Rahmen des Programms 2001 bis 2004 wurden folgende Maßnahmen durchgeführt:

Botsuana	– Grundüberholungsprogramm für Kfz – Aufbau dezentraler Instandsetzungseinrichtungen	1,5 Mio.
Namibia	– Aufbau einer Munitionsdelaborierungsanlage – Auf-/Ausbau stationärer und mobiler Instandsetzungseinrichtungen inkl. Ausbildung Personal – Aufbau Sanitätseinrichtungen	4,0 Mio.
Ghana – Neuaufnahme –	– Aufbau des Kofi Annan Peacekeeping Training Center in Accra	1,8 Mio.
Südafrika – Neuaufnahme –	– Ausbau und Inbetriebnahme einer Lehrwerkstatt für techn. Berufe	3,0 Mio.
Tansania	– Weiterführung Ausbau Militärhospital und Aufbau dezentraler Sanitätsstationen – Einrichtung/Ausbau stationärer und mobiler Instandsetzungskapazitäten für Kraftfahrzeuge	2,5 Mio.
Senegal	– Weiterer Aufbau u. Betrieb von Wartungs-/Instandsetzungseinrichtungen für Kraftfahrzeuge und angeschlossener Ausbildungseinrichtungen – Fortsetzung Brunnenbohrprogramm – Unterstützung von Sanitätsversorgungseinrichtungen	2,5 Mio.
Nigeria – Neuaufnahme –	– Ausbau einer zentralen Instandsetzungswerkstatt für Kfz – Aufbau dezentraler (mobiler) Instandsetzungseinrichtungen	3,0 Mio.
Jemen	– Weiterführung Sanierung/Einrichtung von Militärhospitälern – Einrichtung Kfz- und Ausbildungswerkstatt	2,0 Mio.

Marokko	– Weiterführung von 3 Berufsausbildungszentren in
	  – Rabat
	  – Ben Guérir
	  – Kenitra
	– Katastrophenschutz
		3,0 Mio.

Mauretanien	– Weiterführung/Aufstellung einer Brunnenbohreinheit	1,5 Mio.

Tunesien	– Weiterführung Aus- und Aufbau von Berufsausbildungszentren in
	  – Bizerte (Elektrik/Elektronik)
	  – Fondouk Djédid (Kfz)
		1,5 Mio.

Dschibuti – Neuaufnahme –	– Weiterentwicklung Fernmeldewesen – Ausbau einer Kfz-Werkstatt	1,0 Mio.
Afghanistan (Sonderfinanzierung)	– Aufbau und Einrichtung einer Kfz-Werkstatt	1,25 Mio.

Im Rahmen des laufenden Vierjahresprogramms 2005 bis 2008 wurden aus Mitteln der Ausstattungshilfe in folgenden Empfängerstaaten die nachfolgend genannten Maßnahmen im angegebenen finanziellen Umfang (in Euro) durchgeführt:

Afghanistan	- Unterstützung beim Betrieb logistischer Einrichtungen - Lieferung/Wartung von Fahrzeugen	1,5 Mio.
Dschibuti	- Ausbau des landesweiten Funknetzes (digital) - Fortsetzung des Kfz-Werkstattprojektes	1,4 Mio.
Ghana	- Förderung Kofi Annan Peacekeeping Training Center	1,4 Mio.
Jemen	- Unterstützung des Sanitätsdienstes der jemenitischen Streitkräfte beim Ausbau der landesweiten Gesundheitsversorgung - Abschluss des bisherigen Kfz-Instandsetzungsprogramms	2,0 Mio.
Mali	- Unterstützung der Pioniereinheit Straßenbau	3,0 Mio.
Marokko	- Unterstützung der Ausbildungszentren für junge Wehrpflichtige in metall- und holzverarbeitenden sowie elektrotechnischen Berufen in Rabat und Ben Guérir (insgesamt 400 Ausbildungsplätze) - Unterstützung des Ausbildungszentrums für Feuerwehrtechnik und Katastrophenschutz in Kenitra (Programm endete am 31. 12. 2006)	1,0 Mio.
Namibia	- Unterstützung der namibischen Streitkräfte beim Aufbau eines zentralen Logistiksystems für Fahrzeuge - Betrieb einer Munitionsentsorgungsanlage	2,5 Mio.
Nigeria	- Fortsetzung des Kfz-Instandsetzungsprogramms mit Einrichtung/Betrieb Werkstatt für Fahrzeuge, die in Friedensmissionen zum Einsatz kommen sollen	1,5 Mio.
Senegal	- Aufbau und Betrieb von Wartungs- und Instandsetzungseinrichtungen für Kfz - Ausbildung des benötigten Personals - Brunnenbohrprogramme zur Sicherstellung der Wasserversorgung in entfernten Landesteilen - Stärkung der sanitätsdienstlichen Versorgungseinrichtungen für den stationären und mobilen Einsatz zur Versorgung der Peacekeeping-Kräfte und der Zivilbevölkerung in ländlichen Gebieten	1,5 Mio.
Tansania	- Technisch-logistische Unterstützung des im Rahmen der Ausstattungshilfe renovierten Militärhospitals in Lugalo sowie der Hospitäler in Mbeya, Mwanza und Arusha, Bau eines weiteren Militärhospitals in Sansibar - Unterstützung bei Einrichtung und Betrieb der zentralen Kfz-Instandsetzungswerkstatt in Daressalam zur Aufrechterhaltung und Verbesserung der tansanischen Transportkapazität für Versorgungsaufgaben (Flüchtlingsversorgung) im Bereich der Großen Seen	2,0 Mio.
Tunesien	- Unterstützung des Assoziierungsabkommens zwischen der EU und Tunesien im Bereich „Zivile Berufsausbildung" in Einrichtungen der tunesischen Streitkräfte in Tunis und Bizerte - Nachsorge medizinischer Einrichtungen (Programm endete am 31. 12. 2006)	1,0 Mio.

DANK

Für vielfache Hilfe bei Recherche und Literaturauswertung, für Kritik, für Durchsicht des Manuskriptes, für historische, juristische und kriminologische Beratung und solidarische Unterstützung durch Menschenrechtsaktivisten sowie insbesondere für Vorwort und Lektorat habe ich Freunden und Unterstützern herzlichst zu danken:

Andrea Ahrndt, Behandlungszentrum für Folteropfer Berlin
Ali Al-Nasani, Generalsekretariat Amnesty International, Berlin
Dr. Alexander Behrens, Lektor Verlag J.H.W Dietz, Bonn
Dr. Heiner Busch, Bürgerrechte und Polizei, CILIP Berlin
Otto Diederichs, freier Publizist, Berlin
Imke Dierßen, Amnesty International
Katrin Evers, Reporter Ohne Grenzen
Dipl. Kriminologe Martin Herrnkind, Dozent, Lübeck
Dr. Dieter Hoffmann, Jurist, Berlin
Hilde Holtkamp, Leiterin Verlag J.H.W Dietz, Bonn
Marion Holzapfel, Generalsekretariat Amnesty International, Berlin
Dr. Christian Humborg, Transparency International
Britta Jenkins, Behandlungszentrum für Folteropfer Berlin
Albrecht Koschützke, Geschäftsführer Verlag J.H.W Dietz, Bonn
Barbara Lochbihler, Generalsekretärin Amnesty International, Berlin
Mareike Malzbender, Verlag J.H.W Dietz, Bonn
Falk Menzner, Sprecher KO-Gruppe Polizei, Amnesty International
Kurt Meyer, Fachleiter für Geschichte am Studienseminar Kassel
Brigitte Meyer-Christ, Historikerin
Dr. Heiner Nuhn, Historiker
Heidemarie Pankratz, Verlag J.H.W Dietz, Bonn
Prof. Dr. Norbert Pütter, Bürgerrechte und Polizei, CILIP
Leyla Schön, Behandlungszentrum für Folteropfer Berlin
Dr. Werner Rügemer, Business Crime Control, BCC
Prof. Dr. Hans See, Business Crime Control, BCC

LITERATUR

Adam, Rudolf: Fortentwicklung der deutschen Sicherheitsarchitektur, in: Bundesakademie für Sicherheitspolitik 2006

Adelmann, Karin: Ausstattungshilfe. Die Bundeswehr in der Dritten Welt, in: epd-Entwicklungspolitik, 3/1991, S. 13–16

Ahmad, Salah: Die heilende Kraft des Erzählens, in: Graessner Sepp/Gurris, Norbert/Pross, Christian (Hg): Folter. An der Seite der Überlebenden, München 1996

Ahmad, Salah/Müller-Schöll, Wiltrud: Heilung durch Begegnung. Systematische Familientherapie mit Folterüberlebenden, in: Birck/Angelika/Pross, Christian/Lansen, Johan (Hg): Das Unsagbare. Die Arbeit mit Traumatisierten im Behandlungszentrum für Folteropfer Berlin, Berlin, Heidelberg 2002

Albrecht, Hans-Jörg: Der erweiterte Sicherheitsbegriff und seine Folgen, in: Infobrief 91, www.rav.de (2003)

Amnesty International: Jahresberichte 1978–2008

Baldauf, Dieter: Die Folter. Eine deutsche Rechtsgeschichte, Köln, Weimar, Wien 2004

Barthel, Christian (Hg): Qualitätsmanagement bei der Polizei. Entwicklungsstand und Perspektiven, Frankfurt/Main 2004

Bauer, Fritz: Abrechnung mit Kriegsverbrechern, in: Sozialistische Tribüne 1945, S. 11 f.

Ders.: In unserem Namen, in: Justiz und Strafvollzug, München 1965, S. 306

Beckstein, Günter: Bedrohung internationaler Terrorismus: Was muss Deutschland für die Innere Sicherheit tun? In: Expertengespräch Forschungsinstitut der Deutschen Gesellschaft für Auswärtige Politik (DGAP), Berlin 2004

Beestermöller, Gerhard/Brunkhorst, Hauke (Hg): Rückkehr der Folter. Der Rechtsstaat im Zwielicht? München 2006

Behr, Rafael: Polizeikultur. Routine – Rituale – Reflexionen. Bausteine zu einer Theorie der Praxis der Polizei, Wiesbaden 2006

Ders.: Cop Culture. Der Alltag des Gewaltmonopols. Männlichkeit, Handlungsmuster und Kultur in der Polizei, Opladen 2000

Benz, Wolfgang/Graml, Hermann/Weiß, Hermann (Hg): Enzyklopädie des Nationalsozialismus, München 1997

Bertelsmann Forschungsgruppe Politik: Beyond 2010. European Grand Strategy in a Global Age, Gütersloh 2007

Bielefeldt, Heiner: Menschenwürde und Folterverbot. Eine Auseinandersetzung mit den jüngsten Vorstößen zur Aufweichung des Folterverbots, Essay Nr. 6, Deutsches Institut für Menschenrechte, Berlin 2007

Ders.: Die Absolutheit des Folterverbots. Über die Unabwägbarkeit der Menschenwürde, in: Beestermöller, Gerhard/Brunkhorst, Hauke (Hg): Rückkehr der Folter. Der Rechtsstaat im Zwielicht? München 2006

Bonavita, Petra: Russland im Griff der Mafia. Mit einem Vorwort von Hans See, Heilbronn 1999

Borens, Bertram/Fuhr, Frank/Groh, Volker/Landvogt, Stefan/Michel, Holger/Schuler, Michael: Die Bekämpfung fremdenfeindlicher Straftaten – eine Herausforderung für die Polizei, Koblenz 1994

Bornewasser, Manfred/Eckert, Johannes/Willems, Helmut: Abschlussbericht »Belastungen und Gefährdungen von Polizeibeamtinnen und Polizeibeamten im alltäglichen Umgang mit Fremden zum Projekt »Polizei und Fremde«, in: Schriftenreihe Polizeiführungsakademie, 1–2/1996, S. 106–164

Bothe, Michael/Fischer-Lescano, Andreas: Die Folterungen in Abu Ghraib und das deutsche Völkerstrafgesetzbuch, in: Müller-Heidelberg, Till u. a. (Hg): Grundrechte-Report 2006, Frankfurt/Main, 2006

Bower, Tom: Verschwörung Paperclip. NS-Wissenschaftler im Dienst der Siegermächte, München 1988

Browning, Christopher R.: Ganz normale Männer. Das Reserve-Polizeibataillon 101 und die »Endlösung« in Polen, Reinbek 1993

Brugger, Winfried: Einschränkung des absoluten Folterverbots bei Rettungsfolter? In: Aus Politik u. Zeitgeschichte, Beilage zu Das Parlament, 36/2006, S. 9–15

Bürgerrechte & Polizei: Europas Grenzen: innen – außen, CILIP Nr. 89 (1/2008)

Bürgerrechte & Polizei: Internationaler Anti-Terrorismus, CILIP Nr. 87 (2/2007)

Bürgerrechte & Polizei: Prävention und ihre Abgründe, CILIP Nr. 86 (1/2007)

Bürgerrechte & Polizei: Hilfloser Datenschutz, CILIP Nr. 85 (3/2006)

Bürgerrechte & Polizei: Grenzenlose Sicherheit: Das Europa der Polizeien, CILIP Nr. 84 (2/2006)

Bürgerrechte & Polizei: Kontrolle des öffentlichen Raums, CILIP Nr. 81 (2/2005)

Bürgerrechte & Polizei: Anti-Terrorismus – eine Zwischenbilanz, CILIP Nr. 80 (1/2005)

Bürgerrechte & Polizei: Geheim. Geheimdienste im Aufwind, CILIP Nr. 78 (2/2004)

Bürgerrechte & Polizei: Militär und Polizei, CILIP Nr. 75 (2/2003)

Bundesakademie für Sicherheitspolitik: Asymmetrien als Herausforderung. Rahmenkonzept für eine ressortübergreifende Sicherheitspolitik, Berlin 2007

Bundesakademie für Sicherheitspolitik (Hg): Sicherheitspolitik in neuen Dimensionen. Kompendium zum erweiterten Sicherheitsbegriff, Hamburg, Berlin, Bonn 2001

Bundesministerium des Innern: Schutz Kritischer Infrastrukturen. Risiko und Krisenmanagement, Berlin 2008

Bundesministerium des Innern: Verfassungsschutzberichte 2000–2007

Bundesministerium des Innern: Empfehlungen für interne Revisionen in der Bundesverwaltung (2007)

Bundesministerium für wirtschaftliche Zusammenarbeit und Entwicklung: Entwicklungsorientierte Transformation bei fragiler Staatlichkeit und schlechter Regierungsführung (2007)

Bundesministerium für wirtschaftliche Zusammenarbeit und Entwicklung: Entwicklungspolitischer Aktionsplan für Menschenrechte 2004–2007

Bundesministerium für wirtschaftliche Zusammenarbeit und Entwicklung: Evaluierungskriterien für die deutsche bilaterale Entwicklungszusammenarbeit (2006)

Bundesministerium für wirtschaftliche Zusammenarbeit und Entwicklung: Korruption vorbeugen – Transparenz fördern: Was tut die deutsche Entwicklungspolitik? (2006)

Bundesministerium für wirtschaftliche Zusammenarbeit und Entwicklung: Krisenprävention, Konfliktbearbeitung und Friedensförderung in der deutschen Entwicklungszusammenarbeit (2005)

Bundesministerium für wirtschaftliche Zusammenarbeit und Entwicklung: Korruptionsbekämpfung. Positionspapier BMZ, BMZ Spezial 45 (2002)

Bundeskriminalamt (Hg): Das Bundeskriminalamt stellt sich seiner Geschichte. Dokumentation einer Kolloquienreihe, Neuwied 2008

Bundeskriminalamt: Das Bundeskriminalamt in Zahlen, Wiesbaden 2008
Bundeskriminalamt (Hg): Festschrift für Horst Herold, Wiesbaden 1998
Bundesministerium der Verteidigung: Weißbuch 2006 zur Sicherheitspolitik Deutschlands und zur Zukunft der Bundeswehr, Berlin 2006
Bunyan, Tony/Busch, Heiner: EU-Krisenmanagement: Die Polizei im Windschatten des Militärs, in CILIP Nr. 75 (2/2003), S. 15–27
Busch, Heiner: Freier Binnenmarkt für Polizeidaten. EU ermöglicht gemeinschaftsweiten Zugriff auf DNA-Informationen, in: Müller-Heidelberg, Till u. a. (Hg): Grundrechte-Report 2008, Frankfurt/Main, 2008
Ders.: Extraordinary Renditions. Verschleppung und Folter als Programm, in CILIP Nr. 87, (2/2007), S. 9–16
EU-Informationssysteme: Stand und Planung, in: CILIP Nr. 84 (2/2006), S. 29–43
Ders.: Hilfloser Datenschutz: Verrechtlichung, Individualisierung, Entpolitisierung, in: CILIP Nr. 85 (3/2006), S. 3–9
Ders.: Gesetz über gemeinsame Dateien: Anti-Terror-Datei und mehr, in: CILIP Nr. 85 (3/2006), S. 52–59
Ders.: Polizeiliche Drogenbekämpfung – eine internationale Verstrickung (unter Mitarbeit von Elke Schäfter, Britta Grell, Wolf-Dieter Narr), Münster 1999
Chan, Janet: Fair Cop. Learning the art of policing, Toronto 2002
Christe-Zeyse, Jochen (Hg): Modernes Management in der deutschen Polizei. Erfahrungsberichte aus der Praxis, Frankfurt/Main 2005
Decker, Oliver/Brähler, Elmar: Vom Rand zur Mitte. Rechtsextreme Einstellung und ihre Einflussfaktoren in Deutschland, Berlin 2006
Deutsche Bundesregierung: Aktionsprogramm 2015. Armut bekämpfen. Gemeinsam handeln. Der Beitrag der Bundesregierung zur weltweiten Halbierung extremer Armut., Berlin 2001, 2003
Deutsche Gesellschaft für Technische Zusammenarbeit (GTZ): Reform des Sicherheitssektors in Entwicklungsländern, Eschborn 2000
Deutsches Institut für Menschenrechte (Hg): Prävention von Folter und Misshandlung in Deutschland, Baden-Baden 2007
Deutsche Stiftung für Internationale Entwicklung (DSE): Tobias Debiel, Volker Mathies, Kriesenprävention – mehr Fragen als Antworten? Eine Zwischenbilanz zur deutschen Entwicklungs-, Außen- und Sicherheitspolitik, Frankfurt/Main 2000
Deutsche Stiftung für Internationale Entwicklung (DSE): Angelika Spelten, Wie erkennt man Krisenpotential? Entwurf eines Indikatorenkatalogs, Frankfurt/Main 2000
Dufner, Karl-Heinz: Interpol zu Gast in Deutschland, in: Die Kriminalpolizei 1/2006, S. 19 f.
Ders.: Verbindungsbeamte des BKA im Ausland – Eine Erfolgsstory, in: der kriminalist, 2/1999, S. 59–61
Duve, Freimut: 5 Millionen Deutsche: »Wir sollten wieder einen Führer haben …« Die SINUS-Studie über rechtsextremistische Einstellungen bei den Deutschen, Reinbek 1981
Edinger, Michael/Hallermann, Andreas/Schmitt, Karl: Thüringen-Monitor 2007, Hg. Freistaat Thüringen, Erfurt, Jena 2007
Fiechtner, Urs M.: Folter: Angriff auf die Menschenwürde, Bad Honnef 2008
Friedländer, Saul: Die Jahre der Vernichtung, München 2006
Friedrich-Ebert-Stiftung (Hg): Richard Stöss, Rechtsextremismus im Wandel, Berlin 2007

Friedrich-Ebert-Stiftung (Hg): Oliver Decker, Elmar Brähler unter Mitarbeit von Normann Geißler: Vom Rand zur Mitte. Rechtsextreme Einstellungen und ihre Einflussfaktoren in Deutschland, Berlin 2006

Friedrich-Ebert-Stiftung (Hg): Gabriela M. Sierck, Michael Krennerich, Peter Häußler, Handbuch der Menschenrechtsarbeit, Berlin, Bonn 2006/2007

Friedrich-Ebert-Stiftung (Hg): Nachrichtendienste und Sicherheitsbehörden im Zeitalter der Globalisierung, Berlin 2001

Frevel, Bernhard / Liebl, Karlhans (Hg): Empirische Polizeiforschung IX: Stand und Perspektiven der Polizeiausbildung, Frankfurt / Main 2007

Froese, Kerstin / Scholzen, Reinhard: GSG 9. Innenansichten eines Spezialverbandes des Bundesgrenzschutzes, mit einem Vorwort von Ulrich K. Wegener, Stuttgart 1997

Fuchs, Jürgen: Gedächtnisprotokolle, Berlin 1978, 1990

Ders.: Unter Nutzung der Angst. Die »leise Form« des Terrors, Berlin 1994

Funk, Albrecht: Militär, Polizei und die »neuen« Kriege, in: CILIP Nr. 75 (2/2003), S. 6–14

Funke, Edmund H.: Soziale Leitbilder polizeilichen Handelns. Eine Studie zur Einstellung von Polizeibeamten, Heidelberg 1990

Gatzke, Manfred: Die Lernwilligen kommen aus aller Welt. Das BKA und sein Beitrag zur internationalen kriminalpolizeilichen Zusammenarbeit – Ausbildung und Ausrüstungshilfe, in: Kriminalistik 10/1987, S. 545–551

Gössner, Rolf: Feuertod im Polizeigewahrsam. Zwei Polizeibeamte müssen sich für den Tod des Asylbewerbers Oury Jalloh vor dem Landgericht Dessau verantworten, in: Müller-Heidelberg, Till u. a. (Hg): Grundrechte-Report 2008, Frankfurt / Main 2008

Ders.: Menschenrechte in Zeiten des Terrors, Hamburg 2007

Graessner, Sepp: 200 Schläge an den Kopf. Möglichkeiten und Grenzen der Beurteilung von körperlichen Folterfolgen, in: Graessner Sepp / Gurris, Norbert / Pross, Christian (Hg): Folter. An der Seite der Überlebenden, München 1996

Ders.: Gesundheitliche Auswirkungen von Langzeithaft mit Isolation, in: Birck / Angelika / Pross, Christian / Lansen, Johan (Hg): Das Unsagbare. Die Arbeit mit Traumatisierten im Behandlungszentrum für Folteropfer Berlin, Berlin, Heidelberg 2002

Grumke, Thomas / Wagner, Bernd: Handbuch Rechtsradikalismus. Personen – Organisationen – Netzwerke vom Neonazismus bis in die Mitte der Gesellschaft, Opladen 2002

Gurris, Norbert F.: Seelisches Trauma durch Folter. Heilung durch Psychotherapie? in: Graessner Sepp / Gurris, Norbert / Pross, Christian (Hg): Folter. An der Seite der Überlebenden, München 1996

Gutedel, Ralph: Das System der Verbindunbgsbeamten, in: Kriminalistik, 4/1994, S. 231–234

Haenel, Ferdinand: Fremdkörper in der Seele, in: Graessner Sepp / Gurris, Norbert / Pross, Christian (Hg): Folter. An der Seite der Überlebenden, München 1996

Harder, Martina: Polizeisoldaten, in: Wissenschaft und Frieden, 4/2006

Hayes, Ben: Europol: Mehr Befugnisse und weniger Regeln, in: CILIP Nr. 84 (2/2006), S. 46–55

Hayes, Ben / Busch, Heiner: Europol und Eurojust, in: CILIP Nr. 60 (2/2001)

Hermanns, Jutta: Wer einmal der Folter erlag, kann nicht mehr heimisch werden in der Welt. Der Bruch von Verfassungsrecht in Auslieferungsverfahren, in: Müller-Heidelberg, Till u. a. (Hg): Grundrechte-Report 2008, Frankfurt / Main, 2008

Heinz, Wolfgang S.: Das neue internationale Übereinkommen zum Schutz aller Personen vor dem Verschwindenlassen, Essay Nr. 8, Deutsches Institut für Menschenrechte, Berlin 2008

Ders.: Terrorismusbekämpfung und Menschenrechtsschutz in Europa, Hg. Deutsches Institut für Menschenrechte, Berlin 2007
Herrmann, Horst: Die Folter. Eine Enzyklopädie des Grauens, Frankfurt/Main 2004
Herrnkind, Martin: Polizeiarbeit in der Ambivalenz zwischen dem Schutz von Freiheiten und ihrer Verletzung, überarbeitetes Referat einer Veranstaltung der Georg-Elser-Initiative in Bremen, 2007
Ders.: Was der Whistleblower von den Kollegen zu erwarten hat, in: POLIZEI-heute 2/2006, S. 58–61
Ders.: Gewalttätige Übergriffe durch die Polizei im Demonstrationsgeschehen aus Sicht von Amnesty International, in: Staak, Dir/Schwentuchowski, Stephan (Hg): Versammlungen, 2006
Ders.: Übergriffe und »Whistleblowers«. Betriebsunfälle in der Cop Culture? In: Karlhans Liebl (Hg): Empirische Polizeiforschung V: Fehler und Lernkultur in der Polizei, Frankfurt/Main 2004
Ders.: Risikogesellschaft, Polizeihandeln und der 11. September, in: Schweitzer, Christine/Aust, Björn/Schlotter, Peter (Hg): Demokratien im Krieg, Baden-Baden 2004
Ders.: »Schwarze Schafe« oder weites Dunkelfeld? In: Neue Kriminalpolitik, 4/1996, S. 33–37
Herrnkind, Martin/Scheerer, Sebastian: Die Polizei als Organisation mit Gewaltlizenz. Möglichkeiten und Grenzen der Kontrolle, Münster, Hamburg, London 2003
Hessische Stiftung für Friedens- und Konfliktforschung (Hg): Demokratische Vielfalt in der polizeilichen Arbeit. Trainingsprogramm zum interkulturellen Lernen an der Hessischen Polizeischule, Wiesbaden, Frankfurt/Main 2002
Hessische Stiftung für Friedens- und Konfliktforschung (Hg): Zwischen den Fronten. Bereitschaftspolizisten in der Krise: Eine politisch-psychologische Untersuchung (von Ute Volmerg), Frankfurt/Main, 1986
Holzberger, Mark: Vorverlagerte Migrationskontrolle. Polizeiliche Verbindungsbeamte im Ausland, in: CILIP Nr. 75 (2/2003), S. 57–65
Ders.: Grenzenlos. Die Internationalisierung europäischer Polizeieinsätze, in: CILIP Nr. 69 (2/2001), S. 48–54
Humanistische Union: Online-Durchsuchung, Kennzeichenfahndung, Vorratsdatenspeicherung, Fluggastdatenspeicherung, Steueridentifikationsnummer, in: HU-Mitteilungen Nr. 200/2008
Humanistische Union (Hg): Innere Sicherheit als Gefahr, Berlin 2003
Human Rights Watch: World-Reports 2000–2008
Huonker, Thomas: Schweizer Polizei-Instanzen, Interpol und die Verfolgung der Roma, in: Neue Wege, Nr. 10/2000, S. 295–303
Jäckel, Eberhard/Longerich, Peter/Schoeps, Julius H. (Hg): Enzyklopädie des Holocaust, München, Zürich 1989
Jacobsen, Lone/Vesti, Peter: Torture Survivors – a new Group of Patients, Kopenhagen 1990
Jelpke, Ulla: Deutsche Polizei weltweit, in: Ossietzky, 22/2006
Jeschke, Jürgen: Interpol zwischen 1933 und 1945; in: Kriminalistik 3/1971, S. 118 f.
Jenkins, Britta: Da, wo Worte fehlen, sind Tränen die Brücken – Gedanken über die Sprachlosigkeit in der Arbeit mit Folterüberlebenden, in: Graessner Sepp/Gurris, Norbert/Pross, Christian (Hg): Folter. An der Seite der Überlebenden, München 1996
John, Mathias: Rüstungstransfers. Globaler Handel mit Tod und Gewalt, in: Aus Politik und Zeitgeschichte, Das Parlament, 16/2007

Kaleck, Wolfgang: Amerikas Gegenwart ist unsere Zukunft. Rechtsstaat versus Guantánamo, in: Müller-Heidelberg, Till u. a. (Hg): Grundrechte-Report 2007, Frankfurt/Main, 2007

Kant, Martina: Internationaler Anti-Terrorismus. Falldarstellungen, in: CILIP Nr. 87 (2/2007), S. 17–35

Kant, Martina/Roggan, Fredrik: Polizeiliche Eingriffsbefugnisse im öffentlichen Raum, in: CILIP Nr. 81 (2/2005), S. 11–19

Karcher, Sylvia: »In meinen Fingerspitzen habe ich keine Seele mehr«, in: Graessner Sepp/Gurris, Norbert/Pross, Christian (Hg): Folter. An der Seite der Überlebenden, München 1996

Kass, Rüdiger: Grenzschutz in einem offenen Europa – die grenzpolizeiliche Arbeit der Bundespolizei, BKA-Herbsttagung, Wiesbaden 2006

Keller, Gustav: Die Psychologie der Folter, Frankfurt/Main 1981

Kemperer, Viktor: Ich will Zeugnis ablegen bis zum letzten. Tagebücher 1933–1945, Berlin 1996

Klee, Ernst: Das Personenlexikon zum Dritten Reich. Wer war was vor und nach 1945, Frankfurt/Main, 2003

Ders.: Auschwitz, die NS-Medizin und ihre Opfer, Frankfurt/Main 2004

Ders.: Persilscheine und falsche Pässe. Wie die Kirchen den Nazis halfen, Frankfurt/Main 1992

Koch, Egmont R.: Die CIA-Lüge. Folter im Namen der Demokratie, Berlin 2008

Komitee für Grundrechte und Demokratie (Hg): Verpolizeilichung der Bundesrepublik Deutschland, Köln 2002

Kommission der Europäischen Gemeinschaften: Konzept für Unterstützungsmaßnahmen der Europäischen Gemeinschaften im Bereich Sicherheitsreform, Brüssel, 2006

Korbmacher, Reinhold/Nähle, Peter: Polizei und Minderheiten. Empirische Seminararbeit, Schriftreihe der FHS für Öffentliche Verwaltung Nordrein-Westfalen, 1992

Krauß, Manfred: Psychologische Aspekte der Verbindungsbeamten, in: Beiträge Innere Sicherheit, Fachhochschule des Bundes für öffentliche Verwaltung, 2003

Kühnhardt, Ludger: Die Universalität der Menschenrechte, Band 256 Bundeszentrale für politische Bildung, Bonn 1987

Kurnaz, Murat: Fünf Jahre meines Lebens. Ein Bericht aus Guantánamo, Berlin 2007

Lansen, Johan: Supervision für Helfer von Opfern organisierter Gewalt, in: Birck/Angelika/Pross, Christian/Lansen, Johan (Hg): Das Unsagbare. Die Arbeit mit Traumatisierten im Behandlungszentrum für Folteropfer Berlin, Berlin, Heidelberg 2002

Le Monde diplomatique: Atlas der Globalisierung. Die neuen Daten und Fakten zur Lage der Welt, Paris, Berlin 2006

Lepszy, Norbert: Die Republikaner, in: Aus Politik und Zeitgeschichte, Das Parlament, 6.10.1989

Leutheusser-Schnarrenberger, Sabine: Der Fall Khaled el Masri. Regierung im Zwiespalt zwischen Terrorbekämpfung und Menschenrechten, in: Müller-Heidelberg, Till u. a. (Hg): Grundrechte-Report 2006, Frankfurt/Main 2006

Liebl, Karlhans (Hg): Empirische Polizeiforschung V: Fehler und Lernkultur in der Polizei, Frankfurt/Main 2004

Lindner, Marita: Fremdenfeindlichkeit, Rechtsextremismus und Gewalt. Meinungen und Einstellungen von Auszubildenden der Polizei des Landes Nordrhein-Westfalen. Ergebnisse einer empirischen Studie, Hamburg 1995

Lochbihler, Barbara: Ein bisschen Folter gibt es nicht, in: FR-Online, 26.2.2008

Dies.: Aufklärung und Prävention. Die offenen Aufgaben der Bundesregierung im Kampf gegen den Terrorismus mit Blick auf die Menschenrechte, in: Müller-Heidelberg, Till u. a. (Hg): Grundrechte-Report 2006, Frankfurt/Main 2006

Löbbecke, Peter: Abgesichert sein und gutes Geld verdienen. Eine qualitativ-empirische Untersuchung über Berufsbilder von studierenden Polizisten, Frankfurt/Main 2004

Ludermann, Bernd: Ein Hilfsprogramm sucht sein Konzept. Die deutsche Polizei- und Militärhilfe verfolgt widerstreitende Ziele, in: der überblick, 1/1998, S. 51–55

Mader, Charisius: Nicht länger geheim, Berlin (Ost) 1969

Maier, Thomas/Schnyder, Ulrich: Psychotherapie mit Folter und Kriegsopfern. Ein praktisches Handbuch, Bern, Göttingen 2007

Marischka, Christoph: Frontex, Vernetzte Sicherheit, die deutsche Rolle, in: Pflüger, Tobias (Hg): Was ist Frontex? Aufgaben und Strukturen der Europäischen Agentur für die operative Zusammenarbeit an den Außengrenzen, Berlin, Tübingen 2008

Marx, Reinhard: »Globaler Krieg gegen Terrorismus« und territorial gebrochene Menschenrechte, in: Kritische Justiz, 2/2006, S. 151–178

Mayer, Jane: Outsourcing torture. The secret history of America's »extraordinary Rendition« program, in: The Newyorker, 14.2.2005, S. 106–123

McCoy, Alfred W.: Folter und Foltern lassen. 50 Jahre Folterforschung und -Praxis von CIA und US-Militär, Frankfurt/Main 2005

Miles, Steven H.: Oath Betrayed. Torture, Medical Complicity and the war on terror, New York 2006

Milgram, Stanley: Das Milgram-Experiment. Zur Gehorsamsbereitschaft gegenüber Autorität, Reinbek 1990

Monar, Jörg: Braucht die EU ein »European Bureau of Investigation« und eine »European Intelligence Agency«? Bertelsmannstiftung Workshop »EU's Fight against Terrorism and Organized Crime«, 2006

Müller-Heidelberg, Till u. a. (Hg): Grundrechte-Report 2006–2008, Frankfurt/Main, 2006–2008

Narr, Wolf-Dieter: Das Weißbuch der Zukunft der Bundeswehr, in: CILIP Nr. 86 (1/2007), S. 55–60

Nationale Chilenische Kommission (Hg): Es gibt kein Morgen ohne Gestern, in: AI-journal 4/2008

Neitzel, Sönke: Abgehört. Deutsche Generäle in britischer Kriegsgefangenschaft 1942–1945, Berlin 2005

Nogala, Detlef: Die Trivialisierung von Überwachung in der informierten Gesellschaft des 21. Jahrhunderts, www.heise.de/tp/r4/artikel/8/8988/1.html

Nowak, Manfred: Das System Guantánamo, in: Aus Politik und Zeitgeschichte, Beilage zu Das Parlament, 36/2006, S. 23–30

Palitzsch, Johannes: Die Bekämpfung des internationalen Verbrechertums, Hamburg 1926

Pelzer, Marai: Auslieferung in Folterstaaten? Sorgloser Umgang mit Auslieferungsanträgen der Türkei, in: Müller-Heidelberg, Till u. a. (Hg): Grundrechte-Report 2007, Frankfurt/Main, 2007

Dies.: Flucht ist kein Verbrechen. Exzessive Inhaftierung von Asylbewerbern beschlossen, in: Müller-Heidelberg, Till u. a. (Hg): Grundrechte-Report 2008, Frankfurt/Main, 2008

Pflüger, Tobias (Hg): Was ist Frontex? Aufgaben und Strukturen der Europäischen Agentur für die operative Zusammenarbeit an den Außengrenzen, Berlin, Tübingen 2008

Physicians for Human Rights: Broken Laws, broken lives. Medical Evidence of Torture by US Personnel and its Impact, New York 2008
Pross, Christian: »Zersetzung«. Psychologische Techniken der Staatssicherheit und ihre Folgen, in: Birck/Angelika/Pross, Christian/Lansen, Johan (Hg): Das Unsagbare. Die Arbeit mit Traumatisierten im Behandlungszentrum für Folteropfer Berlin, Berlin, Heidelberg 2002
Pross, Christian/Graessner, Sepp: 10 Jahre Behandlungszentrum für Folteropfer, in: Birck/Angelika/Pross, Christian/Lansen, Johan (Hg): Das Unsagbare. Die Arbeit mit Traumatisierten im Behandlungszentrum für Folteropfer Berlin, Berlin, Heidelberg 2002
Pütter, Norbert: Prävention – eine populäre Überzeugung, in: CILIP Nr. 86 (1/2007), S. 3–15
Ders.: Fünfjahrespläne für Innere Sicherheit – von Tampere nach Den Haag, in: CILIP Nr. 84 (2/2006), S. 9–20
Ders.: Terrorismus als Ermächtigungspolitik, in CILIP Nr. 80 (1/2005), S. 27–31
Pütter, Norbert/Busch, Heiner: Staatsgewalt jenseits des Rechts, in: CILIP Nr. 87 (2/2007), S. 3–8
Rauchfleisch, Udo (Hg): Folter, Freiburg, Zürich 1990
Reemtsma, Jan Philipp: Vertrauen und Gewalt. Versuch über eine besondere Konstellation der Moderne, Hamburg 2008
Ders.: Folter im Rechtsstaat? Hamburg 2005
Röpke, Andrea/Speit, Andreas (Hg): Neonazis in Nadelstreifen. Die NPD auf dem Weg in die Mitte der Gesellschaft, Berlin 2008
Roggan, Fredrik: Über die Guantánamoisierung des Rechts. Die neue Sicherheitsarchitektur am Beispiel von Anti-Terror-Datei und Terrorismusbekämpfungsergänzungsgesetz, in: Müller-Heidelberg, Till u. a. (Hg): Grundrechte-Report 2007, Frankfurt/Main, 2007
Ders.: Abgespeichert – sicherheitshalber. Die Vorratsdatenspeicherung erklärt jedermann zum potentiellen Rechtsbrecher, in: Müller-Heidelberg, Till u. a. (Hg): Grundrechte-Report 2008, Frankfurt/Main, 2008
Ronellenfitsch, Michael: Terrorismusbekämpfung und Datenschutz, in: JurPC-Dok. 115/2007
Rose, Romani: Bürgerrechte für Sinti und Roma. Das Buch zum Rassismus in Deutschland. Zentralrat der Sinti und Roma, Heidelberg 1987
Roth, Jürgen: Die roten Bosse. Russlands Tycoone übernehmen die Macht in Europa, München 1998
Rothkegel, Sibylle: Der gefrorene See. Gestalttherapeutische Traumbearbeitung mit Folteropfern, in: Graessner Sepp/Gurris, Norbert/Pross, Christian (Hg): Folter. An der Seite der Überlebenden, München 1996
Rügemer, Werner: Wirtschaft ohne Korruption? Frankfurt/Main 1996
Ders.: Korruption in Staat und Wirtschaft, Köln 1995
Schaar, Peter: Europas Grenzen schützen – rechtlich organisatorisch und technisch. Risiken und Chancen der Schengener Osterweiterung, in 10. Europ. Polizeikongress, Berlin 2007
Schäfer, Herbert: Identifikation mit dem gesetzlichen Auftrag und auftragswidrige Kameraderie, in: der kriminalist, Lübeck 1996
Schäfer, Silke/Hellwif, Sylvia/Wältring, Judith: Für eine Welt frei von Folter. Gründe für Amnesty Internationals bedingungslose Ablehnung der Folter, AI-KO-Gruppe gegen die Folter, Bonn 2006
Schapper, Claus Henning/Maaßen, Hans-Georg: Bekämpfung der Organisierten Kriminalität. Scheitert die Weltgemeinschaft an dieser Aufgabe?, in: Zeitschrift IP Internationale Politik, 2–3/1999

Schenk, Dieter: Der Lemberger Professorenmord und der Holocaust in Ostgalizien, Bonn 2007
Ders.: Folterregime raus aus Interpol, BCC-Beilage taz v. 23.2.2007
Ders.: Hans Frank. Hitlers Kronjurist und Generalgouverneur, Frankfurt/Main 2006
Ders.: Gedenkrede 20.Juli 2005, Website Stiftung Adam von Trott Imshausen
Ders.: Über die Unwilligkeit zu trauern, Gastbeitrag Frankfurter Rundschau v. 17.7.2003
Ders.: Auf dem rechten Auge blind. Die braunen Wurzeln des BKA, Köln 2001
Ders.: Das wachsame Auge blickte stets nach links, Gastbeitrag Frankfurter Rundschau v. 22.3.2001
Ders.: Geheimdienste im Aufwind, BCC-Magazin 3/2001
Ders.: Rüstungsgeschäfte und offene Fragen, BCC-Magazin 3/1999
Ders.: Der Chef. Horst Herold und das BKA, Hamburg 1998
Ders.: Polizeientwicklungshilfe an Folterregime, Ossietzky Nr. 16 v. 22.8.1998
Ders.: Europol, BCC- Magazin 1/1996
Ders.: Folter – ein Non-Wort. Offener Brief an den Vorsitzenden der Polizeigewerkschaft, taz v. 11.1.1995
Ders.: Mit Macht, Moneten und Militär gegen Menschenrechte, BCC – Magazin 4/1995
Ders.: Wer regiert das Bundeskriminalamt? Gastbeitrag Frankfurter Rundschau v. 14.3.1994
Ders.: Über den Export von deutscher Sicherheit und Ordnung, in: See, Hans/Schenk, Dieter (Hg): Wirtschaftsverbrechen. Der innere Feind der Marktwirtschaft, Köln 1992
Ders.: BKA. Die Reise nach Beirut, Reinbek 1990
Ders.: »Der beste Freund der Schwarzen ist der Mensch« (Südafrikanisches Sprichwort), Dokumentation BdK Landesverband Hessen, Juni 1982
Schenk, Dieter/Such, Manfred: Keine Polizei- und Militärhilfe an Folterregime, CILIP Nr. 39 (2/1991), S. 78–82
Schenk, Dieter/Such, Manfred: Thesen gegen polizeiliche Entwicklungshilfe, in: epd-Entwicklungspolitik, 3/1991, S. 16–18
Schicht, Günter: Menschenrechtsbildung für die Polizei, Hg. Deutsches Institut für Menschenrechte, Berlin 2007
Schmidt, Carola: Korruption, Gewalt und die Welt der Polizisten. Deutschland, Chile, Bolivien und Venezuela im Vergleich, Frankfurt/Main 2007
Schmidt-Eenboom, Erich: Der deutsche Geheimdienst im Nahen Osten. Geheime Hintergründe und Fakten, München 2007
Schröm, Oliver/Röpke, Andrea: Stille Hilfe für braune Kameraden. Das geheime Netzwerk der Alt- und Neonazis, Berlin 2001
Schulten, Hendrik: Wie ist die Feindlage? Umwälzungen im Bereich des militärischen Nachrichtenwesens, in: Düsseldorfer Institut für Außen- und Sicherheitspolitik (DIAS), 2005
Schwind, Hans-Dieter: Zur »Mauer des Schweigens«. Gedanken zum sogenannten »Hamburger Polizeiskandal« aus kriminologischer Sicht, in: Kriminalistik 3/1996, S. 161–167
See, Hans: Wirtschaft zwischen Demokratie und Verbrechen, Frankfurt/Main, 2008
Ders.: Streitgespräch: »Wie unabhängig ist Transparency International Deutschland« zwischen Hans See und dem Vorsitzenden von TI, Peter von Blomberg, auf der 8. Speyerer Demokratietagung, in: Hans Herbert von Arnim (Hg): Korruption und Korruptionsbekämpfung, Berlin 2007, S. 127–150.
Ders.: Wirtschaftsverbrechen im Zeitalter der Globalisierung, in: Internationales ökumenisches Jahrbuch für Theologie, Frankfurt/Main 2003
Ders., Kapitalverbrechen. Die Verwirtschaftung der Moral, Düsseldorf 1990

Ders.: Wirtschaftskriminalität als Problem der inneren und äußeren Sicherheit, in: Unbequem (Magazin der Kritischen Polizisten), 12/1988
See, Hans/Spoo, Eckart (Hg): Wirtschaftskriminalität. Kriminelle Wirtschaft, Heilbronn 1997
See, Hans/Schenk, Dieter (Hg): Wirtschaftsverbrechen. Der innere Feind der freien Marktwirtschaft, Köln 1992
Sofsky, Wolfgang: Operation Freiheit. Der Krieg im Irak, Frankfurt/Main, 2003
Ders.: Zeiten des Schreckens. Amok Terror Krieg, Frankfurt/Main, 2002
Ders.: Traktat über die Gewalt, Frankfurt/Main 1996
Ders.: Die Ordnung des Terrors. Das Konzentrationslager, Frankfurt/Main 1993
Spoo, Eckart: Geheimdienstliche Medienüberwachung. Symbiotische Beziehungen zwischen BND und Journalisten, in: Müller-Heidelberg, Till u. a. (Hg): Grundrechte-Report 2007, Frankfurt/Main, 2007
Stiftung Entwicklung und Frieden: Debiel, Tobias/Klingebiel, Stephan/Mehler, Andreas/Schneckener, Ulrich, Zwischen ignorieren und Intervenieren. Strategien und Dilemmata externer Akteure in fragilen Staaten, Bonn 2005
Stiftung Wissenschaft und Politik (SWP): Ulrich Schneckener, Internationales Statebuilding. Dilemmata, Strategien und Anforderungen an die deutsche Politik, Berlin 2007
Stiftung Wissenschaft und Politik (SWP): Ronja Kempin, Polizeiaufbau in Afghanistan, Berlin 2007
Stiftung Wissenschaft und Politik (SWP): Annegret Bendiek: Terrorismusbekämpfung der EU. Schritte zu einer kohärenten Netzwerkpolitik,), Berlin 2006
Stiftung Wissenschaft und Politik (SWP): Michael Schmunck, Die deutschen Provincial Reconstruction Teams, Berlin 2006
Stiftung Wissenschaft und Politik (SWP): Ulrich Schneckener, States at risk. Fragile Staaten als Sicherheits- und Entwicklungsproblem, Berlin 2004
Stiglitz, Joseph: Die Schatten der Globalisierung, Band 388 Schriftenreihe Bundeszentrale für politische Bildung, Bonn 2002
Stockholm International Peace Research Institute (SIPRI): Yearbook 2008
Such, Manfred: Bürger statt Bullen, Essen 1988
Tocqueville, Alexis de: Über die Demokratie in Amerika, Frankfurt/Main 1956
Tuffner, Martin: Das Schengener Informationssystem (SIS) – ein »Quantensprung« der Fahndung in Europa, in: Bundeskriminalamt Festschrift Herold (1998), S. 239–257
UN Office on Drugs and Crime: World Drug Report 2007, New York 2007
Venzlaff, Ulrich: Vorwort zu Birck/Angelika/Pross, Christian/Lansen, Johan (Hg): Das Unsagbare. Die Arbeit mit Traumatisierten im Behandlungszentrum für Folteropfer Berlin, Berlin, Heidelberg 2002
Vereinigung der Verfolgten des Naziregimes – Bund der Antifaschisten/IG Metall: Ausstellungskatalog »Neofaschismus in Deutschland«, Berlin 2004
Vogelskamp, Dirk: Jenseits der Menschenrechte, in: Jahrbuch Komitee für Grundrechte und Demokratie 2007
Walter, Bernd: Berufsbilder der Polizei, in: der kriminalist, 6/2007, S. 276
Wamers, Paul: Gegenwärtiger Stand und künftige Entwicklung von Sicherheitskooperationen, BKA-Herbsttagung, Wiesbaden 2005
Weber, Ralf: Psychotherapeut und Traumaopfer, in: Birck/Angelika/Pross, Christian/Lansen, Johan (Hg): Das Unsagbare. Die Arbeit mit Traumatisierten im Behandlungszentrum für Folteropfer Berlin, Berlin, Heidelberg 2002

Weichert, Thilo: Fluggastdaten-Vorratsspeicherung über Reisebewegungen, in: Müller-Heidelberg, Till u. a. (Hg): Grundrechte-Report 2008, Frankfurt/Main, 2008
Ders.: Offene Informationsgesellschaft und Terrorbekämpfung – ein Widerspruch, Sommerakademie, Kiel 2007
Ders.: Datenschutz im Sicherheitsbereich – Möglichkeiten und Grenzen, in: CILIP 85 (3/2006), S. 10–20
Ders.: Datenschutz bei föderaler Polizeikooperation in Deutschland und Europa, in: Datenschutzzentrum Schleswig-Holstein (2005)
Weiner, Tim: CIA. Die ganze Geschichte, Frankfurt/Main 2008
Wells, Leon W.: Ein Sohn Hiobs, München 1969
Wenk-Ansohn, Mechthild: Folgen sexualisierter Folter, in: Birck/Angelika/Pross, Christian/Lansen, Johan (Hg): Das Unsagbare. Die Arbeit mit Traumatisierten im Behandlungszentrum für Folteropfer Berlin, Berlin, Heidelberg 2002
Will, Rosemarie: Das absolute Folterverbot gilt auch bei der internationalen Terrorismusbekämpfung, in: Müller-Heidelberg, Till u. a. (Hg): Grundrechte-Report 2007, Frankfurt/Main, 2007
Wittkämper, Gerhard W.: Europa und die Innere Sicherheit, BKA-Forschungsreihe, Band 35, 1996
Wolf, Norbert: Sicherheitskooperation als weltweite Zweckbündnisse aus Sicht der Wirtschaft, BKA-Herbsttagung, Wiesbaden 2005
Zagolla, Robert: Im Namen der Wahrheit. Folter in Deutschland vom Mittelalter bis heute, Berlin 2006
Ziegler, Jean: Die Barbaren kommen, München 2000
Ziercke, Jörg: Aktuelle Entwicklungen bei der Terrorismusbekämpfung aus polizeilicher Sicht, 10. Europäischer Polizeikongress, Berlin 2007
Ders.: Die Rolle der privaten Sicherheitsunternehmen in der künftigen Sicherheitsarchitektur Deutschlands, in: Der Sicherheitsdienst (DSD), 3/2007
Ders.: Polizei in der digitalen Welt, BKA-Herbsttagung, Wiesbaden 2007
Ders.: Verfahrensrechtliche Restriktionen polizeilicher Ermittlungen. Last oder Segen? Sommerakademie, Kiel 2007
Ders.: Recht und Sicherheit. Möglichkeiten und Grenzen der polizeilichen Praxis, Bundesverfassungsgericht, Justizpressekonferenz, Karlsruhe 2006
Ders.: Kriminalität im Kontext von Migration und ihre Auswirkungen auf die Sicherheitslage Deutschlands im europäischen Verbund, BKA-Herbsttagung, Wiesbaden 2006
Ders.: Internationale Erscheinungsformen von Kriminalität und Gewalt – Kooperationsformen und die Rolle des BKA, BKA-Herbsttagung, Wiesbaden, 2005
Ders.: Wissenschaft und Praxis im Kampf gegen den Terrorismus, BKA-Herbsttagung, Wiesbaden 2004

ABKÜRZUNGEN

AA	Auswärtiges Amt
AFIS	Automatisches Fingerabdruck Identifizierungssystem
AFP	Agence France Press
AG IPM	Bund-Länder-Arbeitsgruppe Internationale Polizeimissionen
AG Kripo	Arbeitsgemeinschaft der Landeskriminalämter und des BKA
AG SSR	Arbeitsgruppe Sicherheitssektorreform
AI	Amnesty International
AK II	Arbeitskreis der Leiter von Polizeiabteilungen der Innenministerien
ALO	Airline Liaison Officer
ANAP	Afghan National Auxiliary Police
ANP	Afghan National Police
Asean	Association of South-East Asean Nations
ASW	Arbeitsgemeinschaft für Sicherheit der Wirtschaft
ATD	Antiterrordatei
BAKS	Bundesakademie für Sicherheitspolitik
BAMF	Bundesamt für Migration und Flüchtlinge
BCC	Business Crime Control
BDK	Bund Deutscher Kriminalbeamter
BfV	Bundesamt für Verfassungsschutz
BGS	Bundesgrenzschutz
BICC	Bonn International Center for Conversion
BIP	Bruttoinlandsprodukt
BLK	Bund-Länder-Koordinierungsstelle
BMI	Bundesministerium des Inneren
BMVg	Bundesministerium der Verteidigung
BMZ	Bundesministerium für wirtschaftliche Zusammenarbeit und Entwicklung
BND	Bundesnachrichtendienst
BPOL	Bundespolizei
BSI	Bundesamt für Sicherheit in der Informationstechnik
BT-Drs.	Bundestagsdrucksache
BZFO	Behandlungszentrum für Folteropfer Berlin
CAT	Committee Against Torture (UN)
CC-TKÜ	Kompetenzzentrum Telekommunikationsüberwachung
CEPOL	Europäische Polizeiakademie
CIA	Central Intelligence Agency
CIC	Counter Intelligence Corps
CID	Criminal Investigation Division
CIMIC	Civil Military Cooperation
COSPOL	Comprehensive Operational Strategic Plan Police
CPT	European Committee for the prevention of torture
CTG	Counter -Terrorism Group
CTIC	Counterterrorist Intelligence Center
DAC	Development Assistence Committee

DEA	Drug Enforcement Administration
DED	Deutscher Entwicklungsdienst
DGAP	Deutsche Gesellschaft für Auswärtige Politik
DHPol	Deutsche Hochschule der Polizei
DIAS	Düsseldorfer Institut für Außen- und Sicherheitspolitik
DIM	Deutsches Institut für Menschenrechte
DINA	Dirección Nacional de Inteligencia (Chilenischer Geheimdienst)
DNA	Desoxyribonucleinsäure
DSE	Deutsche Stiftung für internationale Entwicklung
DV	Datenverarbeitung
DVI	Desaster Victim Identification
DVU	Deutsche Volksunion
ESVP	Europäische Sicherheits- und Verteidigungspolitik
ETA	Euskadi Ta Askatasuna (Baskische Untergrundorganisation)
EU	Europäische Union
EUFOR	European Union Force
EuGH	Europäischer Gerichtshof
EURODAC	Automatisches Fingerabdruck-Identifizierungssysten
EUROJUST	Europäische Strafverfolgungsbehörde
EUROPOL	Europäisches Polizeiamt
EZ	Entwicklungszusammenarbeit
FBI	Federal Bureau of Investigation
FHO	Fremde Heere Ost
FIDE	Fichier d'identification des Dossiers d'Enquêtes douanières Europäischer Kriminalaktennachweis
FR	Frankfurter Rundschau
FRONTEX	Europäische Grenzschutzagentur
G 8	Gruppe der Acht (führenden Industrie-Nationen)
GASIM	Gemeinsames Analyse- und Strategiezentrum illegale Migration
GASP	Gemeinsame Außen- und Sicherheitspolitik
GBA	Generalbundesanwalt
GDF	European Gendarmerie Forces
GdP	Gewerkschaft der Polizei
GIZ	Gemeinsames Internetzentrum (der Bundesbehörden)
GSG 9	Grenzschutzgruppe 9
GTAZ	Gemeinsames Terrorismusabwehrzentrum
GTZ	Deutsche Gesellschaft für Technische Zusammenarbeit
HRW	Human Rights Watch
IFOR	Implementation Force
IGH	Internationaler Gerichtshof
IKPK	Internationale Kriminalpolizeiliche Kommission
IKPO	Internationale Kriminalpolizeiliche Organisation (Interpol)
ILO	Immigration Liaison Officer
IMK	Bundesinnenministerkonferenz
IMSI	International Mobile Subscriber Identity
IOC	International Olympic Kommittee
IRA	Irish Republican Army

ISAF	International Security Assistance Force
IT	Informationstechnologie
IuK	Information und Kommunikation
IWF	Internationaler Währungsfonds
KO-Gruppe	Koordinierungsgruppe (Amnesty International)
LfV	Landesamt für Verfassungsschutz
LKA	Landeskriminalamt
MAD	Militärischer Abschirmdienst
MdB	Mitglied des Bundestags
MEK	Mobiles Einsatzkommando
MEPA	Mitteleuropäische Polizeiakademie
MfS	Ministerium für Staatssicherheit (ehemal. DDR)
MOE	Staaten Mittel- und Osteuropas
NATO	North Atlantic Treaty Organization
NDS	National Directorate of Security (Afghanischer Geheimdienst)
NGO	Non Government Organisation
NPD	Nationaldemokratische Partei Deutschlands
NRF	NATO Response Force
NRO	Nichtregierungsorganisation
NZB	Nationales Zentralbüro
NZZ	Neue Zürcher Zeitung
OECD	Organisation for Economic Cooperation and Development
OEF	Operation Enduring Freedom
OHCHR	Office of the High Commissioner for Human Rights (UN)
OK	Organisierte Kriminalität
OLAF	Office Européen Anti-Fraude
OSZE	Organisation für Sicherheit und Zusammenarbeit in Europa
PFA	Polizeiführungsakademie
PHR	Physicians for Human Rights
PKGr	Parlamentarische Kontrollgremium
PPPs	Public Private Partnerships
PTBS	Posttraumatische Belastungsstörung
PTSD	Posttraumatic Stress Disorder
PVB	Polizeivolzugsbeamtinnen/-beamte
RABIT	Rapit Border Intervention Team
REP	Republikaner
RG	Rauschgift
RKPA	Reichskriminalpolizeiamt
RSHA	Reichssicherheitshauptamt
SC-TKÜ	Servicezentrum Telekommunikationsüberwachung
SEF	Stiftung Entwicklung und Frieden
SEK	Sondereinsatzkommando
SFOR	Stabilisation Force
SIAC	Securities Industry Automation Corporation
SIAK	Sicherheitsakademie (Österreich)
SIS	Schengener Informationssystem
SitCen	EU Situation Centre

SOCA	Serious Organized Crime Agency (Großbritannien)
StGB	Strafgesetzbuch
StPO	Strafprozessordnung
SWP	Stiftung Wissenschaft und Politik
SZ	Süddeutsche Zeitung
TE	Terrorismus
TI	Transparency International
TKÜ	Telekommunikationsüberwachung
TÜ	Telefonüberwachung
UN	United Nations
UNCAC	United Nations Convention against Corruption
UNDP	United Nations Development Programme
UNICEF	United Nations Children's Fund
VAE	Vereinigte Arabische Emirate
VB	Verbindungsbeamter
VIS	Visa-Informationssystem
VN	Vereinte Nationen
VS-NfD	Verschlusssache – Nur für den Dienstgebrauch
WZB	Wissenschaftszentrum für Sozialforschung Berlin
ZIS	Zoll-Informationssystem
ZKA	Zollkriminalinstitut
ZNBw	Zentrum für Nachrichtenwesen der Bundeswehr
ZUZ	Gemeinsame Unterstützungsgruppe (Zoll)

PERSONENREGISTER

DOKUMENTENNACHWEIS

ANLAGE IV	Mit freundlicher Genehmigung von Transparency International
ANLAGE V	Mit freundlicher Genehmigung von Reporter ohne Grenzen
ANLAGE VI	BT-Drucks. 16/6839
ANLAGE VII	BT-ASW-Drucks. 13/184
ANLAGE VIII	BT-Drucks. 16/6486

ANMERKUNGEN

1 vgl. Bundeskriminalamt (Hg): Das Bundeskriminalamt stellt sich seiner Geschichte (2008)
2 Stephan Linck: Der Ordnung verpflichtet: Deutsche Polizei 1933–1949. Der Fall Flensburg, Paderborn 2000, S. 192
3 zitiert nach www.heise.de (25.10.2000)
4 Wolfgang Benz/Hermann Graml/Hermann Weiß.: Enzyklopädie Nationalsozialismus
5 Ernst Klee: Auschwitz, S. 77ff.
6 ebenda
7 ebenda, S. 504f.
8 ebenda; Ernst Klee, Personenlexikon
9 Tom Bower: Verschwörung Paperclip
10 Ernst Klee: Personenlexikon
11 ebenda
12 ebenda
13 Egmont R. Koch: CIA-Lüge, Kopie des Berichts im Bildteil, S. 82f.
14 ebenda, Bildteil, S. 119
15 ebenda, S. 71ff.
16 Sönke Neitzel: Abgehört
17 Tim Weiner: CIA, S. 15, 72
18 ebenda
19 Dieter Schenk: Braune Wurzeln, S. 261ff.
20 Ernst Klee: Persilscheine, S. 30f.; Ernst Klee, Personenlexikon
21 Ernst Klee: Persilscheine, S. 28, 30, 33
22 ebenda, S. 25
23 Dieter Schenk: Lemberg, S. 184, 217, 266, 302
24 Ernst Klee, Personenlexikon, S. 472f.
25 vgl. auch Oliver Schröm/Andrea Röpke: Stille Hilfe
26 Ernst Klee: Persilscheine, S.39
27 Dieter Schenk, Lemberg, S. 223
28 Alfred W. McCoy: Foltern, S. 33
29 zitiert nach, Alfred W. McCoy : Foltern, S. 16
30 vgl. zu Einzelheiten: Egmont R. Koch: CIA-Lüge; Tim Weiner: CIA; Alfred W. McCoy: Foltern
31 Mc. Coy , S. 33
32 im Folgenden Zusammenfassung nach Alfred W. McCoy: Foltern
33 www.ulla-jelpke.de/news_detAIl.php?newsid=636
34 FR-Dokumentation, 9.11.1984
35 Nationale Chilenische Kommission (Hg): Es gibt kein Morgen ohne Gestern (2008)
36 AI-journal 5/2007, S. 28f.
37 http://www.el-puente.de/index.php?modul=info&modus=html_land&land=gu&kontinent=Amerika&key=&popup=1&typ=&einzeln=1
38 AI-El Salvadore Info Nr. 2-07; S: 35
39 ebenda, S. 38f.; Schenk, Es geschah vor meinen Augen, S. 158f.

40 AI-Journal, 03/08, S. 24f.
41 taz, 23.9.1996; FR, 22.9.1998
42 Tim Weiner, CIA, S. 415ff., 421ff; vgl. Seymour Hersh: The Price of Power: Kissinger
43 http://www.uni-kassel.de/fb5/frieden/regionen/Nordirland/folter.html
44 AI-Jahresbericht 1998 Spanien
45 www.hrw.org/german/docs/2006/03/06/turkey12765.htm
46 www2.amnesty.de/internet/deall.nsf/51a43250d61caccfc1256aa1003d7d38/0bd0459638a9807cc1256ad8002fbb1c?OpenDocument
47 ANLAGE I
48 Jane Mayer: Outsourcing torture. The secret history of America's »extraordinary renditions« program, in: The Newyorker, 14.2.2005, S. 106-123
49 HRW-Bericht an die Kanadische Kommission v. 7.6.2005
50 AI-Kampagnen & Aktionen: Keine Flüge in die Folter (Juni 2006)
51 AI-Journal, 1.7.2006
52 vgl. Heiner Busch: Extraordinary Renditions, CILIP 87, 2/2007
53 Alleged secret detentions and unlawful inter-state transfers involving Council of Europe member states Draft Report II, 7.6.2006
54 Protokoll 91. Sitzung d. Untersuchungsausschusses am 19.6.2008
55 SPD-Bundestagsfraktion, Pressemitteilung 18.6.2008
56 BT-Drucks. 16/325; 16/311
57 Das Parlament, Nr. 20/2006
58 BT-Drucks. 16/325; 16/311
59 Hans-Christian Ströbele, MdB, Abweichende Bewertung v. 23.2.2006
60 vgl. Wolfgang S. Heinz: Terrorismusbekämpfung u. MR-Schutz in Europa, Deutsches Institut f. MR (2007)
61 Max Stadler, MdB, Abweichende Bewertung v. 23.2.2006
62 Bericht der Bundesregierung an PKGr. (offene Fassung) v. 25.1.2006, S. 56, 59f.; BT-Drucks.16/167, 16/311, 16/325
63 Bericht der Bundesregierung an PKGr. (offene Fassung) v. 25.1.2006, S. 68
64 AI: Pressemitteilung zum BND-Untersuchungsausschuss v. 19.6.2008 ; vgl. AI: Keine Flüge in die Folter. CIA-Verschleppungsflüge und unrechtmäßige Haft verhindern, Forderungskatalog, Juni 2008
65 Marx, Reinhard: »Globaler Krieg gegen Terrorismus« und territorial gebrochene Menschenrechte, in: Kritische Justiz, 2/2006
66 vgl.: AI-Forderungskatalog »Renditions u. unrechtmäßige Haft verhindern« (Juni 2008)
67 BT-Drucks. 16/811
68 ebenda
69 ebenda
70 Erich Schmidt-Eenboom, Interview durch German-Foreign-Policy, 14.11.2006
71 Bericht der Bundesregierung an PKGr. v. 25.1.2006, S. 80
72 ebenda
73 BT-Drucks. 15/5800, S. 41f.
74 Bericht der Bundesregierung an PKGr. v. 25.1.2006, S. 81
75 PStS (BMI) Peter Altmaier im BT-Innenausschuss, TOP 11, S. 43 (18.1.2006)
76 ebenda
77 BT-Drucks. 15/5800, S. 41f.
78 Jörg Ziercke: Recht und Sicherheit, Vortrag v. 21.6.2006

79 ebenda
80 Schweizerische Flüchtlingshilfe, Länderdossier September 2001
81 ngo-online Internetzeitung 10. u. 12.7.2001
82 AI-Länderberichte Syrien 2002
83 Tagesschau.de v. 24.1.2008; German-Foreign-Policy.com, 14.3.2008
84 DER SPIEGEL v. 15.7.2002 »Operation Zartheit« u. Handelsblatt v. 20.1.2003
85 Martina Kant: Falldarstellungen, CILIP 87, Nr. 2/2007, S. 20-22
86 SPIEGEL, 21.11.2005; German-Foreign-Policy.com, 14.3.2008
87 Protokoll 77. Sitzung Untersuchungsausschuss am 6.3.2008, S. 56
88 HRW-Worldreport 2008, S. 522
89 Erich Schmidt-Eenboom: BND. Der deutsche Geheimdienst im Osten (2007), S. 221-223
90 Bewertung PKGr. v. 23.2.2006, S. 34f.
91 ebenda
92 Max Stadler, MdB, Abweichende Bewertung v. 22.2.2006
93 Hans-Christian Ströbele, MdB, Abweichende Bewertung. v. 23.2.2006
94 Erich Schmidt-Eenboom: BND. Der deutsche Geheimdienst im Osten (2007), S. 222
95 BT-Drucks. 16/311
96 vgl. BT-Drucks. 16/167
97 Washington Post 11.3.2202: U.S. Behind Secret Transfer of Terror Suspects
98 BT-Drucks. 16/836, 16/4528
99 AI-Portrait: »Peinliche Befragung«, 1.1.2006
100 Viktor Klemperer, Ich will Zeugnis ablegen bis zum letzten, Band I, Auszüge aus S. 603-631
101 Martina Kant u.a.: Falldarstellungen, CILIP 87, Nr. 2/2007, S. 17f.; STERN 26.10.2006, 2.5.2008
102 ebenda
103 ebenda
104 AI-Pressemitteilung v. 19.6.2008 zum BND-Untersuchungsausschuss
105 Martina Kant u.a.: Falldarstellungen, CILIP 87, Nr. 2/2007, S. 19f.; AI-Kampagnen u. Aktionen: Die illegale Inhaftierung von Murat Kurnaz (Januar 2007)
vgl. Murat Kurnaz: Fünf Jahre meines Lebens
106 BT-Drucks. 16/325
107 Heute im Bundestag, 24.5.2007
108 Martina Kant u.a.: Falldarstellungen, CILIP 87, Nr. 2/2007, S. 19f.
109 Steven H. Miles: Oath Betrayed, New York 2006
110 Martina Kant u.a.: Falldarstellungen, CILIP 87, Nr. 2/2007, S. 19f
111 AI-Kampagnen u. Aktionen: Die illegale Inhaftierung von Murat Kurnaz (Januar 2007)
112 Martina Kant u.a.: Falldarstellungen, CILIP 87, Nr. 2/2007, S. 19f.
113 Manfred Nowak: Das System Guantánamo, Politik u. Zeitgeschichte, 36/2006
114 AI-Partners in Crime – CIA-Geheimflüge (1.7.2006)
115 Aussage El Masri im BND-Untersuchungsausschuss
116 Martina Kant u.a.: Falldarstellungen, CILIP 87, Nr. 2/2007, S. 22f.
117 Zeugenaussage Gerhard Schindler im Untersuchungsausschuss; SZ, 31.1.2007, Chronologie Fall El Masri
118 Heute im Bundestag, 21.9.2006
119 ngo-Online, 31.1.2007

120 Martina Kant u.a.: Falldarstellungen, CILIP 87, Nr. 2/2007, S. 22f.

121 vgl. Sabine Leutheusser-Schnarrenberger: Der Fall Khaled el Masri. Regierung im Zwiespalt zwischen Terrorbekämpfung und Menschenrechten

122 SZ, 31.1.2007, Chronologie Fall El Masri

123 DER SPIEGEL, 9.6.2008

124 ngo-Online, 31.1.2007

125 Berichte in German-Foreign-Policy, 22.12.2005, 19.12.2005, 6.1.2006, 8.1.2006; FOCUS, 14.11.2005; SZ, 16.9.2005; Die ZEIT 19.1.2006; ARD-Sendung Kontraste, Beitrag v. 22.12.2005

126 Kurz- u. Wortprotokoll 4. Sitzung BT-Innenausschuss, 18.1.2006

127 Berichte in German-Foreign-Policy, 22.12.2005, 19.12.2005, 6.1.2006, 8.1.2006; FOCUS, 14.11.2005; SZ, 16.9.2005; Die ZEIT 19.1.2006; ARD-Sendung Kontraste, Beitrag v. 22.12.2005

128 ebenda

129 ebenda; Presseerklärung BKA v. 23.12.2005; Bericht Ziercke BT-Innenausschuss 18.1.2006

130 Berichte in German-Foreign-Policy, 22.12.2005, 19.12.2005, 6.1.2006, 8.1.2006; FOCUS, 14.11.2005; SZ, 16.9.2005; Die ZEIT 19.1.2006

131 Bericht Ziercke BT-Innenausschuss 18.1.2006

132 ebenda

133 Martin Herrnkind: Was der Whistleblower von Kollegen zu erwarten hat

134 AI-Index 18/015/2002

135 Schweizer Flüchtlingshilfe, Bericht Libanon, Lageanalyse Dezember 2001 (Bern, März 2002)

136 DIE ZEIT, 4/2006 v. 19.1.2006

137 AI-Jahresbericht 2007, S. 266; HRW-World-Report 2008, S. 499

138 Bericht EU-MR-Kommissar, CommDH (2007)14 v. 11.7.2007

139 vgl. Wolfgang S. Heinz: Terrorismusbekämpfung u. MR-Schutz in Europa, Deutsches Institut f. MR (2007)

140 Norbert Pütter/Heiner Busch: Staatsgewalt jenseits des Rechts, Cilip 87, Nr. 2/2007, S.8

141 AI-Jahresbericht 2006, S. 7

142 BT-Drucks. 15/5800, S. 19

143 vgl. Urs Fiechtner: Folter; Horst Herrmann: Folter; Dieter Baldauf: Folter; Udo Rauchfleisch (Hg): Folter; Lone Jacobsen, Peter Festi: Torture Survivors

144 http://lexikon.meyers.de/meyers/Folter

145 Frankfurt am Main, 2004

146 Johan Lansen: Supervision für Helfer von Opfern, in: Birck/Pross/Lansen: Das Unsagbare (2002), S. 241f.

147 Index Menschenrechte (ANLAGE I)

148 BT-Drucks. 15/5800, S. 38

149 Wolfgang Sofsky: Traktat über die Gewalt (1996), S. 67

150 http://newsvote.bbc.co.uk

151 vgl. Barbara Lochbihler: Vorwort

152 McCoy, CIA, S. 183f.

153 BT-Drucks. 15/5800, S. 25

154 AI-Pressemitteilung v. 27.5.2008 zum Jahresbericht 2008

155 vgl. Epilog: Broken laws, broken lives

156 ebenda
157 vgl. Wolfgang S. Heinz: Das neue internationale Übereinkommen zum Schutz aller Personen vor dem Verschwindenlassen, Essay DIM, April 2008
158 BT-Drucks. 15/5800, S. 35; 16/10037, S. 26
159 Pressemitteilung AI v. 19.12.2007
160 Europäisches Parlament: MR in der Welt, Jahresbericht 2006, Ziff. 54
161 AI-Info 10/1994, S. 8-11
162 ebenda, S. 32; Heute im Bundestag, Meldung v. 11.7.2005; siehe Kapitel XV/4 Interpol Beijing
163 Index Menschenrechte (ANLAGE I)
164 zitiert nach Martin Herrnkind/Sebastian Scheerer: Polizei mit Gewaltlizenz, S. 228
165 www-zeitgeschichte-online.de
166 Index Menschenrechte (ANLAGE I)
167 BT-Drucks. 15/5800, S. 70; 16/10037, S. 59-69
168 Index Menschenrechte (ANLAGE I)
169 BT-Drucks. 15/5800, S. 72
170 Index Menschenrechte (ANLAGE I)
171 AI-Journal 03/08, S. 5
172 AI-urgent action Albanien, 17.10.2007
173 ebenda, S. 16
174 Fischer Frauen-Atlas 1998, zitiert nach AI-Journal 03/08, S. 16
175 AI-Journal 03/08, S. 16
176 Heidemarie Rall, Kriminalhauptkommissarin im BKA, in Grenzüberschreitende Verbrechen, Hg. Solidarität mit Frauen in Not (Soldwodl e.V.)
177 AI-Jahresbericht 2004, S. 526
178 BKA Pressemitteilung v. 15.7.2008: Bundeslagebild Menschenhandel 2007
179 MOE-Staaten: Estland, Lettland, Litauen, Polen, Rumänien, Slowakei, Slowenien, Tschechien , Bulgarien und Ungarn
180 Heidemarie Rall, Kriminalhauptkommissarin im BKA, in Grenzüberschreitende Verbrechen, Hg. Solidarität mit Frauen in Not (Soldwodl e.V.)
181 Tabelle Menschenrechte (ANLAGE I)
182 Bundeslagebild Menschenhandel 2007
183 Anke Ollech: »Wir sind hier total aufgeschmissen«
184 vgl. Die Rechtsberaterkonferenz: 66 Forderungen an die Politik zum Flüchtlingsrecht, Ausländerrecht und Staatsangehörigkeitsrecht (2003)
185 AI: Aktion keine Deals mit Folter-Staaten! Diplomatische Zusicherungen stoppen! (März 2008)
186 BT-Drucks. 15/5800, S. 85f., 91ff., 95-99., 113; Tabelle Menschenrechte (ANLAGE I)
187 http://www.reporter-ohne-grenzen.de/rangliste-2007.html
188 ngo-online 20.7.2005
189 Pressemitteilung Reporter ohne Grenzen 3.5.2008
190 Tabelle Menschenrechte (ANLAGE I)
191 Lone Jacobsen, Peter Vesti: Torture Survivors, S. 14
192 Christian Pross/Sepp Graessner: 10 Jahre Behandlungszentrum
193 Mechthild Wenk-Ansohn: Folgen sexualisierter Folter, S. 57f.
194 Veli Lök, Coskun Üsterci: Die Kampagne gegen Folter in der Türkei

195 Human Rights Watch World Report 2008, Jahresbericht AI 2007, 2008, BT-Drucks. 15/5800 S. 157 u.a.
196 Graessner/Gurris/Pross (Hg): Folter, S. 208f.
197 Birck/Pross/Lansen (Hg): Das Unsagbare; Graessner/Gurris/Pross (Hg): Folter
198 Claudia Kruse: Sozialarbeit und Sozialtherapie, S.79-94
199 Salah Ahmad/Wiltrud Müller Schöll: Heilung durch Begegnung, S. 95-106
200 Ralf Weber: Psychotherapeut und Traumaopfer, S. 204
201 Jean Améry: Jenseits von Schuld und Sühne – Bewältigungsversuche eine Überwältigten, Essaysammlung 1966
202 vgl. Robert Zagolla: Im Namen der Wahrheit, u.a.
203 Dieter Schenk, Frank, S. 379
204 Stanley Milgram: Das Milgram-Experiment, S. 19ff.
205 Christopher R. Browning: Ganz normale Männer, S. 241
206 Philip G. Zimbardo: Stradford-Gefängnis-Experiment, http://www.prisonexp.org/german/indexg.htm
207 Janice T. Gibson, Mika Haritos-Fatouros: Wie man zum Folterkecht wird
208 ebenda
209 Graessner/Gurris/Pross (Hg): Folter. An der Seite der Überlebenden. (1996), S. 49f.
210 ebenda
211 AI-Info 1 1995, S. 4-9
212 Steven H. Miles: Oath Betrayed. Torture, Medical Complicity and the war on terror (Random House 2006) vgl. Report Physicians for Human Rights: Broken laws, broken lives (Juni 2008)
213 BT-Drucksache 15/5800, S. 24
214 ebenda
215 vgl. Will, Rosemarie: Das absolute Folterverbot gilt auch bei der internationalen Terrorismusbekämpfung (2007)
216 ebenda
217 vgl. Kaleck, Wolfgang: Amerikas Gegenwart ist unsere Zukunft. Rechtsstaat versus Guantánamo (2007)
218 Bundesgesetzblatt II 1990, S. 247
219 www.usdoj.gov/olc/warpowers925.htm
220 Pressemitteilung SPD-Bundestagsfraktion v. 11.3.2008 u.a.
221 SPIEGEL-online/AP/DPA v. 8.3.2008
222 www.n-tv.de v. 20.1.2008
223 Robert Zagolla: Im Namen der Wahrheit, S. 120ff.
224 ebenda, S. 124ff.
225 Ulrich Venzlaff: Das Unsagbare, S. IXf.
226 Franz Vranitzky: Rede in Wien anlässlich des 70. Jahrestages des Anschlusses Österreichs (15.3.2008)
diepresse.com/home/meinung/gastkommentar/369680/index.do
227 Leon W. Wells: Sohn Hiob, S. 91f.
228 Dieter Schenk, Lemberger, S. 182ff. u.a.
229 Christian Pross: Zersetzung, S. 271ff.
230 Jürgen Fuchs: Gedächtnisprotokolle (1978/1990); Unter Nutzung der Angst (1994)
231 Christian Pross: Zersetzung, S. 272f.
232 ebenda, S. 274

233 ai: http://www2.amnesty.de/internet/deall.nsf/44cc9b529851e45ac1256aa1004bb4c0/3ec19e3777ee9f4fc1256b6d004a1931?OpenDocument
234 Sepp Graessner: Auswirkungen Langzeithaft, S. 266f.
235 AI-Jahresbericht 1982, S. 337
236 vgl. Vorwort von Barbara Lochbihler
237 Gössner, Rolf: Feuertod im Polizeigewahrsam. Zwei Polizeibeamte müssen sich für den Tod des Asylbewerbers Oury Jalloh vor dem Landgericht Dessau verantworten (2008)
238 Presseerklärung Pro Asyl u. Liga für Menschenrechte v. 18.1.2008
239 FR 12.3.2008
240 ebenda
241 Urteil LG Frankfurt (Oder), 23 Kls 5/95 v. 4.5.1998
242 AI - Länderbericht Deutschland v. 14.1.2004
243 SF Tagesschau 7.1.2008; Spiegel-online 7.1.2008
244 AI - Jahresbericht 2007, S. 326
245 BGBl. II 1953, S. 685; 1995, S. 578; ferner Art. 7 des Zivilpakts der Vereinten Nationen u. Art. 5 der Allgemeinen Erklärung der MR
246 vgl. Barbara Lochbihler: Vorwort
247 AI: Für eine Welt frei von Folter. Gründe für Amnesty Internationals bedingungslose Ablehnung der Folter v. Silke Schäfer,Sylvia Hellwig, Judith Wältring, AI-KO-Gruppe gegen die Folter, Bonn
248 Martin Herrnkind: Gewalttätige Übergriffe, S. 130
249 BT-Drucksache 15/5800, S. 38, 41f.
250 Heiner Bielefeld: Menschenwürde und Folterverbot, S. 22
251 AI, Offener Brief v. 31.1.2008
252 Ulrich Lorenz: Rede am 4.2.2008 am Anti-Foltertag
253 Jan Philipp Reemtsma: Folter im Rechtsaat?
Vgl. auch Deutsches Institut für Menschenrechte (Hg.): Prävention von Folter u. Misshandlung in Deutschland
254 Bertelsmann Tranformations Index: http://www.bertelsmann-transformation-index.de/
255 Bertelsmann Transformationsindex 2008, S. 3, 6
256 Freedomehouse: http://www.freedomhouse.org/template.cfm?page=363&year=2007
257 Transparency Internation Korruptions-Index: http://www.transparency.de/Corruption-Perceptions-Index-2.1077.0.html
258 Hans See, Korruption u. Korruptionsbekämpfung, in: Hans Herbert von Arnim (Hg): Korruption und Korruptionsbekämpfung, Berlin 2007, S. 128; Hans See: Wirtschaftsverbrechen im Zeitalter der Globalisierung, in: Internationales ökumenisches Jahrbuch für Theologie, Frankfurt/Main 2003, S.313; Werner Rügemer, Korruptions-Index, BIG 2/2008
259 ebenda
260 vgl. Göppinger: Kriminologie, S.63, zum methodischen Vorgehen in der empirischen Kriminologie
261 www.un.org
262 Domradio, 26.3.2008
263 www.ohchr.org/EN/Pages/WelcomePage.aspx
264 www.un.org

265 Datenbank der Uni Bern über 100 Dokumente der UN nach Land, Rechtsgebiet und Organ
www.universalhumanrightsindex.org
266 www.ohchr.org
267 Vereinte Nationen, A/59/2005/Add. v. 26.5.2005
268 Tagesschau, Deutsche Welle, NZZ 25.7.2008
269 www.ohchr.org.
270 www.icc-cpi.int/
271 Sierck/Krennerich/Häußler: Handbuch MR, S.183ff.
272 www.coe.int/T/D/Menschenrechtsgerichtshof
273 www.cpt.coe.int
274 BT-Protokoll Nr. 16/37
275 Das CPT in Kürze, Europarat, CPT/Inf/E (2002) 2
276 CPT (2006) 36 – Bericht v. 28.7.2006
277 www.cpt.coe.int/en/visits.htm
278 www.coe.int
279 Bericht EU-MR-Kommissar, CommDH (2007)14 v. 11.7.2007
280 www.osce.org
281 www.institut-fuer-menschenrechte.de
282 www.uni-kassel.de/fb5/frieden/themen/Menschenrechte/maclean.html
283 vgl. BT-Drucks. 16/10037, S. 13
284 BT-Protokoll Nr. 16/37
285 ebenda
286 www.bundestag.de/ausschuesse/a17/
287 BT-Drucks. 16/8249
288 www.amnesty-polizei.de
289 Mitteilung an den Autor
290 www.forum-menschenrechte.de
291 www.amnesty.org ; www.amnesty2.de
292 FAZ.Net, Interview Direktor HRW, Kenneth Roth, v. 20.7.2007
293 BT-Drucks. 15/5800, S. 200-206; 16/10037, S. 187-191
294 Bundesregierung: Menschenrechte weltweit stärken, 10.3.2008; BMZ: Aktionsplan 2008-2010; BMZ:Aktionsplan 2004-2007
295 http://www.bmz.de/de/themen/MDG/MenschenrechteDemokratie/index.html
296 BMZ Erstauflage April 2001, unveränderte Zweitauflage Sept. 2003
297 BMZ: Recht – Demokratie – Frieden, März 2003
298 Gründerin von SEWA (Self Employed Women's Association)
299 Der Text ist Teil eines im BKA gehalten Vortrags, veröffentlicht in: Bundeskriminalamt (Hg): Das Bundeskriminalamt stellt sich seiner Geschichte (2008)
vgl. Dieter Schenk: Die braunen Wurzeln des BKA; zu Karrieredaten zitierter Personen siehe außerdem Ernst Klee: Personenlexikon
300 Fritz Bauer, Abrechnung mit Kriegsverbrechern, in: Sozialistische Tribüne 1945, S. 11f.
301 Fritz Bauer, In unserem Namen, in: Justiz und Strafvollzug, München 1965, S. 306
302 DR-Kultur, 31.10.2007; vgl. SZ, 31.10.2007
303 Ferdinand Haenel: Fremdkörper in der Seele, in: Graessner/Gurris/Pross (Hg), Folter, S. 15-18

304 Weitzel, Fritz: geb. 24.4.1904, gelernter Schlosser. SS-Obergruppenführer, 1924 SA, 1925 NSDAP, 1926 SS. 1930 MdR, 1933 Polizeipräsident Düsseldorf, 1938 Höherer SS- und Polizeiführer West (Düsseldorf), April 1940 Nord (Oslo). Verstorben 1940 bei Heimaturlaub durch Fliegerbombe (Klle, Personenlexikon)

305 Wolfgang Langhoff, Moorsoldaten, zitiert nach Robert Zagolla, Im Namen der Wahrheit, S. 136f.

306 Verfassungsschutzbericht 2006, herausgegeben vom BMI, Redaktion BfV

307 vgl. Thomas Grumke/Bernd Wagner: Handbuch Rechtsradikalismus

308 BT-Drucks. 16/4675, S. 43

309 ebenda, S. 32

310 Verfassungsschutzbericht 2006, S. 46 – 137; BT-Drucks. 16/4675 S. 8

311 Ausstellung »Neofaschismus in Deutschland«, bundesbuero@vvn-bda.de mit ausführlichen Literaturangaben

312 ebenda

313 zitiert nach ID-Asyl

314 BT-Drucks. 16/1009; vgl. Lucius Teidelbaum: Braunzone Bundeswehr. Der bundesdeutsche Rechtsextremismus und die Bundeswehr, IMI-Studie 4/2008

315 BT-Drucks. 16/1009 v. 17.3.2006; 16/4675 v. 14.3.2007

316 HR, Interview der Woche, 13.4.2008

317 Verfassungsschutzbericht 2006, S. 66

318 Bundeszentrale für politische Bildung, www.bpb.de/themen/K9MFS1,0,0,Die_Zeit_ist_reif.html

319 ebenda; Verfassungsschutzbericht 2006, S. 96, 103

320 Verfassungsschutzbericht 2006, S. 90

321 Norbert Lepszy, Die Republikaner, Beilage Parlament 6.10.1989

322 Die Polizei 4/1997, S. 125

323 FR, 6.3.1998

324 Verfassungsschutzbericht 2006, S. 47, 51

325 BMI, Entwicklung politisch motivierte Kriminalität 2007, Pressemitteilung 10.4.2008

326 SZ, 1.12.2007; mz-web.de, 28.11.2007

327 SZ, 1.12.2007

328 ebenda

329 BT-Drucks. 16/8690

330 ebenda

331 FR 30.3.2007

332 Focus-online 19.3.2007; Berliner Zeitung 21.3.2007; Tagesspiegel 22.3.2007

333 Die neuere Studie von Peter Löbbecke: Abgesichert sein und gutes Geld verdienen (2004) blieb unberücksichtigt, weil sie auf der Wahrnehmung von nur 24 Probanten (Laufbahnbewerber der Polizei Sachsen-Anhalt) beruht und weil wichtige kritische Ansätze nicht untersucht wurden

334 Reinhold Korbmacher/Peter Nähle (Hg): Polizei u. Minderheiten

335 Edmund Funke: Soziale Leitbilder

336 FH Koblenz: Projektstudie Die Bekämpfung fremdenfeindlicher Straftaten

337 Manfred Bornwasser/Roland Eckert/Helmut Willems: Die Polizei im Umgang mit Fremden, vgl. Schriftenreihe PFA, 1-2/1996, S. 106-164

338 zitiert nach Martin Herrnkind, Schwarze Schafe

339 Schriftenreihe PFA, 1-2/1996, S. 160

340 ebenda, Neue Kriminalpolitik, 4/1996, S. 35
341 AI-Jahresbericht 2005, S. 395-397; vgl. auch AI-Länderbericht Deutschland 2004 v. 14.1.2004
342 UN-MR-Ausschuss, abschließende Bemerkung zum 4. Länderbericht Deutschlands, CCPR/C/79/Add.73
343 AI-Index: EUR 23/08/94 GERMAN; 23/06/95; 23/02/96 GERMAN
344 AI-Internationales Sekretariat, Länderbericht v. 1.5.1995
345 Deutsche Polizei –GdP Nr. 1/1995
346 vgl. Dieter Schenk: Folter – ein Non-Wort, Offener Brief an den Vorsitzenden der GdP, Taz 11.1.1995
347 SINUS-Institut: Wir sollten wieder einen Führer haben, rororo-aktuell
348 FES (Hg), Vom Rand zur Mitte
349 Staatskanzlei Thürigen/Institut für Politikwissenschaft Uni Jena: Thüringen Monitor 2006 u. 2007
vgl. außerdem Richard Stöss u.a.: Rechtsextremismus im Wandel, Berlin 2005
350 Martin Herrnkind: Gewalttätige Übergriffe, S. 129; Polizeiarbeit in der Ambivalenz, S. 6
351 Raphael Behr: Cop Culture (2000); Raphael Behr: Polizeikultur (2006)
352 ebenda; vgl. Herbert Schäfer: Identifikation mit dem gesetzlichen Auftrag und auftragswidrige Kameraderie (1996)
353 ZEIT-online, 19/2008, S. 10
354 Günter Schicht: Menschenrechtsbildung für die Polizei, S. 32
355 Heiner Bielefeld, Vorwort zur Studie von Günter Schicht
356 Bericht EU-MR-Kommissar, CommDH (2007)14 v. 11.7.2007
357 BT-Drucks. 15/5800, S. 119-121
358 Ute Volmerg: Zwischen den Fronten (Hess. Stiftung Friedens- u. Konfliktforschung)
359 Prof. Christian Büttner (Redaktion): Demokratische Vielfalt polizeilicher Arbeit (Dezember 2002)
360 Günter Schicht: Menschenrechtsbildung für die Polizei, S. 47ff.
361 www.amnesty-polizei.de/
362 AI-Länderbericht v. 14.1.2004
363 BT-Drucks. 16/9061
364 WamS, 20.4.2008
365 http://content.bmi.gv.at/siak/SIAK-Internet/Fortbildung/Neue%20Seiten/Handbuch%20Menschenrechte%20und%20Polizei%202005.pdf
366 www.menschenrechtsbeirat.at
367 Martin Herrnkind, Gewalttätige Übergriffe, S. 7, 23
368 vgl. Polizei & Wissenschaft, Heft 2/2003 mit 4 Beiträgen zu diesem Thema
369 Bernd Walter: Berufsbilder der Polizei: der kriminalist, 6/2007, S. 276
370 Polizei Kurier Rheinl.Pfalz, 4/2002; Emnid-Umfrage in FOCUS Nr. 18/2002
371 BKA: Mitarbeiterinformation v. 9.2.1989
372 Ergebnis der Mitarbeiterbefragung v. 18.8.1989
373 10/1990
374 ebenda
375 FOCUS Nr. 42/1995v. 16.10.1995
376 ebenda
377 Deutsche Polizei, Bezirks-Journal BKA (GdP), 10/2001
378 ebenda

379 Deutsche Polizei, Bezirks-Journal BKA (GdP), 8/2002
380 Jörg Ziercke, 1. BKA-Kolloquium, Einführungsvortrag 8.8.2007
381 Welt online, 5.4.2007 u.a.
382 Martin Herrnkind: Polizeiarbeit in der Ambivalenz, S. 4
383 ebenda
384 Martin Herrnkind: Schleierfahndung, in Rassismus in Deutschland, S.119ff.
385 Günter Schicht: Menschenrechtsbildung für die Polizei, S. 64
386 vgl. Bernhard Frevel/Karlhans Liebl: Empirische Polizeiforschung (2007)
387 Organigramm Deutsche Hochschule der Polizei, www.dhpol.de/de/medien/downloads/hochschule/Organigramm_DHPol.pdf
388 vgl. Jochen Christe.Zeyse (Hg): Modernes Management Polizei (2005)
389 Christian Barthel (Hg): Qualitätsmanagement Polizei (2004), S.53
390 Ernst-Heinrich Ahlf u.a.: Einführung eines Qualitätsmanagementsystems bei KI 1
391 www.bka.de, Profile, Organigramm
392 ebenda
393 DW-world, 28.1.2007
394 Das Parlament, 25.9.2006
395 vgl. FR, 28.12.2006: Grassierende Korruption beklagt
396 Hans See, Korruption u. Korruptionsbekämpfung, S. 129
397 BMZ: Recht – Demokratie – Frieden, S. 77
398 STERN, 9.11.2007
399 BKA, Bundeslagebild Korruption 2006 v. Nov. 2007
400 ebenda
401 Pressemitteilung BT-Fraktion Bündnis 90/Die Grünen v. 14.7.2008
402 Werner Rügemer, Korruptions-Index, in BIG 2/2008; Welt-online 5.6.2007
403 BCC-Info 1/1995, Titelthema Korruption; www.wirtschaftsverbrechen.de
404 www.bmwi.de; www.bmj.bund.de
405 www.oecd.org; www.bundesrecht.juris.de
406 http://www.unodc.org/pdf/crime/convention_corruption/signing/Convention-e.pdf
407 vgl. Flyer BMZ: Korruption vorbeugen
408 BMZ: Recht – Demokratie – Frieden, S. 78; vgl. die grundlegende Arbeit von Hans See, Wirtschaft zwischen Demokratie und Verbrechen – Grundzüge einer Kritik der kriminellen Ökonomie, Frankfurt/M. 2008
409 Oberschule zum Dom Lübeck, Festvortrag Ziercke (2007)
410 Karl-Heinz Dufner: der kriminalist, Heft 2/1999 (BDK); Festschrift Herold, S. 259ff. BKA-Profil-Verbindungsbeamte in www.bka.de/
411 Innere Sicherheit, 2/1992
412 Ralph Gutedel, System der VB, Kriminalistik 4/1994
413 Karl-Heinz Dufner: Verbindungsbeamte, der kriminalist. 2/1999, S. 59
414 Ralph Gutedel, System der VB, Kriminalistik 4/1994
415 BT-Drucks. 15/2272, S. 11; BKA: Die IKPO-Interpol (Stand 2.5.2007), www.bka.de
416 Ralph Gutedel, System der VB, Kriminalistik 4/1994, S. 232
417 BKA-Profil-Zahlen und Fakten in www.bka.de
418 EU Beschluss 2004/512/EG/ 2006/560/Jl, Amtsblatt Abl. L 67 v. 12.3.2003/ L 219 v. 10.8.2006
419 AA: Bericht an BTag, Maßnahmen zur weiteren Verbesserung der Visa-Vergabe (29.9.2006)
420 vgl. Innere Sicherheit, 2/1992

421 Kriminalistik 8-9/1987, S.463
422 www.bertelsmann-transformation-index.de
423 AI-Jahresbericht 2007, S.464 ff.; HRW-Jahresbericht 2008, S. 452 ff.
424 Auswärtiges Amt – deutsche Auslandsvertretungen, in: www.auswaertiges-amt.de
425 BT-Drucks. 16/1222
426 HRW, 23.7.2007 (ZEIT-Interview)
427 Presseerklärung Ströbele v. 20.4.2006
428 Erich Schmidt-Eenboom: BND. Der Deutsche Geheimdienst im Nahen Osten, S. 20
429 Ralph Gutedel, System der VB, Kriminalistik 4/1994, Fußnote 17
430 ebenda, S. 232
431 Kriminalistik 4/1994, S. 235f.
432 vgl. Manfred Krauß, Psychologische Aspekte VB, in: Beiträge Innere Sicherheit, FHS Bund (2003)
433 BKA Skizze RG 12
434 Ben Hayes: Europol: Mehr Befugnisse und weniger Regeln, CILIP 84, Nr. 2/2006, S. 46f.
435 Thilo Weichert: Datenschutz bei föderaler Polizeikooperation in Deutschland u. Europa
436 BMI Wien, www.bmi.gv.at ; www.kripo-online.at; ORF Inforadio, Sendung 10.1.2008
437 www.admin.ch
438 Karl-Heinz Dufner: Verbindungsbeamte, der kriminalist. 2/1999, S. 59
439 BT-Drucks. 16/892, S. 5
440 Karl-Heinz Dufner: Verbindungsbeamte, der kriminalist. 2/1999, S. 59
441 Mark Holzberger: Grenzenlos, CILIP 69, 2/2001
442 BKA, Arbeitstagung »Neue Allianzen«, Kurzfassung Vortrag William Hughes
443 SWP-Aktuell 10, Parlamentsvorbehalt auf dem Prüfstand (Februar 2007)
444 BT-Drucks. 16/326
445 BT-Drucks. 16/3930, S. 58, 461
446 Jörge Ziercke: Phänomenologie und künftige Entwicklungen, Text Vortrag 2.11.2005
447 AI-Jahresbericht 2007, S.424; HRW-World-Report 2008, S.432f.
448 AI-Jahresbericht 2006, S. 484f.
449 AI-Jahresbericht 2006, S. 207ff.
450 HRW-Jahresbericht 2008, S. 447ff.
451 Jörge Ziercke: Phänomenologie und künftige Entwicklungen, Text Vortrag 2.11.2005
452 Bertelsmann Forschungsgruppe Politik, Centrum für angewandte Politikforschung (CAP), München
453 X. Internationales Bertelsmann Forum 2006, S. 3135, 37, 53, 55
454 Jörg Monar: Gutachten: Braucht die EU ein EBI und eine EIA (2006)
455 Bertelsmann CAP, Europas weltpolitische Mitverantwortung, 7.6.2006
456 Hans-Jörg Albrecht, Der erweiterte Sicherheitsbegriff und seine Folgen, www.rav.de
457 ebenda
458 ebenda
459 Hans Krollmann, Hess. Gesetz über Sicherheit und Ordnung
460 tagesschau.de, 2.7.2007
461 SPIEGEL-online, 5.5.2008
462 Rudolf Adam: Fortentwicklung der deutschen Sicherheitsarchitektur (2006), www.baks.bundeswehr.de
vgl. BAKS (Hg): Sicherheitspolitik in neuen Dimensionen. Kompendium des erweiterten Sicherheitsbegriffs

463 Jörg Ziercke: Recht und Sicherheit, Vortrag 21.6.2006
464 Dierk Spreen: Krieg in der Zivilgesellschaft, Deutschlandfunk 2.3.2008
465 ZEIT-online, 28.3.2008
466 BKA, Pressemitteilung 28.3.2008
467 Jörg Ziercke, Anhörung vor dem BT-Rechtsausschuss am 17.5.2006
468 BMI, Lexikon der Innenpolitik, über www.bmi.de
469 BT-Drucksache 16/10007
470 BMI, Lexikon der Innenpolitik, über www.bmi.de
471 BMI, Pressemitteilung 8.8.2005
472 BT-Drucks. 16/10007
473 vgl. Roggan, Fredrik: Über die Guantánamoisierung des Rechts. Die neue Sicherheitsarchitektur am Beispiel von Anti-Terror-Datei und Terrorismusbekämpfungsergänzungsgesetz (2007)
474 BMI, Lexikon der Innenpolitik, über www.bmi.de
475 BGBl. I, Nr. 66, S. 3409
476 BT-Drucks. 16/10007
477 Jörg Ziercke: Recht und Sicherheit, Vortrag 21.6.2006
478 BT-Innenausschuss, Protokoll der Anhörung des BKA-Präsidenten am 6.11.2006
479 Jörg Ziercke: Aktuelle Entwicklungen bei der Terrorismusbekämpfung aus polizeilicher Sicht (Febr. 2007)
vgl. Jörg Ziercke: Offene Informationsgesellschaft und Terrorbekämpfung – ein Widerspruch (August 2007)
480 Jörg Ziercke: Wissenschaft und Praxis im Kampf gegen den Terrorismus (November 2004)
481 Jörg Ziercke: Recht und Sicherheit, Vortrag 21.6.2006; Ziercke: Zur Online-Durchsuchung gibt es keine Alternative, Osnabrücker Ringvorlesung (November 2007)
482 Bernd Köbele im Unabhängigen Landeszentrum für Datenschutz Schleswig-Holstein
483 vgl. Fredrik Roggan: Abgespeichert – sicherheitshalber. Die Vorratsdatenspeicherung erklärt jedermann zum potentiellen Rechtsbrecher (2008)
484 vgl. Jörg Ziercke: Interview Berliner Morgenpost v. 2.6.2008; vgl. DER SPIEGEL, 2.6.2008, Deutsche Telekom – Programm eines paranoiden Konzerns
485 Detlef Nogala: Die Trivialisierung von Überwachung in der informatisierten Gesellschaft des 21. Jahrh.
486 vgl. Humanistische Union zu: Online-Durchsuchung, Kennzeichenfahndung, Vorratsdatenspeicherung, Fluggastdatenspeicherung, Steueridentifikationsnummer (2008)
vgl. taz, 28.2.2008: Karlsruhe setzt Online-Durchsuchung Grenzen. Das Computer-Grundrecht
487 vgl. Weichert, Thilo: Fluggastdaten-Vorratsspeicherung über Reisebewegungen (2008)
488 BT-Drucks. 16/8862
489 Berliner Zeitung, 13.3.2008
490 vgl. Michael Ronellenfiitch, Terrorismusbekämpfung und Datenschutz
491 Pressemitteilung Bundesnetzagentur v. 8.5.2008
492 BT-Drucks. 16/10050
493 Der Tagesspiegel, 9.4.2008
494 BT-Drucks. 16/10050
495 taz u. FOCUS v. 12.11.2007
496 Jörg Ziercke, Vortrag »Auswirkungen der technologischen Entwicklungen auf Kriminalität und Kriminalitätsbekämpfung, 20.11.2007

497 Alexis de Tocquille: Über die Demokratie in Amerika, Fischer-Tb. Nr. 138, S. 206f.
498 www.bundespolizei.de (Stand 10.5.2008)
499 ebenda
500 BT-Drucks. 16/7585
501 BMI: AG IPM: Auslandseinsätze der deutschen Polizei, Informationsblatt (Stand 22.1.2008)
502 BT-Drucks. 16/8476
503 ebenda
504 ebenda
505 Rede Wolfgang Schäuble 29.1.2008, www.bmi.bund.de
506 Rede August Hanning 29.1.2008, www.bmi.bund.de
507 www.gdp-bgs-bezirknord.de
508 BMI, Pressemitteilung 1.4.2008
509 Martin Tuffner: Das Schengener Info-System SIS, in BKA-Festschrift Herold
510 Christoph Marischka: Stichwort Deutsche Rolle, in »Frontex« Hg. Tobias Pflüger
511 ebenda
512 www.frontex.EUROpa.eu/more_about_frontex/
513 BT-Drucks. 16/9888
514 BT-Drucks. 15/3015, S. 18
515 BMI, Pressemitteilung 1.4.2008
516 Rüdiger Kass (Abteilungsleiter BMI): Grenzschutz in einem offenen Europa, BKA-Herbsttagung 2006
517 ebenda
518 Christoph Marischka: Stichwort Deutsche Rolle, in »Frontex« Hg. Tobias Pflüger; BT-Drucks. 16/1752
519 BT-Drucks. 16/9888
520 ebenda
521 BT-Drucks. 16/1752
522 Rüdiger Kass: Grenzschutz in einem offenen Europa, BKA-Herbsttagung 2006
523 AA, Bericht an BTag: Maßnahmen zur weiteren Verbesserung des Visavergabeverfahrens (29.9.2006)
524 Rüdiger Kass: Grenzschutz in einem offenen Europa, BKA-Herbsttagung 2006
525 BT-Drucks. 16/7255; 16/8482
526 www.bmi.bund.de
527 BMI, Lexikon der Innenpolitik, über www.bmi.de
528 BT-Drucks. 16/7255
529 BT-Drucks. 16/2588
530 Rüdiger Kass (Abteilungsleiter BMI): Grenzschutz in einem offenen Europa, BKA-Herbsttagung 2006
531 BT-Drucks. 16/1796
532 Geschichte der deutsch-fanzösischen Beziehungen, www.cidu.de
533 AA, Bericht an BTag: Maßnahmen zur weiteren Verbesserung des Visavergabeverfahrens (29.9.2006)
534 www.bmi.bund.de
535 Sepp Graessner : 200 Schläge an den Kopf, in :Graessner/Gurris/Pross (Hg): Folter. An der Seite der Überlebenden (1996), S. 212-217
536 BMI, Pressemitteilung v. 9.5.2008

537 ebenda
538 Jörg Ziercke: Recht und Sicherheit, Vortrag 21.6.2006; BT-Drucks. 16/1108, 16/1109
539 vgl. Busch, Heiner: Freier Binnenmarkt für Polizeidaten. EU ermöglicht gemeinschaftsweiten Zugriff auf DNA-Informationen (2008)
540 AA, Bericht an BTag: Maßnahmen zur weiteren Verbesserung des Visavergabeverfahrens (29.9.2006)
541 Jörg Ziercke: Kriminalität im Kontext von Migration, Vortrag BKA-Herbsttagung 15.11.2006
542 Udo Hansen: Derzeitiger u. künftiger Schutz der EU-Außengrenzen, Konferenz FES über Nachrichtendienste, Mai 2001
543 vgl. Tobias Pflüger (Hg): Was ist Frontex ? (Januar 2008)
544 ngo-online, 18.4.2007
545 Dirk Vogelskamp: Jenseits der Menschenrechte, Jahrbuch Komitee für Grundrechte u. Demokratie (2007)
546 BT-Drucks. 16/9888
547 ebenda
548 BT-Drucksache 16/8482
549 ebenda
550 vgl. BT-Drucksachen 16/2420; 16/2432; 16/7255
551 Tobias Pflüger: Was ist Frontex ? (Januar 2008)
552 ngo-online, 18.4.2007
553 zitiert nach Dirk Vogelskamp: Jenseits der Menschenrechte, Jahrbuch (2007)
554 Marei Pelzer: Flucht ist kein Verbrechen. Exzessive Inhaftierung von Asylbewerbern beschlossen (2008)
555 vgl. AI: Menschenrechte auf hoher See. Ein Positionspapier vom Forum Menschenrechte (2008)
556 Christoph Marischka: Frontex, in Tobias Pflüger (Hg): Was ist Frontex ? (Januar 2008)
557 AI-Jahresbericht 2007, S. 288
558 German-Foreign-Policy, Netzwerke der Flüchtlingsabwehr, 4.4.2006
559 http://no-racism.net/article/2074/
560 Benz/Graml/Weiß (Hg): Enzyklopädie des Nationalsozialismus, S. 578; Jäckel/Logerich/Schoeps (Hg): Enzyklopädie des Holocaust, S.915-917
561 Kerstin Froese/Reinhard Scholzen: GSG 9 (1997)
562 Die Polizei, 12/2002, S. 22
563 Stephan Stolle: Kämpfer, die wir nicht brauchen, CILIP 75, Nr. 2/2003
564 STERN Nr. 10/1983
565 BT-Drucks. 16/5380
566 ebenda
567 Der Autor war Zeuge
568 Rolf Gössner: Die Helden von Bad Kleinen, analyse u. kritik, 25.8.1993
569 Innere Sicherheit Nr. 1, 7.3.1986
570 BT-Innenausschuss, Protokoll 32. Sitzung v. 28.9.1988
571 BT-Drucks. 16/7585
572 www.bundespolizei.de; www.sondereinheiten.de/gsg9/aufgaben.php
573 FR, 9.7.1989
574 CILIP-Archiv, Findex Diederich
575 wib 19/1990

576 AI-Jahresbericht 1981, S. 104-106
577 AI-Jahresbericht 1981, S. 336f.
578 AI-Jahresbericht 1988, S. 506ff.
579 AI-Jahresbericht 1985, S. 335ff.
580 AI-Jahresbericht 1988, S. 519ff.
581 Innere Sicherheit, Nr. 3, v.30.8.1988
582 FR, 9.7.1989
583 SPIEGEL-online, 3.4.2008
584 BT-Drucks. 12/1052
585 FAZ v. 13.2.2002
586 BT-Drucks. 16/8476
587 SZ, 15.4.2008
588 ebenda
589 BT-Drucks. 16/8476
590 ebenda
591 ebenda
592 Pressemitteilung IM NRW, 19.6.2004; NRW-Polizei im Ausland, www1.polizei-nrw.de (Stand 19.2.2008)
593 www.hmdi.de
594 www.polizei.hessen.de
595 RLP Polizeikurier, Juni 2004
596 Parlament. Anfrage BT 9.11.1983, beantwortet v. Parl.StS Spranger
597 FR, 5.7.1983
598 Erl. AA – Ausstattungshilfe für Entwicklungsländer, v. 28.1.1988; vgl. Dieter Schenk: Über den Export von deutscher Sicherheit u. Ordnung, KiWi-TB 277 (1992); Dieter Schenk/Manfred Such: Polizeihilfe an Folterregime der Dritten Welt, CILIP 39, Nr. 2/1991, S. 78ff.
599 SZ, 22.9.1990
600 lt. Wikipedia
601 SZ, 22.9.1990
602 SZ, 21.7.1990
603 Zoll-online, www.zoll.de
604 Karl-Heinz Matthias: Zollkriminalität im Zeitalter offener Grenzen, Konferenz FES im MAI 2001
605 Paul Wamers: Gegenwärtiger Stand und künftige Entwicklung von Sicherheitskooperationen, BKA-Herbsttagung 2005
606 Arbeitstagung im ZKA »Bekämpfung der Wirtschaftskriminalität national u. international«, 8.11.2006
607 Zoll-online, www.zoll.de
608 Paul Warmers, Vortrag BKA-Herbsttagung 2005
609 ebenda; Zoll-online, www.zoll.de: Internationale Zusammenarbeit bei der Kriminalitätsbekämpfung. Denken und Handeln über Grenzen hinaus
610 BT-Drucks. 16/7379
611 ebenda
612 Dieter Schenk, Braune Wurzeln, S. 58
613 Charisius Mader: Nicht länger geheim, Berlin (Ost) 1980, S. 372f.
614 imi-online: MAD in Germany: Der unbekannte Geheimdienst

615 Charisius Mader: Nicht länger geheim, Berlin (Ost) 1980, S. 414
616 imi-online: MAD in Germany: Der unbekannte Geheimdienst
617 SPIEGEL Nr. 43/1987
618 vgl. Wolfgang S. Heinz: Terrorismusbekämpfung u. MR-Schutz in Europa, Deutsches Institut f. MR (2007) S. 36ff. Kontrolle von Geheimdiensten in Europa u. in Deutschland
619 BT-Drucks. 16/843
620 Pressemitteilung Bündnis 90/Die Grünen v. 7.5.2008
621 FES, Forum Nachrichtendienste u. Sicherheitsbehörden, S. 51; vgl. CILIP: Geheim? Geheimdienste im Aufwind, CILIP 78, Nr. 2/2004
622 www.bnd.bund.de
623 Bewertung des PKGr. v. 23.2.2006, S. 25ff.
624 German Foreign Policy, 18.1.2006
625 CILIP 78, Nr. 2/2004, S. 20
626 FES, Forum Nachrichtendienste u. Sicherheitsbehörden, S. 68
627 BT-Drucks. 15/4211
628 Annegret Bendiek: Terrorismusbekämpfung der EU, SWP-Studie (2006)
629 BT-Drucks. 16/9724
630 ebenda
631 DIAS: Wie ist die Feindlage? Umwälzungen im Bereich des militärischen Nachrichtenwesens, v. Hendrik Schulten (Dez. 2005)
632 vgl. Spoo, Eckart: Geheimdienstliche Medienüberwachung. Symbiotische Beziehungen zwischen BND und Journalisten (2007)
633 FOCUS, 20.9.2007
634 CILIP 78, Nr. 2/2004, S. 20
635 ebenda
636 Jörg Ziercke: taz-Interview 5.6.2008
637 BT-Drucks. 16/7699
638 BT-Drucks. 16/6486 v. 14.9.2007; 16/6701 v. 11.10.2007; 16/6839 v. 23.10.2007; 16/7699 v. 10.1.2008; 16/ 9270 v. 26.5.2008
639 BT-Drucks. 16/6839, 16/9270
640 BT-Drucks. 16/7699
641 ebenda
642 Nach dem Stand 2002 wurden seit 1982 insges. 238 Stipendiaten aus 59 Ländern beim BKA ausgebildet (BKA-Pressemitteilung v. 21.2.2002)
643 BT-Drucks. 16/7699
644 BT-Drucks. 16/6839
645 ebenda
646 BT-Drucks. 16/326
647 BKA: PowerPoint-Präsentation (Hilfsmaßnahmen sind keine Einbahnstraße)
648 BKA: PowerPoint-Präsentation (Ausbildungshilfe-Maßnahmen)
649 BT-Drucks.16/7699, Anl. 1
650 MR-Index 2007 (Anl. I)
651 AI -Jahresberichte 2004, S. 340; 2006, S. 203; 2007, S. 179
652 BICC:Länderportrait Indonesien, S. 12
653 BKA: PowerPoint-Präsentation Stipendiatenausbildung (Ziele)
654 BKA: PowerPoint-Präsentation (Aus- und Fortbildung im Ausland)

655 vgl. Manfred Gatzke: Die Lernwilligen kommen aus aller Welt (1987)
656 BKA: BKA unterstützt polizeiliche Aus- u. Fortbildung in Zentralamerika, Pressemitteilung, 19.10.2005
657 BKA: Powerpoint-Präsentation Ausbildungshilfe (Ziele)
658 Dieter Schenk: Über den Export von deutscher Sicherheit und Ordnung (1992)
659 BKA: Powerpoint-Präsentation (Beispiele für Ausstattungshilfe)
660 Herbert Wulf:: Reform des Sicherheitssektors in Entwicklungsländern (GTZ, 2000), S. 32f.
661 ANLAGE VI
662 ai-Jahresbericht 2007
663 Herbert Wulf: Reform des Sicherheitssektors in Entwicklungsländern (GTZ, 2000), S. 7–9
664 BMI – P II 5 – Erl. v. 2.3.1988
665 ebenda
666 Herbert Wulf: Reform des Sicherheitssektors in Entwicklungsländern (GTZ, 2000), S. 27
667 Angelika Spelten: Wie erkennt man Krisenpotential?Deutsche Stiftung für internationale Entwicklung (2000)
668 Tobias Debiel u.a.: Zwischen Ignorieren und Intervenieren, Stiftung Entwicklung u. Frieden (2005)
669 ebenda
670 ebenda
671 BT-Drucks. 15/4574 (Stand Dezember 2004)
672 BT-Drucks. 15/5438 Aktionsplan (26.5.2004); 1. Bericht d. BReg.2004-2006 zum Aktionsplan; 2. Bericht d. BReg. zum Aktionsplan v. 16.7.2008, BT-Drucks. 16/10034
673 Interminsterielles Rahmenkonzept zur Unterstützung von Reformen des Sicherheitssektors in Entwicklungs- und Transformationsländern (Oktober 2006)
674 Kommission der Europäischen Gemeinschaften -KOM(2006)-SEK (2006) 658 v. 24.5.2006
675 BMZ-Konzept 149 (März 2007; vgl. BMZ:Querschnittsauswertung der Evaluierung Möglichkeiten und Grenzen der Förderung von Demokratie und good governence (2004)
676 BMZ: Positionspapier (Juni 2005)
677 BMZ: Evaluierungskriterien (Juli 2006); vgl. Standards für Evaluation, Deutsche Gesellschaft für Evaluation
678 Europäische Beobachtungsstelle für Drogen und Drogensucht, Jahresbericht 2006, S. 37ff.
679 ebenda, S. 58ff.
680 BKA-Pressemitteilung v. 28.3.2008
681 Steffen Heinzelmann: Marshallplan für Kolumbien, Das Parlament, Nr.3/14.1.2008, Beilage aus Politik u Zeitgeschehen
682 ZEIT online, Tagesspiegel, beide 29.2.2008 ; vgl. BT-Drucks. 16/6442
683 Europäische Beobachtungsstelle für Drogen und Drogensucht, Jahresbericht 2006, S. 66f.
684 BT-Drucks. 16/8776
685 vgl. Heiner Busch: Polizeiliche Drogenbekämpfung - eine internationale Verstrickung (unter Mitarbeit von Elke Schäfter, Britta Grell, Wolf-Dieter Narr), Münster 1999
686 Dieter Schenk: Über den Export von deutscher Sicherheit und Ordnung, KiWi 277

687 vgl. Pressemitteilung BKA v. 28.3.2008 zu Sicherstellungsmengen 2007 in Deutschland: 1,07 Tonnen Heroin, 1,89 Tonnen KokAIn, 3,68 Tonnen Haschisch, 3,77 Tonnen Marihuana
688 Die nachfolgend zitierten Beispiele stehen nicht im Zusammenhang mit den zuvor zitierten BKA-Presseerklärungen
689 FR, 21.7.1994
690 FR, 13.8.2001
691 FR, 31.3.2004
692 BGH 1 StR 221/99
693 Ben Hayes und Heiner Busch: EUROPOL und EUROJUST, CILIP 69, Nr. 2/2001, S. 20
694 vgl. BReg.: Drogen- u. Suchtbericht 2007
695 www.bundesregierung .de v. 3.5.2007
696 BReg.: Drogen- u. Suchtbericht 2007
697 ebenda
698 www.tagesschau.de v. 27.5.2008; BT-Drucks. 16/8212
699 BT-Drucks. 16/8776
700 ebenda
701 BTag: Bericht des MR-Ausschusses v. 25.10.2007
702 ebenda, S. 11
703 ebenda, S. 12
704 BKA: Polizeiliche Kriminalstatistik 1980
705 BICC: Länderportrait Indonesien (Stand 2007)
706 Uni Kassel, AG Friedensforschung (2005)
707 AI-Jahresberichte; AI-Info 10/1994, S. 4-12; AI-Info 1/1995, S. 18f.; AI-Journal 7-8/1998, S. 6–11
708 FR, 8.3.1989
709 NZZ, 8.5.2008
710 AI-Index ASA 21/005/2008 (Public)
711 Tim Weiner: CIA, S. 350ff.
712 BT-Drucks. 14/368
713 BICC: Länderportrait Indonesien (Stand 2007)
714 FR, 19.5.1998
715 AI-Journal, 7-8/1998
716 AI-Jahresbericht 1983, S.223, 225f.
717 BT-Protokoll, 10. Wahlperiode, 87. Sitzung, 3.10.1984
718 BT-Tag, Kurzprotokoll 23. Sitzung des Innenausschusses, 13.4.1988
719 BICC: Länderportrait Indonesien (Stand 2007); Woche im Bundestag 8/5.5.1995, 13/5.7.1995, 10/30.5.1996
720 IPA-aktuell 4/1989
721 Nihat Ülkekul: 20 Jahre Beziehungen zwischen der deutschen und türkischen Polizei (CILIP-Archiv)
722 IPA-aktuell 6/1988
723 FR, 23.1.1986
724 IPA-aktuell 8/1988
725 FR, 23.1.1986
726 IPA-aktuell 3/1989

727 www.dhpol.de
728 CILIP Nr. 8/1981, S. 8; taz 11.4.1984
729 Schreiben Präsident PFA v. 16.12.1983
730 CILIP 31, Nr. 3/1988, 58ff.; Bernd Ludermann: Ein Hilfsprogramm sucht sein Konzept, der überblick 1/98
731 CILIP 31, Nr. 3/1988, S. 70-85
732 Handout zur Pressekonferenz 13.12.1990
733 vgl. Dieter Schenk/Manfred Such: Thesen gegen polizeiliche Entwicklungshilfe, epd-Entwicklungspolitik, 3/1991, S.16ff.
734 BMI: Fragen und Antworten zur polizeilichen Aufbauhilfe in Afghanistan, www.bmi.bund.de
735 BT-Drucks. 16/6312, S. 2; 16/6701, S. 43
736 Chronologie des Einsatzes der Bundeswehr (ISAF), www.einsatz.bundeswehr.de; BT-Drucks. 15/5996, S.1-6
737 Bericht BMI in der IMK v. 16./17.11.2006; BT-Drucks. 15/5996, S. 12f
738 AI-Interview mit Peter Zumhof, Leiter des Projektbüros (1.7.2003), www.2amnesty.de
739 BT-Drucks. 16/4548
740 BT-Drucks. 15/5923
741 BMI: Polizeiliche Aufbauhilfe in Afghanistan, www.bmi.bund.de
742 ebenda; BT-Drucks. 16/7434, S. 5-7
743 BMI: Polizeiliche Aufbauhilfe in Afghanistan, www.bmi.bund.de
744 SPIEGEL-online 11.3.2008
745 BT-Drucks. 16/6442; 16/6312, S. 30
746 BT-Drucks. 16/6312, S. 5, 30
747 ebenda; vgl. BT-Drucks. 15/5996, S. 7-12
748 Ronja Kempin: Polizeiaufbau in Afghanistan, SWP-Aktuell 47 (August 2007)
749 BT-Drucks. 16/2893
750 Paul Schäfer (MdB): Sachstandsbericht über den Aufbau der Polizei in Afghanistan (20.11.2007)
751 ebenda
752 BT-Drucks. 16/1046
753 Ronja Kempin: Polizeiaufbau in Afghanistan, SWP-Aktuell 47 (August 2007)
754 BT-Drucks. 16/6442
755 Paul Schäfer (MdB): Sachstandsbericht über den Aufbau der Polizei in Afghanistan (20.11.2007)
756 Ronja Kempin: Polizeiaufbau in Afghanistan, SWP-Aktuell 47 (August 2007)
757 ebenda
758 BT-Drucks. 16/2893
759 FAZ.net, Polizisten mit paramilitärischen Kenntnissen (3.8.2007)
760 BT-Drucks. 16/4334; 16/6312, S. 22
761 AI-Jahresbericht 2008, S. 56
762 BT-Drucks. 16/7263; 16/7421
763 AI-Pressemitteilung 13.11.2007; AI-Jahresbericht 2008, S. 57
764 AI-Jahresbericht 2008, S. 57
765 ngo-online, 4.10.2006
766 BKA-Pressestelle, 7.7.2006
767 AI-Jahresbericht 2008, S. 56

768 German-Foreign-Policy, 23.5.2008
769 BT-Drucks. 16/6703; vgl. BT-Drucks. 16/8644, Besserer Schutz für Polizisten (20.3.2008)
770 AI-Jahresbericht 2008, S. 57
771 German Foreign Policy, 13.6.2008
772 Rheinmetall: Die Geschichte unserer Geschichte. Chronik der Rheinmetall AG
773 Deutschlandfunk, 1.2.2008)
774 BT-Drucks. 15/5815, S. 75; 16/6312, S. 42ff.
775 Kerstin Müller (MdB): Afghanistan Fakten (August 2007)
776 AI-Jahresbericht 2008, S. 58; vgl. BT-Drucks. 16/8636, Entwicklung von Bildung, Gesundheit u. Prostitution (18.3.2008)
777 Berliner Zeitung, 3.6.2008
778 Deutschlandradio, Interview 28.5.2008; vgl. Sascha Lange: Die Bundeswehr in Afghanistan, SWP-Studie S 9 (März 2008); vgl. medico international, Rundschreiben 01/07 u. 03/07; vgl. Le Monde diplomatique, Atlas der Globalisierung, S. 130f., Afghanistan: Waffen, Drogen, Taliban
779 BT-Drucks. 15/5923
780 BMI: AG IPM, Ziviles Krisenmanagement der EU (Stand 2.1.2007)
781 www.EUROgendfor.org
782 BT-Drucks. 15/5923
783 ebenda
784 Martina Harder, Polizeisoldaten, Wissenschaft und Frieden, 4/2006
785 Deutsche Polizei 3/2006, S. 9
786 SWP-Studie S 33 (Nov. 2005): Michael Schmunck, Die deutschen Provincial Reconstruction Teams
787 Deutsche Polizei 3/2006, S. 13
788 GdP, Pressemitteilung 31.10.2006
789 AFP, 13.11.2006
790 vgl. Funk, Albrecht: Militär, Polizei und die »neuen« Kriege (2003); Tony Bunyan/Heiner Busch: EU-Krisenmanagement: Die Polizei im Windschatten des Militärs (2003)
791 Christoph Marischka: Stichwort: Vernetzte Sicherheit
792 BT-Drucks. 16/6320
793 BT-Drucks. 15/5800
794 ebenda, S. 115f.
795 vgl. Karin Adelmann: Ausstattungshilfe. Die Bundeswehr in der Dritten Welt, epd-Entwicklungspolitik 3/91; Bernd Ludermann: Ein Hilfsprogramm sucht ein Konzept. Die deutsche Polizei- und Militärhilfe verfolgt widerstreitende Ziele, der überblick, Arbeitskreis kirchlicher Entwicklungsdienst, 1/1998
796 BReg. Ausrüstungshilfe, Programm 1982-1984, gesamt 146 Millionen DM
797 AI-MEC-Rundbriefe
798 AI-Länderbericht Honduras 1982; AI-Jahresbericht 1983, S. 188ff.
799 Christopher R. Browning: Ganz normale Männer, S. 107
800 Janes Infantry Weapons 1981/82, London 1981
801 AI-Jahresbericht 2000: Rüstungstransfers – Geschäft mit dem Tod; AI-MEC-Rundbriefe; AI Rüstung contra Menschenrechte; vgl. SIPRI-Jahresberichte
802 SIPRI Yearbook 2008, Kurzfassung auf Deutsch unter www.sipri.org

803 Mathias John: Rüstungstransfers – Globaler Handel mit Tod und Gewalt, Beilage Das Parlament, Nr. 16/2007
vgl. Le Monde diplomatique, Atlas der Globalisierung, Gute Zeiten für Waffenhändler, S. 70f. (2006)
804 BT-Drucks. 15/5800, S. 103
805 Netzeitung, 17.12.2007
806 BT-Drucks. 16/3777, 16/100034
807 BT-Drucks. 15/5438
808 BT-Drucks. 16/6701
809 BT-Drucks. 16/1809
810 BT-Drucks. 16/6486
811 BT-Drucks. 16/6701, 16/7699
812 BT-Drucks. 16/6486
813 ebenda
814 BT-Drucks, 16/6701
815 BICC-Länderportrait Algerien, S. 6; Marokko S. 6, Tunesien S. 5 (Stand Jan. 2007)
816 BICC-Länderprotrait Algerien, S. 2, 17-19
817 ngo-online, 24.6.2004
818 BICC-Länderportrait Marokko, S. 4, 13-15
819 BICC-Länderprotrait Tunesien, S.3, 12-14
820 German-Foreign-Policy 11.10.2004, 10.1.2006, 10.4.2008
821 German Foreign Policy, 7.11.2006
822 ai-Jahresbericht 2008, S. 262
823 Salah Ahmad : Die heilende Kraft des Erzählens, in:Graessner/Gurris/Pross: Folter. An der Seite der Überlebenden (1996), S. 152f.
824 BT-Drucks. 16/3673
825 Bundeswehr: CIMIC, Grundlagen und Ziele, www.bundeswehr.de
826 Bundeswehr: Einsatzzahlen – Stärke der deutschen Kontingente, www.bundeswehr.de
827 BT-Drucks. 16/8402
828 Tobias Debiel/Volker Matthies: Krisenprävention – mehr Fragen als Antworten?, E+Z Nr. 9/2000 (Hg. DSE)
829 ebenda
830 Bertelsmann Forschungsgruppe Politik: Die strategischen Antworten Europas (Sept. 2006); vgl. Roman Schmidt-Radefeldt: Die Weiterentwicklung der Europäischen Sicherheits- u. Verteidigungspolitik, DIAS-Analyse Nr. 13/April 2005
831 BMVG: Weißbuch 2006 (kann als Broschüre bestellt oder unter www.bmfg.de heruntergeladen werden)
832 BMVG: Weißbuch 2006, S. 76: vgl. Wolf-Dieter Narrr: Militärische Sicherheit innen und außen. Das »Weißbuch zur Zukunft der Bundeswehr«, CILIP 86, Nr. 1/2007
833 WELT-online, 2.7.2007
834 Fraunhofer-Verbund: Verteidigungs- u. Sicherheitsforschung
835 BAKS: Asymmetrien als Herausforderung, Seminar für Sicherheitspolitik 2007
836 Günther Beckstein: Bedrohung internationaler Terrorismus. Was muss Deutschland für die Innere Sicherheit tun? DGAP-Analyse, Juni 2004
837 German-Foreign-Policy, 4.7.2007, 5.5.2008
838 Jörg Ziercke: Internationale Erscheinungsformen von Kriminalität und Gewalt – internationale Kooperationsformen und die Rolle des BKA, BKA-Herbsttagung 2.–3.11.2005

839 Roland Kästner: Die Bundeswehr und künftige Entwicklungen von Sicherheitskooperationen, BKA-Herbsttagung 2.–3.11.2005

840 Hermann Lutz: Sicherung der europäischen Grenzen und was kommt durch den Erweiterungsprozess auf die Polizeien in Europa zu? 6. Europ. Polizeikongress, 18.2.2003

841 munich network, 26.4.2007

842 Norbert Wolf: Sicherheitskooperationen als weltweite Zweckbündnisse aus Sicht der Wirtschaft (3.11.2005)

843 Deutschlandfunk, 13.11.2007

844 SPIEGEL Nr. 16/14.4.2008

845 BKA-Pressestelle: Globalisierung der Kriminalität erfordert erweitertes Sicherheitsnetzwerk (30.1.2007)

846 Jörg Ziercke: Internationale Erscheinungsformen von Kriminalität und Gewalt – internationale Kooperationsformen und die Rolle des BKA

847 BKA-Pressestelle: Sicherheitsbehörden und Wirtschaft vertiefen Zusammenarbeit (13.5.2008)

848 Handelsblatt Konferenz Februar 2006, Programm (Referenten)

849 ZEIT-online, 28.10.2005; Deutschlandfunk, 13.11.2005

850 AI-Pressemitteilung, Hauptversammlung DaimlerChrysler, 7.4.2004

851 FR, 13.6.2008

852 Sicherheitsüberprüfungsgesetz (SÜG) v. 20.4.1994 (BGBl. I S. 867) i.d.F. v. 26.2.2008 (BGBl. I, S. 215)

853 DIE ZEIT, 20.4.2006

854 SZ, 10.6.2008

855 Deutschlandfunk, 13.11.2005

856 Securitas: Focus on Security, Nov. 2007

857 www.verfassungsschutz.de (Wir über uns)

858 FR, 13.6.2008,

859 Handelsblatt Konferenz Februar 2006, Programm (Referenten)

860 FR, 13.6.2008

861 8. Forum für Sicherheitsverantwortliche im MAI 2007, Liste der Referenten

862 Euroforum Deutschland, Sicherheit beim internationalen Mitarbeitereinsatz, Referentenliste, www.euroforum.de

863 Handelsblatt Konferenz Februar 2006, Programm (Referenten)

864 Lebenslauf Jens Puls, www.bitkom.org

865 Securitas: Focus on Security, Nr. 6/2005, S. 7

866 DER SPIEGEL, Nr. 16/14.4.2008

867 ebenda

868 Securitas: Focus on Security, Nr. 1/2007, S. 2

869 Prerssemeldung Securitas v. 23.7.2008

870 Gerhard W. Wittkämper u.a.: Europa u. die Innere Sicherheit, BKA-Forschungsreihe Band 35 (1996)

871 Jürgen Roth: Die roten Bosse – Russlands Tycoone übernehmen die Macht in Europa (1998) Jean Ziegler u. Hanna van Laak: Die Barbaren kommen (2000) Petra Bonavita: Russland im Griff der Mafia (1999)

872 Fragenkatalog von Gabriele Weber vor dem Wahrheitstribunal am 11.7.2001; Gabriele Weber: Argentinien zur Zeit der Junta, www.labournet.de/branchen/auto/dc/ar/ausbl.html; vgl. Gaby Weber: Die Verschwundenen von Mercedes-Benz (2001)

873 AI-Pressemitteilung, Hauptversammlung DaimlerChrysler, 7.4.2004
874 Mitteilung von Gabriele Weber an den Autor
875 Karl-Heinz Dufner: Interpol zu Gast in Deutschland, Die Kriminalpolizei, 1/2006, S. 19f.
876 ebenda
877 Otto Schily, Rede Eröffnung Generalversammlung 19.9.2005, www.bmi.bund.de
878 Johannes Palitzsch: Die Bekämpfung des internationalen Verbrechertums, Hamburg 1926, S. 35
879 ebenda, S. 49ff.
880 ebenda, S. 150ff.; Preuß. Ministerium des Innern (Hg): Tausend Bilder Große Polizeiausstellung
881 A brief history of INTERPOL, www.interpol.com
882 Runderlass v. 3.6.1940, Befehlsblatt 51 u. v. 8.12.1941, Befehlsbl. 1942, S. 1
883 Thomas Huonker: Schweizer Polizei-Instanzen, Interpol u. die Verfolgung von Roma, Neue Wege Nr. 10/2000, S. 295-303
884 Gedenk- u. Bildungsstätte Haus der Wannsee-Konferenz (Hg): Katalogbroschüre Dauerausstellung; Newsletter 4/Dez. 2005
885 Interpol: A brief history of INTERPOL, www.interpol.com
886 RKP-Gesetz v. 21.7.1922, RGBl. I, S. 593
887 BKA-Gesetz v. 8.3.1951, BGBl. I, 165
888 Bundesarchiv Koblenz, N 1265/27, Bd. I
889 ebenda; DER SPIEGEL v. 14.3.1951
890 Bundesarchiv Koblenz, N 1265/46
891 Kriminalistik Nr. 10/1955, 7/1956, 11/1958, 1/1960, 2/1961
892 vgl. Dieter Schenk, Braune Wurzeln, S. 271ff.
893 Interpol-Präsident 1980 – 1984 M. Jolly R. Bugarin, Philippinen, www.interpol.int, »Former Presidents of INTERPOL
894 Karl-Heinz Dufner: Interpol zu Gast in Deutschland, Die Kriminalpolizei, 1/2006, S. 19f.
895 BKA: Die IKPO-Interpol (Stand 2.5.2007), www.bka.de; INTERPOL: About Interpol (Stand 2008), www.interpol.int
896 WELT Online, 14.1.2008; NZZ Online, 14.1.2008
897 BKA: Pressemitteilung, 3.11.2000
898 BKA: Pressemitteilung, 28.11.2007
899 ebenda
900 BKA: Die IKPO-Interpol (Stand 2.5.2007), www.bka.de
901 www.interpol.int
902 Karl-Heinz Dufner: Interpol zu Gast in Deutschland, Die Kriminalpolizei, 1/2006, S. 20
903 BKA: Die IKPO-Interpol (Stand 2.5.2007), www.bka.de
904 BKA: Pressemitteilung v. 12.11.2007
905 BKA: Die IKPO-Interpol (Stand 2.5.2007), www.bka.de
906 ebenda
907 taz, 16.8.2007
908 Tagesschau, 18.1.2008
909 ebenda, Aussagen von AI und Pro Asyl
910 Interpellation Schweizer Parlamant: Missbräuchliche internationale Haftbefehle der Türkei (2000, 2004), www.search.parlament.ch; AI Presseerklärung: Gemeinsam gegen Auslieferung (2004), www2.amnesty.de

911 vgl. Pelzer, Marai: Auslieferung in Folterstaaten? Sorgloser Umgang mit Auslieferungsanträgen der Türkei (2007)
912 Hermanns, Jutta: Wer einmal der Folter erlag, kann nicht mehr heimisch werden in der Welt. Der Bruch von Verfassungsrecht in Auslieferungsverfahren (2008)
913 AI-journal, 1.1.2002, Nachrichten
914 HRM News: Sweden: Uzbek Dissident's Arrest Sign of FAIled EU Policy, 18.5.2006; Wolfgang Heinz u.a.: Internationale Terrorismusbekämpfung und Menschenrechte, Deutsches Institut f. MR (2007), S. 17
915 AI, UA 095/2007, AI-Index EU 15/001/2007
916 www.russland.ru
917 AI: Aktion keine Deals mit Folter-Staaten! Diplomatische Zusicherungen stoppen! (März 2008)
918 Interpol: Interpol's other areas of crime, www.interpol.int
919 Mitteilung des Seminarteilnehmers Prof. Dr. Witold Kulesza, Chef der Hauptkommission Warschau, an den Autor
920 BKA: Die IKPO-Interpol (Stand 2.5.2007), www.bka.de ; www.interpol.int
921 Interpol: Executive Committee, www.interpol.int
922 MR-Verletzungen aufgrund von AI-Jahresberichten u. HRW-Jahresberichten
923 Chinesische Botschaft Berlin, Pressemitteilung v. 4.8.2006
924 ebenda
925 AFP, 16.4.2008
926 ZEIT-online, 12.4.2008
927 ZDF-Interview v. 26.7.2008
928 AI-Jahresbericht 2008, S. 121-126; HRW-World Report 2008, S. 260-270
929 HRW: China: Kein faires Verfahren für Olympiaaktivist, 19.2.2008
930 AI: Auszüge aus dem Brief von Zeng Jinyan, pdf-Datei Website AI (11.7.2008)
931 AI: Peking 2008: Die andere Seite der Medaille. Menschenrechte bleiben aus der Strecke (11.7.2008)
932 AI London, AI Index ASA 17/089/2008
933 BKA: Profil, www.bka.de
934 Britta Jenkins: Da wo Worte fehlen, sind Tränen die Brücken, Folter, An der Seite der Überlebenden, S. 198
935 BZFO: Jahresberichte 2003-2007; BZFO-Archiv; schriftl. Mitteilungen an den Autor; Graessner/Gurris/Pross (Hg): Folter. An der Seite der Überlebenden. Unterstützung und Therapie (1996), S. 55-57, 121f., ; Angelika Birck/Pross/Lansen (Hg): Das Unsagbare. Die Arbeit mit Traumatisierten im BZFO (2002), S. 254-256; Alexandra Liedl/Nora Balke: Traumatische Ereignisse in einer globalisierten Welt. Arbeit mit Traumatisierten Migranten – das BFZO (2007), S. 134-138
936 Wolfgang Sofsky: Die Ordnung des Terrors. Das Konzentrationslager (1993)
937 Nicht abgedruckt »aus redaktionellen Gründen« in Bundeskriminalamt (Hg): Das Bundeskriminalamt stellt sich seiner Geschichte (2008)
938 Jahresberichte von AI und HRW
939 BKA: Die IKPO-Interpol (Stand 2.5.2007), www.bka.de
940 Physicians for Human Rights (PHR): Broken laws, broken lives. Medical Evidence of Torture by US-Personel and its impact, Juni 2008
941 vgl. Bothe, Michael/Fischer-Lescano, Andreas: Die Folterungen in Abu Ghraib und das deutsche Völkerstrafgesetzbuch